1949—1976年的中国

之二

曲折发展的岁月

(1956—1966)

丛 进 著

人 民 出 版 社

目　录

再版前言

《凯歌行进的时期》、《曲折发展的岁月》、《大动乱的年代》是1989年河南人民出版社出版的《1949—1989年的中国》中的三本，承蒙广大读者的厚爱，这几册曾多次印刷，常销不衰。这套书在当年引起的社会反响，曾被龚育之先生誉为“当是名声很大的书”。龚育之先生生前在《读林蕴晖〈走出误区〉》一文中如是说：“林蕴晖同志是研究建国以来中国共产党历史的一位专家。我最初知道他的名字，是在读那四卷一套的《1949—1989年的中国》（河南人民出版社）的时候。我那时准备参加写作《中国共产党的七十年》，几乎读遍了已经出版的写建国以来历史的书。那四卷书，当时是名声很大的书，也是我划了很多铅笔记号作了不少简单批注的书。”①

1989年至今已过了二十个年头，鉴于市场仍有一定需求，承人民出版社热情襄助，经中共中央党史研究室专家的审读，由国家新闻出版总署批准，使这三本书在中华人民共和国建国六十周年之际得以再版，作为作者是深感庆幸的。在此，我们谨向中共中央党史研究室的专家，国家新闻出版总署的领导，人民出版社的领导和编辑，表示衷心感谢。需要说明的是，为保持书的原貌，新丛书仍按1989年本付排。书中的不足之处，恳请读者批评指正。

作者

2009年2月

---

① 原载中共中央党校主管主办《学习时报》2005年9月26日，第3版。

前　言

历史像一条一往无前的长河。每一个阶段或时期，是长河中的一段或一小段。在中华民族的历史长河中，中华人民共和国自1949年开国至今，已经历了整整60年的岁月。60年在历史长河中只是一瞬间。但是，她却有着自己的丰富的色彩，在历史长河中占有重要的位置。她从历史的昨天走来，正向着历史的明天走去。

历史又像一条蜿蜒的河。它不停地前进，又时有曲折，甚至有一时的回流。但是，它总会在千回百转中开辟出自己前进的路。中华人民共和国成立至今的60年虽短，却也有着自己曲折前进的发展史。她经历了开国后奠基创业的最初7年，又经历了曲折发展的10年，再经历了“文革”动乱的10年，徘徊前进的两年，然后是改革开放的30年。

本书是专门回顾和思考1956年下半年至1966年上半年这10年历史的。我们站在这一历史河段上，向上一段望去，它在发展中虽然有一些旋涡、暗流，总的还是顺直而下的；向下一段望去，历史在险象丛生的千山万壑中迷失了前进的方向。而我们所立足考察的这10年，正是处在上个时期比较顺直到下个时期跌入深谷的中间转折期。因而，它便既延续了上一时期中积极的方面，并且还有相当的发展；又包含着下一时期中错误的因素，尽管这10年中的错误同下一个10年中的错误还有一定的量与质的差别。这曲折发展的10年便具有特别的复杂性，同时带来了历史经验丰富的多样性。由于巨大的历史和社会遗产中消极因素的作用，又由于创造着这段历史的人们，尤其是代表他们的杰出领袖人物的历史局限性和主观任意性，使得这一段历史在经过了曲折反复之后，走向了灾难性的“文化大革命”。

历史是一个人们可以从中获得启迪、汲取智慧与力量的遗产宝库。人们为了前进，总是要不时地回顾与反思已走过的路，作为继续往前走的参考系。为了更好地创造今天，稳健地走向明天，需要回望、反思昨天和前天的历史。这种回望与反思，不是一次或几次就能完结的。每一次将会有每一次的收获。

我希望这本书，能够有益于我的读者们对这段年长者难以忘怀、年轻者感到陌生的历史有全面的了解和认识的深化。

作　者

2008年8月18日

第一篇
探寻新道路

1956年初，社会主义经济建设出现了急躁冒进的现象。周恩来、陈云较早地觉察到这种倾向。图为1956年1月30日周恩来在全国政协二届二次会议上作《政治报告》。《报告》指出："应该注意避免超越现实条件所许可的范围，不勉强去做那些客观上做不到的事情，否则就要犯盲目冒进的错误"。

第一章
探索任务的提出和初步的成果

一 以苏联的经验为鉴戒

1956年，是新中国历史上重要的一年。在这一年里，基本完成了对农业、手工业和资本主义工商业的社会主义改造，从而基本解决了无产阶级与资产阶级的矛盾，基本消灭了几千年来的阶级剥削制度，完成了由新民主主义到社会主义的转变，进入了社会主义社会。如何全面地建设这个崭新社会的课题，摆在了中国共产党和全中国人民面前。

1956年，也是世界社会主义发展史上重要的一年。要研究中国1956年及其以后年份的历史，必须了解当时世界社会主义发展的一般状况。

自苏联十月革命成功起，社会主义在世界上取得了巨大的成就。苏联一国建设社会主义取得胜利并战胜了德国法西斯的入侵。第二次世界大战结束后，东欧和亚洲一系列社会主义国家的出现，尤其是东方大国新中国的出现并胜利地进入了社会主义历史发展阶段，这一切显示了社会主义的强大生命力。但是，新生的社会主义在其自身发展进程中，也长期地积累了一些问题，遇到了新的困难。这些问题和困难，在1956年里比较集中地暴露了出来。

经济上，苏联在20世纪二三十年代的历史条件和环境下，建立起了一个高度集中的体制。这既使苏联迅速发展而站稳了脚跟，并经受了苏德战争的严峻考验，又形成一种统得过死、比较僵化的模式，转而限制了苏联经济和社会的进一步发展。重工业过重，轻工业过轻，农业长期发展缓慢，粮食总产量直至1953年还没有达到沙皇俄国最高年份1913年的水准，① 人民生活水平提高得不快。

政治上，苏联建立起了一个高度集权的体制。这种政治体制是与高度集权的经济体制相适应和相伴随的。这与当时处在资本主义包围、一国建设社会主义的环境有关，也与沙俄帝国封建专制主义历史传统的影响有关。更主要的，是苏联共产党的领袖们（又主要是斯大林），没有在社会主义建立和初步巩固之后自觉地扩大党内外的民主，作为社会主义全面发展的重要目标之一和必要条件。过分集中而民主不足，个人崇拜的出现，以及斯大林在社会主义社会矛盾和阶级斗争理论上有重大缺陷，导致苏联自30年代以来，发生了严重的肃反扩大化的错误，一大批老布尔什维克、忠诚正直的共产党人和红军的高级将领，被当作帝国主义间谍和无产阶级的敌人处决或流放②，给苏联的社会主义事业造成了极大的损害。

在兄弟党和兄弟国家关系上，长期以来，斯大林和苏共既有贡献，也有重大错误。帮助了不少国家共产党的建立和发展，支持了许多国家人民的革命斗争。但是，苏共在第三国际中居于领导地位，各国共产党都是共产国际的一个支部，都必须接受和服从共产国际、实质上是苏共中央的领导，又加上1928年9月1日共产国际第六次代表大会通过一项决议，要求各国共产党“绝对地、无条件地保卫苏联”，并以此作为衡量无产阶级国际主义的唯一标准，使得苏共领导人在历史上就形成了指挥、干涉他党他国事务的作风。

1943年共产国际解散，1947年成立了欧洲九国共产党和工人党情报局组织。形式变了，作风未改，以苏联的利益作为世界社会主义的“最高利益”，要求各国共产党和社会主义国家，在国内政治、经济建设上，推行苏联的模式，以与之相适应；在国际活动和外交上，要求协调和服从于苏联的世界战略、策略甚至每一具体

---

① 沙俄1913年粮食总产量为8600万吨，苏联1953年为8250万吨（参见高成兴：《战后苏联经济》，中国人民大学出版社1987年版，第110页）。

② 据毛泽东1957年2月27日在最高国务会议上说，苏共十七大的代表被杀和关的占50%多，中央委员被杀和关的占70%。又据有的材料说：1937年5月至1938年11月，被清洗的苏军高级将领、元帅3人，占60%；集团军司令13人，占86%；军长57人，占67%；师长110人，占56%，旅长220人，占54%。

政策。由于有 1943 年德黑兰会议和 1944 年雅尔塔会议美苏英对战后世界势力的划分，又有战后帝国主义和社会主义两大阵营的出现和对峙，使得这种控制具备了客观条件。南斯拉夫共产党及其领袖铁托不愿受苏联控制，要走自己的建设社会主义的道路，就被斯大林视为异己的力量，将南共开除出欧洲九国情报局组织，并把南斯拉夫逐出社会主义阵营。随后又在波兰、保加利亚、匈牙利、捷克斯洛伐克等国，对一些具有独立性思想和要走自己建设道路的领导人，进行预防性清洗，制造了一些严重的错案。甚至对中国共产党的领袖毛泽东，也一度怀疑是“第二个铁托”。

1953 年 3 月 6 日斯大林逝世，苏联和国际共产主义运动史上的“斯大林时代”随之结束，开始了向新方针、新格局发展的转变期。苏联开始了逐步纠正斯大林时期错误的进程。1953 年 3 月 27 日，释放了一部分斯大林时期关押的政治犯，4 月 4 日，对斯大林生前亲自部署的“克里姆林宫医生间谍集团案”平反；6 月 10 日，苏共《真理报》发表文章，提出了个人崇拜问题，指出：“我们党和国家的领导力量在于它的集体制。”7 月，除掉了身居一人（斯大林）之下、万人之上，制造了大批冤假错案的贝利亚，并开除其党籍，随即开始了陆续为屈死者恢复名誉的工作。1955 年 6 月，赫鲁晓夫采取主动，同布尔加宁率代表团访问南斯拉夫，承认苏共过去对南共的态度是错误的，表示“衷心感到遗憾，并且要坚决消除这个时期的一切芥蒂”。

1956 年 2 月举行的苏共第二十次代表大会，对斯大林的错误正面作了系统的揭露纠正，标志着这个转变期的结束。会前，苏共中央已决定在会上不点名地批评斯大林的错误，在事先拟定的中央工作报告中，写上了关于反对个人崇拜、坚决纠正其错误的内容。大会进行期间，一些代表要求中央具体揭发个人崇拜的后果。据《赫鲁晓夫回忆录》，在此情况下，主席团经过激烈争论，最后决定让赫鲁晓夫作“秘密报告”，即《关于个人崇拜及其后果》的报告。随后，苏共中央于 6 月 30 日作了《关于克服个人崇拜及其后果的决议》。纠正斯大林的错误，尤其是个人崇拜、个人专断和严重破坏民主与法制的错误，是社会主义事业发展的必然要求。否则，苏联党和国家就无法前进，因而这种揭露具有解放思想的积极意义。

但是，暴露和纠正国际共产主义运动中如此重大而长期的问题，必然要产生强烈震动的；加之赫鲁晓夫的报告罗列斯大林的大量错误事实，用语激烈，感情气氛甚浓，却没有作冷静客观的理论分析，本人又没有作必要的自我批评，因此难以令人充分理解。而这些重大问题的揭露，世界各国共产党工人党都缺乏思想准备，却被美国搞到秘密报告抢先发表，掀起反共大浪潮，造成整个国际共产主义的极大被动。一些资本主义国家的党员纷纷退党，出现了一时的混乱。

在经济建设方针上，苏共中央也开始采取了一些新的措施。农业加速发展的任务提到重要地位。苏联30年代集体化运动使得农业生产下降，长期发展缓慢，中间又经苏德战争的严重破坏，到战后的1945年，全国农业生产水平只相当于1940年的60%。1945年至1953年，恢复和发展也不快，农业的任务没有完成。1952年的农业总产量仅达到1940年的99%，1953年才只达到1940年的104%。改进农业成为刻不容缓的问题。1953年8月，部长会议主席马林科夫在最高苏维埃会议上，同年9月第一书记赫鲁晓夫在苏共中央全会上，都对改进农业提出了一些新的措施和规定，包括大幅度削减自留地物产税和取消对某些财产（果树、奶牛等）的实物税，代之以一户家庭为单位按人口比例计算来收取现金的做法，大幅度提高农产品收购价格（提高40%—200%不等），以及一笔勾销集体农庄欠国家的过去未付清的农业税尾数等陈年老账。并从1954年起，开始对农业的体制进行改革，开垦生荒地和熟荒地，取得了一时的效果。

在工业发展的方针方面，意见不一，并成为党内政治斗争所涉及的一个重要内容。1953年8月，马林科夫作报告提出，要大力发展轻工业、食品工业，来不断提高人民的物质文化生活水平。他说：长期以来，我们把基本投资主要地用在发展重工业和运输系统方面，一直到现在为止，我们还没有机会来和以发展重工业同样的速度来发展轻工业和食品工业，现在必须大大增加投资，在消费品的生产方面作急剧的改变，确保轻工业和食品工业得以更迅速的发展，不过，为此我们必须首先确保供应人民以粮食、供应轻工业以原料的农业得到进一步的发展和改进。① 当时，西方的评论将这种政策调整称为“新方针”。苏联有一些经济学家接受这种说法，并论证和宣传这种“新方针”。

但是，长期以来在任何情况下都要以发展重工业为重心的思想仍然占据主要地位。1955年1月底，赫鲁晓夫在苏共中央全会上不指名地对马林科夫和一些经济学家进行批评，说“像过去一样，党认为发展重工业是首要的任务”，党“曾坚定不移地执行了发展重工业这条唯一正确的路线”，现在和将来“也仍然要坚决执行

① 《人民日报》1953年8月10日。

这条路线"。又说，近来一些人"在我国重工业和轻工业的发展速度问题上糊涂起来了"，"这是右倾的复活，是与列宁敌对的观点的复活，当年李可夫和布哈林那一伙人就曾经宣传过这种观点"。提出要同持这种错误观点的人们进行斗争。2月8日，马林科夫在最高苏维埃会议上提出解除他部长会议主席职务的申请。继任部长会议主席职务的布尔加宁发表讲话说：过去"党在和阶级敌人以及他们的走狗进行的尖锐斗争中捍卫了优先发展重工业的路线"，"政府在经济方面今后仍要坚决实行共产党规定的尽力发展重工业的总路线"。

苏联以重工业为中心的路线，不但使得自己的轻工业和农业生产落后，也对东欧国家的经济产生消极影响。由于资金主要投入到重工业，轻工业和农业发展得很差，这就积累起严重的社会矛盾。在这一时期中，党内过"左"斗争和阶级斗争扩大化，也造成了党内危机。苏共二十大揭开了斯大林的盖子后，这些国家中随之出现了改变现状的强烈要求，政局开始动荡不稳。

苏联在长期建设社会主义中积累的问题和斯大林错误被系统地揭露，引起毛泽东等中共中央领导人的密切注意。他们开始以苏联的经验教训为鉴戒，通过总结建国几年来自己的建设经验，思考中国的社会主义建设应走怎样的道路。

1955年12月，主持一线工作的刘少奇在中央政治局召开的省市负责人会议上，传达和部署了将于1956年下半年举行中共第八次全国代表大会的工作。为了准备八大的政治报告，检查和总结第一个五年计划（1953—1957年）的执行情况，研究中国经济发展的道路，他分批约集了工业交通部门和国家经济委员会的负责人听取汇报和座谈。刘少奇陆续提出了关于轻工业与重工业、沿海与内地、战时与平时等关系方面的意见。1956年初，毛泽东听说刘少奇在听取工业部门的汇报，感到很好，要薄一波也给他组织汇报。从2月到4月，毛泽东连续听取了工业、运输业、农业、商业、财政等34个部门的汇报，边听汇报边议论。最后毛泽东汇总成10个问题，在4月26日的中央政治局扩大会议上和随后的5月2日最高国务会议上，作了著名的《论十大关系》报告。这个报告，是后来刘少奇八大政治报告中经济建设部分的理论依据，也是周恩来主持制定"二五"计划的重要依据。

《论十大关系》讲了：一、重工业和轻工业、农业的关系；二、沿海工业和内地工业的关系；三、经济建设和国防建设的关系；四、国家、生产单位和生产者个人的关系；五、中央和地方的关系；六、汉族和少数民族的关系；七、党和非党的关系；八、革命和反革命的关系；九、是非关系；十、中国和外国的关系。毛泽东指出："提出这十个问题，都是围绕着一个基本方针，就是要把国内外一切积极因素调动起来，为社会主义事业服务。"①

在重工业和轻工业、农业的关系上，毛泽东指出："像苏联的粮食产量长期达不到革命前最高水平的问题，像一些东欧国家由于轻重工业发展太不平衡而产生的严重问题，我们这里是不存在的。他们片面地注重重工业，忽视农业和轻工业，因而市场上的货物不够，货币不稳定。我们对于农业、轻工业是比较注重的"，但是，我们"还要适当地调整重工业和农业、轻工业的投资比例，更多地发展农业、轻工业"。从长远观点来看，"多发展一些农业、轻工业……会使重工业发展得多些和快些，而且由于保障了人民生活的需要，会使它发展的基础更加稳固"。②

在沿海工业和内地工业的关系上，毛泽东根据我国全部轻工业和重工业约有70%在沿海，只有30%在内地，这种历史上形成的不合理状况，提出："沿海的工业基地必须充分利用，但是，为了平衡工业发展的布局，内地工业必须大力发展。"他估计新的侵华战争和新的世界大战在短期内打不起来，可能有10年或者更长一点的和平时期，指出应该抓紧时间发展和利用沿海工业，因考虑战争危险，"而对沿海工业采取消极态度是不对的"。③

在经济建设和国防建设的关系上，毛泽东指出，第一个五年计划期间军政费用占国家预算全部支出的30%，"这个比重太大了"。要求在第二个五年计划期间，使它降到20%左右，"以便抽出更多的资金，多开些工厂，多造些机器"。这样，"经过一段时间，我们就不但会有很多的飞机和大炮，而且还会有自己的原子弹"。"我们一定要加强国防，因此，一定要首先加强经济建设。"④

在国家、生产单位和生产者个人的关系上，毛泽东提出，必须兼顾三者的关系，"不能只顾一头"。他还特别指出："苏联的办法把农民挖得很苦。他们采取所谓义务交售制等项办法，把农民生产的东西拿走太多，给的代价又极低。他们这样来积累资金，使农民的生产积极性受到极大的损害。"他打比喻说："你要母鸡多生蛋，又不给它米吃，又要马儿跑得好，又要马儿不吃草。世界上哪有这样的道理！"

---

①《毛泽东文集》第7卷，人民出版社1999年版，第23页。
②《毛泽东文集》第7卷，人民出版社1999年版，第24、25页。
③《毛泽东文集》第7卷，人民出版社1999年版，第25、26页。
④《毛泽东文集》第7卷，人民出版社1999年版，第27、28页。

他要求："鉴于苏联在这个问题上犯了严重错误，我们必须更多地注意处理好国家同农民的关系。"①

在中央和地方的关系上，毛泽东提出："应当在巩固中央统一领导的前提下，扩大一点地方的权力，给地方更多的独立性，让地方办更多的事情。"他说："有中央和地方两个积极性，比只有一个积极性好得多。我们不能像苏联那样，把什么都集中到中央，把地方卡得死死的，一点机动权也没有。"他也要求省市注意发挥地、县、区、乡的积极性，都不能框得太死。同时他还说："也要告诉下面的同志哪些事必须统一，不能乱来。"②

在中国和外国的关系上，毛泽东指出：我们的方针是，一切民族、一切国家的长处都要学，"但是，必须有分析有批判地学，不能盲目地学，不能一切照抄，机械搬用。他们的短处、缺点，当然不要学。"③"特别值得注意的是，最近苏联方面暴露了他们在建设社会主义过程中的一些缺点和错误，他们走过的弯路，你还想走？过去我们就是鉴于他们的经验教训，少走了一些弯路，现在当然更要引以为戒。"

毛泽东论十大关系的报告，是直接以苏联和东欧国家的经验教训为鉴戒，总结自己实践经验的结晶。它的重要意义在于：提出了要探索适合中国情况的社会主义建设道路的历史性任务，并提出了一系列重要的指导思想。1958 年 3 月，他在成都会议上回顾说：1956 年 4 月提出十大关系，开始提出自己的建设路线，原则和苏联相同，但有我们的一套内容。毛泽东在指导中国社会主义建设上，有正确的也有错误的思想，《论十大关系》是他正确思想的重要代表作之一。

从这时起到 1957 年上半年，毛泽东、刘少奇、周恩来、陈云等领导人对如何全面建设中国的社会主义提出了一系列的正确思想，中共第八次全国代表大会为全面建设社会主义作出了正确决策。这一切，构成了一条八大的正确路线。

二　中共八大的正确决策

1956 年 9 月 15 日至 27 日，中共第八次全国代表大会在北京举行。这是在三大

① 《毛泽东文集》第 7 卷，人民出版社 1999 年版，第 29—30 页。
② 《毛泽东文集》第 7 卷，人民出版社 1999 年版，第 31、33 页。
③ 《毛泽东文集》第 7 卷，人民出版社 1999 年版，第 41 页。

改造基本完成，党和国家面临着新的形势和任务情况下召开的。毛泽东致开幕词，刘少奇作政治报告，周恩来作关于第二个五年计划的建议的报告，邓小平作关于修改党章的报告，朱德、陈云、董必武等作了重要发言。这次大会为新时期社会主义事业的发展和党的建设指明了方向，在社会主义时期历史上占有重要的地位。

八大确定了建设社会主义一个长时期阶段的战略目标。

毛泽东在开幕词中指出大会的任务是："总结七大以来的经验，团结全党，团结国内外一切可以团结的力量，为建设伟大的社会主义中国而奋斗。"① 这段话，实际也是八大路线精神的集中概括。它也清楚地表明了建设社会主义的战略目标。

毛泽东自1954年起，就对建设社会主义的目标和步骤作了反复考虑。1954年6月14日，毛泽东提出："我们的总目标，是为建设一个伟大的社会主义国家而奋斗。……究竟需要多少时间？现在不讲死，大概是三个五年计划，即十五年左右，可以打下一个基础。到那时，是不是就很伟大了呢？不一定。我看，我们要建成一个伟大的社会主义国家，大概经过五十年即十个五年计划，就差不多了，就像个样子了，就同现在大不一样了。"② 在这里，毛泽东把总目标的实现，分成头15年和50年（含头15年）两个阶段和步骤。1955年3月21日，毛泽东把这两个步骤所要达到的阶段目标分别定为：15年是"建成社会主义社会"，50年是"建成为一个强大的高度社会主义工业化的国家"。③1955年10月11日，毛泽东又把50年的时间增加为"大约在50年到75年的时间内，就是10个五年计划到15个五年计划的时间内"。④

中共八大鉴于三大改造基本完成，社会主义社会已基本上建立起来的情况，在关于政治报告的决议中对头15年的建设目标，着重讲了工业化方面的任务，规定："为了把我国由落后的农业国变为先进的社会主义工业国，我们必须在3个五年计划或者再多一点的时间内，建成一个基本上完整的工业体系，使工业生产在社会生产中占主要地位，使重工业生产在整个工业生产中占显著的优势，使机器制造业和冶金工业能够保证社会主义扩大再生产的需要，使国民经济的技术改造获得必要的

① 《毛泽东文集》第7卷，人民出版社1999年版，第86页。

② 《毛泽东文集》第6卷，人民出版社1999年版，第329页。

③ 《毛泽东文集》第6卷，人民出版社1999年版，第390页。

④ 毛泽东：《农业合作化的一场辩论和当前的阶级斗争》，1955年10月11日。

物质基础。”① 对于15年以后的发展目标，八大没有去涉及。但八大所谈的15年目标，正是毛泽东关于50年到75年设想的组成部分。1956年11月12日，毛泽东又谈及长远目标，他写道：再过四十五年，“也就是进到二十一世纪的时候，中国的面目更要大变。中国将变为一个强大的社会主义工业国”。② 中共八大制定的党章总纲，还规定了“使中国具有强大的现代化的工业、现代化的农业、现代化的交通运输业、现代化的国防”的四化要求。

15年建成一个基本上完整的工业体系，50年或更长一些时间建成一个强大的社会主义工业国，这是党提出的建设伟大社会主义国家的一个基本构想。它包含了长远发展的战略性目标和实现这一目标的步骤，它反映了当时认为中国的社会主义建设将是半个世纪以上的长期奋斗过程的思想。这是毛泽东和中共中央当时的一个重大战略考虑。

八大正确地解决了全面建设社会主义的一系列方针、政策。

第一，正确规定了生产资料私有制的社会主义改造基本完成后，党和国家的主要任务“已经由解放生产力变为保护和发展生产力”③。

建国后的头七年中，按照七届二中全会的决定，党在把工作重心转移到城市的同时，便开始把生产建设作为一切工作的中心。即使抗美援朝战争期间，党也没有放松经济建设，其他各项工作都是围绕这个中心并为它服务的。各项民主革命任务的逐一完成，都切实地解放了社会生产力，为国民经济的恢复和有计划地建设开了路。国民经济发展的成就，也为社会主义改造提供了重要的物质基础和保证。

三大改造的基本完成，中国社会发生了重大变化。八大关于政治报告的决议指出：“我国无产阶级同资产阶级的矛盾已经基本上解决，几千年来的阶级剥削制度的历史已经基本上结束，社会主义的社会制度在我国已经基本上建立起来了”，“我们国内的主要矛盾，已经是人民对于建立先进的工业国的要求同落后的农业国的现实之间的矛盾，已经是人民对于经济文化迅速发展的需要同当前经济文化不能满足人民需要的状况之间的矛盾”。因而党和国家的主要任务，“已经由解放生产力变为保护和发展生产力”。这些论断，在实际上指出了党和国家的工作着重点应该转移。

① 中国共产党第八次全国代表大会文件》，人民出版社1980年版，第80页。

②《毛泽东文集》第7卷，人民出版社1999年版，第156页。

③《中国共产党第八次全国代表大会关于政治报告的决议》，1956年9月27日。

党的工作着重点由阶级斗争转移到社会主义建设上来，这是整个八大路线的基础和核心。这是以马克思列宁主义对中国的实际情况作出实事求是分析的结果，也是注意到苏联的经验教训的结果。八大期间，毛泽东在同意大利共产党代表团谈话中，分析斯大林20世纪30年代肃反扩大化错误的原因时说：当苏联的阶级斗争已经没有或者很少的时候，客观形势已经发展了，社会已从一个阶段过渡到另一个阶段，人民已经要求用和平的方法来保护生产力，而不是通过阶级斗争来解放生产力的时期，斯大林思想上却没有认识到这一点，还要继续进行以往那样的阶级斗争，这就是他犯错误的根源。

第二，初步提出了区别于传统模式的发挥中央与地方两个积极性的体制和以计划经济为主、以商品经济为辅的社会主义经济模式。

八大依据《论十大关系》的精神，提出了“正确调整中央同地方的关系”的任务。要求“根据统一领导、分级管理、因地制宜、因事制宜的原则，改进国家的行政体制，划分企业、事业、计划和财政的管理范围，适当扩大各省、自治区、直辖市的管理权限，并且注意改进和加强中央各部门的工作”①。规定保证企业在国家的统一领导和统一计划下，在计划管理、财务管理、干部管理、职工调配、福利设施等方面有适当的自治权力。八大之后，中共八届三中全会通过了《关于改进工业管理体制的规定（草案）》、《关于改进商业管理体制的规定（草案）》、《关于改进财政体制和划分中央与地方对财政管理权限的规定（草案）》。总的精神，是把一部分经济管理权力下放给地方行政机关和厂矿企业单位，以利于发挥地方的积极性，同时也不至于损害统一领导和重点建设。这种以简政放权为中心的管理体制改革，是试图突破高度集中、统得过死的传统模式的最初的努力。

在经济模式上，建国初的几年，由于对社会主义持单一公有制即“纯社会主义”的理解，加上三大改造工作上的缺点，1956年中出现了生产资料所有制形式过于单一，经营管理过分集中，统得过死，一些商品短缺，规格单一、质量下降，人民生活不便等情况。毛泽东、周恩来、陈云等都提过一些改进的意见。八大进一步总结了经验，周恩来在关于“二五”计划的建议的报告中指出：我们应在适当的范围内，更好地运用价值规律，来影响那些不必要由国家统购包销的、产值不大的、品种繁多的工农业产品的生产，以满足人民多样的生活需要。因此，“在国家统一市

① 《中国共产党第八次全国代表大会文件》，人民出版社1980年版，第177页。

场的领导下，将有计划地组织一部分自由市场；在一定范围内，将实行产品的自产自销；对某些日用工业品，将推行选购办法；对所有商品，将实行按质分等论价办法”，这“将会对国家的统一市场起有益的补充作用”。①

陈云在八大会议上更明确地提出了“三个主体、三个补充”的社会主义经济体制新格局，他说：“我们的社会主义经济的情况将是这样：在工商业经营方面，国家经营和集体经营是工商业的主体，但是附有一定数量的个体经营。这种个体经营是国家经营和集体经营的补充”；“生产计划方面，全国工农业产品的主要部分是按照计划生产的，但是同时有一部分产品是按照市场变化而在国家计划许可范围内自由生产的。计划生产是工农业生产的主体，按照市场变化而在国家计划许可范围内的自由生产是计划生产的补充”；“在社会主义的统一市场里，国家市场是它的主体，但是附有一定范围内国家领导的自由市场。这种自由市场，是在国家领导之下，作为国家市场的补充，因此它是社会主义统一市场的组成部分”。②

八大关于政治报告的决议吸收了周恩来、陈云的这些重要意见，明确指出：“社会主义经济的主体是实行集中经营，但是也需要有一定范围内的分散经营作为补充。”③ 随后，党和国家按照这种模式，对国民经济结构作了一些调整。在城镇，分散了一部分过于集中的小手工业和小商业，个体经济和自由市场也有所恢复和增加。在农村，允许一部分生产资料如鱼塘、菜地、果园、桑园、成片林木等可以暂不入社，归原主经营；允许社员家庭饲养一定数量的大牲畜；增加了社员的自留地，由原定一般不超过当地人均土地的5%，增加到不超过10%；允许副业生产等采取大公经营、小公经营和个体经营等多种方式。这就使一度集中过多、统得过死的国民经济增加了比较多的活力。这对搞好1957年的经济生活起了重要作用。

第三，正确规定了既反保守又反冒进，即在综合平衡中稳步前进的经济建设方针和若干经济政策。

如何正确认识国情，恰当处置经济建设发展速度，是社会主义建设能否健康发展的重大问题。早在1949年3月中共七届二中全会上，毛泽东和中共中央就充满信心地预言：由于人民革命的胜利、新中国的建立和共产党的领导，加上其他条

---

①《中国共产党第八次全国代表大会文件》，人民出版社1980年版，第216页。

②《陈云文选（1956—1985）》，人民出版社1986年版，第13页。

③《中国共产党第八次全国代表大会文件》，人民出版社1980年版，第84页。

件，“中国经济建设的速度将不是很慢而可能是相当地快的，中国的兴盛是可以计日程功的”。① 建国初的几年，不但有尽快建设好国家的决心与信心，而且有符合国情的方针作指导。从1953年贯彻党在过渡时期的总路线和执行“一五”计划时起，到1955年上半年，党在社会主义改造上的方针是反“左”反右、15年左右逐步过渡。毛泽东说：“所谓逐步者，共分十五年，一年又十二个月。走得太快，‘左’了；不走，太右了。要反‘左’反右，逐步过渡，最后全部过渡完。”② 在经济建设上的方针，是有计划按比例、积极而又稳步地发展前进。正如周恩来所指出的：“毛主席的方针是稳步前进，三年恢复，十年、二十年发展”，“中国工业化，是十年、二十年的问题。欲速则不达，必须稳步前进”。③

但是，经过几年的顺利发展，毛泽东从1955年下半年起，嫌原定的社会主义改造和经济建设速度都太慢了，认为应该大大加快。于是，有对中共中央农村工作部部长邓子恢的批评，说他在农业合作化问题上“右倾”，“像一个小脚女人，东摇西摆地在那里走路”④，给“击一猛掌”，把农业合作化运动推上了急速发展的轨道；又有同年12月《中国农村的社会主义高潮》序言，提出了各项建设事业也都要大大加快和不断地批判“右倾保守思想”的要求⑤，成为1956年发生冒进的重要原因。

1955年12月，刘少奇听取工业部门汇报，周恩来总结建国几年来经济建设的情况提出：建设工业应当做到“多、快、好”。毛泽东赞成说：多快好提得好。李富春建议加了“省”字，毛泽东也赞同。从而形成了一个“又多、又快、又好、又省”的建设方针⑥。1956年元旦社论⑦正式公布了这个方针。随后毛泽东、周恩来在同年1月中共中央召开的知识分子问题会议上，都作过论述。

但是，对于怎样才叫多快好省，怎样才能多快好省，党内、首先是中央领导人的看法、想法并不都一样。毛泽东更着眼于多和快，因而反复强调批评“保守”、反对“右倾”。周恩来则强调要全面理解和贯彻多快好省方针。1956年1月，周恩

① 《毛泽东选集》第4卷，人民出版社1991年版，第1433页。
② 毛泽东：《批判离开总路线的右倾观点》，1953年6月15日。
③ 《周恩来统一战线文选》人民出版社1984年版，第235—238页。
④ 《毛泽东文集》第6卷，人民出版社1999年版，第418页。
⑤ 《毛泽东文集》第6卷，人民出版社1999年版，第447页。
⑥ 薄一波：《深切怀念敬爱的周恩来同志》，1979年1月8日。
⑦ 人民日报社论：《为全面地提早完成和超额完成五年计划而奋斗》，1956年1月1日。

来针对已经露出苗头的求快、求多的冒进情绪，提出：要防止犯右倾保守的错误，也应该注意避免犯盲目冒进的错误。① 但是，贪多求快急躁冒进的倾向与日俱增。同年 5 月，刘少奇主持中央会议确定了既反保守又反冒进的方针。6 月 20 日，《人民日报》发表了《要反对保守主义，也要反对急躁情绪》的社论。随后在 6 月的一届人大三次会议上、7 月的国务院会议上，周恩来、陈云、李先念都对克服经济建设中的冒进倾向作了很大的努力。毛泽东在指导思想的倾向重点上与他们不同，但在具体工作上，还是一定程度地承认有冒进的问题。因而周恩来等的意见在八大会议前后得以起到重要作用。

周恩来在八大会议上作的报告指出：1953 年，在建设中曾经发生过盲目冒进的偏向，1956 年初，又一次发生了这样的偏向，“有些部门和有些地方，急于求成，企图把在 7 年或者 12 年内才能够做完的事情，在三、五年甚至一、二年内做完。这些偏向，都被党中央及时地发现和纠正了”②。

八大关于政治报告的决议指出：我们“有可能高速度地发展我国的生产力。如果对于这种可能性认识不足，或者不努力把这种可能性变为现实性，那就是保守主义的错误。但是，我们也必须估计到当前经济上、财政上和技术力量上的客观限制，估计到保持后备力量的必要，而不应当脱离经济发展的正确比例。如果不估计到这些情况而规定一种过高的速度，结果就会反而妨碍经济的发展和计划的完成，那就是冒险主义的错误。党的任务，就是要随时注意防止和纠正右倾保守的或‘左’倾冒险的倾向，积极而又稳妥可靠地推进国民经济的发展”③。

八大对这一方针的坚持和重申，对于抑制当年出现的冒进和保证 1957 年经济的稳步发展，起了重要作用。后来搞“大跃进”并遭致失败，正是违背了这一正确方针的结果。

八大还明确规定了实现社会主义工业化的一系列经济政策。其中特别重要的有：

处理好重工业、轻工业和农业的关系。早在 1949 年 12 月，周恩来就指出：“我们必须在发展农业的基础上发展工业；在工业的领导下提高农业生产的水平。没有

---

① 周恩来：《政治报告》（1956 年 1 月 30 日，在中国人民政治协商会议第二届全国委员会第二次全体会议上）。

②《中国共产党第八次全国代表大会文件》，人民出版社 1980 年版，第 193—194 页。

③《中国共产党第八次全国代表大会文件》，人民出版社 1980 年版，第 85 页。

农业基础，工业不能前进；没有工业领导，农业就无法发展。”① 1950年，刘少奇也提出：在和平环境中，我们要以主要的力量来发展农业和轻工业。同时，建立一些必要的国防工业。然后以更大的力量来建立我们重工业的基础，再在已经建立和发展起来的重工业的基础上，大大发展轻工业，并使农业生产机器化。②“一五”期间，党参照苏联实现工业化的经验，从中国工业十分薄弱、朝鲜战争和国际形势出发，确定了集中主要力量优先发展重工业的方针，同时也注意了相应发展轻工业和农业。1956年春，毛泽东总结国内经验、借鉴苏联的教训，提出了多发展一些农业和轻工业的重要意见。八大关于政治报告的决议，确定了在优先发展重工业的同时，积极地发展轻工业和农业的政策。③重视农业、轻工业的发展，是发展社会主义经济上的一个重要思想。

正确处理经济和财政、积累和消费的关系。周恩来在八大会议上关于“二五”计划的建议的报告中指出：应该正确地处理经济和财政的关系。而这必须考虑积累和消费之间正确的比例关系。④薄一波在大会发言中提出：根据1953年到1956年的实践经验，“在今后若干年内，在通常的情况之下，我国国民收入中积累部分的比重，不低于20%，或略高一点；我国国民收入中国家预算收入的比重，不低于30%，或略高一点；国家预算支出中基本建设支出的比重，在若干年内不低于40%，或略高一点”。他认为，这“比较稳妥可靠。当然，这不是说在任何情况下都是一成不变的，而应根据具体情况作合理的安排，而把这些比例数字作参考”。⑤薄一波提出的探讨性意见是重要的，当时受到重视，可惜后来被任意抛在了一边。

第四，制定了发展科学和文化艺术的正确方针。

发展科学文化，是发展社会主义事业的重要组成部分。为了发展科学和文化事业，党制定了“百花齐放、百家争鸣”的方针。

这一方针是由毛泽东陆续提出的。据龚育之、刘大年等回忆和介绍⑥：早在

---

①《周恩来选集》下卷，人民出版社1984年版，第10页。

②《刘少奇选集》下卷，人民出版社1985年版，第4页。

③《中国共产党第八次全国代表大会文件》，人民出版社1980年版，第81页。

④《中国共产党第八次全国代表大会文件》，人民出版社1980年版，第196页。

⑤《中国共产党第八次全国代表大会文件》，人民出版社1980年版，第196页。

⑥ 参见龚育之、刘武生：《“百花齐放”、“百家争鸣”的提出》（《光明日报》1986年5月21日第1版）；刘大年：《“百家争鸣”方针侧闻记》，《文献和研究》1986年第4期，第40页。

1951 年，毛泽东为中国戏曲研究院的成立，写了“百花齐放，推陈出新”的题词。1953 年秋，历史研究委员会主任陈伯达向毛泽东请示办刊物的方针，毛泽东回答说：“百家争鸣。”1956 年 4 月 28 日，毛泽东在中共中央政治局扩大会议上作总结发言时说：“百花齐放，百家争鸣，我看这应该成为我们的方针。艺术问题上百花齐放，学术问题上百家争鸣。”在 5 月 2 日的最高国务会议上，毛泽东正式宣布了这个方针，他说：现在春天来了嘛，一百种花都让它开放，不要只让几种花开放，还有几种花也让它开放，这叫百花齐放。百家争鸣是诸子百家，春秋战国时代，二千年前那个时候，有许多学说，大家自由讨论，现在我们也需要这个。

同年 5 月 26 日，中共中央宣传部部长陆定一向自然科学家、社会科学家、文学艺术家等作报告，系统地阐述了毛泽东提出的这一方针，他说：“我们所主张的‘百花齐放，百家争鸣’是提倡在文学艺术工作和科学研究工作中有独立思考的自由，有辩论的自由，有创作和批评的自由，有发表自己的意见、坚持自己的意见和保留自己的意见的自由。”“我们主张政治上必须分清敌我，我们又主张人民内部一定要有自由。‘百花齐放，百家争鸣’，是人民内部的自由在文艺工作和科学工作领域中的表现。”①

中共八大的政治报告和决议对“双百方针”作了阐述，特别指出：“科学上的真理是愈辩愈明的，艺术上的风格是必须兼容并包的。党对于学术性质和艺术性质的问题，不应当依靠行政命令来实现自己的领导，而要提倡自由讨论和自由竞赛来推动科学和艺术的发展。”②“用行政的方法对科学和艺术实行强制和专断，是错误的。”③

第五，规定了扩大人民民主、健全社会主义法制的政治战略。

由于国内阶级关系和社会主要矛盾的变化，也由于对苏联和东欧国家教训的注意，1956 年 7 月，周恩来就明确提出：“现在我们的人民民主专政应该是：专政要继续，民主要扩大”，“这一方面是形势许可，另一方面是从整个无产阶级专政的历史中得来的经验。我们的人民民主专政是为了建设社会主义，消灭剥削阶级。专政的权力虽然建立在民主的基础上，但这个权力是相当集中相当大的，如果处理不好，就容易忽视民主。苏联的历史经验可以借鉴。所以我们要时常警惕，要经常注

① 《人民日报》1956 年 6 月 13 日。

② 《中国共产党第八次全国代表大会文件》，人民出版社 1980 年版，第 43—44 页。

③ 《中国共产党第八次全国代表大会文件》，人民出版社 1980 年版，第 86 页。

意扩大民主，这一点更带有本质的意义”。[①] 为此，他提出，这要在国家制度上想一些办法，例如使人大代表经常去接触人民，在人大会上所有代表的发言，包括批评政府工作的发言，都要发表出来。允许唱“对台戏”。这是社会主义的“戏”。政府应该让人民代表批评自己的错误，参加对政府工作的检查，一直到检查公安、司法工作。中央和地方也要互相监督，推动工作，减少官僚主义，经常反对官僚主义。[②]

刘少奇在八大政治报告中专门论述了“进一步扩大民主，开展反对官僚主义斗争”的任务。提出要认真地、有系统地改善国家机关，精减机构，明确职责，改进工作；加强各级人民代表大会对政府的监督；适当地调整中央和地方的行政管理职权，把一部分行政管理职权分给地方，既能够发挥中央机关的积极性，也能发挥地方的积极性，使中央和地方都有必要的机动，又便于实行互相的监督。[③]

扩大人民民主，巩固人民民主专政，必须加强法制建设。刘少奇在报告中指出了制定比较完备的法律、健全国家法制的任务，他说：“现在，革命的暴风雨时期已经过去了，新的生产关系已经建立起来，斗争的任务已经变为保护社会生产力的顺利发展，因此，斗争的方法也就必须跟着改变，完备的法制就是完全必要的了。”“我们目前在国家工作中的迫切任务之一，是着手系统地制定比较完备的法律，健全我们国家的法制。”公民只要没有违反法律，他的公民权利就是有保障的，不会受到任何机关和任何人的侵犯，如果有人非法地侵犯，国家就必然出来加以干涉。公安机关、检察机关和法院，必须贯彻执行法制方面的分工负责和互相制约的制度。同反革命分子和其他犯罪分子进行坚决斗争时，也“必须严格地遵守法制”。[④]

董必武在发言中强调指出：当前进一步加强人民民主法制的中心环节，就是要“依法办事”。必须做到“有法可依”，“有法必依”。一方面，要赶快把国家尚不完备的重要法制规定出来；另一方面，凡属已有法律规定的，必须遵照执行。对于那些故意违反法制的人，不管他现在地位多高，过去功劳多大，必须一律追究法律责任。此外，还要适当加强司法机关和检察机关的组织，加速推行律师制度和公证制

① 《周恩来选集》下卷，人民出版社1984年版，第207页。

② 《周恩来选集》下卷，人民出版社1984年版，第207页。

③ 《中国共产党第八次全国代表大会文件》，人民出版社1980年版，第52—53页。

④ 《中国共产党第八次全国代表大会文件》，人民出版社1980年版，第56—58页。

度，逐步建立公断制度。①

扩大人民民主、巩固人民民主专政，必须继续巩固人民民主统一战线，正确处理共产党同各民主党派和民主人士的关系，是其中的一个重要内容。1956年4月，毛泽东在《论十大关系》的报告中提出了“长期共存，互相监督”的方针。同年7月，周恩来阐明说：共同存在，可以起互相监督的作用。能听到不同意见，有助于我们党前进，不会停止，不会蜕化。② 刘少奇在八大的政治报告中指出：在社会主义改造完成以后，民族资产阶级和上层小资产阶级的成员将成为社会主义的劳动者的一部分，各民主党派就将变成这部分劳动者的政党，各民主党派同共产党一道长期存在，在各党派之间也能够起互相监督的作用。我们应当善于从各民主党派和无党派民主人士的监督和批评中得到帮助。③

第六，规定了加强执政党建设的正确方针。

邓小平在关于修改党章的报告中分析党的状况指出：中国共产党已经是执政的党，已经在全部国家工作中居于领导地位，这使我们面临着新的考验。执政党的地位，很容易使我们的同志沾染上官僚主义的习气，脱离实际和脱离群众的危险比过去增加了；也很容易在共产党员身上滋长着一种骄傲自满情绪，产生一种狭隘的宗派主义的倾向。党必须经常注意进行反对主观主义、官僚主义和宗派主义的斗争。

为着加强执政党的建设，邓小平论述了贯彻党的群众路线、贯彻执行民主集中制原则、巩固党的团结和统一、提高对于党员的要求、扩大党员的权利等问题。他特别强调加强集体领导和申明了党反对个人崇拜的方针。他说：列宁主义要求党在一切重大的问题上，由适当的集体而不由个人作出决定。个人决定重大问题，是同共产主义政党的建党原则相违背的，是必然要犯错误的。只有联系群众的集体领导，才符合于党的民主集中制原则，才便于尽量减少犯错误的机会。他又说：要正确理解阶级、政党和领袖的关系，苏共二十大的一个重要的功绩，是告诉我们把个人神化会造成多么严重的恶果。我们党也厌弃对于个人的神化，在七届二中全会上，党中央根据毛泽东同志的提议，决定禁止给党的领导者祝寿，禁止用党的领导者的名字作地名、街名、企业的名字，这对于制止歌功颂德，起了很有益的作用。

---

①《中国共产党第八次全国代表大会文件》，人民出版社1980年版，第257—263页。

②《建设社会主义的光辉思想》，中共中央党校出版社1985年版，第19页。

③《中国共产党第八次全国代表大会文件》，人民出版社1980年版，第50页。

党中央历来也反对向领导者发致敬电和报捷电，反对在文学艺术作品中夸大领导者的作用。当然，个人崇拜是一种有长远历史的社会现象，这种现象，也不会不在我们党的生活和社会生活中，有它的某些反映。“我们的任务是，继续坚决地执行中央反对把个人突出、反对对个人歌功颂德的方针，真正巩固领导者同群众的联系，使党的民主原则和群众路线，在一切方面都得到贯彻地执行。”①

八大通过的新党章，还规定了党员有八项义务和七项权利。有实行批评与自我批评，揭露工作中的缺点和错误并加以克服的义务，“向党的领导机关直到党的中央委员会报告工作中的缺点错误；同党内外一切危害党和人民利益的现象进行斗争”；也有“对于党的决议如果有不同意的地方，除了无条件地执行以外，可以保留和向党的领导机关提出自己的意见”的权利，也有“向党的任何一级组织直到中央委员会提出声明、申诉和控诉”的权利。②这些规定，对于提高党员素质、扩大和健全党内的民主具有重大意义。

中共八大对国内形势和面临任务所作出的判断，所提出的一系列重要思想和方针政策，构成了全面建设社会主义的正确路线。这也是中国共产党集中集体智慧，在探索适合中国情况的社会主义建设道路上获得的一批丰硕成果。中共八大的成就，在中国社会主义发展史上具有不可磨灭的光辉。

三　八大的局限性

像任何历史上的事物都难免有一定的历史局限性一样，中共八大也有其美中不足之处。在26年后的中共十二大会议上，邓小平指出：“1956年召开的党的第八次全国代表大会，分析了生产资料私有制的社会主义改造基本完成以后的形势，提出了全面开展社会主义建设的任务。‘八大’的路线是正确的。但是，由于当时党对于全面建设社会主义的思想准备不足，‘八大’提出的路线和许多正确意见没有能够在实践中坚持下去。”因而，“‘八大’以后，我们取得了社会主义建设的许多成就，同时也遭到了严重的挫折”。③

---

①《中国共产党第八次全国代表大会文件》，人民出版社1980年版，第141页。

②《中国共产党第八次全国代表大会文件》，人民出版社1980年版，第100—101页。

③《中国共产党第十二次全国代表大会文件汇编》，第2页。

“对于全面建设社会主义的思想准备不足”，应该是既包括全党对于八大路线的理解程度和贯彻执行的自觉程度上，也包括八大自身的认识所表现出的某些不足。这些不足，大致有以下几点：

第一，对阶级关系变化的认识上，尚有不够之处。

大会没有指出，随着社会主义改造的基本完成，我国最后一个剥削阶级民族资产阶级已经基本上被消灭了，八大只讲到“资产阶级作为一个阶级已经处在消灭的过程中”① 的程度。这对后来党在长时间里没有宣布这个阶级作为完整的阶级已经消灭，从而发生大搞反对资产阶级斗争的扩大化错误，是有影响的。

对知识分子的估计，由 1956 年初知识分子会议关于知识分子的大多数“已经是工人阶级的一部分”② 的认识，退了一步，认为他们仍属于资产阶级和小资产阶级范畴，仍然当作“团结、教育、改造”的对象。

虽然原则上预计了：“在社会主义改造完成以前，阶级斗争仍然继续存在，在社会主义改造完成以后，社会主义和资本主义的立场、观点和方法之间的斗争，还会继续一个很长的时间”③，但是对于社会主义改造基本完成以后，只在一定范围内存在的阶级斗争的特点和规律，还缺乏进一步的明确认识与分析。因而后来一遇到某种矛盾激化等情况时，很容易地转回到以往那种以阶级斗争为主要矛盾的看法、做法上去。

在“过渡时期”的理论认识上，也存在重要缺点。

第二，对社会主义建设的长期性和艰巨性思想准备不足，对冒进思想在整个建设过程中可能具有的危害性估计不充分。

八大没有指出在我国建设社会主义将是一个相当长期、极其艰巨的任务。虽然当时有一个 15 年建立基本上完整的工业体系、50 年建成一个强大的工业国的设想，具有一般的长期建设考虑，但这种考虑又目标过高地与赶上和超过世界最先进的资本主义国家相连，甚至与可能达到共产主义相连。这个长期考虑中就隐伏着不完全切合国情和社会主义建设规律的因素在内，存在着导致“左”倾错误发生的可能性。

特别是，由于 1947 年以后的 10 年中，新民主主义革命在全国的胜利、国民经济的恢复、社会主义改造的基本完成，都是加速提前实现，使得人们逐渐走到过高

① 邓小平：《关于修改党的章程的报告》，1956 年 9 月 16 日。

②《周恩来选集》下卷，人民出版社 1984 年版，第 162 页。

③ 刘少奇：《中国共产党中央委员会向第八次全国代表大会的政治报告》，1956 年 9 月 15 日。

夸大主观能动性的作用方面，轻视建设困难的思想，以为社会主义建设也将会很快取得成功的思想，在党内逐渐滋长和发展起来。1955年年底开始出现的建设上急躁冒进的情绪，虽然受到反冒进批评的制约，却没能使毛泽东真正地在指导思想上接受。八大的决议上虽然得出在综合平衡中稳步前进的正确方针，却并没有真正统一得了全党的思想。由于对这一方针只是一般地表述为既反对右倾保守、又反对"左"倾冒进，没有进一步指出当时的主要倾向是"左"倾冒进，更没有指出急于求成、急躁冒进情绪有可能是我国经济建设过程中长期的主要危险，因而应当着重反对和防止。随后"左"的经济建设思想抬头发展时，也就受不到有力的抵制，正确的方针被轻易地抛到了一边。

第三，对社会主义改造基本完成后社会主要矛盾的实质说法不当。

八大的决议在强调社会主要矛盾是要发展生产力这个正确论断时，使用了"这一矛盾的实质……也就是先进的社会主义制度同落后的生产力之间的矛盾"的不精确说法。似乎社会制度、生产关系可以超越生产力。1957年八届三中全会上，毛泽东发现并指出了这一提法在理论上不当，同时从积极方面作了解释，说其本意是想讲要大力发展生产力。但是，从在此以前特别是在此以后，总在加速提高生产关系的公有程度上打主意，借以来促生产力的发展上来看，八大的上述不恰当提法，不仅仅是提法上的一时疏忽，实质上也是急于用生产关系的变革来发展生产力思想的反映，只从提法上改变，并未真正触动隐藏于其背后的不正确思想。因而不久，在生产关系上很快便冒出"一大二公"的模式，并错误地认为这是社会主义制度先进性的表现。

第四，对经济管理体制改革的实质认识不大清楚。

八大根据毛泽东关于正确处理中央同地方关系的思想，提出了对经济管理体制进行调整改革的要求。随后于1957年八届三中全会上制定关于改进工业、商业、财政管理体制的规定。当时思考的范围，仅限于中央同地方、地方与企业分权问题，以为这将可能避免苏联高度集权的弊病。实际上，对苏联经济体制这个僵化的模式认识得尚不深透，对中国建国后基本上照苏联模式建立起的体制的许多弊病也认识不深。这种以简政放权、分权为中心的管理体制改革，并没有冲破苏联的框框。相反，由于同时加强了党政不分、政府与经济组织的趋同，使得下放的权力在各个层次上仍集中于党的系统。后来搞"大跃进"，全国各级各地的经济活动都死死地服从于中央的总计划，使得政企职责不分、条块分割，国家对企业统得过多过死，以及忽视商品生产和市场作用，分配中的平均主义等，反而大大强化了，并成为不适应生产力发展要求的僵化模式。

第五，在民主与法制建设上，在反对个人崇拜问题上有重要缺陷。没有提出和解决党和国家领导制度中权力过于集中的弊端。

八大提出了扩大民主、健全法制的任务，但是没有把建设高度的社会主义民主作为建设社会主义的战略目标和根本保证的高度来认识，也没有确立起把“人治”变为“法治”的思想。因而会后没有真正做到把法制的健全与建设放到应有的重要地位，以致破坏起来也就很容易。

八大在民主与法制建设上提出的一些要求也没有都落到实处。尤其是八大之后不久，毛泽东还从理论上论证说民主并不是目的，实际上只是一种手段，既然是一种手段，就可以用，也可以不用；可以这样用，也可以那样用。这就出现了1957年中，让人们讲话、“鸣放”的民主，变成了一种“引蛇出洞”的策略手段，成了一种围攻不同意见的工具。这样，民主变成了它的反面。

八大肯定了苏共二十大反对个人崇拜是一个重要功绩，也一般地申明了党反对把个人突出、反对对个人歌功颂德的方针，这是具有重大意义的。但是，又强调党中央历来是反对个人崇拜的，似乎毛泽东是最反对个人崇拜的，党中央最高层并不存在个人崇拜。党内有个人崇拜也只是在下面，如同1955年对高岗反党行为所作的决议中，针对高岗所提到的：要同“个人崇拜习气作斗争”。并非是指党的最上层一样。八大避开了反对和防止中央最上层可能发生而且事实上早已存在个人崇拜的现实问题，又没有制定出防止个人崇拜的有效措施和严密制度。因而事隔不久，党内又有了认为要有“正确的个人崇拜”的不正确思想出现，并逐渐占了上风，造成了严重后果，走到了八大路线的要求的反面。

八大的这些不足之处，反映了探索社会主义建设新道路的初始阶段，实践经验水平和理论认识水平的历史局限性。这在当时是难以完全避免、不足为怪的，这些不足之处的存在，并不影响八大路线的光辉。但是，这些不足之处确实也是后来出现社会主义建设重大失误的一个内在因素。

四　八大路线的丰富和发展

中共八大闭幕之后，大会所提出和确定的一些重要思想和方针继续得到丰富和发展，成为八大路线的有机组成部分。

首先，在经济建设的方针和理论上，周恩来阐发了“又要重工业，又要人民”的思想，陈云提出了“建设规模要和国力相适应”的原则。

八大之后，周恩来、陈云进一步领导了纠正经济建设上的冒进的倾向。国务院根据国家经委关于1956年经济建设存在规模过大、社会购买力增加过多等矛盾的报告，于11月6日发出了《关于严格审查与控制1956年基本建设的紧急指示》。在此基础上，拟定了压低发展速度的1957年经济计划。

11月10日，周恩来在中共八届二中全会上作了《1957年度国民经济发展计划和财政预算的控制数字》的报告。

周恩来阐明了从国际事件中我们应注意的教训。他说：第一，社会主义国家也可能犯而且有的已经犯了沙文主义错误，就是“对外的大国主义，对内的大民族主义，对人民的专制主义”①，在我们国家是不是也可能产生呢？我们要时常注意这些问题。第二，苏联和其他一些社会主义国家在优先发展重工业中，忽视了人民的当前利益，“毛泽东同志在这几个月常说，我们又要重工业，又要人民。这样结合起来，优先发展重工业才有基础”②。

周恩来提出，八大确定的“在三个五年计划或者再多一点的时间内，建成一个基本上完整的工业体系”的远景规划，是不是可以放慢一点速度。“经过八大前后的研究，我们觉得可以放慢一点”，我们“这样一个大国，数量上的增长稍微慢一点，并不妨碍我们实现工业化和建立基本上完整的工业体系。这样，我们的计划就好安排了”。③

他还提出：八大关于“二五”计划的建议和农业发展纲要四十条规定的每年进度指标，“这两个文件经过我们研究以后觉得可以修改。上不去，就不能勉强，否则把别的都破坏了，钱也浪费了，最后还得退下来。凡是不合实际的都可以修改，这样就把我们的思想解脱了，不然自己圈住了自己”。

他谈了对“一五”计划的看法和1956年冒进的情况。他说：“第一个五年计划基本上是正确的，成绩很大，但是错误不少。”错误方面，“1953年小冒了一下，今年就大冒了一下。”“1956年的计划总的说是打冒了”，预算收入295亿元，支出

---

①《周恩来选集》下卷，人民出版社1984年版，第229页。

②《周恩来选集》下卷，人民出版社1984年版，第230页。

③《周恩来选集》下卷，人民出版社1984年版，第233页。

308.73亿元，动用了上年结余款10亿元，不得不多发票子，农贷有19.7亿元，当年收不回，别的短期贷款也有当年收不回的，因此，赤字总共有20亿至30亿元。票子到年底发行总数为51亿至55亿元，比去年的41亿元多发10亿至15亿元，因之比去年多销了40亿元商品，商品库存减少了20亿元。基本建设投资，由上年的82亿元猛增到140亿元，于是各方面都紧张。行政和工人增加过多，开支大增。收入方面却少收了三四亿元。总之，"今年管得有些松了，马已经上去了，不能下马太快，否则要摔跤，影响不是一年的。1956年成绩是有的，但肯定是冒进了"①。

周恩来根据1956年冒进的情况，提出了1957年的经济计划。"方针是：'保证重点，适当收缩'。""不适当收缩会影响货币、物资，各方面的平衡。也可能出现中国的波兹南事件②。"财政控制数字是收入306.5亿元，支出308.64亿元，收入比上年增长8%。基本建设总投资为124.73亿元，为上年的94.6%。这样安排，1957年的财政收入和外汇等也还是比较紧的。因而他提出，1957年开展一个以反官僚主义、反浪费为重点的增产节约运动，勤俭建国，养成优良作风。③

八届二中全会同意了周恩来提出的1957年经济工作方针和控制数字。这是贯彻八大正确经济建设指导方针，纠正冒进错误的一个重要会议，把1957年的经济建设工作放在了积极而又稳妥可靠的基础上，保证了1957年建设的健康顺利发展。二中全会后不久，刘少奇在一次会议上说："今年6月（一届人大三次会议）通过的预算，几个月以后发现其中有问题，二中全会做了结论，说有二三十亿元用得不妥当。对于这样的错误，要吸取教训。"④

接着，陈云于1957年1月28日在省、市、自治区党委书记会议上讲话，对经

① 据出席八届二中全会人员的记录稿：《周恩来同志关于1957年国民经济计划的报告》，1956年11月10日。

② 波兹南是波兰西部的一个城市，1956年6月28日，该市的斯大林工厂数千名工人罢工，走上街头。在斯大林广场上形成数万、数十万人的人群，随后演变成骚动和流血事件。在冲突中，53人死亡，270人受伤。事件于当时平息。这一事件是国内经济、政治危机积累的结果；其直接导因，是工人对提高生产定额和出现的停工造成职工工资下降，多年的高税收以及祸患的社会条件、住宅条件严重不满。

③ 出席八届二中全会人员的记录稿：《周恩来同志关于1957年国民经济计划的报告》，1956年11月10日。

④ 刘少奇：《在各省、市委组织部长会议上的讲话》，1956年12月4日。

济建设的指导方针作了进一步总结概括，提出了“建设规模要和国力相适应”的论点。

陈云说：“建设规模的大小必须和国家的财力物力相适应。适应还是不适应，这是经济稳定或不稳定的界限。”① 像我们这样一个有6亿人口的大国，经济稳定极为重要。建设的规模超过国家财力物力的可能，就是冒了，就会出现经济混乱；两者适应，经济就稳定。如果保守了，妨碍建设应有的速度也不好，但是，纠正保守比纠正冒进要容易些。

他表示很赞同薄一波在八大会议上关于三种比例关系的研究，认为寻找这些比例关系是完全必要的。同时他说：“我现在想从另一个角度，即从其他方面试图寻找一些制约的方法，来防止经济建设规模超过国力的危险。”一是财政收支和银行信贷都必须平衡，而且应该略有结余。二是物资要合理分配，排队使用。在原材料供应紧张的时候，首先要保证生活必需品的生产部门最低限度的需要。其次，要保证必要的生产资料生产的需要，剩余的部分用于基本建设。基本建设搞多少，不决定于钞票有多少，而决定于原材料有多少。三是人民的购买力提高的程度，必须同能够供应的消费物资相适应。四是基本建设规模和财力物力之间的平衡，不单要看当年，而且必须瞻前顾后。避免陡升陡降，造成损失。五是农业对经济建设的规模有很大的约束力。这在今后相当长的时期内，都会是如此。

他还提出要研究国民经济的各种比例关系，例如重工业、轻工业、农业的投资比例，煤、电、运输等先行部门投资不够因而落后的问题，钢铁工业和机械工业的关系，民用工业和军用工业的关系，大厂小厂、先进落后的问题，建设中“骨头”和“肉”的关系等。

陈云提出的建设规模要和国力相适应的论点，经济建设必须保持财政收支、银行信贷、物资供应三大平衡的论点，把我国社会主义经济建设的理论提高到了一个新的高度。

第二，毛泽东提出了正确处理人民内部矛盾的理论。

1956年2月苏共二十大后，作为公开揭露和纠正斯大林一系列严重错误的连锁反应，东欧一些国家政局动荡，陆续发生了5月波兰的波兹南事件，10月华沙学生上街游行事件，波党中央改组，②10月下旬到11月初的匈牙利暴乱事

① 《陈云文选（1956—1985）》，人民出版社1986年版，第44页。

② 1956年3月12日，波兰统一工人党第一书记贝鲁特猝逝于莫斯科，奥哈布继任。7月18日，

件。[①] 在中国，1956年进入社会主义改造高潮后，由于社会大变动、经济建设有冒进等原因，也出现了一些新的社会矛盾，自下半年9月起至1957年春天，一些城市和农村发生了约一万余名工人罢工，30起共万余名学生罢课请愿，少数农民闹退社、分社，以及进京上访告状等事情。在这种情况下，毛泽东于1956年下半年开始系统地研究社会主义社会中的人民内部矛盾问题。不但把中国共产党历史上

波党举行七中全会，研究了6月波兹南事件的原因，认为“寻找事件的原因时把我们的注意力集中在煽动者和帝国主义走狗的阴谋上去，那是错误的”，“极大部分的责任要归中央和地方领导者的官僚主义和愚昧无知”。“波兹南事件是一个警告，它证明在党同人民各阶层之间的关系方面存在着重大的错误。”为此，决定要采取措施，克服缺点、改善人民生活，合理管理经济及实行政治生活民主化。在此基础上，波党于10月19日举行八中全会，重新选举中央政治局，哥穆尔卡出任第一书记。苏共中央领导人赫鲁晓夫等赶到华沙进行干预，被波党中央顶住。

① 匈牙利事件是指1956年10月23日从布达佩斯发生、波及全国主要地区的大动乱。苏共二十大后，长期受苏干涉的匈牙利出现纠正错误、走自己建设道路的要求，局势不稳。1956年3月17日，一批党员干部和知识分子组成裴多菲俱乐部，进行了一系列的会议讨论和宣传活动。匈牙利劳动人民党第一书记拉科西加以镇压，但控制不了局势。7月，苏共中央派米高扬赴匈要拉科西辞职，由格罗接任第一书记职务。匈党中央于7月作出决议，试图克服面临的政治、经济困难，但未能解决问题。10月23日，在首都布达佩斯发生大规模的群众性动乱，演变成武装战斗。军事仓库、电话交换台、电台、报社被占领。当晚，匈党中央决定由纳吉•伊姆雷出任政府总理。24日上午，又宣布请苏军出兵。动乱未得制止，各种人都加入到动乱的浪潮中来。24日下午，米高扬到布达佩斯要格罗辞职，由卡达尔任第一书记。28日，新总理要求苏军撤兵，30日下午宣布苏军已开始撤退。31日夜和11月1日凌晨，苏军第二次自行出兵匈牙利。匈内阁会议决定退出华沙条约，宣布中立，并向联合国呼吁要求四大国帮助维护中立。11月4日，由卡达尔•亚诺什为总理新组成的工农革命政府宣告成立。6日，匈党宣布更改党名为社会主义工人党，成立了以卡达尔为首的临时中央，调整和着手重建党的组织。匈牙利事件平息。关于这一事件的性质，当年及30年以后的1986年，匈党中央都宣布和重申说是“反革命武装暴动”。其发生的原因是：一、拉科西等领导人长时间的错误；二、纳吉等人的利用；三、国内敌对分子的作用；四、国际帝国主义的作用。到了1988年2月10日至11日，匈牙利社会工人党中央举行全会重新讨论事件，改认为这次事件的性质是“人民起义”，全会公报说：“在1956年，领导在革新方面的无能为力导致了政治性爆炸。爆发了真正的起义，人民起义。在这次起义中，民主社会主义力量起了作用，但一开始就混杂了企图复辟的势力，社会的残渣余孽和声名狼藉的分子。到10月底，反革命的行动增多了。”党的总书记格罗斯说：“中央委员会绝大多数人的看法是：开始是一场起义，许多正直、善良和对当时状况不满的人参加了斗争。他们参加游行示威，最后拿起了武器。他们不是反对社会主义制度，而是反对当时当政的集团，在这个过程中，反革命分子也越来越多。在过去30年中，只突出了这些反革命因素，而忘记了人民的因素。”

善于处理敌我友关系和革命队伍内部关系的好经验好传统，在新历史条件下加以发扬，而且把《论十大关系》中所体现的正确处理人民内部各种关系的思想，升华到了一个新的理论高度。

毛泽东提出正确处理两类矛盾的命题，最早出现于 1956 年 12 月 4 日《致黄炎培①》的信中，他写道："社会总是充满着矛盾。即使社会主义和共产主义社会也是如此，不过矛盾的性质和阶级社会有所不同罢了。既有矛盾就要求揭露和解决。有两种揭露和解决的方法：一种是对敌（这里说的是特务破坏分子）我之间的，一种是对人民内部的（包括党派内部的，党派与党派之间的）。前者是用镇压的方法，后者是用说服的方法，即批评的方法。"他指出："我们国家内部的阶级矛盾已经基本上解决了（……），所有人民应当团结起来。但是人民内部的问题仍将层出不穷，解决的方法，就是从团结出发，经过批评与自我批评，达到团结这样一种方法。"他表示："我高兴地听到民建会这样开会法，我希望凡有问题的地方都用这种方法。"②

1956 年 12 月 29 日，《人民日报》发表根据中共中央政治局扩大会议关于苏共二十大以来国际共运问题的讨论而写成的文章：《再论无产阶级专政的历史经验》。文章第一次从国际共产主义运动范围上公开提出了两类矛盾问题，指出："在我们面前有两种性质不同的矛盾：第一种是敌我之间的矛盾（……）。这是根本的矛盾，它的基础是敌对阶级之间的利害冲突。第二种是人民内部的矛盾（在这一部分人民和那一部分人民之间，共产党党内这一部分同志和那一部分同志之间，社会主义国家的政府和人民之间，社会主义国家相互之间，共产党和共产党之间，等等）。这是非根本的矛盾，它的发生不是由于阶级利害的根本冲突，而是由于正确意见和错误意见的矛盾，或者由于局部性质的利害矛盾。它的解决首先必须服从于对敌斗争的总的利益。人民内部矛盾可以而且应该从团结的愿望出发，经过批评或者斗争获得解决，从而在新的条件下得到新的团结。""决不应该把人民内部的矛盾同敌我之间的矛盾等量齐观，或者互相混淆，更不应该把人民内部的矛盾放在敌我矛盾之上。"

1957 年 1 月 27 日，毛泽东在省市自治区党委书记会议上，又一次论及了社会主义社会矛盾和人民内部矛盾问题，他说："社会主义社会也是对立统一的，有人

---

① 黄炎培（1878—1965），字任之。中国民主建国会主任。历任第一、二、三届全国人大常委会副委员长。

② 《毛泽东书信选集》，人民出版社 1983 年版，第 514—515 页。

民内部的对立统一，有敌我之间的对立统一。”“怎样处理社会主义社会的敌我矛盾和人民内部矛盾，这是一门科学，值得好好研究。”毛泽东把如何正确处理人民内部矛盾这一命题加以展开论述，是 1957 年 2 月 27 日在最高国务会议第十一次（扩大）会议上。他当时讲的 12 个问题是：一、两类性质的矛盾；二、肃反问题；三、农业合作化；四、资本主义工商业改造；五、知识分子和青年学生；六、增产节约，反对铺张浪费；七、统筹兼顾，适当安排；八、百花齐放百家争鸣，长期共存互相监督；九、如何处理罢工罢课游行示威等问题；十、人民闹事出乱子是坏事还是好事；十一、少数民族与大汉民族的关系问题；十二、中国有可能在三四个五年计划内根本改变面貌。这个讲话曾于同年 3、4、5 月间向广大干部传达，引起人们极大的兴趣，有着广泛的影响。

2 月最高国务会议之后，毛泽东在 3、4 月经天津，过济南，到南京，去上海，又多次讲话说了这个主题，继续发挥了他在最高国务会议上的思想。

3 月 17 日，他在天津市党员干部会议上说：现在阶级斗争，这件工作基本上结束，大规模的群众性的阶级斗争基本结束。现在全党要学会率领整个社会跟自然界作斗争，要把中国这个面貌大体上改变一下。社会上各种不同的意见，因为阶级斗争基本结束而暴露出来，有许多错误议论，我们采取什么方针，在讨论中去解决，我们只有这样一种方法，别的方法都不要。

3 月 18 日，他在山东省机关党员干部会上说：大规模的阶级斗争基本上结束，八次大会作了结论的，这个结论是合乎情况的。这么大斗争的结束，那么人民内部的问题就显出来了。

3 月 20 日，他在南京部队和江苏、安徽二省党员干部会上说：过去的那种斗争基本上结束，基本上完毕了，我们在这个世纪上半个世纪搞革命，下半个世纪搞建设，现在的中心任务是建设。

3 月 29 日，他在上海党的干部会议上说：现在是一个转变时期，在我们面前的新任务，就是建设。建设也是一种革命，就是技术革命和文化革命。团结整个社会的成员，全国人民，同自然界作斗争。随着敌我矛盾在国内基本解决，人民内部的矛盾开始比过去显露了。这个变化还是在不久以前才成熟的，到了去年下半年，党召开代表大会的时候，才可以肯定这一点。现在情况更明白了，就需要更加详细地告诉全党，不要使用老的方法对待新的问题，要分清敌我之间的矛盾和人民内部矛盾。

大致在同样的时间内，刘少奇沿西线南下，也在一些省市讲了正确处理人民内部矛盾这个主题。

2月24日，刘少奇在同石家庄市、地干部谈话时说：阶级矛盾在国内基本的解决了，领导与被领导的矛盾突出了。阶级的矛盾降为次要的矛盾了，这是新情况。关于中国会不会发生匈牙利事件，他说：如果具备下面四个条件的话，是可能的：一、我们犯了长期的路线上的错误；二、处理方法错了（压制……）；三、反革命利用；四、党内有人领导。

3月4日，刘少奇在河南省委部长、市委书记会上讲话说：群众闹事的原因，就是现在我们国内的主要矛盾，已经不是敌我的矛盾。旧的矛盾已经基本上解决了，新的矛盾即人民内部的矛盾突出地表现出来了。一方面人民闹事、罢工、游行示威、请愿；另一方面我们领导机关有主观主义、官僚主义。人民内部的矛盾突出起来了，这是国内政治形势的一个基本特点。

3月24日，刘少奇在湖南省委干部会议上讲话说：生产力跟生产关系之间的矛盾、上层建筑跟经济基础之间的矛盾，在私有制度的社会里，这两个矛盾主要表现为阶级矛盾；在社会主义公有制度的社会里，这两个矛盾主要表现为人民内部矛盾。

4月27日，刘少奇在上海市党员干部大会上说：资产阶级与无产阶级的主要矛盾已经基本上解决了，人民内部的矛盾已成为主要矛盾。人民内部的矛盾，大量的表现在人民群众与领导者之间的矛盾。对于人民内部矛盾，处理方针可以着重它的同一性。处理敌我矛盾是强调斗争性，使矛盾紧张起来，使斗争激化起来，以至于把矛盾的对方压倒、消灭。如果我们处理人民内部矛盾不是强调同一性，使人民内部的矛盾没有必要地紧张、激化起来，造成紧张局势，那就是错误的，那就是处理人民内部矛盾的方针错了。人民内部的矛盾本来是非对抗性矛盾，可以不用对抗的办法，可以不用一棍子打死的办法，可以用小民主的办法，和风细雨的办法，来解决矛盾。因此，我们没有必要去强调斗争，故意的、人为的使斗争激化，使斗争紧张起来，似乎要制造斗争的样子，似乎斗一下我们才舒服，好像我们就有那么一种嗜好，不斗一下就不过瘾。

可以看出，刘少奇的论点同毛泽东是一致的，而且他发展了，深化了毛泽东的思想，他们的论点又同中共八大路线相一致，是八大路线的发展。后来“文革”当中说刘少奇反对毛泽东而宣扬“阶级斗争熄灭论”，是毫无道理的。刘少奇在两类矛盾的学说上有独特的贡献。他在1951年写的题为《国营工厂内部的矛盾和工会工作的基本任务》的一篇笔记中，就深刻地分析了正确处理人民内部矛盾的问题。毛泽东回到北京后，把他在2月最高国务会议上的讲话加以整理，并将在外地讲话中的一些新提法补充进去，使之更系统化、理论化，成为同年6月19日公开发表的《关于正确处理人民内部矛盾的问题》一文。(在他发动了反右派斗争之后又加上了一些与讲话的主题互相矛盾的观点)。

《关于正确处理人民内部矛盾的问题》一文对社会主义社会的矛盾作了深入的考察，认为社会主义社会是充满着矛盾的，要在揭露和解决矛盾中前进。“在社会主义社会中，基本的矛盾仍然是生产关系和生产力之间的矛盾，上层建筑和经济基础之间的矛盾”，不过它们同旧社会具有根本不同的性质和情况。在我国，“社会主义生产关系已经建立起来，它是和生产力的发展相适应的；但是，它又还很不完善，这些不完善的方面和生产力的发展又是相矛盾的”。除此而外，“还有上层建筑和经济基础的又相适应又相矛盾的情况”。与资本主义社会的矛盾不同，社会主义社会中的这些矛盾“不是对抗性的矛盾，它可以经过社会主义制度本身，不断地得到解决”。

文章把纷繁复杂的社会矛盾划分为敌我矛盾和人民内部矛盾两类，指出性质不同，解决的方法也不同。前者是分清敌我的问题，后者是分清是非的问题。团结——批评——团结的公式，是解决人民内部矛盾的一个正确的方法。“在一般情况下，人民内部矛盾不是对抗性的。但是如果处理得不适当，或者失去警觉，麻痹大意，也可能发生对抗。”因此，“共产党人在劳动人民中间进行工作的时候必须采取民主的说服教育的方法，决不允许采取命令主义的态度和强制手段。”这种说服教育同必要的行政措施是相辅相成的。

文章提出了正确处理人民内部矛盾的原则和一系列方针政策，指出，总的就是要用民主的原则来处理人民内部矛盾。分开来说，在政治思想上，采取“团结——批评——团结”的原则；在经济上，采取对城乡各界人民“统筹兼顾、适当安排”和兼顾国家利益、集体利益和个人利益的方针；在民族关系上，采取各民族平等团结，实行民族区域自治，真诚地帮助各少数民族发展经济的方针，关键是克服大汉族主义，也要克服存在的地方民族主义；在共产党和各民主党派关系上，采取“长期共存，互相监督”的方针；在科学文化方面，采取“百花齐放、百家争鸣”的方针；在对待少数人闹事上，要求决不可以镇压，要特别注意克服官僚主义，也要对群众进行教育和引导；在肃反问题上，坚持“有反必肃、有错必纠”的原则；在工业化的道路问题上，强调要正确处理好重工业、轻工业和农业的关系等。

文章论述了国内的基本形势与任务。指出，现在的情况是：革命时期的大规模的疾风暴雨式的群众阶级斗争基本结束，但是阶级斗争还没有完全结束，还有反革命，但是不多了，我们的根本任务已经由解放生产力变为在新的生产关系下面保护和发展生产力。在这个时候提出划清两类矛盾的界限，正确处理人民内部矛盾的问题，目的是团结全国各族人民进行一场新的战争——向自然界开战，发展我们的经济和文化，巩固我们的新制度，建设我们的新国家。

经过整理、补充的文章，同他的原讲话稿相比，理论上的系统性、严密性加强了，一些提法更加周密。同时，因为受到已开始反右派运动的影响，加上了某些“左”的思想提法。但是，瑕不掩瑜，这篇文章及其阐发的思想，是光辉的，丰富了马克思主义关于社会主义社会矛盾的学说，比马恩列斯过去已有的认识，增添了崭新的东西。这是对世界社会主义发展到20世纪50年代实际生活提出问题的总结、概括和回答。

文章及其所阐发的思想，也带有历史局限性。他提出的思想是伟大的，有些论述很精辟，但有些方面尚未进一步展开，更有的地方留下了日后人们、包括毛泽东本人得以向“左”的方面发展的可能性。但是正如列宁所曾指出过的那样：“判断历史的功绩，不是根据历史活动家没有提供现代所要求的东西，而是根据他们比他们的前辈提供了新的东西。”① 毛泽东关于正确处理人民内部矛盾的学说，给我们今后进一步研究社会主义社会的矛盾问题，提供了有益的理论基础。

第三，毛泽东提出了建设生动活泼政治局面的目标。

毛泽东总结国际和国内的经验，论述十大关系，提出正确处理一系列人民内部矛盾的问题等，体现了他的一种政治建设目标的设想，即要把中国的社会主义，建设成在各个方面都富有朝气和充满活力的民主的社会主义。

如何实现这一目标，他的设想是通过搞好党和国家的民主集中制来达到。如在《关于正确处理人民内部矛盾的问题》一文中所说的：“在人民内部是实行民主集中制。我们的宪法规定：中华人民共和国公民有言论、出版、集会、结社、游行、示威、宗教信仰等等自由。我们的宪法又规定：国家机关实行民主集中制，国家机关必须依靠人民群众，国家机关工作人员必须为人民服务。我们的这个社会主义的民主是任何资产阶级国家所不可能有的最广大的民主。”②“在人民内部，不可以没有自由，也不可以没有纪律；不可以没有民主，也不可以没有集中。这种民主和集中

① 《列宁全集》第2卷，人民出版社1984年版，第154页。

② 《毛泽东文集》第7卷，人民出版社1999年版，第207页。

的统一，自由和纪律的统一，就是我们的民主集中制。”①

1957 年 7 月，毛泽东写了《1957 年夏季的形势》一文。尽管当时反右派运动已经开始，但他的上述政治建设的思想尚未根本改变，并且进一步阐述了他的理想目标：“我们的目标，是想造成一个又有集中又有民主，又有纪律又有自由，又有统一意志、又有个人心情舒畅、生动活泼，那样一种政治局面，以利于社会主义革命和社会主义建设，较易于克服困难，较快地建设我国的现代工业和现代农业，党和国家较为巩固，较为能够经受风险。”② 在这里，毛泽东把在《关于正确处理人民内部矛盾的问题》一文中讲的民主与集中、自由与纪律的顺序，倒换了位置，成为集中与民主、纪律与自由，看来是受了反右派斗争环境的影响。但是，要把二者很好地结合起来，是他历来的思想，所希望出现、所追求的目标。

毛泽东所希望的这种目标，也是其他领导人所赞同和主张的。除刘少奇、邓小平在八大会议上的报告中有明确的体现外，1957 年 8 月 4 日，周恩来在谈社会改革问题时也说：“政治上的制度要适合社会主义的经济基础，也要改革，要改革成为民主集中制。又有民主，又有集中；又有自由，又有纪律；又有个性的发展，又有统一意志。”③ 值得注意的是，周恩来的思想与毛泽东的想法一致，同时又把毛泽东7 月的排法加以改变，把民主、自由排在了集中、纪律前头，并以“个性的发展”代替（或者说是来理解）毛泽东说的“个人心情舒畅、生动活泼”，这是很有见地的。

总之，自毛泽东于 1956 年 4 月论十大关系，提出探索适合中国情况的社会主义建设道路任务起，至 1957 年夏天的近一年半时间里，党和毛泽东的指导思想是正确的。毛泽东、刘少奇、周恩来、陈云、邓小平、李富春、薄一波等领导人，从不同的方面和角度，都对中国建设道路的探索贡献了许多重要思想，成为八大路线的重要组成部分。尽管对于社会主义历史发展的长河而言，这些思想理论还是初步的，却是相当丰富和光辉的。这些探索的初步成果，成为毛泽东思想的一个新高峰。后来，在大约 20 年的历史过程中，这些重要思想和理论有过被违背的命运，但在中共十一届三中全会后，它们又重新被肯定和发挥其作用，成为三中全会以来的正确建设道路的重要历史来源。

---

①《毛泽东文集》第 7 卷，人民出版社 1999 年版，第 209 页。

② 毛泽东：《1957 年夏季的形势》，1957 年 7 月。

③《周恩来选集》下卷，人民出版社 1984 年版，第 266—267 页。

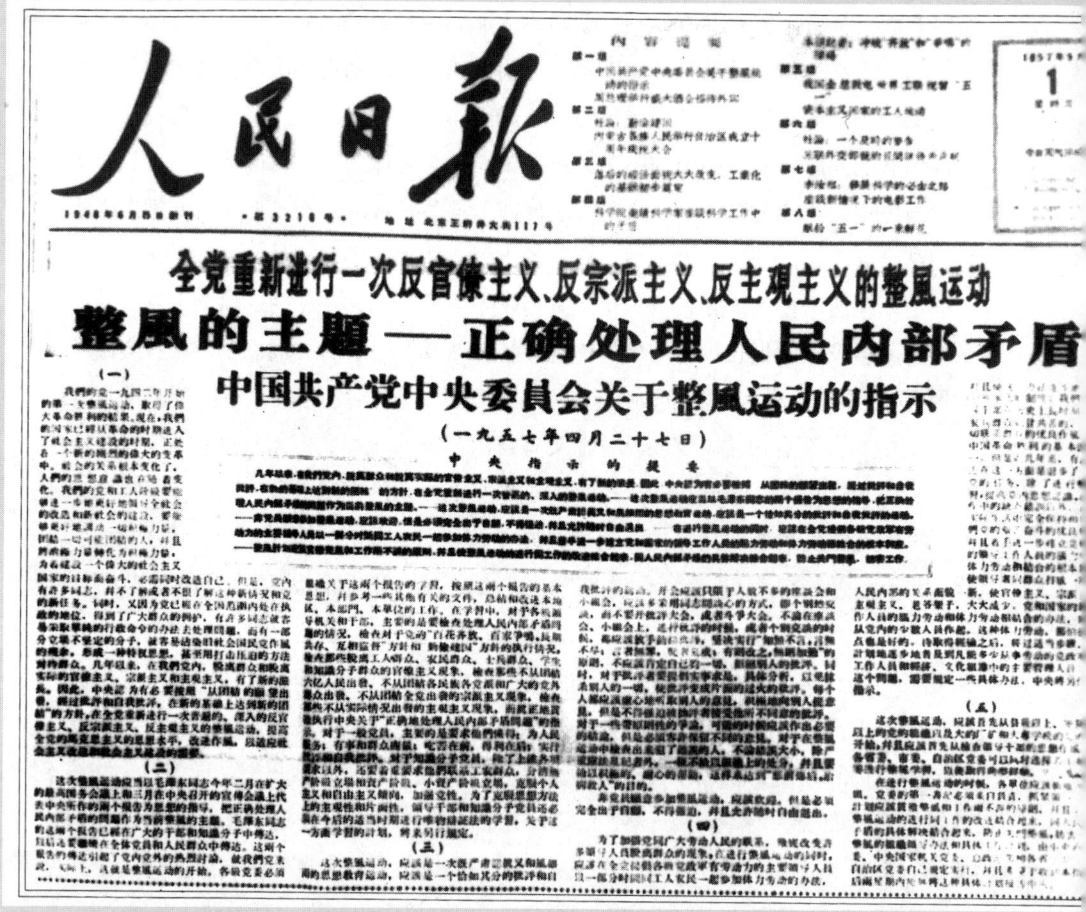
人民日报

全党重新进行一次反官僚主义、反宗派主义、反主观主义的整风运动

整風的主題——正确处理人民内部矛盾

中国共产党中央委員会关于整風运动的指示

（一九五七年四月二十七日）

1957 年 4 月 27 日，中共中央作出《关于整风运动的指示》。

第二章
阶级斗争扩大化失误的开始

一　中国共产党的整风

中国共产党在历史上，曾经于1942年开始，进行过一次延安整风运动。那一次整风，以反对主观主义、宗派主义和党八股为重点，彻底清算了王明的“左”倾冒险主义错误，系统地讨论和总结了党建立以来的历史经验教训，分清了是非，也团结了同志，提高了全党的马克思主义水平，明确和加深了对马克思列宁主义与中国革命实际相结合原则的理解和对中国革命性质、特点、道路的理解，实现了全党在思想上、理论上、政治上和组织上的高度一致，为党领导抗日战争取得胜利和争取解放战争的胜利，为彻底完成人民民主革命，奠定了坚实的基础。这次整风成为加强党自身建设的一个范例。

此后，在1947年冬至1948年，各解放区党的组织结合土地改革运动，进行过一次整党运动；建国初期，1950年开始至1954年春，也进行过一次整党整风运动。这两次整党，也都比较好地达到了当时的目的，提高了党员的思想水平，纯洁了组织，改进了党风，使得党更好地担负起了领导革命和建设的重任。

1956年，中国社会实现了由新民主主义到社会主义的转变，进入了新的历史发展时期。一方面，社会关系根本变化了，党和国家面临的根本任务也变化了，另一方面，党内许多人并不了解或者不很了解这种新情况和新任务，执政党的地位，又使得党内一部分人容易采取单纯的行政命令办法去处理问题，甚至产生特权思想，用错误的态度和方法对待人民群众。

鉴于这种情况，毛泽东在中共八大的预备会议上，提出了继承党的优良传统，“把主观主义、宗派主义这两个东西切实反一下”①的问题。他说：“斯大林为什么犯错误呢？就是在一部分问题上他的主观跟客观实际不相符合。现在我们的工作中还经常有许多这样的事情。”“我们这几年的工作是有成绩的，但是主观主义的毛病到处都有。”现在我们要“反对社会主义革命和社会主义建设中的主观主义”。又说，反对宗派主义，是要讲团结。“所谓团结，就是团结跟自己意见分歧的，看不起自己的，不尊重自己的，跟自己闹过别扭的，跟自己作过斗争的，自己在他面前吃过亏的那一部分人。”②

随后，毛泽东在八届二中全会上宣布：“我们准备明年开展整风运动。整顿三风：一整主观主义，二整宗派主义，三整官僚主义。”③他还说：“整风是我们在历史上行之有效的方法。以后凡是人民内部的事情，党内的事情，都要用整风的方法，用批评和自我批评的方法来解决。而不是用武力来解决。”④

在1957年3月召开的中共全国宣传工作会议上，毛泽东在讲话中又谈了整风问题。他说：现在中共中央作出决定，准备党内在今年开始整风。党外人士可以自由参加，不愿意的就不参加。中国共产党是一个伟大的党，光荣的党，正确的党。在我们的工作中间成绩是主要的，但是缺点错误也还不少。中国的改革和建设靠我们来领导。如果我们把作风整顿好了，我们在工作中间就会更加主动，我们的本事就会更大，工作就会做得更好。通过整风，不断地把我们身上的错误东西整掉，使我们能够更好地担负起迅速发展经济和文化，改革和建设我们的社会主义社会的任务。⑤

1957年4月27日，中共中央发出了《关于整风运动的指示》。《指示》指出：“几年以来，在我们党内，脱离群众和脱离实际的官僚主义、宗派主义和主观主义，有了新的滋长”，因此，有必要“在全党重新进行一次普遍的、深入的反官僚主义、反宗派主义、反主观主义的整风运动”。目的是“提高全党的马克思列宁主义的思想水平，改进作风，以适应社会主义改造和社会主义建设的需要”。方针是“从团结的愿

---

①《毛泽东文集》第7卷，人民出版社1999年版，第89页。
②《毛泽东选集》第7卷，人民出版社1999年版，第92页。
③ 毛泽东：《在中国共产党第八届中央委员会第二次全体会议上的讲话》，1956年11月15日。
④ 毛泽东：《在中国共产党第八届中央委员会第二次全体会议上的讲话》，1956年11月15日。
⑤ 毛泽东：《在中国共产党第八届中央委员会第二全体会议上的讲话》，1956年11月15日。

望出发，经过批评和自我批评，在新的基础上达到新的团结”。方法是和风细雨、实事求是的批评与自我批评，从上而下，从领导干部到全体党员逐步展开。《指示》并要求以毛泽东在2月最高国务会议上和3月在全国宣传工作会议上代表中央所作的两个报告为思想的指导，把正确处理人民内部矛盾的问题作为当前整风的主题。4月30日，毛泽东在天安门城楼约集各民主党派负责人和无党派民主人士谈话，要求以处理人民内部矛盾为题目，分析各个方面的矛盾，对高等教育、普通教育、文艺、科学、卫生等方面，“切实攻一下”，在报上发表，可以引起大家注意，不然官僚主义永远不得解决。并且提到党外人士有职无权，学校党委制，以及好大喜功等问题。

《关于整风的指示》于5月1日在报上公开发表。5月2日，《人民日报》发表了《为什么要整风?》的社论，指出在社会主义改造基本完成以后，“人民内部矛盾已经在我国的历史舞台上代替敌我矛盾而居于主要地位”，“要在全国采取扩大民主生活，扩大批评与自我批评的办法，使领导者和群众之间的矛盾变得容易发现和容易解决，使全体人民在社会主义社会中有充分的自由、平等和主人翁的感觉，这样，他们就会更加容易脱离旧社会的影响，更积极地建设社会主义经济和文化”。“这次整风运动的目的，也就是要全党学会正确地处理人民内部矛盾，以便完满地完成发展社会主义建设，建成社会主义国家的伟大任务。”

5月4日，中共中央发出《关于继续组织党外人士对党政所犯错误缺点展开批评的指示》。说“最近两个月以来，在各种有党外人士参加的会议上和报纸刊物上所展开的，关于人民内部矛盾的分析和对于党政所犯错误缺点的批评，对于党与人民政府改正错误，提高威信，极为有益，应当继续展开，深入批判，不要停顿或间断”。有一些批评得不正确或有些观点不正确，当然应当予以反批评，在适当的时机、采取分析的态度给予回答，但是大多数的批评是中肯的，对于加强团结，改善工作，极为有益。

为了请党外人士帮助党整风，中共中央统战部于5月8日至6月3日，邀集民主党派和无党派人士举行了座谈会13次，统战部和国务院第八办公室于5月15日至6月8日，联合召开了工商界座谈会25次，每次座谈都整理见报。与此同时，《光明日报》编辑部分别在上海等九大城市邀集部分民主人士和高级知识分子提意见，并报道了发言内容。

在民主党派、无党派民主人士座谈会上，有70多人发了言，在工商界座谈会上，有108人发了言。他们对党提出了大量的批评意见和建议，中间也有不同意见的讨论和争论。大部分的发言是正确的、很好的，有的意见在今天看来，不但正确，而且切中时弊，例如：

张奚若[①]批评党有四种偏差：第一，好大喜功。追求形体之大，组织之大。把社会主义等于集体主义，集体主义等于集中，集中等于大，大等于不要小的。第二，急功近利。强调速成，把长远的事情用速成的办法去做，结果是不会好的。第三，鄙视既往。许多人忽视了历史因素，一切都搬用洋教条，把历史遗留下来的许多东西看作封建，都要打倒。第四，迷信将来。认为将来一切都是好的，都是紧速发展的。否定过去，迷信将来，都是不对的。

陈叔通[②]提出："检查一下，8年以来的工作中，由于保守所造成的损失和由于冒进所造成的损失，究竟哪一方面大。"又提出："有些格言，成了金科玉律"，"比如'矫枉过正'，在解放初期这样提是正确的，'三反'、'五反'等大运动不如此是搞不起来的，但是，是不是永远都是金科玉律，有没有毛病?"许广平[③]、龙云[④]等也对1956年的冒进提出了看法，认为是"求治心切，企图百废俱举"，7年扫盲要3年完成，教育事业扩得太大了，1957年又压缩。

刘斐[⑤]、王绍鏊[⑥]、邵力子[⑦]、黄鼎臣[⑧]、龚梅彬[⑨]、黄绍竑[⑩]等，对党政不分、以党代政的问题提出了意见看法。刘斐说："现在在党政关系中，有些上分下不分，早分晚不分，此分彼不分，特别是县以下，就只看见党，看不见政的现象，下面的人民代表大会也开得不正常。""党和政是两个性质不同的系统，党是领导国家事业的核心，但是，党的领导要通过国家机器去实现，党不应该代政。"王绍鏊说："建设社会主义一定要有共产党的领导，各个民主党派在政治上也要受共产党的领导"，"但是党组织不应该代替行政"。邵力子说：特别是县以下的领导机关，党政关系问题就较大，主要是以党代政。县长，一般是不被看重的，而县委权力极大。黄鼎臣

① 张奚若，无党派民主人士，1954年起任教育部部长。后来又任中国人民外交学会会长。
② 陈叔通，无党派民主人士，中华全国工商业联合会主任委员。
③ 许广平，鲁迅的夫人，中国民主促进会副主席。
④ 龙云，中国国民党革命委员会（民革）副主席。
⑤ 刘斐，民革中央常委。
⑥ 王绍鏊，中国民主促进会副主席。
⑦ 邵力子，民革中央常委。
⑧ 黄鼎臣，中国致公党常委。
⑨ 龚梅彬，民革中央常委。
⑩ 黄绍竑，民革中央常委。

说：过去党组常常直接代替行政布置工作，今后行政方面的工作，还是由行政上下达命令较好，而不要由党组出面。黄绍竑说：中国人民革命的胜利，是由于中国共产党的领导，中国的社会主义建设，也必须有中国共产党的领导，这是毫无疑问的，如果有人怀疑党的领导权问题，那就与宪法的规定违背了。但是，领导的方法是可以研究的。过去某些地方某些工作上，没有通过人民、通过政府，而直接向人民和政府发号施令，各地方或机关党委五人小组在肃反运动中直接处理案件，如党和政府共同发布决策而没有把党对各级党委的指示和政府对于人民的指示分开来，这样就可能导致人们或某些党员认为党的领导方法就是直接向人民发号施令。这样会造成很多的官僚主义、宗派主义、主观主义问题。

熊克武①、刘斐、刘文辉②、黄绍竑等提出必须加强法制建设的意见。熊克武说：目前法制不完备，政策方针的宣传不够深入，不但人民群众对某些事务感到模糊，就是有些领导人有时也免不了表现出无所适从。健全法制，不仅有关肃反工作，对于正确处理人民内部矛盾也有重要意义。刘斐说：党政不分等现象的产生，主要是建国不久，法制尚不完备，某些高级干部和许多中下级干部法制观念薄弱，以及缺乏民主作风等原因所造成的。党中央对这方面的情况注意不够，也不无影响。要改变这种情况，除进行思想整风之外，还必须加强法制思想教育，迅速制定必要的法律，健全各种必要的制度，尤其是人事制度，以划清党政关系。而且党员应以身作则，尊重国家机关的职权。不然，整风虽能收一时之效，却缺乏经常的法制保证。黄绍竑认为：我们的立法是落后于客观形势的需要的，刑法、民法、违警法、公务员惩戒法都尚未制定公布，经济方面的法规更不完备，五年计划快完成了，但是，度量衡条例还没有制定。刘文辉还提出了有关保护公民权利的问题，等等。

王昆仑③、朱蕴山④等提出了对几次运动后遗症的处理问题。王昆仑说：一方面坚持有反必肃的原则，一方面坚持有错必纠的原则，对某些人在哪里受到错误处理的，在弄清楚后，就在哪里为他公开恢复名誉。朱蕴山说：肃反运动是有成绩的，通过群众路线来肃反，也是正确的，执行方面发生部分偏差，要根据四种情况（根

---

① 熊克武，民革中央副主席。

② 刘文辉，民革中央常委。

③ 王昆仑，民革中央常委。

④ 朱蕴山，民革中央常委。

本搞错、没错但处理不适当、有嫌疑而无证据、没错而予宽大处理）分别处理。同时也不应对领导肃反的干部泼冷水。

邓初民[①]提出：统战工作，"有个死人没有统好，就是陶行知先生。把他一棍子打死了，我是心痛的。陶行知先生是留美的，他的'生活教育'是袭用的杜威的，但内容实质不同，不能混为一谈。说杜威谈生活教育，陶行知也谈生活教育，陶行知就是杜威；岂不是等于说杜勒斯谈和平，我们也谈和平，我们就成了杜勒斯。陶行知为武训传作过宣传，但是他告诉我：反动派不答应他兴学，办育才等学校，他没办法，只好把武训做挡箭牌。他先叫陶知行，后改叫陶行知，他从唯心主义走到唯物主义，从不革命走到革命。他思想上不是完整的布尔什维克，行动上却是党外的布尔什维克"，"他死的时候，参加追悼会的人，都是哭哭啼啼。他有群众基础"。"别人是向上爬，他是由'高等华人'向'低等华人'爬。就因为批评杜威的'生活教育'和武训传，就把陶行知一棍子打死，我不服。""请党重新给他评价。"[②]

此外，一些人还提出了应重视发挥党外人士、工商界和知识分子作用，办大学要依靠专家学者，健全人事制度，改进人事工作，在提拔奖惩上党内外干部一视同仁，要为民主党派创造长期共存互相监督的条件，等等，也都是有益的好意见。

在座谈会上，与会人员之间对一些问题有不同意见的争论。例如，高等学校党委制领导好，还是校务委员会领导，或教授治校？怎样认识和估计成绩与缺点错误的关系？资产阶级还存在不存在，还有无两面性？定息是不是剥削，定息应不应该20年(上海资本家李康年认为应该20年)？等等。会上，章伯钧[③]提出政协、人大、民主党派、人民团体应成为"政治设计院"的主张，罗隆基[④]提出成立平反委员会，"鼓励大家有什么委曲都来申诉"的主张，储安平[⑤]提出"党天下"的问题，说"'党

---

① 邓初民，民盟中央常委。

② 邓初民的这个意见，当时并未被采纳。1985年9月，中共中央政治局委员胡乔木在中国陶行知研究会和基金会成立大会上，代表中共中央宣布："解放初期，也就是1951年曾经发生过对电影《武训传》的批判。这个批判涉及的范围相当广泛。我们现在不对武训本人和这个电影进行全面评价，但我可以负责任地说明，当时这种批判是非常片面、极端和粗暴的。因此，这个批判不但不能认为完全正确，甚至也不能说它基本正确。"从而给被错误批判的陶行知公开平了反。

③ 章伯钧，中国民主同盟副主席，中国农工民主党主席。

④ 罗隆基，中国民主同盟副主席。

⑤ 储安平，《光明日报》总编辑。

天下’的思想问题是一切宗派主义现象的最终根源，是党和非党之间矛盾的基本所在”。并提出“大家对小和尚提了不少意见，但对老和尚没有人提意见”，副总理中没有民主人士等。有的与会者对他们的发言提出了直接的和间接的批评意见。王昆仑说：“我们（对共产党）提出许多意见，指出许多缺点，目的在于要求扩大社会主义民主。”但是如“民革一位老同志所说：‘如果过分发展了分庭抗礼的思想，甚至动摇了以共产党为领导核心的认识，也决非国家之福’。我们是以共产党为领导的多党联合政府，民主党派不是在野的反对派，国家工作有缺点，我们也有一部分责任。只有是这样的立场观点，才能够充分参加国家事务，才能够向领导党进行监督和批评”。何香凝①作书面发言，分析了左中右派的问题，指出：有极少数人对社会主义是口是心非，心里向往的其实是资本主义，脑子里憧憬的是欧美式的政治，这些人我认为是右派。我希望有这类思想和抱着这种态度的人，应该不要甘心于长久做右派，而应不断改造自己，提高自己。

5月初至6月上旬，在座谈会上和社会上，有极少数的右派分子，乘机散布了反对共产党的领导和反对社会主义制度的言论。有的说共产党已经“进退失措”。有的说社会主义制度不如资本主义制度。有的否定社会主义改造和建设事业，攻击历次政治运动，说“失败的居多”。有的反对合作化、资本主义工商业的社会主义改造、粮食统购统销等根本政策。甚至有的公开提出共产党退出机关、学校，公方代表退出公私合营企业，说“根本的办法是改变社会制度”。

在当时国际上有反共反社会主义大风潮、国内人民内部矛盾显露的情况下，一些中间状态的人也受到影响，出现一时的思想混乱。在此情况下，共产党对右派分子的进攻置之不理，只专心于自己的整风，已不可能。中共中央决定对右派分子实行反击，以澄清根本的大是大非，维护新生的社会主义制度。反击成为不可免。

二　反右派的严重扩大化

但是，反右派斗争却很快发生了严重的扩大化错误。

关于由整风到反右派的转变，当时的中共中央统战部部长、两个座谈会的主持人李维汉，于20世纪80年代初在他的回忆录《回忆与研究》中有清晰的记述。

---

① 何香凝，民革中央副主席，廖仲凯的夫人。

李维汉说："两个座谈会反映出来的意见，我都及时向中央常委汇报。5月中旬，汇报到第3次或第4次时，已经放出了一些不好的东西，什么'轮流坐庄'、'海德公园'等谬论都出来了。毛泽东同志警觉性很高，说他们这样搞，将来会整到他们自己头上，决定把放出来的言论在《人民日报》发表，并且指示：要硬着头皮听，不要反驳，让他们放。"那时，蒋南翔同志对北大、清华有人主张"海德公园"受不住，毛泽东同志要彭真同志给蒋打招呼，要他硬着头皮听。①"当我汇报到有位高级民主人士说党外有些人对共产党的尖锐批评是'姑嫂吵架'时，毛泽东同志说：不对，这不是姑嫂，是敌我。""及至听到座谈会的汇报和罗隆基说现在是马列主义的小知识分子领导小资产阶级的大知识分子、外行领导内行之后，就在5月15日写出了《事情正在起变化》的文章，发给高级干部阅读。文章提出：'最近这个时期，在民主党派和高等学校中，右派表现得最坚决、最猖狂……我们还要让他们猖狂一个时期，让他们走到顶点。'对于为什么要把'大量的反动的乌烟瘴气的言论'登在报上，回答说'这是为了让人民见识这些毒草、毒气，以便锄掉它，灭掉它'。这篇文章，表明毛泽东同志已经下定反击右派的决心。"② 在这以后，座谈会内外的鸣放，具有了"引蛇出洞"的性质。

6月3日和6月8日，李维汉分别在民主党派、民主人士座谈会和工商界人士座谈会上作了总结发言。两次发言都肯定了会上的批评意见"有很多是正确的"③，"大多数是正确的，是善意的"④，但是，"有相当一部分是错误的"⑤。"其中一部分错误的性质是严重的。"⑥ 据李维汉说，他的总结发言稿事先经过毛泽东、刘少奇、周恩来看过。毛泽东加上了"有相当一部分是错误的"一语。两篇发言都没有提反右派，但是为反击作了准备。⑦

---

① 1959年7月23日，毛泽东也说过：我们在整风中创造了"硬着头皮顶住"这样一个名词。我和有些同志讲过，要顶住，硬着头皮顶住。

② 李维汉：《回忆与研究》下，中共党史资料出版社1986年版，第833—835页。

③ 李维汉：《在中共中央统战部邀请民主党派负责人举行座谈会上的讲话》，1957年6月3日。

④ 李维汉：《在中共中央统战部和国务院第八办公室联合召开工商界座谈会上的总结发言》，1957年6月8日。

⑤ 李维汉：《在中共中央统战部邀请民主党派负责人举行座谈会上的讲话》，1957年6月3日。

⑥ 李维汉：《在中共中央统战部和国务院第八办公室联合召开工商界座谈会上的总结发言》，1957年6月8日。

⑦《中共中央关于准备学生回乡工作和在反击右派分子的斗争中对人物应有具体分析的指示》，1957年6月10日。

6月8日，反击正式开始。中共中央发出了毛泽东起草的党内指示《组织力量反击右派分子的猖狂进攻》。《人民日报》发表了毛泽东撰写的社论《这是为什么?》。6月10日发表了社论《工人说话了》，6月22日发表了社论《不平常的春天》。6月10日，中共中央在内部指示中说："在这次浪潮中，资产阶级大多数人表现很好，没有起哄"，"无论民主党派、大学教授、大学生，均有一部分右派和反动分子，在此次运动中闹得最凶的就是他们"。"各党派中，民革、民建、九三、民进等颇好，民盟、农工最坏。章伯钧、罗隆基拼命做颠覆活动，野心很大，党要扩大，政要平权，积极夺取教育权，说半年或一年，天下就将大乱。毛泽东混不下去了，所以想辞职。共产党内部分裂，不久将被推翻。他们的野心极大，完全是资本主义路线，承认社会主义是假的。民盟右派和反动派的比例比较大，大约有10%以上，霸占许多领导职位。"① 7月1日，《人民日报》发表了毛泽东写的社论《文汇报的资产阶级方向应当批判》，公开点了"章（伯钧）、罗（隆基）同盟"②，错误地把民主同盟和农工民主党说成是"反共反社会主义的"③。一场狂风暴雨的反右派运动在全国开展起来。

7月，中共中央在青岛开会，进一步部署运动。毛泽东写了《1957年夏季的形势》一文，要求再用几个月的时间"深入挖掘"右派分子。8月1日，中共中央发出《关于继续深入反对右派分子的指示》，指出运动"一方面正在向地县两级（在城市是向区级和大工矿基层）展开，一方面又必须在中央一级和省市自治区一级各单位深入地加以挖掘"。斗争扩大化也就严重地发展起来。

扩大化，包括数量上和性质上两个方面。毛泽东和党中央在右派的矛盾性质和

---

① 李维汉：《回忆与研究》下，中共党史资料出版社1986年版，第835页。

② 关于"章罗同盟"，1980年5月，中共中央复查右派问题时明确指出其"在组织上应肯定其不存在，但作为资产阶级右派政治势力的代表的意义上仍应认为其存在"。即"章罗同盟"应是指他们在右派反党活动中的共同主导作用，而并不存在这样一个组织系统。由此，对过去因"章罗同盟"问题受牵连的地方组织和个人，一律作了解脱和改正。同时，中共中央又明确指出：对待包括章伯钧、罗隆基等人，"要全面地历史地看待他们。他们中的有些人同我们党有过合作的历史，对人民做过一些好事，对这一点也应该实事求是地加以肯定，不要因为他们在1957年犯了严重错误，就把他们一概否定"。还特别指示："特别是对于不改正的人的亲属子女，不得歧视。"

③ 毛泽东：《文汇报的资产阶级方向应当批判》，1957年7月1日。

对待方针上，以及在右派数量的估计上，都是有着一个发展变化过程的。

在整风、反右派的前夕，中共中央和毛泽东就已注意到了右派问题。1957 年 4 月 4 日，李维汉在一次会议讲话中说：1956 年下半年，有一股反社会主义制度的风，又有一股反思想改造的风，逐渐刮起来了。这两股风都是反社会主义的风。说是百家争鸣，不应当再有个思想改造了，过去知识分子的思想改造搞错了；向科学进军，业务第一，可以不学马列主义了；资本家只有一面性，同工人差不多了，用不着思想改造了；民主党派要独立自由，要实行监督，不应当再提改造了；等等。总之，思想改造应当收起来，马列主义的指导地位成了问题。这是反改造的风。还有反社会主义制度的风，例如：合作化没有优越性了，肃反应当停止了，集中过头了，自由少了，共产党领导有了问题了，应当采用英美民主了，瞧瞧布达佩斯、波兹南吧！等等。总之，无产阶级专政应当削弱一些，共产党领导应当收缩一些，你们共产党领导出这么多错误，让我们民主党派来分担吧？话虽不是这么明说，可是气味可以嗅得出来。“这股风是从哪里来的呢？主要是从右派那里吹出来的，右派是这股风的主帅、军师。个别反革命分子和坏分子则从中挑拨和煽动。右派之外，还有附和的人，还有受影响的人。”①

但在当时，李维汉是在人民内部、统一战线内部一般意义的左、中、右范围内谈右派问题的。因而他说：“这是人民内部矛盾的反映，要用处理人民内部矛盾的办法来对待这股风，右派也是人民的一部分，也只能这样对待。”既然如此，在对待右派的方针上就相适应地是：“右派是唱对台戏的主角，因此，要让他们尽量唱戏，唱个够，并且不因人废言，把他们言论中任何一点合理的东西都接受过来，充实我们自己”，“同时诚恳地指出他们的错误，向他们说清道理”。② 这时右派概念的使用，基本上同历史上毛泽东的用法相类同。1949 年 8 月 14 日，毛泽东在《丢掉幻想，准备斗争》一文中所说的那种“头脑中还残留着许多反动的即反人民的思想，但他们不是国民党反动派”的“人民中国的中间派，或右派”，即“民主个人主义”的拥护者。③ 对他们，不是打到敌人一边去，而是在人民内部通过批评斗争，教育改造。

但是，随着鸣放的发展和斗争的开展，认识很快改变。6 月 26 日，变成为“右

---

① 李维汉：《在全国第七次统战工作会议上的发言》，1957 年 4 月 4 日。

② 李维汉：《在全国第七次统战工作会议上的发言》，1957 年 4 月 4 日。

③《毛泽东选集》第 4 卷，人民出版社 1991 年版，第 1485 页。

派分子同人民的矛盾，实际上有些已经超出了人民内部矛盾的范围。但是，还需要按照情况的变化，加以分析，才能分别确定”①。到了7月初，就明确地变成：右派分子就是“资产阶级的反动派”②，“资产阶级右派和人民的矛盾是敌我矛盾，是对抗性的不可调和的你死我活的矛盾”③。后来，更把这些右派分子同地主买办资产阶级和其他反动派相提并论，归为一类④。对右派分子看法和概念上的这种变化，必然导致“实际上是一棍子打死”⑤的方针和过重的处理，如中共中央在1980年所重新认识的那样：对真正的右派分子“打击的分量也太重”⑥。

在数量上，开始时，毛泽东和中共中央并没想到要抓后来那样多的右派。可是一旦搞起来了大运动、大斗争，头脑就越来越热。6月26日，中央估计：“全国暴露出的企图复辟的右派分子，已经是数以千计。”⑦6月29日，中央根据北京34所高校和几十个机关中需要在各种范围点名批判的“极右派”约有400人左右的数字，估计这种人“全国大约有4000人左右”。⑧7月7日，中央转发吉林省委关于高校斗争的情况报告，提出：“发现‘鲨鱼’一点很重要，请各地都注意”。省委的报告认为：“先前在第一线公开向我们进攻的右派分子，主要是一批虾兵蟹将，更凶恶的‘鲨鱼’多在暗地活动。”报告并说吉林地区高校教师中（讲师以上，有的是老讲师以上）右派分子占7%至15%不等。7月9日，中央又通报说：“反右派斗争正在深入，准确的右派骨干名单扩大了一倍，全国不是4000人，而是大约有8000人。”⑨8月17日，中央转发北京市的报告，报告说到8月7日止，全市发现右派分子已有7511人，其中高校有4230人。⑩9月2日，中央统计“已发现党内右派分子3000余人”。⑪11月10日，中央批转的一份报告中说，至10月14日统

① 《中共中央关于打击、孤立资产阶级右派分子的指示》，1957年6月26日。

② 毛泽东：《文汇报的资产阶级方向应当批判》，1957年7月1日。

③ 毛泽东：《1957年夏季的形势》，1957年7月。

④ 刘少奇：《中国共产党中央委员会向第八届全国代表大会第二次会议的工作报告》，1958年5月5日。

⑤ 《中共中央关于争取、团结中间分子的指示》，1957年6月29日。

⑥ 《中共中央批转中央统战部〈关于爱国人士中的右派复查问题的请示报告〉的通知》，1980年6月11日。

⑦ 《中共中央关于打击、孤立资产阶级右派分子的指示》，1957年6月26日。

⑧ 《中共中央关于争取、团结中间分子的指示》，1957年6月29日。

⑨ 《中共中央关于对右派骨干分子组织反击的通知》，1957年7月9日。

⑩ 《中共中央转发北京市委关于反右派斗争情况的报告》，1957年8月17日。

⑪ 《中共中央关于严肃对待党内右派分子问题的指示》，1957年9月2日。

计，中央国家机关中“共有右派分子4837名，占参加运动总人数的2.75%。[①]1958年1月2日，中央批转北京市的报告说：“到1957年10月25日，全市已经由领导机关审查批准的右派分子共6927人。”[②] 1958年4月6日，毛泽东在汉口会议上说，全国有右派30万人。后来不久，又说有40余万人。1959年的中央文件说“约45万人”。[③] 但是，据中共十一届三中全会后复查统计，实际上全国共定了右派分子552877人。到1980年共改正了54万余人（其中有些是从宽处理的），余下的5000人，是维持原案不改和尚需陆续甄别的。[④] 可见扩大化程度之严重。

这次反右派斗争扩大化，是在进入社会主义社会之后，毛泽东和党中央在领导建设社会主义中所犯的第一个重大的错误。基本的问题是把当时的阶级斗争形势作了过于严重的估计。这种情况的发生，是有着深刻和复杂的社会、历史和个人原因的。

首先，对社会主义社会各种矛盾的发展，缺乏充分的思想准备和科学研究。在三大改造基本完成，社会阶级关系发生重大变化后，资产阶级分子、知识分子、各民主党派要对党的领导和国家建设工作发议论，提出批评意见和建议，实际上主要是一种积极性的表现。党对这种进步性和积极性估计不足。当批评意见集中、大量地甚至尖锐地提出来的时候，当人民内部各种矛盾突出表现出来的时候，党的思想方法仍停留在过去，产生了错觉，把人民内部的批评意见看作了敌我斗争，对于极少数右派分子的进攻估计得过于严重，匆忙地决定发动了这场大斗争。

其次，毛泽东深受1956年国际上大风浪的影响，对波匈事件的乱子记忆犹新，直接影响到对局势作出严重估计。八大开过之后，党和毛泽东本想努力把工作重点转到建设上，面对国内存在的种种具体矛盾，首先抓开展党的整风运动作为基本的一环，期望以此来使党本身适应新时期新任务的要求，带动党和国家制度上、作风上的改革，调动全体人民的积极性，建设新国家。对于1956年下半年起国内已经出现的个别人攻击社会主义和党的言行，毛泽东是注意到了的，不过，直到1957年春天，他对国内基本形势的估计还比较冷静、客观，认为：中国也发生了一些小

① 《中共中央批转中央国家机关党委关于目前反右派斗争和转入整风第三阶段的情况与问题的报告》，1957年11月10日。

② 《中共中央转发北京市委〈关于第二届党代表大会第二次会议的简报〉和北京市委〈关于北京市的整风运动的报告〉》，1958年1月2日。

③ 《中共中央关于摘掉确实改悔的右派分子的帽子的指示》，1959年9月17日。

④ 李维汉：《回忆与研究》下，中共党史资料出版社1986年版，第840页。

波，“风乍起，吹皱一池春水”，不是七级台风。[①] 没有为此所动，仍按既定计划开始了党的整风运动。并且主动请党外人士帮助党整风。

但是，在集中的和某些尖锐的批评面前，在极少数右派分子进攻面前，毛泽东又转而认为：“整个春季，中国天空上突然黑云乱翻”，出现了“黑云压城城欲摧”和“惊涛骇浪”的局面[②]，“有出‘匈牙利事件’的某些危险”[③]。他特别对民主党派中的某些人及“资产阶级和曾经为旧社会服务过的知识分子的许多人”[④] 不放心。波匈事件后，他一直认为：“东欧一些国家的基本问题就是阶级斗争没有搞好，那么多反革命没有搞掉，没有在斗争中训练无产阶级，分清敌我，分清是非，分清唯心论和唯物论。现在呢？自食其果，烧到自己头上来了。”基于这种认识，在看到有攻击言论并对一些正确意见有严重怀疑的情况下，为了主动消除中国国内可能存在的隐患，便采取了“引蛇出洞”的办法，发动了全国范围反击右派的一场大战（战场既在党内，又在党外）。目的是将可能的“匈牙利事件”主动引出来，分割为许多小“匈牙利”，各个击破。对中国也会发生“匈牙利事件”的过分估计，要采取措施进行预防性打击的考虑，导致了“引蛇出洞”、“钓鱼政策”的错误做法和开展大规模群众阶级斗争的不适当的决策。

再次，错误的发生，与党和党的领导人是从长期革命战争和激烈阶级斗争环境中走过来的这种经历密切有关。以毛泽东同志为主要代表的中国共产党人，擅长于对敌斗争，有着高度的政治警觉性和丰富的斗争经验，有着高明的军事政治战略和斗争策略。这是一大优点和长处。但是，在新的历史条件下，处理不同于以往阶级斗争情况的新问题时，过去的以阶级斗争观点观察一切的习惯思维方式，仍自觉和不自觉地起作用。一旦把大量的人民内部问题错看成阶级斗争问题，就要发生重大失误，招致严重的后果。

又再次，错误的发生，与党和毛泽东在巨大胜利面前，骄傲、不谨慎密切相关。历史上，毛泽东是既有革命胆略，又十分谨慎的。他还曾告诫全党，党的历史上的四次“左”右倾错误，都与大的骄傲有关。在1949年七届二中全会上，他提醒全党，在

① 毛泽东1957年2月27日在最高国务会议上的讲话。

② 毛泽东：《文汇报的资产阶级方向应当批判》，1957年7月1日。

③ 毛泽东：《组织力量反击右派分子的猖狂进攻》，1957年6月8日。

④ 毛泽东：《事情正在起变化》，1957年5月15日。

胜利面前，务必保持谦虚、谨慎、不骄、不躁的作风。① 甚至在中共八大的开幕词中，他还说过："虚心使人进步，骄傲使人落后，我们应当永远记住这个真理。"② 但是，从1947年到1956年，党在10年中连续取得了民主革命的最后胜利和经济恢复、社会主义改造的胜利和社会主义建设的一系列伟大成就。党和毛泽东在国内和国际上获得了崇高的威望，在多年中也已逐渐习惯于听歌功颂德的颂扬，很少听到批评意见。1953年在对待梁漱溟问题上，已开始表现出听不得意见。③ 像1957年如此集中而尖锐的批评意见，为建国以来所没有。经受不住，起了广泛的疑心，对大量正确或基本正确的意见，或者虽然观点有错误但用心并不坏的人，作了错误的理解和对待。

再其次，扩大化错误的发生，与没有健全的法制有关。建国以后，特别是1954年宪法制定以后，陆续制定了一些法律法令。但是，整个看来，法律体系和制度远不完备，尚在初建之中。党内许多人仍然比较习惯于革命时期那种以政策代替法律，以群众运动和斗争代替司法的做法。开始反右派后，4个月内，对什么是"右派分子"，没有统一明确的标准，做起来必然要出现任意理解和曲解的情况，连对基层党支部书记提了意见，都被视为"反党"。1957年10月15日中共中央发出了《关于划分右派分子的标准》的通知，规定了划右派分子的标准和不划的界限，甚至还指出，一些单位存在"多划了一部分右派的情形"，要求引起注意。但是，由于种种原因，这个通知实际上没得到贯彻执行。《标准》规定的条款本身也难以精确地掌握。经过群众运动，把很大一批人在政治上定性为"反动派"、"阶级敌人"，行政上给以劳动教养、监督劳动、留用察看、降职降级降薪等严重处理，并且株连亲友和家属子女。这种处理均没有确切的法律依据和依法办理。

这样做的结果，不但必然发生严重扩大化的错误，而且开了以言定罪的先例，破坏了八大规定的健全法制建设的进程，使法治思想削弱，人治思想上升，反右派斗争之后，毛泽东说：公安、法院也在整风，法律这个东西没有也不行，但我们有我们这一套，还是马青天④ 那一套好，调查研究，就地解决问题。⑤ 这就分明是认为人治比法治好。刘少奇说：到底是法治还是人治？看来实际靠人，法律只能作办

① 《毛泽东选集》第4卷，人民出版社1991年版，第1438—1439页。

② 《中国共产党第八次全国代表大会文件》，人民出版社1980年版，第6页。

③ 《梁漱溟受批评的公案》，载《文汇月刊》1988年第1期。

④ "马青天"，即评剧《刘巧儿》中的马专员。

⑤ 毛泽东1958年8月21日在协作区主任会议上的讲话。

事的参考。① 毛泽东又说：不能靠法律治多数人。民法、刑法那样多条谁记得了。宪法是我参加制定的，我也记不得。韩非子是讲法治的，后来儒家是讲人治的。我们各种规章制度，大多数，90%是司局搞的，我们基本上不靠那些，主要靠决议，开会，一年搞四次，不靠民法、刑法来维持秩序。人民代表大会，国务院开会有他们那一套，我们还是靠我们那一套。② 反右派扩大化错误的发生，给社会主义法制的建设带来了严重的消极影响。

十一届三中全会后，中共中央对历史上的反右派斗争作了全面的总结。1980年6月11日，中共中央指出："对右派问题的复查结果表明：1957年确有一股反党反社会主义思潮，确有极少数资产阶级右派分子向党和社会主义制度猖狂进攻，对这种思潮进行批判，对这种进攻反击是完全必要的。"这场斗争"在全国人民中间澄清了根本的大是大非，稳定了新建立起来的社会主义制度"。"但是，随着斗争的发展，反右派斗争确实扩大化了，把一大批人错划为右派分子，误伤了许多同志和朋友，其中不少是有才能的知识分子。打击面宽了，打击的分量也太重，大批的人处理得不适当。许多同志和朋友因而受了长期的委屈和压抑，不能在社会主义建设中发挥应有的作用。这不但是他们个人的损失，也是整个国家的损失。""中央认为，必须清醒地看到这两个方面，才是历史地全面地看待这场斗争，只看到一个方面，而否定另一个方面，是不符合实际的。"③

中共中央还总结了反右派斗争扩大化错误的教训。"主要教训在于对当时的阶级斗争形势估计得过于严重，把大量的人民内部矛盾当作了敌我矛盾，以致造成扩大化的错误。今后全党对于某一时期出现的重大思想动向和社会思潮，一定要经过深入的调查研究，冷静地、细致地加以分析，查明来龙去脉，做出符合客观实际的判断，问题发生在什么范围、什么领域，就应当在这个范围和领域内解决，而不要任意扩大，更不能搞一刀切，发动带全局性的政治运动。一定要注意严格区分和正确处理两类不同性质的社会矛盾，如果矛盾的性质一时未能分清，要先作为人民内部矛盾处理，决不要把犯这样那样错误的人，轻易定为敌我矛盾。其次，1957年

① 刘少奇1958年8月21日在协作区主任会议上的插话。

② 毛泽东1958年8月21日在协作区主任会议上的讲话。

③《中共中央批转中央统战部〈关于爱国人士中的右派复查问题的请示报告〉的通知》，1980年6月11日。

党提出要党外群众向党提出批评，帮助党整风，这是完全正确的。但是由于不适当地支持了党外有些人提出的所谓‘大鸣大放’，以至逐步发展为全国范围紧张的政治运动气氛，这也是后来反右派斗争扩大化的重要原因之一。‘大鸣大放’以后发展成为‘四大’，被认为是发扬社会主义民主的好方法。但是作为一个整体的‘四大’，并不能发扬民主，而只能妨害人民行使正常的民主权利，并且人为地破坏安定团结，妨害社会主义建设，甚至导致无政府状态。”

中共中央还指出：“肯定1957年反右派斗争的必要性，同时又指出在反右派斗争中犯了扩大化的错误，并坚决加以改正，目的是为着团结一致向前看，同心同德搞四化”。① 中共中央对1957年反右派扩大化错误的实事求是的处理，在实际上已达到这样的目的。

三　农村两条道路大辩论和全民整风

在党的整风转向开展反右派斗争之后，中共中央于8月8日发出了《关于向全体农村人口进行一次大规模的社会主义教育的指示》，要求在农村中，就合作社的优越性等问题举行一次大辩论。

这直接与反击右派、批判存在的反社会主义思潮有关，同时也是1956年合作化运动进入普遍办高级社阶段后，农村中产生一系列矛盾的表现。

1956年的农业合作化运动急速发展，3月底，入社农户达到全国总农户的90%，参加高级社的农户，占全国总农户的55%。到年底，参加高级社的农户已达87.8%。1957年上升到96%。高级社的一小部分是在初级社的坚实基础上办起来的；很大一部分是刚办初级社立足未稳，便转成了高级社；也有些是未经初级社阶段，直接办起高级社的。中国的农业合作化基本上避免了苏联和一些东欧国家实行集体化时造成的农业生产下降的情况。但是，由于各地区生产力发展水平不同，合作化发展的历史不同，干部的管理经验水平也不相同，在很短时间内都办起高级社，一律以高级社作为核算单位，对于许多社来说，公有程度高了，存在较严重的平均主义。特别是1956年秋收分配前后，有些社的内部矛盾便开始突出出来。

据中共中央农村工作部1956年12月向辽宁、安徽、浙江、江西、四川、陕

① 《中共中央批转中央统战部〈关于爱国人士中的右派复查问题的请示报告〉的通知》，1980年6月11日。

西、河南、河北等八省了解后向中央的汇报:“今年秋收分配前后，在一部分农业社内，出现社员退社和要求退社的情况。退社户，一般占社员户数的1%，多的达5%；思想动荡想退社的户，所占的比例更大一点。浙江省的宁波专区，已退社的约占社员户数5%；想退社的占20%左右。广东全省已退社的约7万余户，占社员户数1%，并已有102个社垮了台。辽宁省，今年是丰收的，也发生社员退社的现象。”“闹退社的户，主要是富裕中农，其次是劳力少、人口多的户和手工业者，小商贩等。根据浙江省宁波专区的调查，在退社户中，富裕中农占50%。安徽省的典型调查，在退社户中，富裕中农占74%。富裕中农，往往是闹退社的倡议者与带动者。他们采取寻找一批不满户做‘配帮’来共同退社的办法，以免自己单独退社，陷入孤立。浙江省并且发生了20余起社员殴打社干部的事件。”①

中央农村工作部分析其原因，主要是:1.大多数是因减少收入引起。各省一般都有10%到20%的社员户减少收入，减少收入较多的户，多半是富裕中农、小商贩和有技术的手工工人等，他们的收入减少，而且一般社的生产水平一、二年还将赶不上富裕中农的水平，他们便积极想出去单干。减少收入不多的户，情绪也有些动摇。特别是成立社时有些干部的许愿落了空，社员很失望。2.农业社对社员劳动时间控制过死，劳动过分紧张，引起不满，社员没时间搞家庭副业，零用钱困难。3.干部作风不民主。4.对社员入社的生产资料处理不当，特别是将社员的零星树木、果树和小块苇塘等也入了社，社员最为不满。5.农村自由市场开放之后，有些社员，特别是一部分富裕农民，要求出社搞市场经营。等等。

这类矛盾，在有些地方很突出。例如，河南临汝县一个区，闹社的规模涉及13个乡、67个自然村、35个生产社、84个生产队，共3万人口的地区。②河南的永城、夏邑、虞城、民权、商丘、宁陵、柘城、淮阳、睢县、杞县、临汝、中牟等12个县，闹社、退社涉及278个高、初级社，700多个生产队范围。共殴打干部63人，拉走牲畜4916头，私分社内粮食125000斤，种子24000余斤，饲料25000余斤，饲草25万余斤，油料390多斤，农具200多件，柴火52000余斤。③

---

① 中央农村工作部简报:《关于退社和大社问题》，1956年12月6日。

②《关于临汝县“闹社”问题的报告》，1956年12月21日。

③《中共河南省委农村工作部关于处理部分地区部分农业生产合作社发生闹社退社情况的简报》，1957年3月28日。

在江苏，从秋收决分以后至1957年春夏，也有不少农民闹事、请愿。一是闹退社，中农居多，占60%—70%；二是闹分社，在一个大社中，富村和产量高的队，因多余的土地、农具、牲口、粮食调走，感到吃亏；三是闹粮食，缺粮户、困难户为主；四是闹救济，因灾区中分配救济款不公；五是闹干部作风，因账目不公布，社员怀疑，等等。①

在浙江的仙居县，1957年4月中旬至5月下旬，全县33个乡镇中有29个发生了闹事，主要是闹退社、分社，干部不许就殴打干部，哄闹政府或自动解散。闹事后，全县302个合作社，完全解体116个，部分垮台55个，入社农民由91%降至19%。②

对于这些情况，群众、干部中认识不一。有的认为是合作化发展速度太快，规模太大了。有的怀疑农业合作化制度是否有优越性。有的认为是上中农的自发势力，资本主义思想，或者是坏人的挑拨破坏。一些上中农则认为高级社是"富养穷、强养弱"，是"大拉平"，认为入社吃亏太大。

毛泽东认为，这是富裕中农"少数闹退社，想走资本主义道路"③。因此他提出："我赞成迅即由中央发一个指示，向全体农村人口进行一次大规模的社会主义教育，批判党内的右倾机会主义思想，批判某些干部的本位主义思想，批判富裕中农的资本主义思想和个人主义思想，打击地富的反革命行为。其中的主要锋芒是向着动摇的富裕中农，对他们的资本主义思想进行一次说理斗争。"④他并且要求："以后一年一次，进行坚定的说理斗争，配合区乡干部的整风，配合第三类社整社，使合作社逐步巩固起来。"做法是："也要先让农民'鸣放'，即提意见，发议论。然后择其善者而从之，其不善者批判之。这应当在上级派有工作组协助当地干部主持农村整风的条件下，逐步推行。"⑤中共中央关于在农村进行一次大规模社会主义教育运动的指示，正是根据毛泽东的这一判断和要求发出的。

各地农村执行中央指示，普遍进行了以合作社的优越性、粮食和其他农产品统购统销、工农关系、肃反和遵守法制问题为中心题目，以"社会主义道路还是资本

① 《江苏省委关于正确处理农村人民闹事问题的指示》，1957年5月20日。

② 《杨心培同志关于仙居县群众闹事问题的报告》，1957年6月。

③ 毛泽东：《1957年夏季的形势》，1957年7月。

④ 毛泽东：《1957年夏季的形势》，1957年7月。

⑤ 毛泽东：《1957年夏季的形势》，1957年7月。

主义道路”为实质的大辩论。辩论的目的，是“进一步弄清国家和农村中的大是大非”，“有力地批判富裕中农的资本主义思想”。①

这一场大辩论，是进入社会主义时期后，在农村中把主要斗争矛头转向富裕中农的开始。在此以前，农村中抓两条道路斗争，是以富农为主要批判对象的，富农是资本主义在农村的代表势力。对富裕中农，又团结又批评，团结的成分大于批评斗争。从这一次大辩论开始，对富裕中农虽然仍讲又团结又斗争，但批判斗争的成分大大增强，富裕中农被视为是富农阶级消灭之后，农村中走资本主义道路的代表力量。对待富裕中农的这种“左”倾认识和政策，不仅把农村中存在的一些实际矛盾简单化，不适当地打击了富裕中农，而且，造成了一种谁也不敢冒尖、不敢富裕，迁就和屈从于平均主义“大锅饭”的空气，对农村生产力的发展起了严重的消极影响。成为此后党在阶级斗争问题上和建设社会主义问题上，长期存在“左”倾偏差的一个重要方面。

随着反右派斗争成为整风的一个重要内容和农村两条道路大辩论作为农村整风的内容，整风已开始背离它原来的意义。这种变了形的整风又被推广到全民，形成了一种“全民整风”的运动。6月下旬至7月初，各民主党派都作出决定，开始了整风。7月26日，国务院作出《关于机关工作人员参加整风运动和反对资产阶级右派斗争的决定》。8月2日，中共中央批发了《关于帮助各民主党派整风的意见》。8月28日，转发了中央统战部《关于在工商界全面开展整风运动的意见》。9月12日，发出《关于在企业中进行整风和社会主义教育运动的指示》。10月15日，发出《关于在少数民族地区进行整风和社会主义教育的指示》，还发出了《关于在中等学校的教职员中开展整风和反右派斗争的通知》。从而把整风推向各界、各部门和地区。全民整风的共同特点，是以反右派斗争和批判某些思想、言论为主要内容，以大鸣、大放、大辩论、大字报为主要方法。实际上形成了对一部分工、农、商、学群众的批判和斗争，进一步扩大加重了阶级斗争扩大化的错误。

党的整风，中共八届三中全会决定按照四个阶段进行：“即大鸣大放阶段（同时进行整改），反击右派阶段(同时进行整改)，着重整改阶段(同时继续进行鸣放)，每人研究文件、批评反省、提高自己阶段。”② 在反右派斗争的基础上，还扩大了批

① 《中共中央关于向全体农村人口进行一次大规模的社会主义教育的指示》，1957年8月8日。

② 邓小平：《关于整风运动的报告》，1957年9月23日。

判的范围，给一些省、自治区的领导干部扣了右派、个人主义、地方主义①、民族主义②、右倾机会主义、修正主义活动等政治帽子，抓了一些“反党集团”、“右派集团”等，作了错误处理③。此外，在文艺界，批判了所谓“丁玲、陈企霞反党集团”。在科学界，批判了所谓“反社会主义的科学纲领”。④在社会科学界，批判了所谓“资产阶级社会学”、“资产阶级新闻学”等。1958 年春，作为全民整风改进国家机关工作和“促进全民大干社会主义”的一个重要步骤，开展了全国规模的反浪费、反保守的“双反运动”。全国的整风和反右派斗争于 1958 年 6、7 月宣告结束。

这一次全党和全民整风，从总体上说，是不成功的。不但因与反右派运动结合进行，犯了阶级斗争严重扩大化的错误，背离了正确处理人民内部矛盾的主旨，而且在整风之中和之后，党内的主观主义反而严重发展起来。1958 年的“大跃进”运动，

---

① 1979 年 9 月 28 日，中共中央统战部《关于地方民族主义分子摘帽问题的请示》指出，“当时，在一些少数民族中，地方民族主义倾向有所滋长，进行这场斗争，对加强民族团结、巩固祖国统一，是必要的。但是，也存在着扩大化的偏向”。中央决定“全部摘掉地方民族主义分子的帽子，对确实划错了的，也要实事求是地改正过来”。

② 1979 年 9 月 28 日，中共中央统战部《关于地方民族主义分子摘帽问题的请示》指出，“当时，在一些少数民族中，地方民族主义倾向有所滋长，进行这场斗争，对加强民族团结、巩固祖国统一，是必要的。但是，也存在着扩大化的偏向”。中央决定“全部摘掉地方民族主义分子的帽子，对确实划错了的，也要实事求是地改正过来”。

③ 据八大二次会议上各地代表的报告，计有：浙江省委常委沙文汉、杨思一、彭瑞林、省委委员孙禄章，被定为“右派分子”；甘肃省委常委孙殿才、省委委员梁大均、副省长陈成义等为首，被定为“右派反党集团”；安徽省委书记处书记李世农为首，被定为“右派集团”；云南省委常委郑敦为首，被定为“反党集团”；广西省委常委陈再励为首，被定为“右派集团”；青海省委常委孙作宾，被定为“反党分子”；河北省委常委刘洪涛等，被定为“右派分子”；广东省委书记处书记古大存、冯白驹，被指责为“进行地方主义活动”；新疆自治区党委书记处书记赛甫拉也夫、常委伊敏诺夫、艾斯海提等，被指责为“进行民族主义活动”；河南省委第一书记潘复生，被指责为“右倾机会主义”；山东惠民地委第一书记李峰、泰安地委代理第一书记曹礼琴，被指责为“反对党的路线，进行反党活动”。中共十一届三中全会后，这些错误的处理都得到了平反改正。

④ 即《对于有关我国科学体制问题的几点意见》。是由民盟中央“科学规划问题”临时研究组负责人曾昭伦、千家驹、华罗庚、童第周、钱伟长，于 1957 年 6 月向国务院科学规划委员会提出的书面意见。主要内容是：一、关于“保护科学家”的问题；二、关于科学院、高等学校、业务部门研究机构之间的分工协作问题；三、关于社会科学问题；四、关于科学研究的领导问题；五、关于培养新生力量问题。这是一份很有价值的意见书、但被误认为是“反社会主义的科学纲领”。

便是整风之后党内主观主义大发作的一个突出表现。

四 理论上的重大失误

伴随着反右派严重扩大化的发生，毛泽东在社会主义时期的阶级斗争理论观点上，很快地发生了向“左”的改变。他根据自己对反右派斗争的认识，提出了改变八大论断的理论新概括。

早在1957年6月开始反击右派后不久，田家英①向毛泽东提出：看来八大对于矛盾的分析和方针任务的规定是不对的。毛泽东表示：确有问题，但八大的路线、方针是大家一致决定的，现在不宜提，等以后相继提出。②随后，毛泽东在修改补充并于6月19日发表的《关于正确处理人民内部矛盾的问题》一文中，增加了无产阶级和资产阶级之间的阶级斗争“还是长时期的，曲折的，有时甚至是很激烈的”，“社会主义和资本主义之间谁胜谁负的问题还没有真正解决”的话，这样就改变了八大关于“我国的无产阶级同资产阶级之间的矛盾已经基本上解决”③“社会主义和资本主义谁战胜谁的问题已经解决了”④的正确提法。在7月于青岛召开的省市委书记会议上，毛泽东提出：“这一次批判资产阶级右派的意义，不要估计小了。这是一个在政治战线上和思想战线上的伟大的社会主义革命。单有1956年在经济战线上（在生产资料所有制上）的社会主义革命，是不够的，并且是不巩固的。匈牙利事件就是证明。必须还有一个政治战线上和一个思想战线上的彻底的社会主义革命。”⑤并且提出：“和城市一样，在农村中，仍然有或者是社会主义或者是资本主义，这样两条道路的斗争。这个斗争，需要很长时间，才能取得彻底胜利。这是整个过渡时期的任务。”⑥

毛泽东的这些论点，实际上已经产生了无产阶级和资产阶级的斗争仍然是国内

---

① 田家英（1922—1966），四川成都人。当时任毛泽东的秘书，并任中共中央办公厅副主任、中共中央政治研究室副主任。

② 曾涌泉1980年10月在讨论《历史决议》稿时的发言。

③《中国共产党第八次全国代表大会关于政治报告的决议》，1956年9月27日。

④ 刘少奇：《中国共产党中央委员会向第八次全国代表大会的政治报告》，1956年9月15日。

⑤ 毛泽东：《1957年夏季的形势》，1957年7月。

⑥ 毛泽东：《1957年夏季的形势》，1957年7月。

主要矛盾的思想，并引申出一个“政治战线上和思想战线上的社会主义革命”的新概念。特别是，又把两条道路斗争和进行这种“革命”超出当年反右派的范围，列为“整个过渡时期的任务”，这就不是一时的、局部的考虑了，而是对长期发展战略作改变的最初酝酿。

“政治战线上和思想战线上的社会主义革命”命题和含义是不正确的。当时《人民日报》的社论作解释说：“政治战线上的社会主义革命，即是对敌视社会主义的资产阶级右派进行坚决彻底的斗争”；“思想战线上的社会主义革命，主要地就是对中间派说的”，“是要使他们在思想上同右派划清界限，克服自己在资本主义立场和社会主义立场中间动摇不定的两面性，是要在思想上进行自我改造，过好社会主义这一关”。① 即是说，要以阶级斗争为纲来解决敌我问题和解决人民内部矛盾问题。但是，这里说的“资产阶级右派”，是严重扩大化的；这里说的“资本主义立场”，是被曲解了的内容。因而这个“革命”在对象上和内容上是不准确和不能成立的。

这个“革命”又以“四大”为其形式。毛泽东说：“现在我们革命的内容找到了它的很适合的形式”，“创造了一种革命形式，群众斗争的形式，就是大鸣，大放，大辩论，大字报”，这种形式“适合现在这个群众斗争的内容，适合现在阶级斗争的内容，适合正确处理人民内部矛盾的问题。抓住了这个形式，今后的事情好办得多了。大是大非也好，小是小非也好，革命的问题也好，建设的问题也好，都可以用这个鸣放辩论的形式去解决，而且会解决得比较快”。② 这种用来解决一切问题的斗争形式，违背了不同质的矛盾只能用不同质的方法解决的原理。后来多年的实践充分证明，这种以“四大”为其形式的“革命”，是混淆两类不同性质矛盾，混淆革命和建设不同规律，造成社会动乱的一个根源。

毛泽东这时说的两条道路斗争是“整个过渡时期的任务”，其中还包括了对什么是过渡时期在理论认识上发生混乱。

三大改造基本完成以前，党对过渡时期的理解（即：从中华人民共和国成立到社会主义改造基本完成，这是一个过渡时期），就起止时限而言，是正确的；1956年以后，党没有能根据变化了的情况正确解决对过渡时期结束与否的认识，成为发生阶级斗争扩大化在理论认识上的一个重要原因。

---

① 《这是政治战线上和思想战线上的社会主义革命》，《人民日报》1957年9月18日。

② 毛泽东：《做革命的促进派》，1957年10月9日。

马克思在《哥达纲领批判》中指出："在资本主义社会和共产主义社会之间，有一个从前者变为后者的革命转变时期。同这个时期相适应的也有一个政治上的过渡时期，这个时期的国家只能是无产阶级的革命专政。"① 这里说的共产主义社会，是带有"旧社会的痕迹"，存在"资产阶级权利"，实行按劳分配的共产主义，即共产主义的第一阶段社会主义社会。因此，马克思说的过渡时期便是指过渡到社会主义制度建立。列宁对过渡时期理论有很大贡献，包括他在实行新经济政策时期对社会主义的许多新认识。他对过渡时期的看法同马克思一样，是指"从资本主义到社会主义的过渡时期"②。列宁还使用了"组织起社会主义"③ 的概念，指社会主义社会建立起来；又使用了"完全建成社会主义社会"、"最后胜利"的概念，指出了可以开始进入共产主义阶段的时候。苏联运用这个理论，以建立无产阶级政权作为过渡时期开始，以1936年宣布社会主义革命任务实现作为过渡时期结束，同时宣布社会主义社会建成。

中国共产党把苏联关于过渡时期的结束即是社会主义社会建成的概念，包括他们宣布社会主义社会建成的三条标准——消灭剥削、农业集体化、国家工业化即大工业产值占工农业总产值70%以上——搬过来，在1953年制订出中国过渡时期的总路线。规定过渡时期的起止线，是"从中华人民共和国成立，到社会主义改造基本完成"（着重点为引者所加）；时间预计，是"10年到15年或者更多一些时间"，通常讲"是要经过三个五年计划"，"三个五年计划就是十五年"④；要完成的任务，是"基本上完成国家工业化和对农业、手工业、资本主义工商业的社会主义改造"⑤。当时设想，一化和三改造这两方面的任务是"主体与两翼"的关系，相辅相成，基本同步实现。然后也像苏联在1936年那样，宣布过渡时期结束，社会主义社会建成。

马克思说的由资本主义社会向社会主义社会的过渡，是以资本主义高度发展的生产力为其前提的。因此对这个过渡，只提是"革命转变时期"、"政治上的过渡时期"。苏联在实践中，对过渡时期的任务加上了国家工业化，我国也是同样。在落后国家的过渡时期中加上实现工业化的任务，无疑是正确的。没有一定的物质技术

---

① 《马克思恩格斯选集》第3卷，人民出版社1995年版，第314页。

② 列宁：《向匈牙利工人致敬》(1919年5月)，《列宁选集》第3卷，人民出版社1995年版，第835页。

③ 列宁：《第三国际及其在历史上的地位》(1919年4月15日)，《列宁选集》第3卷，人民出版社1995年版，第793—794页。

④ 《毛泽东文集》第6卷，人民出版社1999年版，第280页。

⑤ 毛泽东：《批判离开总路线的右倾观点》，1953年6月15日。

基础即相应的社会生产力水平，要很好地实现社会主义改造，是困难的。

但是中国的历史发展，提前于1956年便基本完成了生产资料私有制的社会主义改造，社会主义制度基本上建立了起来，而国家工业化却尚未实现。在这种情况下，中国的过渡时期应不应该算作结束？按照马克思、列宁的说法和中国过渡时期总路线的实质是解决生产资料所有制问题的规定，中共八大本应理解为这个过渡时期已经结束，并把继续实现国家工业化，转列为社会主义进一步发展的任务。但是，八大受到尚未实现国家工业化这个并非过渡时期本质问题的束缚，没有宣布结束，仍然使用了3个五年计划、15年走完过渡时期的说法。① 此后，“过渡时期”、“社会主义建成”的概念继续沿用了下来。

过渡时期还有多长？毛泽东在1957年7月青岛会议上说：“从现在起，可能还要延长10年至15年之久。做得好，可能缩短时间。”之所以还要延长10年至15年，是因为“在我国建立一个现代化的工业基础和现代化的农业基础，从现在起，还要10年至15年。只有经过10年至15年的社会生产力的比较充分的发展，我们的社会主义的经济制度和政治制度，才算获得了自己的比较充分的物质基础（现在，这个物质基础还很不充分），我们的国家（上层建筑）才算充分巩固，社会主义社会才算从根本上建成了。现在还未建成，还差10年至15年时间”②。

如果只是用延长的10年至15年过渡时期来发展生产力搞工业化，并没有什么不好。但是，按照传统的观念，过渡时期充满着尖锐激烈的阶级斗争，“这个时期的一切社会问题，其中也包括知识分子问题，都不能离开阶级斗争来观察”③。毛泽东把两条道路的斗争及“政治战线上和思想战线上的社会主义革命”同延长的过渡时期联系到一起，就是向重提两个阶级、两条道路仍是社会主要矛盾，根本改变八大的结论，迈出了重要的一步。

1957年9月20日至10月9日，中共中央举行八届三中全会，研究整风与体制问题。会议一开始，毛泽东便把国内主要矛盾问题提了出来。华北组首先反映说：“过渡时期，国内的主要矛盾是人民内部矛盾还是敌我矛盾？许多同志觉得毛主席

---

① 八大政治报告中说：“第二个五年计划的实现，将为我国在第三个五年计划期间基本完成过渡时期总任务准备好必要的条件。”

② 毛泽东：《1957年夏季的形势》，1957年7月。

③《周恩来选集》下卷，人民出版社1984年版，第174页。

讲的7个问题，又把七届二中全会的提法提出来了，这是和八大决议和一些整风文件的提法不一样，希望中央负责同志再解释一下。”会议随即对过渡时期的主要矛盾究竟是什么，展开了热烈讨论。

基本上有两种看法。一种看法认为，应该说资产阶级与无产阶级的矛盾是主要矛盾。例如，薄一波、杨士杰说：“七届二中全会决议指出，革命胜利后国内的基本矛盾是无产阶级与资产阶级的矛盾。但这一点有时被忽视了。1956年三大改造胜利，使我们产生了错觉，以致强调人民内部矛盾多，对无产阶级与资产阶级的矛盾是基本矛盾强调不足。这一点在八大也讲得不够。只提出大规模的阶级斗争已经基本结束，没有更明确地指出所有制虽已解决，但人的改造，意识形态上的斗争却没有解决。因此在今后15年到20年内，资本主义与社会主义的矛盾仍将是国内的基本矛盾。”张劲夫、张凯说：“过渡时期的主要矛盾是社会主义和资本主义两条道路的斗争。”陶希晋说：“既然如此，那么就应该说当前主要矛盾是无产阶级同资产阶级的矛盾。正确地处理这一矛盾，是顺利地解决其他各种矛盾的主要关键。”

另一种看法，是仍然坚持八大结论的基本观点。河南、湖北、江西分组有人认为：“1956年三大改造以前是资产阶级和无产阶级矛盾为主要矛盾，三大改造以后是人民内部矛盾为主要矛盾。”杨放之认为：“反右派斗争是很重要的敌我矛盾，但这只是少数的，而大量的经常的则是人民内部矛盾。因此敌我矛盾不是主要的，八大决议对当前国内矛盾的分析仍是正确的，不能因为这次反右派斗争而改变这种估计。”中南组的多数人认为：“虽然目前的重要任务是反右派，但不应把国内政治生活中一个时期的主要问题，作为整个过渡时期的主要矛盾。从思想战线上可以说主要矛盾是阶级斗争，但从经济基础看，则不能说阶级矛盾是主要的，过渡时期矛盾的性质是按后者而不是按前者决定的。”会议讨论的前期，这一种意见的人数比较多一些。

10月7日，毛泽东表明了自己的见解，对改变八大论断的原因作了说明，对在策略上如何处理这种改变，提出了意见。他说，三年半以来，给资产阶级以严重打击，对个体经济也给了打击，因此反映到八大决议上说资产阶级与无产阶级的矛盾基本上解决了。基本解决不等于完全解决。政治问题解决了，所有制问题基本上解决了，但经济上和政治上没有完全解决。资产阶级及资产阶级知识分子、民主党派中的右派、一部分富裕中农，站在人民中反对人民，那时不是完全看得那么清楚，但也不是完全没有看到（那时还提了改造）。当时他们服服帖帖，所以说基本解决了。今天强调这个矛盾，是因为他们要造反，到今年青岛会议时就看清楚了，提出了城市和农村还有两条道路的斗争，这种阶级斗争并没有熄灭，这次右派分子疯狂进攻，就应该说资产阶级与无产阶级的矛盾是主要的。但策略上还是按青岛文件上那样讲好（即暂时只讲在城市和农村仍然有两条道路斗争，不马上公开重提两个阶级斗争是主要矛盾），到会的人晓得主要次要就行了。很长时间不讲了，如果现在加上去，闹得天翻地覆，这不好。现在应再按青岛的讲法说它 3 个月。两条道路——资产阶级和无产阶级、社会主义与资本主义——是过渡时期的主要矛盾，暂不在报上讲，讲了有可能把大量人民内部矛盾冲淡了。劳动人民内部的矛盾，目前正在大鸣大放、大辩论中解决，一提起阶级矛盾是主要的，将影响整改。总之，第一条：在过渡时期肯定主要矛盾是资产阶级与无产阶级的矛盾。第二条：在一定时期内在报纸上不讲，继续宣传两条道路的斗争不加（阶级）这两个字，免得引起许多麻烦。

10 月 9 日，毛泽东在会议结束时作出进一步结论说："无产阶级和资产阶级的矛盾，社会主义道路和资本主义道路的矛盾，毫无疑问，这是当前我国社会的主要矛盾。""现在的主要矛盾是什么呢？现在是社会主义革命，革命的锋芒是对着资产阶级。同时变更小生产制度即实现合作化"，主要矛盾"就是社会主义和资本主义两条道路的矛盾"①。他还说：七届二中全会指出国内基本矛盾是资产阶级与无产阶级的矛盾，现在看来是非常正确的。② 全会的看法统一到了毛泽东的论点上，从而先在内部改变了对主要矛盾的看法。

两个月后，江华③和柯庆施④分别在 12 月举行的浙江省党代会和上海市党代会上作报告⑤，使用了八届三中全会结论的提法。1958 年 1 月，《人民日报》全文转载并加编者按语，指出他们是根据党中央和毛泽东的指示论述的，从而公开了八届三中全会的论点。随后，刘少奇在 1958 年 5 月八大二次会议上，代表中央作工作报告宣布说："整风运动和反右派斗争的经验再一次表明，在整个过渡时期，也就是说，在社会主义社会建成以前，无产阶级同资产阶级的斗争，社会主义道路同资本主义道路的斗

---

① 毛泽东：《做革命的促进派》，1957 年 10 月 9 日。

② 毛泽东在八届三中全会的总结讲话稿。

③ 江华，中共浙江省委第一书记。

④ 柯庆施，中共上海市委第一书记。

⑤ 江华：《坚持党的正确路线，争取整风运动在各个战线上全胜》，1957 年 12 月 9 日。柯庆施：《乘风破浪，加速建设社会主义的新上海！》，1957 年 12 月 25 日。

争，始终是我国内部的主要矛盾。这个矛盾，在某些范围内表现为激烈的、你死我活的敌我矛盾。”从而，通过代表大会的形式，正式修改了八大一次会议的论断。

两个阶级的斗争仍是（延长的）“整个过渡时期主要矛盾”的论点是错误的。第一，这个论点是以社会上还存在完整的资产阶级为前提，而这个前提是不能成立的。第二，这个提法混淆了三大改造基本完成前和以后，有完整意义上的资产阶级存在和无完整意义上的资产阶级存在情况下，阶级斗争状况的不同。第三，在过渡时期概念的使用上，离开了中国的实际。

国内主要矛盾提法的改变，是个关系全局的重大问题。按照八大一次会议的论点，党和国家的工作着重点就应转到社会主义建设方面来。虽然还有阶级斗争，还要加强人民民主专政，但其根本任务是在新的生产关系下面保护和发展生产力。按照八大二次会议的论点，工作着重点就仍要以阶级斗争为主，经济建设就置于阶级斗争的统率之下，围绕和服从于阶级斗争。但是，毛泽东有时（1958 年初）又提过工作着重点要转到技术革命上去，说“从今年起，要在继续完成政治战线上和思想战线上的社会主义革命的同时，把党的工作着重点放到技术革命上去”。“到 7 月 1 日以后……那时候基层整风已经差不多了，可以把全党的主要注意力移到技术革命上去了。”[①] 这种状况，反映了毛泽东从原来的正确观点转变到错误观点的开始阶段，还曾经有过反复。但总的来说，从那以后，两个阶级之间的阶级斗争仍然是国内主要矛盾这一观点，始终贯穿于他的全部指导思想之中，而且愈到后来就愈加重。主要矛盾提法的改变，开始了中国共产党此后 20 年中不能正确处理社会主义时期的政治与经济、阶级斗争与社会主义建设关系的历史。

如果说，主要矛盾提法的改变是理论上的第一个重大失误，那么，第二个重大失误，便是改变八大关于国内阶级状况的正确分析，提出了还存在两个剥削阶级的新论点。新论点是毛泽东在 1958 年 3 月成都会议（中共中央工作会议）上提出，在 4 月汉口会议上加以论述，为党中央所接受的。八大二次会议的中央工作报告说：“两个剥削阶级：一个是反对社会主义的资产阶级右派、被打倒了的地主买办阶级和其他反动派；资产阶级右派实质上是帝国主义者、封建买办残余势力和蒋介石国民党的代理人。另一个是正在逐步地接受社会主义改造的民族资产阶级和它的知识分子，他们的大多数人在社会主义和资本主义两条道路之间处在动摇的过渡状态。”

---

① 毛泽东：《工作方法六十条（第二十一条）（草案）》，1958 年 1 月 21 日。

首先，所谓存在“第一个剥削阶级”，是把建国之初便已经消灭了的官僚买办阶级和地主阶级说成还存在，把残余分子说成还作为一个剥削阶级存在，显然是不正确的。把当时被划为“右派分子”的人列入这个阶级，除了绝大多数是被错划而不能成立外，即使其中后来经复查不予改变的个别人，说他们是“帝国主义、封建买办残余势力和蒋介石国民党的代理人”，也不符合他们在民主革命以来同蒋介石矛盾斗争的事实。十一届三中全会以来，中共中央仍然承认他们过去同中国共产党有过合作，对人民做过一些好事的历史，并不一概抹杀。毛泽东当时估计，属于“第一个剥削阶级”的地、富、反、坏、右，加起来大约占人口 5%，约 3000 万。不但把此种家庭出身的人也笼统算入其内，而且确属此种成分的人，他们早已丧失了原先拥有的生产资料，不再具有剥削他人的手段和条件，虽然他们本人还需要继续改造，但也只是一些原剥削阶级分子了，并不再构成一个阶级。

其次，所谓“第二个剥削阶级”的论断，在事实上和理论上，错误更多、不良后果更大。

第一，把广大知识分子列入其中，是根本错误的，是认识上的倒退。

早在 1948 年 5 月 25 日，中共中央曾重新公布 1933 年瑞金民主中央政府的两个文件《怎样分析农村阶级》和《关于土地改革中一些问题的决定》，其中对知识分子的阶级成分划分，作出了正确规定。1950 年 8 月 4 日，中央人民政府政务院作出《关于划分农村阶级成份的决定》，将 1933 年的两个文件稍加删改并加以补充，再行公布。1933 年的《关于土地改革中一些问题的决定》规定：“知识分子不应该看作一种阶级成分。知识分子的阶级出身，依其家庭成分决定，其本人的阶级成分，依本人取得主要生活来源的方法决定。”依据这个正确的原则，文件指出：“知识分子在他们从事非剥削别人的工作，如当教员、当编辑员、当新闻记者、当事务员、当著作家、艺术家等的时候，是一种使用脑力的劳动者。”政务院补充决定说：“凡受雇于国家的、合作社的或私人的机关、企业、学校等，为其中办事人员，取得工资以为生活之全部或主要来源的人，称为职员。职员为工人阶级中的一部分。”并规定，受雇于上述部门的高级知识分子，如工程师、教授、专家等，“称为高级职员，其阶级成份与一般职员同”。“但私人经济机关和企业中的资方代理人①不得

① 区别是否资方代理人，以是否代替资方执行企业的三权（经营管理权、人事权、利润分配权）为准。

称为职员。”按照这些规定，资产阶级知识分子这一概念的内涵，就只包括一些资产阶级分子本人和一部分资本家代理人，他们只是知识分子中的极少数；而绝大多数知识分子，本来就是工人阶级的一部分或其他脑力劳动者。正是根据这些规定，1950 年 8 月教育界成立了拥有近百万人为会员的中国教育工会，拥有 21200 多个基层工会组织。中国教育工会是中华全国总工会的下属工会，并且直接参加了“教育工会国际”（世界工人联合会所属），成为一个会员单位。

1956 年 1 月，周恩来在中央召开的关于知识分子问题的会议上，进一步超出教育界范围，从知识分子的总体上宣布：知识分子的“绝大部分已经成为国家工作人员，已经为社会主义服务，已经是工人阶级的一部分”①。他在同月召开的全国政协二届二次会议上，也宣布了这个论点。2 月，中共中央政治局批准发出的《关于知识分子问题的指示》指出：我们必须承认，知识分子的基本队伍已经成了劳动人民的一部分；已经形成了工人、农民、知识分子的联盟。《指示》还批评了党内存在的“不把他们当作自己人，不用同志式的态度同他们共同工作”等错误倾向。这些说明，党曾经对知识分子的阶级属性作出了正确的规定。

但是，后来的事实表明，在 1956 年里，党内的认识并没有都一致起来。首先是毛泽东，不时地将知识分子的家庭出身、受的教育、某些思想表现等，同他们本人的阶级属性相混淆。毛泽东在 8 月 30 日八大预备会议上说：“我们党也吸收了一部分知识分子，在一千多万党员里头，大中小知识分子大概占一百万。这一百万知识分子，说他们代表帝国主义不好讲，代表地主阶级不好讲，代表官僚资产阶级不好讲，代表民族资产阶级也不好讲，归到小资产阶级范畴比较适合。”② 八大政治报告则把除新培养的劳动人民出身以外的知识分子，称作了“资产阶级和小资产阶级知识分子”。不过八大政治报告还是肯定：“知识界已经改变了原来的面貌，组成了一支为社会主义服务的队伍。”关于起草八大文件时对知识分子问题的争论，1957 年 12 月 13 日，刘少奇曾作过说明：八大起草报告时有不少人不同意提资产阶级知识分子，认为这样提把知识分子划到资产阶级方面不策略，但同意是小资产阶级。③ 不过，毛泽东却并不认为提小资产阶级知识分子同提资产阶级知识分子有

---

① 《周恩来选集》下卷，人民出版社 1984 年版，第 162 页。

② 《毛泽东文集》第 7 卷，人民出版社 1999 年版，第 95 页。

③ 刘少奇：《关于统一战线政策方针性的若干问题谈话纪要》，1957 年 12 月 13 日。

多大区别，他说：小资产阶级知识分子就是资产阶级知识分子，因为世界观只有一个，另外分不出什么小资产阶级世界观。① 三大改造基本完成以后，他多次谈“皮之不存，毛将焉附”，把知识分子一般地都看作是旧经济基础这张皮上的毛，说：过去 500 万知识分子所依附的经济基础，现在垮了，旧皮不存，毛要附在新皮上，500 万知识分子的毛要附在 1200 万的工人阶级的皮上。②

总之，反右派斗争之前，党内在知识分子问题上，既有正确观点，又有“左”倾观点。

1956 年年底、1957 年年初，波匈事件和国际风浪的发生，给了毛泽东观察社会主义社会阶级斗争问题以深刻的消极影响，特别是当他看到匈牙利“裴多菲俱乐部”的知识分子起了重要的作用，以及国内一些人民内部矛盾突出的情况后，对知识分子的不信任感增强，看法上急剧“左”倾。毛泽东 1957 年 3 月 29 日在上海市党员干部大会上说：全国知识分子大约有 500 万，从他们的出身来说，从他们受的教育来说，从他们过去的服务方面来说，可以说都是资产阶级性质的知识分子。甚至 4 月 29 日的《人民日报》社论中，还把知识分子看作是资产阶级思想的代表者，是可能号召资本主义复辟的异己力量。9 月 18 日的《人民日报》社论又说：“自以为还有反对劳动人民的资本的社会力量，主要的是资产阶级的党派和资产阶级的知识分子”，“资产阶级知识分子比起资产阶级政治活动家还多一种资本：他们的大部分直接参加着社会主义建设，无产阶级在经济文化的种种部门需要着他们”。③ 毛泽东也说：“资产阶级和他们的知识分子是比较最有文化的，最有技术的。右派翘尾巴也在这里。”这样，知识分子这支革命和建设的重要依靠力量，由“工人阶级的一部分”、“劳动人民的一部分”，变成了民族资产阶级的一部分、“第二个剥削阶级”的组成部分和“有反对劳动人民的资本的社会力量”、“可能号召资本主义复辟”的力量。

对知识分子阶级属性的错误认识，直接影响到 1957 年反右派时对阶级力量对比作出不正确的估计，对于反右派运动的开展和严重扩大化错误的发生，有着极大的作用。毛泽东在 1957 年 10 月最高国务会议上说：“现在知识分子有 500 万人，资本家有 70 万人，加在一起，约计 600 万，5 口之家，五六就是 3000 万人。”把 500

① 毛泽东约集各民主党派负责人和无党派民主人士谈话，1957 年 4 月 30 日。

② 毛泽东约集各民主党派负责人和无党派民主人士谈话，1957 年 4 月 30 日。

③《这是政治战线上和思想战线上的社会主义革命》，《人民日报》1957 年 9 月 18 日。

万知识分子不列入工人阶级而列入资产阶级，这个错误的算法，使得资产阶级总人数扩展了7倍多。而这个资产阶级的人又主要是“有反对劳动人民的资本”、“可能号召资本主义复辟”的知识分子！在这种阶级力量估计之下，对斗争形势看得非常严重，就是必然的了。

实际上，当时说资本家70余万，并不准确，其中包括了被错当资本家对待的70万小业主和独立劳动者。实际上，真正的资本家加上其代理人只有16万人。资产阶级人数很少，况且这些人中的绝大多数又是拥护共产党的领导、愿意走社会主义道路的，反对者只是极少数、个别人。如能这样如实地认识阶级力量对比，对阶级斗争的形势就没有必要看得那么严重，更没有必要在整风中转而去搞全国范围反右派的大运动、大斗争。

由此可见，如何认识知识分子的阶级属性，把他们定为“工人阶级的一部分”、“劳动人民的一部分”，还是归入资产阶级，是个极为重大、影响全局的问题。进入社会主义后，党没有坚持对知识分子阶级属性的正确论断，没有清除“左”的认识，把知识分子一般地划入了资产阶级之中，这是1957年严重估计形势，作出开展反右派运动的错误决策，乃至进而改变社会主要矛盾的提法，转向“以阶级斗争为纲”的关键因素。可以说，党在整个20年中阶级斗争上的大失误，最初是从知识分子问题上的错误开始的。这是一个极为沉痛的重大教训。

反右派斗争之后，“对知识分子戴上了两个帽子，封了他们资产阶级知识分子，又封了他们迷失方向”。① 使得知识分子问题上的错误成了长达20年“左”倾错误的重要内容。

第二，毛泽东在1958年4月汉口会议上论述第二个剥削阶级时说：上层小资产阶级、富裕中农，他们在性质上也属于资产阶级。这也同样是错误的。

历史上，党和毛泽东本来一直是把上层小资产阶级同民族资产阶级分开的，《中国社会各阶级的分析》和《中国革命与中国共产党》等文章对阶级的分类，均是如此。把上层小资产阶级列入民族资产阶级，自解放战争始。1947年12月，毛泽东在《目前形势和我们的任务》中说：“上层小资产阶级和中等资产阶级……他们是真正的民族资产阶级。”②（1947年原文无“上层”二字，但其含义是指上层小资产阶级，故

---

① 毛泽东1958年4月6日在汉口会议上的讲话。

②《毛泽东选集》第4卷，人民出版社1991年版，第1254页。

1960年出版《毛泽东选集》第4卷时，确切地加上了“上层”二字。）他特意指明：“这里所说的上层小资产阶级，是指雇佣工人或店员的小规模的工商业者。”①（1947年原文的用语是“小规模的工商业资本家”。但实际上这里说的是小业主，所以出版《毛泽东选集》第4卷时，改成了“小规模的工商业者”。这个更改也是很确切的。）

这时将上层小资产阶级同中等资产阶级放到一起，合称为民族资产阶级，与当时的情况和认识有关。这里不是解决具体划定阶级成分问题，而是解决具有紧迫性和重要性的经济纲领问题。著名的三大经济纲领之一是“保护民族工商业”。民族工商业，“就是指的一切独立的小工商业者和一切小的和中等的资本主义成分”②。而小的和中等的资本主义经济成分，是以广大的上层小资产阶级和中等资产阶级所代表的，所以，把他们合在一起统称作了民族资产阶级。至于今天看来，这样合起来统称如何，尚可研究。但在当时，保护民族工商业纲领的制定，对纠正土地改革中的“左”倾偏差，团结全国的民族工商业者共同反对三大敌人，起了重大作用。因不涉及具体划定阶级成分，所以并无实际问题。

建国以后，城市中没有进行划定阶级成分的工作。但1950年8月4日，政务院为了正确地进行新区土改，曾作出《关于划分农村阶级成份的决定》，其中对小手工业者与手工业资本家的界限，小商小贩与商业资本家的界限，作了明确的政策性规定。即当涉及具体划分阶级成分时，党还是把有轻微雇工（雇店员）剥削的上层小资产阶级同手工业资本家和商业资本家分开的。

但是，在建国以后的文件和党的领导人的讲话中，在理论观念上，又不是时时处处都将上层小资产阶级同资本家阶级分开。在比较多的情况下是分开的，例如，1956年9月刘少奇在八大政治报告中说：“中国各民主党派的社会基础是民族资产阶级、上层小资产阶级和它们的知识分子。”有时也仍将上层小资产阶级列入民族资产阶级概念之中，例如，1960年1月李维汉在民建、工商联代表大会主席团扩大会议上说道：“中国民族资产阶级包括中等资产阶级和上层小资产阶级。”③当50年代初进入改造资本主义工商业、消灭民族资产阶级时，没能在理论观念上把上层小资产阶级从民族资产阶级中分出来，是个缺点。在资本主义工商业全行业公私合

① 《毛泽东选集》第4卷，人民出版社1991年版，第1255页。
② 《毛泽东选集》第4卷，人民出版社1991年版，第1255页。
③ 李维汉：《统一战线与民族问题》，中共党史资料出版社1986年版，第232页。

营高潮中，一大批上层小资产阶级工商业者即小业主，甚至一部分独立劳动的工商业者，被卷入合营企业之中，共约70万人，占全部参加合营企业86万人的81%。由于长期以来观念上上层小资产阶级也是民族资产阶级，参加公私合营后，他们又同资本家一样拿定息，因而长时间里被当作了资本家对待，政治上被另眼看待（不能加入工会等）。1956年年底起，他们就多次要求放弃小额定息（有的每月只值几包香烟钱），从资本家队伍中分出来。1956年12月，毛泽东也曾考虑过要这样做，向全国工商联领导人陈叔通等正式表过态，但因反右派斗争后“左”倾思想发展而长期搁置。直到十一届三中全会后，才将他们从资本家队伍中区别了出来，明确了他们原来的劳动者身份，而把真正够格的资本家，另称作“资本家阶级”。①

不过，把上层小资产阶级列入民族资产阶级，是历史上形成的，并非八大二次会议关于两个剥削阶级论断本身所出现的问题。

但是，把富裕中农视作“资产阶级性质”，却是前所未有。直接起因，如前所说，是农业合作化后，一部分富裕中农因利益受到损害，要求退社、分社或包产到户，被看作是继富农阶级被消灭之后，农村中自发资本主义势力的代表者，是反对合作化、走资本主义道路、向社会主义进攻的力量之一。1957年10月9日毛泽东就说过：“去年下半年，阶级斗争有过缓和，那是有意识地要缓和一下。但是，你一缓和，资产阶级、资产阶级知识分子、地主、富农以及一部分富裕中农，就向我们进攻，这是今年的事。”② 因而富裕中农便归入了“资产阶级性质”。这个认识错误的发生，对于后来长时间里农村工作“左”倾错误的发展，也有重大影响。

第三，在三大改造基本完成后，仍把民族资产阶级看作为一个完整的剥削阶级存在，也不正确。

按照马克思列宁主义的原理，划分阶级，是按照人们对生产资料的占有和由此而来的在一定社会生产体系中所处的地位为依据的。用我们今天的眼光来看，应该认为：1956年资本主义工商业的社会主义改造基本完成，我国民族资产阶级分子虽然在一定时间内还拿定息，但由于交出了企业，失去了对生产资料的支配权，失去

---

① 1979年五届人大二次会议上，华国锋在政府工作报告中说：“作为阶级的地主阶级、富农阶级已经消灭。……作为阶级的资本家阶级也已经不存在。”邓小平在1979年6月15日五届政协二次会议开幕词中也说：“我国的资本家阶级原来占有的生产资料早已转到国家手里，定息也已停止13年之久。”

② 毛泽东：《做革命的促进派》，1957年10月9日。

了剥削工人的手段和奴役工人的条件，作为完整的阶级已不复存在了。八大二次会议的报告说这个阶级还作为“第二个剥削阶级”存在，是不符合实际情况的。

但是，认为三大改造基本完成后民族资产阶级还作为阶级存在，也远非八大二次会议的论断，而是自对资本主义工商业改造进入高潮以来，包括中共八大和八大以后，就一直是如此认识的。这是三大改造基本完成后，理论认识上没有解决好的重要问题之一。

1955 年年底至 1956 年 9 月中共八大，党在资产阶级消灭及有关问题上的观点，归纳起来，主要是：

第一，全行业公私合营和定息制度的实行，使资本家丧失了三个权利：对企业生产资料的支配权、对企业管理的统治权和对企业利润的分配权。“这样一来，资本主义所有制剩下的就不多了，剩下的只是定额的股息，再加高薪，作为收买。”由于这个决定性步骤的采取，“社会主义胜利了，资本主义失败了，工人阶级胜利了，资产阶级屈服了”（李维汉语①）。

第二，“但是资本家的所有制还没有完全改变”（中央统战部文件②），“因为没有废除私人的财产所有权，资本家在一定时期内仍然得到一定的利息”（陈云语③），“资本家暂时保存了他们的资产价值，这个资产的所有权还是他的，但是不能变卖，只能拿到定额的利息”（陈云语④）。所以，所有制还没有完全解决，“还要最后加以改变”（李维汉语⑤），还要有个“将来资本主义所有制完全消灭”（周恩来语⑥）。“到最后，利息不付了，就是全民所有制完全实现了”（刘少奇语⑦）。

第三，由于以上情况，“资产阶级作为一个阶级还没有最后消灭”（中央统战部

---

① 李维汉：《在全国统战工作会议上关于 1956 年到 1962 年统一战线工作的方针（草案）的发言》，1956 年 2 月 28 日。

② 《中共中央统战部关于帮助民主党派工作的意见》，1956 年 3 月。

③ 陈云：《社会主义改造基本完成以后的新问题》，1956 年 9 月。

④ 陈云：《资本主义工商业改造的新形势和新任务》，1955 年 11 月 16 日。

⑤ 李维汉：《在全国统战工作会议上关于 1956 年到 1962 年统一战线工作的方针（草案）的发言》，1956 年 2 月 28 日。

⑥ 周恩来在全国政协二届二次会议上的政治报告，1956 年 1 月 30 日。

⑦ 刘少奇：《在资本主义工商业社会主义改造会议上的讲话》，1955 年 11 月 16 日。

文件[①]),“资产阶级当作阶级还需要最后加以消灭”(中央统战部文件[②])。

第四，与以上所述改造资本主义所有制和消灭民族资产阶级的全过程相应的，现在，作为民族资产阶级政治代表的民主党派，“已经基本上成了为社会主义服务的团体”(中央统战部文件[③])，统一战线中的第二个联盟（工人阶级同民族资产阶级和民主党派、民主人士的联盟),“现在正处在向劳动人民联盟过渡的状态中”(李维汉语[④])；将来，“在社会主义改造（全部）完成以后，民族资产阶级和上层小资产阶级的成员将变成社会主义劳动者的一部分。各民主党派就将变成这部分劳动者的政党”(刘少奇语[⑤]),“那时统一战线的基础是变化了”,“是属于不同的社会集团和不同的历史出身的一些人们在社会主义原则下的联合”(《人民日报》社论[⑥])。

值得注意的是，中共八大政治报告对于资产阶级作为阶级消灭的问题，很谨慎地避开了，没有正面谈论。报告的开篇论述国内阶级关系的新变化，在指出官僚买办资产阶级、封建地主阶级已经消灭，富农阶级也正在消灭中之后，却转而说：“民族资产阶级分子正处在由剥削者变为劳动者的转变过程中。”避开“阶级”而谈“分子”，当然不是偶然的疏漏，而是对资产阶级在中国的消灭遇到了新问题。第二天，邓小平在修改党章的报告中，正面讲了一句话：“民族资产阶级作为一个阶级已经处在消灭的过程中”，至于这个消灭过程在什么条件下何时会完结，也未回答。但从八大全部文件中可以看出，实际上仍是八大以前那些看法未变，即：到将来定息取消，剥削最后消灭掉，公私合营企业也变为完全社会主义的国营企业，资本家所有制的残余部分没有了，社会主义改造就全部完成，资产阶级就最后消灭不复存在了。

中共八大前后关于资产阶级尚未消灭、仍然存在的观点，也一直为民主党派所接受。1956年年底，中国民主建国会的决议说：“在资本主义工商业全行业公私合营后，中国民族资产阶级的两面性还是存在的。……只要中国民族资产阶级还作为

---

① 《中共中央统战部关于帮助民主党派工作的意见》，1956年3月。

② 《1956年到1962年统一战线工作的方针》,1956年3月3日第五次全国统一战线工作会议的决议。

③ 《中共中央统战部关于帮助民主党派工作的意见》，1956年3月。

④ 李维汉：《在全国统一战线工作会议上关于1956年到1962年统一战线工作的方针（草案）的发言》，1956年2月28日。

⑤ 刘少奇：《中国共产党中央委员会向第八次全国代表大会的政治报告》，1956年9月15日。

⑥ 《人民日报》社论：《统一认识，全面规划，认真做好改造资本主义工商业的工作》，1955年11月22日。

一个剥削阶级而存在的时候，它的两面性还是存在的。"① 决议并庄重地申明：本会"代表民族资产阶级的合法利益"，"主要代表民族资产阶级"；要为进一步协助中国共产党和政府彻底完成对资本主义工商业的社会主义改造积极贡献力量。全国工商联主任委员陈叔通在1956年年底也说："在全行业公私合营后……资产阶级作为一个阶级正趋于消灭中"，"彻底完成资本主义工商业的社会主义改造，是为了最后消灭剥削，消灭阶级"。②

在中共八大以后直到1957年上半年的一年里，毛泽东和其他一些领导人的多次讲话，包括《关于正确处理人民内部矛盾的问题》一文，也都正面地确认资产阶级还存在。1957年年初，毛泽东说："我们已经基本上完成了生产资料所有制的社会主义改造，但是还有资产阶级"③，"消灭阶级，要很长的时间"④。因为，"在工商业的公私合营企业中，资本家还拿取定息，也就是还有剥削；就所有制这点上说，这类企业还不是完全的社会主义性质的"，"这就是说，他们的剥削根子还没有脱离"。⑤ 李维汉在1957年6月也说："资本家所有制还没有完全改变，剥削还存在，资产阶级还存在。"⑥

刘少奇的说法与上有所不同。1957年4月，他说："资产阶级也基本上消灭了"，"资产阶级给我们消灭了"。⑦ 同年12月，他说："现在的统一战线是否包括资产阶级？当然是包括资产阶级的，但资产阶级已没有什么生产资料，没有工厂了，且多数依靠工人阶级吃饭，当然还拿定息，已不是原来的资产阶级"⑧。这些看法、说法，比八大及其前后的一般认识有了相当的不同。但刘少奇也没有完全摆脱原来说法的框子，他同时又说："资产阶级这个说法还可以用，因为现在还有定息，再过五六年，定息不给了，就不好再讲资产阶级了"，"那时对资产阶级也可称为'原来的资产阶级'"。⑨

---

① 中国民主建国会第一届中央委员会第二次全体会议《关于当前几个主要原则问题的决议》，1956年11月16日。

② 陈叔通：《在全国工商联二届会员代表大会上的报告》，1956年12月10日。

③ 毛泽东：《在省市自治区党委书记会议上的讲话》，1957年1月27日。

④《毛泽东文集》第7卷，人民出版社1999年版，第189页。

⑤《毛泽东文集》第7卷，人民出版社1999年版，第214—215、223页。

⑥ 李维汉：《在中共中央统战部和国务院第八办公室联合召开工商界座谈会上的总结发言》，1957年6月8日。

⑦ 刘少奇在上海市党员干部大会上的讲话，1957年4月27日。

⑧ 刘少奇：《关于统一战线政策方针性的若干问题的谈话纪要》，1957年12月13日。

⑨ 刘少奇：《关于统一战线政策方针性的若干问题的谈话纪要》，1957年12月13日。

由上可见，认为民族资产阶级在三大改造基本完成后仍然还作为阶级存在，不是反右派斗争后才出现的新问题，而是八大以来就是如此。但是，反右派斗争扩大化错误的发生，也给予了资产阶级消灭问题的认识以“左”的影响。

反右派斗争以前，认为它还存在的理由，是从资本家还拿定息，所有制尚未“完全解决”这个经济上的因素考虑的。尽管过分地看重了这个“尾巴”，影响到没有宣布资产阶级作为完整的阶级已被消灭（客观地看，由于国际共运中没有对资产阶级和平改造的实践经验可资对照借鉴，中国是全新的创造，当时也不可能在对资改造刚基本结束的1956年，立即宣布这个阶级作为阶级已经消灭；我们今天回顾和研究当时历史发展的程度和条件，也很难要求那时就立即宣布消灭），但这带来的问题本身并不大，无非是迟四五年，待定息取消时再宣布。这并没有影响到党在八大会议上作出社会主要矛盾已不再是阶级矛盾的结论。

但是，反右派严重扩大化之后，中共八大二次会议宣布它还作为“第二个剥削阶级”存在，并且强调“在整个过渡时期”即延长的10年至15年中，无产阶级同它的矛盾“始终是我国社会的主要矛盾”，就不再是因为还要有4、5年定息存在这个经济上的原因了，而是出于对阶级斗争极不放心这个纯政治思想上的考虑了。原本就没有认为这个阶级已被消灭，这时却要去宣称还存在“第二个剥削阶级”，是为了要突出强调这个阶级还在同无产阶级进行斗争，这种斗争仍是社会主要矛盾。这种宣称所带来的后果也大不相同，从根本上动摇了中共八大路线的基础，使得党对社会主义相当长的时间里主要任务的认识也要发生对八大路线的背离。实际上正是由此开始，党和毛泽东走上了要“以阶级斗争为纲”来认识和处理一切社会问题的轨道，成为影响深远的一个重大战略决策性失误。

综上所述，八大二次会议关于中国还存在“两个剥削阶级”的论断，都是错误的。既与马列主义基本原理不合，又与中国社会的实际状况不符。

这里就存在一个很大的问题：看任何剥削阶级的消灭都应以是否解决了生产资料私人占有为基本依据；任何剥削阶级的残余分子存在不等于阶级存在；知识分子从来就是分属于不同阶级的，其中大多数是工人阶级的或劳动人民的知识分子，而真正的资产阶级知识分子只是知识分子中的少数，他们在社会主义革命大变动中也开始发生根本性的变化；富裕中农不是资产阶级。所有这些，本是马列主义的基本理论观点。为什么党和毛泽东却在这一连串基本观点上发生了如此严重的错误呢？症结在于：进入社会主义社会，剥削阶级一个个随其经济基础的消灭而消灭，或处于消灭的过程中之后，又从政治思想上区分阶级。

对于“还存在两个剥削阶级”的论断，康生在1959年作过解释：“其实少奇同志（在八大二次会议上的报告）是从政治思想范畴谈的，不是从经济范畴上说的。从经济范畴上说，还找不到一个地主呢。”①康生还说过：“一直到资产阶级思想完全消灭，那时阶级才真正消灭了。”②毛泽东在1958年11月就说过：作为经济剥削的阶级容易消灭，现在我们可以说已经消灭了；另一种是政治思想上的阶级，不易消灭，还没有消灭，这是去年整风才发现的③。他认为出现了新事实，所以作了理论上的新阐述。这就在事实上提出了一种在社会主义社会里，从政治思想上划分阶级的新方法。由于对资产阶级和阶级斗争存在严重疑虑，所以毛泽东又说：“我看消灭阶级这个问题让它吊着，不忙宣布为好。”④

后来，康生对此又大肆发挥说：“政治经济学教科书，以及我们过去的土改大纲是怎样划分阶级的，从经济上，从剥削地位上划分嘛！主要从经济范畴上划分阶级是对的，是马克思主义的。但毛主席看阶级问题，他是结合起来看的，不仅从经济范畴看，而且从政治范畴、思想范畴来看。在社会主义社会，存在着阶级、阶级斗争，与资本主义社会存在阶级、阶级斗争有本质的不同。资本主义社会的阶级存在，特别突出地表现在经济剥削关系上。在社会主义社会中间的阶级，虽然也存在着经济方面的矛盾，但是表现在思想范畴、政治范畴方面。”⑤

进入社会主义历史阶段后，被一时起伏的、一定范围的阶级斗争现象所迷惑（很大程度上又是自己搞了阶级斗争扩大化，迷惑了自己），离开马克思列宁主义关于“区别各阶级的基本标志，是它们在社会生产中所处的地位，也就是它们对生产资料的关系”⑥的原理，从政治思想上去划阶级，这种极有害的划分阶级的方法，后来被广泛应用，特别是用于党内，成为此后“左”倾阶级斗争理论不断发展，阶级斗争扩大化错误一再发生和升级，直至最后演变出“无产阶级专政下继续革命的理论”和导致“文化大革命”的一个重要原因。

---

① 康生：对归国留学生讲十年历史，1959年年底。

② 康生：《在军事科学院和高等军事学院干部大会上的报告》，1959年12月2日。

③《毛泽东在中央政治局武昌会议上的讲话》，1953年11月21日。

④《毛泽东在中央政治局武昌会议上的讲话》，1958年11月21日。

⑤ 康生：《关于九大党章的讲话》，1970年4月18日。

⑥《列宁全集》第7卷，人民出版社1986年版，第30页。

全国几千万人上阵，大搞“小（小高炉）、土（土法炼钢铁）、群（群众运动）”。图为山西省故县“小土群”一角。

第三章
1958 年“大跃进”

一　八届三中全会上对反冒进的批评

1957 年 9 月至 10 月举行的中共八届三中全会，其中一个重要的内容，是毛泽东对 1956 年的反冒进提出了批评。

在第一章中，已简要地谈了 1956 年经济建设冒进与反冒进两种指导方针矛盾斗争的情况，到 11 月中共八届二中全会上，得出一个具体结果：明确了冒进的错误和后果，制定出 1957 年经济建设“保证重点，适当收缩”的方针，和积极而又稳妥可靠的发展计划。对于 1957 年的经济计划，毛泽东当时是同意和接受了的。他在会上说：经济建设不是一点没有进退地、四平八稳地前进着，有时多一点，有时少一点，有时快一点，有时慢一点，有时上马，有时下马，这种情况完全是可能的，如果承认了这点，那么今年冒进一点就不是不得了，明年搞少些也就没有什么。

可是，后来由于出现了两个方面的情况，党内在经济建设指导思想上重新发生分歧。

一是 1957 年整风中，人们对 1956 年冒进引起经济建设和人民生活上的紧张局面颇多批评。最尖锐者如张奚若、陈铭枢批评毛泽东和共产党“好大喜功，急功近利，鄙视既往，迷信将来”。当时认为这是错误言论和资产阶级右派向党进攻，因而对社会上批评冒进的言论进行了反驳。1957 年 6 月 26 日一届人大四次会议上，周恩来在《政府工作报告》中批驳了“1956年全面冒进了”的观点，也表示不同意“1957年又全面冒退了”的说法。他在肯定1956年成绩时，使用了1956年“采取了跃进的步骤”、“有了一个跃进的发展”的说法，这是“跃进”一词的最初使用。对此，毛泽东又深为赞赏，说应该颁发奖章。①

二是如何看待1957年建设的成绩。1957年的国民经济发展计划执行得很有成效。第一，财政收支增长，取得平衡还有结余。归还了上年向银行透支款6亿元，还新增拨给银行信贷资金9亿元。货币流通量比上年降低4.5亿元。基本达到财政、物资、信贷三大平衡，保证了市场稳定。第二，工农业产值比上年增长10%，超过计划4.1%。第三，农业产值比上年增加20多亿元。但因当年水旱灾害比较大，未能达到计划4.9%的增长率。粮食只达到3700亿斤（不含大豆），比计划低120亿斤，但仍比上年增加50亿斤。第四，保证了市场供应，还补充了上年挖掉的国家物资储备。总的看，1957年的生产发展，兼顾生活，比较协调，是建国以来效果最好的年份之一。正因为有1957年对发展速度作了适当控制（即小调整）才弥补了1956年冒进的缺点，巩固了1956年的成绩。由此本应得出还是综合平衡、积极而又稳步发展的方针好的结论。

但是毛泽东却得出了相反的结论。他从1957年工业发展的速度（10%）远不如上年（31%），农业没有达到计划，而农业增长低又会影响下一年的国民经济发展，他得出结论认为：1956年的反冒进反错了，在政治上和经济上都带来不良后果。于是在当年农业大局情况已经明朗②的八届三中全会上，对反冒进提出了批评。他说：1956年经济文化有了一个很大的跃进，可是有些同志低估了成绩，夸大了缺点，说冒进了，吹起了一股风，把多快好省、农业纲要四十条、“促进会”③几个东西都

① 薄一波：《深切怀念敬爱的周恩来同志》，《北京日报》1979年1月8日。据薄一波回忆说：“有一次，毛主席见到我们，问我们大跃进（一词）是谁发明的？还很风趣地说，要颁发奖章。总理笑了笑，没有说话，同志们讲是周总理在一篇报告中提出的。”对于这件事，毛泽东于1958年5月17日在八大二次会议上还赞扬说：去年6月，周恩来同志在人大会议上的报告很好，“以无产阶级战士的姿态向资产阶级宣战”。

② 中国每年的农业生产局势，在农历八月中旬可望明了，有“八月十五日光明”之说。

③ 1955年年底，毛泽东提出了一个“促进会”的概念，“就是说，大家都应当作促进派，不作促退派”。1956年11月八届二中全会上，他说：“有些人曾在农业的社会主义改造问题上泼过冷水，那个时候有个‘促退委员会’。后头我们说不要泼冷水，就来一个促进会”，“一促就很

吹掉了，影响了今年的经济建设特别是农业的进展，给群众泼了凉水。他申明：多快好省、四十条、“促进会”必须恢复。他还谈了探索我国自己的建设道路问题，提出说：“我们是不是可以把苏联走过的弯路避开，比苏联搞的速度更要快一点，比苏联的质量更要好一点？应当争取这个可能。”①

毛泽东对反冒进的批评，不只是具体工作上的批评，而是经济建设指导方针上的批评。批评反冒进，就是要求恢复他所推动创造的经济建设跃进发展的方式。这样，从1956年1月以来党内一直存在的两种经济建设指导方针，经过一年多来的矛盾起伏，毛泽东作出结论，肯定了他所主张的冒进发展方针，断然排斥和否定了经中央政治局和八大肯定的综合平衡、积极稳步发展的方针。毛泽东极自信地认为一年多来的事实证明了自己的主张的正确性；决心通过恢复这一方针，来创造出一个更大跃进发展的新局面，并认为这将能够走出一条比苏联要好的建设道路来。与会的大多数人认为这一定是对的，并且谁也不愿意右倾，自然努力地去贯彻执行。后来毛泽东说：1958年的劲头，开始于三中全会。②

二　15年赶超英国的口号

1957年11月，在庆祝苏联十月社会主义革命40周年之际，各国共产党和工人党领导人云集莫斯科，于14日至16日举行了12个社会主义国家党的代表会议，16日至19日举行了64个国家党的代表会议。中国共产党派出了以毛泽东为首的代表团，出席了苏联的40周年庆典和各国共产党的两个代表会议。

在庆祝十月革命40周年大会上，赫鲁晓夫在报告中提出了通过和平竞赛，在“今后15年内不仅赶上并且超过美国”的目标。在此之前，赫鲁晓夫还曾提出、苏共中央通过了一个“在今后几年中按人口平均计算的牛奶、牛油和肉类生产赶上美国”的口号。

赫鲁晓夫和苏共中央提出的“15年赶超美国”目标，是建立在赶超经济理论和发展战略基础上的。这一理论与战略，是由列宁奠基，在斯大林时期形成的。1917年，列宁提出：“要么是灭亡，要么是在经济方面也赶上并且超过先进国家”，

快”，“比那个促退会好”。

① 毛泽东：《做革命的促进派》，1957年10月9日。

② 毛泽东1958年3月在成都会议上的讲话。

“要么是灭亡，要么是开足马力奋勇前进。历史就是这样提出问题的”。[①] 在20世纪30年代，斯大林多次论述了快速赶超的经济发展战略。1931年，他认为，我们比先进国家落后了50至100年。我们应在10年内跑完这一段距离。为达此目的，斯大林主持的第一、第二个五年计划（1928年至1932年，1933年至1937年），以高指标来追求大大高于资本主义的经济增长速度。办法是集中力量优先发展重工业，而以牺牲轻工业和农业的正常发展为代价。在工业的增长速度方面赶上和超过主要资本主义国家后，斯大林于1939年3月10日在联共(布）第十八次全国代表大会上，进而提出了在最近10—15年之内在经济上也超过他们，即在按人口平均计算的工业产品产量方面也要超过发达的资本主义国家的任务。后来苏德战争爆发，打断了这个发展战略的执行。战后，这种赶超的经济理论未变。经过恢复和调整后，赫鲁晓夫重新提出了在短时间内赶上和超过美国的经济发展战略。

中国接受了这种赶超的经济理论和战略思想。第一个五年计划期间，毛泽东就在作赶超美国的酝酿。1955年11月，毛泽东在中共七届六中全会上，对中国未来的发展进程作过粗略设想：“大约50到70年左右即10个到15个五年计划左右，可以争取赶上或超过美国；设想50年以后会出现一个共产主义的中国。”1957年7月他还写道：“10年至15年以后的任务，则是进一步发展生产力……准备着逐步地由社会主义过渡到共产主义的必要条件，准备以8个至15个五年计划在经济上赶上并超过美国。”[②]

当赫鲁晓夫提出15年内赶超美国的行动口号后，毛泽东受到启发，便提出了中国15年赶上和超过英国的行动口号。11月18日，他在各国共产党工人党代表会议上说：“同志们，我讲讲我们国家的事情吧。我国今年有了520万吨钢，再过5年，可以有1000万到1500万吨钢；再过五年，可以有3500万到4000万吨钢。当然，也许我在这里说了大话，将来国际会议再开会的时候，你们可能批评我是主观主义。但是我是有相当根据的。我们有很多苏联专家帮助我们。中国人是想努力的。中国从政治上、人口上说是个大国，从经济上说还是个小国。他们想努力，他们非常热心工作，要把中国变成一个真正的大国。赫鲁晓夫同志告诉我们，15年后，苏联可以超过美国。我也可以讲，15年后，我们可能赶上或者超过英国。因

① 《列宁选集》第3卷，人民出版社1995年版，第271页。

② 毛泽东：《1957年夏季的形势》，1957年7月。

为我和波立特[1]、高兰[2]同志谈过两次话，我问他们国家的情况，他们说现在英国年产2000万吨钢。中国呢？再过15年可能是4000万吨，岂不超过了英国吗？在15年以后，在我们阵营中间，苏联超过美国，中国超过英国。”“归根到底，我们应当争取15年的和平。到那个时候，我们就无敌于天下了，没有人敢和我们打了，世界也就可以得到持久和平了。”

毛泽东在会上提出这个口号，事先征得了在北京的中央领导人同意。他的这一番话，反映了中国共产党和人民勇于奋进的精神，同时也反映出他开始产生了以钢为纲来搞经济建设的思想。这一思想同他在八届三中全会上批评反冒进、要求再搞跃进发展的思想相结合，成为1958年搞“大跃进”运动的指导思想。

15年赶上和超过英国的口号，首次公开宣布于1957年年底。12月2日至12日，中国工会第八次全国代表大会在北京举行。刘少奇代表中共中央致祝词，说：“我国工人阶级和我国人民在今后10年到15年内的基本任务，就是要在优先发展重工业的基础上，实行工农业同时并举的方针，把我国建成为一个具有现代工业、现代农业和现代科学文化的社会主义强国”，“在15年后，苏联的工农业在最重要的产品的产量方面可能赶上或者超过美国，我们应当争取在同一期间，在钢铁和其他重要工业产品的产量方面赶上或者超过英国。那样，社会主义世界就将把帝国主义国家远远抛在后面”。

对此，李富春在会议上的报告中解释说：“当我国经过三个五年计划或者更多一点的时间建成一个社会主义强国，并且进一步完成第四个五年计划的时候，我国就有可能在钢铁和其他重要工业产品的产量方面赶上或者超过英国。根据大体计算，我国到1972年，钢的产量有可能达到4000万吨左右，即比1957年的产量增长6.6倍左右。英国在1956年钢的产量已经达到2100万吨左右，但是根据英国工业发展速度慢，资源有限和市场难以扩大甚至日益缩小的情况，即使抛开他必然要发生的经济萧条和经济危机不说，他在1972年钢的产量也不易达到我国同年的水平。而在煤炭、机床、水泥、化学肥料等工业品的产量方面，15年后我国肯定能够超过英国的水平。在15年后把我国的工业从现在远远落后于英国的状况改变为赶上或者超过英国的状况，这是我国工人阶级和全体人民一个伟大的光荣的而且是

---

① 波立特，英国共产党主席。

② 高兰，英国共产党总书记。

十分艰巨的任务。”①

基于 15 年赶超英国的需要，李富春在报告中对中共八大提出的“二五”计划建议草案，提出了调整的意见。在方针上，“以重工业为中心，使重工业得到优先的发展，以便在第二个五年计划期间建立起我国社会主义工业化的巩固基础；也必须同时充分注意农业的建设”。在指标上，要“使重工业继续高速度地发展”，总产量增一倍以上；到 1962 年，“争取钢产量达到 1200 万吨左右”；煤、发电量、化学肥料、水泥等产量，指标也都比原计划普遍提高。

随后，《人民日报》1958 年的元旦社论进一步宣传了 15 年左右赶上和超过英国的口号。②

这个口号，当时在人民中起了很大的鼓舞、动员作用。英国 1870 年产钢 22 万吨，1957 年达到 2099 万吨，预计到 1972 年，他们可能达到 3600 万吨。中国 1949 年产钢 15 万吨，1957 年达到 535 万吨，据设想，1972 年可达到 4000 万—4500 万吨。实现 15 年赶超的目标，意味着中国将只用 23 年就走完英国 102 年走过的路。这对于渴望中国能早日富强起来的中国人民，的确是个巨大的推动力。但恰是对这个目标的追求，使得中国社会主义建设的着眼点，发生了由从中国实际出发转向从快速赶超出发的不正确变化。

三　“‘大跃进’口号是个伟大的发明”

中共八届三中全会后，开始了在党内外批判右倾保守和批评反冒进，酝酿和发动“大跃进”的过程。

1957 年 11 月 13 日，《人民日报》发表了《发动全民，讨论四十条纲要，掀起农业生产的新高潮》的社论。社论批评说：“有些人害了右倾保守的毛病，像蜗牛一样爬行得很慢，他们不了解在农业合作化以后，我们就有条件也有必要在生产战线上来一个大跃进。这是符合规律的。1956 年的成绩充分反映了这种跃进式发展的正确性。有保守思想的人，因为不懂得这个道理，不了解合作化以后农民群众的

① 李富春：《关于我国第一个五年计划的成就和今后社会主义建设的任务、方针的报告》，1957 年 12 月 7 日。

② 《乘风破浪》，《人民日报》1958 年 1 月 1 日。

伟大的创造性，所以他们认为农业发展纲要草案是‘冒进了’。他们把正确的跃进看成了‘冒进’。”社论要求开展全民的大讨论，“掀起一个规模巨大的农业生产建设的高潮”。这篇社论第一次使用了“大跃进”一词。毛泽东对此非常欣赏，他说：这是个伟大的发明，这个口号剥夺了反冒进的口号。①他在对社论的批语中写道：“建议把一号博士头衔赠给发明‘跃进’这个伟大口号的那一位(或者几位）科学家。”

12月12日，《人民日报》又发表了毛泽东在莫斯科会议期间审定修改的社论：《必须坚持多快好省的建设方针》。社论公开批评说：1956年我国国民经济的跃进的发展，证明了这个方针是完全正确的，但是，“还有少数有保守思想的人实际上在反对这个方针”，“在去年秋天以后的一段时间里，在某些部门、某些单位、某些干部中间刮起来一股风，居然把多快好省的方针刮掉了”，“于是，本应该和可以多办、快办的事情，也少办，慢办甚至不办了。这种做法，对社会主义建设事业当然不能起积极的促进作用，相反地起了消极的‘促退’作用”。社论要求“把1958年的各项计划指标订得尽可能先进些”，“在经济工作的各个方面都能够跟上全国规模的工农业生产高潮”。

为了掀起一个大规模的工农业生产高潮，在1957年11月至12月的各省市自治区党代表大会上，以“四大”的形式批判“右倾保守”。随后沿用1956年发动跃进的路子，在各省、市、自治区农村，组织数百万、上千万农民日夜在田间奋战，造成了一个广泛群众性的以冬季兴修水利、养猪积肥、改良土壤为中心的生产建设热潮，然后以农业战线的群众运动形势促工业、促其他。以发动一场新的“大跃进”运动。

为了发动“大跃进”，1958年春，毛泽东主持召开了1月杭州会议（部分省市委书记会议）、南宁会议（9省2市书记会议），3月成都会议（中央工作会议）、4月汉口会议（成都会议的继续）。这些会议结合研究第二个五年计划和1958年的经济建设，对几年来社会主义革命和建设的经验进行了讨论。

1月31日，毛泽东把他在杭州会议和南宁会议上提出的一些思想和会议讨论的结果，汇总写成《工作方法六十条（草案)》。其中提出了一些很有价值的思想观点，例如，提出要把工作的着重点转到技术革命上去等；也表现出某些急于求成的思想，例如要求“苦战3年，争取大部分地区的面貌基本改观”。特别是提出了“不断革命”的观点和要求，影响很大。他写道：“不断革命。我们的革命是一个接

① 金春明：《建国后三十三年》，上海人民出版社1987年版，第104页。

一个的。从1949年在全国范围内夺取政权开始，接着就是反封建的土地改革，土地改革一完成就开始农业合作化，接着又是私营工商业和手工业的社会主义改造。社会主义三大改造，即生产资料所有制方面的社会主义革命，在1956年基本完成，接着又在去年进行政治战线上和思想战线上的社会主义革命。……现在要来一个技术革命，以便在15年或者更多一点的时间内赶上和超过英国。”①

毛泽东的“不断革命”的思想，是我们研究20世纪50年代中期以后，毛泽东何以逐渐发生求急求快“左”倾错误的一个重要思想线索。

这种“不断革命”论，否认新民主主义的经济、政治制度建立起来后，要有一个相对稳定发展的客观过程，刚建立就急于去打破它们，使之不能有一个巩固的时间；这种“不断革命”论，使事物的各方面始终处于一种人为的不停变化状态中，每一阶段都立足未稳便匆忙地向新阶段转变，因而不能得到从容健康地发展；这种“不断革命”论，对待社会主义事物同对待新民主主义秩序一样，一面建立一面打破，以求快速地不断地向更高阶段跳跃发展。

中共河南省委传达和学习了毛泽东的这一思想后，向中央报告说：“主席不断革命的指示，给我们以敢于理想、敢于向前看的无限勇气，从理论上、思想上解决了能不能跃进、敢不敢跃进的问题，打破了庸俗的‘平衡论’，粉碎了‘反冒进’（就是反跃进）的观点，以最锋利的马克思主义的武器把我们武装起来，乘风破浪，跃进再跃进。”②

可以说，“不断革命”论是搞“大跃进”的思想武器，犯“左”倾错误的一个重要思想认识根源。

根据“不断革命”的理论，毛泽东提出、报纸宣传了所谓破“消极平衡”论，立“积极平衡”论的观点。1958年2月28日的《人民日报》社论，以事物平衡是相对的、不平衡是绝对的这个一般法则为由，宣传可以任意人为地打破平衡、搞不平衡。以为这样来打破旧的平衡，建立新的平衡，“事物也就前进了一步”。社论认为1956年的反冒进，“是那时候有一些人被这种跃进所造成的国民经济迅速发展中的不平衡状态惊呆了”，“简直惶恐得很”，“因此就错误地提出了‘反冒进’的口号，给当时正在蓬勃发展的群众高潮泼了一瓢冷水”。社论提出：“我们必须反对庸俗的平衡论，或均衡论，反对消极的平衡方法。”要求“从庸俗的平衡论的思想束缚中

① 毛泽东：《工作方法六十条（第二十一条）（草案）》，1958年1月21日。

② 《河南省委关于传达和讨论毛主席六十条指示向中央的报告》，1958年2月2日。

解放出来”。[1] 从而彻底否定和违背了国民经济必须在综合平衡中发展的客观规律，背离了八大规定的经济工作方针。

发动“大跃进”的过程，是批判反冒进、反对“右倾保守”不断升级的过程。

中共八届三中全会对反冒进的批评，主要是从经济工作角度提出的，南宁会议的批评则提到了政治问题的高度。

会议把周恩来在1956年11月八届二中全会上关于1957年国民经济计划的报告，1956年6月20日《人民日报》社论《要反对保守主义，也要反对急躁情绪》，李先念在1956年6月一届人大二次会议上批评冒进的话，作为有错误的材料印发。同时印发了宋玉的《登徒子好色赋》，借以批评反冒进是“攻其一点不及其余”。

毛泽东在会上批评说：1955年12月我写了农村社会主义高潮一书的序言，对全国发生了很大的影响，我就成了冒进的罪魁祸首了。三中全会我讲去年砍掉三条，没人反对，我得彩了，又复辟了。他提出：反冒进是非马克思主义的，冒进是马克思主义的，反冒进没有摆对一个指头与九个指头的关系。不弄清楚这个比例关系就是资产阶级的方法。并说：反冒进离右派只有50米远了，今后不要再提反冒进这个名词好不好？这是政治问题，一反就泄了气，六亿人民一泄了气不得了。

由于南宁会议从政治上如此严重地批评反冒进，使它成了发动“大跃进”运动的一次关键性会议。2月，在北京举行了南宁会议精神传达会，党内产生很大的震动。

到了成都会议上，又把党内的反冒进与社会上的右派进攻直接联系了起来。毛泽东认为党内的反冒进和右倾保守思想是不了解合作化后农民的社会主义积极性，因此在会议上重新印发了《中国农村的社会主义高潮》一书的部分按语给大家看。他还特意在3月19日写了一个说明，说：“我们没有预料到一九五六年国际方面会发生那样大的风浪，也没有预料到一九五六年国内方面会发生打击群众积极性的‘反冒进’事件。这两件事，都给右派猖狂进攻以相当的影响。由此得到教训：社会主义革命和社会主义建设都不是一帆风顺的，我们应当准备对付国际国内可能发生的许多重大困难。”[2]

不过，毛泽东提出批评反冒进，并非是出于个人之争，而认为是建设社会主义两种方针、方法之争。他在成都会议上说：“反冒进是个方针性的错误问题。南宁

① 《打破旧的平衡，建立新的平衡》，《人民日报》1958年2月28日。

② 毛泽东于1958年3月19日在成都召开的中共中央政治局扩大会议，毛泽东对《〈中国农村的社会主义高潮〉的按语》写了这个说明。

会议提出的这个问题，有许多同志紧张，现在好了。谈清楚的目的是使大家有共同的语言，做好工作，而不是不好混，我绝无要哪个同志不好混之意。”

在反复批判反冒进的基础上，毛泽东在成都会议上提出了“鼓足干劲、力争上游，多快好省地建设社会主义”的总路线。早在2月3日，《人民日报》发表过一篇《鼓起干劲，力争上游》的社论，说“让我们全党同志和所有革命志士，同人民群众一起，鼓起干劲，打破一切右倾保守思想，力争上游，又多又快又好又省地进行社会主义建设吧！”毛泽东把“鼓起”改为“鼓足”，重新归纳，作为社会主义建设路线提出。他说：“鼓足干劲，力争上游”的口号很好，反映了人民的干劲，干劲用“鼓足”二字比较好，比“鼓起”好，真理有量的问题，因为干劲早鼓起来了，问题是足不足。

关于这条总路线的产生，毛泽东后来说：如无南宁会议，就搞不出总路线来。又说：经过这些曲折，1956年小跃进，1957年跃退，经过比较，想出了一条路，叫总路线。① 所以，可以说，社会主义建设总路线的思想，就是要跃进发展的思想，是批评反冒进的直接产物。

随后，毛泽东在4月汉口会议上，又提出批评“稳妥派”和“观潮派”。他说：“所谓稳妥可靠，结果是又不稳妥，又不可靠。我们这样大的国家，这样稳，会出大祸。对稳妥派，有个办法，到了一定时候就提出新口号，使他无法稳，这一派人数可能比较多，想看一看，如果来一个灾荒，他们还是要喊的：‘看你跃进吧！’‘冒进’是稳妥派反对跃进的口号。”

八届三中全会、南宁会议、成都会议、汉口会议上的连续批评反冒进，肯定了冒进发展的经济工作指导方针，否定了综合平衡积极稳步发展的方针，立了一个只准反右不准反“左”、不准再提反冒进的不成文法规，给“左”倾思潮的泛滥打开了方便之门。

与此相关联的，还有对张奚若、陈铭枢关于“好大喜功，急功近利，鄙视既往，迷信将来”四句话的批判。毛泽东在南宁会议和1月最高国务会议上，断然予以拒绝和驳斥，说我们就是要好大喜功——好6万万人之大，喜社会主义之功；就是要急功近利；不轻视过去不行，我们总是把希望寄托在将来。对这个功利问题作了片面性的回答，完全忽视了过分贪大求急，并不一定能给人民带来实际的功利，反而会给人民造成灾祸。从此，好大喜功、急功近利就成了长时间经济建设“左”倾冒进的重要特征。

---

① 毛泽东1958年11月在郑州会议上的讲话。

四　毛泽东：要有正确的个人崇拜

毛泽东严厉地批评反冒进，不仅反映了他对用“大跃进”方法搞经济建设的绝对自信，同时也反映了他在党内最高领袖地位的权威和对中央其他常委们的不平等态度，表现了他对中央集体决定的反冒进方针的不尊重，对中央制定、八大重申的经济建设方针的任意否定。这势必损害了党内民主生活，削弱集体领导制度。

毛泽东认为，之所以能发生与他的跃进方针相对立的反冒进，是党内受苏共二十大赫鲁晓夫大反个人崇拜的影响，他个人的权威还不够充分，这不利于他的正确方针的贯彻执行。因此，他在批评反冒进的同时，在成都会议上又改变中共八大的观点，提出了必须要有个人崇拜的论点。

中国是一个封建专制主义和小农经济影响很深的国家，具有搞个人崇拜的社会历史基础。

国际共产主义运动历史上，从列宁时期起，便有领导者个人高度集权的传统。这同当时无产阶级斗争所处环境条件的需要有关。同强大的敌人斗争，要求建立起一个高度集中统一、严格的铁的纪律、具有坚强战斗力的党，党又需要具有崇高威望的领袖。党在斗争实践中选择和推举出这样的领袖，领袖在斗争中形成了最高地位和崇高威望。列宁没有滥用个人权威，是尊重集体领导和讲民主作风的。到斯大林时期，随着工业化和集体化成就的发展和党内斗争的激烈进行，斯大林的个人权威逐渐达到高峰，一切成就和光荣都归于一个人。建立起了保证领袖具有最高权威地位的制度，却没有健全有效的能制约最高领袖的制度。党内民主制度没有随着一个个胜利而扩大，反而遭到削弱。权力的过分集中，领袖的至高无上地位，在一定条件下就出现神圣不可触犯的个人崇拜，成为制约一切而不受任何制约的力量。一旦具有至高无上地位的领袖发生严重错误，他不认识，并且固执地坚持，就要发生严重后果，而且难以扭转，党就必然处于极其困难的境地而难以摆脱。斯大林后期所犯的一系列重大错误，便是这种个人崇拜的直接结果。

中国党受国际共产主义运动权力过分集中传统的影响，在历史地认识并选定毛泽东为最伟大的领袖之后，在1943年3月20日中央政治局会议作出决议，明确赋予了他具有最高领袖地位和最后否决权的资格。在长时间中，毛泽东保持了谦虚谨慎、不骄不躁的作风，并不滥用这种权威，而是深入实际，密切联系群众，善于集中其他领袖和全党的智慧，不断地将革命引向胜利，因此在相当长的时间里，在实践中并没有构成重大问题。但自延安整风以来，确也隐藏着日后发展起个人崇拜的因素。1957 年起，毛泽东在巨大胜利面前，骄傲、不谨慎了，主观、自负的倾向随之发展。中共八大正确地申明过反对个人崇拜的任务，但没有找到克服个人崇拜的有力措施，没有建立起制度上的保证。苏共二十大后国际事件和风浪的发生，党认为这些都是赫鲁晓夫借口反对个人崇拜而全盘否定斯大林的结果，这使得毛泽东获得了还是要有个人崇拜的“理由”。

毛泽东在成都会议上说：赫鲁晓夫一棍子打死斯大林也是一种压力，中国党多数人是不同意的，还有一些人屈服于这种压力，要打倒个人崇拜。有些人对反对个人崇拜很感兴趣。个人崇拜有两种：一种是正确的，如对马克思、恩格斯、列宁、斯大林正确的东西，我们必须崇拜，永远崇拜，不崇拜不得了，真理在他们手里，为什么不崇拜呢？另一种是不正确的崇拜，不加分析，盲目崇拜，这就不对了。反对个人崇拜的目的也有两种：一种是反对不正确的崇拜，一种是反对崇拜别人，要求崇拜自己。问题不在于个人崇拜，而在于是否是真理。是真理就要崇拜，不是真理就是集体领导也不成。我们党在历史上就是强调个人作用和集体领导相结合的。打死斯大林有些人有共鸣，有个人目的，就是为了想让别人崇拜自己。有人反对列宁，说列宁独裁，列宁回答得很干脆：与其让你独裁，不如我独裁好。

毛泽东提出的这种关于个人崇拜的观点，把相信真理与崇拜个人相混淆，是不正确的。但是，在当时的条件下，却被其他领袖及广大党员接受了。在长期的革命斗争中，广大党内同志和广大人民群众深深地认识到毛泽东的英明正确，衷心爱戴他、信任他，把他看作是真理的化身。这是历史上形成的，有历史的根据。但到此时，正常的敬仰开始变成了个人崇拜。人们分不清热爱和信任领袖同个人崇拜之间的不同，想不到毛泽东虽然非常伟大，毕竟是生活在一定社会历史条件下的人，总有一定的历史局限性，就有犯这样或那样错误的可能。更不懂得个人崇拜将会导致何种严重后果。当时不但接受了毛泽东提出的观点，有的人还加以发挥。中共中央中南局第一书记陶铸在成都会议上说：“对主席就是要迷信。”中共中央上海局第一书记柯庆施更说：“我们相信主席要相信到迷信的程度，服从主席要服从到盲目的程度。”个人崇拜的空气骤然膨胀。同后来发动“文化大革命”必须要有个人崇拜作精神支柱相似（虽然程度不同），搞“大跃进”运动也需要有个人崇拜这个不可缺少的因素。一旦这个因素造就出来和得到加强，便从全党特别是中央领导内部排除了提出不同意见的可能性，党中央的政治生活从这时开始不正常，“左”的东西便得以畅行无阻。

五　成都会议的两本账

批评反冒进、发动“大跃进”，首先反映在经济建设指标的不断抬高上。

周恩来在中共八大会议上，代表中央提出的第二个五年计划建议，规定在1958—1962年的五年中，基本建设投资占财政支出的比例，由“一五”期间的35%提高到40%左右，投资总额比“一五”期间增长一倍；工业总产值提高一倍，农业总产值增长35%左右；国民收入增长50%左右。钢在1962年达到1050万—1200万吨；粮食1962年达到5000亿斤左右，棉花1962年达到4800万担。职工平均工资增加25%—30%。总的指导思想是“积极而又稳妥可靠”。① 在中共八届二中全会上，周恩来还曾说过，年进度指标还可以修改，上不去的话就不要勉强。总之，从实际情况出发。

1957年4月起，国家计委开始研究“二五”计划的制定。7月，第五次全国计划工作会议提出了1958年计划的控制数字。12月，第六次全国计划工作会议，根据15年赶超英国的目标设想，编制1958年的经济计划，主要指标有所提高，但尚有所限制：基本建设投资130.59亿元，比原控制数字增加13.46亿元；工业总产值724.9亿元，比原控制数字增加24亿元，比1957年增长10.4%；农业总产值642.5亿元，比控制数字增加11.6亿元。主要工农业产品的产量指标，钢610万吨，煤14872万吨，棉花3500万担，比1957年都略有增加，粮食3920亿斤，比1957年减少40亿斤。购销可基本平衡。②

1958年1月，毛泽东为促进开展“大跃进”运动，提出了“生产计划两个两本帐”的计划工作方法：“中央两本帐，一本是必成的计划，这一本公布；第二本是期成的计划，这一本不公布。地方也有两本帐。地方的第一本就是中央的第二本，这在地方是必成的；第二本在地方是期成的。评比以中央的第二本帐为标准。”③ 关于两本

① 周恩来：《关于发展国民经济的第二个五年计划的建议的报告》，1956年9月16日。
② 《中华人民共和国国民经济和社会发展计划大事辑要》，红旗出版社1987年版，第111页。
③ 毛泽东：《工作方法六十条》第9条。

账的方法，后来财政部党组作过这样的说明：“这种方法，就是先定第一本帐，组织第一个平衡，同时放手发动群众，挖掘潜力，突破第一本帐的收支指标，打破第一个平衡，编制第二本帐，组织第二个平衡。这种计划方法是党中央和毛主席总结我国社会主义经济建设所提出来的，它是我国计划上的一个革命。它的优越性在于可以使计划平衡同发挥群众的干劲统一起来，有利于发动群众，加速资金积累，促进生产建设的高速度的发展。”①

对于具体指标的提出，也由过去立足上年的实际情况，制定下年计划的方法，改为倒过来的方法，从15年赶超的需要出发，来确定各个五年计划指标，再分配每年产量指标。关于这种从赶超需要出发的计划方法。周恩来于1958年2月18日曾作过说明：“5年看3年，3年看头年。这是农业部廖鲁言同志在讨论1958年农业生产计划中提出的口号。毛主席抓住这两句话，又加了一句‘每年看前冬’，就把它变成整个生产计划都如此，整个国民经济计划都应该如此。”譬如说，现在提出15年要赶上或超过英国，“要求第二个五年计划要达到1500万吨，去年是生产524万吨，比起来差1000万吨，那我们第一年起码得增加150万到200万吨，每年200万吨，才能加上去。为什么我们要在第二个五年计划要达到1500万吨？因为英国现在有2100万吨钢，我们设想在15年后，他们国家……估计4000万吨的样子。那么，我们就要15年后达到4500万吨，才能够有把握赶上和超过它”，“那么第二个五年计划，起码就要1500万吨，然后再一翻，第三个五年计划达到3000万吨，到了第四个五年计划才有可能是4500万吨。不然就比较困难了。这就是1年连5年，5年连15年。再加一句：‘年年争取超过’，这就更有把握”。②

根据所谓“积极平衡论”，实行这种计划工作的方法，其结果便是主观主义的高指标，与长线平衡，处处留缺口。突出了人的主观意志，却违背了客观经济工作规律。

1958年1月15日，薄一波在南宁会议上报告了新的1958年经济计划草案。确定：“计划的中心是调动一切可能调动的积极因素，大力组织工农业生产高潮，迎接新的大跃进的一年，为第二个五年高速度地发展生产建设铺好道路。”规定工业生产总值747.47亿元，比上年增长15.1%；发电量达到220亿度，增长15%；煤

① 财政部党组：《关于依靠全党、依靠群众办财政的报告》，1958年5月19日。

② 周恩来：《在志愿军干部大会上的第二次讲话》，1958年2月18日。

炭1.5亿吨，增长16%；生铁720万吨，增长22%；钢620万吨，增长17%；水泥765万吨，增长12%；木材2850万立方公尺，增长9.4%；机床2.6万台，增长3.3%。农业总产值642.5亿元，增长6.5%；粮食3920亿斤，增长5.9%；棉花3500万担，增长6.7%。财政收入330亿元，增长7.23%；基建投资134.36亿元，增长12%。国家计划以内的职工年末达到2440万人，净增40万人。①在会议上，李先念也报告了1958年国家预算的安排情况，指导思想是“根据中央和毛主席强调指出的反对保守，反对浪费，勤俭建国，又多、又快、又好、又省地进行社会主义建设的方针”，“估计到各方面的有利因素安排的”，是“既积极而又可靠的”。②冶金工业部部长王鹤寿也报告了“二五”计划预计1962年产钢1500万吨的计划情况。③随后，薄一波、李先念在2月的一届人大五次会议上，正式作了1958年的经济和预算计划的报告。

但是，到3月成都会议上，指标又作了大幅度提高。把南宁会议和一届人大五次会议确定的1958年指标，作为中央的第一本账，另搞了一个高指标的第二本账计划。规定工业总产值903.8亿元，比1957年增长33%；农副业总产值754亿元，增长16.2%；财政收入372亿元，增长20.7%；基本建设投资175亿元，增长41.5%；钢700万吨，增长35.5%；生铁800万吨，增长35.5%；煤炭1.6737亿吨，增长30.1%；发电量246亿度，增长29.3%；粮食4316亿斤，增长16.6%；棉花4093万担，增长24.8%。中央批准的国家经委党组的报告说：第二本账“比2月上旬全国人民代表大会通过的计划高了很多”，“这确是一个多快好省的帐，它反映了我国国民经济大发展、大跃进的新形势。从这本帐看，南宁会议的反对保守、多快好省、力争上游的精神，已经在我国经济生活中起了巨大的促进作用”。并说：“可以肯定地说，只要我们贯彻执行主席所指示的方针，继续发扬革命干劲，我国社会主义工业化的速度就可能比苏联更快一些。我们就可以掌握时机，在比15年更短的时间内超过英国。”④

成都会议的第二本账，标志着整个国民经济计划纳入了“大跃进”的轨道。人

① 薄一波：《关于1958年计划（草案）的汇报提要》，1958年1月15日。
② 《李先念同志的汇报提要》，1958年1月。
③ 《王鹤寿同志的报告》，1958年1月19日。
④ 国家经委党组：《关于1958年计划和预算第二本帐的意见》（1958年3月21日成都会议通过，4月5日政治局会议批准）。

们的头脑日益发热，各地区各部门大搞自己的更高指标的第二本账，层层加码，并扩大基建规模，扩大投资，扩大招工，向着失去控制的方向发展。

六　发动“大跃进”的党代表大会

在上述一系列会议批评反冒进和酝酿“大跃进”的基础上，1958年5月5日至23日举行了中共八大二次会议。这次会议是根据八大一次会议关于全国代表大会实行常任制，每年举行一次的规定召开的。根据当年的情况，开成了一个在全党深入发动“大跃进”的会议。

会议正式通过制定了毛泽东创议的“鼓足干劲、力争上游，多快好省地建设社会主义的总路线”，确定其“基本点是：调动一切积极因素，正确处理人民内部矛盾；巩固和发展社会主义的全民所有制和集体所有制，巩固无产阶级专政和无产阶级的国际团结；在继续完成经济战线、政治战线和思想战线上的社会主义革命的同时，逐步实现技术革命和文化革命；在重工业优先发展的条件下，工业和农业同时并举；在集中领导、全面规划、分工协作的条件下，中央工业和地方工业同时并举，大型企业和中小型企业同时并举；通过这些，尽快地把我国建设成为一个具有现代工业、现代农业和现代科学文化的伟大的社会主义国家”。①

毛泽东最初在成都会议上提出这条总路线时，他自信是正确的，同时又说过留有余地的话：“中国的社会主义建设路线，是在8年内逐步形成起来的，时间不算很长”，“究竟对不对？还要看几年”。“现在还不能说已经形成，至少还有5年，苦战3年再加2年，如果不出大乱子，路线就差不多了，就可以说形成了。”八大二次会议的中央工作报告则说：“虽然这条路线还需要在今后的实践中继续考验，并且使它继续发展和完备起来，但是我们认为，它的基本方向和主要原则是可以确定下来了。”② 会后《人民日报》社论说：“用最高的速度来发展我国的社会生产力，实现国家工业化和农业现代化，是总路线的基本精神。它像一根红线，贯穿在总路

① 刘少奇：《中国共产党中央委员会向第八届全国代表大会第二次会议的工作报告》，1958年5月5日。

② 刘少奇：《中国共产党中央委员会向第八届全国代表大会第二次会议的工作报告》，1958年5月5日。

线的各个方面。”“速度是总路线的灵魂。”“快，这是多快好省的中心环节。”“我们必须在最短的时期内，把钢铁的产量提高到几千万吨。”①

关于这条总路线及其基本点，1981 年中共十一届六中全会《关于建国以来党的若干历史问题的决议》说：“其正确的一面是反映了广大人民群众迫切要求改变经济文化落后状况的普遍愿望，其缺点是忽视了客观的经济规律。”② 只有强烈的改变落后状况的愿望和出发点，忽视和违背客观规律，是不能把建设搞好的，反而会出大乱子。因而，这条总路线基本上是不正确的。

会议又一次地批评了 1956 年的反冒进。中央的工作报告说：“当时有一些同志不适当地夸大了这些缺点，对于当时所取得的伟大成绩却估计不足，因而认为 1956 年的跃进是一种‘冒进’”，“其结果是损害了群众的积极性，影响了 1957 年生产建设战线特别是农业战线上的进展”，造成了“一个马鞍形”。

在这种情况下，1956 年反冒进的主要责任者周恩来、陈云，还有薄一波、李先念，在大会上的发言中作了公开检讨。

周恩来在发言中作自我批评说：

“这次会议，是一个思想解放的大会，也是一个充满共产主义风格的大会。大会的发言中丰富多彩，生动地反映了人民在生产大跃进、思想大解放中的建设奇迹和革命气概。真是 1 天等于 20 年，半年超过几千年。处在这个伟大的时代，只要是一个真正的革命者，就不能不为这种共产主义的豪情壮举所激动，也就不能不衷心地承认党中央和毛主席的建设路线的正确，同时，也就会更加认识反‘冒进’错误的严重。我是这个错误的主要负责人，应该从这个错误中得到更多的教训。现在我谈谈自己的体会。

“建设社会主义，包含着目标和方法两方面的问题。要不要建设社会主义，是关于目标的问题。这样建设或者那样建设社会主义，是关于方法的问题。前者属于敌我性质的矛盾，后者属于人民内部和党内的矛盾。毛主席曾经反复地教导我们，进行社会主义建设，可以有两种方法：一种是进行得快一些，好一些；一种是进行得慢一些，差一些。前一种是多快好省的方法，也就是贯彻执行党的群众路线、依靠各级党委领导、放手发动群众、调动一切积极因素建设

① 《力争高速度》，《人民日报》1958 年 6 月 21 日。

② 《关于建国以来党的若干历史问题的决议》（17）。

社会主义。后一种是少慢差费的方法，也就是违反党的群众路线、不注意保护干部和人民的积极性、不放手发动群众、主要依靠行政命令建设社会主义。这两种不同的方法，也是两种不同的方针。犯了反‘冒进’错误的人，就是按照后一种方法建设社会主义，这显然是同毛主席所提出的多快好省地建设社会主义的方针相违背的。而且，在过去一段时间内，曾经减低了我国的建设速度，损害了干部和群众的生产和建设的积极性。因此，它不是个别问题上的错误，而是在一段时间内关于社会主义建设规模和速度问题上方针性的错误。对于这一点，我在相当时间没有意识到，问题的严重性就在这里。

“反‘冒进’的错误，集中地反映在我1956年11月八届二中全会的发言中间。当时，我对于1956年建设成绩和在跃进中出现的某些缺点和困难，做了错误的估计，把实际上不到一个指头的缺点夸大化，肯定1956年的年度计划‘冒’了，并且提出1957年适当收缩建设规模的意见。就在这次全会上，毛主席最后讲话，坚定地肯定了1956年的建设成绩是主要的，前进和发展是总的趋势，指出必须保护广大干部和群众的积极性，不要泼冷水，不要‘促退会’。不久，党中央又根据毛主席在八届二中全会小组长会议的讲话，采取了积极的方针，在全国展开了增产节约运动。这样，才扭转了形势，使1957年的生产和建设计划，能够比较顺利地完成。但是，尽管如此，如果拿最近3年生产和建设的速度作一个比较，就会清楚地看到，反‘冒进’的错误挫伤了广大干部和群众的积极性，对我国1957年建设事业的影响还是不小的……这个事实，正是说明了两种方法所造成的两种结果。大跃进从正面教育了我们，反‘冒进’错误从反面教育了我们，诚如少奇同志说的，‘正是由于这种反复，党的社会主义建设路线的正确性，就看得更加清楚了。’

“反‘冒进’的错误是严重的，幸而由于党中央和毛主席的正确领导和及时纠正，还由于这些错误受到党内外干部和群众的抵制。同时，也由于资产阶级右派从反面教育了我们。因此，才使这个错误能够在比较短的时间得到纠正，没有继续发展成为更严重的错误。1957年春天，资产阶级右派分子向党猖狂进攻的时候，他们利用反‘冒进’的错误，全面否定1956年的建设成就，把1956年跃进中的某些缺点，夸大为‘全面冒进’，并且进一步否定第一个五年计划的建设成就。在这个严重的阶级斗争面前，我开始觉醒，因而在1957年6月政府工作报告中，彻底抛弃了对1956年建设‘冒进’的错误估计，坚决肯定了1956年的建设是跃进的发展。这是一个认识上的转折点。这是从敌对方面得到的教训。更重要的教育，还是三中全会上毛主席关于重新恢复多快好省、农业四十条、'促进会'的宣告，接着有杭州会议、南宁会议和成都会议的整风。同时，我又接触了生产大跃进中的一些群众实际活动。这样，才从整风和实践中真正认识到党的这条社会主义建设路线的无比光辉和无穷无尽的力量。

"反'冒进'的错误，不是偶然发生的。这个错误的思想根源是主观主义和形而上学。在多数问题上表现为经验主义，在某些问题上表现为教条主义，还有些问题上则表现为两者的混合。思想方法上的这些错误，结果造成了建设工作中的右倾保守的错误。这样，就违背了毛主席一贯主张的社会主义建设的总路线、总方针。"

"这里，应该特别讲一讲的，就是政府在指导发展国民经济的工作中，曾经错误地采取了机械和静止的平衡的方法。""当时我和担任政府工作的某些同志却错误地认为，由于基本建设规模过大，速度太快，因而造成市场供应紧张，并且出现了许多不平衡的现象。因为害怕不平衡，就采取了机械的静止的平衡方法，企图以缩小建设的规模、压缩消费的办法，只从分配方面去求平衡。这种平衡的结果，不但不能起促进生产的作用，反而妨碍了生产的发展。毛主席在党的八届二中全会上就教导我们说，平衡是相对的，暂时的，而不平衡则是绝对的、经常的"，"我们当时对于不平衡的看法和采取的平衡的方法，恰恰同毛主席教导我们的相反，只看见死的物资和数字，没有看见生产力的决定性因素——活生生的人"。

"除了上面所说的认识上和方法上的错误以外，还应该特别指出，反'冒进'的错误，是同政府工作中脱离党的领导的倾向分不开的。"

周恩来的发言稿，是由他当时的兼职秘书范若愚①帮助起草的。1986年，范若愚撰文回忆了当年周恩来准备发言时，不得不作检讨的沉重心情。②事实上，周恩

① 范若愚，当时任中共中央高级党校马列主义基础教研室主任，兼周恩来的理论秘书。

② 范若愚：《在周恩来身边的日子里》，《人物》1986年第1期。范若愚写道，成都会议后，周恩来要他帮助准备在八大二次会议上检讨发言的稿子。周恩来一反过去他先谈内容，由别人记录整理的做法，而采取自己讲一句范记一句的办法。周表示：关于"反冒进"犯错误问题，已经和毛泽东同志当面谈过了，主要原因在于思想跟不上毛泽东同志。这说明必须努力学习

来的检讨发言，既有迫不得已的一面，也有其诚心的一面。因为，历史上种种事实证明，毛泽东历来是正确和比较正确的，这是延安整风以来已为全党所接受的认识，凡遇到毛泽东提出不同意见，大家即习惯地自觉地向他靠拢。又加建设经验不足，当时周恩来也预想不到搞“大跃进”竟会出现后来的严重后果。在这两种情况下，周恩来也难以有充分的根据与信心来坚持自己原先的反冒进观点。

正因如此，周恩来在发言中还专门谈了“向毛主席学习”的问题，他说：“中国几十年革命和建设的历史经验证明，毛主席是真理的代表。离开或者违背他的领导和指示，就常常迷失方向，发生错误，损害党和人民的利益，我所犯的错误就足以证明这一点；反过来，做对了的时候或者做对了的事情，又都是同毛主席的正确领导和思想分不开的。因此，我们必须下苦功夫，认真地研究毛主席的著作和指示，学习他把马克思列宁主义的普遍真理同中国革命的具体实践相结合的光辉典范，学习他的群众路线的工作方法，学习他的思想和作风以及他所具有的伟大的共产主义的风格。”①

陈云在发言中说：

“从1956年下半年到1957年上半年的这一段时间内，我对于我国经过农业、手工业和资本主义工商业的三大改造以后，社会生产力的发展形势估计不足，对当时大跃进中出现的个别缺点，主要是由于新职工招收得过多和某些部分工资增加得不适当，一度造成商品供应和财政的某些紧张情况，估计得过分夸大了。我在考虑和提出问题的时候，一般的从财贸系统的情况出发，而对于中央工业、交通多数部门的情况，对于全国各地党的各方面工作，则注意不够，这种从部分情况出发来解决问题，就不会正确地理解九个指头和一个指头的问题，就不可避免地要犯错误。我在1957年1月省市委书记会议上所说的争取市场稳定和财政平衡的方法，就是从局部现象出发，因而不是从积极方面、千方百计地去发动群众增加生产，来克服困难；而是采取了消极的方

毛泽东思想。中间陈云来电话后，周恩来说得很慢了，甚至有时五六分钟说不出一句来。深夜12时了，范建议由周恩来一个人安静构思后再谈。凌晨2时，邓颖超找来范若愚，同周商量，改由周恩来口授内容，范回宿舍整理。稿子写出后，周恩来改了一遍，送政治局常委传阅。退回的稿子上把检讨部分中的一些话删掉了，有些话改得分量较轻了，范的心里紧张情绪才缓和下来。

① 周恩来：《在中国共产党第八届全国代表大会第二次会议上的发言》，1958年5月。

法，迁就了困难。过多地注意了物，对于群众的革命积极性估计不足；过多地注意了分配方面的关系，对于扩大生产重视不够。过多地注意了所谓‘稳’，而不是积极争取一切可能争取的东西。这些错误曾经使群众的积极性受到损害，并且减低了1957年的经济发展速度。反‘冒进’的错误是看不见和低估当时群众生产高潮的伟大成绩，是夸大估计了当时财政和市场的紧张情况。我在1956年11月召开的二中全会上，虽然只作了粮食、养猪、油料、副食等问题的报告，没有涉及当时的全盘财经问题，但是，因为我是财贸工作的主要负责人，对于当时财政和市场紧张的错误看法，首先而且主要的是我的看法。因此，对于当时反‘冒进’的那个方针性的错误，我负有主要的责任，首先在思想影响上负有主要的责任。”“如果不是得到毛主席的及时纠正，听任这个错误发展下去，必将使我们的事业受到很严重的损失。”①

薄一波在发言中说：

“国民经济的大跃进，是我国当前形势的主要特点。这种形势的到来，决不是偶然的。这是毛主席的社会主义建设的总方针、总路线的胜利。自从去年三中全会，特别是今年毛主席在南宁会议上肯定了1956年第一次跃进的成就，彻底批判了反‘冒进’的错误，进一步阐明了鼓足干劲、力争上游多快好省地建设社会主义的总方针、总路线……于是很快就出现了当前这种新的形势。这种新形势的发展，就使我们有可能用比第一个五年计划更高的速度来发展我国的国民经济。经中央批准的1958年国家计划的第二本帐，工业的发展速度是34%；农业的发展速度是21%”，“现在看得很清楚，1956年的反‘冒进’是完全错误的，这是一个带方针性的错误。对于这个错误，我也是有责任的。因为1956年的跃进，是有重大意义的。在跃进中所出现的一些暂时的局部的困难，对于提前完成第一个五年计划，加速我国社会主义建设，本来是不可避免的，也是没有什么可怕的。但是，我对于这种形势没有很好地加以分析，没有抓住形势发展的主流，对于一度出现的材料紧张的困难，没有采取积极的措施，动员和依靠群众，千方百计地去克服，反而强调了这种困难，认为既然原材料生产赶不上去，基本建设的速度也就不能太快。在积累和消费的关系上，我看到了我国人口多，消费也多，强调提高积累比例有困难，而没有首先强调

① 陈云：《在中国共产党第八届全国代表大会第二次会议上的发言》，1958年5月。

人多可以生产得更多，积累便更多。因此，对于反‘冒进’的错误我是有份的。在反‘冒进’错误的影响下编制的1957年计划是保守的。而且在思想没有完全解放的情况下编制出来的1958年计划的第一本帐，也对当前大跃进的形势估计不足。今天看来，问题的严重性还不在于生产和建设的指标高一点或低一点，而在于反‘冒进’大大地挫伤了人民群众和广大干部的积极性，给开始出现的群众性的生产建设高潮，泼了冷水。这是必须引为教训的。”

“在我们目前所处的时代，我国社会主义建设的速度问题，不只是经济问题，而首先是政治问题；不仅对我们国家有巨大的意义，而且对于世界也有巨大的意义。”“如果我们不是力争高速度地发展我国的国民经济，就是意味着延长人民的痛苦，就是意味着延缓在世界范围内战胜资本主义的时间。问题是这样严重地摆着，而我们一些做经济工作和计划工作的同志在过去并不真正理解这个问题。”

薄一波在发言中还说：

“最近，我重温了毛主席近年来的著作和讲话记录，使我深深认识到，毛主席关于社会主义建设的总方针、总路线，是老早就提出来，并且在不断地完善着的”，“我们有了毛主席这样的舵手，有了这样英明的领导，我们只要老老实实地向他学习，老老实实地按照他的指示办事，就可以避免犯反‘冒进’那样的错误，在经济建设上我们就可以取得更大的成就”。①

李先念在发言中说：

“几年来，财政工作在中央和各级党委领导下是有成绩的，是基本上执行了党的总方针、总路线的。但是，在工作当中确实发生了不少缺点，甚至在一个时候一个问题上也发生过带方针性的错误。”“往往考虑平衡和稳定多，考虑建设速度少，往往一怕发生赤字，二怕市场波动。……建设事业前进当中是会发生某些供求失调现象的，看到这些一时的现象，我们就表现异常敏感，盲目叫喊紧张。”“当1956年建设跃进中出现了一些个别缺点的时候，我们只是抓住了事物的局部现象，没有抓住事物的本质，夸大缺点，低估成绩，把1956年的跃进说成是一种‘冒进’。反‘冒进’的错误给工作带来了相当大的损失，这里我是有责任的。幸而中央及时地作了纠正，否则，损失不知道会有多

① 《薄一波同志的发言》，1958年5月。

大。”①

一方面是人们对早日赶上和超过英国、建设好国家的满怀激情，一方面是严肃地对反冒进作批评和自我批评，给了开展“大跃进”运动以强制性推动。各工业部门的党组在大会期间都向中央并毛泽东写了贯彻成都会议精神、赶超英国和美国的工作报告，提出了本部门工作赶超的计划和时间设想。冶金等部门提出“在今后5年或稍长一些时间内，我国工业建设的生产水平赶上或超过英国，15年或稍多一点时间赶上和超过美国”；到1972年，钢的生产水平达到1.2亿吨。轻工业部提出，造纸在1962年超过英国，1972年赶上美国。纺织工业部提出，1962年在棉纱、棉布上超过产量最高的美国。化学工业部表示，化肥产量5年超美居世界第一位。煤炭部提出，煤年产量两年超英、10年赶上美国。

李富春在会上作了《赶上英国，再赶上美国第二个五年是关键》的发言，他说：“按照目前各省、市、自治区和中央各部初步提出的规划，经过中央经济小组讨论之后，提出初步设想的第二个五年工农业生产主要指标”，到1952年，各项的必成数（第一本账）、期成数（第二本账）和它们比1957年的增长百分比是：钢2500和3000万吨，增长367.8%和461.4%；原煤3.8和4.2亿吨，增长192.3%和223.1%；发电量900和1100亿度，增长365.8%和469.4%；化肥1000和1200万吨，增长1146.9%和1396.3%；发电设备500和600—700万千瓦，增长2438.1%和2904.5%—3453.3%；金属切削机床12和15万台，增长328.6%和435.7%；棉纱1000和1200万件，增长204.9%和247.9%；棉布108和127亿公尺，增长204.8%和242.6%；粮食6000和7000亿斤，增长61.2%和89.2%；棉花6500和7500万担，增长98.2%和128.7%等。

李富春提出的各项指标，分别提前2年、3年或4年实现八大“二五”计划建设的年限。并且，“按照初步设想的指标估算，1962年工业总产值大约为2300—2900亿元，比1957年增长2—3倍，平均每年增长26%—32%；1962年农副业产值大约为1200—1370亿元，比1957年增长80%—110%，每年平均增长13%—16%。很显然，这是一个古今中外从来都没有过的高速度”②。报告设想：在“二五”

① 李先念：《关于财政工作如何执行多快好省方针的问题》，1958年5月。

② 据李富春在报告中说，我国“一五”计划时期的工业生产每年平均增长18%（如不包括手工业为19.2%），农业平均每年增长4.5%。5年中工业有两年（1953年和1956年）超过了31%

期间国民收入增长一倍，平均年积累率由“一五”的 23%提高到 40%，全国人均消费水平增长 40%。

李富春的报告还说：“只要我们争取完成和超额完成上述初步设想的第二个五年计划的第二本帐，我国就完全有可能在 1962 年或者更多一点时间内在钢铁和其他主要工业产品产量方面赶上或超过英国”①，“在 1972 年或再多一点的时间内，在钢铁和其他主要工业产品产量方面赶上美国。因此，第二个五年是赶上英国和赶上美国的关键”②。

八大二次会议期间，毛泽东于 5 月 18 日作《卑贱者最聪明，高贵者最愚蠢》批语，使用了“我国 7 年赶上英国、再加 8 年或者 10 年赶上美国”的提法。

总之，八大二次会议时的一个重要想法是：“我们要求的建设速度，不是一般的超过过去的中国，一般的超过资本主义国家，这一点我们已经做到了。我们要求的建设速度是成倍地、几倍地以至几十倍地超过过去的中国和一切资本主义国家”③；“我们党深信，只要鼓足 6 亿人民的干劲，动员 6 亿多人民力争上游，我们就一定能够高速度地进行建设，一定能够在一个比较短的时间内赶上一切资本主义国家，成为世界上最先进、最富强的国家之一”④。

实际上，八大二次会议所提出的这些指标和目标，绝大部分已是达不到的主观愿望，表现了头脑已相当发热。

但是，会议之后热度还继续上升，超英赶美的时间又加提前，计划指标日益刷新。

6 月中旬，冶金工业部向中央政治局提出了 1958 年产钢 820 万吨、1962 年产钢 6000 万吨的新指标。⑤1962 年的新指标比八大二次会议的第二本账又翻了一番。

的速度，农业有 1 年（1955 年）超过 7%的速度。苏联工业发展的速度，第一个五年计划是 19.2%，第二个五年计划是 17.1%，第三个五年计划是 13%，第四个五年计划是 10.5%。

① 李富春的报告列表预测，1962 年中国和英国的主要工业产品产量比较是：钢 3000 万吨比 2620 万吨；原煤 4.2 亿吨比 2.34 亿吨；发电量 1100 亿度比 1333 亿度，化肥 1200 万吨比 417 万吨；机床 15 万台比 7.5—8.8 万台将超过英国的项目，还有生铁、铜、铝、水泥等。

② 李富春的报告列表预测，1972 年中国和美国的主要工业产品产量比较是：钢 1 亿吨比 1.2 亿吨；原煤 10 亿吨比 4.7 亿吨；发电量 7000 亿度比 11200 亿度；化肥 8000 万吨比 3493 万吨；棉纱 2500 万件比 934 万件；棉布 250 亿米比 87.2 亿米。

③ 李富春：《中国社会主义建设现阶段的基本问题》，《和平和社会主义问题》1958 年第 1 期。

④《把总路线的红旗插遍全国》，《人民日报》1958 年 5 月 29 日。

⑤ 冶金工业部：《1962 年主要冶金产品生产水平的规划》，1958 年 6 月。

对于这个报告，毛泽东于6月22日批示："只要1962年达到6000万吨钢，超过美国就不难了。必须力争在钢的产量上在1959年达到2500万吨，首先超过英国。"

与此同时，国家计委、经委和财政部对各部向中央汇报的指标作了研究，并向中央经济小组汇报后，由李富春向中央提出了新的《第二个五年计划要点》。

《要点》认为："现在看，以钢铁为主的几种主要工业产品的产量，有可能不用3年赶上和超过英国，全国农业发展纲要有可能3年基本实现。"

《要点》提出第二个五年的任务是："提前完成全国农业发展纲要；建成基本上完整的工业体系，5年超过英国，10年赶上美国；大大推进技术革命和文化革命，为在10年内赶上世界上最先进的科学技术水平打下基础。"

《要点》提出新建项目的部署方案："全国限额以上的工业建设项目，大约在5000个以上，其中重大的重工业项目又有800个左右。"① 这些重大项目分布在各地区，"加上其他新建、扩建项目，再加上原有的工矿企业，到1962年，就使每个协作区都有一个或几个钢铁联合企业，有整套的重型机械，发电设备和机床的制造厂，有3000吨以上的水压机的锻造中心，这样，华北、东北、华东、华中四个协作区② 都将具有完整的工业体系，西南、西北和华南三个协作区③ 都将具有基本上完整的工业体系"。

---

① 20世纪50年代，国家为便于管理和掌握重大的基本建设单位，规定出各类基本建设单位的投资限额，如钢铁工业等，限额为1000万元，化学工业等为600万元，电站、石油工业等为500万元，橡胶工业等为400万元，食品和轻工工业为300万元。超过者为限额以上的项目。

② 1958年2月6日，中共中央作出《关于召开地区性的协作会议的决定》，将全国各省、区划为7个大的协作区。各协作区及其负责人如下：(一) 辽、吉、黑、东蒙为东北协作区，欧阳钦；(二) 京、津、冀、鲁、晋、内蒙、豫为华北协作区，林铁；(三) 沪、苏、浙、皖、鲁、赣为华东协作区，柯庆施；(四) 粤、桂、湘、闽、赣为华南协作区，陶铸；(五) 鄂、湘、赣、豫、皖为华中协作区，王任重；(六) 滇、云、川、藏、陕为西南协作区，李井泉；(七) 陕、甘、青、新、宁为西北协作区，张德生。

③ 1958年2月6日，中共中央作出《关于召开地区性的协作会议的决定》，将全国各省、区划为7个大的协作区。各协作区及其负责人如下：(一) 辽、吉、黑、东蒙为东北协作区，欧阳钦；(二) 京、津、冀、鲁、晋、内蒙、豫为华北协作区，林铁；(三) 沪、苏、浙、皖、鲁、赣为华东协作区，柯庆施；(四) 粤、桂、湘、闽、赣为华南协作区，陶铸；(五) 鄂、湘、赣、豫、皖为华中协作区，王任重；(六) 滇、云、川、藏、陕为西南协作区，李井泉；(七) 陕、甘、青、新、宁为西北协作区，张德生。

《要点》提出：“第二个五年的各项指标是以1962年生产6000万吨钢为中心来安排的（1962年底，生产设备能力达到8000万吨左右），以钢和机械为纲，带动其他指标。再加上第三个五年计划前期建设的钢厂，到1967年我国的钢产量就能够达到1亿吨以上。”

《要点》认为：“从1958年的情况看，第二个五年工业每年增长45%左右、农业每年增长21%左右，是完全可能的，主要工业产品产量的增长速度还可能更高一些。”

《要点》初步估算认为：“5年经济建设需要投资约3000亿元左右”，“如果5年财政收入达到4200亿元(……)，这个投资收入是可以实现的”。“3000亿投资中间，工业约占65%，重工业约占60%；农业约占8.6%；运输和邮电约占18%。”“根据需要和可能，1959年的基本建设投资必须有450亿元左右，才能保证第二个五年计划后两年的前进。”劳动力“初步计算，第二个五年需要补充职工1500万人至2000万人，其中工业方面需要补充1000万人左右”。

《要点》提出：“为了实现第二个五年的指标，1959年有决定的意义，必须争取1959年有一个比1958年更大的跃进，例如工业方面，钢产量超过2000万吨，争取达到2500万吨，超过日本，超过英国（今年可能达到850万—900万吨）；铜、铝的产量都超过20万吨（今年可能生产铜5.3万吨以上，铝4.9万吨）；发电量达到500亿度，安装发电设备500万（今年发电可能达到270亿度，安装设备可能达到150万）。农业方面，在今冬明春掀起一个规模更大的建设高潮的条件下，争取粮食超过6000亿斤，棉花产量超过6000万担。如果这样，1962年的指标就有了相当的保证。我们应该鼓足更大的干劲，为这个目标而奋斗。”

对于这个“二五”计划要点，6月17日，毛泽东批示：“彭德怀、黄克诚：此件即刻印发军委会议各同志。很好一个文件，值得认真一读，可以大开眼界。这是你们自己的事情。没有现代化工业，哪有现代化国防？自力更生为主，争取外援为辅，破除迷信，独立自主地干工业、干农业、干技术革命和文化革命，打倒奴隶思想，埋葬教条主义，认真学习外国的好经验，也一定研究外国的坏经验——引以为戒，这就是我们的路线。”

6月16日，李先念向中央作了《关于第二个五年财政计划的要点》的报告，提出了“二五”期间财政收入4000亿元，平均每年递增33.8%，财政支出4340亿元，有340亿元差额（以动用预算外收入等办法解决）的总计划。

4000亿元的财政收入，是根据以下的主要经济指标设想出来计算的：工业产值平均每年递增44.2%；农副业产值平均每年递增21.2%；社会购买力每年平均递增16.4%；工业成本每年平均递降10%，劳动就业增加2000万人，平均工资5年共增加30%。这种设想脱离实际可能，勉强做去，势必发生问题。而在4340亿元支出中，基建投资为3050亿元，占全部支出的70%以上。加上增拨流动资金等支出，国家的支出计划中，生产性支出将占到80%以上，“这样大的比重，在世界上是罕见的”。但是，人们忽略了通常基建投资的30%—40%是要转化成生活资料基金的，这意味着将给经济生活带来极大的压力和严重的不良后果。

6月17日，薄一波代表国家经委党组向中央政治局作了《两年超过英国》的报告。

《报告》对1958年的经济发展状况作了过分高的估计，认为“从上半年看全年，第二本帐肯定可以超额完成”。“粮食可增产三成，棉花可以增产三成到五成。粮食产量可达4700亿斤，比去年增加1000亿斤。棉花产量可达4400—5000万担，比去年增加1100—1700万担。”“工业比上年增长半倍以上，产值可达到近1100亿元。钢将达到1000万吨，煤将达到2.1亿吨，发电将达到280亿度，金属切削机床将达到77000台，棉纱将达到近600万件。”“基本建设投资比上年增长一倍，将达265亿元以上，估计可以完成240亿元。”

《报告》认为，“1959年我国的国民经济可能有一个比今年更大的跃进。这样经过3年苦战，我国就可以在钢铁及其他主要产品产量方面赶上和超过英国”。《报告》估计1959年的粮食产量可达到6000亿斤，比上年增加1300亿斤，增长近三成。全国每人平均粮食产量将达到900斤。棉花扩大播种面积，总产量将达到6000万担，增加1000万—1600万担，增长两到三成。估算工业总产值将比上年增长60%—70%，达到1670亿—1780亿元。本年度新增加的工业总产值，将等于第一个五年计划期间所增加的工业产值总和的2倍。“1959年我国主要工业产品产量，除电力以外，生铁、钢、原煤、铜、铅、原油、水泥、化肥、金属切削机床、棉纱等等，都将超过英国的生产水平。”其中钢的产量为2500万吨，比上年增加1500万吨左右。基本建设投资（包括国家拨款和自筹资金）将比上年增长将近一倍，达到450亿元。社会购买力达到660亿—680亿元，比上年增加140亿元。报告提出的措施中谈到：“今年全国建设了13000座小高炉，200多座炼钢转炉，就使生铁的生产能力增加2000多万吨，钢的生产能力增加1000多万吨。”

八大二次会议结束到6月中下旬，经过上述有关部门对1958年、1959年和“二五”经济计划的讨论，并向中央正式汇报，6月19日，毛泽东对薄一波说：干脆一点吧，（1958年钢产量）翻一番，何必拖拖拉拉呢？搞1100万吨。6月21日，他在军委扩大会议上说：我们3年基本上超过英国，10年超过美国，有充分把握。同日，冶金部党组向中央和毛泽东报告了一份《产钢计划》，说根据最近召开的钢铁规划会议的情况，1959年“钢的产量可以超过3000万吨，而1962年的生产水平将可能争取达到8000—9000万吨以上”。6月22日，毛泽东对薄一波的《两年超过英国》的报告批示说：“超过英国，不是15年，也不是7年，只需要2到3年，2年是可能的。这里主要是钢。只要1959年达到2500万吨，我们就在钢的产量上超过英国了。”

6月中旬，农业部还向政治局作出“二五”期间农业所要达到目标的报告，提出了1962年粮、棉指标的第二本账：粮食8500亿斤，棉花8000万担。[①] 即粮、棉产量要在5年中都翻一番，陷入严重的空想。对于农业部的报告，毛泽东于6月22日批示说：“粮食、钢铁、机械是三件最重要的事。有了这三件事，别的也就会有了。三件中，粮食及其他农产品又是第一件重要的事，我们应当十分注意农业问题。”

这一些高指标的设想，成为后来8月北戴河会议作出冒进决策的重要基础。

七　“人有多大胆，地有多大产”

1957年冬和1958年春，农村搞起了生产建设的高潮，人民群众表现出高昂的热情，加上1958年气候条件较好，因此，早稻和小麦收成比较好。但是，在高指标和层层批右倾保守等压力下，很快出现了严重虚报产量的浮夸现象。

早在1958年1月3日，汕头就报出晚稻亩产3000斤的消息。2月23日，贵州金沙报出3025斤的纪录。入夏以后，出现了竞相“放卫星”的浮夸风。6月8日，报出河南省遂平县卫星农业社5亩小麦亩产2105斤的纪录。随后，各地竞相报出一批亩产小麦“卫星”，计有：6月9日，湖北襄阳，大面积亩产1500—2000斤；6月11日，河北省魏县，2394斤；6月16日，湖北谷城，4353斤；6月16日，河北省临漳，3650斤；6月16日，湖北省光化县，3664斤；6月18日，河南省商丘县，

① 《农业大有希望》（农业部向政治局提出——第二个五年计划期内农业方面所要达到的目标）。

4412 斤；6 月 21 日，河南省辉县，4535 斤；6 月 23 日，湖北省谷城县，4689 斤；6 月 30 日，河北省安国县，5103 斤；7 月 12 日，河南省西平县，7320 斤。

6 月 26 日起，又连续报道出一批虚夸的早稻亩产量：6 月 26 日，江西省贵溪县，2340 斤；7 月 9 日，福建省连板社，超 3000 斤；7 月 22 日，福建省闽侯县，7275 斤；7 月 18 日，福建省闽侯县，5800 斤；8 月 1 日，湖北省孝感县，15000 斤；8 月 13 日，湖北省麻城县，36900 多斤；8 月 22 日，安徽省繁昌县，43075 斤；9 月 18 日，四川郫县，824525 斤；广西环江县，130434 斤。

这些报道日益离奇到了无以复加的程度。

下面乱报，上面乱信。下面的乱报又是上有所好所造成。有的省和国家部门也都一再发表一些头脑发热、影响全局的消息。华东六省协作区开会高估产，“决定”1958 年增产粮食 500 亿到 800 亿斤，使农村人口平均分粮：1958 年 1000 斤，1959 年 1500 斤，1960 年 2000 斤。广东省宣布春收和早造粮食增产 65 亿斤，比上年增加 60%；省委第一书记陶铸还著文批判“粮食增产有限论者”，说本省 1 年可以种 3 造，达到亩产 1 万斤也应当是可能的。7 月 23 日，农业部发表夏收粮食公报，说夏粮比上年增产 413 亿斤，增长 69%。7 月 28 日，农业部估计，早稻总产量比上年增加 400 亿斤，翻一番，达到 800 亿斤左右。8 月 22 日，安徽省第一个宣布自己是早稻平均亩产千斤的省；9 月 13 日，河南省宣布自己是第二个千斤省；10 月 20 日，四川省也宣布是千斤省。

这时的报纸宣传，把敢想、敢说、敢干搞到荒谬的程度，把解放思想、破除迷信搞到可以胡思乱想，把科学也破除的程度。8 月 27 日，《人民日报》竟然用通栏标题宣传“人有多大胆，地有多大产”。文中说山东省寿张县，“提 5000 斤指标的已经很少。至于亩产 1000—2000 斤，根本没人提了”，“在搞全县范围的亩产万斤粮的高额丰产运动”。8 月 13 日，在报道湖北省麻城县早稻创 36956 斤纪录时，引用社长的话说：“我们就是怕想不到，想到了的我们都做到了。”

大规模的虚夸，对外，损害了中国一贯说话算话、实在的声誉；对内，搞乱了国民经济统计，搅乱了人们的头脑。7 月，农业部汇总各省上报的粮食估计产量，竟达 1 万亿斤以上。中共中央感到了其中有很大水分，压去 1/3，宣布估计全年产量将达到 6000 亿—7000 亿斤，这仍然极大地超出后来核实为 4000 亿斤的实际。这给中共中央的 8 月北戴河会议提供了极不真实的数据，使会议的讨论和决策建立在高度虚夸的基础之上。

对于这种所谓的“大跃进”形势，毛泽东非常兴奋。年初，他在《工作方法六十条》中还写道：“中国经济落后，物质基础薄弱，使我们至今还处在一种被动状态，精神上感到还是受束缚，在这方面我们还没有得到解放。”到了8月初，他以极其兴奋的心情对来访的苏共中央第一书记赫鲁晓夫说：1949年中国解放我是很高兴的，但是觉得中国问题还没有完全解决，因为中国很落后，很穷，一穷二白。以后对工商业的改造、抗美援朝的胜利，又愉快又不愉快。只有这次大跃进，我才完全愉快了！按照这个速度发展下去，中国人民的幸福生活完全有指望了！①

八　一种新构思的社会组织——人民公社

与“大跃进”同时兴起的，是人民公社这种新的农村社会组织。

早在1955年加速合作化过程中，毛泽东就产生了农业社规模要搞大的思想，他在《大社的优越性》一文的按语中写道：“现在办的半社会主义的合作社……二、三十户的小社为多。但是小社人少地少资金少，不能进行大规模的经营，不能使用机器。这种小社仍然束缚生产力的发展，不能停留太久，应当逐步合并。有的地方可以一乡为一个社，少数地方可以几乡为一个社，当然会有很多地方一乡有几个社的。不但平原地区可以办大社，山区也可以办大社。”②

1956年至1957年年初普遍办高级农业社后，许多社的规模偏大，管理困难，平均主义成分比较重，给生产和分配带来不利影响，是部分社员闹退社、分社的重要原因之一。因此，1957年下半年，中共中央发出若干关于整顿农业生产合作社的指示，指出：合作社和生产队的“组织大小，应该照顾地区条件、经济条件、居住条件和历史条件，容许有各种差别，而不应该千篇一律”。有一部分合作社的组织规模是过大的，不适当的，应该根据群众的要求，进行合理的调整，或者把社划小，生产队“一般以20户左右为适宜”。③“几年来各地实践的结果，证明大社、大队一般是不适合于当前生产条件”，“现在规模仍然过大而又没有办好的社，均应根据社员的要求，适当分小”，“村和生产队的组织规模确定了之后，应该宣布在今

① 陈毅于1958年9月2日在广州干部大会上作的报告。

② 毛泽东：《〈中国农村的社会主义高潮〉的序言》，1955年9月12日。

③《中共中央关于整顿农业生产合作社的指标》，1957年9月14日。

后十年内不予变动”。①

直到 1958 年 2 月，邓子恢还进一步强调：“一年来全国经验证明：社过大是不适合于农业生产分散性这个特点，也与我们目前农业生产的技术水平和干部的管理水平不相称的，从而对生产管理，对社内团结都是不利的。”②

但是，时隔不久，1958 年 3 月的成都会议上，毛泽东提出了小社并大社的问题。直接起因，是 1958 年春农村开展大规模的农田水利建设等“大跃进”活动，需要土地连片和人员集中组织管理。并大社便是“大跃进”的产物。3 月 20 日成都会议通过、4 月 8 日政治局会议批准，制定了《中共中央关于把小型的农业合作社适当地合并为大社的意见》的文件，提出：“我国农业正在迅速地实现农田水利化，并将在几年内逐步实现耕作机械化，在这种情况下，农业生产合作社如果规模过小，在生产的组织和发展方面势将发生许多不便。为了适应农业生产和文化革命的需要，在有条件的地方，把小型的农业合作社有计划地适当地合并为大型的合作社是必要的。”同一会议通过的有关文件还有《中共中央关于农业机械化问题的意见》，规定“在 7 年内（争取 5 年内做到）基本上实现农业机械化和半机械化，实现农业生产力的大发展”。随即开始了小社并大社的工作。

搞得最早的是河南遂平县、平舆县，4 月各办了一个 6000—7000 户的大社。5—6 月，两县的农业社全都并成了大社。7 月中旬，信阳专区形成了并大社的热潮。

7 月 1 日，《红旗》杂志第 3 期发表了陈伯达的文章《全新的社会，全新的人》，文章在介绍一个合作社办工业的情况后说：“把一个合作社变成为一个既有农业合作又有工业合作的基层组织单位，实际上是农业和工业相结合的人民公社。”7 月 16 日，《红旗》杂志第 4 期又发表了陈伯达的另一篇文章《在毛泽东同志的旗帜下》，明确地传达了毛泽东关于一种新的社会基层组织的构想：“毛泽东同志说，我们的方向，应该逐步地有次序地把‘工（工业）、农（农业）、商（交换）、学（文化教育）、兵（民兵，即全民武装）’组成为一个大公社，从而构成为我国社会的基本单位。在这样的公社里面，工业、农业和交换是人们的物质生活；文化教育是反映这种物质生活的人们的精神生活；全民武装是为着保卫这种物质生活和精神生活。在

① 《中共中央关于做好农业合作社生产管理工作的指示》，1957 年 9 月 14 日。

② 邓子恢：《论农村人民内部矛盾和正确处理矛盾的方针和方法》（1958 年 2 月），《新华月报》1958 年第 2 期。

全世界上人剥削人的制度还没有彻底消灭以前，这种全民武装是完全必要的。”又说：“很显然，在毛泽东思想的指导下，在毛泽东同志的旗帜下，在这样‘一天等于二十年’的国民经济和文化普遍高涨的时候，人们已经可以看得见我国将由社会主义逐步过渡到共产主义的为期不远的前景。”还说：中国人民将“在不远的将来，继续胜利地到达伟大的共产主义社会”。

在这种情况下，一些地方出现了由并大社转为办公社的热潮。据报道：信阳地区“并大社，原来也只是为了并大一点，好建设。到郑州一汇报，谭震林同志向他们讲了毛主席和党中央关于‘工农商学兵’的大公社的一番道理，回来就叫成公社”。[①]“遂平县卫星社[②]根据《红旗》杂志第4期陈伯达的文章引证毛主席关于公社问题的指示，正式建立了全省第一个人民公社以后，遂平全县迅速实现了公社化，同时信阳地区也掀起了建立人民公社的高潮。”[③]

8月上旬，毛泽东视察了河北省徐水县南梨园乡大寺各庄农业社，对徐水的工作，特别是对军事化很赞赏。听到县委第一书记张国忠汇报说全县秋季要收粮食11亿斤时，很高兴地问道：你们全县31万多人口，怎么吃得完那么多粮食？指示说，应该考虑到生产了这么多粮食怎么办的问题。毛泽东并提出搞人民公社。大寺各庄连夜行动。8月5日，张国忠在全县“共产主义思想文化跃进大会”上，作“向共产主义进军”的讲话，根据毛泽东的号召，要求全县成立人民公社，向共产主义过渡。几天之内，全县248个农业社宣布转为人民公社。

8月6日，毛泽东视察了河南农村，对新乡县七里营人民公社大加赞扬。8月9日视察山东，“当谭启龙[④]汇报说历城县北园乡准备办大农场时，毛主席说，还是办人民公社好，它的好处是，可以把工、农、商、学、兵合在一起，便于领导”[⑤]。毛泽东的讲话于8月13日见报，“人民公社好”传遍全国，各地开始办人民公社。河南省动作最快，到8月底，全省已经人民公社化了，办起了1378个公社，参加农户达99.8%。

从并大社到办人民公社的转变，是搞“大跃进”运动与着手准备向共产主义过

① 李友九：《河南信阳来信》，《红旗》1958年第7期。

② 即“楂岈山卫星人民公社”。

③《办人民公社好》，《河南时报》1958年9月5日。

④ 谭启龙，山东省委第一书记。

⑤《毛泽东同志视察山东农村》，1958年8月13日。

渡的结合。搞“大跃进”运动需要有与之相适应的组织形式和制度方法，政社合一的集中统一领导、集体劳动、集体生活的“一大二公”的人民公社，是便于搞“大跃进”的组织形式。正如毛泽东后来说的：公社是大跃进的产物。

不仅如此，对“大跃进”的追求和对提前、再提前超英赶美的向往，又引出了对可以早日向共产主义过渡的幻想。

但是，把赶上和超过美国同向共产主义过渡相联系，并非自此始。

早自1953年过渡时期总路线公布时起，毛泽东便开始对中国的未来发展作设想，最初只是原则地提出：要把我国建设成一个伟大的社会主义国家。1954年6月14日，毛泽东说：“要建成一个伟大的社会主义国家，究竟需要多少时间？现在不讲死，大概是三个五年计划，即十五年左右，可以打下一个基础。到那时，是不是就很伟大了呢？不一定。我看，我们要建成一个伟大的社会主义国家，大概经过五十年即十个五年计划，就差不多了，就像个样子了，就同现在大不一样了。”① 同样的话，在1955年3月全国党代表会议上也讲过，并把“伟大的社会主义国家”具体化为“强大的高度社会主义工业化的国家”。②

1955年10月11日，毛泽东在中共七届六中全会上，把中国未来的发展进程同赶超美国、过渡到共产主义联系了起来。他说：有人问趋势如何？大约10年左右，即3个五年计划左右基本上建成社会主义，还要再加一点；大约50年到70年左右即10个到15个五年计划左右，可以争取赶上或超过美国。并说：50年以后会出现一个共产主义的中国。到1957年7月，仍是这样设想的，他说：“10年至15年以后的任务，则是进一步发展生产力……准备着逐步地由社会主义过渡到共产主义的必要条件，准备以8个至15个五年计划在经济上赶上并超过美国。” ③

其实不仅中国，苏联在建设社会主义的过程中，也一直是在盘算着向共产主义过渡的问题。列宁曾对于共产主义的实现设想得短而容易，1920年10月他对共青团员们说：“现在是15岁的这一代人，就能够看到共产主义社会，也要亲手建设这个社会。”现在是15岁的一代青年，“再过10—20年就会生活在共产主义社会里”。④

---

①《毛泽东文集》第6卷，人民出版社1999年版，第329页。

②《毛泽东文集》第6卷，人民出版社1999年版，第390页。

③ 毛泽东：《1957年夏季的形势》，1957年7月。

④《列宁选集》第4卷，人民出版社1995年版，第296页。

斯大林1936年宣布苏联已实现社会主义，1938年开始第3个五年计划时，提出了“在最近10—15年之内在经济上也超过”各主要资本主义国家，在5年内“完成无阶级的社会主义的建设并从社会主义逐渐过渡到共产主义”。1952年又宣布：“苏联社会主义建设的任务已经完成”，已处于“从社会主义逐渐过渡到共产主义”时期。

到1957年，苏共中央和赫鲁晓夫在重新确定以15年时间在经济上赶上和超过美国，在此同时，又在内部确定：从1959年起，以12年时间达到共产主义。1959年1月苏共二十一大时，赫鲁晓夫宣称苏联进入了“全面展开共产主义建设的时期”，① 要解决按人口计算的产品产量赶上和超过最发达的资本主义国家的任务，并明确宣称：“赶上并超过美国，大概在完成7年计划以后，还需要5年。”② (即大约在1970年)。1961年苏共二十二大时，提出了“全面开展共产主义建设”的口号，改提“在20年内（即到1980年——引者注）我们将基本上建成共产主义社会”。

可见，把赶上和超过美国作为向共产主义过渡的必要条件，并企图很快地达此目标，是当时社会主义国家设想未来发展进程时的共同特点。

当1955年10月毛泽东设想50年以后赶上美国和出现一个共产主义中国时，因时间尚久远，对当时的工作有一定影响，但不明显；当1957年只提出15年赶超英国时，向共产主义过渡仍非现实问题。但当1958年5月八大二次会议及其以后，认为超过英国只不过是7年、5年和两年，赶上美国也不过是15年、10年便可实现时，向共产主义过渡就成了一个很迫近的问题被摆到了面前。于是构想出一种便于很快向全民所有制和共产主义过渡的组织形式。人民公社的建立，既是搞“大跃进”的需要，又是急于早日向共产主义过渡的需要。

在世界社会主义思想与理论史上，人们通常认为，与共产主义相联系的组织形式是公社。“公社”和“共产”两个词，在欧洲史上是同一来源。所谓共产主义，也就是公社主义；所谓公社，就是共产主义的社会组织。共产主义的观念，在马克思主义以前就有。一般在谈到公社时，马上就联系到共产主义。空想社会主义者作过成立公社的试验。巴黎公社的革命家们并不是马克思主义者，但他们有成立公社的理想，因之把革命政府也称作公社。

苏联在革命胜利后的许多年中，曾成立过一些不仅把生产资料公有化，而且把

① 《苏联共产党第二十一次代表大会主要文件》，第127页。

② 《苏联共产党第二十一次代表大会主要文件》，第91页。

每个社员生活也公有化了的公社。这与他们当时对共产主义的实现设想得时间比较短而又容易有关。1930年前后，斯大林和苏共中央从实践中认识到，公社组织在当时的苏联农村是不适宜的。因而引导农民办农业劳动组合即集体农庄，取消了公社和共耕社。但斯大林同时又认为，“公社是需要的，它是集体农庄运动的高级形式，但那是将来的在技术更发达和产品十分丰富的基础上产生的公社”①。即是说，到将来真正实现共产主义时，还要建立它。

中国1958年由并大社转而提出办人民公社，也是因为想到了共产主义。虽然不是说立即搞共产主义，却是要积极创造条件，为它在尽可能短的时间内到来作准备的。其实质，是对在贫穷落后的中国建设社会主义的艰巨性、长期性认识不足和缺乏耐心，是一种一厢情愿的急性病和革命空想。

九　所谓破除资产阶级法权

既然共产主义不久将要来到，根据毛泽东“不断革命论”的观点，对待社会主义，也要像对待新民主主义秩序一样，一面建立、一面又打破，使之不能有巩固的时间，免致巩固了以后就难以打破，对向共产主义过渡造成障碍；就要及早在现实的社会关系中培育共产主义因素。因此，破除资产阶级法权（今译“资产阶级权利”）问题被提了出来。

8月19日，毛泽东在协作区主任会议上说：要破除资产阶级法权。例如争地位，争级别，要加班费，脑力劳动者工资多，体力劳动者工资少等，都是资产阶级思想的残余。“各取所值”是法律规定的，也是资产阶级的东西。将来坐汽车要不要分等级？不一定要有专车，对老年人、体弱者，可以照顾一下，其余的就不要分等级了。

8月21日，毛泽东又说：所有制解决以后，资产阶级的法权制度还存在，如等级制度，领导与群众的关系。要考虑取消薪水制、恢复供给制问题。过去搞军队，没有薪水，没有星期天，没有8小时工作制，上下一致，官兵一致，军民打成一片，成千成万地调动起来，这种共产主义精神很好。过去实行供给制，过共产主义生活，22年战争都打胜了，为什么建设共产主义不行呢？我们已相当地破坏了资

① 斯大林：《列宁主义问题》，人民出版社1972年9月北京印刷本，第557页。

产阶级的法权制度，但还不彻底，要继续搞。不要马上提倡废除工资制度，但是将来要取消。恢复供给制好像“倒退”。“倒退”就是进步，因为我们进城后后退了。现在要恢复进步，我们要把6亿人民带成共产主义作风。人民公社大协作，自带工具、粮食，工人敲锣打鼓，不要计件工资，这些都是共产主义的萌芽，是资产阶级法权的破坏。希望大家对这些问题的看法吹一下，把实际中的共产主义道德因素在增长的情况也吹一下。

马克思于1875年批判拉萨尔鼓吹的“公平的分配”、“平等的权利”的观点时，把按劳分配中等量劳动的交换所体现的原则，称为“资产阶级权利”，指明它是一种形式上的平等，对于共产主义来说，又存在事实上的不平等，不过，“权利决不能超出社会的经济结构以及由经济结构制约的社会的文化发展”①意在批评那种要求平等、平均的思想。到了列宁那里，论述上有所变化，侧重讲它事实上不平等的一面。而到了20世纪50年代的中国，资产阶级权利却被理解成是一种资产阶级性质的东西，并突破原来含义的特定范围，扩大到了政治、思想、人与人的一般关系方面。既然是一种事实上的不平等权利，它与资产阶级又密切联系，与向共产主义发展不相容，就想要尽快地破除掉，用一种更公平、更平等的办法取代之。理想的替代物，是那令人充满美好回忆、几乎是消灭了人与人之间差别、充满了平等精神、在中国革命历史上起过重大作用的供给制。因此，毛泽东在这里的观点，如胡绳分析并指出的那样：“这不是马克思，而恰恰是回到了拉萨尔。”②同时，又是对中国革命历史阶段上特定经验的留恋和搬用。

柯庆施把毛泽东的见解转告了中共上海市委宣传部部长张春桥。张即按自己的理解，写了《破除资产阶级法权思想》一文，登载于上海《解放》半月刊第6期。毛泽东很赞赏，指示由《人民日报》转载，并代写编者按说：“这个问题需要讨论，因为它是当前一个重要的问题。我们认为，张文基本上是正确的，但有一些片面性，就是说，对历史过程解释得不完全。但他鲜明地提出了这个问题，引人注意。”③

张春桥的文章，改变马克思、列宁的本来含义，把资产阶级权利说成“核心是等级制度”，把中国革命历史上的军事共产主义和供给制，说成在任何情况下都绝

---

①《马克思恩格斯选集》第3卷，人民出版社1995年版，第305页。

② 胡绳：《马克思主义与中国国情》，《红旗》1983年第6期。

③《人民日报》1958年10月13日。

对适用，而实行薪金制等，“是资产阶级为了保护不平等的资产阶级法权，为了打击无产阶级的革命传统，而对正确处理劳动人民内部相互关系的共产主义的原则的攻击”。张的这些论点，当时就受到了不少人的反驳。有的人指出：“文章缺乏理论分析，说服力不够，而且有片面性，有许多重要问题并没有说明白。”并提出质疑说：“按照作者的论述，似乎他主张目前要立即完全取消资产阶级式的法权，并不承认（至少是没有明确承认）在社会主义阶段，存在资产阶级式的法权是不可避免的”，尤其是“似乎把社会主义制度下的工资制说成是等级制度；如果是这样，我们认为是完全错误的”。①

毛泽东提出张春桥论述的“破除资产阶级法权”的论点，是当时“左”倾思想理论的重要组成部分，也是毛泽东社会主义思想的重要内容。在当时，它对“大跃进”和急于向共产主义过渡的错误起了加剧的作用；后来，成为毛泽东发动“文化大革命”，搞“反修防修”，以造就一个“纯粹”和“公平”、“平等”的社会主义社会的重要理论支柱。

十　北戴河会议的决策

在夏收出现高度虚夸，6月中旬“中央各部思想解放”②，提出新的“二五”计划高指标，以及人民公社开始兴办的情况下，中共中央政治局于8月17日至30日在北戴河举行扩大会议。出席的有中央政治局委员和各省、市、自治区党委第一书记，以及政府各有关部门党组负责人。

会议讨论通过了关于计划和体制方面8个文件，农村方面9个文件，财贸方面10个文件，教育方面1个文件，其他方面9个文件。

会议讨论了国家计委和国家经委两个党组提出的《1959年度国民经济计划主要指标》和《关于第二个五年计划的意见书》。

1959年经济计划提出的主要指标中，要求工农业总产值达到3516亿—3706亿元，比已经严重脱离实际的1958年预计完成数（下同）还要增长68%，其中要求工业总产值增长91%，农业总产值增长44%。财政收入722.5亿元，增长68%。

① 撒仁兴：《论破除资产阶级法权观念》，《哲学研究》1958年第7期。

② 邓小平在军委扩大会议上的讲话，1958年7月19日。

基本建设投资 501.22 亿元，增长 118%。钢 2700 万—3000 万吨，增长 145%—173%；生铁 4000 万吨，增长 135%；钢材 1900 万—2000 万吨，增长 144%—156%；煤 3.779 亿吨，增长 80%；原油 800 万吨，增长 281%；化学肥料 530 万吨，增长 231%；机床 30 万台，增长 288%；棉纱 1000 万件，增长 58%；粮食 1 万—1.2 万亿斤，增长 33%；棉花 9000 万—10000 万担，增长 45%。

“二五”计划意见书则提出：“基本目标是：完成我国的社会主义建设，提前把我国建设成为一个具有现代工业、现代农业和现代科学文化的社会主义国家，为第三个五年计划期间经济、技术、文化的高度发展，开始向共产主义过渡，创造条件。”对于工业现代化的主要要求是：“全国建成强大的独立完整的工业体系；各协作区建成比较完整的、不同水平和各有特点的工业体系；各省、市、自治区建立起一定程度的工业基础，工业总产值超过农业总产值。在钢铁和其他若干重要的工业产品的产量方面接近美国。”对于农业现代化的主要要求是：“农业劳动实现半机械化和机械化；凡有条件的农村基本上实现电气化；农作物大量使用化学肥料和农药；90%以上的耕地实现水利化；全部耕地深翻一次。”对于发展科学文化的主要要求是：“提前 5 年实现 12 年科学发展规划，在主要科学技术方面赶上世界先进的水平；普及中等教育；大大地提高人民群众的共产主义觉悟。”对于改善人民生活的主要要求是：“全体人民丰衣足食，进一步改进居住条件，同时消灭严重危害人民健康的主要疾病。”

根据上述目标，“二五”计划意见书对 1962 年的产量指标，提出了以 8000 万吨钢为纲的第一本账方案和以 1 亿吨钢为纲的第二本账方案，这两个方案的钢产量，比 1957 年（下同）的实际增加 13.9 倍和 17.7 倍。要求其他指标为：生铁 9000 万和 10000 万吨，增加 14.4 倍和 18 倍；煤 9 亿和 11 亿吨，增加 5.9 倍和 7.4 倍；发电量 3000 亿和 3500 亿度，增加 14.5 倍和 17.1 倍；原油 5000 万—6000 万吨，增加 33.2 倍—40.2 倍；机床 50 万和 60 万台，增加 16.7 倍和 20.2 倍；棉纱 2600 万件，增加 4.6 倍；粮食 13000 亿和 15000 亿斤，增加 2.5 倍和 3.1 倍；棉花 1.5 亿担，增加 3.6 倍。与以上计划指标相配套的，要求 1962 年工农业总产值为 8000 亿—8200 亿和 9000 亿元，增加 5—5.1 倍和 5.7 倍；财政收入 5 年共 5200 亿和 5600 亿—5800 亿元，比“一五”增加 2.9 倍和 3.1—3.3 倍；基建投资 5 年共 3850 亿和 4300 亿元，比“一五”增加 6.8 倍和 7.7 倍。

“二五”计划意见书认为：“经过第二个五年计划的努力，我们将建成社会主义，并且为第三个和第四个五年计划期间开始向共产主义过渡准备物质的和思想的某些条件。”按照这个设想，是企图争取在 10 年至 15 年内开始过渡到共产主义，也就是想要 10 年左右在钢铁等主要工业产品产量方面赶上和超过美国。

会议通过了《中共中央关于 1959 年计划和第二个五年计划问题的决定》。《决定》对 1959 年的指标，除把粮食压缩到 8000 亿斤和 1 万亿斤外，其他各项均予以肯定。并强调说这是个“比 1958 年的更大跃进的计划”，“是在经济战线上具有决战性质的计划”。《决定》提出：“在 1959 年计划的基础上，准备在 1960 年使粮食产量达到 1.3 万亿斤左右，钢产量达到 5000 万吨左右”，同时肯定了 1962 年产钢 8000 万至 1 亿吨、产粮 1.5 万亿斤或者更多一点的“二五”计划指标。即“在 1958 到 1962 年的第二个五年计划期间，我国将提前建成为一个具有现代工业、现代农业和现代科学文化的伟大的社会主义国家，并创造向共产主义过渡的条件”。这个决定关于指标的规定，还是属于建议性的，不等于最后决定。但是，会后发了中央文件，实际上起了重大作用。

《决定》还指示：“各级党委必须抓紧今后四个月的工作，特别是要保证在今年内完成 1100 万吨钢和冶金设备、发电设备、机床的生产任务。”为了最后地决定 1958 年钢产量比 1957 年翻一番，8 月 26 日，毛泽东要薄一波带各大钢铁企业的党委书记和厂长去开会，当询问今年钢的指标定为 1070 万吨能否完成时，到会的人都说能行。当时 8 个月过去，全国只生产出 400 万吨，要在后 4 个月完成 700 万吨，极其艰难。毛泽东再三考虑，引用唐朝诗人李商隐的诗句说：“夕阳无限好，只是近黄昏。”但最后还是定下了 1958 年生产 1070 万吨钢的决心。

会议通过了《中共中央政治局扩大会议号召全党全民为生产 1070 万吨钢而奋斗》的公报。公报还说：“1959 年是全国人民苦战 3 年的有决定意义的一年。在 1959 年，要求我国的工业和农业继续用 1958 年的速度或者比 1958 年更高的速度前进。”

22 年后，薄一波回顾当年这段历史及其经验教训时说：“1958 年 6、7 月间毛主席对我说：现在农业已经有办法了，办法就是‘以粮为纲，全面发展’。我现在就是要拿农业来压工业，农业问题解决了，你们工业怎么办？毛主席的意思，是要我把 1957 年提出的赶上英国的最高年产量 2200 万吨的口号具体化。我没有多加思索，就回答：那工业就是‘以钢为纲’，带动一切吧。毛主席说：对，很对！就按照这个办。于是就把这个口号拿出来了。今天检查，这个口号不对头，我有责任。”

又说：“有几位地方上的负责人极力主张（钢铁）翻番。毛主席很高兴。我心里不踏实，怕完不成，就向毛主席建议把‘1070’写到公报上。毛主席赞成。当时我就通知起草公报的胡乔木同志，说毛主席说了，把‘1070’写到公报上。我的意思是，大家都这样主张，就得大家负责任，写到公报上有‘将军’之意。事实证明，我的这个建议是错误的。”①

会议作出了《关于在农村建立人民公社问题的决议》。

《决议》基于对1958年粮棉等农作物的高估产和急于快速超英赶美、早日向共产主义过渡的向往，主观臆想地提出所谓搞人民公社的“必然性”，说把规模较小的农业生产合作社合并和改成为规模较大的工农商学兵合一的、乡社合一的、集体化程度更高的人民公社，是农村生产飞跃发展、农民觉悟迅速提高的必然趋势。这个说法是不切实际的。

《决议》对公社的规模定得也太大：一般一乡一社到数乡并为一社，户数可以从2000户到6000户或2万户以上。从而完全忽视了农业合作化后社大所造成的弊病的经验教训。

《决议》在经济政策的规定方面，强调用“共产主义精神”教育干部和群众，不要算细账，自留地收归集体经营，零星果树、股份基金等在一二年后也变为公有。实际上是侵犯社员的合法权益，把平均主义当作“共产主义精神”推行。

《决议》对很快向全民所有制过渡表现了极大的热心，说快的地方三四年，较慢的地方五六年就可以过渡到全民所有制。这个提法是毛泽东提出加上去的。《决议》还说：“看来，共产主义在我国的实现，已经不是什么遥远将来的事情了，我们应该积极地运用人民公社的形式，摸索出一条过渡到共产主义的具体途径。”

《决议》规定办社的步骤是：可以把并大社、转公社一气呵成，办法是通过鸣放辩论。忽视了多年搞农业合作化的一条基本经验：群众自愿，通过试验，典型示范，逐步推广。实际上是以强迫手段实行公社化。

《决议》虽然肯定了公社在现阶段仍是社会主义性质的、集体所有制的、实行按劳分配原则的，但由于主导思想是早一点进入共产主义，这些规定不能得到切实的体现。

---

① 薄一波：《关于经济工作的几个问题》，1980年1月15日。参见《中国社会主义经济建设问题》，中共中央党校出版社1980年版，第7、9页。

北戴河会议关于钢铁翻一番的决定和关于建立人民公社决议的作出，为在实际工作中大刮共产风、瞎指挥风、强迫命令风，造成全局性的错误，提供了基本的依据。

十一　人民公社化和大炼钢铁运动

北戴河会议公报于9月1日见报，关于建立人民公社的决议也于10日公布。全国迅速掀起了大规模的人民公社化和大炼钢铁运动。五风①在两大运动中泛滥起来。

人民公社化运动掀起高潮，至9月底，全国27个省、市、自治区有12个省、市、区100%的农户加入了人民公社，10个省、区有85%以上的农户加入了公社，4个省、区即将基本实现公社化，只有云南省稍晚于10月底实现。全国原有的74万多个农业社，一哄而起地改组成2.6万多个人民公社，参加公社的农户有1.2亿多户，占总农户的99%以上。②

公社的"大"，全国平均28.5个农业社并成一个人民公社。山西省平均44个农业社并成一个公社。河南、吉林等13个省至9月底共有94个县建立了县公社或县联社。全国平均4500余农户一个社，1万至2万户的大社有532个，2万户以上的社有51个。③

公社的"公"，程度也很高。9月14日公开发表了《卫星人民公社试行简章（草案）》，成为各地办社的样板。《简章》规定，各农业社并为大公社后，原农业社的一切公有财产交给公社，多者不退，少者不补。社员交出全部自留地，并将私有房基、牲畜、林木等生产资料也都转归全社公有，只允许留下少量家畜家禽。生产大队（管理区）是管理生产、进行经济核算的单位，盈亏则由公社统一负责。并规定了在分配上一律实行工资制，同时实行粮食供给制，即全体社员，不管家中劳动力多少，都按照人口免费供应粮食。各个生产大队都以生产队为单位组织公共食堂，全国共计有数百万个食堂。实际上是在大的范围内搞平均主义，刮共产风。

---

① 五风：共产风、浮夸风、瞎指挥风、强迫命令风和干部特殊化风。

② 《关于人民公社若干问题的决议》，1958年12月10日。

③ 《全国基本实现了农村人民公社化》，1958年9月30日，参见中共中央农村工作部：《人民公社化运动简报》第4期。

由于高估产，造成了粮食已经过关或即将过关的错觉，并为了利于早日过渡而培植“共产主义因素”，柯庆施提出了“吃饭不要钱”的口号。各地纷纷仿照推行，甚至提出“放开肚皮吃饭”。9月中旬，毛泽东视察安徽省，当听到舒茶人民公社实行了吃饭不要钱时，他说：吃饭不要钱，既然一个社能办到，其他有条件公社也能办到。既然吃饭可以不要钱，将来穿衣服也就可以不要钱了。①9月27日刘少奇说：我经过3个省，河南、河北、江苏都决定农民吃饭不要钱，实行粮食供给制，看来大家都赞成。②据薄一波回忆说：“当时甘肃的省委书记告诉我，有的干部执行这个口号很积极，看到过路的人走了多远，还强拉他回来，说天晚了还不吃饭？反正不要钱，非要他吃不行。”③各地有的是实行粮食供给制，占社员分配的50%；有的是伙食供给制，占社员分配的60%；有的是生活基本需要供给制，占社员分配的80%。河北省徐水县最为突出，全县通过搞供给制试行“共产主义”。

毛泽东于8月4日视察了徐水县之后，8月6日，中共中央农村工作部副部长陈正人到徐水，传达了中央关于在徐水搞共产主义试点的指示。在中央部门和省、地委的帮助下，县委于8月22日制定了《关于加速社会主义建设向共产主义迈进的规划（草案）》，提出了“大跃进”的经济和社会发展计划指标，规定：1959年基本完成社会主义建设，并开始向共产主义过渡，到1963年即进入伟大的共产主义社会。9月15日，成立了“徐水县人民总公社”（后改称徐水人民公社），实行县社合一，经济上由县一级统一核算。9月20日，发布了《中共徐水县委员会关于人民公社实行供给制的试行草案》。从9月起，干部、工人、职工取消薪金，社员取消按劳取酬。干部改发津贴，县级每月8元，科局级5元，一般干部3元，勤杂人员2元。同时，对全县人员搞供给制的“15包”：吃饭、穿衣、住房、鞋、袜、毛巾、肥皂、灯油、火柴、烤火费、洗澡、理发、看电影、医疗、丧葬，全部由县里统一包起来。

对于徐水县这个“共产主义试点”，当年先后有40多个国家、930多名外国人和3000多个国内单位的人前去参观，内外影响很大。苏联《真理报》驻北京记者看了后伸大拇指。赫鲁晓夫知道后，特让塔斯社记者来中国察看。后来赫鲁晓夫

① 房维中主编：《中华人民共和国经济大事记》，第225页。

② 刘少奇在南京党员干部会议上的讲话，1958年9月27日。

③ 薄一波：《关于经济工作的几个问题》，1980年1月15日。

说：中国的共产主义是喝大锅清水汤，苏联是土豆烧牛肉。①

徐水县委虽然对“共产主义试验”作了多方面设计，无奈由于生产力水平低下，县的财力不足，社会上的物资也不足，经济上负担不起，难以持续兑现。11月，县里筹了550万元款，给全县的公社社员发了一次工资及部分生活用品款。12月，又筹了90万元，与计划需要量相差很大，便挪用商业上的资金700万元，造成商业资金不能周转。于是这种供给制的“共产主义”便随之夭折而失败了。后来，毛泽东也说，徐水县是“急急忙忙往前闯”。

当时另一个急于跑步过渡的是山东范县（现属河南），他们想两年过渡到共产主义。1958年10月28日，县委第一书记在全县共产主义积极分子大会上作报告，讲向共产主义过渡的规划时说：“人人进入新乐园，吃喝穿用不要钱；鸡鸭鱼肉味道鲜，顿顿可吃四个盘；天天可以吃水果，各样衣服穿不完；人人都说天堂好，天堂不如新乐园。”11月6日，毛泽东看阅了他们的规划，作批语说：“此件很有意思，是一首诗，似乎也是可行的。时间似乎太促，只3年。也不要紧，3年完不成，顺延可也。”并派人前去察看。

但是不久，毛泽东便从实际发生的大量问题中，觉察到人民公社化中发生了共产风等偏差，转而又去着手纠正。

北戴河会议后，大炼钢铁也进入一个新阶段。中共中央先后4次召开电话会议催促。在9月4日的电话会议上，谭震林传达说：主席提出，明年粮食再翻一番，又提出今年1100万吨钢一吨也不能少，少了就是失败。彭真说：主席要求在9月15日钢铁有一个大跃进，因为9月是要命的一个月。9月24日中央书记处召开电话会，要求到30日，要达到日产钢6万吨、铁10万吨，“否则是不行的”。各地组织“大兵团作战”。9月，全国参加大炼钢铁的人数由8月的几百万人突增至5000万人，建立了大小土高炉60多万座。10月底达到6000万人，最高达到过9000万人。毁掉了不少山林，浪费了不少资源，耗费了巨大的人力物力。至12月19日，中共中央宣布已经完成了1070万吨钢。实际上包括300万吨土钢土铁却基本上不能用。并且，在农业秋收大忙季节，把最强壮的劳动力抽去炼钢铁，严重影响了农业丰产未能丰收，粮食、棉花等作物受到很大损失。

以钢为纲，一切为大炼钢铁让路，还挤了轻工业，造成国民经济比例严重失

---

① 赵云山、赵本荣：《徐水共产主义试点始末》，1987年6月。

调。8月和9月，东北三省因电力不足，减去了轻工业工厂的电力负荷1/3。上海9月生产出口皮鞋14万双，没有包装材料，有了纸盒没有木箱，有了木箱又没有钉子。苏州支援上海黄板纸100吨，却找不到车皮运输。到11月，有25种主要西药的生产停工或半停工。交通运输等国民经济的许多环节发生严重混乱。1958年的积累率由上年的24.9%猛增到33.9%，国家职工由2451万人增加到4532万人，膨胀了85%，造成建设和生活的产品供应出现严重的紧张状态。主观愿望是：钢粮挂帅，一马当先，万马奔腾。实际结果是：一马当先，各方紧张，严重混乱。

由于刮起“五风”，大炼钢铁又影响了秋收，加上大办食堂和“放开肚皮吃饱饭”，虽然各地都报告粮食大丰收，但是在7月至10月的4个月中，农产品的收购任务远没有完成。征购到的粮食比上年同期少88亿斤，销售和出口合计却增加52亿斤。一增一减，到10月底，国家粮食库存减少了140亿斤。10月22日，中共中央、国务院发出了“大跃进”以来的第一个紧急指示，要求突击收购和调运农产品。基于高估产，搞了高征购，1958—1959年粮食年度①共征购粮食1123亿斤，比正常情况多购了200亿斤，加剧了“五风”给农村生产力造成的损害。1958年冬，一些地方（如山东馆陶县等）便发生了公共食堂停火、社员外出逃荒的现象；1959年2月，一些地方就因严重缺粮出现人员浮肿和不正常死亡的问题。

应该明确指出一点：“大跃进”运动和人民公社化运动的失误，固然是毛泽东领导的失误，他负有主要责任，但却不是毛泽东一个人的领导错误，而是党的中央领导在建设社会主义新的时期中，集体犯的一个重大错误。尽管指导思想和许多重要的主意是毛泽东提出并坚持的，但为党的领导集体所接受，并作出决定的。

毛泽东表现了革命空想和很大的浪漫主义色彩，头脑十分发热。但发热的不只是他一个人。其他领导们除陈云外，也都程度不同地热起来，包括后来对“大跃进”错误有深刻认识、力主彻底纠正的彭德怀，当时也没例外，他受北戴河会议炽热情绪的感染，会后便在哈尔滨军事工程学院的干部会上宣传过会议决定的指标。正如他后来在庐山会议上的《意见书》中说的：“我和其他不少同志一样，为大跃进的成绩和群众运动的热情所迷惑。”陈毅元帅在北戴河会议上对“大跃进”还有些将信将疑。会议结束后，他一路看到广州，表示相信了，也受了表面现象的迷惑。当年主管农村工作的谭震林副总理，在20世纪80年代初一再说过，1958年农业上

① 当时一个粮食年度，是由头年7月1日起至第二年6月30日止。

的“左”倾错误，有的主意是他建议的，也负有重要责任，表现了共产党人勇于对人民和对历史负责的坦荡胸怀。

刘少奇热得更多一些。他视察过许多地方，对用群众运动的方式搞经济建设大加赞赏和提倡，混淆了指导革命战争的规律与指导经济建设的规律的不同，幻想能像解放战争中打了三大战役取得革命决定性胜利一样，社会主义建设也能连续打几个大的战役，苦战三五年，一鼓作气拿下“决定性的胜利”。他对于提倡“共产主义风格”，搞供给制，快一些向全民所有制过渡和向共产主义过渡，同样表现了过分的热心。徐水县的“共产主义”试点，就是根据他的指示办起来的。8月8日陈正人向河北省委和县委领导干部传达说：第二个五年计划，社会主义差不多了，第三个五年计划，就向共产主义过渡了。过去没有想到跃进这么快，今年钢的产量可搞到1200万吨，炼钢设备可搞到2000万吨，明年钢产量达3000万吨，超过英国，这样就逼得我们想问题了，就要搞向共产主义过渡的试点。刘少奇同志指示在徐水搞一下试点，搞共产主义，搞工、农、兵、学、商结成一体，在农村、机关、学校都搞。①

这些情形，正如邓小平在1980年4月说的：“讲错误，不应该只讲毛泽东同志，中央许多同志都有错误。‘大跃进’，毛泽东同志头脑发热，我们不发热？刘少奇同志、周恩来同志和我都没有反对，陈云同志没有说话。在这些问题上要公正，不要造成一种印象，别的人都正确，只有一个人犯错误。这不符合事实。中央犯错误，不是一个人负责，是集体负责。”②

① 赵云山、赵本荣：《徐水共产主义试点始末》，1987年6月。

②《邓小平文选》第2卷，人民出版社1994年版，第296页。

“卫星田”的稻穗竟能托住一位小姑娘。这是当时发表的照片。

第四章
八个月纠“左”

一　划清两个界限

在8月北戴河会议之后3个月的大办公社、大炼钢铁过程中，中央和地方的许多领导人到农村察看，各地也不断报告了许多情况。毛泽东发现，办人民公社中“乱子出了不少，与秋冬季大办钢铁同时并举，乱子就更多了”[①]。于是于1958年11月初开始，着手纠正党察到的“左”倾错误。如薄一波后来曾说过的那样：毛泽东带头犯了错误，又带头纠正。这一次纠正错误，至1959年7月初庐山会议前期止，历时八个月。这是一个陆续发现问题，认识逐步深化，不断进行纠正的过程。

首先是从办人民公社的一些混乱中，发觉了急于向全民所有制过渡、急于向共产主义过渡，搞产品无偿调拨，剥夺农民的问题。为了纠正这种错误，在1958年底连续召开了第一次郑州会议、武昌会议、八届六中全会。

第一次郑州会议举行于11月2日至10日，是有部分中央领导人、大区负责人和部分省市委书记参加的工作会议。

毛泽东在会上作了多次讲话，并给县以上各级党委委员写了一封《关于读书的建议》的信，建议认真读两本书：斯大林著的《苏联社会主义经济问题》和《马恩

① 毛泽东：《十年总结》，1960年6月18日。

列斯论共产主义社会》。要求每人每本书用心读三遍，随读随想，加以分析，联系中国社会主义经济革命和经济建设去读，使自己获得一个比较清醒的头脑，以利指导伟大的经济工作，使领导人的一大堆混乱思想给以澄清。毛泽东还带领到会人读了《苏联社会主义经济问题》一书，谈了很多的观点。

毛泽东在会议上的讲话和读书谈话中，反对了急于向全民所有制过渡和急于向共产主义过渡的错误。他说，全民所有制和集体所有制这两种形式的界限必须分清，不能混淆。社会主义和共产主义又是一个界限，也必须分清，不能混淆。听说徐水县已经把人民公社宣布为全民所有制，实际上最多也只是大集体所有制，同全民所有制还是根本不同的。我们决不能把集体所有制同全民所有制混同起来，把人民公社同国营工厂混同起来。不要像徐水县委书记那样急急忙忙往前闯。不愿划这条线的人，认为现在时间已到，已经上了天，集体所有制可以立即宣布为全民所有制，可以立即进入共产主义，谁不赞成，就说谁是右倾。事实是，我们现在只有一部分是全民所有制，农村大部分还是集体所有制。即使将来把集体所有制过渡到全民所有制，搞成了单一的全民所有制，如国营工业那样，它的性质还是社会主义的，也还不能马上过渡到共产主义。

毛泽东批评了否定商品生产、价值规律、商品交换的错误。他说：人民公社现在究竟是扩大自然经济，还是扩大商品经济？或是两者都扩大？现在，在有些人看来，人民公社经济主要是自然经济，他们认为人民公社只有自给自足，才是有名誉的，如果进行商品生产，就是不名誉的。这种看法是不对的。人民公社应该按照满足社会需要的原则，有计划地从两方面发展生产，既要大大发展直接满足本公社需要的自给性生产，又要尽可能广泛地发展为国家、为其他公社需要的商品性生产。通过商品交换，既可以满足社会日益增长的需要，又可以换回等价物资，满足公社生产上和社员生活上日益增长的需要。因此，人民公社要尽可能多地生产能够交换的东西，向全省、全国、全世界交换。

他针对陈伯达的错误观点指出：现在我们有些人大有消灭商品生产之势，一提商品就发愁，觉得这是资本主义的东西。没有区别社会主义与资本主义商品的本质差别，没有懂得利用其作用的重要性。他们向往共产主义，倾向不要商业了，我们有些号称马克思主义的经济学家表现得更“左”，主张现在就消灭商品生产，实行产品调拨。这种观点是违反客观规律的。如果不实行商品交换，把陕西的核桃拿来吃，陕西的农民干吗？把七里营的棉花无代价地调出来行吗？你如果这样做，马上就要打破脑袋。有些同志虽然没像苏联那些可怜的马克思主义者那样，直截了当地说，要剥夺农村中的中小生产者，而是说废除商业，实行调拨。如果这样做，实质上就是剥夺农民。如果照他们的意见去办，在政策上犯了错误，就有脱离农民的危险。[①]

毛泽东还说，资产阶级法权的一部分如等级森严、上下之间和干群之间的猫鼠关系等要破除，经济上的资产阶级法权，按劳分配，必须保护。毛泽东讲的资产阶级法权的含义与马克思、列宁讲的不大一样，不科学，但他在郑州会议上强调经济上的资产阶级法权即按劳分配不能破除，对于当时制止思想混乱，是有意义的。

二　破除迷信不要把科学破除了

11月21日至27日，中共中央在武昌召集了有部分中央领导人和各省、市、自治区党委第一书记参加的中央政治局扩大会议，进一步纠正共产风。会议为八届六中全会作了准备。毛泽东在会上又就一些重要问题作了讲话。

毛泽东指出：破除迷信，不要把科学当作迷信破除了。比如，人是要吃饭的，这是科学，不能废除。人是要睡觉的，这也是科学。破除这两条就要死人。自然界有个抵抗力，这是一条科学，你不承认，他就要把你整伤砸死。破除迷信以来，有一小部分破得过分了，把科学真理也破了。这是不能破的。凡迷信一定要破除，凡真理，凡科学，一定要保护。

毛泽东提出了反对做假问题。他说，现在是横竖要放“卫星”，争名誉，管他假不假。有一个社，自己只有100头猪，为了应付参观，借200头大猪，看后送回。有100头就是100头，没有就没有，搞假干什么？要老老实实，不要做假。如扫盲，说什么半年、一年扫光，两年扫光我就不太相信，第二个五年扫除了就不错。又如说消灭了四害，是“四无村”，实际上是“四有村”。现在的严重问题，不仅是下面做假，而且是我们相信，从中央、省、地到县都相信，主要是前三级相信，这就危险。

毛泽东谈了1959年和“二五”计划的钢铁指标问题，提出要“压缩空气”。他

---

① 对于毛泽东的批评，陈伯达于1959年7月27日在庐山会议上曾作检讨说：“我也有‘左’倾幼稚病。去年我在天津时，曾和河北几个县委的同志谈话，听到一些同志谈到产品交换、非现金结算的问题。在遂平时，也听到一些同志说到这个问题。第一次郑州会议时，我向主席说了这个意见，受到主席的批评。主席叫我下去做调查研究，我自己的马克思主义水平低，不能正确判断情况，这不能怪县委的同志。”

说，北戴河会议定1959年产钢2700万吨至3000万吨，那是建议性的，这次要决定。钢2700万吨，我赞成；3000万吨，我也赞成，更多也好，问题是办到办不到，有没有根据？去年535万吨，都是好钢，今年翻一番，1070万吨，是冒险的计划。结果6000万人上阵，别的都让路，搞得很紧张。他提出了1959年钢的生产第一本账1800万吨和第二本账2200万吨的新指标，要求以此为例，各部门的指标，都要相应地减下来。他还说，过去想，明年3000万吨，后年6000万吨，1961年至1962年达到8000万吨到1亿吨，现在想，假若明年只搞1800万吨，后年3000万吨，那就很好。把盘子放低一些，很有必要，两个5年再加3年，达到5000万吨。

毛泽东谈了由集体所有制向全民所有制过渡的问题。他说，北戴河会议关于建立人民公社决议的文件有个缺点，就是年限快了一点，是受河南的影响，我以为北方少者三四年，南方多者五六年（可以过渡到全民所有制），但办不到，要改一下。现在就是太快，我有点恐慌，怕犯什么冒险主义错误。照有人的意思是趁穷之势来过渡，认为趁穷过渡可能有利些，不然就难过渡。① 看来过渡还是时间长一点好，商品时期搞久一点好。

毛泽东的这些讲话，实际上是作了一点自我批评。后来他在12月12日与协作区主任谈话时，直截了当地自我批评说：北戴河会议，我犯了一个错误，想了1070万吨钢、人民公社、金门打炮三件事，别的事没有想。北戴河会议决议要改，那时是热心，没有把革命热情和实际精神结合起来，武昌会议把两者结合起来了。

武昌会议在开始降低钢铁等指标的同时，农业指标却没有下降。会议讨论批准了谭震林、廖鲁言《关于农业生产和农村人民公社的主要情况、问题和意见》的报告。报告建议“1959年的粮食产量计划，公布数字可以定为10500亿斤”，要求“掀起一个比1957年冬季更高的生产高潮，保证1959年更大的跃进”。

三　不能陷入超阶段的革命空想

在郑州会议和武昌会议的基础上，中共中央于1958年11月28日至12月10

① 在11月21日的武昌会议上，有一种意见认为：公社中每人每年基本生活消费水平达到150元至200元，就可以由集体所有制转为全民所有制。否则，等消费水平提得更高了，转起来困难多，反而不利。

日在武昌召开了八届六中全会。不是中委和候补中委的中央有关部门负责人和省、市、自治区党委第一书记列席了会议。

会议在听取邓小平所作的说明后，通过了由毛泽东主持起草的《关于人民公社若干问题的决议》。

《决议》从理论上和政策上反对和纠正了混淆集体所有制与全民所有制界限、社会主义与共产主义界限，急于向全民所有制过渡和向共产主义过渡的错误，批评说："我们自己队伍中的好心人，只是太性急了，他们把高度发展的现代工业等等看得非常容易，把全面地实现社会主义的全民所有制以至实现共产主义看得非常容易。他们认为，农村人民公社现在就已经属于全民所有制性质了，很快就可以甚至现在就可以放弃按劳分配的社会主义原则，采取按需分配的共产主义原则了。"

《决议》提出：由农业生产合作社到人民公社的转变，由社会主义的集体所有制到社会主义全民所有制的过渡，由社会主义到共产主义的过渡，这些是互相联系而又互相区别的几种过程。农业生产合作社变为人民公社，并不等于已经把农村中的集体所有制变成了全民所有制，要在全国农村实现全民所有制，还需要经过一段相当长的时间；由社会主义的集体所有制变为社会主义的全民所有制，并不等于由社会主义变为共产主义，农业生产合作社变为人民公社，更不等于由社会主义变为共产主义，由社会主义变为共产主义，需要经过更长得多的时间。企图过早地否定按劳分配的原则而代之以按需分配的原则，也就是说，企图在条件不成熟的时候勉强进入共产主义，无疑是一个不可能成功的空想。

《决议》强调指出：实现两个过渡，"都必须以一定程度的生产力发展为基础"。我国现在的生产力发展水平，毕竟还是很低的。我们既然热心于共产主义事业，就必须首先热心于发展我们的生产力，首先用大力实现我们的社会主义工业化计划，而不应当无根据地宣布农村的人民公社"立即实行全民所有制"，甚至"立即进入共产主义"等等。那样做，不仅是一种轻率的表现，而且将大大降低共产主义在人民心目中的标准，使共产主义伟大的理想受到歪曲和庸俗化，助长小资产阶级的平均主义倾向，不利于社会主义建设的发展。在由社会主义向共产主义过渡的问题上，我们不能在社会主义阶段上停步不前，但是也不能陷入超越社会主义阶段而跳入共产主义阶段的空想。

《决议》批评了有些人在企图过早地"进入共产主义"的同时，企图过早地取消商品生产和商品交换，过早地否定商品、价值、货币、价格的积极作用的错误。

强调在今后一个必要的历史时期内，人民公社的商品生产，以及国家和公社、公社和公社之间的商品交换，必须有一个很大的发展。继续发展商品生产和继续保持按劳分配的原则，对于发展社会主义经济是两个重大的原则问题，必须在全党统一认识。

《决议》还澄清了要把个人现有的消费财产拿来重分的误解，明确宣布：社员个人所有的生活资料（包括房屋，衣服、家具等）和在银行、信用社的存款，仍归社员所有，而且永远归社员所有。社员可以保留宅旁的零星树木、小农具、小工具、小家畜和家禽等，也可以继续经营一些家庭小副业。

以上的理论阐述和政策规定，对于澄清思想和实践中的混乱，纠正共产风等“左”倾错误，有着积极作用。

但是，决议只解决了人民公社两个外部的界限问题，当时还没有提出人民公社内部的三级所有制问题，在管理体制上，仍是管理区经济核算，公社统一负责盈亏；说供给制“吃饭不要钱”是“共产主义因素”，说公社食堂是“社会主义阵地”等。这就不可能解决好平均主义共产风问题。这些不正确的内容，在后来的实践中认识逐步深化后，才一步一步地改变。

会议听取了李富春的说明后，通过了《关于1959年国民经济计划的决议》。《决议》对1958年的国民经济发展作了不切实际的高预计，认为“粮食、棉花、钢铁、煤炭、机械等主要产品都将比1957年增产一倍或一倍以上”。在此基础上，审查和修改北戴河会议所拟议的1959年经济计划的初步方案，决定了新的指标。规定钢指标1800万到2000万吨，比北戴河会议指标降低了900万到1000万吨，比1958年将增长82%；煤4.2亿吨，比北戴河会议上升了0.5亿吨，比1958年将增长56%；粮食10500亿斤，比北戴河会议上升了500亿斤到2500亿斤，比1958年预计数7500亿斤增长40%；棉花1亿担，比北戴河会议上升了1000万担或平齐，比1958年预计数6100万担增长49%。除钢的指标明显下降外，其他的有所上升或平齐。说明高指标的热劲尚未下来。《决议》说：“1959年是我国苦战三年具有决定意义的一年”，要求继续反对保守，破除迷信，争取“实现比1958年更大的跃进”。

会议讨论通过了《同意毛泽东同志提出的关于他不作下届中华人民共和国主席候选人的建议的决定》。毛泽东提出这个问题，早在1956年夏天。当时他曾在党内几十个人的会议上谈过，大家认为可行。1957年4月30日，毛泽东约集各民主党派负责人和无党派民主人士在天安门城楼谈话时，讲了下届人大选举国家主席时不提他的名的意见。当时民主党派负责人士颇多不通。5月1日，陈叔通、黄炎培联名写信给刘少奇和周恩来，提出不同意见，认为在15—20年内，“最高领导人还是不变为好”。因为：“集体领导中的个人威信，仍是维系着全国人民的重要一环。”① 5月5日，毛泽东看了信后写了批语，认为可考虑修改宪法，主席，副主席连选时可以再任一期，但“第一任主席有两个理由说清楚可以不连选：(一）中央人民政府主席加上人民共和国主席任期已满8年，可以不连选；(二）按宪法制定时算起，可连选一次，但不连选，留下四年，待将来如有卫国战争一类重大事件需要我出任时，再选一次，而从1958年起让我暂摆脱此任务，以便集中精力研究一些重要问题（例如在最高国务会议上，以中共主席或政治局委员资格，在必要时，我仍可以做主题报告）。这样，比较做主席对国家利益更大。现在杂事太多，极端妨碍研究问题”②。经过一年多的党内外酝酿和说明，中共八届六中全会遂作出同意毛泽东建议的决定。后来在1959年4月的第二届全国人民代表大会上，中共提名经大会选举，由刘少奇担任了第二任国家主席职务。

这是毛泽东曾经作出的一个重要考虑和安排。但可惜的是，后来毛泽东在对阶级斗争形势估计过分和“左”倾理论失误的情况下，并没有真正退到国家工作的二线，一切党和国家大权反而越来越集中于个人手中，形成了事实上的领导职务终身制，违背了他当初想限制国家主席和党的主席连任期数的初衷。

会议还通过了《关于改进农村财政贸易管理体制的决议》，对农村商业工作、财政工作和银行工作提出了若干改进的意见。

四　反对两个平均主义

八届六中全会后，在冬季开展了整社工作。在此期间，一些矛盾进一步暴露出来。

虽说是1958年农业大丰收，但粮食、棉花、油料等作物收购任务完不成，销售量却大增，各地出现闹粮、油、肉、菜不足的风潮，毛泽东说，这较1953年和

---

①《毛泽东同志关于考虑限制国家主席和党的主席连任期数的批语》，1957年5月，《文献与研究》1982年第1期。

②《毛泽东同志关于考虑限制国家主席和党的主席连任期数的批语》，1957年5月，《文献与研究》1982年第1期。

1955 年的两次粮食风潮“有过之而无不及”。同时，自秋收以来，普遍出现基层干部在农民群众支持下，搞瞒产私分。县、社干部在整社中对这种现象作为本位主义错误加以反对，但是却反不下去。例如广东省的雷南县，收获晚稻时，全县报平均亩产千斤以上，但征购任务派下去时，各生产队又纷纷改报低产，叫喊征购任务完不成，全县的平均亩产又跌至 289 斤。干部束手，群众埋怨，情绪低落，生产劲头大大下降，短短的 10 天半月内，农村形势急转直下，简直是惶惶不可终日。县委下决心要把隐瞒的粮食搞出来，集中全县的生产小队长以上干部 4000 余人开大会，迫使交代出瞒产、私分粮食共 7000 余万斤。山东省的全国劳动模范吕鸿宾的社，开条子到生产队调东西调不动，让许多人带秤去称粮食，翻箱倒柜，进而进行神经战，给框一顶“本位主义”帽子。但一张条子、一杆秤、一顶帽子，仍然不能解决问题。

毛泽东于 1959 年 2 月下旬视察了河北、山东、河南、天津等地，对这类大量存在的现象深入考察后，觉察到实质是在所有制方面有毛病。他在 2 月 21 日同河南四个地委负责人座谈的会议上，将这个问题提了出来，指出：现在我们对穷队富队、穷村富村采取拉平是无理由的，这“是掠夺，是抢劫”。他提出：包括桌椅板凳都要打借条，10 年偿还。评工记分、包工包产都应该坚持。评工记分是表现人与人劳动结果的关系，包工包产是表现村与村、队与队的关系，这个经验我们没有记取。光搞国家积累、社里积累不行，积累上真正的一盘棋第一是农村，第二是公社，第三是国家。要认识部分是社所有，基本是队所有。

为了进一步解决人民公社中存在的问题，1959 年春，中共中央又连续召开了第二次郑州会议、上海会议和八届七中全会。

第二次郑州会议自 2 月 27 日起至 3 月 5 日止，是一次中央政治局的扩大会议。毛泽东在会上作了多次讲话。

毛泽东指出：公社在 1958 年秋成立之后，刮起了一阵“共产风”。主要内容有 3 条，一是穷富拉平；二是积累太多，义务劳动太多；三是“共”各种“产”。在公社范围内实行贫富拉平，平均分配；对生产队的财产无代价地上调；银行方面，也把许多农村中的贷款一律收回。“一平、二调、三收款”，引起广大农民的很大恐慌，这是我们目前同农民关系中的一个最根本问题。整社 3 个月没有整到痛处，隔靴抓痒，瞒产私分，劳动力外逃，磨洋工，这是在座诸公政策错误的结果。不是人家本位主义，而是我们犯了冒险主义。问题是我们在生产关系的改进方面，前进的过远了一点，下面的同志把公社、生产大队、生产队三级所有制之间的区别模糊了，实际上，否认了生产队（或者生产大队，大体上相当于原来的高级社）的所有制，这就不可避免地要引起广大农民的坚决抵抗。现在搞的公社所有制是破坏生产的，是危险的政策。应基本上是生产队所有制，要出安民告示。我们在党内的主要锋芒还要反“左”。

毛泽东提出了整顿和建设人民公社的方针，共14句话，并经会议确认，它们是：“统一领导，队为基础；分级管理，权力下放；三级核算，各计盈亏；分配计划，由社决定；适当积累，合理调剂；物资劳动，等价交换；按劳分配，承认差别。”他还提出了在清“共产风”时过去的旧账一般不算的意见。

会议形成了一份《郑州会议记录》。《记录》表示同意毛泽东提出的意见；收入了毛泽东在会议上的讲话；还收入了会议起草的《关于人民公社管理体制的若干规定(草案)》。这个草案规定了人民公社管理委员会的职责范围和生产队的职责范围，明确了相当于原来高级社的管理区或生产队“是人民公社的基本核算单位”。

五　必须有好的工作方法

第二次郑州会议后，各地普遍按照中共中央和毛泽东的部署，分别召开了省的六级干部会和县的四级干部会，传达贯彻会议精神。毛泽东提出的应该实行三级所有、改为基础的意见，得到广大干部和群众的普遍拥护。生产队长们说：“三级核算，各计盈亏，把权力下放是再好也没有的了。”县委书记们感到“主席的指示及时英明”，自己“糊涂一秋，苦恼3个月，现在得到了解决”。地委的干部们感到“主席的指示一针见血，茅塞顿开了”①。有的干部还检查共产风的根源说：一是从自己思想上来的（主要的），对人民公社的性质认识不清，总以为全民所有制成分和共产主义成分越多越好，以为全民所有制成分和共产主义成分少了就不光彩。二是外出参观“取经”来的，看到人家轰轰烈烈搞共产主义，生怕自己落后，大赶风头。三是从某些负责人和报纸谈话“走火”来的。

凡迅速传达了第二次郑州会议的地方，生产队和群众的心就稳定下来。但也有的地方的领导干部不敢将郑州会议要点立刻一竿子通到生产队和群众中。毛泽东先后于3月9日、15日、17日、29日接连写信给各省、市、自治区党委第一书记，

① 《曾希圣同志关于安徽省贯彻郑州会议精神的报告》，1959年3月8日。

指导郑州会议精神的贯彻落实。

3月25日至4月1日，中共中央在上海召开了政治局扩大会议，为中共八届七中全会作了准备。

上海会议检查了六中全会以来人民公社的整顿工作，讨论了公社整顿中提出来的问题，形成了一个《关于人民公社的18个问题》的会议纪要。

纪要指出：“基本队有制、部分社有制的情况不能很快改变”，人民公社应“一般是以相当于原来高级农业生产合作社的单位作为基本核算单位”，同时，又要有“生产小队的部分所有制”。生产小队是包产单位，向生产队实行包产、包工、包成本和超产奖的办法。规定小队也应有部分所有制和一定的管理权限，这是第一次。纪要提出，“对人民公社建立以来的各种帐目作一次认真的清理，结清旧帐，建立新帐”，“原则上过去的帐都要结算，有些不易算清或者无法处理的，算一算也有好处，对群众有个交代”。

这一条，是对第二次郑州会议的规定所作的重要改变。在此之前，3月30日，毛泽东在审阅山西省委第一书记陶鲁笳的一份报告①时，曾批示道：“旧账一般不算这句话，是写到了郑州会议讲话里面去了的，不对，应改为旧账一般要算。算账才能实现那个客观存在的价值法则，这个法则是一个伟大的学校，只有利用它，才有可能教会我们的几千万干部和几万万人民，才有可能建设我们的社会主义和共产主义。否则一切都不可能。对群众不能解怨气。对干部，他们将被我们毁坏掉。有百害而无一利”，“不要‘善财难舍’。须知这是劫财，不是善财。无偿占有别人劳动是不许可的”。4月3日，毛泽东又在湖北省的一个报告②上批示道：“算账才能团结；算账才能帮助干部从贪污浪费的海洋中拔出身来，一身干净；算账才能教会干部学会经营管理方法；算账才能教会5亿农民自己管理自己的公社，监督公社的各级干部只许办好事，不许办坏事，实现群众的监督，实现真正的民主集中制。”

毛泽东在会上还讲了工作方法问题。

接着，4月2日至5日，在上海举行了中共八届七中全会。会议听取了薄一波作的关于第一季度工业生产情况和第二季度的安排的报告，李先念关于财贸工作的情况和意见的报告，邓小平关于经济工作和国家机构人事配备的说明，李富春关于

---

①《陶鲁笳同志关于山西省各县人民公社问题五级干部会议情况的报告》，1959年3月29日。

② 即《王任重同志给毛泽东同志的信》，1959年3月3日，及王延春等向王任重并湖北省委的报告。

准备提交二届全国人民代表大会讨论的1959年国民经济计划主要指标的说明，通过了《1959年国民经济计划草案》、《关于人民公社的18个问题》和《关于国家机构和人事配备的方案》。

毛泽东在会议上进一步讲了工作方法问题，共16条：一、多谋善断。二、留有余地。三、波浪式前进。四、实事求是。五、要善于观察形势。六、当机立断。七、与人通气。八、解除封锁。九、1个人有时胜过多数。十、要历史地观察问题。十一、凡是看不懂的文件禁止拿出来。十二、权要集中。权力集中在常委会和书记处。由他挂帅。十三、要解放思想。十四、关于批评。十五、集体领导。十六、和各部的联系，特别是和工业部的联系要加强。

毛泽东在讲话中要求干部："要有坚持真理的勇气，不要连封建时代的人物都不如"。号召"要有像海瑞批评嘉靖皇帝的勇气"。

关于海瑞批评嘉靖皇帝一事，人民解放军总政治部副主任肖华当时在军队干部中传达《工作方法十六条》时，作过如下的说明："我查了一下海瑞批评嘉靖皇帝的故事，大概是这样：明朝嘉靖皇帝有个大臣叫海瑞，他看到嘉靖皇帝20多年不上朝，不关心政事，只顾打猎、游乐，大兴土木，建筑宫殿，荒淫无耻，劳民伤财，搞得民不聊生。海瑞就上表批评嘉靖皇帝这样做要不得。嘉靖皇帝看表很生气，看不好，不看不好，看着看着就叫他左右的大臣看住海瑞，不要让他逃跑了。左右的大臣就说：你不要怕海瑞逃跑，他上这表时，棺材都买好了，已经与他的妻子告别了，所有的家人也都打发了，他不会跑，他准备给你杀头的。以后把海瑞送到监狱。过了好几年，有一天，监狱官买来酒菜请海瑞喝，海瑞以为喝了酒就是要杀头了，他就大喝一顿。吃喝完了，监狱官就说：'恭喜你，嘉靖皇帝驾崩啦，你快释放了。'海瑞一听就哭起来，把吃下去的饭菜都吐了出来。海瑞放出来以后，还升了官。"

肖华在传达中还说："在封建社会，还有海瑞这样的人，不怕杀头、敢于批评嘉靖皇帝。我们有些高级干部就是怕失掉选票，就是没有这种勇气。这个故事很深刻，后人写了海瑞传，叫做'大红袍'，就是写海瑞的故事。主席把这本书介绍给周总理看。主席说：我们又不打击又不报复，为什么不敢大胆批评，不向别人提意见？明明看到不正确的，也不批评不斗争，这是庸俗，不打不相识嘛。只报好事不报坏事，去年的浮夸就是报喜不报忧。下面有严重问题不报上来，报上来的都是好的。如果根据报上来的情况制订方针政策，那就危险得很，就会犯大错误。"

六　指标定高了反而会泄气

如果说毛泽东和中共中央自第一次郑州会议以来，对共产风和两个平均主义“左”倾错误的认识进展得比较快的话，那么，在高指标的认识和转变上却相当迟缓。

1958 年 12 月结束的八届六中全会，高度评价 1958 年的“大跃进”是“找到了一条多快好省地建设社会主义的康庄大道”①。当时还认为找到了“工业发展以钢为纲的道路”。从这种认识出发，会议确定 1959 年国民经济发展的方针是“继续大跃进”。规定 1959 年的四大指标是：钢 1800 万吨、煤 3.8 亿吨、粮 10500 亿斤、棉 1 亿担。与北戴河会议时的设想比较，钢下降了，煤差不多，粮食提高了。四大指标比当时非常虚夸的 1958 年产量估计数还要提高 40%—50%。即仍处于要在 1959 年赶上和超过英国的幻想之中。

在行动上，1959 年年初，一面在进一步纠正公社问题上的“左”倾错误，一面却在为实现以四大指标为中心的 1959 年“继续大跃进”而奋斗。

农业上，高指标层层往下压，开展小麦亩产千斤运动和双千斤县、三千斤社、五千斤生产运动，继续瞎指挥，搞浮夸。

但是，1959 年春，农村生产的实际情形很不好。据中国科学院经济研究所派往河北省昌黎县的工作组副组长王绍飞 4 月写的一个材料中反映说：“由于 1958 年的分配，群众对 1959 年的分配也产生了怀疑。同时，群众还有这样一种顾虑，‘现在说按劳分配，谁知秋后又怎样变’。因而在生产上产生了消极情绪，出勤率虽高，但劳动效率很低。”“群众认为：‘累死也达不到指标要求，生产多少要多少，不干也少不了 360 斤的定量供应。’”“干部则有这样一种说法，你敢吹我也敢吹，反正我不比你差，你说 1500 斤，我说 2000 斤，‘法不牵众’，省得被批判右倾保守。”王绍飞指出：“现在看来，指标脱离实际太远，比没有指标要坏得多”，“严重的问题是生产计划虚假和粮食问题，基层干部不敢向上反映，大家心中清楚，背后方知真心话”。②

这些严重情况系统地反映到中共中央和毛泽东那里，是在 4 月初的八届七中全

---

① 《中国共产党第八届中央委员会第六次全体会议公报》，1958 年 12 月 10 日。

② 王绍飞：《河北省昌黎县最近公社的工作情况及问题》，1959 年 4 月 13 日。

会之后。七中全会上，有的人（如王任重等）曾提出过，利用二届人大于4月召开的机会，公开修改八届六中全会以来宣布过的指标，但是未被多数人所同意，同时，王任重等一时也提不出个适当的指标修改方案。因而七中全会通过的1959年国民经济计划草案，仍是六中全会提出的四大指标的框框，只是对内提出"要好钢1650万吨"。而在二届人大会议上，仍宣布为原定的1800万吨。

七中全会后不久，毛泽东对农村状况的严重性了解得深入了一些，引起高度重视。4月29日，他写了第五封党内通信给省、地、县、社、小队干部，指示说：包产问题，"根本不要管上级规定的那一套指标。不管这些，只管现实可能性"。要讲真话，"包产能包多少，就讲多少……收获多少，就讲多少，不可以讲不合实际情况的假话"。"应当说，有许多假话是上面压出来的。上面'一吹二压三许愿'，使下面很难办。因此，干劲一定要有，假话一定不可讲"。"在10年内，一切大话、高调，切不可讲，讲就是十分危险的。"① 5月2日，毛泽东批发了王绍飞写的情况报告，指出："河北省昌黎县的情况和他们提出来的意见，是有普遍性的。各地各级党委都应注意解决，越快越好。"

工业生产的情形也类同。1959年一开始就狠抓"为1800万吨钢而奋斗"，强调"1800万吨钢是一条纲"。但是，据中央书记处4月17日发的党内通信说："进入4月份以来的钢铁生产情况，依然十分不好。……4月份……时间已过去一半，而计划只完成三分之一。一个多月以来的钢铁生产日报表，和刻了板一样，3万吨的水平稳如泰山，喊了好久，总是上不去，日报表令人越看越不舒服。"

整个国民经济上的许多严重问题也日益显露出来。首先，发觉1959年的夏季农作物播种面积比1958年减少了1.1亿亩，即减少了20%。有30%左右的春播土地缺乏底肥。已经明确意识到"今年农业生产任务有完不成的危险"。为挽救局面，中共中央于5月7日发出了《关于农业的5条紧急指示》，宣布恢复人民公社化以来取消的自留地制度。6月11日，又发出了《关于社员私养家禽、家畜、自留地等4个问题的指示》，规定允许社员私人喂养家禽家畜；恢复自留地制度；鼓励社员把四旁零星闲散土地利用起来，谁种谁收不征公粮；屋前屋后零星树木仍归还社员私有。

其次，农作物收购情况不好。夏粮、油菜等的征购刚开始，便出现进度很慢、

---

① 毛泽东：《党内通信——关于农业方面六个问题的意见》，1959年4月29日。

远达不到要求的情况。到4月底，全国油脂库存降到9.9亿斤，比上年同期减少了2.6亿斤。到6月底，国库周转粮的库存不足340亿斤，比1958年6月底减少26亿斤，比历史上最好的1956年6月底减少了87亿斤，下降到5年来同期的最低点。

再次，副食品和其他生活日用品，供应紧张。5月26日，中共中央通知各地：食用植物油供应四处告急，国家无法面面兼顾，今后4个月基本停止农村供应。市场上鱼、肉、蛋脱销。许多工业商品缺货，偶尔到货，也是排队成龙。

再其次，工业生产问题很多。以钢为纲的高指标，不仅造成工农业生产比例失调，也使得工业内部比例严重失调。数量上升，质量下降，总产值上升，商品产值下降。产品不配套而积压，原材料缺乏，动力不足，互相争挤，设备维修差，损坏严重，事故增多。钢铁生产虽然尽了最大努力，上半年仅产了530万吨，距半年900万吨的产量计划差距很大，但已经把整个国民经济冲乱了。

又次，货币发行和流通量过大，通货膨胀。1958年样样“大办”，扩大了预算内和计划外的基本建设投资，支出很大一笔钱；1958年新增职工达2082万人，1959年1月至4月工资总额比上年同期多开29.8亿元；商业中预付货款和赊销商品扩大了社会购买力，也过多地消耗了储备物资；国家财政陆续发放了对1958年群众炼铁亏损部分补助款23亿元，也成为社会购买力增加的一个重大因素。以上种种原因，造成社会购买力的增长速度大大超过商品生产增长速度。到1959年5月，社会购买力已超过商品供应量达50亿元。

工农业生产和经济生活暴露出的一系列问题，迫使党不能不正视现实。6月1日，中共中央在《关于大力紧缩社会购买力和在群众中解释当前经济情况的紧急指示》中指出：“1959年1月以来的工农业生产情况，基本上不是良好的”。中央一面采取应急措施，一面研究降低过高的指标。

中共八届七中全会后，陈云受毛泽东和中央书记处的委托，进行经济计划指标的调查研究。4月，他给中央财经小组成员写信，提出了缓和市场紧张状况和编制1960年计划方法的意见。①5月11日，他在中央政治局会议上发言，提出了将当年钢产量指标由1800万吨降到1300万吨的意见。②5月15日，他在写给毛泽东的信中指出：“说把生产数字定得少一点（实际是可靠数字），会泄气，我看也不见得。

---

①《陈云文选（1956—1985）》，人民出版社1986年版，第116页。

②《陈云文选（1956—1985）》，人民出版社1986年版，第121页。

正如少奇同志在政治局讲的，定高了，做不到，反而会泄气。”[①] 从而触及了“大跃进”以来指标“越高越好”的错误指导思想。

6月13日，中央常委会同意陈云提出的意见，决定降低指标，批准国家计委《关于1959年主要物资分配和基本建设调整方案》的报告，发出了《关于调整1959年主要物资分配和基本建设计划的紧急指示》。与4月二届人大一次会议通过的计划相比，工业产值由1650亿元降为1450亿元；钢由1800万吨降为1300万吨；煤由3.8亿吨降为3.4亿吨；其他各项均有相应的降低。这为后来八届八中全会和8月的二届人大常委会第五次会议正式决定和宣布降低指标，奠定了基础。虽然在指标上转弯迟了一些，但终于比过去冷静、客观了许多，在纠正“左”倾错误的道路上又前进了一步。

七　毛泽东的矛盾

第一次郑州会议以来8个月的纠“左”，有显著的成绩；在社会主义建设的认识方面，也总结提出了若干有价值的思想观点。但是，纠“左”并不彻底。高指标迟迟不能大幅度降下来，公共食堂和部分供给制等“左”的做法仍然在坚持。这固然是由于矛盾的透彻暴露有一个过程，人们对问题的认识也要有一个过程，已经觉察到了的错误改正起来并非容易。但是，这8个月纠“左”的根本不足之处，在于建设社会主义上的“左”倾指导思想没有根本触动。这是毛泽东存在的一个重大矛盾。

考察一下毛泽东这时领导进行的纠“左”是怎样的一种纠“左”，可以看出根本问题之所在。

在第一次郑州会议到八届六中全会期间，毛泽东和党中央首先是极高地评价和肯定了总路线、大跃进和人民公社，认为北戴河会议后几个月的实践，找到了以钢为纲发展工业的道路，找到了人民公社这个建设社会主义的最好组织形式，总之，“找到了一条多快好省地建设社会主义的康庄大道”[②]。是在此大前提下，提出纠正两个急于过渡。

---

① 《陈云文选（1956—1985）》，人民出版社1986年版，第130页。

② 《中国共产党第八届中央委员会第六次全体会议公报》，1958年12月10日。

但是，期望以“最高速度”建设社会主义从而争取能早日实现向全民所有制过渡和向共产主义过渡，正是毛泽东和中共中央自八大二次会议和北戴河会议以来，战略部署的中心点。

第一个过渡要多少年？建立公社的决议规定：快的地方三四年，慢的地方五六年。随后，毛泽东指出，“有时觉得长了，有时又担心短了，我担心短的时候多”，“河南说四年，可能短了，加一倍，8年”。

第二个过渡要多少年？建立公社的决议没有明说，只说：“共产主义在我国的实现，已经不是什么遥远将来的事情了，我们应该积极地运用人民公社的形式，摸索出一条过渡到共产主义的具体途径。”实际的时间设想，如前所述，已由八大二次会议时提的15年，缩短到10年。北戴河会议后不久，毛泽东还曾一度在中央领导人的极小范围内提过：“为5年接近美国、7年超过美国这个目标而奋斗吧！”急性病已经极其突出。但是，公社化运动一起，许多地方性急得今天就实行全民所有制，明天就进入共产主义，造成严重的混乱，也打乱了毛泽东设想的时间表，因此毛泽东提出纠正。即所要纠正的，是比毛泽东还性急的“左”。

在第一次郑州会议和武昌会议上，毛泽东对两个过渡问题作了重新考虑。

关于第一个过渡，他说：北戴河会议关于公社的文件有个缺点，就是年限快了一点，是受河南影响，我以为北方少者三四年，南方多者五六年，但办不到，要改一下。现在就是太快，我有点恐慌，怕犯什么冒险主义错误。照有人的意见是趁穷之势来过渡，认为趁穷过渡可能有利些，不然就难过渡。看来过渡时间还是长一点好，商品时间搞久一点好。

关于第二个过渡，他说：苦战3年，再搞12年，15年过渡到共产主义，不要发表，但不搞不好。即又从北戴河会议设想的10年回到了八大二次会议设想的15年。到八届六中全会时，又稍加延长，提法改为“15年、20年或者更长一些的时间内……建成社会主义社会……为过渡到共产主义准备条件”，而“我们建成社会主义社会的时候，就为共产主义社会奠定基础了”。并确定：要“根据这个质的规定来制定目前阶段的方针和政策”。① 同时还提出了建成社会主义即开始向共产主义过渡的7条新标准。这些，为会议所接受。

到第二次郑州会议时，纠“左”比第一次会议前进了一步。但是，对向共产主

① 《〈关于人民公社若干问题的决议〉（草案）的说明要点》，1958年12月9日。

义过渡的想法和时间预计，却基本上没有多大变化。毛泽东在会议上说：苦战3年，再搞12年就可以过渡到共产主义。经过审定的毛泽东在会议上的讲话则说：实现完全的公社所有制，进而实现全民所有制，“时间大约需要有两个五年计划”，“然后，再经过几个发展阶段，在15年、20年或者更多一些的时间以后，社会主义的公社就将发展成为共产主义的公社”。①

两次郑州会议对10年到20年将实现两个过渡的向往和坚持，直接影响到当时在公社问题上坚持公共食堂和供给制这些所谓“有利于过渡的共产主义因素”；在经济建设上，则在较长时间内留恋和大体坚持了北戴河会议以来的高指标，降低不多。

可见，毛泽东在8个月中领导的纠“左”，是在充分肯定总路线、大跃进、人民公社的大前提下，作为工作中的问题进行纠正的；是从10年、15年或再多些时间赶上美国，并开始过渡到共产主义的“左”倾战略目标的角度，来纠正比这更性急的“左”。纠“左”的目的，恰恰是为了能够更好地“大跃进”和为向共产主义过渡早作准备。正因如此，他一方面领导和催促全党在工作上纠“左”，批评说“有些人太热了一点”，“只爱热”；另一方面，又在思想上强调反右，批评说“另有一些人爱冷不爱热”，“观潮派、算账派，属于这一类”。② 也因为如此，当第二次郑州会议刚结束时，他便在一封党内通信中提出：“总之，3月份可以基本上澄清和解决人民公社问题中一大堆糊涂思想和矛盾抵触问题。4月份起，全党全民就可以一个意向地展开今天的大跃进了。”③

这种坚持“左”倾指导思想、坚持“大跃进”的纠“左”，当然不能从根本上解决问题，并且为后来党内矛盾的爆发，留下了深刻的根源。

---

①《郑州会议记录》，1959年2月27日至3月5日。

②《关于帝国主义和一切反动派是不是真老虎的问题》，1958年12月1日。

③《党内通信——关于召开讨论人民公社为主题的6级干部大会问题》，1959年3月9日。

1958 年 7 月 23 日，毛泽东在庐山会议上讲话，批评彭德怀犯了“右倾性质”的错误。

第五章
庐山会议的逆转

一 会前党内外的思想状况

8个月纠“左”期间，在反对共产风和两个平均主义，调整公社体制为三级所有、队为基础方面，党内外的思想基本上取得了一致。但是，指标、“大跃进”以来的经济形势、“左”倾错误的原因方面，一直存在不同的认识。

1958年搞“大跃进”时，由于批判了反冒进，周恩来、陈云不得不作了检讨，党内便不可能有反对的意见出现。又加人民群众建设国家、早日摆脱贫穷落后的高度热情被激发了出来，全党全民一股劲地搞“跃进”。

“大跃进”出了乱子后，有些人的认识开始变化，并以谨慎的方式表达自己的意见看法。例如，1958年12月八届六中全会期间，王稼祥不赞成作《关于人民公社若干问题的决议》，实际上是对高度肯定评价人民公社有保留。王稼祥的想法同刘少奇谈过，刘少奇向毛泽东反映了，毛泽东很不满意。八届六中全会要公布1958年粮食产量为7500亿斤，尽管这比谭震林、廖鲁言报告的估计数8500亿斤①压低了很多，陈云仍然有怀疑，因而不赞成公布。陈云同胡乔木谈了，胡乔木没敢向毛泽东反映。

① 1958年11月16日，谭震林、廖鲁言向党中央和毛泽东作了《关于农业生产和农村人民公社的主要情况、问题和意见》的报告，提出说：预计“1958年粮食总产量是8500亿斤”，“8500亿斤是比较可靠的；退一步讲，总不少于7500亿斤，可以照此数公布”。

后来毛泽东曾批评胡乔木说：你不过是个秘书，副主席的意见不敢报告。1958 年 12 月 26 日，毛泽东生日，陈云在同他一起吃饭时提醒说：明年钢产量 1800 万吨恐怕完不成。毛泽东不以为然地说：我提出的东西，对不对要由实践来检验。

搞"大跃进"，彭德怀是赞同了的。两次郑州会议，他只参加了第一次的最后一天会议，毛泽东讲完话后就散会了。在 1958 年 11 月武昌会议的小组会议上，他怀疑并提出 1958 年粮食产量不会有 9000 亿斤的说法。谭震林劝他说："老总呀！你这也怀疑，那也怀疑，怎么办呢？"后来毛泽东说公布 7500 亿斤，彭德怀虽然同意了，但心中对这个数字仍有怀疑。①

八届六中全会后，彭德怀到了湖南省湘潭县，12 月 16 日，回到其家乡乌石，后到韶山，又到平江县视察。发现粮食数字弄虚作假，感到"这样的假造数字，真是令人可怕"②。湖南乡亲们希望他能向中央反映意见。平江县一位伤残老红军给他寄了一首诗："谷撒地，禾叶枯，青壮炼铁去，收禾童与姑，来年日子怎么过？请为人民鼓咙胡！"③

在株洲，彭德怀见到薄一波，提出说：实产粮食数字可能没有估计的那样多，1959 年粮食年度征购 1200 亿斤有问题，以征购 900 亿斤为宜。根据薄一波的建议，彭德怀以个人名义打电报给中央，提出了意见。

1959 年 4 月八届七中全会期间，彭德怀的主要精力放在处理西藏平叛事务上。4 月上旬至 6 月中旬，彭德怀率军事代表团出访苏联和东欧共八国。回国后听说一些省缺粮，运输困难，便同黄克诚总参谋长商定调军车支援地方运粮。他对国民经济的情况十分关注。

1959 年上半年，一方面是肯定"大跃进"成就伟大，一方面是人们陆续感到问题多且比较严重。国民经济比例失调这个敏感问题已有人提了出来。5 月 26 日，一机部部长赵尔陆在给中央的一个报告中指出："当前国民经济出现的一些脱节、失调现象，看来主因还是计划指标高了。从工业方面讲，首先是钢铁指标定的高了，钢铁指标一高，各方面都跟着高上去，基建盘子要的也就大了，设备数量要的

---

①《彭德怀自述》，人民出版社 1981 年版，第 265 页。

②《彭德怀自述》，人民出版社 1981 年版，第 266 页。

③ 这首诗是演化而来的。《后汉书》载："桓帝之初，天下童谣曰'小麦青青大麦枯，谁当获者妇与姑……请为诸君鼓咙胡。'""鼓咙胡"者，"不敢公言，私咽语"也。亦即私下里小声讲讲话之意。

也就多了，于是要原料、材料也随着多了，运输能力也就显得不够了，等等。各方面的要求，分开看，似乎都可能解决，加起来，就超出了客观可能性。原因之一，是计划的制定缺乏细致的科学的综合平衡过程。”①6月15日，薄一波在北京军区作报告时，也谈了经济比例失调的观点。6月17日，国家计委副主任贾拓夫在一次会议上说：大跃进发生了比例失调；“社会主义，恩格斯讲从空想到科学，我们1年来是从科学到空想”②。

在此期间，党内仍有一部分人头脑比较热。王任重、陶鲁笳在1959年4月上海会议上，主张利用即将召开二届人大会议之机，修改指标。会上有人提出反对说：“指标都是算账派给算低了。”提出“不要算账派”。对此，贾拓夫认为：“危险的不在算账派，而是当家的不算账。”③“当权派不算账危险很大。”④后来，毛泽东说贾拓夫是个“反对派”。

社会上，一些群众对“大跃进”也有很多怀疑。上海市委于6月6日向中央报告说：相当一部分干部和群众思想对去年的大跃进，对公社化运动表示怀疑，这种情绪也反映到党内来，4月份，一个工厂的党委书记说：杀了头也不相信去年农业生产大跃进。天津市的一些干部认为大炼钢铁是得不偿失。江西省委党校的干部、学员也有反映。广州军区反映说：有3%到5%的干部对人民公社不满意。

6月9日，东北协作区委员会办公厅综合组长李云仲（原国家计委副局长）写信给毛泽东，反映了“大跃进”中出现的大量问题，说：“我们在工作中犯有‘左倾’冒险主义的错误”，“在一个比较短的时间内，‘左倾’冒险主义思潮形成一个主流”。“全民大搞土法炼钢的运动，这是一条失败的经验。”“去年人民公社运动，在生产关系变革方面——所有制的问题，可能是跑得太快了。”“最危险的是那种会引起阶级关系尖锐化的比例关系失调，因为这会造成全面紧张，工农业的比例关系，还有消费和积累的比例关系就是属于这一种。”

但是，庐山会议之前，毛泽东的认识和打算却同实际情形有大的出入。在他看来，人民公社的问题，经过第二次郑州会议后，已基本上得到解决。对计划指标的

---

① 赵尔陆：《关于重工业生产建设方面几个问题的意见》，1959年5月26日。

② 贾拓夫：《关于学习1959年计划调整问题的报告》，1959年6月17日、18日。

③ 贾拓夫：《在4委和17个工业交通部门党组扩大会议上的发言》，1959年8月31日。

④ 贾拓夫：《关于学习1959年计划调整问题的报告》，1959年6月17日、18日。

调整，到6月已经有了眉目。5、6月出现大中城市副食品和生活日用品供应紧张局面，他感到很不理解，曾要李先念向大中城市党委第一书记传达他的话：工人阶级拿到了政权，为什么搞不到肉吃，搞不到鸡吃，搞不到鸭吃，搞不到蛋吃？我就不相信工人阶级拿到政权就没有肉吃，没有鸡吃，没有鸭吃，没有蛋吃，没有鱼吃。经过周恩来、李先念以及各部门采取应急措施，物资供应紧张的情况有所缓和。至此，毛泽东认为各个方面的问题大体得到解决。遂决定召开一次中央政治局扩大会议，准备通过一下调整的指标，进一步统一一下全党思想，明确若干条，大家回去照办，形势就可以进一步好转了。

实际上，毛泽东对问题的性质和程度估计偏轻。国民经济比例失调的问题没有解决；6月调整后的指标仍然是高指标；1958年农业的核实产量也还偏高。农村人民公社体制、生产、生活上的许多矛盾并没有解决彻底。“大跃进”和“五风”造成的严重后果尚在继续显露中，并没有暴露彻底，更谈不上很好恢复。

庐山会议正是在纠“左”有成绩但不彻底，党内外和上下对“大跃进”和经济形势认识不一的情况下召开的。许多互相矛盾的看法就不可避免地要在会议上反映出来。

二　毛泽东谈“大跃进”的经验教训

毛泽东安排了召开庐山中央政治局扩大会议之后，于6月23日回到湖南。25日重访家乡。他缅怀往事，追昔抚今，作诗一首。

《到韶山》

别梦依稀咒逝川，
故园三十二年前。
红旗卷起农奴戟，
黑手高悬霸主鞭。
为有牺牲多壮志，
敢教日月换新天。
喜看稻菽千重浪，
遍地英雄下夕烟。

诗情反映了他的革命浪漫主义的心胸和文采，也表达了他当时以为困难已经解决的轻松愉快的心情。

6 月 28 日，毛泽东赴武汉，29 日乘船到达庐山。在山下，他谈话提出了 13 个问题。30 日，中央政治局扩大会的预备会议在山上开始，传达了他的谈话。7 月 2 日，毛泽东在山上又讲了一次话。两次合计谈了 18 个问题，周恩来建议加了国际形势问题，共 19 个问题，成为会议讨论的内容。这 19 个问题是：1. 读书。2. 形势。3. 今明年的任务。4.4 年的任务。5. 体制。6. 食堂。7. 学会过日子。8. 恢复三定。9. 恢复农村初级市场。10. 综合平衡。11. 生产小队改半核算单位。12. 农村党团作用。13. 宣传问题。14. 质量问题。15. 对去年的估计。16. 群众路线。17. 全国协作关系。18. 团结问题。19. 国际问题。

关于读书，他说，有鉴于去年许多领导同志，县、社干部，对于社会主义经济问题还不大了解，不懂得经济发展规律，有鉴于现在工作中还有事务主义，所以应当好好读书。8 月份用一个月时间来读书，或者实行干部轮训。中央、省市、地委一级委员，包括县委书记，要读《政治经济学教科书》第三版。此书总结了苏联经验，但有缺点，如和平过渡，通过议会之类。但在去年把苏联一些好的经验也丢了。给县社干部编 3 本书，一本是“好人好事”的书，去年大跃进中，敢于坚持真理，不随风倒，工作有前进的，不谎报，不浮夸、实事求是的例子。一本是“坏人坏事”的书，犯错误的，专门说假话的，违法乱纪的，或工作中有缺点、做错了事的。第三本是中央从去年到现在的各种指示文件。三本书大体 10 万字左右，十天读完，还要考试。现在这些人都是热锅上的蚂蚁，要把他们拿出来冷一下。

关于形势，毛泽东把湖南省委对当时形势概括的“成绩很大，问题不少，前途光明”3 句话，接受和归纳为会议的方针。他说，国内形势是好是坏？大势还好，有点坏，但还不至于坏到“报老爷，大势不好”的程度。是在两者之间。八大二次会议的方针对不对？要坚持。总的说来，像湖南有一个同志周小舟所说的，“有伟大成绩，有丰富的经验”。说得很巧妙，实际上是：有伟大的成绩，有不少问题，前途是光明的。

关于“大跃进”的经验教训，毛泽东说：去年以来，1 年半中，许多政策执行的结果，成为一条腿，基本问题是：（1）综合平衡，（2）群众路线，（3）统一领导，（4）注意质量。4 个中最基本的是综合平衡和群众路线问题。要注意质量，宁肯少些，但要好些。现在盲目性减少，形势在好转。何时能彻底好转，明年五一。去年许多事情是一条腿走路。我们批评斯大林一条腿走路，可是在我们提出要两条腿走路后，反而一条腿了。

毛泽东说，今年1300万吨钢，能超过就超过，不能超过就算了。粮食去年增产有无三成？今后是否每年增加1000亿斤，1964年搞到1万亿斤。明年钢增加多少？加400万吨，是1700万吨，后年再加400万吨，15年内主要工业产品的数量赶上和超过英国的口号还要坚持。去年做了一件蠢事，把好几年指标要在1年达到，像粮食的指标10500亿斤，恐怕要4年才能达到。

毛泽东首次提出了农、轻、重为序的方针说，过去安排计划是重、轻、农，这个关系要反一下，现在是否提农、轻、重？过去是重、轻、农、商、交，现在强调把农业搞好，次序改为农、轻、重、交、商。过去陈云同志提过：先安排好市场，再安排基建。黄敬同志不赞成。现在看来，陈云同志的意见是对的。要把衣、食、住、用、行5个字安排好，这是6亿5千万人民安定不安定的问题，安排好了之后，就不会造反了。什么叫不造反，就是要使他们过得舒服，有利于建设，同时国家也可以多积累。

关于宣传问题，毛泽东说，去年有些虚夸，四大指标定高了，今年弄得不好宣传，现在有些被动，如何转为主动？是否人大常委会开个会，把指标改过来。

关于综合平衡问题，毛泽东强调指出，"大跃进"的重要教训之一，主要缺点是没有搞平衡。整个经济中，平衡是个根本问题，有了综合平衡，才能有群众路线。3种平衡：农业本身的农、林、牧、副、渔；工业内部的平衡；工业和农业。整个国民经济的比例关系，是在这些基础上的综合平衡。

关于体制问题，毛泽东说，有些半无政府主义，四权过去下放多了一些，快了一些，造成混乱。要强调一下统一领导，集权问题。下放的权力，要适当收回。

关于公共食堂，毛泽东说，要积极办好，按人定量，分粮到户，自愿参加，节余归己，吃饭基本上要钱。在这几个原则下，把食堂办好，不要一哄而散。不要搞垮了，保持20%也好。

关于恢复三定，毛泽东说，定产、定购、定销，看来非恢复不可，3年不变。增产部分四六开，征四留六，有灾的减，自留地不征税。

关于学会过日子，毛泽东说，湖北农民批评干部：一不懂生产，二不会过日子。要富日子当穷日子过。今年不管增产多少，按4800亿斤或者再少一些的标准过日子。

关于团结问题，毛泽东说，河南120万基层干部，40万犯错误，3000受处分，是个分裂。统一思想，对去年估计：有伟大成绩，有不少问题，前途是光明的，缺点只是1、2、3个指头的问题。

从毛泽东提出的这许多问题和讲话精神看，他是继续推动大家反对和纠正"左"

倾错误的。目的是总结“大跃进”以来的经验教训，在充分肯定成绩的大前提下，进一步统一思想，动员全党完成1959年的“大跃进”任务。他不认为有多大的了不得的问题，更毫无服输之意。他又赋诗一首，充分表现了他的心境：

《登庐山》

一山飞峙大江边，
跃上葱茏四百旋。
冷眼向洋看世界，
热风吹雨洒江天。
云横九派浮黄鹤，
浪下三吴起白烟。
陶令不知何处去，
桃花源里可耕田？

三 “神仙会”

7月2日，正式会议开始，分六个大组座谈，曰“神仙会”。“神仙会是毛泽东同志在抗日战争的一次会议上讲的，是对党内而言。”①“神仙会”者，即是“大家在会上毫无拘束”，“都能像神仙聚会一样，轻松自然地漫谈”，“畅所欲言，各抒己见”。②陈云、陈毅、黄克诚分别休养和在京主管国务院、军委的工作。邓小平因脚伤未出席会议。

7月4日，刘少奇在中南大组会上发言说，去年大跃进，吃了前年的库存，预支了今年的。凡事不要轻信，要有办法使人不说假话。一股风，批右倾保守，拔白旗，老在帽子的威胁下。说老实话的人，去年不好混。领导看好的多，估计偏高。去年错误对经济生活造成很大影响，决不可以小视。粮食好转才能解决副食。手工业要恢复。1958年丰富经验，深刻教训，充分估计，但怕说错误多了，影响积极性。讲清楚，出点冷空气，右倾也不怕。4月报告还有点发热，不合实际；赞成恢复农业纲要四十条。说大话，吃大亏。1958年最大的成绩是得到教训，全党全民得到

---

① 李维汉：《回忆与研究》下，中共党史资料出版社1986年版，第859页。

②《聂荣臻回忆录》下卷，解放军出版社1984年版，第824页。

深刻教训。斯大林似乎说过，平衡要破坏了，才知其重要。聪明人是碰了钉子知道转弯。不犯长期性、全国性错误；暂时错误非犯不可，有好处。全民炼钢，亲身经验，碰钉子转弯，就是马克思主义，正确领导。毫无悲观、抱怨之必要。大提高一步。大家注意，不要泄气。泄一点难免，不泄好。不要责备下面，省、地、县主要由省委担起来。干部也不要老检讨。

7月6日，朱德在中南组会上发言说，食堂在消费上吃了大亏。工人还发工资，供给制是共产，农民就如此愿意共产？食堂自负盈亏。食堂存在一部分，全垮了也不见得是坏事。家庭制度要巩固起来。原则上回到家庭过日子。食堂要吃好、吃饱、有烧的。这样人心稳定。农民欲富，要使之富起来，不会成为富农路线。食堂办不起来不要硬办，回家好。陈云同志多年来对粮食抓得多紧。北戴河高兴起来，从粮食多了出发。工业主要是大炼钢铁搞乱了。农轻重安排好。农民立家立业重要。对农民私有制要看重些。多搞粮食，变成鸡、鸭、蛋出口，换回东西。各省不要搞工业体系，工业方向要。随后，朱德还多次同一些省的领导干部交谈过这些观点。7月9日，他对陶铸说："吃大锅饭，我一向就担心。这么多人的家是不好当的。如果去年不刮那么一股风，不知能出口多少东西！"①7月11日，他对湖南省委第一书记周小舟说："去年吃大锅饭把东西吃掉了，这是个极大的教训。"②7月16日，他又对河南省委第一书记吴芝圃说："参加农村食堂，还是要实行自愿的原则。想回家吃饭的也要允许，对他们不要歧视，不要戴帽子。""我担心仍然吃大锅饭，就难搞好。"③

各组的发言都比较热烈，各种见解陆续表现出来。彭德怀在西北大组会上连续作了七次发言，坦率地讲了许多看法。组长张德生主持会议，组的简报基本反映了彭德怀的一些意见看法，但也抹去了一些较为直率的话。后来，当彭德怀受批判时，记录组将彭原发言中涉及中央及毛泽东的部分摘录出来，并再加核对。其主要内容如下：

7月3日上午

"1959年整风反右以来，政治上、经济上一连串的胜利，党的威信高了，得意忘形（这句话太重了点），脑子热了一点。把这些经验总结一下，不要丢

① 《朱德选集》，人民出版社1983年版，第372页。

② 《朱德选集》，人民出版社1983年版，第372页。

③ 《朱德选集》，人民出版社1983年版，第373页。

掉了，但不要埋怨。

“毛主席家乡的那个公社，去年提的增产数，实际没那么多，我了解实际只增产 16%。我又问了周小舟同志，他说那个社增产只有 14%，国家还给了不少帮助和贷款。主席也去过这个社，我曾问主席，你了解怎么样？他说没有谈这个事，我看他是谈过。”

7 月 4 日上午

“去年忽视了《工作方法六十条》中的一切经过试验，吃饭不要钱那么大的事，没有经过试验。总之，大胜利后容易热，就是熟悉的经验也容易忘记。

“无产阶级专政以后容易犯官僚主义（当然不是铁托所讲的制度上的问题①），因为党的威信提高，群众信任，因此行政命令多。马克思在巴黎公社问题上曾讲，无产阶级专政要防止官僚主义，防止的办法有两条：一是工作人员经过选举，群众有随时罢免权；二是工资等于最高的技术工人的工资。这次在国外跑了一趟，对这一点体会最深。与人民利益相一致的事情我们可以做到，如除四害；但与人民利益相违背的事（如砸锅），在一定时候也可以做到，因为党在群众中的威信高。

“要找经验教训，不要埋怨，不要追究责任。人人有责任，人人有一份，包括毛泽东同志在内。‘1070’是毛主席决定的，难道他没有责任！上海会议他作了自我批评，说他自己脑子也热了一下。我也有一份，至少当时没有反对。主席最伟大的地方在于能及时发现问题，弯子转得快，如果没有郑州会议，经济会被破坏。”

7 月 6 日上午

“从北戴河会议以后，搞了个‘左’的东西，全民办钢铁这个口号究竟对

---

① 指铁托 1956 年 11 月 11 日在南斯拉夫普拉一个会议上演说中的话。铁托说，苏联党“在第二十次代表大会上谴责了斯大林的行动和他直到那时的政策，但是他们错误地把整个事情当作一个个人崇拜问题，而不是当作一个制度问题。而个人崇拜，实际上，是一种制度的产物”。“我们从一开始就说，这里不仅仅是一个个人崇拜问题，而是一种使得个人崇拜得以产生的制度问题，根源就在这里，这就是需要不断地坚持地根除的东西，而这也是最难以做到的事。”铁托的言论是很有见地的，但中国党从当年起，在长时间里不能深刻理解而持批评态度。直到 1978 年中央十一届三中全会后，总结自己党内个人崇拜的经验教训时，终于得出了与铁托当年的话相类同的见解，从而着手从制度上消除弊端。

不对？全民办工业，限额以下搞了13000多个，现在怎么办？每个协作区、省要搞个工业体系，不是一、两个五年计划的事情。

“无产阶级与资产阶级合作容易产生右的错误，与资产阶级决裂容易犯‘左’的错误。我们党内总是‘左’的难纠正，右的比较好纠正，‘左’的一来，压倒一切，许多人不敢讲话。成绩是伟大的，缺点是一个短时间（9至11月）发生的。而影响不止三个月，换来的经验教训是宝贵的。要把问题搞一致，就团结了。”

7月7日上午

“人民公社我认为早了些，高级社的优越性刚发挥，还没有充分发挥，就公社化，而且未经过试验，如果试上一年再搞，就好了。这也不是说等他衰老。居民点上半年才修下，下半年就拆，把战略口号当成当年的行动口号。公社没有一个垮的，但像徐水那样的公社却垮了。”

7月8日上午

“政治与经济各有不同的规律，因此思想教育不能代替经济工作。毛主席与党在中国人民中的威信之高，是全世界找不到的，但滥用这种威信是不行的。去年乱传主席的意见，问题不少。

“错误的东西一定要反对，北戴河会议不批判‘吃饭不要钱’，结果普遍推广了。”

7月9日上午

“农村4个月不供油，事实上办不到，这完全是主观主义。我一回国看到这个电报，就打电话提出意见，你们提了意见没有？你们抵制过没有？

“什么算账派、观潮派……等帽子都有了，对于广开言论有影响，有些人不说真话，摸领导人的心理。”

7月10日上午

“基层党组织的民主问题要注意，省、地的民主是否没有问题呢？现在是不管党委的集体领导的决定，而是个人决定，第一书记决定的算，第二书记决定的就不算，不建立集体威信，只建立个人威信，是很不正常的，是危险的。

“解放以来，一连串的胜利，造成群众性的头脑发热，因而向毛主席反映情况只讲可能和有利的因素。在大胜利中，容易看不见、听不进反面的东西。”

在此期间，李锐[1]同周小舟、周惠等在会下有些接触议论。周小舟、张闻天也

---

① 李锐，时任水利电力部副部长。1958年南宁会议后，做毛泽东的兼职秘书。

到彭德怀住处交谈过对中央内部政治生活上某些不正常情况的看法，感到毛泽东的领导作风已存在一定问题，以致刘少奇、周恩来、朱德、陈云、邓小平也都不便于讲话了。彭德怀产生了只好自己来讲话的思想。

四　彭德怀上书

7月10日，毛泽东召集组长谈话，对会议作了到15日的初步安排。他指定：会议讨论中的10个问题由胡乔木、谭震林、曾希圣、周小舟、田家英、李锐起草一个会议纪要，胡乔木任组长。形势、任务、群众路线等7个题目，由李富春起草文件，作为向中央的报告。体制问题由李先念搞个规定，粮食问题，修改后作为正式文件发。

毛泽东在会上又谈了形势问题和团结问题。他说，对形势的认识不一致，就不能团结。要党内团结，首先要思想统一。党外右派否定一切。有些同志对形势缺乏全面分析，要帮助他们认识，得的是什么？失的是什么？去年北戴河会议的时候，人心高涨，但埋伏了一部分被动。但也不是完全被动，不会因此垮台。

他提出，党内要团结，就要把问题搞清楚。有人说总路线根本不对。所谓总路线，无非是多快好省。多快好省根本不会错。我们把道理讲清楚，把问题摆开，总可以有70%的人在总路线下面。要承认缺点错误。从局部来讲，从一个问题说，可能是十个指头，九个指头，七个指头或者三个指头两个指头。但从全局来说，只是一个指头的问题。从总的形势来讲，就是九个指头和一个指头。

毛泽东又说：我总是同外国同志说，请你们隔十年时间，再来看我们是否正确，因为路线的正确与否，不是理论问题，而是实践问题，要有时间，从实践的结果来证明。我们对建设应该说还没有经验，至少还要十年。这一年我们经过了许多会议，我们总是把问题加以分析，加以解决，坚持真理、修正错误。党内有些同志不了解整个形势，要向他们说明。从某些具体事实说来，确实有些得不偿失的事，但是总的来说，不能说得不偿失。取得经验总是要付学费的。全国大办钢铁，赔了20多亿，全党全民学会了炼钢铁，算是出了学费。

毛泽东讲到报酬和要按劳付酬时说，把共产主义引导到平均主义是不好的，过分强调物质刺激也不好。报酬以不死人，维持人民健康为原则。这话是对党内讲的，对先进分子讲的。国家建设也好，革命也好，要有一部分先进分子、积极分子，我们为革命死了多少人，头都不要了，还给什么报酬，建设中也要有先锋分子、积极分子，天天讲物质刺激，就会麻痹人的思想。要培养共产主义风格，不计报酬，为建设事业而奋斗。

毛泽东的这次讲话批评了党内的右倾思想情绪，显然是认为在纠“左”中存在着右的问题。但他这时的思想，主要还是放在工作上纠“左”方面。7 月 11 日晚上，毛泽东找他过去和现在的几位秘书周小舟、李锐、周惠谈话，气氛融洽，还有些自我批评的话。说 1958 年有些事他有责任，提倡敢想敢干（八大二次会议是高峰），也有胡思乱想，引起唯心主义。因此不能全怪下面和各个部门。否则人们会像蒋干一样抱怨：“曹营之事，难办得很！”① 又谈到他自己常常是自己的对立面，上半夜下半夜互相打架。周小舟讲：“上有好者，下必甚焉。”对此，毛泽东也听得进去。周小舟、李锐、周惠谈到陈云管理经济历来稳重，还是由陈云出来主管为好。毛泽东表示同意，让陈云当总指挥，说陈云有长处。由此又谈到曹操打袁绍，失败之后想念郭嘉② 的故事，说“国乱思良将，家贫思贤妻”。关于讲假话的问题，毛泽东说，转告大家，也不要那么沉重。

毛泽东 7 月 10 日的讲话在各小组传达后，彭德怀感到会议上一些人对问题认识不够，“左”的思想仍对人们有压力，因而“非常忧虑”③。又看到会议不久将结束，觉得“问题如果得不到纠正，计划工作迎头赶不上去，势必要影响国民经济的发展速度”④。又想：“这些问题如果由我在会议上提出来，会引起某些人的思想混乱，如果是由主席再重新提一提两条腿走路的方针，这些问题就可以轻而易举地得到纠正。”⑤ 于是产生了写信给毛泽东反映意见看法的想法。周小舟曾劝他不要写信，亲

---

① 曹操的谋士蒋干，曾与东吴水军督都周瑜是同窗学友。在赤壁大战前夕，过江到周瑜军营打探虚实。周瑜造假信让蒋干窃得，蒋干连夜返江北报告曹操，说曹营蔡瑁等两员大将私通东吴。曹操一怒之下杀了蔡瑁两人。但很快又醒悟是上了周瑜的当。蒋干以为给曹操除去心腹之患，立了大功，正得意洋洋地等待领赏，却被曹操呵斥一番。蒋干大惑不解地自言自语道：曹营之事，真正地难办哪！

② 郭嘉，字奉孝，是曹操早期得力的谋士，曾帮助曹操扫荡中原，屡出奇谋，依为心腹，不幸早逝。曹操在赤壁大战中失败后，转危为安时忽然失声恸哭道：惜哉奉孝，痛哉奉孝！众人问及既已脱险何以恸哭，曹操答道：郭奉孝在，决不会让我有此大失。众谋士听罢面有惭色。

③《彭德怀自述》，人民出版社 1981 年版，第 275 页。

④《彭德怀自述》，人民出版社 1981 年版，第 275 页。

⑤《彭德怀自述》，人民出版社 1981 年版，第 275 页。

自找毛泽东去谈为好，并说自己同毛泽东交谈，还是能听得进去。

7月13日晨，彭德怀到毛泽东处，要谈一谈，因为毛泽东刚睡下，没谈成。当晚便起草信稿，14日晨要参谋清抄，送给了毛泽东。

彭德怀的信分作两大部分：“甲、1958年大跃进的成绩是肯定无疑的。”“乙、如何总结经验教训。”首先肯定了“通过大跃进，基本上证实了多快好省的总路线是正确的”。尔后着重指出了存在的一些问题。基本精神，希望能更深入地总结经验教训，以便更好地指导今后的建设工作。其中所谈的许多具体问题，本来也是大家在会上谈到和毛泽东所讲了的，但在总的观点上，却是超出毛泽东纠“左”所划的框子范围。

彭信写道：1958年的基本建设过急过多了一些，由于对此体会不深，认识过迟，“因此，1959年就不仅没有把步伐放慢一点，加以适当控制，而且继续大跃进……”这就等于说，1959年搞继续大跃进是错误的。

彭信认为：“现时我们在建设中所面临的突出矛盾，是由于比例失调而引起各方面的紧张。就其性质看，这种情况的发展已影响到工农之间、城市各阶层之间和农民各阶层之间的关系，因此也是具有政治性的。”这种“政治性”的估计，与毛泽东所认识和愿意承认的程度，是不相同的。

彭信说：“我们在处理经济建设中的问题时，总还没有像处理炮击金门、平定西藏叛乱等政治问题那样得心应手。”这种批评，显然是直接指向了毛泽东。

彭信批评说：过早否定等价交换法则，过早提出吃饭不要钱，某些地区认为粮食丰产了，一度取消统销政策，提倡放开肚皮吃饭，以及某些技术不经鉴定就贸然推广，有些经济法则和科学规律轻易被否定等，“在这些同志看来，只要提出政治挂帅，就可以代替一切”。他指出：“政治挂帅不可能代替经济法则，更不能代替经济工作中的具体措施。”这种批评，不仅有否定当时“政治挂帅”这个最时髦口号之一的嫌疑，而且似有针对提出这一口号的毛泽东的动机。

彭信中一个更加有分量的观点，是认为1958年犯“左”倾错误的根源是“小资产阶级狂热性”。指出其表现是“一些‘左’的倾向有了相当程度的发展，总想一步跨进共产主义，抢先思想一度占了上风；把党长期以来所形成的群众路线和实事求是作风置诸脑后了。在思想方法上，往往把战略性布局和具体措施，长远性的方针和当前步骤，全体与局部、大集体与小集体等关系混淆起来”。而“纠正这些“左”的现象，一般要比反掉右倾保守思想还要困难些”。“小资产阶级狂热性”的提法，几乎等于说1958年是犯了同历史上三次“左”倾机会主义路线同类的路线错误。

彭德怀的信，尽管提出“目的是要达到明辨是非，提高思想，一般的不去追究个人责任”，但在毛泽东看来，这信无异于是把矛头指向了他和以他为首的中央。从后来事态的发展看，毛泽东不能容忍，想了很多很多。于是从7月16日起，会议进入了一个走向逆转的过渡阶段。

五　张闻天发言

毛泽东接到彭德怀的信后，于7月16日给加了“彭德怀同志的意见书”这个非同寻常的标题，批示：“印发各同志作参考”。同日，又调在京主持军委工作的黄克诚总参谋长上山参加会议。

但是，是否在这时毛泽东便决定了像后来那样对彭德怀展开反击，或那种反击的方法，倒不一定。一位参加会议又了解较多内情的李锐认为，这时“还没有完全转向‘左派’”。

7月17日下午至晚上，毛泽东找了周小舟、周惠、胡乔木、田家英和李锐5人去谈话。谈得多而融洽。毛泽东说：关于总路线，真有70%的人拥护就不得了了，真正骨干30%也不得了，大部分人是随大流的。现在的情况，实质是反冒进，我是反冒进的头子。毛泽东又说，1959年钢产量降下来定为1300万吨来之不易，就是不能完成，也不要如丧考妣。只要真正鼓了干劲，指标没完成没关系。毛泽东又从彭德怀的信讲到1937年8月的洛川会议，说华北军分会的决定不同意中央的游击战方针。即说到了彭德怀的“历史账”。毛泽东的用意，似乎是要他们知道彭在历史上是反过他的，不要站到彭一边。

会议各组开始讨论会议记录即《关于形势和任务——1959年7月2日至×日庐山会议议定记录(修正草案)》，和彭德怀的信。讨论中，形势逐渐起了变化。《记录》在各个组中引起不同程度的非难，大都集中在总结性的部分，特别攻击其中不要忘记苏联经验的一段。有人说：总结1958年经验的说法看不下去。有人提出：今天的缺点是否“左”的问题？

彭德怀的信很快成为议论的中心。许多人赞成彭信的观点，东北组几乎全部赞成。但也有人提出：“小资产阶级狂热性”指谁？为什么说“有失有得”？“得心应手”这些话还不是有所指的？更有人提出说彭信的刺很多，许多话都是影射主席；

“小资产阶级狂热性”的提法是路线性质的问题，路线错了，要换领导才能改正错误；等等。后来，传出了彭德怀在西北小组说了“在延安座谈会‘骂’了我40天娘。我‘骂’一天娘还不行？”这样不冷静、不合适的话。又传出说彭德怀“反对唱《东方红》”，“反对喊万岁”等话。

黄克诚应召于7月17日到达庐山。当晚，彭德怀告知写了一封给毛泽东的信，找了给黄看。黄克诚看了后说：写得不好，有刺（指“小资产阶级狂热性”一语刺了很多人，也包括了毛泽东在内）。18日，黄又对彭德怀说：“你的信有问题，不能这样，漏洞很多。”同日，有人对黄克诚说：叫你到庐山开会，是搬兵，彭要反党。黄不同意这种看法。

7月19日，黄克诚在小组会上作了发言，表示同意主席对形势估计的3句话，同意刘少奇说的“成绩讲够，缺点说透”。认为：对3句话，现在争论的主要点可能在中间，两头是一致的。问题不少，即是缺点错误不少。检查缺点使我们前进，不会使我们后退。他对会议记录中提的三条缺点加以补充说：第一，对农业生产成绩估计过高；第二，比例失调；第三，1959年计划指标过大。对于人民公社，他说：公社制度是优越的，是进入共产主义的好形式，但我在考虑这样一个问题，对不对请大家研究，去年搞公社好还是不搞好？我想搞也好，不搞也可以，从长远说搞了好，从短期说，不搞更主动些。他谈了只讲成绩、不讲缺点的问题，认为“有缺点不可怕，可怕的是有缺点不讲”，“批评与自我批评是有生命力的武器，这个缺少了就减少了生命力”。

还谈了去年兴了铺张浪费之风的问题。

黄克诚认为，缺点造成的影响：一、紧张，粮食紧张是解放以来没有的，基建原材料、市场副食也紧张；二、党与群众的联系受到影响；三、党在国际上的威信也受到点影响。当然很快克服了，外国人从来相信我们，我们也不是有意作假。对缺点产生的原因，他说：同意会议纪要中所说的主要是由于经验不足，部分是由于主观片面。“讲缺点同鼓干劲是一致的，有缺点有什么了不起？我们党特别是毛主席，看问题看得远，看得深，公社化运动中的缺点，发现纠正很快。”“缺点是执行路线中的缺点，具体工作中的缺点，不是路线问题。”

同日，周小舟在小组会上发言，在肯定了总路线和党中央领导的正确以后，强调“庐山会议是高级干部会议，所以在肯定成绩之后（这点是大家意见一致的），应该着重总结经验”。关于“得失”，他说：从政治、经济、文化、思想领导总的来讲，“是得大大多于失的”，“从具体问题来讲，得多于失，得失相等，失多于得，我看都是有的，要分别讲。比如湖南去年建了5万个土炉，有两万个炉子根本没有生过火，某些地方晚稻并秧，大大减产，这些，我看就只有失，无所得”。他还说：我们这些人都是好心，想多快好省地建设社会主义，总想多搞一点，搞快一点。刮共产风也是想搞共产主义，其结果是违反价值法则、按劳分配等某些社会主义原则，所以是错误的。我们应该把所有这些经验总结起来，引为教训。他又说：“我的看法，这次会议把缺点讲透很有必要，只有如此才能正确地总结经验教训。缺点少讲，或者讲而不透，是难于使我们自己去正确地总结经验教训的。”他并明确表示：“彭总给主席的信，我认为总的精神是好的，我是同意的，至于某些提法、分寸、词句，我认为是可以斟酌的。”

同日，彭德怀在小组会上要求收回给主席的这封信，说信是仓促写成的，而没有完全写明意思。

7月20日，毛泽东找各组组长（大区负责人）谈话，说耳朵是听话的，口是讲话的，好的就接受，不好的硬着头皮顶住。还说要印发《阿Q正传》，使大家受点启发，不要像阿Q一样，自己的缺点、毛病动不得，一触即跳。

7月21日，贺龙在小组会上发言，说：“目前的主要问题是干劲不足，而不是头脑发热和虚报。”并批评彭德怀的信说：我们去年出现的一些“左”的偏差，也只是在克服了右倾保守错误、执行总路线取得了伟大胜利中工作方法上有些缺点产生的。既是这样，就谈不上什么小资产阶级的疯狂性和什么难于克服的错误。因此，我对彭总给主席的信，觉得在总的估计上是不恰当的，把问题说得过于严重。我记得起彭总在火车上曾说过：“如果不是中国工人、农民好，可能要请红军来”，这当然把问题说得更过火了。……此外，彭总信上说，今年不能继续大跃进，这个看法我也不同意。

同日，张闻天在小组会上作了长达3个小时的发言。发言之前，秘书曾劝他不要讲，“小心挨批”。21日晨，胡乔木也曾打电话给张闻天，提醒他发言不要多说，不要讲大炼钢铁等问题，因为领导的认识不统一。但是张闻天还是按照常规，在党的会议上毫不隐瞒观点，把自己的意见、看法讲了出来。

张闻天共讲了13个问题：一、大跃进的成绩。二、缺点。三、缺点的后果。四、对缺点的估计。五、产生缺点的原因。六、主观主义和片面性。七、政治和经济。八、三种所有制的关系。九、民主和集中。十、缺点讲透很必要。十一、光明前途问题。十二、关于彭德怀同志的意见书。十三、成绩和缺点的关系。

张闻天说："'成绩应该说够'我也赞成"。但在缺点方面，"同志们讲得少一些，我想多讲一些，希望不致引起误会"。《记录》草稿所讲的3点，我都同意，但可以再具体些，还可以再加一条：下马过多，体制紊乱。他指出，由于指标过高，求成过急，首先是钢铁产量指标过高，其他指标也被迫跟着上，引起比例失调，造成了很大损失。1958年的粮食产量估计过高，1959年粮食指标规定10500亿斤，也造成损失，使吃、用发生了问题。生产和基建方面产生了一系列问题。反映到市场上，就是供应紧张。反映到财政金融上，1958年的结余用光了，今年上半年多收37亿元，也用掉了。虚报浮夸、强迫命令，使党在人民中、在国内外，失掉了信用，还造成了不好的风气，不允许讲话，不允许怀疑，怀疑了就给扣帽子，"怀疑派"、"观潮派"之类。缺点是局部的，暂时的，有许多是难免的，但却是重要的。纠正需要相当时间，可能有些问题现在还没有发现。主要是缺乏经验，但总结经验时，就不能满足于说缺乏经验，而应该从思想观点、方法、作风上去探讨。否则，都讲客观原因，就总结不出经验，接受不了教训。

张闻天针对当时的一些不正确的论点，谈了自己的见解。他说，有一个时期，把主观能动性强调到荒谬的程度；好大喜功也是好的，但是要合乎实际，否则就会弄巧成拙，欲速不达，好事变坏事。政治是经济的集中表现，光政治挂帅还不行，还要根据客观经济规律办事。说是不用算经济账，只要算政治账，这是不行的。不算账，社会主义是建设不起来的。"平衡是相对的，不平衡是绝对的"，这是法则，但是在经济建设中正是要找出相对平衡，利用相对平衡，按照相对平衡办事。

他提出，集体所有制的历史使命还没有完成，现在不要强调它的改变。要坚决贯彻按劳分配，建议取消"吃饭不要钱"。要强调保护消费品个人所有制。不能否定个人利益，如果社会主义不能满足个人物质、文化需要，就没有奋斗目标，社会主义也就建设不起来。

他指出，要正确处理民主和集中的关系，首先是中央和地方的关系。在党内民主作风方面，主席常说，要敢于提不同意见，要舍得一身剐，不怕杀头，等等，这是对的，但是，光要求不怕杀头还不行。问题的另一面是要领导上造成一种空气、环境，使得下面敢于发表不同意见。我们不要怕没有人歌功颂德，怕的是人家不敢向我们提不同意见。

他认为，缺点讲透很必要。有人说"讲缺点会泄气，会打击积极性"，我看不会。相反地，光讲成绩，不讲缺点，是否会保持积极性呢？我看也不会。马列主义者鼓励积极性靠真理；现在我们觉得有些虚，就是真理不够。

他还认为，现在的问题是要防止骄傲自满、麻痹大意的情绪。要更多地看到存在着问题的一面。胜利本身有消极面，因为它容易使人头脑发热，骄傲自满。去年9月以后，在国际关系中产生了严重的骄傲情绪，气焰很高，大国主义思想表现得相当明显。谦虚一点有好处。许多事情，要等待时间来证明。现在不要吹。

张闻天在发言的最后，针对一些人对彭德怀信的责难，明确表示了对彭德怀观点的支持。他说：彭德怀同志的意见书，中心内容是希望总结经验，本意是好的。他说成绩是基本的，同大家说的一样，个别的说法，说多一点说少一点关系不大。对于得和失的看法，他讲的是局部问题，有得有失，考虑一下是可以的。至于各方面关系的紧张，是具有政治性的说法，我认为要看怎么讲，在刮共产风时各方面的关系确实紧张，现在已基本好转，还有些问题没有解决，所以他提出的这个问题应该考虑。他讲浮夸风吹遍各地区、各部门，他可能讲得严重一点，但浮夸风是确实严重的，现在也不是完全解决了。“小资产阶级的狂热性，使我们容易犯‘左’的错误”，刮共产风恐怕也是小资产阶级的狂热性，这个问题不说更好一点。至于说把党长期以来所形成的群众路线和实事求是的作风置诸脑后了，我认为如果讲一个时期，这样讲问题不大。至于纠正“左”的偏向要比纠正右的偏向还要困难的问题，有的说容易，有的说困难。“左”的毛病我犯过，那是盲动主义的路线错误，现在是局部问题，不是路线问题，所以性质不同，比过去纠正错误肯定容易。但容易到什么程度，还要看我们工作做得怎么样，抓得紧就容易，抓得松就不那么容易。

关于张闻天的这个发言，26年后，胡乔木在一篇回忆文章中，作了这样的回顾和评论：1959年7、8月间，在庐山，“由于我和田家英、吴冷西等同志的住处正好在闻天同志从住处去大小会场的路边，所以他曾有几次到我们的住处小坐。我们对国内形势的看法比较接近，都主张认真总结‘大跃进’的经验教训，以便彻底纠正‘左’的错误。他在小组会上作了一个发言，这个发言对当时‘左’倾错误的分析批判是认真的、周到的，也是客观的。在他发言以前，我已经预感到将有一场风暴，曾经给他打电话劝他少讲一些，但是他还是把他想讲的话都讲了。这充分表现了他忠实于党的事业而不考虑个人得失安危的崇高品质”。①

---

① 胡乔木：《回忆张闻天同志》，《文献与研究》1985年第4期，第49页。

但是，张闻天的发言同彭德怀的信一样，在许多地方越出了毛泽东划定的纠“左”的框子和基调，触及了党内的意志论观点和民主生活上存在的弊端，涉及了毛泽东自“大跃进”以来领导工作上的错误，而为毛泽东及一些人所不能容忍。终于，一场暴风雨般的政治打击向彭德怀和张闻天袭来。

六 政治反击和历史清算

7月23日，毛泽东召集全体会议，对彭德怀进行了尖锐严厉的批评。

他提出了内外夹攻问题。说现在党内外夹攻我们，有党外的右派，也有党内那么一批人。无非是讲得一塌糊涂。神州不会陆沉，天不会掉下来。无非是一个时期蔬菜太少、头发卡子太少、没有肥皂、比例失调、市场紧张、什么人都紧张，以致搞得人心紧张，据我看，没有什么紧张。

他批驳了“小资产阶级狂热性”的说法。说公社运动，岈山、徐水、七里营，每天有几千人去取经，想早一点搞共产主义，对这种热情不能全说是小资产阶级狂热性。如此广泛的群众运动，不能泼冷水，只能劝说：心是好的，但要有步骤，不能一口吃个胖子。15000万户农民要办公社、办食堂、搞大协作，非常积极，他们愿搞，你说这是小资产阶级狂热性吗？其中有小资产阶级狂热性，“共产风”主要是县社两级干部，3、4月把风压下去了。从去年郑州会议以来，已做了许多检查，北京来的人哇啦哇啦，我们检查多次，他们没听到。人不犯我，我不犯人，人若犯我，我必犯人，人先犯我，我后犯人。这个原则现在也不放弃，现在学会了听。硬着头皮顶住，听他一两个星期，再反击。

他针锋相对地提出了“资产阶级动摇性”的说法。他说：我劝另外一部分同志，在这样紧急的紧要关头，不要动摇。有一部分同志在历史大风浪中就是不坚决的。历史上4条路线，立三路线，王明路线，高饶路线，现在又是总路线。站不稳扭秧歌。这叫什么阶级呢？资产阶级还是小资产阶级？1956年、1957年的动摇，不戴高帽子，讲成思想方法问题。如果讲小资产阶级狂热性，反过来讲，那时的反冒进，就是资产阶级的冷冷清清凄凄惨惨的泄气性。那次反冒进的人，这次站住脚了，那次批评周、陈的那一部分人，这次取他们的地位而代之。这是资产阶级动摇性或降一等是小资产阶级动摇性。是右的性质，受资产阶级的影响，在帝国主义压力下，右起来了。

他尖锐地提出了解放军跟谁走和离右派很近了的问题。他说：假如办10件事，9件是坏的，都登在报上，一定灭亡。应当灭亡，那我就走，到农村去，率领农民推翻政府。你解放军不跟我走，我就找红军去，我看解放军会跟我走。我劝一部分同志讲话的方向问题要注意。这些同志重复了1956年下半年、1957年上半年犯错误同志的道路，自己把自己抛到右派边缘去了，距右派还有30公里。

他还生气地讲自己的责任和别人的责任，说了“始作俑者其无后乎”等话。他说，1958年、1959年主要责任在我身上，应该说我。过去说周、陈，现在应该说我。“始作俑者，其无后乎”！①我无后乎。我有两条罪状，一个是1070万吨钢，是我建议的，我下的决心，其结果是9000万人上阵，补贴80亿元人民币，“得不偿失”；其次是人民公社，我无发明权，有建议之权。主要责任在我。人民公社全世界反对，苏联也反对。还有总路线，是虚的，实的，你们分一点，见之于行动是工业、农业。至于其他大炮，别人也要分担一点。如讲责任，李富春、王鹤寿有点责任，农业部“谭老板”（谭震林）有责任。第一个责任是我，柯老（柯庆施），你的发明权有没有责任？我是一个1070万吨钢、9000万人上阵，这个乱子就闹大了，自己负责。同志们，自己的责任都要分析一下，有屎拉出来，有屁放出来，肚子就舒服了。

毛泽东讲完话后即散会。彭德怀在门口挡住毛泽东，说他的信是向毛泽东个人写的，没让大家来讨论。后来彭德怀回顾这件事时写道：“7月23日上午，主席在大会上讲话，从高度原则上批判了那封信，说它是一个右倾机会主义的纲领；是有计划的、有组织的、有目的的。并且指出我犯了军阀主义、大国主义和几次路线上的错误。听了主席的讲话，当时很难用言语形容出我沉重的心情。回到住所以后，反复思索主席的讲话，再衡量自己的主观愿望与动机，怎么也是想不通。当时抵触情绪很大。”②

当天晚上，彭德怀在笔记中写了一段话，其中说：“我写这封信，是在西北小组会议上，一些不便讲的问题，要点式的写给毛主席作参考的，希望主席考虑信中的一些问题。主席竟把问题搞到如此十分严重，如此十分尖锐，提到离开现实情况的高度原则。因此，国内在经济建设中，出现的许多问题，不仅不能得到解决，在‘左’倾急躁冒进的基础上，再加以猛烈的反对右倾机会主义，并把它提到两条路

① 俑，古代用以殉葬的木偶或陶偶。《孟子梁惠王》上：“始作俑者，其无后乎”。

②《彭德怀自述》，人民出版社1981年版，第276页。

线斗争的高度。它将要造成难以估计的损失，引起更加严重的比例失调，甚至引起党内外一段时间内的混乱，影响生产和人民生活水平下降的后果!!”后来的事实表明，彭德怀的这种深切忧虑果然言中了。

毛泽东的讲话，也使得他周围的人产生了极大忧虑。7月23日晚上，周小舟、周惠、李锐都感到不能接受毛泽东的讲话。周小舟说：主席的讲话是否经过常委讨论还是一个人的意见？按照讲话精神发展下去，很像斯大林后期，没有集体领导，只有个人决定，这样将导致党的分裂。周惠说：主席年纪老了，有些问题的决定是否变得很快。然后3人来到了黄克诚住处谈了想不通的心情。周小舟又说了斯大林晚年的话。黄克诚劝说了他们。恰巧彭德怀持刚接到的西藏军区关于要求增派运输车辆的电报，找黄克诚商量。彭德怀事后的自述说：“我进到黄的室内时，见到在座的有周小舟、周惠、李锐3人。周小舟同志即对我说：‘老总呀！我们离右派只有50步了。’我说，50步也不要着急，把一些模糊观点弄清楚也是好的。仅停片刻，没有谈及别的，我即回自己办公室去处理电报。当晚，怎么也睡不着，直至天晓还在想：我的信是给主席作参考的，为什么成了意见书呢？为什么能成为右倾机会主义的纲领呢？为什么说是有计划、有组织、有目的呢？”“是保留自己的看法呢，还是作检讨呢？”①

7月23日晚上周小舟等3人去黄克诚处的事，很快被毛泽东知道了，后来成了所谓“非组织活动”的内容。

出了“一言堂”，便有“一边倒”。24日起的小组会，成了对彭德怀、张闻天的揭发批判会。原来对彭德怀的发言和信持反对态度者自不待言，原先对彭信内容有同感或发表过相类似观点的人，也纷纷收回自己的话，以便“划清界限”。柯庆施连大炼钢铁有缺点的话都否认了。陈伯达赶忙声明收回了“1959年不仅没有把步伐放慢，加以适当控制，而且继续大跃进”的观点，转而批彭，以摆脱被动。还有的人说：“听了主席讲话，思想很沉重，去年史无前例的大跃进，我们还有什么理由要逼主席出面讲这一番话?!”人们怀着保卫毛泽东的威信便是保卫党和党的路线的信念，同时也是对自己立场的考验的心情，参加了这场斗争。

7月24日，有两位老同志怀着深厚的情谊，同彭德怀进行了心情激动的谈话。一位说：我们是30年的老战友了，应该诚恳地谈一谈。你的一股骄傲劲，已经发

---

①《彭德怀自述》，人民出版社1981年版，第277页。

展到登峰造极的地步，今天连毛泽东同志你都看不起，还有谁你看得起？毛泽东同志健在，你尚且如此，万一毛泽东同志不在，还有谁能管得了你？危险性就在这里。你骄傲、孤高，假如是在庐山上当和尚，上天下地唯我独尊，还不要紧，而你是党中央集体领导的一员，政治局委员，又当国防部长，功劳很大，名声很大，地位很高，带几百万军队，你一马当先，亲自挂帅，来反对党中央，反对毛泽东同志，事情就严重了。另一位说：你为什么写这封信？这信是什么性质的错误？为什么总是在紧急关头都要搞一下？这两位对党、对毛泽东忠心耿耿的老同志，在特定情况下，对彭德怀看错了，同时又热切地期望彭德怀认识和改正错误。多年之后，彭德怀回忆起这次谈话的情景说："谈了两个多小时，热泪盈眶而别，感人至深"。①

"左"倾的党内斗争一经发动，各种说法一齐涌来，什么"文班子"、"武班子"、"湖南集团"、"军事俱乐部"、"彭为元帅、张为副帅"，以及彭信和张闻天发言是"反党纲领"，"配合帝国主义反动派向党进攻"，"矛头指向党的根本路线"，"要逼毛主席下台"等等，不一而足。

彭德怀万没想到一封信会引起如此轩然大波。在具体的指责上，他思想不通；但看到自己一封信竟使党内出现这样的局面，遭到毛泽东和大家的强烈反对，自己成了党内不安定的"原因"了。又考虑到："如果以毛泽东同志为首的中国共产党中央的威信受到了损失，那就会给国际无产阶级运动带来更大损失。"想到这里，他"动摇了原先保留看法的念头"②。转而承认错误。7月26日，彭德怀、黄克诚检查，27日，周小舟检查。

毛泽东发动了对彭德怀的反击，却不只是针对彭一个人和几个人。他不认为、也不承认自己领导的"大跃进"、人民公社化运动错了。相反，他错误地认为党内外出现的批评意见，是一股很大的右倾思潮，是同国际上赫鲁晓夫对我们的批评③和美蒋对我们的攻击，相配合、相呼应的。在"内外夹攻"中，内部的进攻是最危险的。不打败这股"反党的反马克思主义的思潮"，总路线、大跃进、人民公社就会站不住脚，他和党中央的领导是否正确就存在了问题，党和人民事业要受大损

① 《彭德怀自述》，人民出版社1981年版，第278页。

② 《彭德怀自述》，人民出版社1981年版，第277页。

③ 1958年年底，赫鲁晓夫在同美国议员汉弗莱谈话中批评了中国的"大跃进"。他对中国要比苏联先进入共产主义尤为不满。他通过内部向中共中央提出要"对对表"。意思是中国跑得太快了，因为苏联当时要15年超美，20年才"进入共产主义"，中国不应抢先。

失。因此，他断然放弃了继续纠“左”，转而去反击他认为已成为主要危险的党内“右倾机会主义”。基于这种不正确的判断，7月29日，毛泽东主持中央政治局会议决定召开八届八中全会，讨论路线，彻底解决彭德怀的“反党”和“右倾机会主义”问题。一面下令派飞机接在各地的中央委员上庐山，一面召开中央常委会，对彭德怀作全面的历史清算。

7月31日的中央常委会，到8月1日开了六七个小时。毛泽东联系现实回顾历史，提出31年中同彭的关系是合作与不合作三七开，“融洽三成，搞不来七成”。彭德怀不同意，辩解说：1934年年初自己已认识到毛主席领导好，主席过去赠送的两本马列书（《左派幼稚病》、《两个策略》），批语还记得，一直带在身边。提出自己应是“对半开”。毛泽东不同意，坚持“三七开”。会上，朱德发言对彭德怀作温和的批评，受到毛泽东以手示意“隔靴搔痒”的奚落。周恩来、刘少奇对彭德怀各问了一件事。林彪是应毛泽东之召，于7月23日以后上庐山的。他在这次常委会上发言，说彭德怀是“招兵买马，野心家，阴谋家，伪君子”。并说：中国只有毛主席能当大英雄，你不要打这个主意。最后，彭德怀表示了3条：不当反革命，不自杀，可以作田。

至此，彭德怀的冤案已全面构成。中共八届八中全会的举行，无非是经过一定程序，最后结论处理。

七　“反党集团”

8月2日，中共八届八中全会正式会议开始。毛泽东讲话，动员反对“右倾机会主义的猖狂进攻”。他说：路线问题，有些同志发生怀疑。上庐山后有部分人要求民主，要求自由。他们说没有民主，就是要攻击总路线、破坏总路线，说要自由，就是破坏总路线的自由。他们对于9个月来的工作，看不到，不满意，要求重新议过。现在有一种分裂的倾向。我上山讲了三句话：“成绩很大，问题不少，前途光明”。后来“问题不少”一句出了问题，是右倾机会主义向党猖狂进攻的问题。共产风等问题没有了，实在不是反“左”而是反右的问题。

8月3日起，会议分3个大组，分别对彭德怀、黄克诚、张闻天和周小舟进行批判斗争。言词很重，无限上纲。周小舟讲过的“斯大林晚年”问题被揭露后，斗争火上加油，达到白热化。

8 月 11 日，毛泽东再次在大会上讲话，从世界观、方法论上批彭，说彭 30 几年阶级立场没变过来，是以资产阶级民主主义者资格参加党的。提出：我们 31 年的关系，难道庐山就分手？不应当的。

8 月 13 日至 15 日，彭德怀、黄克诚、张闻天、周小舟在全体大会上作检查。批判进一步加码，逼迫彭德怀承认是野心家、阴谋家、伪君子。

8 月 16 日，毛泽东再次在全体大会上讲话，说庐山会议大问题，总结经验就要这样总结。又依顺序算了彭德怀的历史总账。提出说大家要对他们做工作，采取热情帮助态度，要看作是我们的同志，帮助他们改正。林彪插话说，这次会议避免了党的大分裂和建设上的大马鞍形。

会议通过《关于以彭德怀同志为首的反党集团的错误的决议》、《关于撤销黄克诚同志中央书记处书记的决定》和《为保卫党的总路线，反对右倾机会主义而斗争》等文件，给开列了“向党的总路线、向党中央和毛泽东同志的领导举行猖狂进攻”、“两个否定”、“六个反对”① 的罪名，定为“具有反党、反人民、反社会主义性质的右倾机会主义路线的错误”和“反党集团”性质，决定将彭德怀、黄克诚、张闻天、周小舟分别调离国防、外交、省委第一书记职务。

在此期间，毛泽东写了一系列批语。既批彭德怀，又批“党内大批反对派和怀疑派”，也批国际上种种类型的一些人。

7 月 26 日，写了《对一封信的评论》，评李云仲 6 月 9 日的信②，作为 7 月 23 日发动批彭讲话的补充，说李是个“得不偿失论者”，说现在党内外“右倾情绪，右倾思想，右倾活动已经增长，大有猖狂进攻之势”。

8 月 1 日，给王稼祥写信说：一个百花齐放，一个人民公社，一个大跃进，这 3 件，赫鲁晓夫们是反对的，或者是怀疑的。“这 3 件要向全世界作战，包括党内大批反对派和怀疑派。”

8 月 2 日，给张闻天写信，批评说：“怎么搞的，你陷入那个军事俱乐部去了？”说他们是“文武合璧，相得益彰”，说张是“旧病复发”，“老而又老的疟疾原虫远

---

① 即“实质上否定总路线的胜利，否定大跃进的成绩，反对国民经济的高速度发展，反对农业战线上的高额丰产运动，反对群众大办钢铁运动，反对经济建设中的群众运动，反对党对社会主义事业的领导即‘政治挂帅’”。

② 见本章“会前党内外的思想状况”一节。

未去掉，现在又发寒热症了”。建议他“一读枚乘的‘七发’”①，以达“忽然汗出，霍然病已”之效果。

8 月 5 日，写了对《湖南平江县谈岭公社稻竹大队几十个食堂散伙又恢复的情况》一文的按语，批判“悲观主义的思潮”。

8 月 10 日，写了对安徽省委书记处书记张凯帆的批语，说“我怀疑这些人是混入党内的投机分子”，说“右倾机会主义分子，中央委员会里有，省级也有，他们有的是‘高岗集团’的漏网残余，现在又在兴风作浪，迫不及待，急于发难”。

8 月 15 日，写了《经验主义，还是马克思主义》一书的前言，提出“现在主要危险是修正主义”，说必须从思想方面、政治方面、经济方面“打败反党的反马克思主义的思潮”。同日，又写了对《马克思主义者应当如何正确地对待革命的群众运动》小册子的批语，对彭德怀、张闻天、周小舟等的某些说法看法，根据自己的需要又作了集中的批判，说他们是“共产党内的分裂派”，“右得无可再右的”“右派朋友们”。

8 月 16 日，写了《机关枪和迫击炮的来历及其他》一文，提出：“庐山上出现的这一场斗争，是一场阶级斗争，是过去 10 年社会主义革命过程中资产阶级与无产阶级两大对抗阶级的生死斗争的继续。”并说：“在中国，在我党，这一类斗争，看来还得斗下去，至少还要斗二十年，可能要斗半个世纪。总之要到阶级完全消灭，斗争才会止息。”

此后，在 9 月 1 日，给《诗刊》编辑部送去《到韶山》和《登庐山》两首七律诗发表，并写了一封信说：“全世界反动派从去年起，咒骂我们，狗血喷头”，“国内挂着‘共产主义’招牌的一小撮机会主义分子不过拉起几片鸡毛蒜皮，当作旗帜，向着党的总路线、大跃进、人民公社举行攻击，真是‘蚍蜉撼大树，可笑不自量’了”。“他们越骂得凶，我就越高兴”。

毛泽东的这些批语和短文，反映了他对国内外斗争形势的不正确估计，和对庐山上这场斗争性质的错误认识。这些估计和认识，以及对今后 20 年、半个世纪中阶级斗争和阶级消灭问题的预言，标志着他的“左”倾阶级斗争理论又发展了一步。这对于演变出后来的错误，有着重大的影响。

---

① 枚乘，汉文帝时吴王刘濞的文学侍从之臣。所作《七发》一文，写“楚太子有疾，而吴客往问之”，给指以“要言妙道”的故事。

八　何以发生如此错案?

庐山会议中期发生由纠“左”到反右的逆转，乃至发生彭德怀错案，主要是毛泽东的错误所造成。但这种局面的出现，有着深刻的原因。

首先，直接的导因，是社会主义建设上“左”倾指导思想没有根本纠正，在受到一度抑制后，重新压倒了党内的正确思想。

毛泽东先后以15年、10年、3年、两年赶上英国，和以15年、10年赶上美国并开始向共产主义过渡为战略目标，发动了“大跃进”。闯出乱子后，做了许多有益的工作来纠正当时已觉察到的“左”倾错误，却未根本放弃超高速经济发展战略和早向共产主义过渡的追求。他在第一次郑州会议上一面纠“左”，一面说：苦战3年，再搞12年，15年过渡到共产主义，不要发表，但不搞不好。在第二次郑州会议上，他一面进一步纠“左”，一面又说：两个五年计划实现全民所有制，经过几个发展阶段，“在15年、20年或者更多一些的时间以后，社会主义的公社就将发展成为共产主义的公社”。① 还说：4月份起，全党全民“一个意向地开展今天的大跃进”。② 对于赶超英国，在庐山会议上把原定1959年基本实现，改为1962年实现；而“15年、20年发展成共产主义公社”，意味着仍要15年、20年或长一点时间赶上美国。

正是对这种超英赶美和急于过渡目标的迷恋与坚持，使得毛泽东同力主彻底改正错误的人发生了严重的矛盾和对立。对于这一点，刘少奇在1959年9月批彭的军委扩大会议上说得透彻：“党中央、毛主席历来是主张继续前进的，而且是大踏步前进的。我们是属于这一派的。因此，和其他人有些冲突了，有些分歧了，意见不同了。真正的意见不同挖出根子来就是这个问题。”刘少奇后来还说过：经济建设指标问题是个复杂问题，这个问题可以引导到路线问题，庐山会议上就是这样引起的。1960年毛泽东则说：彭德怀“攻的也不外是总路线、大跃进、人民公社”。即发生问题的初因和第一位因素，是由于经济建设指导思想和方针的不同，错误压倒了正确所致。

---

① 《郑州会议记录》，1959年2月27日，中央政治局扩大会议通过。

② 毛泽东：《党内通信——关于召开讨论人民公社为主题的高级干部大会问题》，1959年3月9日。

第二个重要因素，是个人崇拜的恶性膨胀。

党内在经济建设上有不同的意见，本属正常情况，并不一定导致政治问题。关键在于是否有正常的党内民主生活，确保能正确地解决分歧。毛泽东在八届三中全会、南宁会议上严厉批判中央政治局确定的反冒进，在成都会议上明确提出还要有个人崇拜，使得对他的个人崇拜迅速发展起来。从此，毛泽东同中央政治局及其常委之间，逐渐变成了领导与被领导、指示与接受指示的关系，在重大问题上先造成既成事实的情形一再发生。社会主义建设总路线的提出和匆忙肯定，“大跃进”的发动，人民公社化运动的兴起和推行，固然得到党的一定会议通过，却在相当程度上又是个人专断，先造成既定事实的结果。

当着实践证明，总路线不完善，“大跃进”、人民公社化有严重问题时，人们尤其是党内上层也不能提出疑问和意见，而只能一味地说伟大、正确。有错误要纠正，只能由最高领袖自己提出；怎样纠正、纠正到什么程度，也只能由最高领袖自己来定。任何人包括其他领袖，都不许有所超过。否则，尽管是纯属对党的工作提出正确意见和建议，也要被视为对领袖领导正确的怀疑动摇，甚至是对领袖的“挑战”。在毛泽东所划定的格子内纠“左”是可以的，这也是毛泽东所要求的；彭德怀的意见有所超过，绝对不能允许。对彭的反击又是在没有经过中央常委讨论决定，周恩来头几天回答李锐询问，表示彭信“那没有什么吧”的情况下，由毛泽东个人发动的。毛泽东不能容忍，大家也跟着不能容忍。这种党内上层政治生活极不正常的情况，表明了个人崇拜和个人专断已达到相当严重的程度。

在个人崇拜之下，八大党章关于保障党员民主权利的规定失去效力。是个人崇拜的逻辑使得彭德怀成了所谓“反党、反毛泽东同志”，“昨日还是功臣，今日变成祸首”（毛泽东语）。同后来“文化大革命”的发动要有个人崇拜这个不可缺少的因素，一旦发动起来后，因有个人崇拜存在谁也无法纠正有点类似，“大跃进”的发动也是个人崇拜这个因素起了重大作用，一旦发动起来，因有个人崇拜这个重大障碍存在，错误也难及时、彻底纠正。只有在反复受到极大损失之后，“大跃进”再也搞不下去了，才能获得转机。

第三个重要因素，是习惯的思维方式和“左”倾阶级斗争理论的作用。

一个长期存在的习惯思维方式是：党内矛盾必定是社会上阶级斗争的反映。

对于民主革命时期中党内的3次“左”倾冒险主义，中共六届七中全会《关于若干历史问题的决议》结论为：其阶级社会根源是“小资产阶级思想在党内的反映”。

这有相当的道理。但是，后来每次党内有矛盾斗争时，便要从阶级根源上找原因和定性，变成一种习惯性的思维方式和公式。1954年至1955年，清算高岗、饶漱石分裂党、篡夺党和国家最高权力的阴谋，是正确的。但是将他们与“帝国主义、资产阶级反革命分子”挂钩，说他们是“资产阶级在我们党内的代理人”①，其活动“是资产阶级在过渡时期企图分裂、破坏和腐蚀我们党的一种反映”，则未必恰当。1955年毛泽东因农业合作化速度之争批判邓子恢时，把正确的意见当作错误来批，已属不对；还给冠以“右倾机会主义路线”帽子，说邓子恢是“从资产阶级、富农、或者具有资本主义自发倾向的富裕中农的立场出发”②，邓子恢的一些意见被说成是“资本主义”、“资产阶级性质的纲领”③，更是错误的。1957年中，对大量正确、基本正确、或虽不正确但仍有思考价值的批评意见，视为“资产阶级右派猖狂进攻”；1958年在军队内开展“反教条主义”斗争，也上纲为“两个阶级、两条道路斗争的反映”。

这种任何时候都要用阶级斗争的眼光来观察和处理党内矛盾的思维方式，在庐山会议上更加突出。毛泽东认为，对总路线、大跃进、人民公社有意见，是一部分干部在民主革命胜利后不愿再前进了，停止在民主主义革命阶段，对社会主义革命抵触。认为彭德怀是在民主革命中混进共产党里的“资产阶级民主派”，是“党的同路人”，革命深入了，代表资产阶级出来进攻。长期的观念是“党内斗争，反映了社会上的阶级斗争”④，这个命题已经是简单化、绝对化了，这时更认为庐山上的党内矛盾是10年中社会上两大对抗阶级直接的生死斗争的继续。⑤同时，又将国际上的斗争，特别是1958年同赫鲁晓夫闹翻后的中苏两党矛盾斗争，联到一起，加之庐山会议前彭德怀曾率军事代表团出访过苏联、东欧、蒙古八国，毛泽东怀疑彭德怀在庐山所谓“下战书”是有赫鲁晓夫的国际背景，毫无根据地给下了“里通外国”的错误结论。彭德怀的“问题”便越搞越复杂而严重化了。

值得注意的是，当彭德怀于9月9日给毛泽东写了一封承认错误、表示态度的信后，毛泽东又立即表示欢迎。

---

①《中国共产党全国代表会议关于高岗、饶漱石反党联盟的决议》（1955年3月31日通过）。

②《毛泽东文集》第6卷，人民出版社1999年版，第436页。

③ 毛泽东：《农业合作化的一场辩论和当前的阶级斗争》，1955年10月11日。

④ 毛泽东：《机关枪和迫击炮的来历及其他》，1959年8月16日。

⑤ 毛泽东：《机关枪和迫击炮的来历及其他》，1959年8月16日。

彭德怀的信说："对我的错误进行彻底的揭发和批判，消除了制造党的分裂的一个隐患，这是党的伟大胜利，也给了我改正错误的最后机会。"表示诚恳地感谢毛泽东和其他同志的教育帮助，今后下很大功夫继续彻底反省，要求允许他学习或者离开北京到人民公社中去，一边学习，一边参加部分劳动，以便得到锻炼和思想改造。

毛泽东当天即批示印发全党各级组织，说"我热烈地欢迎彭德怀同志这封信"，"我建议，全党同志都对彭德怀同志此信所表示的态度，予以欢迎。一面严肃地批判他的错误，一面对他的每一个进步都表示欢迎，用这两种态度去帮助这一位同我们有31年历史关系的老同志"。并对彭的请求表示：年纪大了，不宜参加体力劳动，到工厂和农村去作观察和调查研究工作，则是很好的。此事中央将同德怀同志商量，作出适当的决定。

这个重要情况说明，庐山会议的错误是不能简单地用"个人品质"来解释的。毛泽东错看和错误地对待了彭德怀，是从"三面红旗"正确与否、"大跃进"是否要继续搞下去的原则是非出发的。他认为彭的意见是在反对由他提出、党通过的正确路线，因此他便坚决反彭。一旦彭德怀表示承认错误和放弃自己的意见，重新接受他的即党的路线，便又表示了热情欢迎态度，并批发各级组织，借以启发和教育全党都统一到他的路线上来。他坚持地认为自己正确，内心是很愿意和希望全党都向他的思想主张靠拢的。这种情形，是无法用简单的"个人品质"4个字来解释得通的。正如邓小平指出过的那样："对于错误，包括毛泽东同志的错误，一定要毫不含糊地进行批评，但是一定要实事求是，分析各种不同的情况，不能把所有的问题都归结到个人品质上。"①

九　全党"反右倾"运动

毛泽东发动批判彭德怀，并不只是针对一个人、几个人，而是针对他认为存在的所谓"右倾思潮"和反映了这种"思潮"的一批人。八届八中全会开始不久的8月7日，中共中央便向全党发出了《关于反对右倾思想的指示》，要求"必须抓紧8、

① 邓小平：《对起草〈关于建国以来党的若干历史问题的决议〉的意见第四部分》，1980年3月—1981年6月。

9两月，鼓足干劲，坚决反对右倾思想”。并说：“反右倾，鼓干劲，现在是时候了。机不可失，时不再来。”

8月8日，辽宁省委接到省委负责人从庐山传来的信息后，立即传达贯彻，于8月9日作了《关于执行〈中共中央关于反对右倾思想的指示〉的报告》。说本省在今年初和5月后落实生产计划的过程中，两度发生部分干部松劲情绪的右倾思想，经过斗争，工业生产局面又两度好转，“从这里可以看出：右倾松劲情绪抬头生产就要下降，鼓足了干劲生产就会上升；这个事实充分证明了气可鼓不可泄的真理”。毛泽东于8月12日作批示，表扬了辽宁省委，并提出：“看来各地都有右倾情绪、右倾思想、右倾活动存在着，增长着。有各种不同程度的情况，有些地方存在着右倾机会主义向党猖狂进攻的形势。”要求“把这种歪风邪气打下去”。

毛泽东还批示、中共中央转发了其他一些文件，《人民日报》发表了《人民公社万岁》、《得不偿失论可以休矣》等社论，推动开展“反右倾”运动。错误地强调说“右倾已成为当前的主要危险”，党的工作已经是反右而不是继续反“左”；不正确地估计各地都有“右倾”，并认定“右倾机会主义分子”的“本心和实质”，是“反对走社会主义的道路”，“要走资本主义的道路”，“是企图使资本主义复辟”。并说上半年经济建设上出现的升、降、升的“马鞍形”，“是由于右倾思想、右倾活动、特别是右倾机会主义分子的作怪”。“是从阴沟中钻出来的阴风、逆流”。因此，发动“反右倾”运动，不仅是政治上把党内矛盾的性质和形势看错的结果，也是坚持“左”倾经济建设指导方针，“鼓干劲，继续大跃进”的一种需要。

八届八中全会后，全党、全军、全国开展了历时半年左右的“反右倾”运动（各省进行到年底，中央国家机关进行到1960年2、3月），进行的主要形式是召开各级党员干部会。

8月18日至9月12日，在北京召开了军委扩大会议①，同时召开外事工作会议，继续揭发批判彭德怀、黄克诚的所谓“资产阶级军事路线”和“军事俱乐部”成员问题，追查彭德怀、张闻天的所谓“里通外国”问题。

会后，全军各大军区召开团以上干部会议，传达八届八中全会和军委扩大会议精神，开展反右倾斗争。28691人参加了会议，占全军团职以上党员干部的63%。同时，各省军区和师、团召开排以上党员干部会，传达贯彻“两会”，并联系本单

① 1959年军委扩大会议的情况，见本篇第七章：军队的磨难。

位批判斗争了一批所谓“右倾机会主义分子”。仅 1 个多月时间，全军重点批判了 847 名干部。到 11 月底，全军共划出“右倾机会主义分子”1848 人①，其中团以上干部 195 人，占 10.5%。还有许多人因对总路线、人民公社、大跃进有些意见或表现“不坚定”，被指责为“中间派”，被划为“中右”、“二类”、“三类”。②

中央国家机关和各省、市、自治区反“右倾”的干部会议，一般是分 3 个步骤进行。第一步，传达中共中央《关于开展增产节约运动的决议》，讨论增产指标，批判“右倾松劲情绪”，开展竞赛；第二步，阅读彭德怀的信和张闻天发言的记录，开展鸣放辩论，在此基础上，传达中共八届八中全会《关于以彭德怀同志为首的反党集团的错误的决议》和毛泽东 7 月 23 日、8 月 16 日的讲话，联系本地区、单位和个人情况，进行普遍检查和重点批判；第三步，对“问题严重”的人进行组织处理。

组织处理的依据，是 11 月 27 日中共中央批准的、军委总政治部提出的《关于划分右倾机会主义的标准和处理办法》。文件规定的标准是：公开散布系统的右倾言论，从多方面攻击总路线、大跃进、人民公社的；积极支持彭德怀的“纲领”，公开为“反党集团”辩护，攻击党中央、毛泽东的；历史上多次犯错误，对党心怀不满，这次又借口批评大跃进，猖狂攻击的；执行党的路线、政策“一贯严重右倾”，“大跃进”以来又有严重“右倾”言论和行动，仍“执迷不悟”的。文件规定了处理办法，并提出了若干不划“右倾机会主义分子”的政策界限和批准权限。

依据这个规定，当时中央国家机关重点批判了 1900 余人，重点“帮助”了 2714 人，定了 224 人为“右倾机会主义分子”（不完全统计）。湖南省仅县以上机关单位就有 4696 人被重点批斗，1630 人被定为“右倾机会主义分子”。其他各省、市、自治区也大致如此，有的省市还抓了“右倾机会主义反党集团”。

11 月 21 日，中共中央作出规定，这次“反右倾”运动只在党内的干部中进行③，因而没有涉及各民主党派和一般的知识界。但是其影响仍波及广大农村、工厂。

在农村，开展了以进行两条道路的斗争和社会主义教育为纲的整社、整风运动，错误地批判了相当一部分农村干部和富裕中农。因为，当时认为：“在农村中

① 这是进行中的数字，非最后定案数。

② 1980 年，人民解放军为过去被定为“右倾机会主义分子”、“右倾机会主义错误”或戴上各种政治帽子的 17212 人平了反。

③《中共中央批转中央统战部〈关于在民主党派、资产阶级分子和资产阶级知识分子中不进行反右倾斗争的整风运动的意见〉》，1959 年 11 月 21 日。

如果不把一部分富裕中农反党反社会主义的猖狂进攻彻底粉碎，人民公社就不可能进一步巩固，农业的继续大跃进和贯彻执行党的总路线也是不可能的”，“不要以为一部分富裕中农的进攻……不足为患”，“反对社会主义的富裕中农，虽然只占富裕中农的一个部分”，可是，“他们和党内右倾机会主义分子一样……危害作用是很大的”。① 湖南省农村的重点批判对象，约占总人口的 1%，“其中以大队规模集中批判的，每个大队约三五人”。② 广东省召开县和社的几级干部会，被重点批判的基层干部约占到会人数 3%，生产队一级干部则占 10%左右。对于富裕中农，以大队为单位，批判一二个或二三个代表人物，仅汕头一个专区被重点批判的上中农即达 3867 人。

在工厂，“反右倾”主要指向基层干部，重点批判干部中的“一长制”思想。当时认为：“有些人所以那样坚持‘一长制’，实际上是不要党委领导，也就是反对政治挂帅。他们喜欢‘一长制’，是因为这块牌子十分有利于他们搞独立王国和进行反党的活动。”③

在高等院校，批判了“党员专家”。因为据说“浸透了资产阶级世界观的‘党员专家’一面以党员资格获取党内外的政治信任，另一方面又以专家资格同党分庭抗礼，他们坚持要走反党、反群众的道路”④。北京大学有 128 名党员教师骨干参加整风运动，其中 27 人受到重点批判，占 21%。清华大学 174 名党员教师骨干，被认为“有严重资产阶级思想以专家自居，不服从甚至反对党的领导的”有 17 人，占 9.7%。⑤

从 1959 年“反右倾”运动起，到 1961 年，许多干部和群众受到批判、处分和其他处理。由于中央规定重点批判的人数要控制在 1%以下，由于规定“被批判的农民和一般农民党员不要戴右倾机会主义分子帽子”，最后作组织处理的人数尚有一定限度。但即便如此，据 1962 年进行甄别平反时的统计，几年中被作为重点批判对象或被划为右倾机会主义分子的党员干部，就有 365 万人之多。

---

① 中共中央转发湖南省委关于整社试点经验的报告的批语，1959 年 10 月 15 日。

② 中共湖南省委关于整社试点经验的报告。

③ 中共中央批转黑龙江省委关于省委第十二次扩大会议情况的报告的批语，1959 年 10 月 13 日。

④ 中共中央批转《北京市委关于高等学校揭发出一批有严重资产阶级思想的党员专家的报告》的批语，1960 年 1 月 6 日。

⑤《北京市委关于高等学校揭发出一批有严重资产阶级思想的党员专家的报告》。

十 “包产到户”的挫折

庐山会议和“反右倾”运动的直接不良后果之一，是把1959年农村中再次出现的“包产到户”，硬给打击和压制了下去。

1959年的包产到户，是1957年农民包产到户的做法和要求的复活，也是第二次郑州会议后农村中出现的新情况、新趋向。

1957年一些地区的“包产到户”，被当年“社会主义和资本主义两条道路大辩论”给堵了回去，可是思想上并未解决矛盾。在经受了1958年的人民公社化和“大跃进”的实践之后，农民深受“一大二公”即“大呼隆”和“大锅饭”之苦，本能地要求改变这种状况。

毛泽东和中共中央发动“大跃进”和推行人民公社，主观上是想领导农民经济上早翻身，生活上早幸福，可是违背了客观规律，结果适得其反。两次郑州会议，毛泽东和党中央为克服错误，采取了一系列措施解决矛盾和为农民呼吁。并终于认识到所有制高了，规模大了。于是有改变大公社所有制，实行“三级所有制为基础”的决定，又有“生产小队的部分所有制”的规定。生产小队同生产队在生产和分配上的关系是“三包一奖”。即小队向生产队包工、包产、包成本，超产的一部分，上缴一定的比例给生产队，其余的部分作为奖励归本小队所有；节余下来的生产费用全部归小队支配。

这些规定，比在此之前的人民公社体制上，是一个重大改进；经过第二次郑州会议、上海政治局扩大会议和八届七中全会通过形成文件，各地农村即全面开始贯彻执行。

中共中央和毛泽东当时认为，这种安排，就可适合农民的利益要求，从根上解决了人民公社现存的问题。同时也认为，这些改变又不影响人民公社的基本框架和“部分供给制”、“公共食堂”这些“共产主义因素”和“社会主义阵地”的存在。

农民群众和基层干部对这些新规定是欢迎的，但在贯彻执行中，又并不满足和局限于这些规定。1959年5月至7月，许多地区冲破以上的规定，实行起包产到户的做法。

在江苏，一些地方把全部农活都包到户，少数地方开始实行全部或部分农作物包产到户的办法，也有的实行名曰“定田到户，超产奖励”的办法，实际上还是包产到户。也有的提出“土地分到户，耕牛农具回老家”的要求。

在湖南，有些农民认为“人民公社不如高级社，高级社不如初级社”，主张把土地、耕牛、农具和粮食下放到户，把产量、产值包到户。还主张“家家起火，户户冒烟，拆散食堂，重建家灶”，并埋怨“共产党为什么管得这样宽，你只管收购就算了，生产、生活随我搞”。

在甘肃，武都县隆兴公社红石生产队搞包产到户，并且把土地、车马、农具按劳动力固定到户。还有的队把全部农活或者大部农活包工到户，取消了或者基本取消了集体劳动。

特别突出的是河南。不但许多地方农民自己在搞包产到户，有的地区一级的领导干部还支持和推行。

新乡地委第一书记耿起昌认为：我们的社会主义集体生产和集体生活方式，对农民卡的过死，剥夺了农民自由，打乱了生产秩序，没有生产责任制了，农民生产不积极。还说：农业合作化以后，我们把农民的劳动力拿过来了，不能自由劳动了；公社化以后，把生活吃饭也拿过来了。因此于5月提出：包工到户，定产到田，个人负责，超产奖励（奖70%—90%）。他还主张：把50户以上的生产队都分开，重新丈量土地、立界碑，按户包给家长，在家长的指导下干活。并主张“告诉社员长期固定下来，可以今年、明年、几年不变”。在此主张下，新乡地区60%以上的生产队，有的重新丈量土地分配到户；有的出现“父子田”、“夫妻田”、“姐妹田”，回到了一家一户生产。

洛阳地委第二书记王慧智主张并推行了“包工包产到户，以产定工，产工一致，全奖全罚，3年不变”的办法。全区有800个生产组实行了包工包产到户，100多个食堂散了伙。

1959年出现的包产到户行动比1957年出现的要求更进一步，深刻得多。1957年的要求，是对高级农业合作社一些所有制程度过高做法的强烈不满，1959年的行动则是对搞“一大二公”的抵抗，而且得到有的干部的支持，并初具理论形态。凡主张和推行包产到户者，提出的理由大致都是：“包工包产到户，省工、质量好、做活多、合乎多快好省的原则”，“能体现按劳付酬的政策”、“包工包产不影响所有制，是方法问题”，是“生产管理的新发展”，“是一种改革”等等。

1959年的包产到户，本来也是贯彻第二次郑州会议和八届七中全会有关调整生产关系以适合生产力精神和规定，群众在实践中的一种发展。但是，在坚持“一大二公”社会主义模式和坚持要继续搞“大跃进”的“左”倾思想指导下，并在庐山会议和“反右倾”错误的影响下，党和毛泽东当时没有、也不可能正确认识和理解包产到户这一新的生产管理形式的价值与意义。反而认为是一种可怕的东西，是两条道路、两种所有制的斗争，给以严厉指责批判，强行压制。

8月22日，中共江苏省委便发出通知，说包产到户的做法“都是右倾思想的表现”。它“从根本上取消了人民公社集体劳动这一基本的劳动形式，退到个体分散劳动的老路”，“实质上就是从集体退到单干”。并规定：“今后一律不提田间管理包到户”①。中共中央批转这个文件时说：“把全部或者大部农活包工到户或者包产到户的做法，实际上是在农村中反对社会主义道路、而走资本主义道路的做法”。要求凡有这种意见和活动的地方，都必须彻底地加以揭露和批判。

10月12日，中共中央批转河南省委关于“右倾机会主义分子”的几个典型材料的报告时，批示认为：包产到户的思想“直接反映的是一部分富裕中农的要求，但是归根结底，最后是要走资本主义道路，是企图使资本主义在中国复辟，实际上是反党反人民的资产阶级思想在党内的反映”②。

10月15日，中共中央批转农业部党组关于庐山会议以来农村形势的报告，批示说：今年5、6、7月间，农村中出现的“一股右倾的邪气、歪风”，“实际是猖狂的反对社会主义道路的逆流”。③

同日，中共中央批转湖南省委一个整社试点即进行两条道路斗争的经验材料时提出：“反对右倾机会主义斗争的重大意义，越来越看得清楚了。中央和地方如果不彻底粉碎彭、黄、张、周等人的右倾机会主义反党集团，就不可能顺利地贯彻执行党的社会主义建设总路线，就不可能有今年后半年的继续大跃进。在农村中如果不把一部分富裕中农反党反社会主义的猖狂进攻彻底粉碎，人民公社就不可能进一步巩固，农业的继续大跃进和贯彻执行党的总路线也是不可能的。”④

11月2日，《人民日报》发表评论员文章，批判了包产到户能提高农民生产的积极性，这不影响所有制，只是生产管理方法问题，不是走单干的回头路等理由，

①《农业合作化重要文件汇编（1958—1981）》，第252页。
②《农业合作化重要文件汇编（1958—1981）》，第253页。
③《农业合作化重要文件汇编（1958—1981）》，第248页。
④《农业集体化重要文件汇编（1958—1981）》，中共中央党校出版社1981年版，第259页。

指责说：这种“包产到户是极端落后的、倒退的、反动的做法”。

在这些文件和批示的贯彻之下，各地的包产到户做法均被强行取消，中国农民的一次创造性试验夭折了。这一重要错误的发生，归根到底，是由于坚持社会主义建设上急于求成、生产关系的变革上急于过渡指导思想，坚持“左”倾阶级斗争理论观点所致。同时，也是企图以此来推进农村继续“大跃进”的一种做法。因而它不能不成为农村形势进一步恶化的一个重要因素。

十一　“反右倾”后的继续“跃进”

庐山会议和全党开展“反右倾”之前，毛泽东在总体上是坚持“大跃进”指导方针的，但在具体工作上，还能根据觉察到的错误及其程度，努力作一定的改正。继6月13日中共中央批准调整了1959年的主要物资分配和基本建设计划，对生产指标和建设规模作了适当压缩之后，庐山会议上又对1958年农业的实际产量作了核实。宣布粮食的实际收获量不是原公布的7500亿斤[①]，而是5000亿斤；棉花不是6638万担，而是4200万担。同时又将1959年的四大经济指标再次调整降低为：钢1200万吨，煤3.35亿吨，粮食和棉花在1958年核实产量的基础上，各增产10%左右[②]，即粮食5500亿斤左右，棉花4620万担左右。

庐山会议上对1958年农业产量“核实”和对1959年经济指标调整的成果，进一步表现在1959年8月下旬的二届人大常委会第五次会议上。周恩来在报告[③]中全面地提出了调整压缩后的1959年经济指标，得到会议批准。工业总产值，由原定的1650亿元降为1470亿元；农业总产值由原定的1220亿元降为738亿元。基本建设投资总额由原定的270亿元降为248亿元；限额以上施工项目由1092个压缩为788个。

这时对经济发展的总体设想变为：在1959年“提前完成原定的第二个五年计

① “原公布数”，参见《中华人民共和国国家统计局关于1958年国民经济发展情况的公报》，1959年4月14日。

②《中国共产党第八届中央委员会第八次全体会议公报》，1959年8月16日。

③ 周恩来：《关于调整1959年国民经济计划主要指标和进一步开展增产节约运动的报告》，1959年8月26日。

划[①]最后一年（1962年）完成的主要指标”[②]，“在10年左右的时间内（从1958年算起），实现‘在15年内，在主要工业产品的产量方面赶上英国’的口号”[③]。

全党“反右倾”运动开展之后，中央领导在经济工作的思想上发生重要变化。不但继续在总体上坚持“大跃进”的指导方针，而且在具体工作上也停止了纠“左”，转而反右。无视国民经济比例严重失调的事实，硬说“我国国民经济中主要比例关系是协调的、正常的”[④]。9月14日，毛泽东给全国人大常委会写信说：“国家的政治经济情况极为良好。”[⑤]并且把由于搞“大跃进”造成的6、7月间生产下降和各大城市经济生活的困难，归结为“由于右倾思想、右倾活动，特别是右倾机会主义分子的作怪”[⑥]。以为通过“反右倾”，就可以“鼓起干劲”，把“大跃进”顺利地搞下去，扭转困境。

在此想法之下，召开了10月16日至28日的全国工业生产会议，安排当年第4季度生产，要求这一季度完成工业总产值486亿元，以保证全年完成1600亿元，比上年增长37%；钢完成470万吨，以保证完成全年1300万吨的第二本账计划；煤完成9731万吨，以保证完成全年3.4亿吨的第二本账计划。[⑦]

10月23日，国家计委、国家建委向中央提出：今后几个月内，要重新开工230个限额以上的基本建设项目。从而使1959年的基建项目，在已经压缩到788个之后，又恢复到了1000余项的水平。11月22日，中共中央又同意国家建委的报告，确定追加当年基本建设投资13.6亿元。加上原定计划的248亿元，上年结转投资20亿元，各部门与地方自筹资金30亿元，1959年投资计划总额达311.6亿元，比6月13日的调整方案240亿元增加了71亿元，比年初的高计划还多出30多亿元。

基建战线拉长，职工队伍便重新扩大。1958年年底的职工总数曾高达4532万

---

① “原定的第二个五年计划”，即1956年八大一次会议上提出的“二五”计划建议。

② 《中国共产党第八届中央委员会第八次全体会议公报》，1959年8月16日。

③ 《关于开展增产节约运动的决议》，1959年8月16日。

④ 红旗杂志社论：《驳“国民经济比例关系失调”的谬论》，《红旗》1959年9月9日。

⑤ 《市场形势的回顾和展望》，《人民日报》1959年9月20日。

⑥ 中共中央批转冶金部和煤炭部党组向中央的报告的批语，1959年10月12日。

⑦ 1959年8月24日，中共中央发出掀起增产节约运动高潮的指示，提出：八届八中全会公布的调整指标是第一本账，还有内部的第二本账，才是实际奋斗目标。

人，其中有2082万人是“大跃进”中新增加的。1959年中央决定减少600万至800万人，到8月底，已压缩掉507万人。但从9月起又重新增加，到年底，共新增加了536万人，达4561万人，比1958年年底还要多29万人。

经过“反右倾”和拼设备、拼劳力、拼资源的蛮干，主要的重工业产品产量是拼上去了。1960年1月国家统计局宣告：1959年钢完成1335万吨（实际1387万吨），比上年的好钢增长了67%（实际73%）；煤完成3.478亿吨（实际3.69亿吨），比上年增长29%（实际36.6%）；粮完成5401亿斤，比“核实”的1958年产量增长8%；棉完成4820万担，比“核实”的1958年产量增长14.7%。其他项目以及工农业总产值、财政收入等分别增长了10%—50%多①。因而说实现了全面的“大跃进”。

但是，实际上1959年的国民经济存在着很严重的问题。

农业的数字严重不实。据薛暮桥后来奉周恩来之命重新核实，1958年的实际粮食产量，并非是八届八中全会“核实”的5000亿斤，而是只有4000亿斤。1959年的粮食产量，也不是5401亿斤，而是只有3400亿斤，即比公布的数字要少2000亿斤！跌到了1954年（3390亿斤）的水平。棉花、油料等产量同样虚夸不实。基于高估产，搞了高征购，1959年粮食年度征购粮食达1348亿斤，占了实际产量的33.7%。农村的留粮，由1957年的2940亿斤降到1959年的2052亿斤。

一方面是农业大幅度下降，一方面是工业又主要是重工业比1958年还冒进。工业和农业这个最基本的比例关系更加失调，工业中轻重比例也失调。农业、轻工业、重工业的结构呈现畸形。

积累过高，投资效果显著下降。全年基本建设的实际投资额高达350亿元，占国民收入的44%。比1958年增加了30.1%。大中型施工项目达到了1361个。积累率高达43.8%，严重挤了居民消费。投资效果很差，固定资产交付使用率只有69.7%，大大低于1957年89.4%的水平。大中型项目投产率只达12%，也大大低于1957年26.4%的水平。

财政出现大量赤字，市场供应相当紧张。由于基建项目大上和职工人数大增，1959年国家财政赤字达65.8亿元。社会需求的急剧上升和物资供应不足的矛盾十分突出，全国城乡居民的生活水平大大下降，开始了经济生活的严重困难时期。

---

①《关于1959年国民经济发展情况的新闻公报》，1960年1月23日。

北京市南苑人民公社农民在地头上学习中共八届八中全会公报和决议。

第六章
1960 年“大跃进”

一 “开门红，满堂红，红到底”

在 1959 年“大跃进”和虚夸的基础上，几经讨论研究，制定了更加严重脱离实际的 1960 年“跃进”计划。

1959 年 10 月 25 日至 26 日的全国计划会议，讨论了 1960 年发展国民经济的方针任务，确定了经济计划草案。基本方针是：在 1958 年和 1959 年连续“大跃进”的基础上，争取国民经济的继续跃进。提出 1960 年的工农业总产值要比 1959 年增长 26%（其中工业增长 31%，农业增长 17%）；钢 1840 万吨，要增长 33%；煤 4.25 亿吨，要增长 17%；粮食 6500 亿斤，要比 1959 年虚夸的产量增长 20%；棉花 6000 万担，要比 1959 年虚夸的估产增长 24%。其他工业产品也要有百分之几十的增长。

根据会议的讨论情况，12 月 30 日，国家计委向中央提出了《关于 1960 年国民经济计划的报告》。1960 年 1 月 7 日，中共中央政治局（上海）扩大会议讨论了计委的报告，再次提出 1840 万吨钢为中心的高指标，会议还提出 5 年实现赶上英国的设想。1 月 30 日，中央批转国家计委的报告，各部门即按此报告安排 1960 年的经济工作。

计委的报告规定，工农业总产值 3060 亿元，增长 22%，其中工业增长 26%，农业增长 16%。钢 1840 万吨，增长 33%。煤 4.25 亿吨，增长 15%。其他一些项目的增长率分别为生铁 26%，钢材 36%，发电量 32%—38%，发电设备 57%，化肥

140%—155%等。粮食6000亿斤，增长11%，棉花5500万担，增长16%。财政收入701.5亿元，增长22%，基本建设投资345亿元，增长4%。这个计划略加修改后，于4月经二届人大二次会议通过。后来，中央还同意并批转过冶金部等部门提出的钢产量第二本账2040万吨、第三本账2200万吨的计划，更加想入非非。

1960年1月1日，《人民日报》发表社论《展望60年代》，宣布八届八中全会关于在1959年提前3年完成第二个五年计划的主要指标的号召，已经胜利实现，说"我们不但对于1960年的继续跃进和更好的跃进，充满了信心，而且对于整个60年代的继续跃进，也充满了信心"。2日，又发表社论：《开门红，满堂红，红到底》，说：我们已经完满地实现了"1959年红到底"，现在正满怀信心地为"1960年开门红"而奋斗。我们努力的目标不但是开门红，而且还是满堂红、红到底。从全国范围来说，就是要各个企业、各个行业、各个地区今年第一季度的平均日产量，不低于或略高于去年第四季度的水平，并且在这个基础上稳定上升，实现月月红，季季红；不但要做到产量红，而且同时做到质量、品种、成本和安全样样红，全面跃进。

1960年的国民经济计划和"大跃进"设想，同样是与当时的长期发展规划相连的。1月26日，中共中央提出了今后3年和8年的设想。①

3年设想是：八大建议的"二五"计划主要指标，经过两年大跃进，已经提前实现，有必要搞后3年的补充计划。1960—1962年这3年，是今后8年建设中的一个小阶段，这个阶段的任务就是要为第三个五年计划期间建成独立完整的经济体系和基本实现四个现代化奠定巩固的基础。具体的奋斗目标是：（一）提前5年实现中共中央八届十中全会提出的10年赶上英国的口号。（二）提前5年实现12年农业发展纲要。（三）提前5年实现12年科学规划纲要。

8年的总要求是：以共产主义的雄心大志，尽可能地加快建设，保证工农业生产的不断跃进，基本上实现我国工业、农业、科学文化和国防四个现代化，建立起完整的经济体系，使我国成为一个富强的社会主义国家。同时，要基本上完成集体所有制到社会主义全民所有制的过渡，在分配制度中要逐步增加共产主义的、按需分配的因素。8年的基本任务是：第一，建成全国独立的经济体系，在全国的经济体系的基础上，基本上建成各大协作区的具有不同特点、不同水平、而又分工协作

① 《关于1960年计划和今后3年、8年设想的口头汇报提纲》，1960年1月26日。

的经济体系（但不能各省、市、区各搞一套）。第二，基本上完成四个现代化。第三，分期分批地采用各种不同的形式完成人民公社由基本上生产队所有制到基本上公社所有制的过渡，并且开始向全民所有制过渡。第四，人民公社的收入分配要以工资制为主，采取工资制和供给制相结合的分配形式。

这个 3 年、8 年设想所体现的，依然是要尽可能早地赶上和超过英国，早日地过渡到社会主义全民所有制。8 年以后的要求与任务，则是赶超美国和向共产主义全民所有制过渡了。当时毛泽东对于超英赶美的时间打算是：“我们的任务是经过一、二十年到几十年的努力，在主要产品产量方面首先超过英国，然后超过美国。”他并说：找一个国家来比赛，这个办法很有意义，第一步按主要产品产量来赶，第二步按人口平均的产量来赶。[①] 因此，作为 1960 年经济发展计划指导思想的东西，仍是 1958 年以来的建设社会主义急于求成、急于过渡，以及对社会主义模式的机械、死板的理解。

二　向共产主义过渡的事业

从 1958 年起，党和毛泽东在搞“大跃进”中，总是离不开对“两个过渡”的考虑。“大跃进”速度放慢一些，相应地对过渡的安排就推缓一些；反之，对“大跃进”重新强调时，对过渡的要求就强化些。八届八中全会后大力推动“继续大跃进”，随之而来的是对过渡的重新安排。

毛泽东对从社会主义向共产主义过渡的理论见解，见之于他的许多谈话之中。到 1959 年年底和 1960 年年春他读苏联《政治经济学教科书》时，又曾比较系统地阐明他的观点。

他认为，社会主义这个阶段可能分为两个阶段，第一阶段是不发达的社会主义，第二阶段是比较发达的社会主义。然后再在物质产品、精神财富和人的共产主义觉悟极大提高的基础上进入共产主义。这是毛泽东在经历了中国社会主义的初步实践之后，对社会主义社会发展阶段的一个有意义的思考。他又认为，在这两个阶段的发展过程中，有一个所有制逐步发展的问题，即先由目前的基本队有制发展到基本社有制，再由公社的集体所有发展到社会主义全民所有，此后，就是由社会主

① 毛泽东：《读苏联〈政治经济学教科书〉谈话记录的论点汇编》，1959 年年底至 1960 年春。

义全民所有制过渡到共产主义全民所有制。当前面临的，是如何与继续“大跃进”相适应，来实现由基本队有制向基本社有制的过渡。

他认为：“人民公社由基本队有转变到基本社有的一个决定性的条件，是社有经济的收入占全社总收入的一半以上。”他说：“我们将来把社会主义集体所有制过渡到社会主义全民所有制，主要的步骤，将是在社有经济大发展的基础上，社有经济占到了全社经济的一半以上，实现由基本队有到基本社有的转变。这样，再变为国有就好办多了。”“将来我们的农村，不只是土地国有化，而是一切国有化”。那时，“全国将出现单一的全民所有制，这会大大促进生产力的发展”，“再经过一定的时间，才进而转变为单一的共产主义全民所有制”。①

循着这种思路，1959 年 12 月举行的浙、皖、苏、沪 4 省市座谈会，讨论了人民公社由基本队有制到基本社有制的过渡问题。在此之前，华东协作区委员会议提出过分配给社员每人 200 元左右的过渡条件。座谈会同意这个条件，并认为，要每人分到 200 元，人民公社的总产值每人平均一般要达到 600 元到 800 元。这要经过一个相当长的时间，江苏全省人民公社总产值要在 1959 年 56 亿元的基础上提高三四倍，安徽要在 1959 年 57.36 亿元的基础上也提高三四倍，上海的现有基础较各省要好，但提的标准也高一些（平均每人总产值要求达到 1100 元到 1300 元），也要提高 3 倍多。这样，“从基本队有过渡到基本社有，上海的条件较好，大约要 3 年到 5 年的时间，其他各省大约要 5 年左右，或者更长一些时间才行”。②

会议提出，过渡的时间是一个大致的杠子，具体过渡起来，各公社要有先有后，各生产大队过渡条件的成熟程度有早有晚，“条件成熟了不过渡，就会带来一系列的问题，影响生产发展；条件不成熟，勉强过渡，也不利于生产的发展。因此一般公社的发展趋势，将是分批过渡，成熟一批过渡一批；有些公社，大队情况基本平衡，同时具备了过渡条件的，也可以一起过渡”③。

达到 200 元的人均年消费水平就可以过渡的问题，最早是 1958 年 11 月中央武昌会议上有人提出来的，但当时是指从集体所有制向全民所有制过渡的标准。提出

① 毛泽东：《读苏联〈政治经济学教科书〉谈话记录的论点汇编》（十一、从社会主义向共产主义过渡），1959 年年底至 1960 年春。

② 《关于人民公社过渡问题——浙、皖、苏、沪 4 省市座谈会纪要》，1959 年 12 月 25 日。参见国防大学党史党建政工教研室编：《中共党史教学参考资料》第 23 册，第 214—215 页。

③ 国防大学党史党建政工教研室编：《中共党史教学参考资料》第 23 册，第 215 页。

的人说：只要到每人150元到200元就可以过渡，太多了，如罗马尼亚那样农民比工人收入多时就不好转了，把三化压低，趁热打铁，早转化比晚转化好，三四年即可过渡。当时毛泽东未加肯定或否定，只是说：照两位同志的意见，是趁穷之势来过渡，趁穷过渡可能有利些，不然就难过渡。

1959年2月，毛泽东在第二次郑州会议上提出改公社所有制为三级所有制为基础时，便一并提出了由基本队有向基本社有发展过渡的问题，并重谈一系列过渡的思想说：要基本消灭（公社、大队、生产队）这三级所有制的差别，基本上变为一级所有制，即由不完全的公社所有制发展成为完全的、基本上单一的公社所有制，需要公社有强大的经济力量，需要有各生产队的发展水平大体趋于平衡，而这就需要几年的时间。实现完全的公社所有制，也就可以进而实现全民所有制。时间大约需要两个五年计划。然后再经过几个发展阶段，在15年、20年或者更多一些的时间以后，社会主义的公社就将发展成为共产主义的公社。

到了1959年年底，原提的人均消费（分配）200元就可以过渡到全民所有制的内容，改变成了由基本队有制过渡到基本社有制。但趁穷过渡的思想未变，一二十年或再长一点时间超过英国、赶上美国，同时开始过渡到共产主义的基本思路也未变。4省市座谈会对由基本队有向基本社有过渡的讨论和部署，无非是毛泽东已经形成的一系列过渡模式的重要一步。

为了创造条件实现由基本队有到基本社有的过渡，座谈会提出要积极发展社有经济，其中特别是发展社办工业，实现公社工业化①，并要求采取措施扶持穷队翻身（上海打算在1960年基本达到，江苏打算在1962年基本达到），在分配上，在生产水平还不高和社员收入水平还没有赶上原来富裕中农收入水平的社队，实行按比例分配办法，在生产水平发展得较高，每人平均收入水平已经超过了原来富裕中农收入水平的社队，则改行固定劳动分值的办法。实行按比例分配的，也要控制在每人每年增长5%—10%。以缩小穷富差别，利于一起过渡。

1960年4月6日，谭震林在二届人大二次会议上进一步阐明过渡的问题说：“我们的前途是从队基本所有过渡到社基本所有，然后再从社基本所有过渡到全民

① 会议确定“公社工业化”的统一标准是：(1) 公社工业产值达到占全公社工农业总产值的70%以上；(2) 实现农业的机械化、电气化，把农民变成农业工人；(3) 公社工业的生产能力要达到能够修配大型农具等；(4) 公社的劳动生产率和产品的商品率大大提高等。

所有。”“就实现社基本所有制的条件来说，第一，全社的经济发展达到了每人年平均收入150元至200元的水平；第二，社有经济部分在全社经济中占了优势；第三，穷队赶上了富队；第四，农村的机械化和半机械化达到了一定程度。”①

根据这种过渡的安排，各省开始了试点，其影响则波及较广。为了快一些发展社有经济，大办社有工业，大办养猪场，大办水利，大办交通，各种“大办”一齐上；为了扶持穷队赶富队，在资金、劳力、生产资料等方面搞“共产主义大协作”。一平二调的共产风和浮夸风、强迫命令风等重新大刮起来。平调的范围很广，土地、房屋、粮食、生产工具、劳力、家具等无所不有，搞平调的单位，有的上至省市，下至小队，而以公社为多。重新刮起的共产风，给农业生产和农民的生活造成了更加严重的损害。一些地方的大批人员浮肿、非正常死亡和逃荒外流，耕牛、生猪数量急剧下降。

时隔不久，中共中央和一些省委便意识到共产风重新刮起的严重问题。1960年2月，广东省委便向中央报告说：“目前有些地方，在发展公社经济上，实际上在重复‘一平二调’刮‘共产风’的错误。”3月，中共中央在对山东省六级干部大会情况的批示中指出：“山东发现的问题，肯定各省、各市、各自治区都有，不过大同小异而已。问题严重，不处理不行。”

但是，在共产风重新刮起来的原因上，当时中央和毛泽东没有从党的急于过渡的指导思想上来认识，却主要看成是一些领导工作人员的责任。对于山东和其他省、市、自治区出现的问题，中央批评说：“一些公社工作人员很狂妄，毫无纪律观点，敢于不得上级批准，一平二调。”“另外还有三风：贪污、浪费、官僚主义，又大发作，危害人民。什么叫做价值法则，等价交换，他们全不理会，所有以上这些，都是公社一级干的，范围多大，不很大，也不很小。是否有1/10的公社这样胡闹，要查清楚。”②

实际上，公社干部的错误，根源还是在于早日过渡、趁穷过渡的指导思想上。江苏省委在3月报告说：公社干部多数有早过渡的想法，认为“早晚要过渡，晚过渡不如早过渡”，富队干部一般怕过渡，认为过渡就是“一平二调”，就是“穷队沾光，富队吃亏”，穷队干部盼过渡，认为“穷家难当，不如交给公社算了”，“早过

---

① 谭震林：《为提前实现全国农业发展纲要而奋斗》，1960年4月6日。

②《中共中央关于山东六级干部大会情况的批示》，1960年3月23日。

渡，早翻身，过渡可以取长补短，早日摘掉穷队帽子”。因此，有的就提出“一年铺路，二年试点，三年过渡”，“今年苦干，明年过渡”，“春夏准备，秋冬过渡”等口号和做法。

中央既然把新共产风归咎于县、社干部，便不能对干部错误的性质作出准确恰当的判断，而是用阶级斗争的观点加以解释，认为是干部队伍中阶级不纯的表现，要用开展阶级斗争的办法去解决。对于并非坏人而是执行急于过渡错误的干部给予了不正确的严重打击。

三 坚守“社会主义阵地”

在“反右倾”中继续“大跃进”和部署由基本队有向基本社有的过渡，一个必然的做法，是强化人民公社的公共食堂制度。

人民公社的公共食堂从“大跃进”中产生和推广，它便一直是服从和服务于“大跃进”和两个过渡的制度。第一次郑州会议后，中共中央根据存在的问题和“大跃进”的需要，指示“要办好公共食堂，要保证所有社员吃得饱，吃得好”①。但是，严重的“五风”使得农民生活处于困难境地，食堂难以维持。第二次郑州会议解决了三级所有制为基础的体制后，中央便着手解决公共食堂问题。1959 年 5 月 26 日，中共中央指示：“要通过夏收，认真地整顿食堂。”强调积极办好，自愿参加，“既要使参加食堂的社员真正自愿，又不能采取放任自流的态度，把食堂一风吹散”。办法比过去也灵活了一些，可以办全体社员参加的，也可以办一部分社员参加的；可以是常年的，也可以是农忙的。范围过大的，可以适当缩小。特别是：“口粮应该分配到户，分配到社员，以人定量，在公共食堂吃饭的，粮食交给食堂，节约归个人；不在食堂吃饭的，粮食全部分给个人保管食用。”② 与此相适应，中央还指示分配给社员自留地，并允许社员私人喂养猪、羊、鸡、鸭、鹅、兔等。③

---

①《关于人民公社若干问题的决议》，1958 年 12 月 10 日。

②《中共中央关于人民公社夏收分配的指示》，1959 年 5 月 26 日。

③《中共中央关于分配私人自留地以利发展猪鸡鹅鸭问题的指示》，1959 年 5 月 7 日；《中共中央关于社员私养家禽、家畜、自留地等四个问题的指示》，1959 年 6 月 11 日。

同实行三级所有制为基础体制，承认生产小队的部分所有制，小队向生产队“三包一奖”办法，而许多地方却突破界限出现了“包产到户”一样，口粮分配到户的口子一开，农民们宁愿回到家里做饭、吃饭，而不愿继续在食堂吃饭。山西省参加公共食堂的人数“一度剩下的不到农村户口的20%”①。有的人主张“家家起火，户户冒烟，拆散食堂，重建私灶”。有的食堂散伙了。甚至还出现过安徽省委书记处书记张恺帆下令解散无为县食堂的事，他提出“三还原、两开放”(吃饭还原，房屋还原，小块土地还原，自由市场开放，集体所有的鱼塘开放)，亲自帮助农民拆掉公共食堂的锅灶。该县共解散了4000多个公共食堂。

公共食堂问题，是庐山会议上反映突出的内容之一。彭德怀、周小舟等都提出了异议，张闻天说得更直截了当：“现在有些人把供给制、公共食堂等同于社会主义、共产主义，怕取消供给制就不够进步，退出食堂就不是社会主义。其实，这完全是两回事，是两个不同的范畴。社会主义并不一定要采取供给制、公共食堂这种办法。”②作为针锋相对的反击，庐山会议后期，毛泽东接连对公共食堂问题写批语，批评解散食堂是“悲观主义思潮”，“是腐蚀党的，腐蚀人民的一种极坏的思潮”③，说解散无为县食堂的张恺帆是“站在资产阶级立场，蓄谋破坏无产阶级专政，分裂共产党”④。此后，各地在“反右倾”中，把是否坚持参加公共食堂吃饭，当作是否坚持走社会主义道路和继续“大跃进”的重要标志之一。

1960年2月16日至18日，贵州省委召集地、州、市委第一书记会议，讨论公共食堂问题。会后向中央报告了全省13万个食堂80%是巩固的、20%左右是不巩固的情况，以及整顿食堂的措施。省委的报告提出：“农村经过整风整社和社会主义教育之后，富裕中农同我们作斗争的主要矛头是针对食堂。去年贯彻八届八中全会精神之前，他们的主要活动，是闹土地下放，包产到户，牵牛拉马。现在千方百计扯垮食堂，这就是挖人民公社的墙脚。所以食堂也是我们必须固守的社会主义阵地。失掉这个阵地，人民公社就不可能巩固，大跃进也就没有保证。”并提出了

① 农业部党组：《关于庐山会议以来农村形势的报告》，1959年9月29日。

② 张闻天：《在庐山会议上的发言》，1959年7月21日。

③ 毛泽东：《对“湖南省平江县谈岭公社稻竹大队几十个食堂散伙又恢复的情况”一文的批语》，1959年8月5日。

④ 毛泽东：《对安徽省委书记处书记张恺帆下令解散无为县食堂的报告的批语》，1959年8月10日。

把社员自留地转交给食堂的问题。① 中共中央转发了贵州省委的报告，并将口粮分配的原则改为“指标到户，实物到人，凭票吃饭，节约归己”。②

毛泽东进一步批示道：贵州省委的报告写得很好，各地要“一律仿照执行，不应有例外”。并说，这篇报告“是一个科学总结，可以使我们在从社会主义向共产主义过渡的事业中，在 5 年至 10 年内，跃进一大步。因此，应当在全国仿行，不要例外”。③

不久，中共中央又转发了《八个省农村公共食堂情况》、《河南省农村公共食堂情况》、《1959 年年底全国农村公共食堂情况》等文件，批示说抓食堂是一个“极端重要”的问题，要求各地学贵州、河南那样作出总结普遍推行。这些文件把粮食的分配原则进一步变为“统一用粮，指标到户，实物到堂”。规定食堂发展的方向是“向全民食堂过渡”④。

执行中央的指示，到 1960 年 4 月，据 14 个省市的统计，参加食堂的户数达到农村总户数的 88.9%，人数占总人数的 88.6%，河南省达 99%。⑤ 对这个所谓“社会主义阵地”一直坚持到 1961 年夏天，才改变了认识而放弃。

四　艰难的维持

1960年1月中央政治局上海会议讨论制定、3月二届人大二次会议通过1960年“大跃进”计划时，人们的期望很高，幻想很大，以为在 1959 年纠了“左”又反了右的基础上，1960 年将是一个国民经济大发展的年份。会议不久，便对已通过的高指标计划不满足，于 5 月又提出了工业生产、交通运输、基本建设计划第二本账的安排。工业总产值要比通过的计划再增加 380 亿元，年增长速度要由原计划的 25%提高到 47.6%，财政收入要比原计划增加 79 亿元，预算内的基建投资要比原计划增加 57 亿元，钢产量要由原计划 1840 万吨提高到 2040 万吨，其他产品也相应增加。

对粮食生产和库存的增加，也作了不切实际的幻想。由于预计 1959 年粮食产

① 《贵州省委关于目前农村公共食堂情况的报告》，1960 年 2 月 24 日。

② 中共中央对贵州省委 2 月 24 日报告的批示，1960 年 2 月 26 日。

③ 《中共中央批转贵州省委〈关于目前农村公共食堂情况的报告〉》，1960 年 3 月 6 日。

④ 《中共中央关于加强公共食堂领导的批示》，1960 年 3 月 18 日。

⑤ 中央办公厅：《八个省农村公共食堂情况》，1960 年 3 月。

量5500亿斤，后又计划1960年产粮6000亿斤，便继续搞高征购。1960年1月26日中央批准的粮食部党组的报告说："当前粮食形势好得很"，粮食征购从1959年7月起，到年底已经收到1016亿斤（贸易粮），占1959年粮食年度征购计划的94%，到1960年5、6月，将超额完成计划。国家粮食库存在1959年6月底343亿斤的基础上，1960年6月底将增加到500亿斤。报告设想，今后3年每年的征购和销售各增加200亿斤，购销差额每年仍可维持在150亿—200亿斤，到1963年6月底，国家粮食库存就可以达到1000亿斤。

实际上从1960年第一季度起，国民经济状况便日趋不佳。

钢的日产量，1959年第四季度为5.38万吨，1960年第一季度为4.98万吨，4月上旬为4.84万吨，此后，继续下降。到了第二季度，20种主要工业产品中有18种完不成产量计划，其中低于第一季度水平的有11种。长时间工业冒进发展的势头也维持不住而开始全面下跌了。

粮食的形势严峻。1959年产量下降，却搞了高征购，许多地方的浮肿病和非正常死亡在发展。1960年的夏粮比上一年又大幅度减产，夏收之后收购不快，1至7月累计征购了244亿斤，比上年同期减少26%。实际是农村早已卖了过头粮。库存减少，调拨不灵，5月以后，各应调出粮食的省所调出的粮食仅完成计划的一半。而粮食销售量，却大为增加。1957年到1958年度销售粮食是423亿斤，1959年到1960年度增到590亿斤，"而且现在粮食销售量增加的趋势还在继续发展"。①5月28日，中共中央发出《关于调运粮食的紧急指示》指出："近两个月来，北京、天津、上海和辽宁省调入的粮食都不够销售，库已几乎挖空了，如果不马上突击赶运一批粮食去接济，就有脱销的危险。"6月6日，中央又发出《关于为京、津、沪和辽宁调运粮食的紧急指示》。当时这些地方的库存粮所够销的时间，北京为7天，天津10天，上海几乎已无大米库存，辽宁8、9天。为解决全国粮食困难，决定降低了城乡的口粮标准和食油定量，并提倡采用和制造代食品等应急措施，以补不足。

棉花，1958年至1959年的棉花年度②收购了3513万担，1959年至1960年度，到1960年4月只收购了3180多万担，不可能完成原定的4119万担的计划。商业棉织品数量折合棉花，1958年8月末曾是2043万担，1959年8月末降低到1882

---

① 《中共中央关于整顿城市粮食统销和降低城市口粮标准的指示》，1960年9月14日。

② 从上一年9月1日至下一年8月31日为一个棉花年度。

万担，1960年8月末，“预计将降低到1210万担（其中有80万担进口棉花，还没有到手）。大大低于维持正常周转的最低需要量”。① 也决定减少了棉布、针织品的居民定量。

外贸收购和出口，1至7月“计划完成得很差”，“国家外汇收支出现了很大的逆差”②。到7月下旬，全国出口商品收购的计划只完成43.3%，出口计划只完成38%。“估计到今年年底，对社会主义国家欠帐可能达到17亿元到20亿元”。③

财政收入不能随工业的增长而增长，4月起，有些地方还出现了支出大于收入的情况。7、8月，财政收入连续大幅度下降。货币流通量4月已比1959年年底增加了6亿元，达81亿元。对此，中央指出：“地方财政支大于收，就是基本建设太长、非生产性建设太多的实际反映，这是很危险的现象”。④ 为解决财政赤字和通货膨胀的困难，中共中央于8月5日发出《关于大力紧缩社会集团购买力的指示》，要求全国一切机关、团体、部队、学校、企业、事业单位，在今后5个月内，压缩公用经费中商品支出部分的25%左右，计5亿元。

人民的生活愈来愈感困难。粮食紧缺，副食品紧缺，日用品紧缺。不仅在农村，而且部分城市中，也开始出现浮肿病。7月，中央和国务院不得不决定对在京的高级干部、高级知识分子在副食品供应方面给予一点不太多的照顾，以确保健康。

五 毛泽东总结十年工作

1960年1月上海会议和3月二届人大二次会议安排了1960年的国民经济计划后，需要进一步调整安排“二五”计划后三年（1960—1962年）的补充计划，为召开中共八大三次会议⑤ 作准备，同时研究国际问题。为此，6月14日至18日，中共中

① 《中共中央批转商业部党组〈关于1960年9月至1961年8月棉花分配和几项主要措施的报告〉》，1960年8月15日。

② 《中共中央关于全党大搞对外贸易收购和出口运动的紧急指示》，1960年8月10日。

③ 《中共中央关于全党大搞对外贸易收购和出口运动的紧急指示》，1960年8月10日。

④ 《中共中央批转财政部党组关于调整1960年国家预算和大力组织国家收入、节约不必要的支出的报告》，1960年5月27日。

⑤ 1956年中共八大决定实行代表大会常任制，每年举行一次会议。1957年年底准备开的第二次会议，推迟到了1958年5月召开。1959年因“反右倾”运动未开第三次会议。1960年准备召

央在上海举行了扩大会议。

毛泽东在会议上讲话指出：把质量提到第一位，恐怕到时候了。1958年、1959年讲数量，“今年要讲质量、规格、品种。要把品种、质量放在第一位，数量放在第二位。”他要求各省、市、自治区在公布数字的时候，总是要少一点。要做的多一点，说的少一点。

6月18日，毛泽东把他近期想的一些社会主义建设方面的问题，结合历史的回顾，写了一个《十年总结》的文章。

毛泽东回顾说：

前8年照抄外国经验。但从1956年提出十大关系起，开始找到自己的一条适合中国的路线。1958年5月党代表大会制定一个较为完整的总路线，并且提出了打破迷信，敢想、敢说、敢做的思想，这就开始了1958年的大跃进。前年8月发现人民公社是可行的。8月在北戴河中央起草了一个人民公社决议，9月发表。几个月内公社的架子就搭起来了。

但是乱子出得不少，与秋冬大办钢铁同时并举，乱子就更多了。于是乎有11月的郑州会议，提出一系列的问题，主要谈到价值法则、等价交换、自给生产、交换生产。又规定了劳逸结合，睡眠、休息、工作，一定要实行生产、生活两样抓。12月武昌会议，作出了人民公社的长篇决议，基本正确，但只解决集体、国营两种所有制的界限问题，社会主义与共产主义的界限问题，一共解决两个外部的界限问题，但还不认识公社内部的三级所有制问题。

1958年8月北戴河会议提出了3000万吨钢在1959年完成的问题。1958年12月武昌会议降至2000万吨钢。1959年1月北京会议是为了想再减一批而召开的。我和陈云同志对此都感到不安，但会议仍有很大的压力，不肯改。我也提不出一个恰当的指标来。1959年4月上海会议规定了一个1650万吨指标，仍然不合实际。我在会上作了批评，这个批评之所以作，是在会议开始之前两日，还没有一个成文的盘子交出来，不但各省不晓得，连我也不晓得，不和我商量，独断专行，我生气

开。6月24日中央办公厅发了中央定于7月6日开八大三次会议、4日开八届九中全会的通知。6月25日，发生了苏共在布加勒斯特会议上对中共发起突然袭击事件。26日，中央改变主意通知说：“为进一步研究国际形势和安排目前的具体工作”，八大三次会议和九中全会都延期举行。此后，国家进入经济调整时期，八大三次会议一直没有召开。

了，提出了批评。我说我要挂帅，这是大家都记得的，下月（5月）北京中央会议规定指标为1300万吨，这才完全反映了客观实际的可能性。

5、6、7月出现了一个小小的马鞍形。7、8两月庐山基本上取得了主动。但在农业方面仍然被动，直至于今。管农业的同志和管工业的同志、管商业的同志，在一段时间内，思想方法有一些不对头，忘记了实事求是的原则，有一些片面思想（形而上学思想）。1959年夏季庐山会议，右倾机会主义猖狂进攻。他们教育了我们，使我们基本上清醒了。我们举行反击胜利。

1960年（1月）上海会议，规定后3年指标，我感到仍然存在一个极大的危险，就是对于留余地，对于藏一手，对于实际可能性还要打一个大大的折扣，当事人还不懂得。1956年周恩来同志的第二个五年计划，大部分指标，如钢等，替我们留了3年余地，多么好啊！农业方面则犯了错误，指标高了，以至不可能完成，要下决心改，在今年7月的党代表大会上一定要改过来。从此就完全主动了。同志们，主动权是一个极端重要的事情。主动权就是“高屋建瓴”、“势如破竹”。这件事来自实事求是，来自客观情况对于人们头脑的真实反映，即人们对于客观外界的辩证法的认识过程，中间经过许多错误的认识，逐步改正这些错误，以归于正确。现在就全党同志来说，他们的思想并不都是正确的，有许多人并不懂得马列主义的立场、观点和方法。我们有责任帮助他们懂得，特别是县、社、队的同志。

我本人也有过许多错误。有些是和当事人一同犯了的。例如我在北戴河同意1959年完成3000万吨钢；12月又在武昌同意了可以完成2000万吨，又在上海会议同意了1650万吨。例如1959年3月第二次郑州会议，主张对一平二调问题的账可以不算。到4月，因浙江同志和湖北同志的启发，才坚决主张一定要算。如此等类。

看来，错误不可能不犯。如列宁所说，不犯错误的人从来没有。郑重的党在于重视错误，找出错误的原因，分析所以犯错误的客观原因，公开改正。我们党的总路线是正确的，实际工作也是基本上做得好的。有一部分错误大概也是难于避免的。哪里有完全不犯错误、一次就完成了真理的所谓圣人呢？真理的认识不是一次完成的，而是逐步完成的。我们是辩证唯物论的认识论者，不是形而上学的认识论者。自由是必然的认识。由必然王国到自由王国的飞跃是在长时期认识过程中逐步完成的。对于我国的社会主义革命和建设，我们已经有了 10 年的经验了，已经懂得不少东西了。但是我们对于社会主义建设时期的革命和建设，还有一个很大的盲目性，还有一个很大的未被认识的必然王国。我们还不深刻地认识它。我们要以第二个 10 年时间去调查它，去研究它，从其中找出它的固有的规律，以便利用这些规律为社会主义革命和建设服务。对于中国如此，对整个世界也应当如此。

毛泽东最后写道：我试图作出一个 10 年经验的总结。上述这些话，只是一个轮廓，而且是粗浅的，许多问题没有写进去，因为是两个钟头内写出的，以便在今天下午讲一下。

对于这篇《十年总结》，毛泽东在 6 月 18 日下午讲话时说：你们看怎么样，这是从历史说明问题。使我们认识事物，主动性多一点。主动是来源于对客观事物的准确性，要主动，就要对客观实际认识准确。要盲目性少一点，自由多一点，就是主动多一点，被动少一点。我写这篇文章的意思就是如此。

毛泽东的这番总结，在当时的主客观条件下，没有也不可能根本摆脱他自反右派和“大跃进”以来的一些“左”倾思想，但是，却一定程度地认识和指出了在一段时间内，领导上的思想方法上有一些不对头，忘记了实事求是的原则，有一些片面思想（形而上学思想）的问题，明确表示自己也有过许多错误，是同当事人一同犯了的。并明确地承认和指出，自己和党对于社会主义革命和建设还有很大的盲目性，还有一个很大的未被认识的必然王国，要继续调查它、研究它，找出其固有的规律。他的这种态度，同他发动“大跃进”时信心十足的情形相比，已有很大的不同。他这时重新倡导“实事求是的原则”，对于不久后逐渐转向调整国民经济，是有重要意义的。

六 “调整、巩固、充实、提高”

6 月中央政治局上海会议结束后，国民经济上的问题更多地暴露出来，上半年生产任务完成得不好，粮食供应日益紧张。中苏矛盾也尖锐化起来。在此情况下，中共中央于 7 月 5 日至 8 月 10 日在北戴河召开工作会议，讨论国际共产主义运动问题和国内经济问题。

毛泽东在会上讲话说：我们要走自力更生道路，苏联人民过去 10 年给我们的援助，不要忘记。要下决心，搞尖端技术。赫鲁晓夫不给我们尖端技术，极好！如果给了，这个账是很难还的。又说，农村以生产队为基本核算单位的三级所有制，至少 5 年不变，死死地规定下来，再不要讲 3 年 5 年从基本队有制过渡到基本社所有制。要有部分的个人所有制，总要给每个社员留点自留地，使社员能够种菜，喂猪喂鸡喂鸭。在自留地问题上，中央批转贵州省食堂问题的指示，有毛病，要改过来。

会议批准了李富春、薄一波提出的《1960 年第三季度工业交通生产中的主要措施》。《措施》提出，调低一般产品的生产，集中力量保证钢、铁、煤、运输的生产，以解决第二季度以来主要产品下降、基本建设战线过长、物资使用分散的问题。会议还制定了《关于全党动手，大办农业、大办粮食的指示》、《关于开展以保粮、保钢为中心的增产节约运动的指示》，确定压缩基本建设战线，保证钢铁等工业生产；认真清理劳动力，加强农业第一线，保证农业生产。并决定以后计划不再搞两本账，只搞一本账，不搞计划外的东西，不留缺口。

随后，李富春于 8 月中下旬在研究 1961 年国民经济计划控制数字时提出，根据中央上海会议和北戴河会议的精神(其中主要是根据周恩来的意见)，应以“调整、巩固、提高”的方针来安排。8 月底，国家计委党组向国务院汇报时，周恩来提出，在“调整、巩固”后面加上“充实”二字。从而形成了完整的“八字方针”。9 月 30 日，中共中央批准了经周恩来审定的国家计委党组《关于 1961 年国民经济计划控制数字的报告》，报告正式提出：要“把农业放在首要地位，使各项生产、建设事业在发展中得到调整、巩固、充实和提高”。这时，虽然还在想“争取国民经济在更加牢固的基础上更好地继续跃进”，但主持实际工作的领导和部门已明确地认识到，国民经济存在一系列严重问题，不认真地进行一番调整是不行了。

七　紧急指示信

为了检查贯彻执行中央关于大办农业、大办粮食的指示，谭震林主持，于 9 月 20 日至 22 日在京召开了晋、冀、鲁、豫、北京 5 省市农业书记会议。

会议预计 1960 年的粮食总产量可能会同 1957 年相仿①。会议要求安排好农村人民的生活，压低口粮标准，把 12 个月的口粮作 13 个月安排，大种蔬菜，搞代食品，办好公共食堂，实行冬春 100 天半日劳动半日休息制；要求安排好劳动，确保

① 1957 年的粮食产量是 3900 亿斤。

把由基本建设战线压缩回农村的劳动力，80%用于农业生产，农忙季节80%的农业劳动力用于种植业；要求搞好分配工作，在1、2年内少扣多分，并要全部落实兑现，扣留的部分一般占30%，分配部分占70%，供给部分一般不超过社员分配部分的30%，社员的工资要按月发，等等。会议的一个重要精神是："在今冬明春给广大群众以休生养息的机会"。①

中共中央在10月7日转发这个会议的纪要时提出，要以八届六中全会决议和毛泽东在两次郑州会议、两次上海会议上的讲话为思想武器，"彻底肃清'共产风'、浮夸风、命令风和某些干部特殊化作风"，"把国家、集体与个人之间的关系，把大集体与小集体之间的关系，把领导和群众之间的关系彻底搞好，把农村必不可少的制度建立起来"，以使广大群众心情舒畅，从而调动起更大的生产积极性，战胜目前的暂时困难，顺利地渡过灾荒，争取明年的丰收。

各地农村在贯彻执行政策、整顿作风、整顿队伍中，更多地发现1960年春再次刮起的"共产风"的严重情况，湖北省沔阳县通海口公社的例子更引起中央的注意。据湖北省委王延春报告："这个公社的'共产风'，年年季季在刮，年年季季在处理，可是边处理边刮，一直刮到工作队进村的时候——9月4日，这一天有的生产队还在没收社员的自留地"；"刮'共产风'的单位，上自省级，下至小队，一杆到底，根深蒂固。县级直属机关和派出机关在这里刮'共产风'的有41个单位，公社的25个直属企业，没有不到生产队刮'共产风'的"；"刮'共产风'的范围，大至土地、粮食、房屋，小至镰刀、筷子、夜壶，什么都刮。全公社算了一笔帐，共乱调劳动力349个，土地8020亩，房屋1512栋，资金（包括分配未兑现的）53万元，粮食53万斤，农具35040件，耕牛84头，木料等84万斤，砖瓦147万块，家具24906件"。"生产队以下的'共产风'，更是一阵接一阵，干一件什么事情，搞一个什么运动，就刮一次，就是一次大破坏。""粮食上比较普遍的问题，是购过头粮"，"在粮食供应不上的时候，就没收社员的小杂粮、蔬菜，刮别队的'共产风'"。②

中共中央在转发这个文件时说："从1958年冬天以来，中央和毛泽东再三再四地指示，必须坚决纠正一平二调的'共产风'。因为这种'共产风'严重地破坏以生产队为基础的公社三级所有制和农村生产力。但是，从湖北沔阳县通海口公社的

---

①《晋、冀、鲁、豫、北京5省市农业书记会议纪要》，1960年10月。

② 王延春：《关于沔阳县贯彻政策试点情况的报告》，1960年9月18日。

例子看来，这个问题在不少地方至今没有解决。”中央强调地指出：“纠正一平二调的‘共产风’，纠正强迫命令、浮夸和某些干部特殊化的作风，坚持以生产队为基础的公社三级所有制，是彻底调整当前农村中社会主义生产关系的关键问题，是在公社中贯彻社会主义按劳分配原则的关键问题。”

为了全面地进一步纠正“共产风”，挽救农村的形势，受中共中央委托，周恩来主持起草了《中共中央关于农村人民公社当前政策问题的紧急指示信》(简称《紧急指示信》)，于 11 月 3 日发向全党全国。

指示信指出，人民公社化初期的一平二调“共产风”，大部分地方和社队纠正的不彻底，去年冬天以后又刮起来，还有一部分地方和社队，“共产风”一直没有认真纠正，继续刮，严重地破坏农业生产力。“共产风”必须坚决反对，彻底纠正。必须把当前农村中迫切需要解决的一系列的政策问题，向各级党组织讲清楚，把政策交给群众，发动群众监督党员干部认真地、不折不扣地贯彻执行。

指示信规定和重申：

（一）三级所有，队为基础，是现阶段人民公社的根本制度。这一制度，“从 1961 年算起，至少 7 年不变”，“7 年以后是否需要改为基本社有制，还要看当时情况由中央统一规定”。就是将来变为基本社有制的时候，也是“队共社的产”，并不是“社共队的产”，更不是“共社员的产”。

（二）坚决反对和彻底纠正一平二调的错误。“凡是从人民公社成立以来，县和县以上各级机关和企业、事业单位向社平调的、县和社向生产队平调的、以及县、社和队向社员个人平调的房屋、家具、土地、农具、车辆、家畜、家禽、农副产品和建筑材料等等各种财物，都必须认真清理，坚决退还。”

（三）加强生产队的基本所有制。生产队是基本核算单位，统一分配的单位，生产经营管理权主要归生产队，公社和大队不要统得过死，乱加干涉。绝不能削弱队有经济来发展社有经济。

（四）坚持生产小队的小部分所有制。劳力、土地、耕畜、农具必须坚决实行“四固定”，固定给小队使用。生产队对生产小队实行包工、包产、包成本和超产奖励制度。三包必须落实，奖罚必须兑现。

（五）允许社员经营少量的自留地和小规模的家庭副业。凡是已经把自留地全部收回的，应该拨出适当的土地分给社员，作为自留地，今后不得将社员的自留地收归公有。鼓励社员种好自留地，经营小规模的家庭副业。

（六）少扣多分，尽量做到90%的社员增加收入。分配给社员消费的部分，一般应该占可分配的总收入的65%左右。今年歉收的地方和社队，分配给社员的部分应该达到70%左右。

（七）坚持各尽所能、按劳分配的原则，供给部分和工资部分三七开。至少在今后20年内，人民公社分配的原则还是按劳分配。在分配给社员个人消费的部分中，要控制供给部分（30%），提高工资部分（70%），使劳动力强、出勤多的人除了吃饭以外还能得到较多的工资。

（八）从各方面节约劳动力，加强农业生产第一线。农村中的整劳动力和半劳动力要达到农村总人口的40%左右，其中整劳动力占2/3。

（九）安排好伙食，办好公共食堂。按队、按食堂为单位，一个一个地检查口粮、种子和饲料的落实情况，发现问题，及早解决。节约用粮，算了再吃，绝不能吃了再算。

（十）有领导有计划地恢复农村集市，活跃农村经济。除了粮食、棉花、油料等主要农产品只许卖给国家收购机关以外，其他农产品和副产品，在完成国家规定的交售任务以后，都可以拿到集市上进行交易。（但都只许出卖自己生产的商品，不许倒手转卖）。

（十一）认真实行劳逸结合。必须坚决保证社员每天睡足8小时。可以实行男社员每月放假两天、女社员每月放假4天的制度。

（十二）放手发动群众，整风整社。用领导和群众“两头挤”的方法，用由上而下和由下而上相结合的方法，把农村“三反”（反贪污、反浪费、反官僚主义）贯彻到底，搞深搞透。这是达到调整当前农村中社会主义生产关系的关键。

11月3日，中央又发出《关于贯彻执行〈紧急指示信〉的指示》，强调贯彻《紧急指示信》中，要“彻底清理一平二调，坚决退赔”。11月15日，中央又对省、市、区党委发出了“关于彻底纠正五风问题”的指示，要求各级领导，首先是省一级，“现在是下决心纠正错误的时候了”。

八　同一切愿意改正错误的同志同命运

《紧急指示信》在各级组织和广大群众中起了澄清思想、统一认识和行动的重大作用。这是扭转农村形势的一个新的起点。

甘肃省委贯彻《紧急指示信》，向中央作了多次报告。在第4次报告中，省委检查了执行中央政策的一些偏差：一是急于由基本队有制向基本社有制过渡，要求1959年算起,5至7年内完成过渡。二是忽视小队小部分所有制和小队工作。（1959年）上海会议文件规定的小队的小部分所有制、四固定和应有的管理权限，实际上没有贯彻下去。三是对于发展生产队的经济重视不够，抓的不狠，而过分强调发展社有经济，生产队所有制处于动荡不稳的状态。四是在收益分配政策上，扣留部分多，社员分配少，供给部分大，工资部分小。还曾规定普遍实行粮食供给制，条件好的地方实行伙食供给制。在自留地问题上也变动较多。总想使社有经济发展得快一些，共产主义因素多搞一点。“上面‘失之毫厘’，下面‘谬以千里’”。

毛泽东看报告后，代中央拟了转发这个报告的批示。批示中说：“甘肃省委在作自我批评了，看起来批评得还算切实、认真。看起来甘肃同志开始已经有了真正改正错误的决心了。毛泽东同志对这个报告看了两遍，他说还想看一遍，以便从中吸取教训和经验。他自己说，他是同一切愿意改正错误的同志同命运、共呼吸的。他说，他自己也曾犯了错误，一定要改正。例如，错误之一，在北戴河决议中写上了公社所有制转变过程的时间设想得过快了。在那个文件中有一段是他写的，那一段在原则上是正确的，规定由社会主义过渡到共产主义的原则和条件，是马列主义的。但是在那一段的开头几句规定过程的时间是太快了。那一段开头说：‘由集体所有制向全民所有制过渡，是一个过程，有些地方可能较快，3、4年内就可以完成；有些地方可能较慢，需要5、6年或者更长的时间。’这种想法是不现实的。现在更正了，改为从现在起，至少（同志们注意，说的是至少）7年时间公社现行所有制不变。即使将来变的时候，也是队共社的产，而不是社共队的产。又规定从现在起至少20年内社会主义制度（各尽所能，按劳付酬）坚决不变,20年后是否能变，要看那时情况才能决定。所以说‘至少’20年不变。至于人民公社队为基础的三级所有制规定至少7年不变，也是这样。1967年以后是否能变，要看那时情况才能决定，也许再加7年，成为14年后才能改变。总之，无论何时，队的产业永远归队所有或使用，永远不许一平二调。公共积累一定不能多，公共工程也一定不能过多。不是死规定几年改变农村面貌，而是依情况一步一步地改变农村面貌。”

毛泽东代中央起草的这个批示，虽然对错误的认识有当时的很大局限性，但看起来，他对已认识到的错误，特别是所作的自我批评，并且公之于全党，是很真诚的。表明了他愿意带动全党改正错误的一片真心。这个批示，在全党干部中，起了积极的教育作用。

九 全力保钢

7、8月北戴河会议后，中央和毛泽东对农村问题看得比较清楚了，对国民经济的一般问题也作了一些调整安排，但是，在钢铁生产问题上，却一直没有采取恰当的方针与措施。

4、5月冶金部、国家计委、国家经委制定出钢的第二本账指标2040万吨后，尽了相当大的努力，日产量仍停滞在5万吨的水平上。1至8月，累计只生产出1137万吨钢，平均日产量4.64万吨。照此下去，连第一本账1840万吨也难以达到。这时本应把全年指标加以调低，但是，由于毛泽东把钢铁指标视作坚持继续“大跃进”路线的基本标志，不能降低。而且，由于夏天中苏关系上矛盾的发展的影响，毛泽东还要炼争气钢。

1960年6月，苏联单方面取消了1957年中苏国防新技术协定，拒绝向中国提供原子弹样品和技术资料。在1960年6月布加靳斯特会议上又整中国。毛泽东甚为气恼，他同李富春、薄一波、陈正人谈话说：“办钢铁要大搞小土群、小洋群。浙江的情况只有4个钢铁厂，小洋群不够。各省都要布置一批小洋钢铁厂、小洋铁路。今冬要动员7000万人来干。1962年搞到3500万吨，可能更多一些。今年可能搞到2200万吨，如果今年有2200万吨，后年可能达到3800万吨。第二个10年可能搞到1亿吨。”“实力政策、实力地位，世界上没有不搞实力的”，“手中没有一把米，叫鸡都不来，我们处在被轻视的地位，就是钢铁不够。要继续跃进，不仅资本主义国家看不起我们，社会主义国家也不给技术，蹩一口气有好处。10年搞1亿吨，上天”。6月底到7月中旬，布加勒斯特会议上的风波，苏联撤退在华专家、撕毁经济和科技合同的事件，更促使了大家咬着牙也要炼“争气钢”，给毛主席争气，给国家争气。

8月14日，中央发出了《关于开展以保粮、保钢为中心的增产节约运动的指示》，9月7日，中央又批转了国家经委党组《关于以保钢为中心的增产节约的紧急措施的报告》，为实现2040万吨钢计划，安排后4个月产钢900万吨的平均日产量计划是：9月平均日产5.5万吨，10月平均日产6.6万吨，11月平均日产7万吨，12月平均日产7.5万吨。10月8日，中央书记处又发出了狠抓钢铁生产的通知。

11月中旬，钢的平均日产量突破了6万吨。但下旬又跌了下来。同时铁、煤、运输也呈现逐日下降的趋势。不但第二本账2040万吨已不可能达到。第一本账1840万吨的指标也有完不成的可能。12月3日，中央再一次发出《关于保钢问题的紧急指示》，强调地指出：“今年能不能完成1860万吨钢的生产任务，是国内国外注目的一件大事，是一个政治性的问题”。“如果我们不立即抓紧时机，扭转生产下降的局面，那么，全年钢铁生产的任务就有完不成的危险。而一旦发生这种情况，对于我们目前国内外的政治斗争，对于明年争取国民经济的继续跃进，都是不利的”。中央要求12月的平均日产量要确保6.2万吨，争取达到6.3万吨。并采取抓统一调度等一系列措施来保证。

经过后4个月全力突击，终于勉强完成了1866万吨的计划。但是，国民经济的比例关系已完全失调，出现了极其严重的经济危机。

十　三年“大跃进”的代价

1960年的工农业总产值，完成了2065亿元。只达到二届人大二次会议通过的高指标的69.3%。农业——在1959年已大幅度下降之后，继续大幅度下降。1960年农业总产值415亿元，比1959年又下降了12.6%。

粮食产量，据1961年核实，只有2870亿斤，比“大跃进”前1957年的3900亿斤下降了26.4%，跌到了1951年2874亿斤的水平。

棉花产量，2126万担，比1959年下降了37.8%，也跌到了1951年2062万担的水平。

油料作物，3405万担，比1959年下降50.9%，比1957年下降54%，跌到了建国时的水平以下。

就农业而言，3年并没能够“跃”进，恰是大幅度地“跃”退了。

一方面是粮食产量自1959年起连续下降，另一方面是高征购、高销售。1957年度征购粮食961亿斤，占年产量的24.6%，比较正常。1958年度征购1095亿斤，占年产量的27.3%，已经多了。1959年度征购达1348亿斤，占年产量的39.6%。1960年度征购1024亿斤，占年产量的35.7%。使得农村留粮，由1957年的2940亿斤，减少到1959年的2052亿斤，1960年的1846亿斤。1960年比1957年减少37.2%。按人口平均的农村粮食消费量，由1957年的409斤，降到1959年的366斤，

1960年的264斤。1960年比1957年减少了35.3%。

在高征购但又高销售之下，国家库存周转粮耗多补少，连年下降。1958年6月底，国库存粮386亿斤，1959年6月底降为343亿斤，1960年6月底又降为127亿斤，连正常情况下铺底粮和运转状态的周转粮数都不足。农村粮食短缺，国库存粮无几，一些大城市几乎脱销，全国大约缺少3000万人一年的口粮。中共中央和国务院不得不决定从国外进口粮食，“从1961年开始至1964年，每年进口100亿斤左右，1964年以后逐年减少”。①

对于经过“大跃进”折腾后的粮食形势，1960年10月21日，陈毅在军委扩大会议上说：今年已经有几个省开始缺粮，秋收以后就缺粮，寅吃卯粮，明年会更缺了，有个怎样度过的问题。一个山东、一个河南、一个辽宁、一个河北，是最难过的，其次是山西，还有几个省。58年、59年几个大战役，把我们的存底挖空了，把我们的存粮箱箱柜柜都拿来吃光了，又来了连续两年的灾害，所以引起困难，明年春天又来了个灾害怎么办？人民确实相当地疲劳了，相当地困苦了，情绪也很不好，劳动热情普遍不高，大家外逃也不愿意搞生产，需要我们军队帮一帮。

轻工业——出现从未有过的下降情况。

1960年轻工业产值550亿元，比1959年减少9%。棉纱产量下降了28.6%，棉布下降了28%。食糖等某些轻工产品下降了60%。人们很需要的轻工日用品供应日益减少，呈现出奇缺现象。

重工业——在农业、轻工业大幅度下降的同时，更加孤军冒进。

1960年重工业产值1100亿元，比1959年增长25.9%。加上1959年、1958年的冒进增长，1960年的重工业产值比1957年增长了2.3倍。

钢的产量1866万吨，比1959年增长34.5%。钢材增长23.8%。原煤增长7.5%。发电量增长40.4%。水泥增长27.5%。金属切削机床增长32.9%。

一方面是重工业高速增长，另一方面是1960年的农业比1957年下降了14.8%。重工业的发展不但完全脱离了农业基础的状况，与轻工业的情况不相适应，也为重工业自身所无法承担的。重工业严重挤了农业和轻工业，造成比例更加失调。1960年与1957年相比，农业的比重由43.3%下降到21.8%，轻工业由31.2%下降到

① 方留名：《周恩来在国民经济调整时期为粮食工作辛勤劳动》，《文献与研究》1984年第3期，第24页。

26.1%，重工业则由25.5%猛增至52.1%。

基本建设——规模过大，积累过高，效益下降。

1960年全国基建投资总额389亿元，比已经很膨胀的1959年投资又多39亿元，增加10%。1958年至1960年基建投资合计996亿元。比“一五”计划5年的总和550亿元还要多81%。这种庞大的基本建设规模，是建立在1958年粮、棉高估产（产粮7500亿斤、产棉6600万担），计划1962年要达到钢产量5000万至6000万吨的目标来安排的。挤垮了农业，挤伤了轻工业，重工业自身到1960年年底后，也站不住而掉了下来。

1958年至1960年，3年共增加国民收入312亿元，同期基本建设投资增加了246亿元。即新增加的国民收入的80%，用于了投资。1960年，在国民收入比上年减少了2亿元的情况下，基建投资还新增加了39亿元。当年施工的大中型项目多达1815个，比上年增加454个。致使当年基本建设投资占财政支出高达54.2%。3年的积累率，1958年上升到33.9%，1959年又上升到43.8%，1960年仍为39.6%。

基本建设的职工队伍愈来愈大，1960年来达到692.8万人。基建投资的效果愈来愈差，1960年的固定资产交付使用率由上年的69.2%降到68.8%，大大低于1957年93.4%的水平；大中型建设项目投产率由上年的12%降到9.8%，大大低于1957年26.4%的水平。

国家财政——连年出现大量赤字，通货膨胀，商品价格上涨。

3年“大跃进”中发生大量财政赤字，1958年为21.8亿元，比1956年冒进造成的赤字要高出3亿元；1959年赤字猛增为65.8亿元；1960年赤字又高达81.8亿元。3年合计169.4亿元。1961年仍有赤字10.9亿元。

为弥补赤字，大量增发票子，造成通货膨胀。1957年年末的货币投放量为53亿元，1959年上升到75亿元，1960年上升到96亿元。作为3年“大跃进”的后果，1961年又高达125亿元。

一方面是多发票子几十亿元，另一方面是国家掌握的商品急剧减少，库存锐减。这两方面失衡，物价就上涨。许多商品国营有价无货，自由市场上价格高于国营牌价达数倍至10余倍。1960年零售商品的货源与社会商品购买力的差额高达74.8亿元，占当年社会购买力的10.4%。

人民生活——商品尤其是农副产品奇缺，人民生活陷入连续3年（1959年至1961年）的严重困难之中。

人民生活水平严重下降。据调查，城乡人民的平均粮食消费量，由1957年的406斤降为1960年的327斤，减少了19.4%，其中农村的人均消费量下降了23.4%。植物油的平均年消费量，由1957年的4.8斤下降为1960年的3.7斤，下降了23%，其中城市的人均消费量下降了31%。猪肉的平均年消费量，由1957年的10.2斤下降为1960年的3.1斤，下降了70%，其中城市的人均消费量下降了78%。

人民身体素质下降，加上长期紧张地劳动和疾病流行，出现大量的非正常死亡。据测算，中国人口总数1959年是6.72亿人，1960年为6.62亿人，即减少了1000万人，1961年比1959年减少了1300万人。按照当时出生与死亡相抵后20‰的人口净增长率推算，正常情况下1961年总人口应比1959年增加2700万人，两者相加，1959年至1961年的非正常死亡和减少出生人口数，在4000万人左右。

一个非正常死亡人口数千万，一个经济损失估算3年为1200亿元，这集中地说明了3年“大跃进”的惨重代价。

而且，后来又用了5年时间调整国民经济，才使之恢复到1957年的产量总水平。国家的建设走了大弯路，在一些重要方面丢失了8年的时间。而恰是在此期间，一些国家如日本等，经济与科技得到迅速发展，我国与他们的差距拉大了，这又是一个长时间中弥补不了的重大损失。

河北省唐县民兵女炮连在实弹射击。

第七章
军队的磨难

史无前例的“无产阶级文化大革命”刚全面开展之际，《解放军报》曾发表了一篇题为《把我军办成毛泽东思想的大学校——纪念我军建军39周年》的社论，其中有如下引人注目的论断：

“建国16年来，我们同混进党内、军内的资产阶级军事路线代表人物，进行了3次大的斗争。

“第一次大的斗争，是从抗美援朝战争结束后开始的。一小撮资产阶级军事路线的代表人物，打着‘正规化’‘现代化’的幌子，全盘照搬外国的一套，妄图否定我军的历史经验和优良传统，把我军引上资产阶级军队的道路。他们所推行的资产阶级军事教条主义，遭到我军广大干部战士的强烈抵制和反对。1958年的军委扩大会议，在毛主席提出的‘打倒奴隶思想，埋葬教条主义’的号召下，粉碎了他们的猖狂进攻，捍卫了毛主席的建军思想和建军路线。

“第二次大的斗争，是和1959年我们党对右倾机会主义反党集团的斗争同时进行的。党的庐山会议所揭露的反党集团的主要成员，借着他们在军队窃据的重要职务，力图取消党对军队的绝对领导，取消政治工作，取消军队参加社会主义建设和做群众工作的任务，取消地方武装和民兵，从根本上否定毛主席的人民军队和人民战争的思想。他们妄想按照资产阶级的、修正主义的军事路线，改造我们的军队，使军队变成他们篡党、篡政，实现个人野心的工具。继党的庐山会议之后召开的军委扩大会议，彻底清算了他们的罪行，罢了他们的官。这是毛泽东思想的伟大胜利！

“林彪同志主持中央军委的工作以来，最坚决最彻底地贯彻执行了毛主席的建军思想和建军路线。1960年，在党中央和毛主席的关怀指导下，由林彪同志主持召开的军委扩大会议，进一步肃清了资产阶级军事路线的影响，端正了政治工作的方向，作出了《关于加强军队政治思想工作的决议》，继承和发扬了古田会议的精神，成为我军前进道路上一个新的里程碑。……

“第三次大的斗争，发生在不久以前。……”

第三次“大的斗争”，是林彪整罗瑞卿，这里暂且不谈。所谓第一、第二次“大的斗争”，是包括了1958年、1959年、1960年的三次军委扩大会议，涉及的内容，包括了从建国时起至1960年止，人民解放军建军工作中的一些基本问题和矛盾。1957年以后发展起来的党内“左”倾思想在军队中表现出来，林彪又每次都加以利用，使军队建设事业遭到严重损害，是3次军委扩大会议上开展所谓“军事路线斗争”的实质。

一　1958年的反教条主义斗争

1958年的反教条主义斗争，是在1957年反右派后，党在阶级斗争理论观点上发生重大错误和1958年年初已开始酝酿发动“大跃进”的背景下，在5月至7月的军委扩大会议上开展的。这一斗争，又是从1956年的反教条主义演变而来。

1949年中国人民革命在全国取得胜利后，人民解放军进入了一个建军的新阶段。9月21日，毛泽东在第一届全国政协开幕式上提出：“我们将不但有一个强大的陆军，而且有一个强大的海军，而且有一个强大的空军”。一届政协通过并起临时宪法作用的《共同纲领》第22条规定：“中华人民共和国应加强现代化的陆军，并建设空军和海军，以巩固国防”。人民解放军在经历了22年的战斗历程之后，由此开始了由低、中级阶段向高级阶段转变的建军新时期。正如朱德总司令在1952年纪念建军25周年时指出的：“人民解放军正在向着现代化的强大的国防军的目标前进。这在人民解放军的建军史上是一次大的历史性的转变。”

新时期的建军，要求首先培养大批具有丰富现代军事科学知识，军政素质很高的领导人才。1950年，中共中央考虑要办一所陆军大学，来培养这种人才。当时身为西南军政委员会主席、第二野战军司令员的刘伯承，自告奋勇地向毛泽东和党中央提出，愿解除现行职务，来创办这所大学。1950年6月，中共中央和毛泽东接受刘伯承的建议，决定调他主持创办工作。同年11月，刘伯承同陈士榘联名向毛泽东呈报了《关于创办军事学院的意见书》，建议定名为军事学院，暂设址于南京，并对开学时间、组织、训练、筹备工作等，提出了方案。学院于1951年1月15日正式开学。中央军委给题词勉励说："为建设正规化、现代化的国防军而奋斗"。

"建设正规化、现代化的国防军"，这是中共中央对新的历史阶段人民解放军建设方针的最初表述。1952年12月，毛泽东和中央军委使用了"建设我军为世界上第二支最优良的现代化的军队"的提法。1953年起，又用了"第二支最优良的现代化的革命军队"的提法。基本意思都一样，要求人民解放军这支革命军队要实现正规化、现代化。

关于正规化、现代化建设的必要性和一般内容，1951年7月10日，毛泽东在给刘伯承院长及全体教职员工的训词中指出：过去由于客观物质条件的限制，我军的建设"处于比较低级的阶段，也就是装备简单低劣，编制、制度的非正规性，缺乏严格的军事纪律和作战指挥的不集中、不统一及带游击性等等，这在过去是必然的，不可避免的，因而也是正确的。可是，自从中国人民获得了全国范围的胜利之后，这种客观情况已经起了基本上的变化，我们现在已经进到了建军的高级阶段，也就是进到掌握现代技术的阶段"。"与现代化装备相适应的，就是要求部队建设的正规化，就是要求实行统一的指挥、统一的制度、统一的编制、统一的纪律、统一的训练，就是要求实现诸兵种密切的协同动作。为此，就需要克服在过去时期曾经是正确的，而现在是不正确的那种不集中、不统一、纪律不严、简单现象和游击习气等等，而必须加强整个工作上、指挥上，而首先又应该是从教育训练上来培养的那种组织性、计划性、准确性和纪律性。""同时为了组织这种复杂的、高度机械化的、近代的战役和战斗"，必须建设"健全的、具有头脑作用的、富于科学的组织和分工的司令部机关"，要"挑选优秀的、富于组织和指挥才能的指挥员到各级司令部机关来，以创造司令机关新的作风和新的气象"。要求"把建设正规化、现代化的国防部队的精神，贯彻到所有部队中去"。

为了加强正规化、现代化建设工作的领导，1949年年底至1954年2月，陆续建立起了空军、海军、炮兵、装甲兵、公安军、防空军、工程兵、铁道兵等领导机关。1950年，总参谋部内成立了军训部。1955年，成立了平行于总参谋部的训练总监部，统一领导全军的军事训练和院校工作，由刘伯承兼任部长，肖克等任副部长。后来，部长一职由叶剑英代理。1958 年年初，肖克接任部长职务。

为了更好地进行军队的正规化、现代化建设，毛泽东和中共中央作出向苏联军队学习的决策。他指示："永远不要骄傲自满，一定要将苏联的一切先进经验都学到手，改变我军的落后状态。"为此，决定聘请一批苏联军事专家作顾问。毛泽东说："你们不愿请顾问，我反正是要请的。"① 并从苏联进口了一批空军作战飞机和海军舰艇，又引进 60 个陆军师的武器装备。从 1951 年起到 1954 年止，部队陆续换装完毕。军队的物质技术条件大大改善，在保卫边疆、解放沿海岛屿和抗美援朝作战中，发挥了很大的威力。

继人民解放军军事学院之后，一所总高级步校、两所高级步兵学校和一批步兵学校，在原各大战略区军政大学的基础上改组成立。还成立了军事、政治、文化 3 所师范学校和一批医务、技术院校。1953 年，成立了哈尔滨军事工程学院，陈赓任院长。1955 年筹建政治学院，学院于 1956 年授旗、开学，总政治部主任罗荣桓兼任院长。1957 年，以南京军事学院中分出的一部分作基础，在北京成立了高等军事学院，刘伯承任院长兼政治委员（1958 年后叶剑英接任院长兼党委第一书记）；同时成立了海军学院、空军学院、炮兵学院等院校。1958 年，成立了军事科学院，叶剑英任院长兼政治委员。至 1957 年，军队院校已达 125 所（50 年代末，发展到 160 多所），基本形成了配套的体系；共训练出各级各类军官达 20 万人，培养出师资 3 万余人。同时也取得了在建军高级阶段办正规军事院校的经验。

为适应正规化、现代化建设的要求，全军干部战士于 1952 年掀起了以文化教育为中心的学习热潮，在此基础上，1953 年起，全军部队转入正规的军事训练。与此同时，组织力量参照苏军的条令，考虑到当时人民解放军的人员编制情况，并吸取自己已往的经验，制定和颁发了共同条令，即内务条令、队列条令和纪律条令，还制定了其他各种条令和规范，在全军贯彻执行，加速了人民解放军正规化、现代化的进程。

经过一系列的工作，到 1953 年，人民解放军完成了由过去单一兵种到诸军兵种合成军队的转变。1955 年，部队实行了正规化建设所必需的"三大制度"，即义务兵役制、军衔制和军官薪金制。9 月，毛泽东给朱德、彭德怀等 10 位元帅授衔。

---

① 引自陈毅 1958 年 6 月 1 日在军委扩大会议主席团会议上的发言。

全军被授予大将军衔的10名，上将57名，中将177名，当年及60年代初被授予少将军衔的有1359名。人民解放军以正规化、现代化的崭新面貌展现于世界军队之林。

在此期间，中共中央军委还制定了适合当时情况的国防战略。在战略区的划分上，由原6个大区变为12个大军区。在战略方针上，1956年2月举行军委扩大会议，彭德怀代表军委作《关于保卫祖国的战略方针》的报告，确定了适合当时主要作战对象的积极防御的方针和指导原则。

在1952年至1956年的4年中，军队建设工作在取得光辉成就的同时，也有某些工作上的缺点错误。主要的一是由于对苏军的各种经验缺乏充分的了解和分辨能力，在学习了许多有益经验的同时，也机械地搬用了某些不适合中国情况的东西，这在院校教育、部队战术训练、政治工作、后勤工作等方面，都程度不同地有所表现。这种情形，在当时的国家经济建设工作、文教卫生工作等方面也存在。这既是一种缺点，又有其一定的不可避免性。二是学习苏军经验与人民解放军优良传统结合不够。个别提法不当，甚至有的人对传统的党的集体领导制度和政治工作制度一度有所动摇。出现了“要实行单一首长制”，“政治机关要大大压缩”，“政治委员要兼主任，这就不会去干预司令部事务，军政首长不会闹不团结”，“政治干部要大批改行”等错误意见。1953年军委颁布实行的内务条令，只规定连长、营长是直属首长，取消了政治指导员、政治教导员的直属首长地位。这些，曾在部队中造成了一些思想上的混乱。

对于这些缺点，1953年12月至1954年1月召开的全国军事系统党的高级干部会议提出纠正。彭德怀传达了毛泽东关于“建设我军为世界上第二支最优良的现代化的革命军队”的指示。陈毅、谭政、叶剑英、彭德怀等发言，根据毛泽东的指示，批评了以单一首长制来抵消和削弱政治工作的偏向，强调在建设正规化、现代化时要坚持党对军队的领导，发扬我军优良传统。也提出纠正了军事训练指标过高、过急及某些形式主义的缺点。明确了：既要学习苏联先进的军事科学，又要与我军特点结合、与我军战争经验结合；既要克服骄傲自满、墨守成规，又要防止完全不问实际情况的机械搬用。此后，上述偏向逐步纠正，并没有构成全军性的错误。

为了改进院校教学和部队的作战训练，1955年7月18日，刘伯承给彭德怀并呈毛泽东的报告中提出：“我们学习苏联军事科学，亟须学习中国人民解放军战史，使普遍真理与中国具体实践相结合，以发扬光荣的战斗传统。”他建议：对苏军野战条令要批判地使用，要编写我军自己的条令。还报告毛泽东批准，从军事学院毕业学员中，挑选了一批有多年革命战争实践经验，年纪较轻，文化较高，学习优秀的人才，留校充任教员作为教学骨干，改善和充实了教员队伍，军事教学和科学研究的质量得以迅速提高。

1956 年是国内和国际大变动的一年，毛泽东和中共中央总结建国后几年社会主义革命和各方面建设的经验，并借鉴苏联及东欧一些国家多年建设社会主义中的重大教训，提出了探索一条适合中国情况的社会主义建设道路的任务。与此相适应，也提出了要在工作中反对和克服存在的教条主义、机械搬用的倾向。毛泽东说："我们的方针是，一切民族、一切国家的长处都要学，政治、经济、科学、技术、文学、艺术的一切真正好的东西都要学。但是，必须有分析有批判地学，不能盲目地学，不能一切照抄，机械搬用。他们的短处、缺点，当然不要学"，"对于苏联和其他社会主义国家的经验，也应当采取这样的态度。过去我们一些人不清楚，人家的短处也去学"。①

为了克服存在于人们头脑中的不正确的学习态度和思想方法，1956 年 6 月，中共中央发出了关于学习五个文件的通知，要求全党认真学习《改造我们的学习》、《整顿党的作风》、《反对党八股》、《关于若干历史问题的决议》、《论无产阶级专政的历史经验》，"克服实际工作中的主观主义即教条主义及经验主义，特别是克服学习马克思列宁主义和外国经验中的教条主义倾向"。接着，中共中央又申明："第一，学习苏联是完全必要的，一定要学"，"第二，不能采取教条主义的方法去学习苏联经验"，"总之，我们在对待苏联经验上，必须采取学习和批判的严肃态度。同时，必须注意搞好同苏联专家的关系"。

后来，毛泽东在 8 月 31 日的中共八大预备会议上，11 月 15 日在八届二中全会上，都对既要学习苏联先进经验、又要反对和克服教条主义机械照搬，作了明确的指示。

毛泽东、中共中央这时提出反对教条主义倾向，是在肯定几年来各项建设取得重大成就，学习苏联成绩是主要的，对其好经验还要继续学习的大前提下提出的，目的是想要冲破苏联模式，在自己以往经验和新的实践的基础上，以我为主地来探索出一条自己的建设道路。

同全国各条战线一样，人民解放军内也开展了检查纠正学习苏联经验中的教条

---

①《毛泽东文集》第 7 卷，人民出版社 1999 年版，第 41 页。

主义偏向的工作。1956年9月，国防部长彭德怀在中共八大的会议上发言，肯定了建国以来人民解放军建设的成绩，指出军队在学习苏军中存在没有很好照顾具体情况，采取了一些不恰当的训练方法和工作方法等缺点。总政治部主任谭政在发言中说：进入建军新阶段，由技术装备改善开始，进行了军队指挥、编制、训练、制度等的一系列改革，顺利地实现了我军建军史上的一次巨大转变。同时指出：在人们中，对于建军的目的、方针是有错误认识的，实际工作中也发生过偏向，经过1953年冬季军事系统党的高级干部会议和1956年春军委扩大会议，基本上已经纠正，但干部中认识仍有不尽一致的地方，必须检查纠正。

1957年2月，彭德怀、谭政视察南京军事学院。彭德怀在学院讲话，并向中央和军委作了《军事学院反教条主义问题》的书面报告，对军事学院作了“教条主义相当严重”的估计和学院领导对反对教条主义“仍然徘徊、犹豫、拖延，未能下定决心”的判断。

事实上，自从5个文件学习以来，刘伯承对军事学院检查克服存在的某些工作中的教条主义偏向，是认真努力而又掌握分寸的。1956年8月20日，他致函学院主持日常工作的领导人陈伯钧副院长、钟期光副政委指出：反对主观主义要“着重反教条主义”。8月24日又写信，指出学院中“教条主义的思想有些发展，即将苏联的经验搬用过来，这是合乎情理和事实的”。9月4日，又写信道：学院领导“在检讨时，必须发扬民主，进行恰如其分的批评和自我批评，肯定哪些是对的，就继续发扬，否定哪些有错误和缺点的，就改正”。他在信中也有针对性地指出：“不要过分追究个人责任，作过火的斗争”，“如说有错误，那是院长、政委主要领导者责任更大。检查的目的，就是如何更好地完成国防部所给予的训练任务”。10月31日，他在院党委常委会议上发言，针对军事学院反教条主义中某些拔高意见指出：“我们今天反对教条主义，主要是个思想方法问题，不是走到方针路线上去。”

到了1957年年初，当彭德怀、谭政检查军事学院工作，并提出“教学工作中的教条主义相当严重”的看法后，在上海养病的刘伯承非常重视，也很尊重，抱病数次写信给学院主持日常工作的钟期光副政委、陈伯钧副院长，要求院党委坚决贯彻执行。他在3月8日的信中说：“3月5日来书敬悉。去年党委决定：在政治思想上和组织制度上，肯定好的经验，坏的经验，应成为一个工作总结。这次又获德怀同志谭政同志检查指示，方针办法更为明确。学院应切实遵循。为贯彻实施，党委作深入研究，集体讨论，发扬批评与自我批评，再经过群众路线，必有成就。”

遵照刘伯承院长的意见，学院党委于3月举行全体委员会议，作出了《关于深入开展反对教条主义的决定》，对学院中教条主义的主要表现及克服的办法作了检查和规定。4月4日，《解放军报》报道了军事学院反对教条主义的经验，并认为："党委要站在反教条主义斗争的前列。这个问题，军事学院党委会现在是解决了。"5月30日和8月24日，刘伯承院长又两次写信给学院负责干部，就如何具体保证反教条主义决定的实现及如何搞好整风，尤其是搞好领导干部的批评与自我批评，作了指示和要求。

在检查纠正学习苏军经验中照搬的缺点的过程中，在各总部和军事学院中，对于军事学院和训练总监部几年来工作的看法上，存在着一些分歧。主要争议在于：是思想方法上和工作中的缺点，还是建军方针上、路线上的错误？这也涉及成就是主要的，还是缺点错误是主要的这种总体评价。有的人尖锐地提出说："军事学院是全军教条主义的大本营"。有的说：学习苏军"学得越多，中毒越深"，"南京军事学院几年来的教学是教条，危险的是继续学下去"。也有的在批评和揭发中表示"非常愤慨"，片面性和偏激情绪比较大。另有一些领导干部不完全赞同彭德怀1957年2月检查军事学院时的讲话，认为对缺点错误估计过重，不符合实际。有的认为，反教条主义中产生了否定一切的倾向，"在党内外各种会议上，到处可以听到对教条主义、形式主义、死搬硬套的批评和指责。过去的方针不对头，学校教育搞错了，部队训练也搞错了；过去的条令方针不对头，各种规定搞错了，似乎过去的一切都搞错了，都是教条主义、形式主义、死搬硬套，等等"，"造成了军事思想上的大混乱"。认为应该澄清。有的指出，反教条主义以来，部队中出现了纪律涣散、战备松弛等副作用的表现。有的只讲反对教条主义，有的则认为，反对教条主义，也要反对固步自封的经验主义。

彭德怀在坚决贯彻执行中共中央1956年关于反对教条主义指示的同时，把建国以来建军方针的历次提法，分作两种，即否定和肯定的看法。认为1951年至1953年所提的"建设正规化、现代化的"军队，没有"革命化"三字，"当作全面的建军方针，这显然是错误的，因为正规化和现代化这两个口号没有联系政治内容，所以在军队中曾引起了一些认识上的偏差"；认为1953年以后所提"建设优良的现代化的革命军队"才是正确的方针。这两种提法是两种对立的方针。

主持训练总监部常务工作的肖克副部长则认为：军事训练中是有教条主义和形式主义的，反对这种倾向是正确的和必要的，但在进行中也产生了很多的问题，以为凡是学习理论就有教条主义嫌疑，或就是教条主义，把按规章制度办事，按操作规程训练，与死搬硬套和不民主混淆起来；把军队中应有的形式看成是形式主义，把学术上的争鸣和民主，与行政关系混淆起来。之所以产生这种情况，是在反对教条主义的时候，只是一般号召，对怎样反和反什么，没有具体的分析和研究，产生了否定一切或者否定太多的偏向。

肖克不同意彭德怀1957年2月在军事学院对教条主义问题的过于严重的估计，而认为军事学院有教条主义，只是教学内容与我军实际情形有某些不适应。认为彭总关于以劣势装备战胜优势装备敌人的提法，从政治上、战略上是完全对的，用来批评教学就太笼统，因为战役战术上应以优胜劣，以多胜少，不应把战略与战役战术的运用混淆。

肖克也不同意彭德怀批判"正规化、现代化"的口号。1958年2月21日，他上书彭德怀，针对彭德怀一篇要公开发表的文章①的提法提出，不应把中央军委、毛主席开始时提的"正规化、现代化"口号同毛主席后来提的"现代化、革命化"口号对立起来；而应看作都是对的，前者是包括和密切联系着我军革命化的政治内容提的，后者是前者的完善。"（正规化、现代化）这个口号在执行中，产生了偏差，甚至是不小的偏差，如有些同志把正规化现代化和党的领导及政治工作制度，以及和群众路线对立起来；对现代化的要求过高过急等等现象……但这是执行中的问题，是少数同志的问题，而不是口号本身的问题。"建议在批评和纠正产生的偏差时，"不要批评（正规化、现代化）口号的本身"。他还指出，"建立优良的现代化的革命军队这个口号，较之正规化现代化的口号，要好些，口号本身就明确了革命化的问题，不像正规化现代化的口号，还要解释才能明确——虽然我们过去的解释是这样明确的。但这口号并不否定正规化，因现代化的军队，是一定要正规化的"。

叶剑英则一直是主张既要批评和纠正教条主义式的态度和方法，也反对经验主义的态度和方法。1956年，他在全军第六次军校会议上说："依目前情况看来有两种学习方法：一种人是学老牛吃草，不分青红皂白，通吃下去再反刍（事实上，老牛也是有分析的，好的草才吃下去，不乱吃）；这种人学的时候没有分析批判，难免在用的时候发生死搬硬套的毛病。一种人是西方寓言上的驴吃草，东瞻西望老吃不下。西边一望，觉得西边的草不如东边的草好吃，但回头向东边一望，又觉得东

① 即《把我军建设成优良的现代化的革命军队》一文。

边的草不如西边的好，自己都快要饿死了，还是一根草都没有吃进去。前一种人说，你根本没有吃或没有尝过味道，怎么能分析好坏？结论是做老牛。但反驳的人这样说，学习要有选择，不能不分青红皂白。但是，他们选择、选择，老是停滞在选择阶段，结果是做老驴。”叶剑英主张要认真学习，又要加以分析批判，学到手以后又要加以发展。

叶剑英还不赞成给军事学院戴教条主义帽子。1958 年 4 月 18 日，他在军事学院教职学员干部大会上说：学院不久前曾有一次反教条主义运动，同时全国各院校也开展了这一运动。经过运动后，收到了很大的效果，但也产生了一些副作用；后经总政和你们院党委的统一整顿，又加上整风和双反大跃进，有些问题已经解决了。过去我们是有争论的，众口都讲应该学习苏联，但如何学法？先批判再学习，还是先学习再批判？“有人说学院是教条主义的头头，现在已经是历史上的东西了，但应该说，全军包括院校和部队都有教条成份，当然也不必按上一个教条主义的帽子。几年来，我们工业、文教等工作中有些教条主义，商业也有一点，农业很少。军队也有些教条”，“过去军事训练中出现教条主义的偏向，主要责任在领导。训总首先应作自我批评，不要把责任推到底下，因为我们照搬、照翻、照印、照发，毫无疑问你们底下只好照办，我们四照，你们只一照”。

但是，到了 1958 年 5 月至 7 月的军委扩大会议上，1956 年以来克服思想上和工作上缺点的“反教条主义”，却被弄成为一场严重的“路线斗争”。

要召开 1958 年军委扩大会议，是同年 3 月中共中央成都会议上决定的。毛泽东在推动开展全国经济建设“大跃进”的同时，想也促一促军队的工作，使之与全国的形势相适应。因此，确定军委扩大会议的重点议题是检查军委和各总部对工作的领导。当时毛泽东对军队工作的一般看法是：全国解放后，在经济工作和文教工作中产生了教条主义，军事工作中搬了一部分教条，基本原则坚持了，还不能说是教条主义。

林彪参加成都会议回到北京后，听说在 1958 年 3 月 10 日至 5 月的训练总监部 4 级干部会议上，对怎样认识和怎样反对教条主义有争论。他认定肖克、李达等是“反对反教条主义”的，另外一方是反教条主义的，报告了毛泽东，并建议将军委扩大会议的主题改为开展反教条主义斗争。毛泽东同意了林彪的建议，并在莲花池会议上决定要刘伯承作检讨。

会议主题的这种变化，林彪自己也曾作过如下说明：我刚回京时，××× 同志到我那里去了，“无意中谈到肖克……肖克有教条主义倾向。我才开始接触这个问题。当时军委扩大会议马上就要开，但并没有确定以反教条主义为主题。我得到这个材料以后，认为这个问题很重要，应该以这个为主题，军委扩大会议应该有个思想内容。把情况报告毛主席，毛主席认为……应该开展这个斗争。会议是毛主席决定的，材料是 ××× 提供的，这才有去年以反教条主义为中心的军委扩大会议”①。

自建国以后，林彪一直小病大养，不做工作，消极多年，这时忽然活跃起来，是何道理？

当时的重要背景主要有：

一是南宁会议起，毛泽东明显地对在此以前的国务院工作不满意，对周恩来、陈云还有刘少奇不满意。随后有增加中央核心领导成员的考虑。3月成都会议结束，4月林彪即向毛泽东提出改动军委扩大会议主题。5月八大二次会议刚结束，5月25日八届五中全会作出增选林彪为中央副主席的决定。这之间有何内在联系？

二是1956年后，毛泽东要探索新道路，在国内方面提出反对教条主义。1958年推动搞“大跃进”，在成都会议上又号召“破除迷信，解放思想”。即要破除对苏联教条的迷信。林彪有显示一下自己紧跟毛泽东的需要，回京便碰上了训练总监部内认识有分歧这个可以加以利用的题目。

三是1956年年底匈牙利事件中军队很快瓦解，1957年苏联出现了朱可夫事件②后，毛泽东等党和军队领导人从借鉴教训的角度，对中国能否出现此类情况也有所考虑。彭德怀多次谈这个问题便是一证。③这种考虑，似乎也是毛泽东同意了在军队内开展反教条主义斗争的一个重要因素。

林彪向毛泽东建议更改会议主题，究竟还与其他什么背景直接有关，有待进一

---

① 林彪1959年8月31日在军委扩大会议小组会议上的发言。

② 1957年10月下旬，苏共中央全会解除了朱可夫的苏共中央主席团委员职务和苏共中央委员职务，并决定解除其国防部长职务。据苏共中央向中国党解释的理由，主要是说朱可夫不接受党的领导，而要建立个人领导；在同年6月处理莫洛托夫“反党集团”案件时，说过“只要我把军队号召起来就可以把反党集团分子驱逐出去”。这在赫鲁晓夫看来对自己也是一个现实的威胁。赫鲁晓夫访问东德时，朱可夫阻止将领们要前往欢迎。此由说朱可夫居功骄傲目空一切。

③ 例如：1958年5月30日，彭德怀说：朱可夫事件就暴露了苏军在（不少地方违背列宁建军原则）这方面的弱点。……我们所以要严肃地批判教条主义，就是为了把我军优良传统牢固地传下去。不然的话，当我们这批老的骨干逐渐死去以后，我军就可能有像匈牙利军队那样变质垮台的危险。

步探讨。但是，从后来他一连串打击陷害其他将帅的事件和做法来看，他每次提出一个独特的新题目，都带有打击他人、显示自己，骗取毛泽东的信任、向上钻营的特点。1958年的斗争，他是有个人目的动机的。

军委扩大会议于5月24日开小型会议，27日正式开幕。彭德怀宣布会议内容一是整风、二是整编，方法是大鸣大放大争大辩论。他说：要解决人民军队的3个问题：一是建军原则，包括党的领导，军民关系，军队内部关系等问题。二是建军方针，原先提的方针是现代化、正规化，后来主席提出建设优良的现代化的革命军队。三是战略方针问题。这次会议最根本的目的，就是要把这3个问题搞一致。讲话点出了肖克的名。

林彪在开幕式上讲话提出：军委工作的重大问题是在毛主席领导下进行的，军委的经常工作是在彭老总的主持下进行的，今后我们要继续在毛主席的领导下，军队同志继续在彭老总领导下更好地团结起来。林彪的讲话摆出了支持彭德怀的姿态，暗示有的人不能在彭德怀的领导下团结起来。

贺龙、罗荣桓、叶剑英、聂荣臻元帅也讲了话。陈毅后来补充讲了话。

经过一段小型会议，会议温度越来越高，又陆续点出了李达、陈伯钧、宋时轮、粟裕、叶剑英、刘伯承的名。6月1日，彭德怀批评肖克说："朱可夫事件、匈牙利军队未经战斗就瓦解的教训，你都不吸收，我军的历史教训你也不吸收，就是看到了正规化。你不同意我批判正规化口号的提法，写信给我，说只是执行中的问题，我不能同意。就是执行中的问题，也得要批判。"

6月5日，一位总部的领导干部在小型会议上作了《关于军队建设中两条路线的斗争》的发言，在6月20日的大会上，又讲了一次。提出：8年来，"在社会大变动和我军大变革的过程中，军队的建设实际上存在着两条路线的斗争。一条是中央军委的正确路线"，"这条路线坚持了我党关于人民战争、人民军队建设的原则的；另一条，是和中央军委的路线相违背的、教条主义的、军阀主义的、违背人民战争、人民军队建设原则的建军路线。这两种不同的建军路线的斗争，实质上，是资产阶级和无产阶级、资本主义和社会主义、资产阶级军队和无产阶级军队建军原则的斗争在军内党内的反映。这是当前军队建设中各种矛盾最主要的和最尖锐的矛盾，如果不坚决纠正这种非马克思主义的建军路线，就将直接影响到军队建设的成败和国家的安危"。"上述资产阶级建军思想、建军路线，是以肖克同志为代表的"，"如果按照他们的路线做下去，那就将使我们的军队逐渐变质。张国焘事件以及匈牙利事件、朱可夫事件、契皮茨卡事件，不都是这种错误思想发展的结果吗？”

6月7日起，小型会议转成大会。出席大会的有全军军以上单位及部分师级单位负责人，共1400余人。大鸣大放的会议方式，不断加强了斗争的气氛。训练总监部、南京军事学院、原总高级步兵学校的一些领导干部，数次检讨，难以过关。

6月21日、23日、29日，毛泽东在会上讲了话。他说：军事工作基本上做得好，有成绩，也有缺点。1949年胜利后办了许多学校，产生了教条主义，请那么多专家来，教条主义自然有了。到底教条主义有没有？我看有点，分量问题可以研究。不加分析地搬外国是妄自菲薄，不相信自己。要坚决打倒奴隶思想，埋葬教条主义。苏联经验有好的、不好的、坏的三种，要有选择地学，要注意不要因为反教条主义而否定一切。

但是，否定一切的倾向，随着会议的进行，日益严重起来。刘伯承被说成在5个历史时期中有3个错了①。甚至已经有人私下提醒陈伯钧上将，应该与刘伯承“划清界限”了。

7月上旬，刘伯承应召由宁进京参加会议。10日，带病由人扶上中南海怀仁堂讲台，作了检查发言。他以严格要求自己的态度，分析了军事学院教学上的缺点错误、产生的原因和自己的责任。虽然他是在会上受批评的主要领导人之一，但是与会者的大多数，对于他的工作精神和严以律己的检讨发言，抱有深沉的敬佩之情。一位与会者（刘政②）写信给大会主席团说：“听了忠心耿耿残衰多病的刘元帅检讨后，颇受感动。”

7月19日，邓小平在大会上讲话，特意讲了要公道地对待刘帅。他说：伯承同志，我是非常尊重他的，我们是老搭档了，你说他犯了错误，我心里那么舒服？我是很不舒服的。伯承同志这几年工作不是都做得不好，也不是过去不好。不能说他多年来做的不是好事。如果这样说，不公道。

肖克也在会上作了检讨。陈毅在会上讲到肖克历史上官兵关系不错，离开五师时，官兵哭哭啼啼，依依不舍。但会议对肖克的批评上纲很高，言词甚重，并因他

---

① 五个时期是北伐战争时期、土地革命战争时期、抗日战争时期、解放战争时期、建国以后。所谓3个时期错了，是说刘伯承在土地革命战争时期、抗日战争初期和建国以后的时期，“路线上有错误”。

② 刘政，当时任高等军事学院战略教研室教员，大校军衔。后任六十六军军长。

在某些问题上对彭德怀有一些不同意见，竟被说成是“反党”、“反军委领导”。

7月19日，彭德怀作了会议总结发言。他说：“在军事训练部门和某些院校中，极少数同志具有资产阶级的军事思想，他们一直坚持反马克思主义的军事路线，抗拒中央和军委关于反教条主义的指示，严重地阻碍了反教条主义运动的开展。其中，肖克同志，不仅一贯坚持资产阶级的军事路线，反对马克思主义的军事路线，而且从极端严重的资产阶级个人野心出发，进行反党反领导的宗派活动，企图以他的面貌来改变我们人民军队的面貌。”“错误的军事路线产生的主要根源是：过渡时期，资本主义和社会主义，资产阶级和无产阶级，两条道路，两个阶级的斗争，在我军内部的反映。”

7月22日，大会通过了《中共中央军事委员会扩大会议决议》。其中说：“训练总监部和一些院校，教条主义倾向直到最近仍然占着统治地位。而且某些个别同志，还坚持了一条与党的军事路线相对抗的资产阶级的军事路线”，“现在我军中两条军事路线的斗争，基本上是我军历史上正确路线和错误路线的斗争在新条件下的反映”，“这样两条军事路线的斗争，贯穿着我军30多年的历史”，“目前军队中的错误军事路线，实际上是历史上的错误路线在某些范围内的复活”。“错误路线可以在受过历史裁判以后卷土重来，在一段时间和一些部门、一些单位中可以横行无忌，俘虏群众，甚至有计划有组织地向中央和军委的正确路线猖狂进攻，这就证明，两条路线的斗争是一个长期的艰苦的过程。”决议还要求：“目前的斗争必须在全军认真开展。”

会议还通过了《关于处理肖克同志所犯错误的决议》。说“本会议对肖克同志的错误，暂不作最后结论”，待大会闭幕后在军委、总政治部的领导下，进一步彻底揭发检查后，再作结论。

根据军委扩大会议决议，8月至11月，举行了训练总监部200余人出席的部党委扩大会议，采用“四大”方式，对所谓“以肖克同志为首的资产阶级军事路线和反党宗派活动”进一步揭发批判。给肖克、李达作了所谓一贯坚持“资产阶级军事路线”，“公开抗拒中央关于反教条主义的指示”，“有组织、有计划地向党的正确路线开展猖狂进攻”，以及“卑鄙的野心家和军阀主义”等结论。说肖克“为了贩卖资产阶级军事路线”，在训练总监部内“纠合了10多个人的小班子”，“进行反党反军委领导的宗派主义活动”，“这个小班子的成员，多数是出身于地主、富农、资本家和旧军人”，都不是好人。显然，这种结论都是错误的。

与此同时，高等军事学院和军事科学院举行两院党委联席扩大会议，对刘伯承、陈伯钧、宋时轮等也进行了继续揭发批判。会议给南京军事学院实际也是给刘伯承作出结论说："过去南京军事学院成立以来所犯的资产阶级军事路线的错误。这条错误路线在较长时间内和中央军委正确的军事路线相对抗，是我军历史上两条路线斗争在新条件下的反映。这条错误路线统治学院数年之久，在军事训练和科学研究中表现最为严重，其影响遍及全军，其发生发展过程是由盲目到自觉，由实际工作中的错误发展到路线错误。"

尽管这个会议总结在起草时就有不同的意见，尽管在酝酿征求意见时，刘伯承当面表示了不同意的态度，尽管有的与会者（如林浩①）明确提出，我们不能也不应该给南京军事学院、给刘元帅作结论，何况结论又如此严重。但是，在"左"倾思潮严重泛滥之下，被批判的人和不合"潮流"的不同意见，总是被不屑一顾的，元帅也不例外。会议仍毫不修改地作出了上述结论。

军委扩大会议的结论和这个结论，把南京军事学院自建院以来的工作，从根本上否定了；把刘伯承自1950年主持创办军事学院以来，呕心沥血，对军事院校教育事业和军队建设大业所作出的杰出贡献，一笔抹杀，不但无功，而且有"罪"；还把刘伯承与历史上的王明路线紧紧挂钩，又连贯到建国以后，更是在很大程度上抹杀和贬低了他数十年如一日，忠心耿耿为中国共产党、中国人民和人民军队作出的不可磨灭的历史功绩。这种结论，显然也是完全错误的。

经过这场斗争，组织上作了变动。毛泽东在看得最严重之时，曾有过撤掉刘伯承中共中央政治局委员职务的考虑，征询总书记邓小平的意见，邓小平明确表示异议，为毛泽东所接受，刘伯承的政治局委员职务得以保留。刘伯承因自己已失却必要的信任，只好主动提出卸掉高等军事学院院长兼政治委员职务，专心养病。叶剑英被解除主管全军军事训练和院校的领导工作，调任军事科学院院长，也兼过一段时间高等军事学院院长和第一书记。粟裕被免掉总参谋长职务，调任军事科学院副院长。肖克、李达被免掉国防部副部长职务（训练总监部撤销，所任职务自行免除），肖克被调出军队，任国家农林部副部长，李达也被调出军队，任国家体育运动委员会副主任。另有一些干部因这件事的牵连，受了处分和处理。

---

① 林浩，抗日战争时期任胶东军区政委。1958年时为高等军事学院政治部副主任。后历任高等军事学院副政委，政治学院院长。

这场斗争，给人民解放军的建设造成了严重的不良后果。

首先，错误地批判了正规化、现代化，使军队在很长时间里模糊了完整明确的建军目标。开始时毛泽东和军委提“正规化、现代化”口号，其含义是人民解放军这支在共产党领导下的人民的革命军队，在新的历史条件下，要实现正规化、现代化。这没有错误。后来完整地提“正规化、现代化、革命化”，更为全面准确。但1958年却认为原来提的“正规化、现代化”是排斥和否定革命化的，当作“错误的建军路线”加以反对。在此以后的长达20年中，“正规化”不提了，实际被废除掉；“现代化”被认为是次要问题，给推迟了；“革命化”被片面孤立地突出出来，似乎只有它才最重要。完整的建军方针被分割了。而“革命化”又被林彪利用来搞“突出政治”，也被歪曲和破坏了。

其次，在破除迷信之时，实际上放弃了对苏军先进经验的学习；在强调发扬自身光荣传统的同时，却又出现了盲目自满、固步自封，思想僵化、半僵化的思想倾向。在一些人看来，苏军的经验没有什么，学了要打败仗。我军先后打败过日本帝国主义、蒋介石和美帝国主义，经验最多，苏军也比不上。我军过去的一切传统都是好的，包括军事共产主义的供给制，都应该恢复。武器落后不算什么问题，小米加步枪永远够用，现代化武器装备不如拼刺刀，第一枪打不着不要紧，还可以打第二枪、第三枪。有毛泽东的军事论述就足够了，只要照十大军事原则的条条去做，在任何时候和情况下都保准打胜仗。资产阶级军队的一切都是腐朽的，更不必要研究和借鉴。打破对苏军经验的盲目迷信之后，却把自己已往经验绝对化；破除了苏联教条，却又把毛泽东的论著教条化。

再次，打击了一批多年热心和致力于军队正规化、现代化、革命化建设的干部，挫伤了广大指战员的积极性。“抓政治保险，抓军事训练危险”的消极思想由此而生。还造成了一部分高级干部之间长时间的隔阂。

又次，树立了一个开展“两条军事路线斗争”的样板。由此为开端，军队内部的所谓“路线斗争”接连不断，使军队一而再地元气大伤。1958年的斗争，产生于党内“左”倾阶级斗争思想发展的大背景下，又对后来全党“左”倾斗争的发展，有着不可忽视的影响。

1958年反教条主义的错误斗争，30年后才得以彻底解决。

早在1973年8月，邓小平重新出来工作之时，他便对消除这次斗争的后遗症很关心。当时他在因反教条主义斗争受牵连的一名干部的申诉信上作过批示道：

“这是一件历史公案，拖了多少年。原来这件事是某某和林彪联合整伯承同志的”，“这个案子牵涉了一批人，有些被定为反党分子，家庭子女都受到影响。多年他们要求作出结论，是合理的”。当时，邓小平对曾被整的人寄以很大的同情，给讲了话；但又只能讲到这个程度。

但是，当时“文化大革命”正浓，1958 年反教条主义错案无法解决。1978 年 11 月 7 日，即中共十一届三中全会前不久，人民解放军总政治部发出一份《关于肖克、李达等同志申诉问题的处理意见》的通知，撤销了“以肖克同志为首的资产阶级军事路线和反党宗派活动”的结论，但又肯定他们“犯有单纯军事观点和教条主义等错误”。

肖克对留个大“尾巴”的结论不服，于 1980 年 9 月 23 日再次向中共中央和中央军委申诉，详述建国后学习苏军的一般经过和成绩与缺点，1958 年反教条主义“左”倾斗争的错误及其后果，并对上述结论提出意见，指出：“这个结论，第一，没有澄清 1958 年反教条主义路线的是非；第二，对我则一方面原则地撤销了原结论，一方面又肯定对我的批评是‘必要的、正确的’。既然如此，又何必撤销原结论呢？我并不文过饰非，在学习苏军初期，如前所述，工作中有不少缺点错误，那是在接触新事物，缺乏经验，分析不足而已，怎么到现在还肯定当时作为路线斗争的问题呢？至于说我受到毛主席和中央军委领导同志的批评，我自己也作了检讨，那是在当时作为两条军事路线的斗争的错误思想指导下进行的。当时的批评与检讨，能不能经得起历史的检验？事过 20 年，应该清楚了。当然，总政的这个通知，是在十一届三中全会之前发的，可以理解。”“我建议，中央和军委对 1958 年反教条主义运动，重新审查。前车之覆，后车之鉴。为这一曾经震惊一时的错案平反，可使我军今后的建设不再走弯路或少走弯路。”

应纠正这桩历史错案，也是尚健在的老帅们的共同认识。1980 年 4 月 25 日，聂荣臻元帅说：“有个制度问题。过去一反‘教条主义’就把条例、条令统统推翻，也不讲内务条令了。部队稀稀拉拉，不像个样子，也没有人去管”。① 后来他还进一步明确指出：“向苏联学习，主席讲就照他们的办，就向他们学习……后头反教条主义，把这问题推到刘帅身上，这是不合适的”②。1981 年 1 月 1 日，徐向前元

① 聂荣臻：《同心同德把军队建设好》，1980 年 4 月 25 日。

② 1983 年 4 月，聂荣臻的一次谈话。

帅回顾建国以来军队建设的经验时指出："建国以后，办了许多学校，有很大成绩，但后来吃了两个大亏，一个是反正规化吃了亏，一个是反'教条主义'吃了亏。林彪、四人帮给我军现代化建设造成的危害就更大了。"①

1981 年 8 月，杨勇副总参谋长撰文写道：同开国以来经济建设方面的主要错误是"左"的错误，这是主体方面的错误一样，"军队工作也不例外。1958 年'反教条主义'斗争的严重后果，给部队建设带来很大危害"②。1982 年 1 月 22 日，杨得志总参谋长指出：今天"加强我军正规化建设还有其特殊意义：既是给正规化恢复名誉，也是在建军指导思想上的拨乱反正，纠正长期把正规化与革命化对立起来，把现代化与正规化等同起来的模糊认识以及行动上无所适从的状况"。③

1982 年 8 月中共十二大前夕，十一届七中全会决定，刘伯承因年高久病，不再担任领导职务。全会给他的致敬信中，对他数十年的革命功绩作了崇高的评价，其中特别谈道："建国以后，您为培养我军的高级指挥干部付出了辛勤劳动，为建设现代化、正规化的革命军队作出了新的重大贡献。您的指挥艺术和作战谋略是毛泽东军事思想的重要组成部分。您不愧是身经百战的元帅，马克思主义的军事理论家，坚强的无产阶级革命家。"这个致敬信，在实际上推倒了 1958 年反教条主义斗争泼在他身上的污泥浊水，恢复了他在历史上的本来面貌，也重新肯定了他领导创建军事学院和培养大批建军骨干的历史功绩。

但是，这并不等于 1958 年反教条主义斗争错案的彻底解决，因而，历史错案的影响并未根本消除。

彻底的公开平反，是在 1986 年。10 月，刘伯承逝世。中共中央总书记胡耀邦在27 日举行的追悼大会上，代表中央致悼词说："刘伯承同志光明磊落，作风正派，胸怀坦荡，顾全大局，躬自厚而薄责于人，受委屈而毫无怨言。1958 年，在对建军工作中的所谓教条主义倾向的批判中，刘伯承同志受到了不公正的对待，仍严格自责。1980 年邓小平同志明确指出：'那次反教条主义是错误的。'这也是党中央一致的意见。"

---

① 徐向前：《用先进的军事理论武装指挥员的头脑》，1981 年 1 月 1 日。

② 杨勇：《必须注意清除"左"倾思想在军事领域的影响》，1981 年 8 月。

③ 杨得志：《谈谈军队正规化建设的几个问题》（写作于 1982 年 1 月 22 日，发表于 1983 年 1 月 22 日）。

1986年10月21日，邓小平在《悼伯承》一文中，充满深情厚谊地指出："大陆解放不久，他从军事建设的全局出发，给中央写信，恳请辞去西南军政委员会主席和第二野战军司令员的职务，自告奋勇去办陆军大学（后命名为军事学院）。为造就具有现代军事科学知识的干部，伯承呕心沥血，在仅剩的一只左眼视力也已严重减退的情况下，还拿着放大镜，将上百万字的外国军事译著和大量自编教材加以校订和审定。他在军事学院的许多建树，对我军现代化、正规化建设至今仍有重大作用。1958年批判他搞教条主义，那是不公正的。完全可以说，伯承是我军现代化、正规化建设的奠基人之一。他在这方面的重大贡献，永远值得我们珍视。"

随着中共中央关于"1958年的反教条主义是错误的"的宣告，肖克、李达等一批当年受到错误批判、后又留有尾巴的人的问题，也迎刃而解。1987年11月25日，总政治部和中央军委纪律检查委员会发出《关于为肖克、李达同志的所谓教条主义问题彻底平反的通知》，宣布："关于1958年反教条主义的问题，在为刘伯承同志致的悼词中，党中央已经作了彻底否定"，"根据中央的指示精神，经中央军委批准，决定……为在1958年因所谓教条主义问题上受到错误处理的肖克、李达、郭天民、李钟奇、吴伟、赵凌汉、叶楚屏、杨力勇、李文芳、王波等同志彻底平反"。

1958年反教条主义斗争所造成的影响，经历了30年的岁月，终于得到彻底消除。

二　1959年的反彭黄斗争

1959年中共中央庐山会议刚闭幕，在北京举行的军委扩大会议便开始。会议自8月18日起至9月12日止。主要内容是揭发批判彭德怀、黄克诚的所谓"资产阶级军事路线"，清查所谓"反党俱乐部"，清除其影响。与此同时进行的，还有外事会议，以清查张闻天、彭德怀的所谓"里通外国"问题。

参加军委扩大会议的，有来自全军师级以上单位领导干部1061人，有关人员508人列席。会议的一般过程是：8月18日至21日，分14个小组分头传达和讨论中央庐山会议情况。22日起，分组对彭德怀、黄克诚作背靠背的揭发。28日起至9月4日，分两个综合小组对彭、黄面对面揭发和追逼。9月5日至7日，分4个小组对受牵连的邓华、万毅、洪学智、钟伟4人揭发斗争。9月8日至12日，对彭、黄进行了大会发言批判。

在整个会议期，揭发和批判的主要内容是：

（一）给彭德怀定了“资产阶级军事路线”的罪名

会议对建国以来彭德怀的工作不作全面分析，抹杀了他担任中国人民志愿军司令员和回国担任国防部长以来，在抗美援朝战争和军队建设上的重大贡献，片面地、断章取义地，抓住1953年颁布的内务条令是由彭德怀主持修订出版，其中删去了政治指导员、政治教导员是直属首长，删去了“战斗队”、“工作队”、“宣传政策、法令”和“瓦解敌军工作”、执行“俘虏政策”等内容，彭也曾说过要准备实行一长制、一部分政工干部要改行搞军事、政治委员要兼政治部主任等话，断言彭德怀是“单纯军事观点、资产阶级建军路线的倡导者和主要负责任者”，是“教条主义的总根子”。进而指责他是在1958年反教条主义斗争中“偷着过关”还“捞了一把”。而在会议上攻击彭德怀甚凶的，则是在1958年军委扩大会议上对彭德怀大加吹捧为“正确路线”的林彪。

彭德怀被扣上这些帽子，是有多种原因和教训的。

第一，最根本的原因，是庐山会议以后要把彭德怀彻底搞臭的政治需要。当错误地认定彭德怀是“反党、反毛泽东同志”、“篡党篡军的野心家”时，就需要从政治上予以根本否定，以“消除其影响”，使其不能“为害”。于是，对于他的功绩，不能承认；对他的任何缺点错误，都要上纲上线批判；对他的任何“问题”都要用“野心家”来解释，从而不再顾及事实本身。

第二，1958年反教条主义错误斗争“合乎逻辑”的延续和发展。1958年会议对于建国以后建军工作上的某些缺点、错误，不作历史条件分析，不顾及占主导地位还是次要地位，是否已经基本改进、纠正，攻其一点不及其余，错误地给刘伯承、肖克等作出“教条主义”、“资产阶级军事路线”的结论，这种错误的逻辑方法和结论一旦形成，就必然地会扩而大之地起作用，通行于其他人头上，尤其是在那些缺点错误上并非没有重要责任的军委日常工作主持者头上。斗争之火，错烧了别人，反过来也会烧到自己身上。

第三，与彭德怀在1958年会议上，基本上只批判别人，没有作自我批评、承担相应的责任有关。建国以来尤其是1953年以来，彭德怀在军队现代化、正规化建设上，有重大贡献的同时，在建军工作的某些缺点错误上，又有一定的直接领导责任和某些具体责任。他在对一些问题的认识上，前后也是有变化的。1958年会议上批评的所谓“教条主义”的表现，彭自己也曾说过、做过、批准过。但他只检讨说自己是“对教条主义斗争不力”。潜在含义是：自己是站在正确路线上的，但同错误路线斗争不力。这不能令人口服心服。彭德怀还说过影射、有伤刘伯承、叶剑英的话，说自己“被训练总监部撤了职，进不了训总的大门”；说“有些问题我现在不想说，因为我出身寒微，没有留过学，不是学术权威”等等。这些情况，在1959年会议上就必然被提出来。在刘伯承、肖克等的路线帽子还戴着而不能被纠正的1959年会议上，彭德怀就必然也要被戴上，并且要承担“错误路线”的主角责任。

这些，也都是党内“左”倾斗争的深刻教训。

（二）会议进一步清算了彭德怀、黄克诚的“历史账”

“左”倾党内斗争一出，便要算历史旧账，1958年的会议如此，1959年的会议更甚。由于庐山会议期间的中央常委会上，毛泽东说了历史上彭德怀与他“合作，不合作，三七开，融洽三成，搞不来七成”，定了基调，1959年军委扩大会议上便按此揭发批判。

会议主席团要求周恩来副主席作关于彭德怀历史问题的报告。周恩来首先表示说：“我也不能说对彭德怀同志的历史问题知道的完全清楚”。但不得不奉命来谈这一勉为其难的题目。

周恩来的报告，以毛泽东定的“三分合作七分不合作”为基本观点，将彭德怀的历史分成15个时期，逐一解说。它们是：1.平江暴动及其以后一段时间；2.立三路线时期；3.一、二、三次反“围剿”时期；4.第一次王明路线时期；5.长征、遵义会议；6.张国焘分裂时期；7.北上东征时期；8.洛川会议及其以后，东征以后西征；9.第二次王明路线时期；10.华北抗战时期；11.延安整风和华北座谈会；12.七大前后；13.西北野战军时期；14.抗美援朝时期；15.主持军委工作期间。

据会议的批判说法，彭德怀早年起名叫彭得华，便是有野心，平江起义参加革命是“投机入股”，入党以后4次错误路线，他都是跟着走的，虽然遵义会议上确立了毛泽东同志的领导地位，他表面上跟着走，但大部分时间是反对毛主席的，一直发展到今年企图篡党篡军，如毛主席所说的，彭在历史上是“三分合作七分不合作”，“可以算在合作中的平江起义后1年，一、二、三次反围剿1年半，长征1年半，从西北到高饶事件6年，加在一起不过10年左右。按他参加革命31年，也不过是三七开”。并说彭德怀、黄克诚、张闻天是“高岗反党集团的漏网分子，重要成员”，这一次是“高饶反党联盟的继续和发展”。这些错误说法，使彭德怀蒙受了极大的冤枉。

（三）追逼“反党军事俱乐部”成员

庐山会议上，毛泽东把彭德怀、黄克诚、张闻天、周小舟合称“军事俱乐部”。这里“俱乐部”一语的含义，是由“裴多菲俱乐部”借用而来；“军事”则指以彭德怀为首之意。这个所谓“军事俱乐部”的成员，在庐山会议上已经被批判。但军委扩大会议上，还要扩大地追下去。

追问：你承认了篡党篡军，为了篡党篡军你进行了些什么具体组织准备？你要交代俱乐部的成员！

彭德怀不得不答：交代了，4个，以彭为首。国防部、总政治部有没有？我看是没有。7月14日的信发表以后，还有一些人拥护我的思想，这算不算？李云仲这个人我也不认识，他说的更厉害，他说是“左倾盲动主义”，我说是“小资产阶级狂热性”。

人们更加追逼：人不止这几个，还有人的。

彭德怀不无嘲弄地回答：俱乐部就是4个人，以彭为首的反党集团。其他，因为他们都不愿报名嘛！

有人指出彭“太不严肃，想滑过去”，说一定有很多人，4个人不能搞“这样大的阴谋”，问贾拓夫算不算一个。

彭答：信印出以前，贾拓夫没有看过，也没有供给任何材料。我还没有收他，还没有见到他的纲领。我搞军事阴谋，在军队搞嘛！搞那些人有什么用？

有人说，你想当主席嘛，外交的有了，军事的有了，还要搞一个管经济的嘛！

彭答，让我当国防部长时，我就对主席讲过，我这个人好放炮，将来我犯错误，你们也有一份。我搞国防部长适宜不适宜哟，我还想当主席吆？

经一再追逼，彭德怀坚持只承认4个人。有人说：军事俱乐部，彭德怀只承认4个人，要彭签字，以后查出来怎么办？彭答，查出来国法审判，按条令处理，现在审判也可以。

对于这种典型的逼供信，彭德怀久久不能忘掉。十几年后他在“文化大革命”中交代问题时，仍记忆犹新、态度鲜明地写道：“在会议的过程中，我采取了要什么就给什么的态度，只要不损害党和人民的利益就行，而对自己的错误作了一些不合事实的检讨。唯有对所谓‘军事俱乐部’的问题，我坚持了实事求是的原则。对于这个问题，在庐山会议期间，就有追逼现象，特别以后在北京开的军委扩大会议时期(8月下旬至9月上旬)，这种现象尤为严重。不供出所谓‘军事俱乐部’的组织、纲领、目的、名单，就给上不老实、不坦白、狡猾等罪名。有一次，我在军委扩大会议上作检讨时，有一小批同志大呼口号：'你快交代呀！''不要再骗我们了！'逼得我当时气极了，我说：'开除我的党籍，拿我去枪毙了罢！你们哪一个是"军事俱乐部"的成员，就自己来报名吧！'有几个同志说我太顽固，太不严肃。其实，在庐山会议结束后，我就想把我在军队30年来的影响肃清、搞臭。这样做，对保障人民解放军在党的领导下的进一步巩固，是有好处的。我就是持着这个态度，赶回北京来作检讨的。但是我不能乱供什么'军事俱乐部'的组织、纲领、目的、名单等，那样做，会产生严重的后果。我只能毁灭自己，决不能损害党所领导的人民军队。"①

下属干部中被追逼最甚的，是邓华上将。黄永胜主持一个小组开会，搞邓华的所谓"反党反毛主席"和"军事俱乐部"问题。当黄永胜宣读了他主持写的《关于邓华同志问题的小结》之后，邓华实在难以接受，说：我的错误是严重的，但要说我反对中央和毛主席，说不过去嘛！我自己本心……黄永胜说：高、彭就是个反党联盟啰，彭、黄也是个反党联盟啰，高、彭联盟中你是个成员啰，彭、黄反党集团中你是个重要成员啰。你的错误性质就是反党反中央的。追逼者说：实质上是这样，不承认不行。邓华哭了，表示其他可以接受，就是"反党反毛主席"这一条实在没有办法接受。黄永胜说：邓华同志这条他现在接受不了，我们大家让他考虑考虑再作检讨，我们小组通过《关于邓华同志问题的小结》。邓华再次表示："这一条我接受不了"。黄永胜极不耐烦地说："在逻辑上说不过去！我们这个小组就这样了，小组通过。"

（四）会议还追查了彭德怀的所谓"里通外国"问题

这个"问题"，毫无事实依据。而是按照一种所谓逻辑推理设想出来的：一切反党分子都必然要"里通外国"，这一次彭德怀同志亲自挂帅迫不及待地向党的总路线、向毛主席发起猖狂进攻，恰恰在某些兄弟国家领导人对我国大跃进和人民公社化运动有怀疑和责难的时候，恰恰在彭自己周游列国并到处散布他的右倾观点之后，这决不能看成是一种偶然的巧合，谁知道他安的是什么主意，在外国告了什么洋状。由于提不出任何事实根据，不但当时的追查毫无结果，30年后给彭德怀彻底平反时，在此问题上也无任何需要甄别的材料，只是宣布取消这一莫须有的罪名了事。

---

①《彭德怀自述》，人民出版社1981年版，第278—279页。

会议后期，刘少奇、朱德、毛泽东在大会上讲了话。

9月9日，刘少奇讲了“关于无产阶级的革命家对待群众运动的态度问题”和“关于所谓个人崇拜问题”。他努力维护毛泽东的领导威信，却不正确地把提高领导人的威信同个人崇拜相混淆。他说，在苏共二十大反对斯大林的个人崇拜以后，在中国也有人要反对个人崇拜，党中央内部也有人反对个人崇拜，代表就是彭德怀同志，也有其他的人。他举了彭曾提出不唱《东方红》等事例。他又说：“我这个人历来是提倡‘个人崇拜’的，也可以说‘个人崇拜’这个名词不大妥当，我是说提高毛主席的领导威信。我在很长时期就搞这个事情。在‘七大’以前，我就宣传毛主席；‘七大’的修改党章报告我也宣传，现在我还要搞，还要搞林彪同志的、小平同志的‘个人崇拜’。你们不赞成我搞，我也要搞的，我也不一定要人家同意的。我就是这么搞。有人借着苏联反对斯大林的‘个人崇拜’，要在中国反对毛主席的‘个人崇拜’，是完全错误的，是一种破坏活动，是对无产阶级事业的破坏活动。”

从1958年3月成都会议上毛泽东讲还要有个人崇拜，经庐山会议和军委扩大会议上个人崇拜的发作，到刘少奇说要搞个人崇拜，个人崇拜在党内已经确定地树立起来了。

9月10日，朱德在大会上发言。由于在庐山中央常委会上，朱德的批彭发言受到毛泽东的奚落，被比喻为“隔靴搔痒”，更由于在军委扩大会议上林彪点名批评朱德，朱德被迫在大会上作长篇检讨。朱德说：自己在历史上曾经犯过路线错误，并且几次支持过错误路线。在社会主义革命和建设时期，又犯了两个大错误，一个是在高饶事件上，他们的阴谋活动已经开始暴露，毛泽东同志和其他人已经开始同他们的阴谋活动展开斗争以后的一个时期中，我还以为他们是好人，替他们辩护，支持他们，直到1954年2月举行的四中全会我才认识了他们的反党面目，坚决拥护这一斗争。另一个大错误，就是发生在这次庐山会议的时候，“对彭黄张周的反党野心家的本质认识不够，光从好的方面去想，认为他们已经改过了，同时和他们在思想上又有共同点，所以这次我同样表现出嗅觉不灵，没有及时识破他们反党阴谋的本质”。“有几位同志指出我有个人野心，我本来是不同意这种批评的。但是再想一想，我既然同毛主席和其他坚持马克思列宁主义的正确路线的同志在思想上有不一致的地方，而且在大是大非的路线问题上，曾有六七次没有站在毛泽东同志的正确方面……既然如此，那么，同志们对我们的批评不能说是没有理由的”，“我愿意接受这个批评”。会后，中共中央将朱德的这个发言，连同他1955年3月在党的全国代表会议上的检讨发言，一并印发党内。反彭黄斗争已严重地殃及朱老总了。这里，也种下了后来“文化大革命”中一些造反派要打倒朱德，揪出所谓“黑司令”的根苗。

9月11日，毛泽东在军委扩大会议和外事工作会议上讲话，论述了“同路人”的观点。他说：“有几位同志，据我看，他们从来不是一个马克思主义者，一直到现在，他们从来就没有成为马克思主义者，是什么呢？是马克思主义的同路人。”“资产阶级革命家进了共产党，资产阶级世界观，他们的立场，没有改变”，“这样的同路人，在各种紧要关头，不可能不犯错误”。

9月12日，彭德怀违心地作了书面检讨。同日，大会通过了一个《中共中央军事委员会扩大会议决议》，错误地说彭德怀、黄克诚“是十足的伪君子、野心家、阴谋家”，“篡军、篡党、篡国的阴谋由来已久的”，“这次向党进攻完全是有目的、有准备、有计划、有组织的，是他们个人野心发展，利令智昏，不听党的劝告，无视党的纪律的必然结果”。要求全军“彻底肃清彭黄在军队中所散布的毒素和恶劣影响”。

1959年军委扩大会议的内容是完全错误的。给彭德怀按上“单纯军事观点”和“资产阶级军事路线”的帽子，不仅否定了他个人，也是进一步地否定了建国以来军队建设事业的一些重要成就。会议贯彻和发展了庐山会议上党内残酷斗争、无情打击的做法，对后来党内、军内的“左”倾斗争，起了极为不良的影响。

三 1960年的反谭政斗争

庐山会议错误斗争的一个重要结果，是林彪被选中取代彭德怀，当了国防部长，并主持军委日常工作。①

林彪上台伊始，便利用党内存在的严重“左”倾思想，以极“左”的面目出现，制造对毛泽东的个人崇拜，为自己捞取政治资本，骗取信任。同时，进一步扩大党

① 1959年9月17日，二届人大第九次常委会议任命林彪兼任国防部长。9月26日，中共中央军委发出《关于军委组成人员的通知》说：中共中央政治局决定组成新的军委，主席毛泽东；副主席为林彪、贺龙、聂荣臻；军委常委为毛泽东、林彪、贺龙、聂荣臻、朱德、刘伯承、陈毅、邓小平、徐向前、叶剑英、罗瑞卿、谭政。军委日常工作由林彪主持。

内斗争，打击和排除有碍于他实现政治野心的领导干部。

林彪一上台，便把大搞个人崇拜作为首位的事情。当时全党已接受要有个人崇拜的观点。但是，有的人如刘少奇等，是认识上把领袖要有威信同个人崇拜相混淆；而林彪、康生，则是趁机为自己大捞政治资本。继康生提出说毛泽东思想是"最高标准，最后标准"之后，林彪在1959年军委扩大会议上，使用贬低马列的手法，制造对毛泽东的个人迷信。他提出：马克思、列宁著作很多，是低级的，学马列同"读化学不一定找到发明化学的人，学几何不一定要找欧几里德"一样，"不一定都要读他们的原著"；说毛泽东著作是高级的，学毛著是学习马列主义的"捷径"，可以"一本万利"。在1960年2月的广州军委扩大会议上，林彪提出新的战略方针，批判彭德怀主持工作时期军委的战略方针，要求在军内进一步开展"肃清彭、黄资产阶级军事路线的影响"的斗争。在同一个会议上，他还提出：学毛著就是要背警句，"我们不要背那么多，要挑选最好的，背上那么几十句就差不多了"。他还用编串子的方法，把毛泽东1939年对中国人民抗日军政大学的题词（即："坚定正确的政治方向，艰苦朴素的工作作风，灵活机动的战略战术"，"团结、紧张、严肃、活泼"），起名为"三八作风"。名为宣传、突出毛泽东，实为借此树立自己。

林彪的这些做法，受到党内一部分高级干部和将领的抵制。在军队中，总政治部主任谭政大将不同意林彪的这些说法和做法，没有传达。

谭政等不同意林彪只提"以毛泽东思想为指针"和只提学毛著、背警句的说法。认为：有些理论是马克思发明的，毛主席没有发明，如政治经济学的资本主义部分；不断革命论也是马克思发明的，毛主席阐述了，如果只提以毛泽东思想为指导而不提马列主义，就不能概括。谭政还指出，对毛泽东思想"不能庸俗化"。在1960年3、4月召开的全军政治工作会议上，谭政提出要"以马列主义、毛泽东思想为指针"，主持讨论拟定了三门政治理论课的教学大纲①，要求"加强马列主义的系统的理论政治宣传和教育工作"。他还在人民解放军政治学院作了《理论还是要系统地学》的讲话，登载于《解放军报》。这些，都与党的优良传统相一致，而与林彪的"指示"相抵触。

谭政也不同意"三八作风"的提法。他说："是不是叫三八作风？这样提好不好？""三八作风这句话怎么样？还有三八妇女节，会不会引起误解？"总政治部只

---

① 即哲学、政治经济学、中国共产党和中国革命的教学大纲。

将毛泽东原题词内容作为人民解放军光荣传统作风进行宣传，不称作“三八作风”，《解放军报》通知驻各地记者写稿时掌握。总政治部还因毛泽东过去有“坚定不移的政治方向”和“坚定正确的政治方向”两种提法，及“艰苦朴素的工作作风”和“艰苦奋斗的工作作风”两种提法，直接写信给毛泽东，请示现在使用哪一句好，没有立即采用林彪已选用的“坚定正确的政治方向”一句。在3、4月的全军政治工作会议上，总政治部也没有布置贯彻林彪提的“三八作风”。

总政治部从1959年起，根据新的时期军队建设的客观要求，执行经军委讨论、毛泽东亲自修改和批准的文化教育10年规划，组织全军干部学习文化科学技术知识。林彪上台后对此大泼冷水，在1960年第八次全军院校工作会议上，提出要压缩，要减掉。谭政等不赞同，只在具体安排上作了必要调整。

林彪的一套受到总政治部负责人的抵制，并不偶然。全国解放后，总政治部一直在中共中央、毛泽东的直接关怀和罗荣桓元帅的领导下。1956年，罗荣桓亲笔写信向毛泽东和中共中央推荐，建议由谭政接任他的总政治部主任职务，得到批准。总政治部在多年中坚决执行党的路线、方针、政策，对坚持党对军队的绝对领导，发扬人民军队的光荣传统，加强革命化、现代化建设，起了重要作用。总政治部主要领导人对林彪违反光荣传统的东西不盲目执行，是理所当然的。

林彪对于谭政和总政治部对他不盲从、不吹捧，对他的指示有所考虑，没有立即传达贯彻，恨之入骨，蓄意进行打击。

1960年5月，林彪责问谭政：你知不知道政治机关与党委(实指自己）的关系？在林彪的压力下，总政治部的一位副主任于5月在谭政外出时，批发了一份《关于开展培养三八作风运动的指示》，其中表达林彪的观点，用暗示的上纲性语言说：“近几年来我军的三八作风之所以没有得到应有的提倡，甚至在某些方面受到削弱，这是和彭、黄的资产阶级军事路线的影响分不开的”，“在部队中开展培养三八作风的运动，又是两条军事路线斗争在思想作风方面的继续”。

林彪仍不甘心，决意“彻底解决”谭政和总政治部的“问题”，于是在刚于4月开过全军政治工作会议不久，又提出要召开军委扩大会议，专门讨论政治思想工作问题。于是，便有1960年9、10月军委扩大会议的召开。

会议的整个过程，是林彪蓄意打击谭政、整总政治部的过程。但是，当林彪提出要开这个会议时，却将这一意图秘而不宣，只出了“讨论政治思想工作”的公开题目。会前，谭政只隐约感觉到林彪对总政治部不满意，并不了解林彪的真实意图，他还认真地组织一批干部下部队调查和进行报告文件的起草工作。

9月12日下午，即开会的前一天，林彪突然在军委常委会议上讲话，谈所谓“政治工作领域中四个关系问题”，提出“四个第一”的观点（当时讲话未用“四个第一”的词句。“四个第一”一词，最早出现于吴法宪在军委扩大会议上的发言），用来指责谭政和总政治部“工作方向偏”。林彪在这个讲话中道出了他作上述指责的真实原因，是认为总政治部对他个人不紧跟。他说：“上海会议①提出反修正主义问题，广州会议②提出的战略方针，提出三八作风，这些，政治工作会议都应该传达。对于三八作风还应该作出解释……而且要号召、要发动、要检查，这是政治工作理所当然的事。但是政工会议没有解释和布置。”林彪指责总政治部没搞这些，而去搞系统的马列主义、毛泽东思想理论教育和科学文化学习，说这是“方向偏”。

在这次军委常委会上，总政治部宣传部部长姜思毅对文化教育的计划是经过军委集体讨论决定，并经毛泽东主席批准的事实作了解释说明。林彪大为不满，阴阳怪气地说：大家注意呀，吃菜吃心儿呀，听话听音儿呀。意思是总政治部的这些人仍在坚持“方向偏”的“错误”。

林彪的这次讲话，给了谭政和总政治部当头一棒。谭政难以理解和接受。有人问谭政：全军政工会议刚刚闭幕不久，又要讨论政治工作，你有没有想一想是个什么问题？谭政回答说：想过，但没有想到，林总在（1月）上海会议时讲政治工作还好，很放心，过了几个月，又说政治工作方向偏了，不知为什么。他又说：“偏在哪里？不能说偏”，“文化教育也没有偏，说偏现在下结论还太早”。

林彪的讲话给会议规定了斗争对象，定了调子，发起了一场新的斗争。军委扩大会议于9月13日下午举行预备会议，传达林彪12日的讲话，这个讲话，成为会议的根本指导思想。14日正式会议开始，谭政和总政治部部分负责人很快就陷入挨攻的地位。谭政于9月20日作的《关于加强政治思想工作的报告》，因与林彪讲话的精神不吻合，受到尖锐批评（后来更被说成“他在会上所作的政治工作报告，仍与军委和林彪同志唱对台戏”，是“对待高举毛泽东思想红旗的林彪同志的态度”问题）。

---

① 即1960年1月7日至17日在上海举行的中共中央政治局扩大会议。

② 即1960年1月22日至2月27日在广州举行的中央军委扩大会议。会议研究了战略方针、国防建设问题，通过了1960年国防建设工作纲要。

9月22日，林彪决定“把问题彻底摆开”。经过20余天的连续“揭发”，谭政被指责为：在彭德怀主持军委工作时与彭“和平共处”；在反彭黄斗争中“态度暧昧”、“表现消极”、“不作任何揭发”，“对肃清彭黄军事影响毫无热情”。并说谭政在总政治部内“有个圈圈”。总政治部其他领导人，有的（如甘泗淇、傅钟）也被迫多次检讨，有的（如甘泗淇）被诬为“很可能是彭黄反党集团的主要成员之一”。总政治部被说成“已到独立王国边缘”。

10月20日，大会通过《关于加强军队政治思想工作的决议》和《关于谭政同志错误的决议》后闭幕。

但是，事情并没完。根据军委扩大会议《关于谭政同志错误的决议》中“希望谭政同志在今后总政治部机关的整风中，进一步地进行检查”的规定，1960年10月25日至1961年1月25日，总政治部召开了党委扩大会议，进行所谓“整风”，进一步对谭政等“揭发批判”。

总政党委扩大会议的基调是：“这次会议对谭政同志批判和斗争，是在军队中坚持毛泽东思想，继续肃清彭黄影响的大是大非斗争，是两条路线斗争。”

在总政党委扩大会议期间，又揭发出若干新“材料”。例如：总政宣传部部长姜思毅觉得林彪讲的“顶峰”论（即“毛泽东思想是当代马克思列宁主义发展的顶峰”）不合适，在总政1960年10月编辑出版的《林彪元帅关于政治思想工作言论摘录》中，将这段话去掉了（1960年解放军出版社版本无这段话，1964年人民出版社版本又加上了）；在审阅《中国青年》杂志送审的周赤萍所写《东北解放战争时期的林彪同志》一文时，曾认为不宜用“天才”、“统帅”的话称颂林彪，这些词只适用于毛泽东。这些，都成了“反党、反林彪”的罪状。

谭政及总政其他一些人，当时并不是看出了林彪的野心而有意反对他。但却是在很关键的问题上妨碍了林彪的“大事”。“顶峰”论是林彪的一大“发明”，删掉它，等于破坏了他搞政治投机的一个重要赌注；吹捧林彪为“天才”、“统帅”，是林彪所极需要的，不赞同用这些词语称颂林彪，等于破坏他重要的一步棋。周赤萍的文章于1960年4月在《中国青年》杂志发表后，林彪让秘书给他朗读了许多遍，非常兴奋。这篇文章后来在1971年林彪加紧篡党夺权时又曾被匆匆印成小册子，进行配合。这些都说明，被总政删掉和不同意的东西，在林彪那里占有何等重要的地位和分量。因此，林彪更加忌恨和打击谭政等人。总政党委扩大会议上的调子比军委扩大会议更高了，由原来说谭政“没有高举毛泽东思想伟大红旗”，“没有举，是扛着的”，上升为“反对毛泽东思想”；由原来说谭政在总政治部内“有个圈圈”，明确上升为“反党集团”。

1961年1月30日，总政党委扩大会议向毛泽东主席、党中央和军委作的整风工作报告说：“谭政同志反党、反毛主席”，“反对毛泽东思想”，“他自己不打毛泽东思想旗帜，也不准别人打毛泽东思想旗帜”，他“反对以毛泽东思想为指针”，“政治上一贯右倾，在历次政治运动中，常常拒不执行中央和毛主席指示，在军队建设中，坚决执行了彭德怀的资产阶级军事路线，并在反彭黄后抗拒新军委和林彪同志的领导”，而“抵制新军委和林彪同志，实质上就是抵制党中央和毛主席”。并说谭政“为了执行彭黄路线”，“与总政组织部长刘其人、宣传部长姜思毅、秘书长白文华、解放军报社总编辑欧阳文一起，进行反党宗派活动”，“结成反党宗派集团，把持总政领导”。决定给刘其人、姜思毅、白文华以党内处分。

中共中央批准和转发了总政党委扩大会议的报告。并于1961年2月撤销了谭政的军委常委、军委办公会议成员职务，将其降为总政副主任。后来在1962年9月的八届十中全会上，谭政又被撤掉了中共中央书记处书记职务，然后被调离军队。

林彪在1960年军委扩大会议上，不但以谭政为打击对象，达到了震慑他人，全面地把持军队领导大权的目的，而且提出和推行“四个第一”，使会议作出一个以“四个第一”为主导思想的决议，为自己捞取了一笔很大的政治资本。

军委扩大会议《关于加强军队政治思想工作的决议》，是在会前作过一些部队调查，会中与会者集思广益的基础上写出来的，反映了建国以来军队政治工作建设上的许多有益经验；但是，它又是在林彪提出“四个第一”，把大家的思想和经验总结引向这一轨道的情况下作出的。就使得决议既具有一些有价值的具体内容，又存在着突出的“左”倾错误。其错误的方面，主要有下列各点。

第一，把林彪的“四个第一”作为整个决议的指导思想和理论基础，认为它是“创造性地运用毛泽东思想的范例”，是人民解放军政治思想工作的方向，也是整个建军的方向。这是完全错误的。

林彪的“人的因素第一”，是对“武器是战争的重要因素，但不是决定的因素，决定的因素是人不是物”的正确论断，作了唯心主义的歪曲。他以突出人的作用为名，贬低现代化武器在战争中的重要作用，说飞机、大炮、火箭、导弹不能最后解决问题，而“靠步枪、手榴弹”这些落后的武器，“靠拼刺刀”，就能“最后解决问题”。这是一种只搞精神、不搞现代化物质建设的危险论调。

林彪的“政治第一”，以强调政治的重要性为名，把政治“突出”到无条件地高于一切，什么都要无条件服从它的不适当地位。事实上，一定的政治是一定经济的产物，是由经济基础决定并为经济基础服务的。建国后，特别是进入全面建设社会主义的时期以后，全部工作应以经济建设为中心。政治，应该是反映经济的这种客观要求，保证社会主义建设事业健康地发展，而不是同经济论高低、争“第一”。政治与军事、政治与技术等，也应该是对立统一的关系。陈毅说得好：政治与专业应结合，“比如一个飞行员，如果不强调政治……一起飞他就飞到敌人那边去了，你怎么能让这种人驾驶飞机呢？因此要对飞行员进行政治教育……但是有另外一个飞行员，上述问题都解决了，绝不会飞到敌人那边去……然而他的技术不行，一起飞就被敌人打了下来，像这样的飞行员，那又有什么用呢？因此光有技术没有政治不行，光有政治没有技术也不行。”① 政治工作的任务是促进实现二者的统一，而不是使二者分离和对立。

林彪在讲话中还以“政治第一”为由，提出“‘政治工作第一’说”②。即是说政治工作高于和压倒其他一切工作。这是错误和极有害的论点。军队政治工作同其他工作之间的关系，应如1944年经毛泽东修改、审定，谭政所作《留守兵团政治部在西北局高干会上关于军队政治工作问题的报告》中规定的：我军政治工作的任务，只能根据我军的基本任务与当前具体任务去规定，不能在此以外再有所谓政治工作的独立任务。政治工作就是以革命精神教育部队，从思想上、政治上与组织上去保证这些任务的完成。③

历史经验告诉人们，有个首先把政治搞对头的大问题。我们的政治，其含义和内容必须是正确的，反映客观现实的，有利于社会主义经济基础巩固和发展的，并在涉足的领域中严格遵循客观规律，它才能起到正确的作用。否则，政治一旦搞错了，会招致重大的甚至不可估量的损失。1957年以后的长时间里，党在若干重大政治问题上所犯的严重错误，便是如此，“文化大革命”尤甚。而林彪所搞的政治，是野心家的政治，这种政治，再冠之以“第一”，实在是一种极大的祸害。

① 陈毅：《关于红与专及思想改造和思想批判问题》（1961年3月10日，对北京市高等院校应届毕业学生讲话的一部分）。

② 林彪：《在全军高级干部会议上的讲话》，1960年10月。

③ 参见政治学院党史教研室编：《中共党史参考资料》第9册，第208—209页。

林彪的“思想工作第一”，是以强调思想工作的重要性为名，宣扬“精神万能论”。他当时即露骨地说过：打仗的胜败，在于“一念之差或者一念之对”，“我们要想办法来代替物质的力量，以至超过物质的力量”。① 林彪极端夸大精神的作用，贬低和鄙弃其他，根源于他主观上强烈希望实现其政治野心的需要。

林彪的“活的思想第一”，把解决实际思想问题与进行科学理论教育二者统一的关系，分割和对立起来。分成“活的思想”与书本思想即“死的思想”，看成第一与第二、主要与次要的关系，并把当时注重进行系统完整的马克思列宁主义、毛泽东思想理论教育，斥之为“教条主义的糊涂观念”②。从而从根本上取消马克思列宁主义科学理论的教育。

总的看，林彪“四个第一”的实质，是主观唯心主义的意志论。貌似辩证法，实际是夸大一面，贬低和否定另一面，只讲对立，不讲统一，把唯物辩证法承认精神的反作用夸大到极端，把政治、政治工作置于高悬空中、凌驾一切的地位，从根本上违背了马克思列宁主义。

第二，《决议》肯定了林彪对总政治部的无端指责，作出了“政治工作还存在着许多严重问题，一个时期在工作方向上发生了偏差”的结论。《决议》说，“这主要表现在对党中央、毛主席、军委的指示传达迟缓，贯彻执行不力，对下面的思想动态掌握不够，抓了许多业务性的工作，放松了思想工作和活的思想教育；工作浮在上面，没有面向连队，把根子扎在基层”。当时的军队政治思想工作是有一些需要改进、提高的地方，但工作的基本方面是正确的。所谓“方向偏”，林彪一开始的讲话便已表明，实际是指对他没有紧跟，对他的话没有照办。其他所谓“理由”，都是拉来陪衬的。

第三，《决议》对国内、军内的政治形势作了“左”的分析，对政治思想工作任务作了“左”的规定。说由于“在国内，社会主义和资本主义两条道路的斗争，仍然是主要的矛盾，资产阶级和无产阶级之间在意识形态上谁战胜谁的问题还没有完全解决，农村中富裕农民的自发资本主义倾向和小生产者的习惯势力仍然存在，要解决这些矛盾，还需要很长的时间，这种国内外的阶级斗争，必然在我军内部不断地反映出来”，并由于“解放以来……大批小资产阶级知识分子和其他新成份加

① 林彪：《在全军高级干部会议上的讲话》，1960 年 10 月。

② 林彪：《在全军高级干部会议上的讲话》，1960 年 10 月。

入我军，思想未得到彻底改造”等原因，“修正主义和形形色色的资产阶级思想就会严重地侵入我军的肌体”，因此，政治思想工作的一个重要任务，就是“必须坚决开展兴无灭资的斗争”。《决议》把同“对总路线、大跃进、人民公社持怀疑和抵触态度”的“政治上右倾”作斗争，作为“开展兴无灭资斗争”的首要一条。还规定在政治运动中以此作为考核和提拔干部的条件。这些，都是背离中共八大路线的“左”倾思想的反映，也是错误的。

第四，《决议》采用林彪的论点，对毛泽东思想及学习马列著作与学习毛泽东著作的关系，作了一些不正确的论述和规定。把毛泽东思想与毛泽东个人的所有言论和活动完全等同，认为毛泽东的每一个指示，每一句话，都是“活的马克思列宁主义”，并且只是毛泽东一个人在“不断发展，不断丰富”毛泽东思想，其他人只是要“不断地学习、不断地运用”。《决议》说“学习毛泽东著作是我们学习马克思列宁主义最好的方法”，说只有这样“才能更好地领会马克思列宁主义的精神实质”。并在多处批判了“系统地学习马列主义”、“完整和系统”地了解马列主义的正确观点，说“有人（注：指谭政等）以‘系统学习马列主义’为借口，来排除对毛泽东同志的著作的学习”。林彪还在军委扩大会议上抛出了“顶峰论”。《决议》在事实上承认了林彪制造的个人迷信，为林彪披上了“高举毛泽东思想伟大红旗”的骗人外衣。

总之，这个《决议》虽然其中包括进去了一些正面的有益经验，但其主旨是肯定和宣扬了林彪唯心主义的“四个第一”，并对军内政治思想工作的状况作了错误的结论，对国内、军内的政治形势作了“左”的分析，对政治工作的基本任务作了“左”的规定。因而它的实质性内容是错误的。

但是，当时中共中央却对这个决议给了极高的评价。1960年12月21日，中共中央批示道：“这个决议，继承和发扬了1929年古田会议的传统，在毛泽东思想的指导下，全面地总结了解放11年来军队建设和政治思想工作的丰富经验，明确地指出了在新的历史时期中军队政治工作的方向，提出了措施，打中了要害。”并说“这个决议不仅是军队建设和军队政治思想工作的指针，而且它的基本精神，对于各级党组织、政府机关以及学校、企业部门等都是有用的”。

这种评价，就使得提出“四个第一”和主持召开这次会议的林彪，成了似乎是古田会议传统和毛泽东思想的最好继承者与发扬者。林彪上台不久便主持召开的这次军委扩大会议，开始了他大搞个人崇拜、积聚个人政治资本，打击排除异己、发展个人野心的一个重要阶段。

军委扩大会议《关于谭政同志错误的决议》，其内容原是《关于加强军队政治思想工作的决议》稿中的一部分，后经林彪提出分开，单独作为一个决议。《决议》说：近年来“总政治部工作方向上发生了偏差”，谭政同志“没有高高地举起毛泽东思想的红旗”，“在彭黄把持军委工作时期”，“对于彭、黄的错误路线，不抵制、不斗争，长期‘和平共处’；在反对彭、黄右倾机会主义斗争中，旗帜又不鲜明”；对林彪主持军委工作以来的许多重要指示，没有坚决贯彻执行，这“在政治上，组织纪律上都是不能允许的”，谭政对政治工作方向偏“应负主要的政治责任”。显然，这个决议是完全错误的。

上述两个决议，特别是《关于加强军队政治思想工作的决议》在军队长期贯彻执行，起了不好的作用。军委扩大会议结束后，全军各总部、各大军区、军委直属学院都召开党委扩大会议，一概都得承认政治思想工作方向偏了，被迫地都把政治工作和整个军队工作转上了林彪的“四个第一”的方向。在此后的60年代初的几年，林彪又将《决议》中的一些基本观点进一步发展，又陆续地提出了“突出政治”、“冲击一切”、“最高最活”、背诵语录、“立竿见影”、“灵魂深处爆发革命”等一整套极“左”的东西。使军队的建设受到很大的损害，并且逐步地推行到了地方的部门和基层单位，造成不良影响。

可以说，人民解放军政治工作中后来多年存在的一套“左”的东西，追根溯源，开始于1960年的军委扩大会议及其决议。

这一会议及其决议的影响，经历了近20年时间。1971年林彪自我爆炸后，人们曾批判过林彪的“四个第一”，但是对整个决议没有能够进一步深入思考。1978年1月，解放军总政治部为了拨乱反正，分清正误，以利于新时期军队政治工作的开展，曾对1960年的这个决议作了研究。但是，由于处于中共十一届三中全会以前，思想尚未得到完全的解放，因而只是“现将叛徒卖国贼林彪塞进去的东西删除，其他个别地方也作了某些删节，印成删节本，作为政治工作的内部学习文件”。①而删节本又保留了林彪指责总政“方向偏”理由的内容（“对党中央、毛主席、军委的指示传达迟缓，贯彻不力”等），更保留了反映当年党内一般“左”倾思想的内容，未加触动。因为：这个决议“是集中了到会同志的集体智慧”，“是毛主席主

---

① 删节本的《说明》（1978年1月）。

持修改和批准的”。①

1978 年年底中共十一届三中全会后，人们的认识前进了一步，正面给谭政平反，取消了林彪给强加的所谓“罪名”。1979 年 3 月 3 日，总政治部作出《关于为“谭政反党集团”冤案彻底平反的决定》说：“在 1960 年 10 月至 1961 年 1 月总政治部整风期间，对谭政同志强加罪名”，“是林彪制造的一起冤案”。“谭政同志在任总政治部主任期间，坚决贯彻执行了毛主席、党中央的路线、方针和政策，工作中的成绩是主要的。他提出要系统、完整地学习马列主义，提倡部队要学习文化和科学技术等，对我军革命化、现代化建设起了积极作用，政治工作方向是正确的，不存在反党的问题，更不存在‘谭政反党宗派集团。’”总政宣布：为所谓“谭政反党宗派集团”彻底平反，强加给谭政的一切诬蔑不实之词，均应予以推倒。对因谭政上述问题受到迫害、株连的同志，也应一律实事求是地予以平反，恢复名誉。

给谭政的平反，去掉了 1960 年军委扩大会议及其决议的事实前提，使得会议和决议从根本方面不再能够站得住脚。一场重大的历史积案才得以彻底完结。但这一切，是以人民解放军遭受长时间的磨难为代价的！

---

① 删节本的《说明》（1978 年 1 月）。

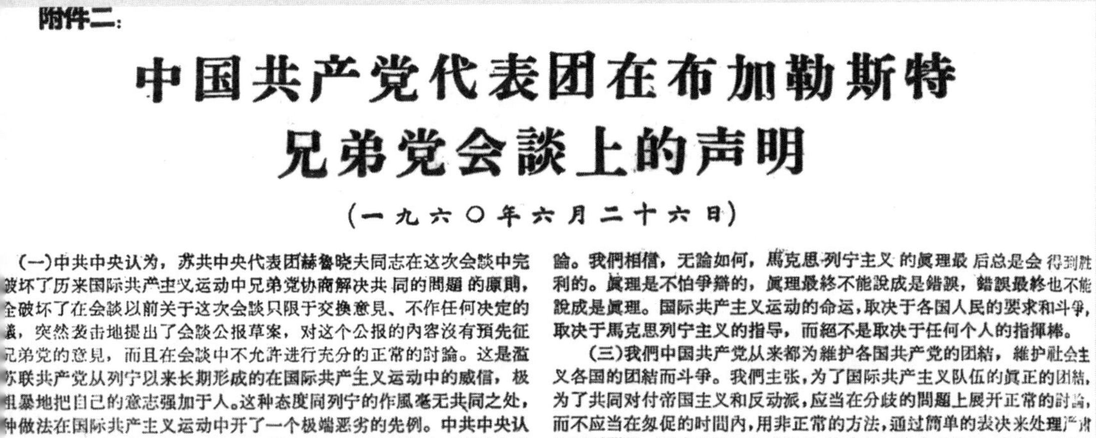

附件二：

中国共产党代表团在布加勒斯特兄弟党会談上的声明

（一九六〇年六月二十六日）

（一）中共中央认为，苏共中央代表团赫鲁晓夫同志在这次会談中完破坏了历来国际共产主义运动中兄弟党协商解决共同的問題的原則，全破坏了在会談以前关于这次会談只限于交换意見、不作任何决定的議，突然袭击地提出了会談公报草案，对这个公报的內容沒有預先征兄弟党的意見，而且在会談中不允許进行充分的正常的討論。这是濫苏联共产党从列宁以来长期形成的在国际共产主义运动中的威信，极粗暴地把自己的意志强加于人。这种态度同列宁的作風毫无共同之处，种做法在国际共产主义运动中开了一个极端恶劣的先例。中共中央认赫鲁晓夫同志的这种态度和这种做法将会在国际共产主义运动中产非常严重的后果。

（二）中国共产党历来忠实于馬克思列宁主义，坚持馬克思列宁主义理論陣地，在两年多以来，完全忠实于一九五七年的莫斯科宣言，坚宣言中的各个馬克思列宁主义的論点。我們在馬克思列宁主义的一系的基本原则上是同赫鲁晓夫同志有分歧的。这种分歧关系到整个社会义陣营的利益，关系到全世界无产阶級和劳动人民的利益，关系到世各国人民能否保持世界和平，制止帝国主义战爭，关系到社会主义能在占全球三分之二人口四分之三土地的資本主义世界中继续取得胜，对于这些分歧的問題，任何一个馬克思列宁主义者都应当采取严肃态度，进行认眞的思考和同志式的討論，以便取得一致的結論。但是鲁晓夫同志所采取的却是家长式的、武断的、专横的态度，他在实际把伟大的苏联共产党同我們党的关系不看成是兄弟党的关系，而看成父子党的关系。在这次会談中，他企图使用压力使我們党向他的非馬思列宁主义的观点屈服。我們在此严正地声明，我們党只信服馬克思宁主义眞理，而决不会向违反馬克思列宁主义的錯誤观点屈服。我們为，赫鲁晓夫同志在罗馬尼亚党的第三次代表大会上的发言中有若干点是錯誤的，是违反莫斯科宣言的。他这个发言是会为帝国主义和鉄集团所欢迎的，而且已經受到了欢迎。今后我們准备在有机会时継续苏共和其他兄弟党，就我們同赫鲁晓夫同志的分歧观点，进行认眞的論。对于赫鲁晓夫同志这次在布加勒斯特散发的《苏共致中共通知……論。我們相信，无論如何，馬克思列宁主义的眞理最后总是会得到胜利的。眞理是不怕爭辯的，眞理最終不能說成是錯誤，錯誤最終也不能說成是眞理。国际共产主义运动的命运，取决于各国人民的要求和斗爭，取决于馬克思列宁主义的指导，而絕不是取决于任何个人的指揮棒。

（三）我們中国共产党从来都为維护各国共产党的团結，維护社会主义各国的团結而斗爭。我們主张，为了国际共产主义队伍的眞正的团結，为了共同对付帝国主义和反动派，应当在分歧的問題上展开正常的討論，而不应当在匆促的时間內，用非正常的方法，通过簡单的表决来处理严肃的原则問題；不应当把自己武断的、沒有經过事实考驗的、或者經过事实考驗业已証明是錯誤的观点，强迫别人接受。赫鲁晓夫同志在这次会談中的做法，对于国际共产主义的团結是完全不利的。但是，不論赫鲁晓夫同志的做法如何，中苏两党的团結和各国共产党工人党的团結，終归是会要継续巩固和发展下去的。我們深信，随着国际共产主义运动的发展，随着馬克思列宁主义的发展，我們队伍的团結一定会不断地巩固和发展起来。

（四）我們上面所說的，我們和赫鲁晓夫同志之間的分歧意見，从我們两党的整个关系說来，仍屬部分的性质。我們认为，我們两党为着共同事业的奋斗和团結，仍占主要的部分，因为我們两国都是社会主义国家，我們两党都是根据馬克思列宁主义原則建立起来的党，都是为发展整个社会主义陣营事业、反对帝国主义侵略和爭取世界和平而斗爭的党。我們相信，我們同赫鲁晓夫同志和苏共中央将能够找到机会，进行平心靜气的同志式的商談，解决我們之間的分歧意見，使中苏两党的关系更加团結和巩固起来。我們这样做，将是对社会主义陣营和世界人民反对帝国主义侵略和爭取世界和平的斗爭事业极其有利的。

（五）我們很高兴地看到在这次会談中提出的《会談公报草案》声明确认莫斯科宣言的正确性。但是，这个草案对于莫斯科宣言中的各个馬克思列宁主义論点的說明是不确切的、片面的。这个草案对于当前国际形势中的重大問題沒有表示态度，对于国际工人运动中的主要危险——现代修正主义，根本沒有提到，这是錯誤的，因此，我們不能接受这个草案。为了团結一致，共同对敌，我們提出修改草案，建議予以討論。如……

1960 年 6 月下旬，在罗马尼亚首都布加勒斯特举行社会主义国家共产党和工人党代表会谈。会上，赫鲁晓夫对中国党发起突然袭击，带头进行围攻。以彭真为首的中共代表团根据中共中央的指示，针对苏共的做法，发布了严正声明。图为《人民日报》刊登的中共代表团的声明。

第八章
中苏关系的破裂

了解和研究中国这10年曲折发展的历史，不能不了解和研究这期间中苏两党、两国关系的重大变化。正是在这10年中，中国和苏联这两个社会主义大国，由最亲密的同志和盟友，演变成互相尖锐矛盾斗争的对头。党的关系中断，国家关系下降到低点。这一变化给了国际共产主义运动极其深刻的影响，这一运动出现了分裂，长期存在的格局发生了重大改变。同时，这一变化又深深地影响了中国国内政策乃至一个相当长时期内的发展方向。

全面地评述中苏关系历史演变的方方面面，不是本书的任务；但这10年里中苏关系所发生的突出事件，又是不能回避的。本书涉及这些事件的目的，不在于评论双方之间各自的是非曲直与得失，而是着眼于考察这种矛盾斗争是在什么情况下怎样发展演变的；这种演变，对于中国共产党国内政策的变化，对于中国历史的行程，起了怎样的影响作用。

一　分歧起自苏共二十大

1956年2月14日至25日，苏联共产党第二十次代表大会在莫斯科举行。25日闭幕后的当天夜晚至第二天凌晨，赫鲁晓夫避开应邀出席大会的各兄弟党代表团，向二十大的全体代表作了4个半小时的《关于个人崇拜及其后果》的“秘密报告”。不久后，西方报刊予以刊登，在国际共产主义运动内部，在世界上，引起轩然大波。

要反对和纠正长时间存在的斯大林个人崇拜，是历史发展的要求。随着斯大林逝世，苏联在过去特定历史环境下形成的高度集权的经济政治体制及有关政策，需要随着变化了的形势而加以改革调整；斯大林晚年对世界形势的分析、对资本主义的估计、对苏联社会主义经济政治和文化发展的论证方面，都有一些理论观点需要改变和发展。而个人崇拜的存在，成为极大的障碍。他的后继者们不能死守斯大林已有的理论和政策，否则就无法前进。

反对个人崇拜，也是斯大林逝世后，苏共中央一直在逐步实行的方针。本书第一篇第一章开头部分提到，1953 年 6 月 10 日，苏联《真理报》的一篇未署名文章，第一次提出了反对个人崇拜问题。7 月的中央全会，也提出了反对个人崇拜问题，并清除了贝利亚，为反对个人崇拜除去了障碍。10 月苏联科学院的讨论会以及随后发表的一些文章，批判了个人崇拜和斯大林的某些错误理论观点。随之也开始纠正历史上破坏法制的行为，由一个专门委员会负责调查处理和平反冤假错案。到二十大时，已为 37000 多人恢复了名誉，其中包括 1949 年“列宁格勒反党集团”案。1955 年赫鲁晓夫主动访问南斯拉夫，作自我批评，承认南是社会主义国家，恢复了两国关系，这也是一种克服个人崇拜及其后果的行动。

在二十大会前，苏共中央决定在会上不点名地批判斯大林的错误。在苏共中央的工作报告中，写上了关于反对个人崇拜、坚决纠正其错误的内容。米高扬等在大会发言中，较鲜明地揭露了个人崇拜问题。但是，当“秘密报告”被公开于世时，所发生的“爆炸性效应”仍是十分强烈的。

中国共产党以朱德为团长的出席苏共二十大代表团到了莫斯科后，从赫鲁晓夫的暗示中，得知二十大上要批判斯大林个人迷信，当即急电请示中央：批判斯大林的会议，代表团是否出席？中央电示：批斯会议照常参加。代表团决定，对苏共批判斯大林一事不表态，不发言，取回避政策。

实际上，当时中共中央对批判斯大林个人崇拜在原则上是赞成的，认为这种揭露批判，具有积极意义。赫鲁晓夫也承认：“起初，毛泽东认为我们对斯大林滥用权力的指责是正确的。他说二十大作出的决定表现了伟大的‘英明’”。①

---

① 赫鲁晓夫：《最后的遗言》，东方出版社 1988 年版，第 389 页。

中共中央的明确态度，更见之于1956年4月《关于无产阶级专政的历史经验》一文和同年9月中共八大关于修改党章的报告。中共中央认为："二十次代表大会非常尖锐地揭露了个人崇拜的流行"，"苏联共产党对于自己有过的错误所进行的这一勇敢的自我批评，表现了党内生活的高度原则性和马克思列宁主义的伟大生命力"。①"苏联共产党第二十次代表大会的一个重要的功绩，就是告诉我们，把个人神化会造成多么严重的恶果。"②

但是，毛泽东和中共中央又有另外一方面的独特见解和做法。

毛泽东对批判斯大林个人崇拜，有两个方面的考虑和心情，他认为：批评斯大林有两重性，好处是破除了迷信，解放了人的思想，但方法不对，没有分析，一棍子打死，引起去年几个月的反苏反共大风潮，这是不好的。③他又说过：1956年，斯大林受批判，我们一则以喜，一则以惧。揭掉盖子，破除迷信，去掉压力，解放思想，完全必要。但一棍子打死，我们就不赞成。④他还说过："苏联过去把斯大林捧得一万丈高的人，现在一下子把他贬到地下九千丈。中央认为斯大林是三分错误，七分成绩，总起来还是个伟大的马克思主义者，按照这个分寸，写了《关于无产阶级专政的历史经验》。三七开的评价比较合适。"⑤这里显然是对批判斯大林的程度、分寸和方法有看法，对赫鲁晓夫本人有看法，以"三七开"给以纠正，同时回答当时国际上借斯大林问题攻击苏联和攻击社会主义的言论。"三七开"是当时中共中央的集体见解。

说赫鲁晓夫当时就把斯大林"一棍子打死"，"过去把斯大林捧得一万丈高的人，现在一下子把他贬到地下九千丈"，似难以成立。且不说苏共二十大开幕时，赫鲁晓夫曾动议全体代表起立悼念斯大林，也不说他在政治报告中还称颂斯大林是马克思列宁主义的"旗手"，单从"秘密报告"看，也难以简单地得出此种结论。

赫鲁晓夫的"秘密报告"较系统地揭露了斯大林个人崇拜、大量滥用权力、破坏法制的错误，这起到了触发深入揭露斯大林问题，导致苏联、东欧国家对现存社会主义进行改革，资本主义国家共产党重新思考革命道路的积极作用。同时，"秘

① 《关于无产阶级专政的历史经验》，《人民日报》1956年4月5日。

② 邓小平：《关于修改党的章程的报告》，1956年9月16日。

③ 毛泽东1957年7月在青岛会议上的讲话。

④ 毛泽东1958年3月在成都会议上的讲话。

⑤ 毛泽东：《论十大关系》，1956年4月25日。

密报告”也对斯大林作了如下的肯定：“斯大林是最有能力的马克思主义者之一。他的理论权威和思想给予党的干部以及党的活动家以巨大的影响。众所周知，在列宁去世以后，尤其是最初几年，斯大林曾为捍卫列宁主义，同那些列宁主义理论的敌人，那些背离列宁主义的人们进行了激烈的斗争。党在中央委员会的领导下，捍卫着列宁主义，并大规模地开始了国家的社会主义工业化、农业集体化和文化革命。当时斯大林的威望很高，并得到一致的支持”。“在过去，斯大林无疑对党、对工人阶级以及国际工人运动作了伟大的贡献”。对于斯大林破坏法制的行为，报告指出：他所采取的“这些措施都是捍卫工人阶级利益”的，“他认为，为了捍卫党和劳动群众的利益，为了捍卫革命的成果，必须这样做，这就是一切悲剧之所在”。①

这些肯定的话与对错误的揭露相比，显得有些一带而过。但考虑到报告的主旨是揭露和打破个人迷信，很难说这就是“全盘否定”。

事实上，在上述肯定中，尚有不切实际的内容，例如同所谓“列宁主义理论的敌人”进行斗争等，这是当时赫鲁晓夫和苏共中央决定无限期地搁置布哈林、季诺维也夫案件，维持原有的既成说法的表现。而这倒是在当时种种条件和考虑下，纠正冤假错案不彻底之处。

赫鲁晓夫的“秘密报告”起了重大积极作用的同时，并非没有缺点、错误的方面。罗列了大量事实（有的事实和说法不一定准确），感情色彩很重，却没能从理论上作出深刻分析；没有相应地作自我批评；对斯大林犯错误的原因，没有从社会历史根源和苏联政治、经济体制和弊端上作分析，而是统归之于斯大林个人品质和粗暴性格。因之，也就很容易使人们对作报告人产生这种或那种怀疑看法。但是，“秘密报告”的缺陷、不足和消极影响毕竟是次要的和暂时的，功绩的方面是基本的。

苏共按照要打破对斯大林迷信的需要，决定五一节时不再在莫斯科红场上挂斯大林的像，并致函中共中央，要求中国也照此办理。中共中央经过考虑，决定不予回复，而是按照自己认为的：斯大林是“犯有严重错误的伟大的马克思列宁主义者”、“三七开”的观点，决定五一节在天安门广场继续按马、恩、列、斯的顺序，挂斯大林的像。毛泽东说：他们不挂，我们挂。两党在斯大林问题上的分歧方面，便明显地展现在世界人民面前。赫鲁晓夫和其他有些苏共领导人对此甚为恼火，又无可奈何，后来曾多次大加指责。

---

① 赫鲁晓夫：《关于个人崇拜及其后果》，1956 年 2 月。

在此前后，中共中央的领导人数次地在同苏共领导人的内部谈话中，表示了对斯大林问题的意见。1956年4月，毛泽东同来访的米高扬谈话，随后又同尤金大使谈话，指出：斯大林“功大于过”，“要具体分析”，“要有全面估价”。10月1日，周恩来同波诺马廖夫谈话，就斯大林问题批评了苏共3条：“事先未同兄弟党商量”，“完全没有全面分析”，“苏共领导人缺乏自我批评”。10月22日，毛泽东同尤金大使谈话，表示“斯大林是需要批判的，但是，批判的方式，我们有不同意见。还有若干问题，我们是不同意的”。11月30日，毛泽东接见尤金大使时又表示：“斯大林执政期间的根本方针和路线是正确的；不能用对待敌人的办法来对待自己的同志。”这一次谈话，是在发生了匈牙利事件之后，对问题提得比以往为重。

事实上，中共中央和毛泽东1956年在斯大林问题上，既有基本一贯的立场，前后又是有所变化的。表现在“一论”和“再论”无产阶级专政的历史经验两篇文章上，前者批判了斯大林个人崇拜的错误，分析了产生的个人原因和社会历史条件，肯定“苏联共产党二十次代表大会开展的反对个人崇拜的斗争，正是苏联共产党人和苏联人民在前进道路上扫清思想障碍物的一个伟大的、勇敢的斗争”。①后者则不再谈个人崇拜问题，只讲斯大林个人专断，并强调：“由于最近时期东欧形势以及其他有关情况的发展，正确地认识和正确地对待斯大林错误的问题，已经成为影响许多国家共产党内部发展和各国共产党相互团结的重大问题，已经成为影响全世界共产主义队伍反对帝国主义的共同斗争的重大问题。”②这一变化，正如康生于1957年3月在内部讲话中特意指出的：“《一论》和《再论》是基本相同的，但有一点不同，《一论》中有反对个人崇拜问题，《再论》中再也没有这个名词了。”

毛泽东和中共中央在斯大林问题上的观点，当时对赫鲁晓夫起了明显的牵制作用。苏共二十大后，特别是波匈事件出现后，赫鲁晓夫处在内外矛盾之中，威信大受影响，在内部地位也不十分稳固。而毛泽东和中国党的威望在世界上，在国际共产主义队伍中，日益提高。赫鲁晓夫不得不借助于中国党的支持，不能不重视中共中央的批评和中国党《一论》、《再论》两文的重大影响，因而谈论斯大林问题的调子便有了一个明显变化。

变化首先反映在1956年12月31日的克里姆林宫新年宴会上。在内宾外宾云

① 《关于无产阶级专政的历史经验》，1956年4月5日。

② 《再论无产阶级专政的历史经验》，1956年12月28日。

集，众目睽睽之下，赫鲁晓夫特意走下台和中国驻苏大使刘晓拥抱，热情地邀请刘晓上台，坐在他和莫洛托夫之间。赫鲁晓夫举杯祝酒，向全场的人说："敌人是仇视我们政府的，敌人说什么'斯大林主义假面具'，其实斯大林主义就是马克思列宁主义，斯大林曾和阶级敌人无情斗争，我们曾和他们一起进行了这一斗争，我们现在仍然要和以前一样对阶级敌人斗争。敌人说我们是斯大林主义者，是的，我们是斯大林主义者，我们因此而感到骄傲"①。赫鲁晓夫还表示，他完全同意《人民日报》(《再论》)的文章，说文中所谈的问题"很广泛，很深刻，很正确，这是中国人民的声音，它将起很大的作用"。② 并要刘晓大使将他的话转告毛泽东和刘少奇。莫洛托夫也向大使说了同样内容的话。

1957 年 1 月 17 日，赫鲁晓夫在中国驻苏大使为中国政府代表团举行的宴会上讲话中又说道："最近，西方常有人指责我们是'斯大林主义者'，是'斯大林分子'。对这一点我们已经不止一次地说过，照我们的理解，'斯大林主义者'和斯大林本人是同伟大的共产党员称号不可分割的。当问题涉及革命事业、涉及在革命斗争中保卫无产阶级的阶级利益、反对我们阶级敌人的时候，斯大林英勇地、毫不妥协地捍卫了马克思列宁主义的事业"。"我们批评斯大林"，"是因为他有一些偏差和不良品质，是因为他犯了严重的错误"。"但是，甚至当斯大林犯错误、破坏法制时，他依然深信自己这样做是为了保卫革命成果和社会主义。斯大林的悲剧也就在这里。而在基本的主要的方面——对马克思列宁主义者来说，基本的和主要的就是保卫工人阶级的利益，保卫社会主义事业，同马克思列宁的敌人作斗争——像俗话所说的那样，但愿上帝保佑，每一个共产党员都能像斯大林一样地战斗"。

"斯大林的名字是同马克思列宁主义不可分割的。因此，我们苏联共产党的每一个党员都愿意像斯大林那样，忠于马克思列宁主义的事业，忠于为工人阶级利益而奋斗的事业"。

直到 1957 年 11 月 6 日，赫鲁晓夫在庆祝十月革命 40 周年大会上还讲道："党一面批评斯大林活动的不正确方面，另一方面在过去和将来都同所有" 在 "批评个

① 刘晓 1957 年 1 月 1 日向国内的报告。赫鲁晓夫的这段话，南斯拉夫驻苏大使韦利科·米丘诺维奇也有相同内容的记载，见他所著《莫斯科的岁月》一书。

② 刘晓 1957 年 1 月 1 日向国内的报告。赫鲁晓夫的这段话，南斯拉夫驻苏大使韦利科·米丘诺维奇也有相同内容的记载，见他所著《莫斯科的岁月》一书。

人迷信幌子下”毁谤斯大林的人“作斗争”。“作为忠心耿耿的马克思列宁主义者和坚强的革命家，斯大林在历史上将占有应有的地位。我们党和苏联人民将记住斯大林并给予他应有的评价”。

这样，毛泽东和赫鲁晓夫在斯大林问题上既有相合之点，又有不同之点。赫鲁晓夫受牵制发生的变化，一定程度地缓和了中苏双方在此问题上的差异与矛盾，但是，问题并没有根本解决。在苏联国内，赫鲁晓夫受到莫洛托夫等人的批评指责，莫洛托夫等不但在二十大结束前讨论是否作这个“秘密报告”时曾激烈反对过，而且在1957年4月，他还明确地反对全面批判斯大林，说：“在解决如此巨大而复杂的历史任务时，个别的错误、有时甚至是严重的错误，是不可避免的。在这方面谁也不能够而且也不可能有保证。”在国外，赫鲁晓夫又受到毛泽东在反个人崇拜问题上态度进一步变化的压力，毛泽东在1958年年初明确地提出赫鲁晓夫反对斯大林的个人崇拜是“不正确的反个人崇拜”，是“为了让别人崇拜自己”。“出了赫鲁晓夫”的概念已在毛泽东的头脑中形成。这个重大差异，开始了毛泽东及中共中央同赫鲁晓夫及苏共中央长时间重大矛盾斗争的历史。

当然，二十大所引起的分歧，还包括中国党对赫鲁晓夫提出的由资本主义向社会主义和平过渡的观点。这两个主要分歧，当时在两党一系列问题的认识上，还属于局部性质，却是后来发展成一系列原则性对立的起点。

二　中共对苏共领导人的批评与支持

中共对苏共的批评，不止限于斯大林问题，还包括苏联同东欧国家关系上的错误。但是，在批评的同时，又是给予了很大帮助和支持的。

苏共二十大后，苏共领导人面对着的一个重大麻烦，是波兰、匈牙利问题。

波兰党在历史上，曾因斯大林肃反扩大化，于1938年被共产国际解散过。波兰与苏联之间，还有苏方同希特勒德国1938年签订《互不侵犯条约》，导致波兰被瓜分，其东部领土归于了苏联的问题。

1942年1月起，哥穆尔卡担任重建的波兰党的总书记，领导国内斗争直至胜利。1947年4月，哥穆尔卡撰文提出了“波兰发展道路”，说“这个道路我们称之为人民民主制度”，“波兰能够而且正沿着自己的道路走去”。此后，他又数次强调“走向社会主义的波兰道路”。这受到苏共日丹诺夫的议论。1948年6月，哥穆尔卡在波党中央全会上发言，强调波兰的独立自主性，他说："对于波兰社会党和波兰工人党，波兰的独立自主是首先考虑的问题，而所有其他问题则是次要的"。他还反对情报局对南斯拉夫共产党的批评。1948年8月31日至9月3日的波党中央全会，对哥穆尔卡进行错误的谴责，停止了他的总书记职务。不久，他又作为所谓"铁托分子"遭逮捕监禁。哥穆尔卡于1954年12月被放出，但并未得到平反和恢复党籍。

苏共二十大，以及波党第一书记贝鲁特在苏共二十大结束不久的逝世，使得哥穆尔卡问题及其主张的"通向社会主义的波兰道路"再也不能被回避下去了。波兰清理冤假错案的工作在冲破重重阻力的斗争中前进。积累日久的社会矛盾，造成了1956年6月28日波兹南事件的爆发。斯大林工厂的工人举行罢工并走上街头，数千人的队伍变成了十几万群众。工人直接的理由是经济工作的缺陷造成多数职工工资下降。实质是对斯大林模式社会主义的不满和抗议，表达对政治和经济改革的强烈愿望。

7月举行的波党七中全会，经过激烈的争论，决定恢复哥穆尔卡党籍。把党证交还给哥穆尔卡的公报发表后，党员和人民群众普遍寄希望于哥穆尔卡，要求他返回领导岗位。10月17日的政治局会议，决定贝鲁特去世后，继任第一书记的奥哈布让位，由哥尔穆卡担任此职。群众还提出了苏军撤出波兰领土、波兰退出华沙条约的要求，并抗议由苏联元帅罗科索夫斯基（波兰人）担任波军总司令。波兰统一工人党内也有不同意罗科索夫斯基继续担任政治局委员的强烈意见。

10月19日，波党二届八中全会开幕。赫鲁晓夫认为波党将要进行的人事更动是不能接受的，又怀疑波兰要脱离社会主义阵营，而波兰是通向东德唯一的通道，利益所在，对波兰的控制不能放松，遂对波党进行干预。赫鲁晓夫不顾波兰党的拒绝，率领米高扬、莫洛托夫、卡冈诺维奇和科涅夫元帅（华沙条约国军司令），乘飞机强行飞抵华沙，在空中盘旋近两个小时，机场才开放准予降落。与此同时，苏联领导人调动在波兰的苏军坦克部队向华沙开动，调动海军舰艇驶入波兰领海，准备好了军事干涉。在此情况下举行的苏波两党会谈，难以进行下去。哥穆尔卡两次提出要苏方停止苏军部队行动，并宣布暂时休会，等待苏方作出决定。赫鲁晓夫不得不下令坦克部队停止前进，一场危险事件得以避免。

在随后的会谈中，赫鲁晓夫强调：波党政治局如果没有罗科索夫斯基，等于向全世界宣布取消波苏友谊。哥穆尔卡尽力使客人的情绪稳定下来，同时坚定地指出："我们声明，对国内形势作出评价的只有我们，也只能是我们，因为我们比其他国外任何人都能更好地感觉到人们的情绪，并对此作出估计。我们认为，其他任何足以使问题复杂化的解决办法，其他任何与我们的建议不同的解决办法都只能是有害的，不仅对我们，而且对整个社会主义阵营都是有害的。因此，我们说，对局势负责的是我们！"

会谈最后顺利结束，苏共领导人于 10 月 20 日晨返回。但赫鲁晓夫干涉波党人事的行为未能发生效果，波党中央全会一致推选哥穆尔卡任第一书记；罗科索夫斯基落选，未能进入政治局。赫鲁晓夫只得接受现实，转而致电哥穆尔卡表示良好的祝愿。

10 月 19 日，即赫鲁晓夫在强抵华沙对兄弟党进行横加干涉的当天，苏共中央紧急通知中共中央，说波兰党要改组政治局，有脱离社会主义阵营，投入西方集团的危险。21 日又说，情况极为严重。要求中共派代表团去莫斯科商谈。

中共中央派出以刘少奇为首的代表团，于 10 月 23 日抵达莫斯科。在此之前的 22 日，毛泽东会见尤金大使指出：据我们了解，波兰并不想脱离社会主义阵营，你们应承认哥穆尔卡，同他合作。

刘少奇在莫斯科机场对刘晓大使说：代表团这次是为支持赫鲁晓夫而来。实际上，支持中也有批评。刘少奇在同赫鲁晓夫为首的苏共代表团会谈中说，斯大林后期，苏共对兄弟党有些强加于人，使用压力，要人家听话，不听就整。苏联的大国沙文主义、大民族主义的错误，使社会主义国家间的关系处在一种不正常的状态。这是波兰事件发生的根本原因之一。

10 月 29 日，刘少奇在同赫鲁晓夫、莫洛托夫会谈中，转告了毛泽东主席的一个提出商量的意见，即苏联对东欧国家是不是可以采取一项根本的政策，在政治上、经济上放手，让他们自己来搞，不干涉他们，不仅对波兰、匈牙利，而且对保加利亚、罗马尼亚，都满足他们独立自主的要求。军事方面，可以主动撤回驻在那里的苏军，华沙条约可以跟他们商量，问他们是否要华沙条约，一是完全不动；二是撤军，必要的时候再去；三是完全不要军队。

刘少奇说：毛主席提的这个意见，是要跟苏联同志商量，看怎么有利于巩固社会主义阵营，巩固苏联同东欧国家的关系，巩固华沙条约，帮助苏联同志取得群众拥护。这是我们的好意。社会主义国家目标一致，大方向都一致，首先应该是平等的关系，不是以大压小、以大国控小国这种关系，那样的话，团结反而搞不好。

刘少奇根据中共中央的意见，进而建议苏联公开发表一个声明，不干涉别国的政策，组织、经济等问题由各国自己决定，相互平等，顾问都撤回。

苏共领导人一面解释说，他们历来不干涉别国内政，如果说有大国沙文主义，过去是有的，斯大林干的，现在我们没有了。一面又表示，可以同意这个意见，可以在政治上、经济上、军事上放手，也同意发表一个声明。

10 月 30 日，苏联政府发表了《关于发展和进一步加强苏联同其他社会主义国家的友谊和合作的基础的宣言》，承认："在建立新制度和进行深刻的社会关系的革命改造的过程中，有过不少困难、尚未解决的任务和明显的错误，其中也包括社会主义国家之间的关系方面的错误以及有损社会主义国家之间关系平等的原则的那些侵害和错误。"表示，"准备同其他社会主义国家的政府共同来讨论一些措施，保证进一步发展和加强社会主义国家之间的经济联系，从而消除破坏国家主权、经济上的互利和平等这一原则的任何可能性"。

次日，中国政府发表《关于苏联政府 1956 年 10 月 30 日宣言的声明》，表示"这个宣言是正确的"，"对于改正社会主义国家相互关系方面的错误，对于增强社会主义国家之间的团结，具有重大的意义"。同时指出，社会主义各国相互关系中忽略各国平等的原则的错误，"就其性质来说，是资产阶级沙文主义的错误。这种错误，特别是大国的沙文主义错误，对于社会主义各国的团结和共同事业，必然会带来严重的损害"。

在刘少奇为首的中共代表团抵达莫斯科的当天，即 10 月 23 日，匈牙利事件发生。次日，苏军坦克开进布达佩斯。对于苏军的这一次行动，中国党是不赞同的。10 月 30 日，即苏联发表《关于发展和进一步加强苏联同其他社会主义国家的友谊和合作的基础的宣言》的当天，苏联政府下令撤出了进入布达佩斯的苏军。但是匈牙利事件愈演愈烈，在如何处置上，苏共领导人一时不知所措。在此情况下，刘少奇于 10 月 30 日向苏共领导人提出，对波兰和匈牙利，应该是不同的方针，波兰是是非问题，匈牙利是革命与反革命问题。如果不挽救，后代会说我们犯了错误。10 月 31 日，刘少奇等离莫斯科回国之前，得知苏联已决定采取进攻方针，要第二次出兵。

赫鲁晓夫、莫洛托夫、马林科夫等苏共领导人先后同波兰、罗马尼亚、捷克斯洛伐克、保加利亚的领导人紧急会谈，取得了对出兵的赞同支持，又同南斯拉夫铁托等会商，也得到铁托的理解。铁托认为，有采取这一措施的必要，并希望尽快使军队行动起来，帮助匈牙利平定叛乱、恢复秩序。

11月4日，苏军再次出兵，帮助以卡达尔为首的工农革命政府平息了事件。

随后，周恩来率中国党政代表团于1957年1月接连访问了苏联、波兰、匈牙利，然后再访苏联，同他们进行了双边和多边（中、苏、匈）会谈，就扩大和巩固各国共产党和工人党之间的接触，进一步发展兄弟党之间的关系和合作交换了意见，帮助苏联在同波、匈关系的改善上，做了许多工作。

在同苏共领导人会谈中，周恩来坦率地说，苏联要经常批评大国主义，波兰同志要经常批评反苏情绪，这样两方面就可以结合起来。如果苏联也批评波兰的反苏情绪，就会引起波兰人不满，火上加油。周恩来还对苏联的大国沙文主义，出兵波兰的事提出批评，指出苏联的这个做法是错误的。赫鲁晓夫等人对此表示不同意，说周恩来讲这些事情是不尊重他们。关于这一次会谈，赫鲁晓夫后来长期耿耿于怀。1959年10月他在中国领导人面前发泄说：1957年年初，周恩来同志到莫斯科给我们上大课，我们也忍受了，虽然我们不同意他讲的内容。

毛泽东对于这次会谈，事后也有评论。他在1957年1月27日省市自治区党委书记会议上说："中苏关系，我看总是要扯皮的，不要设想共产党之间就没有皮扯。""据我看，形势比一些人强，甚至比大官强。在形势的压迫下，苏联那些顽固分子还要搞大国沙文主义那一套，行不通了。我们目前的方针，还是帮助他们，办法就是同他们当面直接讲。这次我们的代表团到苏联去，就给他们捅穿了一些问题。我在电话里跟恩来同志说，这些人利令智昏，对他们的办法，最好是臭骂一顿。""这回恩来同志在莫斯科就不客气了，跟他们抬杠子了，搞得他们也抬了。这样好，当面扯清楚。他们想影响我们，我们想影响他们。我们也没有一切都捅穿，法宝不一次使用干净，手里还留了一把。矛盾总是有的，目前只要大体过得去，可以求同存异，那些不同的将来再讲。如果他们硬是这样走下去，总有一天要统统捅出来。"①

不过，当时中苏两党虽然存有某些分歧，但从总的方面看，双方对于支持波兰和匈牙利的新领导人，稳定、巩固这两个国家新政权方面，意见完全一致。中苏还从政治、经济方面大力支援波兰、匈牙利，从而稳定了东欧局势。周恩来总理和贺龙副总理的这次出访苏联、波兰、匈牙利3国，意义重大，影响深远。

1957年6月，苏共中央主席团内部发生了以莫洛托夫、马林科夫、卡冈诺维奇等人为一方，赫鲁晓夫、勃列日涅夫等人为另一方的纷争。6月18日至22日，

①《毛泽东文集》第7卷，人民出版社1999年版，第191—192页。

马林科夫、莫洛托夫等乘苏斯洛夫等几个人不在莫斯科的机会，召集主席团会议，提出赫鲁晓夫执行的路线和政策有问题，以7票的多数，通过了撤销赫鲁晓夫第一书记职务，由莫洛托夫任第一书记、马林科夫任部长会议主席的决定。赫鲁晓夫表示，主席团无权撤销他的第一书记职务，要求召开中央全会讨论解决。在22日至29日的中央全会上，形势急转直下，赫鲁晓夫获得了二十大新选出的中央委员多数的支持而取得决定性的胜利。马林科夫、卡冈诺维奇、莫洛托夫等人被定为“反党集团”，开除出主席团和中央委员会。领导集团内的这一严重交锋，是苏共中央里面路线分歧演变的结果。

随后，同年10月赫鲁晓夫又主持解除了在6月事件中调动飞机接运中央委员到莫斯科开会，以解救赫鲁晓夫于困境的朱可夫元帅的国防部长职务。因为，从朱可夫的特殊作用中，赫鲁晓夫认为朱可夫对他的地位也存在严重威胁。

6月事件，是赫鲁晓夫继苏共二十大、波匈事件之后，又一次威信受到严重影响的一件大事。赫鲁晓夫非常重视中国党的态度，特派米高扬于7月来华到杭州见毛泽东，米高扬详尽地介绍了苏共6月中央全会的经过和赫鲁晓夫同莫洛托夫在内外政策上的分歧，恳切地希望中国党能支持赫鲁晓夫为首的苏共中央的立场。米高扬的使命获得了成功。

7月，毛泽东在内部谈到这件事说，莫洛托夫当权，不一定有利，首先是国际形势紧张，按政策比较起来，还是赫鲁晓夫比较好。至于作风，他们彼此都是一样，半斤八两。我与米高扬谈了8个小时，我们说，我们希望你们稳定，你们不稳定，不好办。他说他也希望我们稳定，说我们有右派，要谨慎小心，有许多事情料不到。

11月，毛泽东在苏联最高苏维埃庆祝十月革命40周年的会议上发表讲话时，公开明确地支持了赫鲁晓夫对莫洛托夫等人的批判，和对朱可夫的处理。他说：苏共中央“在反对反党集团、巩固党的团结，在改善苏联陆海军中党和政治工作等等问题上所采取的明智措施，将毫无疑问地促成苏联各种事业的进一步巩固和发展”。

不过，毛泽东的支持，是从大局出发的，不等于没有一点其他的看法。中国外交部在给各驻外使馆的通报中说：马林科夫、卡冈诺维奇、莫洛托夫尽管在某些问题上的看法也可能有对的地方，但是他们的政治主张及推翻苏共中央主席团领导的做法总的来说是错误的。毛泽东在另外的场合还曾表示过，赫鲁晓夫对莫洛托夫等人的处理（开除出中央主席团和中央委员会，派莫洛托夫去蒙古当大使，马林科夫被贬到一个小水电站当站长、卡冈诺维奇去一个小工厂），是不公正的。

总之，苏共二十大后，经过波匈事件的风浪，以及赫鲁晓夫处理苏共党内的矛盾等，中共与苏共领导人之间虽然也有某些不同意见的分歧，但总的说，互相支持帮助，特别是毛泽东和中共中央在赫鲁晓夫和苏共中央有困难的时刻，给予了比较有力的支持。两党、两国和人民之间的友谊有了新的增进。

苏联对华经济科技援助也有新的发展。1957 年 6 月，赫鲁晓夫主动通过尤金大使向周恩来总理提出，愿帮助中国发展原子能科学，建立研究中心和建设原子能工业。中国派出聂荣臻副总理、宋任穷部长和黄敬部长，同苏联驻中国负责经济技术的总顾问阿尔希波夫会谈。9 月，聂荣臻、陈赓、宋任穷赴莫斯科同别尔乌辛为首的苏联代表团谈判，于 10 月 15 日达成了苏联在火箭和航空等新技术方面援助中国的协定（即国防新技术协定）。中国又派出以郭沫若院长为首的代表团，同苏联签订了 1958 年至 1962 年中苏共同进行和由苏援华进行的重大科研项目 103 项。经济合作方面，除原达成 156 项外，又确定增加援助中国 55 项重大工程。两国的合作关系达到了赫鲁晓夫时期的最高点。

三　在 1957 年莫斯科会议上

1957 年 11 月苏联十月革命 40 周年。利用举行盛大庆典的机会，世界各国共产党和工人党在莫斯科举行代表会议。毛泽东亲率中国党政代表团赴莫斯科参加庆典和会议。代表团主要成员有：宋庆龄、邓小平、李先念、乌兰夫、陈伯达、杨尚昆、胡乔木等。前往参加十月革命 40 周年庆典的还有由彭德怀和叶剑英率领的中国军事友好访苏代表团和中国劳动人民代表团。

代表团出席了 11 月 6 日苏联最高苏维埃庆祝十月革命 40 周年的大会，毛泽东讲了话；出席了 11 月 7 日红场阅兵典礼和晚上在克里姆林宫举行的盛大招待会。随后，毛泽东率代表团出席了 11 月 14 日至 16 日举行的 12 个社会主义国家共产党和工人党代表会议，又出席了 16 日至 19 日举行的 64 个共产党和工人党代表会议。在此期间，毛泽东于 17 日会见了在莫斯科的中国留学生、实习生。11 月 20 日，苏方安排毛泽东和宋庆龄副主席在克里姆林宫同苏联各界著名人士会见。同日又举行隆重宴会，送别毛泽东主席一行。

在两个各国共产党和工人党代表会议上，毛泽东于 11 月 14 日、16 日和 18 日共作了三次讲话。

毛泽东首先提出了要“以苏联为首的问题”。他说，我们这里这么多人，这么多党，总要有一个首。就我们阵营的内部事务说，互相调节，互助合作，召集会议，需要一个首。就我们阵营的外部情况说，更需要一个首。我们面前有相当强大的帝国主义阵营，它们是有一个首的。世界范围内的谁胜谁负的问题没有解决。还有严重的斗争，还有战争的危险。要防备出疯子。所以我们必须有那么一个国家，有那么一个党，它随时可以召集会议。为首同召集会议差不多是一件事。谁为首呢？苏联不为首哪一个为首？第一，现在承认以苏联为首有必要，承认以苏联共产党为会议召集人有必要；第二，这在现在没有害处了。

对于毛泽东提出的这个意见，南斯拉夫共产主义者联盟是断然不同意的。南共曾深受斯大林时期苏共企图控制之苦，虽然于1954年同苏联重新和好，但再也不愿意置身于这个以苏为首的阵营之中。因此，它的代表虽然出席了社会主义国家共产党和工人党代表会议，却不在会议宣言上签字，只在64个国家党会议的《和平宣言》上签了字。波兰党第一书记哥穆尔卡开始也不赞成提苏联“为首”，后经毛泽东做了工作，同意了。对此，毛泽东在讲话中说：我高兴哥穆尔卡昨天的演说，他说，承认为首是一个真理，不是人为的，是历史上自然形成的。不过他那个国家的有些人在感情上还有问题，暂时不想讲这个话，要换一个形式讲，譬如讲第一个和最强的社会主义国家。我又高兴南斯拉夫的同志在第二个宣言上准备签字。他们没有在12国宣言上签字，使13国缺一国。他们说有困难，我想也可以，我们不能强加于人，南斯拉夫不愿意签字就不签字好了。将来若干年后，我想他们是可以在另外一个宣言上签字的。

毛泽东谈了对国际形势的看法。他提出，国际形势到了一个新的转折点。他借用中国的一句成语说：目前形势的特点是东风压倒西风，也就是说，社会主义的力量对于帝国主义的力量占了压倒的优势。他列举了10件大事论证他的见解，诸如美苏钢产量，中国革命、朝鲜战争、越南战争、叙利亚问题、苏联两颗卫星上天等等。其中谈到对核战争问题的看法时说，现在还要估计一种情况，就是想发动战争的疯子，他们可能把原子弹、氢弹到处摔，他们摔，我们也摔，这就打得一塌糊涂，这就要损失人。问题要放在最坏的基点上来考虑。要设想一下，如果爆发战争要死多少人？全世界27亿人口，可能损失1/3，再多一点，可能损失一半。不是我们要打，是他们要打，一打就要摔原子弹、氢弹。我和一位外国政治家辩论过这个问题。他认为如果打原子战争，人会死绝的。我说极而言之，死掉一半，还有一半人，帝国主义打平了，全世界社会主义化了，再过多少年，又会有 27 亿，一定还要多。我们中国还没有建设好，我们希望和平。但是如果帝国主义硬要打仗，我们也只好横下一条心，打了仗再建设。我先是说东风压倒西风，战争打不起来，现在再就如果发生了战争的情况，作了这些补充的说明，这样两种可能性都估计到了。

毛泽东讲了团结问题上的辩证方法，并谈了对苏共中央解决莫洛托夫问题的看法。他说，对同志不管他是什么人，只要不是敌对分子，破坏分子，那就要采取团结的态度。辩证的方法，就是对一切加以分析，承认人总是要犯错误的，不因为一个人犯了错误就否定他的一切。对犯错误同志第一要斗争，要把他的错误思想彻底肃清，第二，还要帮助他。一曰斗，二曰帮。从善意出发帮助他改正错误，使他有一条出路。他又说，我赞成苏共中央解决莫洛托夫问题，这是个对立面的斗争，事实证明它是不能统一，它是一方排斥一方，莫洛托夫集团举行进攻，乘赫鲁晓夫同志到外国去了，措手不及，来一个突然袭击。但是我们的赫鲁晓夫同志也不是一个蠢人，他是一个聪明人，立即调动了队伍，举行反攻，取得胜利。这个斗争是两条路线的斗争：一条是错误的路线，一条是比较正确的路线。斯大林死后这四五年苏联的内政、外交有很大的改善，这就说明赫鲁晓夫同志所代表的路线比较正确，而反对这样的路线是错误的。莫洛托夫同志是一位老同志，有很长的斗争历史，但是这一件事他是做错了。苏共党内这两条路线的斗争带着对抗的性质，因为互不相容，互相排斥，一个排斥一个。处理得好，可以不出乱子。处理得不好，有出乱子的危险。

毛泽东还谈了共产党之间讨论问题采取协商的方法，以及关于“纸老虎”问题等。

对于毛泽东的讲话，特别是 11 月 18 日在 64 个党代表会议上的讲话，并非每一个党的代表都完全同意，作为“阵营之首”的苏共中央领导人，则更有异议。参加会议亲自听了毛泽东讲话并注意观察会场情形的南斯拉夫驻苏大使米丘诺维奇，在日记中是这样记载的：

所有代表团对他（毛主席）的发言都抱有很大的兴趣。

所有的人都是到讲台上发言的，只有毛是会上唯一没有上讲台的人，他坐在自己的座位上讲话。他一开始发言就说他不到讲台上去讲话，因为他有病，翻译翻的是“头痛”。① 我感到，这番话使大多数与会者感到意外。毛通过翻译讲了几乎一

① 毛泽东的原话是：请同志们允许我即席讲话。因为我在几年前害过一次脑贫血症，最近两年好一些，站起来讲话还有些不方便。

个小时。我觉得，讲话是公式化的、带有宣传色彩的，讲了许多中国的谚语和格言，都没有描绘上当今的世界，无论社会主义世界，还是资本主义世界，或者两者之间的世界的真实面貌。

毛一度在没有特别准备的情况下谈到，苏联党的领导中发生了“两个不同集团”之间的冲突，“以赫鲁晓夫为首的一派取得了胜利”。翻译就是这样翻他的话的。毛在讲话中把莫、马、卡反党集团同被他称为另一集团的苏共党等同起来，且在世界各国共产党会议上讲的，这使得有几百人在场的格奥尔基大厅变得死一般的寂静。米高扬示威性地站起来，露出一副决不是友好的表情。站在那里把目光投向发言者和中国人，一度，又背转向发言者，看用金字刻在大厅墙上的上千个俄国最高战斗勋章获得者的名字。……在毛泽东讲了这样一番话，米高扬作出示威性的反应，而苏联代表团又是一片死一般的寂静之后，我们在这里处处都听到的苏联和中国“磐石般的团结”这句话听起来就不那么令人信服了。在这段时间里，中国人却表现得似乎什么也没有发生，似乎一切都完全正常。①

在莫斯科会议上，苏共赫鲁晓夫等人对毛泽东讲话中不满意的内容，还有关于核战争打起来世界人口“极而言之死掉一半”的话。赫鲁晓夫后来回忆这件事时评论道：“在会议进行期间，已经出现了某些迹象，表明这种摩擦可能会采取何种形式表现出来。当出席会议的80多位代表团谈到热核战争的可能性时，毛发表了一次演说……那时，除了毛以外，大家都在想着如何避免战争。我们的主要口号是：‘继续为和平与和平共处而斗争！’可是突然来了个毛泽东，说我们不应该害怕战争。”②此外，还有中国代表团在签署社会主义国家共产党和工人党代表会议宣言的同时，向苏共交了一份《关于和平过渡问题的意见提纲》，也是苏共领导人极为不满的一件事。

在起草会议宣言时，苏共原提出的草案采用苏共二十大的提法，只提从资本主义向社会主义和平过渡，根本不提非和平过渡，并把和平过渡解释为“在议会中争取多数，把议会从资产阶级专政的工具，变为人民政权的工具”。中共代表团不同意这个论点，经过争论，会议最后通过的宣言作了两点重大修改，一是在指出和平

① 〔南〕韦利科·米丘诺维奇：《莫斯科的岁月》，生活·读书·新知三联书店1980年版，第453—454页。

② 赫鲁晓夫：《最后的遗言》，东方出版社1988年版，第394—395页。

过渡的可能性的同时，指出非和平过渡道路。由于历史经验证明，统治阶级是不会自愿让出政权的。二是谈到取得议会中稳定的多数时，同时强调展开议会外广泛的群众斗争，摧毁反动势力的反抗，为实现社会主义革命准备必要的条件。

这两点重大修改，是苏共代表团妥协让步的结果，也是中共代表团作了让步的结果，照顾了苏共领导关于能够同苏共二十大的提法相衔接的要求。但中共代表团又另写了《关于和平过渡问题的意见提纲》，全面阐述了中共对这个问题的观点，作为备忘录，提交苏共存案备查。提纲的主要内容是：从策略观点出发，提出和平过渡愿望是有益的，但不宜过多地强调和平过渡的可能性。取得议会的多数并不等于旧国家机器（主要是武力）的摧毁，新国家机器（主要是武力）的建立。双方在这个问题上的分歧，日后也发展成为两党关于国际共产主义运动大论战的主要内容之一。在有关反对斯大林个人迷信问题上，中共代表团也照顾苏共领导当时的困难处境，没有坚持提出修正意见。

四　苏共领导人要求批判南斯拉夫

1958 年 3 月，南共联盟发出南共七大的纲领草案征求意见。苏共中央接到这一文件后，于 4 月 3 日由赫鲁晓夫签署，给了中共中央一封信。信中说："我们研究了南共纲领草案以后得出这样的结论：草案是别有用心地企图向国际共产主义运动提出实质上同社会主义国家共产党和工人党代表会议宣言相违背的纲领性文件。……是公开出面反对得到所有兄弟党赞同的宣言中所陈述的思想。""草案中对当前国际形势、工人运动、共产主义运动和世界社会主义体系的发展有不少错误的、非马克思主义的论断和评语。纲领草案……的观点实质上是近乎现代修正主义和小资产阶级民族主义的立场。"

赫鲁晓夫的信列举了如下的"理由"来支持它的上述观点：

"在草案中根本没有提到资本主义体系和社会主义体系之间的这一基本矛盾。"

"草案武断地说，在德黑兰、雅尔塔和波茨坦同盟国首脑会议上，'表现了在国际关系方面采用从实力地位出发和争取霸权斗争的政策，而把人民和整个进步发展的实际利益置诸不顾。这种论断不能不令人坚决反对。"

"莫斯科会议宣言指出，社会主义国家之间的关系是一种新型的关系，但是纲领草案则认为资本主义时代大国所特有的霸权主义和剥削的意图在社会主义体系内部也继续存在。”

“纲领草案……把重点放在对兄弟党的活动进行毫无道理的、毫无根据的批评上。”

基于这种理由，赫鲁晓夫的信通知中共中央，苏共将不派代表团参加南共第七次代表大会，只准备委托苏驻南大使以观察员身份出席大会。同时在南共七大开会之前要在《共产党人》杂志公开发表文章，“对南共纲领草案进行分析和批判”。并要求中共中央“能将上述问题的意见告诉我们”。

苏共中央还向社会主义各国共产党和工人党也作了如此内容的通报，从而组织“统一行动”，发动一场批判“南斯拉夫修正主义”的斗争。

随后苏共中央于4月5日写信给南共联盟中央，提出了对纲领草案的指责，通知了不派代表团应邀出席七大的决定。

4月12日，南共联盟总书记铁托复信苏共中央，对苏共中央的指责信表示“十分惊奇”。“尤其令人惊奇的是，你们明明知道这个纲领草案现在还处在十分广泛的讨论阶段，而起草委员会本身也还在继续修改或删除个别提法，例如霸权主义和其他一些你们所反对的提法。”铁托指出：“你们的意见也不是本着同志的精神指出怎样改善纲领草案，而是一些肤浅的意见。”并提出：“思想上的分歧不应该妨碍我们两国和两党之间的友好合作。”铁托还表示担心：“我们害怕很久以前和不久以前的某些现象的重演，害怕重新引起争论”，因为这会“带来损害”。

数日后（4月17日前），苏共中央又回信答复铁托，明确要求南共联盟应“对纲领草案作根本性的修改”，认为铁托的复信“是在为……纲领草案的基本论点和倾向进行辩护”，“只打算修改个别提法和个别错误”，因此，“苏共中央认为没有理由重新审查以前的决定”。从而关闭了兄弟党之间就分歧进行同志式讨论的大门。并在国际共产主义运动中掀起了一次新的“讨伐”南共联盟及其领袖铁托的浪潮。

中共中央接到苏共中央信后，于4月8日复信，表示了自己的立场和态度。当时错误地认为：“南斯拉夫共产主义者联盟代表大会在各国党尽了一切努力改善同南共的关系之后，提出并准备通过这样一个有体系的、违背马克思列宁主义许多基本原理的纲领草案，表明南斯拉夫领导集团企图向全世界散布他们的修正主义理论，同莫斯科12国共产党宣言相对抗。”表示“我们决定同你们采取一致的步骤，改变过去的决定，不派代表出席南斯拉夫共产主义者联盟第七次代表大会”，只派观察员列席。随后，苏共和中共在党内和报刊上，开展了对所谓“南斯拉夫修正主义”的批判。

苏共中央提出抵制南共联盟七大和批判南共联盟“现代修正主义”和“小资产阶级民族主义”，表明了苏共领导人的大党主义作风未根本改变。而中共中央当时接受了赫鲁晓夫的动议，同苏共中央采取了一致步骤，表明了中共领导人当时同苏共领导人在思想和理论观念上有共同之处，这便是自二次世界大战结束后形成的两大阵营斗争的观念，社会主义阵营必须保持步调一致的观念，要有一个中心，各国党要与中心相协调一致的观念。赫鲁晓夫1954年主动改善与南斯拉夫的关系，最终的目的，是想要把南再拉到社会主义阵营“大家庭”之中。在1957年11月莫斯科会议上没能达到目的，在1958年南共纲领草案有违莫斯科宣言论点时，便给扣上“修正主义”帽子而加以“讨伐”。

要维护一个统一的社会主义阵营，确立一个阵营中心，要用一种统一的纲领路线来统一各国党的行动，这是20世纪50年代至60年代初，中苏两党共同的一个基本观念。它由战后局势而来，是那个时代的产物。但是当1956年的历史开始冲破国际共运中僵化的格局向多样化发展之后，还要继续以那种基本观念来框最早带头冲破僵化模式束缚的南斯拉夫，自然是一个历史性的错误。实际上，南共联盟草案中关于不提社会主义阵营，关于认为德黑兰、雅尔塔、波茨坦会议造成战后从实力地位出发和争夺霸权的斗争，认为社会主义国家关系中也有霸权主义和剥削的意图（即不平等的经济关系）存在的观点，是南共的独到见解，这种见解同上述基本观念发生了冲突。

值得注意的是，一个统一的阵营、一个领导中心、一个统一的纲领路线的观念，是1958年中苏共同错误地批判“南斯拉夫修正主义”的同一基础。又是60年代中苏两党之间发生关于国际共产主义总路线大辩论的主要原因之一。所不同的，只是在国际共运应是怎样的纲领路线、谁为中心、怎样保持统一上，两党的认识尖锐对立起来。并且都以自己的眼光来判断谁是“修正主义的”或“左倾冒险主义的”，谁是马克思主义的。而后来的历史证明，硬要保持一个统一的阵营，由一个中心来起领导作用，用一种纲领和路线来统一各国党的思想与行动，这种努力都是不正确的、无益的。

五　长波电台和共同舰队之争

1957年11月彭德怀率军事代表团赴莫斯科，主要的目的是想与苏方把1955年以来同赫鲁晓夫商谈的中苏军事合作的某些主要问题落实下来，以加速国防现代化。其中主要包括建立中国原子能工业、生产原子武器、原子武器运载工具即导弹，建立军事航空工业及舰艇建造等。赫鲁晓夫与彭德怀谈话，基本同意了彭的要求，并商定，由双方有关军事部门协商解决，原则上决定苏联在远东的海、空军将同中国合作。

但是，赫鲁晓夫却将中国希望合作的愿望当作插足中国的机会。

1958年4月，苏联国防部长马利诺夫斯基致函中国国防部长彭德怀，提出在中国建立用于潜艇舰队海上通讯联络的长波电台，苏联出费用7000万卢布，中国出3000万卢布，建成后归苏联控制。6月，中共中央复电苏方，表示建台可以，一切费用由中国负担，可以共同使用，但所有权为中国。此后，苏方又致函中国，提出全部费用由苏方负担，所有权归苏联。因涉及中国主权问题，中共中央坚持不让。

一事未了，一事又起。7月，苏驻华大使尤金在答复中国希望苏联提供原子潜艇问题时，又提出了要搞中苏共同舰队的意见，同刘少奇谈了又同毛泽东谈。他说，他受苏共中央主席团的委托，由于苏联的自然条件不能发挥舰队的作用，黑海会被敌人封锁，波罗的海更不用提了，北面也不宽阔，东面的海面不能算安全，而中国的海岸线很长，条件很好，因而要建立一支共同舰队。

毛泽东当场拒绝了这一无理要求，他生气地说：打起仗来，苏联军队可以过来，中国的军队也可以到苏联去，我们是同盟国，可是搞共同舰队，就是要控制，要租借权。提出所有权各半，是政治问题。要讲政治条件，半个指头也不行。你们可以说我们是民族主义，又出现了第二个铁托。如果你们这样讲，我也可以讲，你们要把俄国的民族主义扩大到中国的海岸。毛泽东要尤金大使把他的话如实地向赫鲁晓夫汇报，不要粉饰。

赫鲁晓夫收到尤金的报告后，急忙于7月31日来到中国，同毛泽东会谈。毛泽东尖锐地对赫鲁晓夫说：我（先后）跟你们谈了3次，我得出一个结论：你们不信任中国。搞舰队要搞“合作社”，这是政治问题，这叫政治条件。这样，我提出几个方案：第一，你们帮助我们搞，给我们技术资料，派专家帮助我们搞。第二，搞共同舰队，不搞。你们要坚持第二方案，我们不干。不干没有原子潜艇，没有关系。第三个方案，撤回我们的请求，不搞了，你们又不同意。第四个方案，所有的海岸线都给你们，我们不要海军，我们打游击。第五个方案……

赫鲁晓夫碰了毛泽东的硬钉子，知道无法谈下去，便当场抵赖说：我们脑子里从来没有共同舰队的想法的影子，从来没有，而且永远不会有这个想法，这是尤金不懂军事，给传达错了，我们原来是说共同研究舰队的发展方向问题。

这是中苏关系由顶点到闹翻的开始。后来毛泽东回顾历史时说：事实上同苏联闹翻是1958年，他们要在军事上控制中国，我们不干。赫鲁晓夫则对这件事一直讳莫如深。

六　国庆10周年时不愉快的会谈

中苏关系在1959年继续出现不愉快的事情。

6月20日，苏共中央致函中共中央，以当时苏联与美国等西方国家正在日内瓦谈判关于禁止试验核武器的协议，怕西方国家知悉苏联正在新技术方面援助中国，“有可能严重地破坏社会主义国家为争取和平，缓和国际紧张局势所作的努力”为“理由”，提出中断向中国提供原子弹样品和生产原子弹的技术资料。从而单方面撕毁了1957年10月15日签订的国防新技术协定。

赫鲁晓夫处理中苏经济和科技合作，是以其自身的利益和需要为转移的。1956年8月，中国通过李富春向苏方提出导弹方面技术援助的要求，9月得到令人失望的答复，只限于给培养50名留学生。这意味着至少要七八年甚至更长时间以后，才能在中国进行导弹的研究工作。1956年10月起，西方国家掀起第二次反苏反共浪潮，国际形势紧张。赫鲁晓夫在对中国新技术援助方面出现松动的迹象。1957年6月，赫鲁晓夫同莫洛托夫等人的斗争尖锐化，赫鲁晓夫很需要中国的支持，便主动由驻华大使向周恩来提出，设想由苏援华在北京建立原子能科学研究中心。又经过8、9月的双方谈判，10月15日签订了国防新技术协定。

1958年苏联要在中国建长波电台和共同艇队，在中国搞海军基地的要求被毛泽东拒绝后，赫鲁晓夫便下决心单方面撕毁了国防新技术协定。赫鲁晓夫在其回忆录中直言不讳地承认问题的实质所在。他说：在关系破裂以前，“我们的核专家同他们的正忙于制造第一颗原子弹的工程设计人员进行了合作”。后来，“我们的专家建议我们给中国人一枚原子弹样品。他们把样品组装起来并装了箱，随时可以送往中国。这时，我们负责核武器的部长向我作了汇报。他知道我们同中国的关系已经恶化到不可挽回的地步”。他请示：“现在已经准备好可以运走了。下一步该怎么办？我们等待您的指示。”“我们专门开了一次会，决定该怎么办。……我们不希望他们获得这样的印象，好象我们是他们驯服的奴隶，他们要什么，我们就给什么，而不管他们如何侮辱我们。最后，我们决定推迟给他们送去样品的时间。”①

停止向中国提供原子弹样品和资料，也是赫鲁晓夫即将访问美国，同艾森豪威尔总统会谈进行交易的一种需要。

随后，苏联在中印边界冲突问题上，将中苏分歧公开化。

早在1951年前后，印度方面趁中国和平解放西藏之际，向历届中国政府均不承认的“麦克马洪线”以南的中国边境东段推进，侵占了中国9万平方公里领土，后来又在中段侵占了两千平方公里，并且还要侵占西段3.3万平方公里中国领土。1959年中国发生西藏武装叛乱事件后，达赖喇嘛逃往印度。中国边防军平叛作战进驻山南边境要地。印军于8月越过“麦克马洪线”的实际控制线，向北面中国西藏境内推进，和中国边防部队发生了武装冲突。苏联为了其自身南亚战略的需要，不顾事实真相与是非，由塔斯社于9月9日发表关于中印边境事件的声明，对中印冲突表示遗憾，从而把中苏分歧公开于世。

接着，赫鲁晓夫赴美同艾森豪威尔先是在华盛顿后在戴维营②会谈。随后带着美苏交易的需要和要中国党服从其战略的要求，于9月30日赶来北京，出席中华人民共和国国庆10周年招待会，并同中国领导人会谈。

在9月30日的国庆宴会上，赫鲁晓夫即席讲话达40分钟，宣传美苏会谈的“戴维营精神”，努力表现出愿意改变对西方的战略方针，缓和东西方关系的姿态。并用教训人的口吻，要中国不要“用武力去试试资本主义制度的稳固性”。这在中国方面看来，实际是要搞苏美合作来决定和主宰世界。

10月2日，赫鲁晓夫及苏斯洛夫、葛罗米柯、波诺马廖夫、安德罗波夫同毛泽东、周恩来、刘少奇、朱德、陈毅会谈。赫鲁晓夫更表现出一种直接介入中印边界问题，在中国内政外交问题上要中国服从于苏美合作战略的态度。

---

① 赫鲁晓夫：《最后的遗言》，东方出版社1988年版，第412—413页。

② 第二次世界大战时罗斯福总统的别墅。

赫鲁晓夫替美国讲情，带了艾森豪威尔的口信，要求中国释放被击落的美国间谍侦察飞行员唐奈与费克吐。毛泽东说，将来可以放，现在不能放。给回绝了。

赫鲁晓夫谈台湾问题，要求中国同苏制定共同路线，创造一切条件，缓和国际紧张局势。即要求中国党和政府放弃作为内政问题采取的对台方针政策。他举出苏联内战1920年4月到1922年11月远东共和国的例子，说列宁那时做过让步和牺牲。他把列宁当时在苏维埃俄国处于外国干涉的紧急情况下，为了避免同日本作战所提出的策略办法，要中国照着办。这在实际上是要中国同意美国提出的方案，承担不用武力解放台湾的义务。中国领导人说，宣布对台湾不使用武力，是国际问题，这是美国的办法，实际上是要我们承认两个中国，我们不接受。赫鲁晓夫说，1958年对金门打炮你们没拿下来。中国领导人说，就是不拿下来，目的是维持同台湾国民党的内战关系，不让美国插手。

赫鲁晓夫在中印边界冲突问题上偏袒印度，说谁先开枪我不知道，反正是印度人被打死了。周恩来说，印度人先入境，打了12个小时，怎么能说我们错了呢？赫鲁晓夫说，我打过仗，不管谁先开枪，反正印度死了人。他并说：你们为之战斗的土地只是一块人口稀少、荒凉的高地，边界也是几十年前确定的。陈毅副总理回答说，西藏印度边界是英国在1914年用所谓“麦克马洪线”确定的，这块土地是属于中国的，是英国人把它从我国手里夺走的。又说，我们对民族主义者的政策是既团结又斗争，而不是迁就主义的态度。陈毅并提出质问：苏联为何发表这样一个关于中印边界问题的声明？

赫鲁晓夫为印度当局的亲西藏叛乱分子立场辩解，说当时印度没有直接介入。同时又说，西藏正好与印度毗邻，印度认为有一个独立的邻居是至为重要的，西藏本身不能对印度构成任何威胁，而一个属于中国的西藏就会对印度构成威胁。难道中国不理解这点吗？这等于公然承认印度方面实际支持西藏叛乱分子搞所谓“西藏独立”有理。

在中印边界问题之争上，周恩来举例回答赫鲁晓夫说，如果苏联与芬兰发生了边界事件，苏方将采取什么对策？①赫鲁晓夫理屈词穷，无法回答。

赫鲁晓夫还发泄了旧日的怨恨。他说，去年毛泽东同志在尤金面前严厉批评了我们党，我们认为是不公平的，我们忍受了。1956年中共八大，米高扬讲话，毛

---

① 第二次世界大战前夕，发生过一次苏芬战役，苏军越过芬兰边界进入芬兰的卡雷里亚地区。

主席中途退了场①，这是不恭敬。1957年年初，周恩来同志到莫斯科给我们上大课，我们也忍受了，等等。赫鲁晓夫还抱怨说：你们说社会主义阵营要以苏联为首，但我方提出的意见，你们并不接受。

这是一次双方都很不愉快的会谈，不但未能解决任何分歧，反而加深了矛盾。

关于这次会谈，1963年毛泽东回顾说，1959年赫鲁晓夫在印度问题上对我们施加压力，他们单独发表了一个声明，名义上是中立，实际上是偏袒印度，谴责中国。他从戴维营回来就来教训我们，那一次也是谈得不欢而散。

七 共运战略与理论上的分歧

赫鲁晓夫在实际处理同美国关系的战略方针上，以1959年与艾森豪威尔总统"戴维营会谈"为标志，是发生有明显变化的。

在此以前，由于战后两大阵营"冷战"相持的原因，在1957年莫斯科宣言上写着：美帝国主义是全世界反动势力的中心，人民群众的最凶恶的敌人；帝国主义如果发动世界战争就注定灭亡；屈服于帝国主义的压力是修正主义的国外根源等。在实际行动上，苏联支持中国和各民族独立与进行民族解放运动的国家同美帝国主义斗争。以此打击和削弱美国的力量，使之不能强有力地同苏联抗衡。因而苏联具有为首地同美帝国主义斗争并以斗争来争取世界和平的形象。

1958年7月，伊拉克发生贝勒•卡塞姆政变，巴格达条约顷刻瓦解，中东均势被打乱，美英调兵遣将，美国出兵登陆入侵黎巴嫩地区，英国在约旦投入军事力量。苏联就此发表强硬声明，说美英入侵的部队如不撤出，苏联将采取行动，以保卫苏联的利益。美英随即撤出了其在中东的军事部队。

在当时的东方，苏联建议中国加强在福建地区的空军，以对台湾海峡的美蒋海军起到威慑作用。表示愿派苏联歼击机队驻扎福建地区，帮助中国应付这一地区的紧张局势。苏还公开发表声明，说谁进攻中国就是进攻苏联，就是进攻整个社会主义阵营。这是与苏联在中东与美对抗相配合的。

但当时在台湾海峡斗争上，毛泽东和中国政府根据中国同美国大使级会谈的状

---

① 米高扬在1956年9月中共八大上讲话，说中国的许多创造都是列宁的意见，并批评中国对经济的领导，毛泽东听不下去，退了席。

况和台湾海峡形势，有自己的判断和方针。

1955年8月开始的日内瓦中美大使级会谈，中国方面要求美国从台湾地区撤出全部美军，中美建交，可以发展双边贸易文化关系。美国则要求中国在台湾地区放弃使用武力。双方立场截然对立，会谈于1957年12月陷入僵局。美方想降低会谈代表资格，中国拒绝。此后会谈中断。1958年3月，中方递交信件，指出美方提出较低级谈判是想破坏会谈，美方不予回复。6月30日，中国发表了带最后通牒式的声明，提出："中国政府要求美国政府从今天起的15日以内派出大使级代表，恢复会谈。否则，中国政府就不能不认为美国已经决心破裂中美大使级会谈。"[①] 7月1日美国务卿杜勒斯表示要恢复大使级会谈，谈判地点改在华沙。

中国政府决定以外交谈判以外的手段，在福建沿海展开了针对美蒋的军事行动，封锁了金门岛和马祖岛，宣布将解放这些岛屿。美国认为这是要解放台湾的前奏。8月23日，人民解放军福建前线部队进一步炮击和轰炸了金门、马祖岛屿。9月4日，中国政府宣布金、马周围设立12海里禁区。而美国则增派一艘航空母舰护送美蒋运输补给品船只，直接进到3海里领海线，侵犯中国规定的禁区。9月下旬，斗争达到顶点。10月6日和25日，毛泽东撰写并发表了两篇国防部长文告[②]，10月6日的文告说，"从10月6日起，暂以7天为期，停止炮击你们可以充分自由地输送供应品，但以没有美国人护航为条件，如有护航，不在此例"。指出中美争端在于美国侵占台湾海峡，应在华沙会谈中解决；中国内部问题则应在我方与台湾蒋介石之间谈判解决。10月25日的公告又提出：逢单日打，逢双日不打，使大金门、小金门、大担、二担大小岛屿的军民同胞得到充分的供应，以利你们长期固守，但仍以不引进美国人护航为条件。此后，福建前线打打停停、停停打打，持续多年，这打破了美国要把台湾问题变成国际问题的企图。

毛泽东和中国政府的这一特殊斗争方针，不合赫鲁晓夫之意，并且长时间不理解。1974年赫鲁晓夫在回忆录中还说："我们以为他们打算采取决定性行动来消灭蒋介石，因此他们提出要的那些东西，我们都给了他们"，"然而，当我们提出在他们的领土上驻扎我们的歼击机队的时候，他们的反应却是极端奇怪的。他们明确表

---

① 《中华人民共和国政府关于中美大使级会谈的声明》，1958年6月30日。

② 即《国防部长彭德怀告台湾同胞书》（1958年10月6日）和《国防部再告台湾同胞书》（1958年10月25日）。

示我们的建议冒犯了他们”。“中国对蒋介石发动的军事行动采取了炮击两个沿海小岛这样一种形式。”“可是，正当中国人能够跨过海峡去占领那些岛屿的时候，他们突然停止了攻势。结果整个仗等于白打了。”① 当后来毛泽东向他解释说“我们只是想显示一下我们的潜力。我们不希望蒋离我们太远了。我们想让他待在我们够得着的地方”时，赫鲁晓夫认为：“这真是个奇怪的逻辑”。②

尽管赫鲁晓夫的方针与毛泽东的方针不同，但他声明支持中国在台湾海峡同美国和蒋介石进行斗争，是真实的。

但是如上所述，到1959年10月中苏两党领导人会谈时，赫鲁晓夫却帮助美国说话，并在中印边界问题上压中国，在台湾问题上要中国承担不以武力解放的义务，以适应苏美搞缓和交易的需要。这不但同中国的利益相矛盾，也同在此以前赫鲁晓夫在台湾海峡上的态度有变化。这一重要变化的分界点即是美苏戴维营会谈。西方外交界认为，正是从戴维营会谈起，苏联同中国分道扬镳了。

1959年10月中苏领导人不愉快的会谈后，赫鲁晓夫在海参崴说中国像“公鸡好斗那样热衷于战争”，回到莫斯科后，在最高苏维埃会议上说中国在台湾海峡问题上是“不战不和的托洛茨基”。他还说美国总统“也像我们一样在为保障和平而操心”，戴维营会谈“开辟了人类历史的新纪元”，“没有战争的时代开始了”，1960年要成为“没有武器、没有军队、没有战争的世界”的一年。说“世界已经进入了谈判解决主要的国际争端以建立持久和平的阶段”，要求他国服从于苏联同美国搞裁军和禁止核武器试验协议的谈判。在1960年2月初华沙条约国政治协商会议上通过的宣言③，说裁军是当今世界的主要问题，苏联在联合国14届大会上提出的全面彻底裁军的建议，“反映了华约缔约国和所有社会主义国家的立场”。中国代表康生在会上发了言，2月6日，中国发表了康生的发言。这个发言声明：由于美国在国际关系中一直对我国采取排斥的态度，因此“没有中华人民共和国的正式参加和它的代表的签字，有关裁军的国际协议和其他一切国际协议，当然都不能对中国具有任何约束力”。对这一声明的发表，赫鲁晓夫恼火，西方震惊。

---

① 赫鲁晓夫：《最后的遗言》，东方出版社1988年版，第403—404页。

② 赫鲁晓夫：《最后的遗言》，东方出版社1988年版，第405页。

③《华沙条约缔约国宣言》。

所有这些问题的发生，在中国领导的心目中，赫鲁晓夫是违背1957年莫斯科宣言，散布对美帝国主义的幻想，松懈世界人民革命斗争，想以两个大国决定世界命运，背离马列主义原理与原则的行为。于是，便有1960年4月纪念列宁诞辰时3篇批判“现代修正主义”文章的发表。

1960年4月《红旗》杂志第8期发表了《列宁主义万岁》的文章；4月22日，《人民日报》发表了《沿着伟大列宁的道路前进》的文章；同日，陆定一在纪念列宁诞辰大会上作了《在列宁的革命旗帜下团结起来》的报告。3篇文章合出了一本题为《列宁主义万岁》的小册子。这些文章，引证列宁的论断和1957年莫斯科宣言的论点为根据，以帝国主义本性是否改变、马列主义学说是否过时、现在究竟是什么时代、战争与和平、和平共处等问题为内容，批判所谓“南斯拉夫修正主义”，同时也批评“并不是修正主义者”，但“面对着某些历史的新现象，感到迷惑”的“好心善意的人”，说：“在我们彻底驳斥现代修正主义者的谬论的同时，也应当帮助这些好心的人改正自己的不正确的想法。”①

如果说，在1956年至1957年，中苏分歧主要是在反个人崇拜与和平过渡这两个问题上的话，1958年就出现了对中国控制与中国反控制的斗争。到了1960年年初，扩展到了国际共运理论与战略策略上，增强了理论斗争的形态。

当时苏联也对中国进行了批评，甚至早在1958年年底赫鲁晓夫同美国参议员汉弗莱的谈话中，在1959年年初的苏共二十一大上，对中国的批评便已开始。

中苏双方互相批评对方违背1957年莫斯科宣言，各自引证宣言的论点批评对方。但比较而言，中共对苏共领导人的批评，更较为切合列宁的一些论断和宣言的论点。问题是，宣言是多年国际共产主义运动经验与理论和“冷战”时代的产物，不能不带有一定的历史局限性；同时它又是诸多共产党之间，又首先是中苏两党，在一定条件下求同存异，作某些妥协的产物。在实践当中，必然出现某些不同的理解和各自强调一定的侧重点。因而一旦争论起来，是个相当难以扯得清楚并说服对方的事情。正是在这些分歧发展的过程中，毛泽东在1960年1月至3月便得出苏联主要领导人已是“半修正主义”②的看法。发表3篇文章的基本想法是：怎样把社会主义阵营团结起来，发展马克思主义，揭露修正主义并克服半修正主义的动

---

①《红旗》杂志编辑部文章：《列宁主义万岁》。

②“半修正主义”一词，出现在毛泽东的批语：《关于反华问题》，1960年3月22日。

摇，使社会主义阵营的分歧得到最高原则的解决。①但是，纪念列宁诞辰90周年时的相互批评与争论，并没能解决理论上、战略指导方针上的分歧，矛盾反而更尖锐了。

八　布加勒斯特会议上的冲突

继1960年2月初华沙条约国政治协商会议上的矛盾和4月中国纪念列宁3篇文章的发表，中苏两党分歧扩大，随即发生了苏共领导人在6月布加勒斯特会议上对中共搞突然袭击的事件。

6月20日至25日，罗马尼亚工人党召开第三次代表大会。会前，苏共中央于6月2日致函中共中央，建议利用罗马尼亚共产党三大的机会，在布加勒斯特举行社会主义各国共产党和工人党代表会议。中共中央复函建议扩大成员，开世界各国共产党和工人党代表会议；但延期召开，以作充分的准备。6月7日，苏共中央复函同意，并建议在布加勒斯特一般地交换一下意见。

以彭真为团长的中共代表团②在赴罗途中，6月17日在莫斯科同苏共中央书记科兹洛夫进行了会谈。科兹洛夫对于各国党代表会议召开的时间避而不谈，只说到布加勒斯特后再商讨。6月19日中共代表团抵达布加勒斯特，直至22日上午，赫鲁晓夫等都不提会议之事。22日下午，东道主罗马尼亚共产党总书记乔治乌•德治口头通知，24日开社会主义国家兄弟党会议，但不告以会议内容、开法及发表公报之事。22日晚，赫鲁晓夫对中共代表团说，会议怎么开，他也不知道。

6月23日下午，苏方交给中共代表团一份6月21日的《苏共致中共通知书》，中文译本长达84页。显然是在莫斯科就准备好了的。很可能也早发给了其他党代表团。下午19时，又送给了苏联起草的会议公报草案。

在24日举行的社会主义国家共产党和工人党代表会议上，赫鲁晓夫发动了大多数党向中共的围攻。都准备了发言稿，对照着苏共意见书，进行宣读发言。显然是经过准备、预先策划好的一个突然袭击。

苏共中央的领导人和通知书攻击说，在时代问题上重复列宁的论述是“教条主

---

① 陈毅1960年的一次内部报告。

② 代表团成员有：伍修权、许建国、康生，工作人员有张香山、熊复。

义”；说中共“拒绝和平共处”、“希望战争”、“观火”、“制造紧张局势”，是“左倾冒险主义”；说中共进行“托洛茨基式的分裂活动”，在国际群众组织中采取“宗派主义立场”；说中共领导人同阿尔巴尼亚党负责人列希谈话是找反苏同盟①；说康生在华沙条约国政治协商会议上的讲话的发表，是“向帝国主义送情报”，中共散发纪念列宁的3篇文章“是南斯拉夫式的分裂活动”，等等。

中共代表团认为，这是赫鲁晓夫蒙蔽事实真相，散布诬蔑中共的材料，滥用自列宁以来苏共在国际共产主义运动中所形成的威信，造成声势，强迫许多兄弟党的代表在措手不及的情况下，作反对中共的发言。因而对兄弟党代表采取讲明真相，说清是非，坚持团结，尽量避免争吵的方针。

对待赫鲁晓夫，代表团根据中共中央关于“坚持团结，坚持原则，留有余地，后发制人”的指示，仍采取“团结——批评——团结”的方针，用劝说的态度，摆事实、讲道理，留有余地，必要时据理反驳。

有3个社会主义国家共产党（阿、朝、越）不参加对中共的攻击。阿尔巴尼亚劳动党的代表卡博说：“如果情况确实如中共代表团所说的那样的话，那么中国同志的立场就是对的。”赫鲁晓夫随之对阿代表团施加压力。与其愿望相反，阿党代表反而鲜明地支持了中共。

6月25日和26日，举行51党代表会议。中共代表团通过会议执行主席乔治乌•德治，向各代表团分发了中共代表团的声明。这个声明是由中共中央在国内根据会议发展情况写成，发稿给中共代表团，代表团立即翻成多种文字，提交会议分发的。

《声明》公开点名指出：“中共中央认为：苏共中央代表团赫鲁晓夫同志在这次会谈中完全破坏了历来国际共产主义运动中兄弟党协商解决共同的问题的原则，完全破坏了在会谈以前关于这次会谈只限于交换意见、不作任何决定的协议，突然袭击地提出了会谈公报草案，对这个公报的内容没有预先征求兄弟党的意见，而且在会谈中不允许进行充分的正常的讨论。这是滥用苏联共产党从列宁以来长期形成的在国际共产主义运动中的威信，极粗暴地把自己的意志强加于人。这种态度同列宁

---

① 据赫鲁晓夫回忆录续集说，1960年6月初阿尔巴尼亚人民议会主席团主席列希访问中国，回国途经莫斯科时，与列希一同访问中国的利丽•贝利绍娃向赫鲁晓夫私下报告了列希同中国领导人谈话的事。赫鲁晓夫认为是“恶毒的谈话”，“他们实际上可能已经同意中国人的观点了”。（见赫鲁晓夫：《最后的遗言》，东方出版社1988年版，第410页。）不过，赫鲁晓夫错把列希说成了谢胡。

的作风毫无共同之处，这种做法在国际共产主义运动中开了一个极端恶劣的先例。中共中央认为，赫鲁晓夫同志的这种态度和这种做法将会在国际共产主义运动中产生非常严重的后果。”

《声明》说：“我们在马克思列宁主义的一系列基本原则上是同赫鲁晓夫同志有分歧的。”对于这些分歧的问题，“应当采取严肃的态度，进行认真的思考和同志式的讨论”，“但是赫鲁晓夫同志所采取的却是家长式的、武断的、专横的态度，他在实际上把伟大的苏联共产党同我们党的关系不看成兄弟党的关系，而是看成父子党的关系”，“企图使用压力使我们党向他的非马克思列宁主义的错误观点屈服，我们在此严正地声明，我们党只信服马克思列宁主义真理，而决不会向违反马克思列宁主义的错误观点屈服”。“国际共产主义运动的命运，取决于各国人民的要求和斗争，取决于马克思列宁主义的指导，而绝不是取决于任何个人的指挥棒。”

《声明》还表示：“我们和赫鲁晓夫同志之间的分歧意见，从我们两党的整个关系说来，仍属部分性质。”希望能找到机会，“进行平心静气的同志式的交谈，解决我们之间的分歧意见，使中苏两党的关系更加团结和巩固起来”。

26 日会议的最后 3 小时，赫鲁晓夫作总结性的发言。他对中共又作了全面、系统的攻击，说中国共产党是“疯子”，“要发动战争”，“把帝国主义垄断资产阶级的旗帜拿起来”，“纯粹的民族主义”，“托洛茨基方式”等等。中共代表团“针锋相对地当众对他进行了使他无法招架的反击，初步揭穿了他的阴谋，打击了他的老子威风”①。彭真作了尖锐而激烈的即席发言，指出赫鲁晓夫的做法是为所欲为，听不得别人的意见，谁不听他的就组织对谁的围攻，还不准别人为自己辩护，这是“只许州官放火，不许百姓点灯”，这种行为完全破坏了国际准则。

中共中央在《声明》中指出过：“我们很高兴地看到这次会谈中提出的《会议公报草案》声明确认莫斯科宣言的正确性。但是，这个草案对于莫斯科宣言中的各个马克思列宁主义论点的说明是不确切的、片面的。……因此我们不能接受这个草案。”并提出了修改草案。后来，中共代表团“为了顾全大局，仍然在会谈公报上签了字，以便缓和一下已经出现的严重分歧和对立”②。

① 中共代表团 1960 年 7 月 25 日向中共中央的报告。

②《伍修权同志回忆录（之四）》，《中共党史资料》（7），第 164 页。

九　苏联撤退专家撕毁合同

在布加勒斯特会议上，赫鲁晓夫没能压服得了中共，反而受到中共的严厉批评。出于恼怒和报复，苏共领导人把思想上的分歧扩大到国家关系方面，对中国施加压力。

7月16日，苏联政府照会中国政府，片面决定自7月28日至9月1日，撤走全部在中国的苏联专家1390名，并终止派遣专家900名。这些专家分布在中国经济、国防、文化教育和科学研究等部门的250多个企业和事业单位，在技术设计、工程施工、设备安装、产品试制和科学研究等方面担负着重要的任务。中国政府数次挽留，苏方始终坚持。苏联专家撤退时，带走了所有的图纸、计划和资料。苏方并停止供应中国建设急需的重要设备，大量减少成套设备和各种设备中关键部件的供应。使中国大批企业和事业单位的建设处于停顿和半停顿的状态，造成极大的损失，加重了中国由于3年“大跃进”造成的经济困难。对此，后来到1964年，中共中央在给苏共中央的信中，曾气愤地说：“在中国遭到严重的自然灾害的时候，你们乘人之危，采取这样严重的步骤，完全违背了共产主义的道德。”①

苏共领导人的这一行动，也极大地伤害了中国共产党广大党员和全中国人民的心。关于这一点，正如28年后现苏联《真理报》总编辑阿法纳西耶夫在一篇文章中所认定的那样：“苏中关系急剧恶化的原因是复杂的，是多种情况造成的”，“双方都有过错……但是，毫无疑问，赫鲁晓夫在之中起了非同小可的作用。中国人认为他批准了从中国紧急撤走苏联专家。召回苏联专家伤了中国人民的心和感情，使中国在经济上处于严重的境地”。②

苏联撤退专家、撕毁合同，其作用的另一面，是促使中国党和人民更加坚定自觉地走自力更生建设社会主义的道路。

在苏共领导人加力压迫中共之后，中共党内有些领导干部已经在考虑可能出现的问题，以及该怎么办。副总理兼国家科委和国防科委主任聂荣臻，于7月3日向中共中央和毛泽东写报告，提出三点建议。

一是“苏联在重要技术关键上卡我们，令人气愤，但气愤并没有用，一定要争

---

① 中共中央1964年2月29日给苏共中央的信。

② 阿法纳西耶夫：《在中国的两周》，苏联《真理报》1988年6月6日、11日。

口气。事情有可能这么一逼，反而会成为发展我国科学技术的动力，会使我们更加坚决地在科学技术上贯彻自力更生的方针，而不是指望外援”。“在新的形势面前，我们继续坚持独立自主、自力更生的方针是可能的。”对此，周恩来在阅读“建议”时作旁批：“独立自主、自力更生、立足国内。”

二是“今后科技往来采取新的做法。凡协议上有的项目，我们到时候就要询问，仍然要。但对方不给，绝不再催，挂上一笔帐。协议以外的新要求就不提了”。“对苏联专家，要贯彻中央所指示的方针，坚持原则，坚持团结，多做工作。”

三是“独立自主，立足国内，绝不意味着自己封锁自己”。对此，周恩来阅时作旁批：“关于科学技术，一要，十分必要的仍然要提，他们不给，不强求。二学，留学生、实习生、研究生，已经去的必须学好，不给学就不学。来我国的专家，必须派人向他们认真学习，不教就不学。三买，凡可以购买的重要技术资料，应从西方资本主义国家千方百计地买到。四钻，不管要到、学到、买到与否，或者多少，主要还要靠自己钻研、自己不钻，不仅不能有独特的创造发明，而且也不能把要到、学到、买到的用于实际和有所发展。”①

此后，中国共产党领导全国人民，以坚韧的毅力，战胜了暂时的经济困难，也使科学技术尤其是国防尖端科学技术，在自力更生、团结奋斗的基础上，获得了显著的发展。

后来，毛泽东说“应该给赫鲁晓夫发一个 1 吨重的大勋章”。这固然是一种讽刺的话语，但苏方撤退专家一事，的确在客观上起了促进中国人民奋发精神自力更生的作用。而赫鲁晓夫和苏联，从撤退专家、撕毁合同的行动中并没有得到什么好处，反而丢失的东西太多、太多。这一点，后来苏联的许多人都是意识到了的。1963 年 11 月 29 日，苏共中央曾在给中共中央的信中，提出重新派专家的问题。中共中央于 1964 年 2 月 29 日的复信中说：你们（1960 年）的行为，充分说明了你们“把派遣专家当作对兄弟国家施加政治压力，干涉它们的内政，限制和破坏它们的社会主义建设的工具”，“现在，你们又提出向中国派遣专家的问题。坦白地说，中国人民信不过你们”，“往事记忆犹新。在苏共领导采取反华政策的情况下，我们不愿意上当了”。中国对苏共领导人的这种不信任感的产生，也是苏联 1960 年撤退专家、撕毁合同的严重后果之一。

---

①《聂荣臻回忆录》（下），解放军出版社 1984 年版，第 807、808 页。

十　81国党代表会议

1960年9月10日，中共中央致函苏共中央，答复苏共中央6月21日的《通知书》。其中向苏共中央提出了解决分歧达到团结的5项建议。主要内容：一是我们两党和所有兄弟党的团结必须以马列主义的根本原理和莫斯科宣言为基础，并且以此作为判断是非的准则。二是社会主义国家之间的关系、兄弟党之间的关系应遵守莫斯科宣言规定的平等、同志式的原则。三是对社会主义国家间、兄弟党之间的争论，根据莫斯科宣言，通过同志式讨论求得解决。中苏两国两党对于国际形势、国际共运等一切重大问题应充分协商讨论，采取一致步骤。四是对于共产党人来说，应分清敌我是非，最为重要的应珍惜友谊，共同对敌。五是经过充分准备协商，开好11月各国共产党和工人党代表会议，并在会议上制定一个共同遵循的、团结对敌的斗争纲领。

9月间，中共中央派出代表团同苏共在莫斯科举行了会谈，苏方同意中共关于经过充分准备开好各国党代表会议的建议。

81国党代表会议之前，首先开26国起草委员会会议。邓小平率中共代表团①参加这个会议，在会上作了长篇发言，内容即是中共中央9月10日答复苏共6月21日《通知书》的答复全文。其中包括12个问题，主要有：1.在布加勒斯特会议上，苏方搞突然袭击，接着撕毁两国签订的苏援华协定，撤走全部在华专家的事；2.赫鲁晓夫在会上把两党思想分歧扩大到国家领域；3.对中印边界纠纷问题偏袒印度，指责中国，苏方推行亚洲地理政治战略方针；4.美化美帝国主义，对美搞缓和方针，宣传“戴维营精神”，对中国施加压力；5.1955年9月阿登纳率联邦德国代表团访苏期间，赫鲁晓夫竟然向阿登纳提出请求，把中国说成是对苏最大的问题，请阿登纳帮助对付中国②。其他几点还有关于苏波关系事件与匈牙利事件，以及关于在北

① 中共出席81国党代表会议的代表团。由刘少奇、邓小平率领，团员有彭真、杨尚昆、陆定一、廖承志、刘宁一、康生、刘晓。但在26国起草委员会期间，由邓小平率领，开81国党代表会议时，刘少奇方出席。

② 据《阿登纳回忆录》谈，1955年9月10日，赫鲁晓夫在同阿登纳花园散步时提出说：“您想像一下，赤色中国现在已经有6亿以上的人口，每年还要增加1200万。这些人都靠一把米过活。这该发展到什么地步呢？”“我们能够解决这个问题。但是这是很困难的。因此，我请您

京召开的亚洲工会理事会上争论的问题。①

起草委员会上的争论是激烈的，苏共要通过自己起草的81国会议声明草案，中共代表团提出许多重大原则性修改意见。经过辩论，否定了苏共关于和平共处与经济竞赛是社会主义各国对外政策总路线的论点；否定了苏共关于资本主义总危机新阶段的出现是由于和平共处和和平竞赛的论点，否定了苏共领导关于和平过渡的可能性越来越大的论点；否定了苏共领导关于反对社会主义各国“单干”，实际上是反对各国以自力更生为主的建设方针。但中共代表团也在一些问题上作了让步，特别是在对苏共二十大的评价和关于从资本主义向社会主义过渡的形式问题上，照顾了苏共和一些党的需要，同意了在声明中照抄1957年宣言中的写法。但中共代表团指出：我们只能再照顾这一次了。总的看，无论是苏共还是中共，都还是想使会议如期召开，因而各自都坚持了一些认为必须坚持的内容，最后也灵活地让步了一些可以让步的地方。81国会议文件草案达成协议，为会议作了基本的准备。

11月上旬至12月1日，81国党代表会议在莫斯科举行。刘少奇于12月1日在会议上发表了讲话，要点是：1. 对于经过共同努力制订了一致同意的声明和告世界人民书，表示高兴；2.《莫斯科声明》符合国际无产阶级和世界人民的愿望，有利于争取和平，民族解放，民主和社会主义，有利于国际共运团结；3. 会议证明在马列主义基础上，通过协商取得意见一致，是解决共同有关问题的唯一正确道路；4. 会议是有曲折的，但终于克服了困难，取得积极成果，相信在1957年宣言和本次会议文件基础上，在今后共同斗争中能达到一致；5. 希望今后进一步加强团结，消除分歧，停止攻击，反对共同敌人，发展共同事业；6. 中苏两党两国之间，团结具有特别重大的意义，中共要永远与苏共一起为之付出一切努力；7. 在马列主义、无产阶级国际主义旗帜下，依靠社会主义阵营的团结，各国共产党的团结和世界人民的团结，一定能取得新的伟大胜利。②

会议通过的《各国共产党和工人党代表会议声明》，论述了时代、世界社会主义体系新的发展阶段、战争与和平、民族解放革命、世界舞台上新的力量对比、世界共产主义运动等问题。其中，又一次错误地“一致谴责国际机会主义的南斯拉夫

帮助我。您帮助我对付赤色中国吧！”

① 刘晓：《出使苏联8年》，中共党史资料出版社1986年版，第95页。

② 刘晓：《出使苏联8年》，中共党史资料出版社1986年版，第102—103页。

变种——现代修正主义者的‘理论’的集中表现”。说南领导人“背叛了马克思列宁主义”，“用自己的反列宁主义的修正主义纲领同1957年宣言相对抗”，“使自己的国家脱离了社会主义阵营，使它依赖美帝国主义者和其他帝国主义者的所谓‘援助’”，等等。要求“进一步揭露南斯拉夫修正主义的领导人”，“为了使共产主义运动和工人运动不受南斯拉夫修正主义者的反列宁主义思想的影响而积极斗争，仍然是各国马克思列宁主义政党的一项必要任务”。

同1957年《宣言》的情况相类似，《声明》仍然是有矛盾的双方相互坚持自己立场并作一定妥协的产物，事后仍然可以作自己的解释和强调某一侧重面，加上虽然是一致意见但并不正确的内容（如谴责南共联盟等），这一要统一国际共运思想与步调的文件，并不能真正达到目的。在后来中苏矛盾的发展过程中，它只能是双方用来论证自己“正确”和批评对方错误的一个“武器”。

会议的召开和《声明》的一致通过，使自1959年10月起激化了11个月的中苏两党矛盾缓和了下来，出现了改善关系的转机。从会议结束之日起，刘少奇以国家主席的身份应邀访问苏联。苏方安排了不少隆重、热情的访问活动，刘少奇在12000人出席的群众大会上作了十分感人的讲话。刘少奇同赫鲁晓夫话别时，都表示愿采取实际措施来改善中苏关系。苏联也表示愿对中国的援助作重新的调整。勃列日涅夫和科兹洛夫还接受了刘少奇的访华邀请，刘少奇交代刘晓大使，要促使他们访华能早日实现。1961年2月27日，赫鲁晓夫还曾致函毛泽东，表示愿意在1961年8月底以前，以借用的方式向中国提供100万吨谷物和50万吨古巴糖，缓解中国的经济困难。①

但是，不久之后，随着1961年10月苏共二十二大的召开，中苏两党的矛盾重新加剧，并且日益发展，这一发展又牵动了整个国际共产主义运动的进一步分裂。中国党走上了坚决反对苏共领导人的所谓“修正主义”之路。

---

① 对于赫鲁晓夫的这一表示，周恩来于1961年3月8日代表中共中央以口头方式答复说，对苏共中央基于国际主义的友好表示非常感谢。但苏联现在也有灾情，我们不愿加重苏联负担，中国争取以延期付款方式从国际市场再进口一些粮食，中国愿把苏联建议提供的粮食留作后备。只有在国际市场上进口粮食发生困难的情况下，再向苏联提出借用粮食的要求。中国同意接受50万吨糖的援助。

第二篇
克服困难的斗争

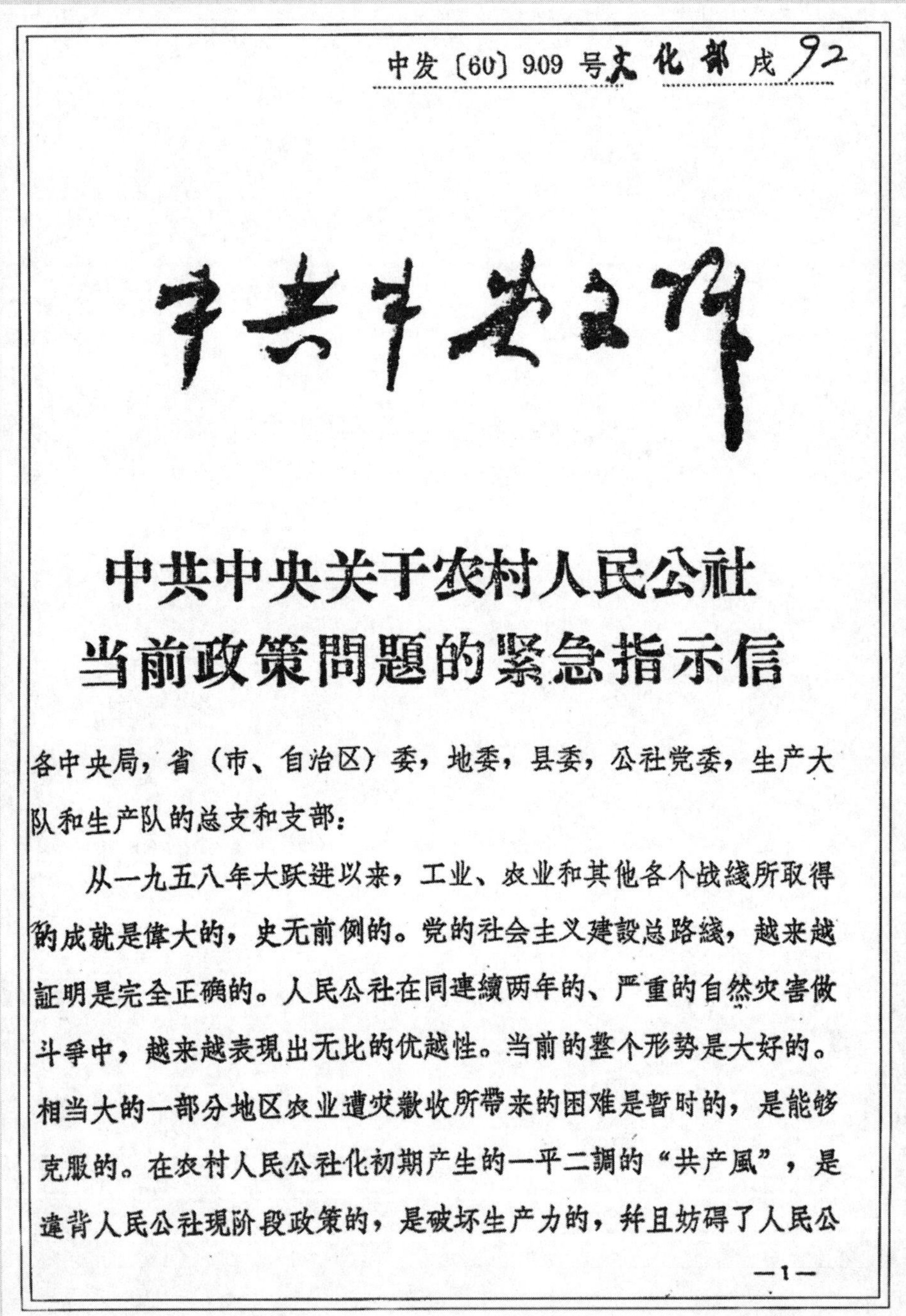
中发〔60〕909号文化部戌92

中共中央文件

中共中央关于农村人民公社当前政策問題的紧急指示信

各中央局，省（市、自治区）委，地委，县委，公社党委，生产大队和生产队的总支和支部：

从一九五八年大跃进以来，工业、农业和其他各个战綫所取得的成就是偉大的，史无前例的。党的社会主义建設总路綫，越来越証明是完全正确的。人民公社在同連續两年的、严重的自然灾害做斗爭中，越来越表現出无比的优越性。当前的整个形势是大好的。相当大的一部分地区农业遭灾歉收所帶来的困难是暂时的，是能够克服的。在农村人民公社化初期产生的一平二調的“共产風”，是違背人民公社现阶段政策的，是破坏生产力的，并且妨碍了人民公

—1—

1960年11月3日，中共中央发出《关于农村人民公社当前政策问题的紧急指示信》，信中规定：人民公社实行三级所有，队为基础，至少7年不变，彻底纠正“一平二调”的错误，这对扭转农村的形势起了积极作用。

第一章
工作方针的转变

一 搞一个实事求是年

1961年1月14日至18日，中共中央在北京举行了八届九中全会。在此之前，1960年12月24日至1961年1月13日举行了中央工作会议，为九中全会的召开作了充分的准备。这一次中央全会，在这一历史阶段中具有转变的意义。

1月13日和18日，毛泽东在两个会议上作了重要讲话。中心的思想，是要求全党恢复党的实事求是传统，加强调查研究，搞一个实事求是年。

毛泽东总结近几年沉痛的教训提出：做工作要有三条：一要情况明，二是决心大，三是方法对。他说：这里情况明是第一条，这是一切的基础。情况不明一切都无从谈起，这就要搞调查研究。

他说：我们党有实事求是的传统，就是马列主义的普遍真理跟中国实际相结合。过去抗日战争时期、解放战争时期，调查研究比较认真，实事求是，从实际出发，情况明了，决心就大，方法就对，解决问题的措施也较有力。这些年来，这种调查研究工作不大作了。我们的同志不作调查研究工作，没有基础，没有底，凭感想和估计办事。只有正确的方针政策，但情况不明，决心不大，方法不对，还是等于零。郑州会议讲不能一平二调，方针是对的，说不算账，不退赔，这点不对。上海会议18条讲了要退赔。紧接着我批了浙江、麻城的经验报告。1959年3、4月，我批了两万多字的东西，现在看来，光打笔墨官司，不那么顶用。他封锁你，你情况不明，有什么办法。那时省委地委的同志也不那么认识共产风的危害性。有的同志讲郑州会议是压服，不是说服，思想还有距离，所以决心不大，搞得不够彻底。

他指出，近几年来不大了解情况，大概是官做大了，摸不了底了。我这个人就是官做大了，从前在江西那样的调查研究，现在就做得少了。请同志们回去大兴调查研究之风，一切从实际出发，没有把握，就不要下决心，调查研究这种事极为重要，要教会许多人。1961年要成为调查研究年，搞一个实事求是年。

毛泽东还说，搞社会主义建设不能那么急，十分急搞不成，要波浪式前进。明后年，搞几年慢腾腾，搞扎实一些，然后再上去，指标不要搞那么高，把质量搞上去。不要务虚名而受实祸，要提高质量、规格、品种，提高管理水平，提高劳动生产率。要缩短工业战线，重工业战线，特别是基本建设战线。要延长农业战线，轻工业要发展。重工业除煤炭、矿山、木材、运输之外，不搞新的基本建设。

1958年以来“大跃进”遭到惨重失败，归根到底是主观脱离了客观、思想脱离了实际。错误是从思想路线不端正犯起的，要纠正错误、克服困难，也必须首先从端正思想路线入手。毛泽东重新倡导调查研究、实事求是，是这个时期工作重要转变的开始。

1月14日，全会听取和讨论了李富春《关于安排1961年国民经济计划的意见》的报告。李富春报告了1960年国民经济计划完成的情况，指出了存在的困难和问题：农业许多产品都减产了；3年连续大跃进产生了新的不平衡，特别是工业和农业之间的不平衡；没有认真贯彻以农业为基础的方针，某些计划指标定得偏高，基本建设战线拉得太长；有些权力下放得偏多过下，有些制度破而未立，有些制度没有严格执行；思想方法上有主观片面性，工作作风上有官僚主义；干部队伍不纯。根据国民经济情况和存在的问题，他提出，“1961年国民经济计划的安排，必须更好地贯彻执行以农业为基础、把农业放在首要地位的方针，争取农业丰收，特别是争取粮食的丰收。同时，对各个部门和各个方面实行调整、巩固、充实、提高的方针，争取国民经济在3年大跃进的基础上，各部门之间的比例关系得到进一步的协调，生产和建设的质量得到显著的进步”。他还提出了1961年国民经济计划的主要指标。

全会正式通过了“调整、巩固、充实、提高”的方针，即：“1961年应当适当地缩小基本建设的规模，调整发展的速度，在已有的胜利的基础上，采取巩固、充实和提高的方针。”①

全会听取和讨论了邓小平关于1960年11月莫斯科各国共产党和工人党代表会议的报告，对以刘少奇为首的中共代表团在会议期间的工作表示满意。

全会还批准了中央政治局1960年9月关于成立党的6个中央局的决定，以加强对6个大区各项工作的领导。随后，任命陶铸为中南局第一书记，宋任穷为东北局第一书记，李井泉为西南局第一书记，刘澜涛为西北局第一书记，李雪峰为华北局第一书记，柯庆施为华东局第一书记。

关于中央局的职权，邓小平在同年9月的中央工作会议上作过如下说明：“现在中央局不同于1953年前的中央局，他主要是协商机关。没有中央局，中央办不好。建议恢复中央局职权，将中央局的职权扩大，恢复到1953年前一样，中央局决定了算数，不能再是个协商机关，方法当然要商量，但是商量只是方法。”

二　人民公社60条

中共八届九中全会后，为了制定贯彻执行八字方针的具体政策，毛泽东等中央领导人和各中央局、各省市委主要领导人深入基层调查研究。毛泽东带领3个调查组到浙江、湖南、广东农村调查。他发现1960年11月3日的《12条紧急指示信》只解决了自上而下“调”的问题（即无偿调拨生产队的财产），还没有解决各生产队之间和社员之间的平均主义问题。为了解决这些问题，2月下旬，他在广州主持起草人民公社工作条例，并于3月10日至13日召集了中南、西南、华东3个地区的中央局和省、市、自治区党委负责人会议（称“南三区会议”），讨论人民公社工作条例草案。与此同时，刘少奇、周恩来、陈云、邓小平、彭真在北京召集东北、华北、西北3个地区的中央局和省、市、自治区党委负责人会议（称“北三区会议”），讨论农村问题。

3月13日，毛泽东写了一封给刘少奇、周恩来、陈云、邓小平和彭真的信。信中说：“大队内部生产队与生产队之间的平均主义问题，生产队（过去小队）内部人与人之间的平均主义问题，是两个极端重大的问题，希望在北京会议上讨论一下，以便各人回去后，自己并指导各级第一书记认真切实调查一下，不亲身调查是

① 《中国共产党第八届中央委员会第九次全体会议公报》，1961年1月。

不懂得的，是不能解决这两个重大问题的（别的重大问题也一样），是不能真正地全部调动群众的积极性的”。“我看你们对于上述两个平均主义问题，至今还是不甚了了”，“省、地、县、社的第一书记大都也是如此，总是不甚了了，一知半解。其原因是忙于事务工作，不作亲身的典型调查，满足于在会议上听地、县两级报告，满足于看地、县的书面报告，或者满足于走马看花的调查”。① 毛泽东建议研究一下他1930年写的《关于调查工作》一文②，“那里提出的问题是作系统的亲自出马的调查，而不是老爷式的调查”。毛泽东还提出：“我希望同志们从此改正，我自己的毛病当然要坚决改正。”③

毛泽东原打算派陶铸到北京送这一封信，并介绍“南三区会议”的情况。当天又决定不去了，而是要参加“北三区会议”的人到广州合并开会，于3月15日至23日举行了中共中央广州工作会议。

会议讨论并通过了《农村人民公社工作条例（草案）》。条例草案共计10章：一、农村人民公社在现阶段的性质、组织和规模；二、人民公社的社员代表大会和社员大会；三、公社管理委员会；四、生产大队管理委员会；五、生产队管理委员会；六、社员家庭副业；七、社员；八、干部；九、人民公社各级监察委员会；十、人民公社中的党组织。合计共60条，故简称《农业60条》草案。

《农业60条》草案是针对和为解决存在的以下主要问题而制定的：一、在分配上，无论在生产队和生产队之间，或者在社员和社员之间，都还存在着程度不同的平均主义的现象。二、公社的规模在许多地方偏大。三、公社对生产大队一般地管得太多太死，生产大队对生产队也一般管得太多太死。四、公社各级的民主制度不够健全。五、党委包办代替公社各级行政的现象相当严重。因此，这个条例草案具有重要意义。

但是，条例草案中仍规定对社员的分配实行供给和工资相结合的制度，供给部分三成，工资部分七成；规定除特殊情形如居住分散或者燃料困难的地方外，都要办常年的或农忙的公共食堂，“社员的口粮，可以分配到食堂，指标到户，节约归

---

①《毛泽东同志的一封信》，1961年1月13日。

②《关于调查工作》一文，毛泽东作于1930年春。曾长期失散。1961年1月由中国革命博物馆发现。后来重新公开发表时，改名为《反对本本主义》。这是毛泽东当时反对党内教条主义、主观主义的一篇重要文章。

③《毛泽东同志的一封信》，1961年1月13日。

己；也可以分配到户”这些规定，仍然反映了人民公社要保持“共产主义因素”和坚守“社会主义阵地”的思想。

3月22日，中共中央将这个条例草案发给全国农村党支部和人民公社全体社员讨论，并发出一封给全党同志的信。要求通过讨论，对于人民公社的性质，人民公社各级组织应该做什么和不应该做什么，应该怎样做和不应该怎样做，有一个统一的、全面的、正确的了解。信中还规定：“作为基本核算单位的管理区和生产队，以后一律改名为生产大队”；原生产小队“以后一律改名为生产队”。这样，1959年3月第二次郑州会议以来提的三级所有“队为基础”，这时因名称改变，成了“生产大队为基础”；原来是生产小队小部分所有制并向生产队进行“三包”，这时成了生产队的部分所有制和向生产大队进行“三包”。

广州工作会议之后，刘少奇于4月1日至5月15日带工作组到湖南省长沙县和宁乡县，周恩来于4月下旬至5月中旬到河北省邯郸地区，朱德于3月26日至5月5日到四川省宜宾、自贡、内江，邓小平、彭真于4月和5月上旬，直接领导5个调查组在北京市的顺义、怀柔县，分别对农村进行了调查，并对调查的情况和自己的建议，向毛泽东和中共中央写了报告或信件。

刘少奇在了解了一些农村食堂的情况后提出：“食堂没有优越性，不节省劳动力，不节省烧柴。这样的食堂要散。”①

周恩来于5月7日向毛泽东通报了人民公社的食堂问题、供给制问题、评工记分问题、恢复社员体力和恢复畜力的问题，指出：绝大多数甚至全体社员都愿意回家做饭，要解决如何把食堂搞好的问题。并提出：社员不赞成供给制，要求恢复到高级社时的评工记分办法。②

朱德于5月9日给毛泽东信，谈了食堂、手工业和日由市场问题，指出：陕西群众反映食堂有五不好，即社员吃不够标准，浪费劳力，浪费时间，吃饭不方便，一年到头吃糊涂面。③

邓小平、彭真于5月10日向毛泽东报告说：“要进一步全面地调动农民的积极性，对于供给制，粮食征购和余粮分配，三包一奖、评工记分，食堂，所有制等

---

① 刘少奇：《同炭子冲农民的谈话》，1961年5月7日。

② 周恩来：《关于食堂和评工记分等问题的调查》，1961年5月7日。

③ 朱德：《对农村办公共食堂问题的意见》，1961年5月9日。

问题的措施，还要加以改进，有些政策要加以端正。”并反映：三七开供给制办法，带有平均主义性质，害处很多，干部和群众普遍主张取消。

毛泽东对这些调查报告和通信非常重视，仅在4月中旬至5月中旬的一个月时间里，就批转了10多件。他对一封信批示：“各级党委，不许不作调查研究工作，绝对禁止党委少数人不作调查，不同群众商量，关在房子里，作出害死人的主观主义的所谓政策。”

根据深入调查了解的情况，中共中央决定对《农业60条》草案中的一些规定作重要改变。经过5、6月北京中央工作会议通过的修正草案，将原草案规定的公共食堂“应该积极办好”，改为“生产队办不办食堂，完全由社员讨论决定”，口粮分配的办法也改为“不论办不办食堂，都应该分配到户，由社员自己支配”；将原草案中关于社员分配供给与工资三七开的规定取消，改为无论包产收入或包产以外的收入，都“按劳动工分进行分配”。

修正草案增加了关于山林的规定：“生产大队应该把大部分山林，固定包给生产队经营”，“把小片的零星的山林和路旁的林木，分别划给生产队和社员所有”。

修正草案还规定了“党政干部三大纪律、八项注意”。三大纪律是：一、如实反映情况。二、正确执行党的政策。三、实行民主集中制。八项注意是：一、参加劳动。二、以平等的态度对人。三、办事公道。四、不特殊化。五、工作要同群众商量。六、没有调查没有发言权。七、按照实际情况办事。八、提高政治水平。

6月15日，中共中央发出通知，要求农村党支部和人民公社社员讨论和试行修正草案。在试行中，公社、大队、生产队的规模大都划小了。据1961年8月统计，公社数由原25204个，增至55682个；生产大队由原483814个，增至708912个；生产队由原2988168个，增至4549474个。①

《人民公社工作条例》草案和修正草案，是毛泽东和中共中央重新倡导实事求是传统和大兴调查研究之风的一个重要成果。它使得1958年以来办的“一大二公”人民公社的许多弊病有了相当的克服，对于稳定农村起了积极的作用。

6月19日，中共中央还发出了《关于坚决纠正平调错误、彻底退赔的决定》。指出自1960年11月3日《12条紧急指示信》发布以来，总的来说，退赔工作还不彻底，要求彻底退赔。文件下达后，退赔工作进一步展开。先后共向农民退赔了

① 中共中央农村工作部编印：《各地贯彻执行60条的情况和问题》，1961年8月24日。

250 亿元。这一政策的贯彻执行，对农村形势也起到了积极的稳定作用。

三　精减城市人口的决策

5 月 21 日至 6 月 12 日，中共中央在北京举行工作会议。会议讨论了毛泽东提出的退赔、调查研究、群众路线、平反与处分 4 个问题，对《农业 60 条》草案进行了重要修改，讨论通过了《商业 40 条》、《手工业 35 条》等文件，还作出了精减城市人口的重要决策。

5 月 31 日，陈云在会议上讲话指出：要解决摆在我们面前的粮食紧张问题，一是继续调整党在农村的基本政策，二是工业要大力支援农业，三是进口粮食，四是动员城市人口下乡，减少城市粮食的销量。“第四条则是必不可少的，我们非采取不可。”

他说：不动员城市人口下乡行不行呢？不行。因为那样，就只好再挖农民的口粮。第一，会把粮食高产的队、社、县、专区和省的积极性打下去。第二，牲口要继续大量死亡。第三，经济作物产量要继续下降。第四，粮食进口要增加。三年来我们招收职工二千五百多万人，使城市人口增加到一亿三千万，现在看来，并不恰当。因此，“要下决心动员城市人口下乡。这个决心早下比晚下好。我看，凡是近三年从农村来的，一般地都要动员他们回去。那里来的就回到那里去”。“只要我们工作做得好，精减职工和动员城市人口下乡这样一件关系全局的大事，肯定是会收到显著的效果的。”①

陈云提出的，是一个极为重大的问题。由于 3 年“大跃进”，职工总数 1958 年上升到 4531 万人，比 1957 年增加了 2081 万人，1960 年 8 月达到最高峰，为 5100 万人，比 1957 年增加了 2649 万人。城镇人口从 1957 年的 9900 万人，增加到 1960 年年底的 1.3 亿人，增加了 3124 万人。从而使得 1960 年吃商品粮的人口占总人口的比例，由 1957 年的 15%左右，变为 20%，为了保证城市粮食供应，在 1959 年、1960 年连续减产的情况下，对农民征购粮的数字大增，两年净征购率达到 28%和 21.5%，大大高于 1957 年 17.4%的水平。挤了农民的口粮和饲料粮，大大挫伤了农民的生产积极性。即使如此，市场粮食仍极紧张，1960 年短缺 124 亿

---

①《陈云文选（1956—1985)》，人民出版社 1986 年版，第 151—160 页。

斤，1961 年短缺 119 亿斤。年年挖国库粮，到陈云作这个讲话时，国家库存已下降到 148 亿斤，其中陈粮只有 101 亿斤，仅够铺仓底。与此同时，1960 年的工资总额比 1957 年增加了 68.5%，社会商品购买力增长 49.2%，而零售商品货源只增加 23%，出现了 74 亿元的差额。再不下决心精减职工减少城市人口，后果不堪设想。对于这种危险性，刘少奇在会议上说："现在我们如果不采取紧急措施，会回到苏联 1921 年内战时期的情况，全国人民是各奔前程。"

会议经过反复分析比较，制定了《对于减少城镇人口和压缩城镇粮食销量的九条办法》，决定在 1960 年年底城镇人口 1.3 亿人的基数上，3 年内减少城镇人口 2000 万人以上，并且要求 1961 年至少减少 1000 万人，于 6 月至 9 月期间内基本完成。与此同时，压缩粮食销量 30 亿至 40 亿斤。为实现这一决定，6 月 28 日，中共中央又发出了《关于精减职工工作若干问题的通知》，对精减对象、被精减人员的待遇等作了妥善的具体规定。这个措施很快见效，到 1961 年年底，全国职工总数比年初精减了 872 万人，城镇人口减少了 1000 万人左右，粮食销售量减少了 40 亿斤。

四　基本核算单位的改变

5、6 月中央工作会议对《农业 60 条》作出重要修正后，毛泽东继续关注贯彻的情况和调查了解农村中尚存在的问题。

9 月 27 日，毛泽东在河北省邯郸市找了河北省委代理第一书记刘子厚和省委管农业的候补书记，山东省委分管农业的书记周兴和省委农村工作部副部长，以及石家庄、邯郸、张家口、邢台、保定 5 个地委的书记，在邯郸开了谈话会。与会者主要汇报了一些地方实行大包干制的情况，谈了对大包干制的看法。

一些地方不实行生产队向大队的三包一奖，而实行生产队大包干。即生产队承包了农业生产任务后，除了上缴给生产大队和给国家的部分外，其余都为本生产队所有，由生产队对社员进行分配和本队存留。这就把生产经营权和经济核算权一致起来了。赞成大包干制的人认为，"三包一奖制度是'繁琐哲学'：你看，有 37 道工序，49 个百分比，1128 笔帐。光定额就有 400 多个"。①

保定地委书记汇报说，唐县的峒笼公社 11 个大队，名义上对县对区都实行三

① 毛泽东记录的《9 月 27 日，邯郸谈话会》。

包一奖，实际上是大包干，被评为“右倾”他们也不改，群众拥护。他们粮食年年增产，牲口比 1957 年相当，并且很壮。猪也保持了 1957 年的水平。国家征购一年比一年增多，大队统一交。

对大包干也有持反对意见的。主要意见是：“1.退到初级社；2.不利于基建；3.征购辫子太多；4.有些遭灾队不易支援；5．不利于向机械化发展；6．要变动时困难太多。”但赞成大包干制的人认为“其实，这 6 条反对意见，都可以回答”。

谈话会上还谈了实行大包干情况下“大队应管之事”。即只管征购、直属企业、学校、基建、救济、补助、民兵和治安、物资安排（计划管理）、党的工作和政治思想工作。

毛泽东还看阅了湖北、河北、山东、广东的一些报告材料，对究竟是以生产大队为基本核算单位还是以生产队（即原生产小队）为基本单位好的问题，作了反复思考。9 月 29 日，他给中央政治局常委及有关同志一封信，并附去他 9 月 27 日召集的邯郸谈话会记录和几个省有关这个问题的材料。他在信中提出：我们对农业方面的严重平均主义的问题，至今还没有完全解决，还留下一个问题，就是生产权在小队（即生产队），分配权却在大队，即所谓“三包一奖”的问题。“我的意见是：‘三级所有、队为基础’，即基本核算单位是队而不是大队。”他指出：在这个问题上，我们过了 6 年之久的糊涂日子（从 1956 年高级社成立时起），第 7 年应该清醒过来了吧。

根据毛泽东的意见，中共中央决定把这个问题提出来，由各中央局和省、市、自治区党委进行讨论研究。10 月 7 日，中共中央发出《关于农村基本核算单位问题的指示》，指出：从许多材料看，“就大多数的情况来说，以生产队为基本核算单位，是比较好的。它的最大好处，是可以改变生产的基本单位是生产队、而统一分配单位却是生产大队的不合理状态，解决集体经济中长期以来存在的这种生产和分配不相适应的矛盾”。《指示》要求各中央局至县委的各级党组织，仔细研究，进行调查和试点，把结果和意见报告中央。

10 月中旬起，各省进行了基本核算单位下放到生产队的试点工作。11 月 9 日，中央农村工作部部长邓子恢向中央报告了他 10 月下旬听取河南、江西两省农村工作部汇报和在福建龙岩考察的情况。各级干部和群众对基本核算单位下放一致拥护，生产队的规模一般都划小到二三十户，也有十几户的，群众认为合理。土地一般都照初级社时期的所有状况，也有的作了个别调整。

由于把基本核算单位下放到生产队，也就不再存在生产队向生产大队进行“大包干”的问题。

在试点和统一认识的基础上，1962年2月13日，中共中央发出了《关于改变农村人民公社基本核算单位问题的指示》。

《指示》指出：经过试点证明，“以生产队为基本核算单位，有很多好处。第一个好处，就是能够比较彻底地克服生产队之间的平均主义”。“随着这种平均主义的克服，生产队同大队、生产队之间，由于统一分配发生的经济上的许多矛盾，也就得到了合理的解决”。“第二个好处，就是生产队的生产自主权有了很好的保障”。“改变了过去那种进行生产同安排和指挥生产不统一的状况，这就大大有利于生产队因地制宜地发展生产，把生产安排得更合理，更符合本队的实际情况”。“第三个好处，就是更适合当前农民的觉悟程度”。“社员对于集体经济同自己的利害关系，对于自己的劳动成果，看得最直接，看得最清楚，这就能够进一步发扬广大社员对于集体经济的积极性”。第四个好处，就是更有利于改善集体经济的经营管理。

《指示》还对改变基本核算单位的工作和有关政策，作出了规定。要求力争在春耕前后，把这项工作大体上做完。并要求要先经过认真的试点，取得经验，然后再分期分批，逐步推广，绝不能一哄而起。有的地方如果时间过紧，可以分两步完成，先改变三包一奖为大包干制，只把生产队应当完成的征购任务和上交大队的任务定死，别的问题留到1962年秋后再去处理。少数的生产大队，如果还要看一看，等一等，也应当容许。

事实上，由于以相当于原初级社规模的生产队为基本核算单位，比过去的办法好得多，得到农民和基层干部的拥护，所以这一指示得到顺利地贯彻执行。

五　一批工作条例的制定

为了克服“大跃进”以来各条战线出现的混乱，建立正常的工作秩序，继《农业60条》之后，中共中央在调查研究的基础上，先后制定出一批各方面的工作条例和规定。

6月19日，中共中央发出了《关于改进商业工作的若干规定（试行草案）》（简称《商业40条》）和《关于城乡手工业若干政策问题的规定（试行草案）》（简称《手工业35条》）。

《商业 40 条》规定："社会主义商业是全民所有制经济和集体所有制经济之间、工业和农业之间、生产和消费之间的经济联系和桥梁。工人阶级和农民阶级在经济上的联盟，主要通过商业环节来实现。做好商业工作，是全党一项重要的经济任务和政治任务。"其工作方针是："发展生产，繁荣经济，城乡互助，内外交流。"社会主义商业的一切活动，都必须从这个方针出发，为工农业生产和人民生活服务。《商业 40 条》还规定："现阶段我国的商品流通应该有 3 条渠道：国营商业，供销合作社商业，农村集市贸易。国营商业是全民所有制经济，是商业的领导力量。供销合作社商业是集体所有制经济，是国营商业的有力助手。农村集市贸易是国营商业和供销合作社商业的必要补充。国营商业和供销合作社商业，是有计划有组织的市场。农村集市贸易是在国营商业和供销合作社商业领导和管理下的自由市场。"还规定了要保持城乡之间、地区之间历史上形成的、合理的经济联系，不应该根据行政区划把这种经济联系硬性地加以割断。

《手工业 35 条》规定："我国的手工业，在整个社会主义阶段应该有三种所有制：全民所有制，集体所有制，社会主义经济领导下的个体所有制。在这 3 种所有制当中，集体所有制是主要的，它对于大多数手工业来说，最能适应生产力发展水平和手工业工人的觉悟程度。全民所有制只能是部分的，过多地过早地过渡到全民所有制，于生产反而不利。社会主义经济领导下的个体手工业，是社会主义经济的必要补充和助手。"

《商业 40 条》和《手工业 35 条》的重要意义在于：重新明确允许农村集市贸易和个体手工业存在的必要性，纠正了"大跃进"以来取缔农村集市贸易和把城市个体工商业者都改造光的错误；也制止了把集体性质的手工业和商业向全民所有制过渡的错误①。

7 月 19 日，中共中央批转了聂荣臻 6 月 20 日《关于当前自然科学工作中若干政策问题的请示报告》和国家科委党组、中国科学院党组 6 月制定的《关于自然科学研究机构当前工作的 14 条意见（草案）》（简称《科研 14 条》）。

---

① 1958 年 4 月 2 日，中共中央发出《关于继续加强对残存的私营工业、个体工业和对小商小贩进行社会主义改造的指示》，决定对城镇个体商业者采取组织入社、把集体工商业并入或转为国营企业、限制个体劳动者的收入水平等措施，进一步限制和改造。这使得三大改造中"要求过急、工作过粗、改变过快，形式也过于简单划一"的错误，发展得更为严重了。

聂荣臻的《请示报告》指出，3年来，科学战线上的成就是巨大的，但是工作中也出现了一些问题，当前比较突出的有3个：一、对知识分子政治上的进步和他们在社会主义建设中的作用估计不足，执行党的知识分子政策和科学工作政策不够全面，有些政策界限划得不够清楚，影响了一部分人的积极性、主动性。二、不少研究工作中有浮夸风。三、有些科研机构中的党组织，对行政工作和业务工作包得太多，发扬民主不够，有些工作没有适应科学研究的特点来进行，有瞎指挥的现象。他提出并论述了7个方面的政策界限问题，它们是：第一，自然科学工作者的红与专问题。建议"以后不要把'白专'作为批判用语"。第二，百花齐放、百家争鸣问题。"一定要鼓励各种不同学派、不同学术见解和对于具体学术工作的不同主张，自由讨论，自由辩论，自由竞赛。"第三，理论联系实际的问题。"直接结合经济建设、国防建设需要的研究工作，是急需的和大量的，在国家的科学计划中，应该占首要地位。"然而，"社会主义建设的需要是多种多样的，理论联系实际的途径是十分宽广的，在这方面要有全面、长远观点"。第四，培养、使用科学人才中的"平均主义"问题。现在"往往把个人钻研、承认个人作用、个人创造，同个人主义混淆起来"。今后，"对于那些有特殊才能的、特别努力钻研的、有较大成就的人，采取重点培养、重点支持的办法和实行晋级、奖励制度，是完全必要的"。第五，关于科学工作的保密问题。现在是"保密项目越来越多，用人圈子越来越小"。今后要加以解决。第六，保证科学研究工作时间问题。现在是"只能有3/6的时间做研究工作，有些人连3/6的时间也保证不了"。今后，"5/6的研究工作时间必须确保，不得占作他用"。第七，研究机构内党的领导方法问题。"党组织在研究机构做好领导工作的主要标志，就是充分调动科学工作者的积极性，使大家心情舒畅，朝气蓬勃，积极进取，多出研究成果"。

《科研14条》作出了以下规定性的意见：（一）提供科学成果，培养研究人才，是研究机构的根本任务；（二）保持科学研究工作的相对稳定；（三）正确贯彻执行理论联系实际的原则；（四）计划的制定和检查，要从实际出发，适应科学工作的特点；（五）发扬敢想、敢说、敢干的精神，坚持工作的严肃性、严格性和严密性；（六）坚决保证科学研究工作时间；（七）建立系统的干部培养制度；（八）加强协作，发展交流；（九）勤俭办科学；（十）百花齐放，百家争鸣；（十一）团结、教育和改造知识分子；（十二）加强思想政治工作；（十三）大兴调查研究；（十四）健全领导制度。

中共中央在批转这两个文件时批示："文件的精神，对于一切有知识分子工作的部门和单位，也都是适用的。"《批示》强调指出："近几年来，有不少的同志，在对待知识、对待知识分子的问题上，有一些片面的认识，简单粗暴的现象也有所滋长，必须引起严重的注意，以端正方向，正确地贯彻执行党的政策。"①

9月15日，中共中央批准试行《教育部直属高等学校暂行工作条例（草案）》（简称《高教60条》）。这个条例是由教育部在北京、天津等地高校进行调查研究的基础上制定，邓小平主持讨论。经毛泽东主持正式定稿通过的。

《高教60条》规定："高等学校学生的培养目标是：具有爱国主义和国际主义精神，具有共产主义道德品质，拥护共产党的领导，拥护社会主义，愿为社会主义事业服务、为人民服务；通过马克思列宁主义、毛泽东著作的学习，和一定的生产劳动、实际工作的锻炼，逐步树立无产阶级的阶级观点、劳动观点、群众观点、辩证唯物主义观点；掌握本专业所需要的基础理论、专业知识和实际技能，尽可能了解本专业范围内科学的新发展；具有健全的体魄。"高等学校的领导制度，是党委领导下的以校长为首的校务委员会负责制。系的党总支委员会保证和监督系务委员会决议的执行和本系各项工作任务的完成。

中共中央在批示中指出，目前在高校中应着重解决好以下问题：（一）必须以教学为主，提高教学质量。（二）正确执行党的知识分子政策，正确执行"百花齐放、百家争鸣"的方针。（三）实行党委领导下的以校长为首的校务委员会负责制，充分发挥校长、校务委员会和各级行政组织的作用。（四）做好总务工作，保证教学和生活的物质条件。（五）改进党的领导方法和领导作风，加强思想政治工作。

后来，中共中央还批发了全日制中学和全日制小学的暂行工作条例。

9月16日，中共中央颁发了中国第一个《国营工业企业工作条例（草案）》（简称《工业70条》）。这个条例是1961年春至9月，由李富春直接领导国家经委等一些部门和北京市进行调查研究，薄一波主持写出草稿，经邓小平主持中央书记处会议进行多次修改而成，由毛泽东签发的。

《工业70条》全面系统地总结了建国以来，特别是1958年"大跃进"以来，党在领导工业方面的经验教训，并根据当时的实际情况，提出了国营工业企业管理工作的一些指导原则。规定国家对企业实行"五定"，即定产品方案和生产规模，

① 《中共中央关于自然科学工作中若干政策问题的批示》，1961年7月19日。

定人员和机构，定主要的原料、材料、燃料、动力、工具的消耗定额和供应来源，定固定资产和流动资金，定协作关系；企业对国家实行五保证，即保证产品的品种、质量、数量，保证不超过工资总额，保证完成成本计划，并且力求降低成本，保证完成上缴利润，保证主要设备的使用期限。规定了在厂长为首的行政领导下全厂各方面、各环节的责任制度和职工代表大会制度。规定了加强企业经济核算和财物管理，指出不计工本、不计盈亏，是不符合社会主义管理原则的。规定了对职工的工资、奖励、生活福利应当反对平均主义，应"按照每个人的技术、按照每个人的劳动数量和质量来确定报酬，而不应当按照其他标准"。规定了党委的责任是领导贯彻执行党的路线、方针、政策，保证完成国家的计划任务，应把调查研究和做好思想政治工作放在第一位，而不要去代替厂长，包办行政事务。

1962年4月30日，中共中央批转了文化部党组和全国文联党组提出的《关于当前文学艺术工作若干问题的意见（草案）》。这一文件最早起草于1961年上半年，8月1日印发各地征求意见，当时共计10条。后经修改压缩成8条，故简称《文艺8条》。

《文艺8条》在肯定了建国12年来文学艺术工作经过的历程和作出的贡献后指出："近年来，文学艺术工作中也发生了不少缺点和错误。某些文化艺术领导部门、文艺工作单位和领导文艺工作的党员干部，没有正确理解和认真执行百花齐放、百家争鸣的方针，对一些文学创作和艺术活动进行了简单粗暴的批评、限制和不适当的干涉，妨害了生动活泼的艺术创造和学术上的自由探讨。没有很好地贯彻执行党的知识分子政策，忽视同党外作家艺术家的团结合作，在党内外的思想斗争中，以及在学术批判运动中，发生过一些不恰当的做法，影响了一部分人的积极性。对文化艺术事业的发展和群众文化活动，提出了一些错误的要求，片面地追求数量，因而对工农业生产，发生了一些不利的影响。有些领导文艺工作的党员干部在处理文学艺术的问题上，既不尊重群众的意见，又不同作家、艺术家商量，独断专行，自以为是，使党对文艺工作的领导受到了不应有的损害。对这些缺点和错误，文化领导方面，首先是文化部党组，是有责任的。"

《文艺8条》提出如下规定性意见：（一）进一步贯彻执行百花齐放、百家争鸣的方针；（二）努力提高创作质量；（三）批判地继承民族文化遗产和吸收外国文化；（四）正确地开展文艺批评；（五）保证创作时间，注意劳逸结合；（六）培养优秀人才，奖励优秀创作；（七）加强团结，继续改造；（八）改进领导方法和领导作风。

此外，还制定有《关于确定林权、保护山林和发展林业的若干政策的规定（试行草案)》（即《林业18条》）等文件。

上述文件的制定和贯彻执行，对于纠正“大跃进”以来各个方面的“左”倾错误，起了重要的积极作用。它们反映了当时中共中央对建国以来工作上正反两方面经验总结的深度和对各项工作客观规律认识的程度。但是，它们在不久后的“文化大革命”中都被推翻，并被诬为“修正主义路线的产物”，使得各条工作战线出现了更大的混乱。

六　甄别平反轮训干部

1958年“大跃进”以来，党内党外进行了多次反对所谓“右倾”的批判斗争，这些政治思想上“左”的批判，对经济建设上“左”倾错误的发生和加剧，起了不良的作用。调整国民经济，纠正经济建设上的“左”倾错误，必须解决党内外过“左”斗争的问题。1961年5、6月的北京中央工作会议上，毛泽东在讲话中说，1959年不该把反右倾斗争搞到群众中去，提出要对几年来批判和处分错了的干部、党员甄别平反。会议决定要开展甄别平反工作。

1961年6月15日，中共中央发出《关于讨论和试行农村人民公社工作条例修正草案的指示》，其中规定：“为着发扬民主，有必要对于最近几年来，受过批判和处分的干部和党员，实事求是地加以甄别。”“过去批判和处理完全错了的，要改正过来，恢复名誉，恢复职务；部分问题批判和处理错了的，就改正这一部分问题的结论。对于生产大队和生产队的干部的处分，应该交给群众审查。至于错误地对群众（包括富裕中农在内）进行的批判，应该在适当场合向他们道歉；如果作了错误处分的，还应该纠正。”《指示》并规定：“今后在不脱产干部和社员群众中间，不许再开展反对右倾或者‘左’倾的斗争，禁止给他们戴政治帽子。”由此开始了从农村到各界各方面甄别平反的工作。

7月19日，中共中央在《关于自然科学工作中若干政策问题的批示》中，又指示在知识分子中开展平反工作。《批示》指出：“在反右派斗争以后，各单位对一部分知识分子进行的批判，要加以清理。”“凡是批判错了，或者有一部分错了的，都要甄别事实，分清是非，纠正错误，由党的负责干部采取适当方式向他们讲清楚，戴错了帽子的要摘掉，以利于解除思想疙瘩，发扬民主，增强团结。一定要使知识分子敢于讲真话，畅所欲言，言者无罪，闻者足戒。”并指示今后“在学术工作中，一定要百花齐放、百家争鸣，不戴帽子、不拿棍子、不抓辫子”。

甄别平反的工作，进行到1962年上半年时，已经取得一定进展，但是发展得很不平衡。有的地方领导干部和领导机关决心大、方法对，进度快，收效也大。党员干部的思想水平提高了，党内团结加强，干群关系也密切了，有力地促进了工作和生产。但是，也有些地方贯彻执行不力，有些负责干部对甄别工作重视不够，甚至有抵触情绪，工作方法不对头，甄别工作进展缓慢。

为了推动这一工作的深入进行，邓小平主持中共中央书记处，于1962年4月27日制定和发出了《关于加速进行党员、干部甄别工作的通知》。要求“对于党员、干部的甄别平反工作，必须根据扩大的中央工作会议的精神，加强领导，加速进行”。《通知》指出：“当前甄别工作的重点，是县级以下的农村基层干部。凡是在拔白旗、反右倾、整风整社、民主革命补课运动中批判和处分完全错了和基本错了的党员、干部，应当采取简便的办法，认真地、迅速地加以甄别平反。”方法是“由上一级党委派负责同志，帮助所在组织摸清被错批判和错处分的党员、干部的情况，召集他们开会、谈话，然后召开干部大会或党员大会、群众大会，宣布一律平反。其中即使有的有些轻微错误，也不要留尾巴。有关领导干部应该当场向被错批判错处分的党员、干部进行道歉。上级党委应派人参加平反大会，说明错误的责任主要在上级，号召卸掉包袱，加强团结和搞好工作和生产”。《通知》要求迅速解决基层干部和一般党员这批人的平反问题之后，“集中力量比较快地解决县以上一些人的甄别平反工作”。

为了推动这一工作，邓小平在1962年5月中央常委工作会议上又作了专门的讲话。他说：请大家注意，最近中央发了一个关于甄别平反工作的文件。这个问题，对于调动干部的积极性，特别是调动农村县以下干部和群众的积极性很重要。所谓甄别平反的问题，主要是干部。可是每一个干部都影响群众，实际上是影响很大量的群众。全国估计总有1000万，影响的人总有几千万。最近军队搞得很好，就是一揽子解决。采取一揽子甄别平反方法的，比较主动，面貌也比较好一些。因此，我们现在研究，大家都赞成这个办法，就是全国县以下，首先是农村，来一个一揽子解决。就是说，过去搞错了的，或者基本搞错了的，统统摘了帽子。（刘少奇插话说：不要一个一个去甄别。）因为县以下都是一些下级干部，问题只有那么多，右倾也是右倾到那个程度，“左”倾也只“左”倾到那个程度。这是一个很重要的工作，不要轻视这个工作。除了个别严重的个别处理外，一般的，包括基本上搞错了的，就是对有一点点还对的，都不要留尾巴，一次解决。上面的领导同志，要下去帮助他们承担责任，向群众当面公布，这实际上是我们承认一个错误，是搞得不对。

甄别平反工作有了全面的进展，到 1962 年 8 月，全国 23 个省市自治区已甄别党员、干部 365 万人，当时认定，原结论错了和部分错了的占 70%。甄别了群众 370 多万人，都得到了平反。总共甄别平反了 600 多万党员、干部和群众。但是这一工作因不久后的中共八届十中全会批判所谓“平反风”和重新提出抓阶级斗争，没能完全彻底地进行下去。

毛泽东在 1961 年 5、6 月的北京中央工作会议上提出甄别平反干部和党员的同时，又提出在全党开展一个重新教育干部的新的学习运动。1961 年 9 月的中央庐山工作会议决定轮训干部。

9 月 15 日，中共中央发出《关于轮训干部的决定》。《决定》指出，对全党各级各方面的领导干部，采取短期训练班的方式，普遍地进行一次轮训，“轮训的目的，是帮助干部进一步认识和掌握社会主义建设的客观规律”；“克服干部中脱离实际、脱离群众、违反纪律、违反政策的错误以便提高干部的思想政治水平，增强党性”。这次轮训，是一个“读书、思考和总结经验的机会”。《决定》规定，轮训干部的对象，主要是县委书记和相当于这一职务的党员干部。训练的内容，是社会主义建设和党的建设两个方面。使干部在这次学习中能够冷静地考虑一下，自己在近几年的工作中和党的生活中，有无忽视或违反党规党法的思想行为，有无忽视或违反党的民主集中制、说假话、侵犯群众利益等错误行为，以便接受经验教训，改进今后的工作，不断加强自己的党性锻炼。学习材料主要是《社会主义建设的几个问题》、《党的生活的几个问题》等。方法是发扬民主，使干部在心情舒畅、生动活泼的政治空气中自觉地进行思想检查。《决定》并规定了“三不”方针：不戴帽子、不抓辫子、不打棍子。后来这一方针被简称为“三不主义”。

到 1962 年 10 月，全党已轮训干部 11.4 万余名，其中县委书记以上干部 9.7 万余人；军队团长、团政委以上干部 1.7 万人；中央国家机关正副部长级干部也有 60%以上参加过轮训。普遍轮训干部，对于提高干部对社会主义建设的客观规律，健全党内的民主生活，调动干部带领广大群众克服经济生活暂时困难的积极性，起了重要作用。

七 “已经丧失一年时机，再不能犹豫了”

在精减职工、下放城镇人口取得明显成绩的同时，国民经济调整工作的进展却不够理想。问题在于：对经济困难的实际情况认识得还不够透彻，工业建设没有下决心大踏步地后退。

1960年9月提出了“调整、巩固、充实、提高”的方针，但是一直到1960年年底，对于国民经济比例的失调，当时不认为是在于投资规模过大，而认为在于基本建设项目多，造成原料、材料和设备不足。因此，只压缩了当年施工项目，没有压缩基本建设投资规模。并且由于大炼“争气钢”和年底保钢铁生产，使得1960年的基本建设投资创了3年“大跃进”的最高纪录。1957年的基本建设投资为138.3亿元，1958年为260亿元，1959年为345亿元，1960年高达384亿元。这种投资规模虽然保证了1960年勉强完成了1860万吨钢，达到了公布的计划。但是，这只具有当时的“政治意义”，即证明1960年的国民经济还是大跃进的，维持一下“三面红旗”表面上的“正确性”。而在经济上，却使得已经失调的形势更加严重了。

在这种情况下，1960年9月30日提出的1961年国民经济计划控制数字，打算钢产量为2300万吨，即要比1960年增加400万吨，增长17.9%；钢材1472万吨，增长19%左右；原煤5.2亿吨，增长12.6%；发电量820亿—830亿度，增长31%—32%。与此相适应，铁路货运量拟定为8亿—8.2亿吨。国家预算内的基本建设投资为275亿元，比1960年减少几亿元，但是仍高于1958年的投资量。说明这时虽然提出了“调整、巩固、充实、提高”的方针，却仍然具有继续“跃进”的思想。

1960年11月15日至12月23日举行的全国计划会议，对1961年的经济计划指标作了全面压缩，定为钢产量2010万吨，煤炭4.52亿吨，发电量720亿度，铁路货运量为7.2亿吨，预算内基本建设投资为194亿元。粮食产量定为3900亿斤，棉花产量3200万担。说明计划部门对国民经济上的问题与困难的认识，比9月又进了一步。但是，无论工业产品指标还是农业产品指标，都比1960年的实际水平要高出许多。

1961年1月中共八届九中全会通过的1961年经济计划安排的数字，农业数字未再降低，有的还有所提高，粮食指标升到4100亿斤，棉花仍为3200万担。工业指标有的略有提高，有的略有下降。钢产量指标降为1900万吨，与1960年实际1866万吨持平；原煤4.36亿吨，比1960年实际3.97亿吨略有提高；发电量660亿度，比1960年实际594亿度也有所提高；铁路货运量降为6.75亿吨。预算内基本建设投资降为167亿元。大中型建设项目安排为900个左右，比1960年减少700个左右。总之，基本的想法是工业生产要维持和巩固住1960年"大跃进"的水平，农业上能有一定的增长。即放慢了工业建设速度，既不再"大干快上"，也不想后退。

造成这种状况的重要原因之一，是当时对1960年农业生产估计大大偏高，对1961年农业可能达到的水平期望过高。八届九中全会规定的1961年粮食指标4100亿斤，比后来查清的1960年实际产量2870亿斤高出1236亿斤；1961年棉花指标比后来查清的1960年实际产量2120万担高出1000多万担。在当时农村生产力受到严重破坏，其后果正在加剧地表现出来之时，粮食要增长60%多，棉花要增长46%，是绝对办不到的。农业的估产和期望过高，使得人们认为1960年的工业生产水平有可能保持下来。

八届九中全会定的1961年国民经济计划，上半年执行的结果，是重工业生产维持不住1960年的水平。国民经济的三大组成部分：农业，从1959年起连续3年大幅度下降；轻工业，自1960年起连续下降而完不成计划；重工业，在1960年畸形发展到高峰后，于1961年上半年起也大幅度下降了。财政收入也大大减少，1961年1月，全国财政收入只收到27.5亿元，比1960年1月（54亿元）和12月（53亿元）均下降了50%。基本建设虽然作了压缩，仍然既缺后续投资又缺物资。市场货币投放量却急剧上升。市场货币流通量由1957年的52.8亿元上升到1960年年底的95亿元，再上升到1961年2月的117亿元，比1957年增加一倍多。当时1元人民币在市场上流通，应有7至8元的商品与之相适应，增加60多亿元钞票进入流通领域，其冲击力之大，引起通货膨胀后果之烈，是很严重的。

在这些情况下，周恩来指示经济和计划部门重新核实几年来农业的实际产量到底是多少，弄清了：1958年粮食产量不是1959年庐山会议核实的5000亿斤，而是只有4000亿斤；1959年粮食产量不是公布的5100亿斤，而是只有3400亿斤；1960年粮食产量只有2870亿斤；1961年的夏收比上年又减少了160亿斤，估计全年粮食产量只能达到2700亿斤。

至此，农业的情况见了底，工业上的问题也全面彻底显露，工业同农业之间的尖锐矛盾已暴露无遗。八届九中全会定的1961年经济计划显然不能维持，只有下决心后退。1961年7月17日至8月12日的全国计划会议，分析形势，制定措施，为作出后退的决定作了准备。

1961年8月23日至9月16日，中共中央在庐山举行工作会议，讨论工业、粮食、财贸及教育等问题。会议作出了《关于当前工业问题的指示》，开始了对国民经济计划实行调整后退的阶段。

《关于当前工业问题的指示》指出："从我国经济发展的情况来看，在1958年、1959年两年大跃进以后，在1960年春就应及时地进行调整，主动地放慢工业的发展速度。调整、巩固、充实、提高的方针，虽然已经提出了1年多，但是，由于情况不明，认识不足，经验不够，一直没有按照实际情况降低指标，也不是在综合平衡的基础上抓住中心环节，带动其他，以致调整工作不能有效地进行。我们已经丧失了1年多的时机，现在，再不能犹豫了，必须当机立断，该退的就坚决退下来，切实地进行调整工作。如果不下这个决心，仍然坚持那些不切实际的指标，既不能上，又不愿下，我们的工业以至整个国民经济就会陷入更被动、更严重的局面。""我们应当积极努力，使调整、巩固、充实、提高的方针，3年内切实见效。"

1961年9月庐山工作会议之后，中共中央批转国家计委《关于第二个五年计划后两年补充计划（控制数字）的报告》，对八届九中全会所定的当年计划作了大的调整。基本建设投资由167亿元降到78亿元；社会购买力由720亿元降为650亿元；商品供应量由670亿元改为600亿元；钢的指标由1900万吨降为850万吨；煤的指标由4.36亿吨降为2.74亿吨；原木指标由3905万立方米降为2167万—2119万立方米；棉纱指标由450万件降为250万件；粮食指标由4100亿斤降为2700亿斤。《报告》还提出了1962年产钢750万吨、产煤2.5亿吨、产粮2900亿斤等计划指标。1961年执行的结果，同这次调整计划定的指标基本相符。可以说，确切意义上的调整即后退，是由1961年9月庐山工作会议开始的。

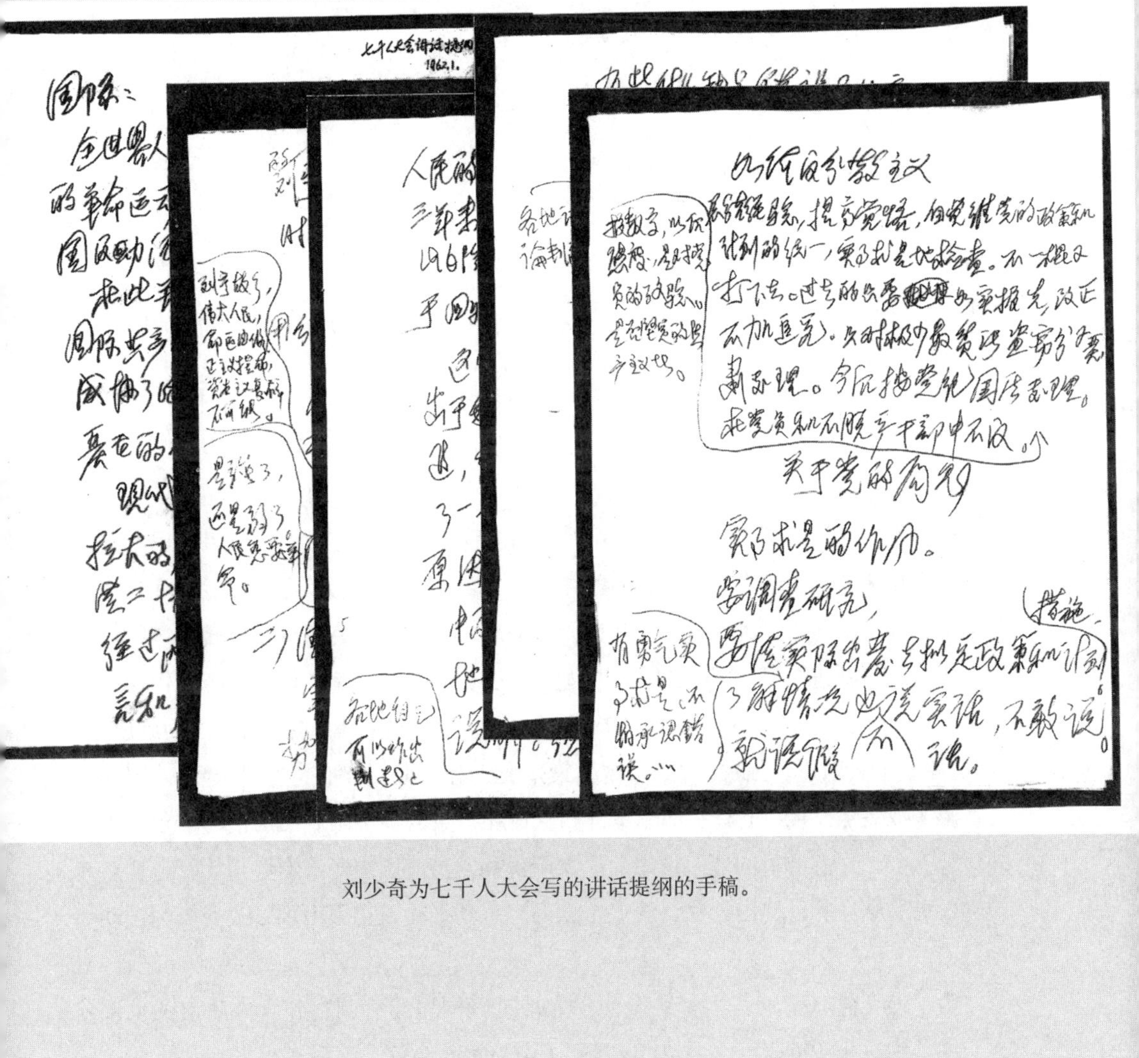

刘少奇为七千人大会写的讲话提纲的手稿。

第二章
坚决调整后退

一　七千人的盛会

1961年9月中央工作会议决定工业要调整后退，但当时全党的思想认识状况与此很不相适应。由于多年搞“大跃进”和“反右倾”在思想上造成的后遗症，一部分干部和党员对于“大跃进”在思想上没有转过来，在等待着形势好转后继续大干，再重新“跃进”，所以迟迟不愿把过大的基本建设规模和过高的经济指标压缩下来；一部分干部和党员虽然也认为应该大力调整，但怕被说成是否定“三面红旗”（即总路线、大跃进、人民公社），怕政策多变，有一天又被批判为“右倾”，因而对调整采取观望态度；也有一部分干部和党员在严重的经济困难面前信心不足，不知该怎么办，并有严重的埋怨情绪。广大干部和党员对国内经济形势担忧，迫切希望党中央总结经验，提出办法，统一全党的思想和行动，克服困难，改变极为被动的局面。

为了使全党认清形势，坚决全面深入地进行国民经济调整和党外政治关系调整，中共中央于1961年12月21日召开了中央工作会议。毛泽东根据近几年的一些经验认为，这种一般规模和开法的工作会议，尚不足以最有成效地把中央的精神与要求全面地贯彻到县一级，达到统一全党思想与行动的目的，便决定召开一次扩大的中央工作会议。

扩大的中央工作会议于1962年1月11日至2月7日在北京举行。参加会议的有各中央局、中央各部门、省、市、地、县、重要厂矿的负责干部，解放军的一些负责干部，共7000余人，因此又称“七千人大会”。这是中国共产党历史上一次空前的盛会。

会议的第一阶段，是1月11日至29日上午。主要是讨论刘少奇代表中央提出的“书面报告稿”的第一稿。照周恩来的说法，这是会议的“第一个高潮”。

代表中央的报告稿还没有经过中央政治局讨论，就直接印发给与会者评论和提修改意见，以便更广泛地集思广益，是会议开法的一个特色。稿子发下去后“果然议论纷纷，除了同意中央提出的基本方针以外，还提出许多意见”。① 后经21人组成的起草委员会讨论修改，拿出了第二稿。“大家对第二稿的评价不坏，认为它是比较好的”。② 经过再提意见之后，改出第三稿，作为会议的正式文件。这个文件是以刘少奇《在扩大的中央工作会议上的报告》的名议印发的。

刘少奇的《报告》共分3个大部分：（一）目前的形势。包括：1. 国际；2. 国内；3. 基本经验教训；4. 任务。（二）加强民主集中制、加强集中统一。包括：1. 反对脱离群众、破坏民主作风的倾向；2. 反对分散主义的倾向；3. 贯彻民主集中，正确处理中央和地方的关系；4. 关于经济工作方面集中统一的要求。（三）党的问题。包括：1. 实事求是的作风；2. 群众路线；3. 党内生活的几个问题。

《报告》对1958年以来工作的成就，列举了12点。这些内容在事后看，评价过高，肯定了一些不该肯定的东西。《报告》指出了几年来工作中的缺点错误：“第一，工农业生产的计划指标过高，基本建设的战线过长，使国民经济各部门的比例关系，消费和积累的比例关系，发生了严重不协调的现象。在一段时间内，农业上犯过高估产、高征购的错误。”“第二，在农村人民公社的实际工作中，许多地区，在一个时期内，曾经混淆集体所有制和全民所有制的界限，曾经对集体所有制的内部关系进行不适当的、过多过急的变动，这样，就违反了按劳分配和等价交换的原则，犯了刮‘共产风’和其他平均主义的错误。在手工业和商业方面，也犯了急于把集体所有制改变为全民所有制的错误。”“第三，不适当地要在全国范围内建立许多完整的工业体系，权力下放过多，分散主义的倾向有了严重的滋长。”“第四，对

① 毛泽东：《在扩大的中央工作会议上的讲话》，1962年1月30日。

② 毛泽东：《在扩大的中央工作会议上的讲话》，1962年1月30日。

农业增产的速度估计过高，对建设事业的发展要求过急，因而使城市人口不适当地大量增加，造成了城乡人口的比例同当前农业生产水平极不适应的状况，加重了城市供应的困难，也加重了农业生产的困难。”

《报告》指出：缺点错误产生的原因，“一方面，是由于我们在建设工作中的经验还很不够；另一方面，是由于几年来党内不少领导同志不能谦虚谨慎，违反了党的实事求是和群众路线的传统作风，在不同程度上削弱了党内生活、国家生活和群众组织生活中的民主集中制原则。而指标过高、要求过急等缺点、错误，又助长了这种脱离实际、脱离群众、不民主的错误作风。这样，就妨碍了我们党及时地尽早地发现问题和纠正错误”。

《报告》肯定：“总路线、大跃进、人民公社这‘三面红旗’的基本方向和主要原则是正确的。我们工作中的缺点和错误的性质，不是路线性质的错误，而是具体执行中的问题。”这几年“成绩是伟大的，缺点和错误是第二位的，而决不是相反”。

《报告》表示：对于这几年来工作中的缺点和错误，“首先要负责的是中央”，“当然也包括中央各部门和国务院及其所属各部门”；“其次要负责的是省一级领导机关”。

《报告》总结了在社会主义经济建设上16条基本经验教训。

《报告》提出了一个1963年到1972年国民经济发展的设想，主要目标是：“一、按照勤俭建国的原则和不高的标准，基本解决我国人民的吃、穿、用的问题。”“二、基本上建成一个独立的完整的经济体系，在科学技术方面和工业产品的品种、质量方面实现大跃进，接近现代工业大国的水平。”1962年的调整工作要为实现10年奋斗目标创造有利条件。

1月27日，刘少奇在大会上讲话，对书面报告的主要内容作了说明。其中突出地对若干问题讲了自己独到的见解。

关于困难形势出现的原因，刘少奇指出，一条是天灾，一条是1958年以来我们工作中的缺点错误。“哪一个是主要的呢？……有些地方的农业和工业减产，主要的原因是天灾。有的地方，减产的主要原因不是天灾，而是工作中的缺点错误。”正如有的农民说，是“三分天灾，七分人祸”。从而突破了一概说是主要是天灾的框框。

关于成绩与缺点错误的关系，刘少奇说，“总的来说，从1958年以来，我们的成绩还是主要的，是第一位的。缺点错误是次要的，是第二位的”。但是，“过去我们经常把缺点、错误和成绩，比之于一个指头和九个指头的关系，现在恐怕不能到处这样套。……有些地区，缺点和错误不止是三个指头。如果说这些地方的缺点和错误只是三个指头，成绩还有七个指头，这是不符合实际情况的，是不能说服人的”。从而突破了总把缺点错误与成绩说成是“三七开”的框子。

关于“三面红旗”，他一方面指出“书面报告稿”讲“三面红旗”的基本方向和主要原则是正确的，同时又说：“三面红旗，我们现在都不取消，都继续保持，继续为三面红旗而奋斗。现在，有些问题还看得不那么清楚，但是再经过5年、10年以后，我们再来总结经验，那时就可以更进一步地作出结论”。从而给“三面红旗”究竟正确与否这个重要问题，留下了将来再研究的余地。

刘少奇在讲话中，还提出清理几年来的一些实际上是“左”的口号，批评了所谓“人有多大胆、地有多大产”，把重视客观条件批为“条件论”，“‘左’比右好”、用指标数字定“左”右、搞各种运动并一哄而起等口号与做法。

刘少奇的讲话，在当时起到了部分地打破一些思想禁锢，正视错误从而改正错误的作用。但也留下了后来毛泽东认为他“右倾”的根由。1966年毛泽东“炮打司令部”时，批评“1962年的右倾”①，是包括了并首先是指刘少奇在七千人大会上的这次讲话的。

原来计划，会议主要是讨论修改和通过刘少奇代表中央提出的“书面报告”，中央的主要领导人作讲话，便结束会议。在会议进行中，与会的许多人感到时间短，有很多话要说，难以充分发表；认为反对了当时妨碍全国一盘棋的分散主义，还应该强调发扬民主和反对官僚主义，克服1959年庐山会议后党内民主生活不正常，下级对上级有意见但有话不敢讲，上下级关系不融洽的问题。

根据会议进展的情况，毛泽东在1月29日下午的大会上提出会议延长时间，开“出气会”。他说，没有民主就没有集中，关键要上下通气，要在这次全国五级干部会上解决这个问题。他号召发扬民主，“白天出气，晚上看戏，两干一稀，大家满意”。并说7000人一起在北京过春节。广大与会者都表示热烈欢迎，群情高昂。30日上午，各省贯彻各大区会议精神，动员大家打消一切顾虑，趁热打铁，发扬民主，向上级并重点向省委的缺点错误开展批评。30日下午，毛泽东又在大会上作了长篇讲话。会议自1月29日下午起进入第二阶段，至2月7日闭幕止。周恩来说：这是会议的“第二个高潮”。

---

① 毛泽东：《炮打司令部——我的一张大字报》，1966年8月5日。

毛泽东在讲话中讲了6个问题：（一）这次开会的方法。（二）民主集中制问题。（三）我们应当联合哪一些阶级？压迫哪一些阶级？（四）关于认识客观世界的问题。（五）关于国际共产主义运动。（六）要团结全党和全体人民。“中心是讲一个民主集中制的问题，同时也讲到其他问题。”①

毛泽东强调地指出：“不论党内党外，都要有充分的民主生活，就是说，都要认真实行民主集中制。”“没有民主，不可能有正确的集中”，“没有民主，就不可能正确地总结经验。没有民主，意见不是从群众中来，就不可能制定出好的路线、方针、政策和办法”。他又指出：“我们的集中制，是建立在民主基础上的集中制。”“但是，党委的领导，是集体的领导，不是第一书记个人独断。”“第一书记同其他书记和委员之间的关系是少数服从多数。”现在有些省委、地委、县委“一切事情，第一书记一个人说了就算数。这是很错误的”。他讲了西楚霸王项羽不爱听不同意见、刘邦“豁达大度，从谏如流”，项羽终于失败，“霸王别姬”的故事，并且说：“这些同志如果总是不改，难免有一天要‘别姬’就是了。”

毛泽东提出，“有了错误，一定要作自我批评，要让人家讲话，让人批评”。并说：“去年6月12号，在中央北京工作会议的最后一天，我讲了自己的缺点和错误②。我说，请同志们传达到各省、各地方去。事后知道，许多地方没有传达。似乎我的错误就可以隐瞒，而且应当隐瞒。同志们，不能隐瞒。凡是中央犯的错误，直接的归我负责，间接的我也有份，因为我是中央主席。我不是要别人推卸责任，其他一些同志也有责任，但是第一个负责的应是我。”

毛泽东还强调地指出：“对于社会主义建设，我们还缺乏经验。”“在社会主义建设上，我们还有很大的盲目性。社会主义经济，对于我们来说，还有许多未被认识的必然王国。拿我来说经济建设工作中间的许多问题，还不懂得。工业、商业，我就不太懂。对于农业，我懂得一点。但是也只是比较地懂得，还是懂得不多。”“我注意得较多的是制度方面的问题，生产关系方面的问题。至于生产力方面，我的知识很少。社会主义建设，从我们全党来说，知识都非常不够。我们应当在今后一段时间内，积累经验，努力学习，在实践中间逐步加深对它的认识，弄清楚它

① 毛泽东：《在扩大的中央工作会议上的讲话》，1962年1月30日。

② 毛泽东在讲话中说，1959年不该把反右倾斗争搞到群众中去。提出要对几年来批判错了的干部、党员甄别平反，要重新教育干部，并要求把他的讲话传达到各省各地方。

的规律。一定要下一番苦功，要切切实实地去调查它，研究它。”

1月31日至2月6日，会议的各大组对省委、中央局、中央国家机关及有关负责人几年来的工作，提出了许多批评。省委主要负责人都在大会上作了检讨。中央局和中央国家机关一些部、委的负责干部就工作指导上出现过的缺点错误，作了自我批评。在浓厚的民主空气下，广大与会者也受到了一次深刻的教育，群策群力地把这次七千人大会开成了十分活跃的大会。

在会议的第二阶段中，邓小平、周恩来在大会上也作了重要讲话。

2月6日，邓小平讲了党的问题。他说：“我们党有这么5个优点，有5好。”“第一，有好的领导思想。这就是以毛泽东思想为代表的党的指导思想。毛泽东思想，就是把马克思列宁主义的普遍真理同中国革命和建设的具体实践相结合的思想。”“第二，有好的党中央。这就是以毛泽东同志为首的党中央。”“在这次会议上，我们的中央，按照马克思列宁主义的原则，认真地总结经验，展开批评和自我批评，发扬成绩，修正错误。这样做，照列宁的话说，就是一个郑重的无产阶级的马克思列宁主义的政党的标志。”“第三，有大批好的骨干，包括大批新的积极分子。”“第四，有好的传统，好的作风。……就是毛主席所概括指出的，理论与实际相联系的作风，联系群众的作风，自我批评（当然也包括批评）的作风。总的来说，就是毛主席所说的实事求是的作风。”“第五，有好的人民，人民对我们党有最大的信赖。”

邓小平又指出：最近几年来，主要是1959年和1960年，我们党的领导，党的工作，是有严重缺点的。特别重要的是党的优良传统受到了削弱。首先，我们不少同志对毛泽东思想学习不够，体会不深。不大注意调查研究，往往实事求是不够。其次，党内斗争发生了一些偏差，在几次运动中，伤害了一部分干部，有的地区伤害了大批干部。由于没有贯彻实行民主集中制、党内过火斗争等种种原因，在党内滋长了一种不如实反映情况，不讲老实话，怕讲老实话的坏风气。现在，我们必须把我们党的优良传统恢复起来，发扬起来。

2月7日，周恩来进一步讲了几年来经济工作上的缺点错误，特别是估产高、指标高、计划变动多、基本建设过长、权力下放过多过散、不切实际的过多过早过急的大办大搞等错误。他还举例谈了自己所犯的错误。一个是1959年8月26日在人大常委会上，曾提出过农业每年增产超过10%就是跃进，超过15%就是大跃进，超过20%就是特大跃进，工业上每年增产超过20%是跃进，超过25%是大跃进，超过30%是特大跃进。他说：现在懂得，农业“每年按照10%、15%、20%这样的高速度递增是不可能的”；“在工业方面，是不是每年都可以增长20%、25%、30%呢？也要看基数大小，增长条件是否具备，而且不可能每年都是同样的速度”。另一个是他起草过一份中央关于权力下放的文件，其中提道：“为了加快建设速度，使地方工业的产值在工农业同时并举的方针下，几年之内超过农业产值，逐步地在全国形成若干个具有比较完整的工业体系的经济区域，并且要充分发挥全党办工业、全民办工业的积极性。”当时为了达到这一目的，就限期将轻工业下放98.5%，重工业下放76%。接着，财政、金融、贸易、文化、教育、科学技术的管理权也跟着下放。现在看起来，权力下放过多过散，这是形成分散主义的根源之一。

周恩来具体地分析了当时困难之所在，特别是粮食方面的困难，提出了“克服目前困难的主要办法”。第一，坚决精减机构，压缩城镇人口，精减职工人数，减少粮食供应。在1961年精减下放的基础上，1962年上半年要继续压缩城镇人口700万人，其中职工要减少500万人。在上半年精减的指标实现以后，下半年还要考虑提出新的精减计划。“这是克服当前困难最重要的一着，也是调整工作的一个重要环节。”第二，争取农业增产，主要是粮、棉、油。第三，努力增加工业生产，首先是增加能够供应市场的工业品的生产，同时，保证完成煤、木、运的任务。第四，缩短基本建设战线，坚决“下马”。第五，要统一、全面、彻底、合理地进行清仓核资。第六，大家一起走“前门”，反对走“后门”，搞好市场供应，力争财政收支平衡。第七，坚决还账，努力承担国际义务。第八，建立新秩序，树立新风气。

关于还账，周恩来说：“这10年来，我们欠了77.53亿元的外债，到去年为止，已经还了47亿元，还差30多亿元未还。我们这件事情做得并不坏。外债分3笔账：第一笔账，是抗美援朝的军事欠款，这笔数目最多；第二笔账，是经济建设中我们从苏联方面贷了一些款；第三笔账，是这几年进出口贸易做大了，我们出口不了那么多东西，欠了一些贸易款。这三笔账主要是欠苏联的，也有一小部分贸易款是欠东欧社会主义国家的。我们虽然一穷二白，但是人穷志不穷，账一定要还。这点账我们还得起，大概到1967年就可以还清。”

关于国际义务，周恩来说：“现在我们承担的国际义务一天比一天重起来了，除了政治上、道义上的支援以外，还有物质上的支援。我们现在已经订了条约、协定、合同的，有69亿多元。其中，援助社会主义国家的，主要是朝鲜、越南、蒙古、阿尔巴尼亚，占80%；援助民族主义国家的占20%。到目前为止，已经用了

37亿多元，还要用31多亿元。我们必须勇于承担国际义务，同时又要实事求是。勇于承担，当仁不让，见义勇为，这是我们的志气，我们的义务；实事求是，能做的就做，不能做的要说清楚不能做或者以后做，不要使他们发生错觉，以为我们什么都行了。同时，我们帮助他们，是要加强他们自力更生的力量，不是削弱他们自力更生的力量。”

周恩来还重申了1957年毛泽东就提倡的32字领导原则，即：“大权独揽，小权分散；党委决定，各方去办；办也有决，不离原则；工作检查，党委有责。”要求“党委抓紧重大的事情，从事务中超脱出来，就能把工作领导得更好”。

会议期间，朱德于2月3日在山东组全体会议上讲了纠正“左”的偏向，恢复和发展生产的问题。他说：这次会议，畅所欲言，知无不言，言无不尽，上下通了气，我很满意。这几年，党内斗争扩大化了，吃了一些亏，运动中打击面宽了，伤了人。经过这次会议，我看可以把平反的工作搞好，把更多的人团结起来。在群众运动中，往往一个偏向来了，掌握不住，越走越偏。“左”的倾向来了，也带群众性，制止不住，要到失败了，吃了亏，才制止得住。有那么一些人，在反右中总觉得高指标都对，不搞高指标就“右”了。所以，风刹不住。反右比较容易，“左”的东西往往看不清，不容易制止。反“左”容易出右，反右容易出“左”。这种情况，作为领导者应当注意。有“左”反“左”，有右反右，有啥反啥，没有就不反。不要一说反什么就自上而下地来个普遍化。

陈云在这次七千人的大会上没有讲话。据说毛泽东曾请他讲话，他说自己对有些问题还没有看得很清楚，因此没讲。但大会结束的第二天，他在参加七千人大会的陕西省全体干部会议上讲了话。他说，这几年我们党内生活不正常。“逢人只说三分话，未可全抛一片心”，这种现象是非常危险的。一个人说话有时免不了说错，一点错话不说那是不可能的。在党内不怕说错话，就怕大家不说话。如果这样下去，我们的革命事业就不能成功，肯定是要失败的。这次大会取得了非常大的胜利，不要估计低了。只要有勇于开展批评与自我批评这一条，坚持真理，修正错误，我们共产党就将无敌于天下。他还提出看问题应采取比较正确的方法，即“全面”、“比较”、“反复”。建议“同志们可以试一试”。

毛泽东、刘少奇、周恩来、邓小平在大会上的讲话和朱德、陈云在山东、陕西省干部会议上的讲话，以勇于自我批评、承担责任、正视困难、分析困难、提出办法、坚决纠正错误的实事求是精神，启发、教育、鼓舞了全体与会者。但是，林彪在大会上却作了与整个会议精神不相协调的独特讲话。

1月29日，林彪讲了：（一）关于党的工作；（二）关于军事工作。他说：三年以来“所发生的毛病，使我们在物质方面，工业生产、农业生产方面，减少了一些收入，可是我们在精神上却得到了很大的收入。我们有失的一方面，也有得的一方面。这种失的方面的作用，现在看得很清楚，而得的方面的作用，暂时还看不清楚。我们应该相信，我们所得到的经验，将要发挥很大很大的作用”。“所以，我们要看到，我们付出一点学费是值得的。”

林彪又说：发生困难，“在某些方面，在某种程度上，恰恰是由于我们没有照着毛主席的指示、毛主席的警告、毛主席的思想去做。如果听毛主席的话，体会毛主席的精神，那么，弯路会少走得多，今天的困难会要小得多”。“我感觉到，我们同志对待许多问题，实际上经常出现3种思想：一种是毛主席的思想，一种是‘左’的思想，一种是右的思想。当时和事后都证明，毛主席的思想总是正确的。可是我们有些同志，不能够很好地体会毛主席的思想，把问题总是向‘左’边拉，向‘左’边偏，说是执行毛主席的指示，实际上是走了样。当然右的思想也是有的，党内、党外都是有的。”

林彪还说：“我个人几十年来体会到，毛主席最突出的优点是实际，他总比人家实际一些，总是八九不离十。他总是在实际的周围，围绕着实际，不脱离实际。”“我深深地感觉到，我们的工作搞得好一些的时候，是毛主席的思想能够顺利贯彻的时候，毛主席的思想不受干扰的时候。如果毛主席的意见受不到尊重，或者受到很大的干扰的时候，事情就要出毛病。我们党几十年来的历史，就是这么一个历史。”

林彪这个非同寻常的讲话，把“大跃进”的错误及造成极其严重的后果，说成是“精神收入”“很大很大”，付点学费不算什么；把造成困难的原因，替毛泽东洗刷得一干二净，不是中央领导人乃至全党执行了毛泽东“左”倾错误的东西，倒是其他人把毛泽东正确的东西拉到了“左”边去，产生了错误；把毛泽东历史上曾经经常是正确的，加以神化，说成一贯正确而且永远是正确的，总是不脱离客观实际，因此，凡是出了问题，就是错误思想对毛泽东正确思想的干扰。林彪的讲话，仍是他1960年军委扩大会议以来所实行的一套做法，故意制造个人崇拜，为自己捞取政治资本，讨取毛泽东的欢心，以实现个人政治野心。

七千人大会在当时历史条件下，取得很大的成功，起到了团结和动员全党齐心协力为战胜严重困难而斗争的巨大作用。在此之后，国民经济的调整逐步全面展开，政治关系上的调整也进入一个新的阶段。但是，大会也具有其历史局限性，存在一些重要的缺陷。主要是：

第一，对"大跃进"以来经验教训的初步总结，是在肯定"三面红旗"即总路线、大跃进、人民公社的大前提下，作为执行"正确路线"中工作上的缺点错误来进行的。从而1958年以来"左"倾指导思想没有得到根本触动，并仍然得到维护。当时许多人对"三面红旗"究竟正确与否是有疑问的，但没能也不容许展开讨论。"左"倾指导思想没有根本清理，给后来的经济建设时而又出现求快求急，以及因对"三面红旗"认识不一而发生党内"左"倾斗争，留下了一个重要的根源。

第二，刘少奇和邓小平讲话都宣布："对于最近几年来受到批判和处分的干部和党员，必须按照1961年6月15日《中央关于讨论和试行农村人民公社工作条例修正草案的指示》中的规定，实事求是地进行甄别工作，妥善地加以处理。"由此，给许多被错整的干部和党员甄别平了反。但是却不给当时最大的冤案"彭德怀反党集团"案平反。

以上两点，是会议守住的两条线，一是"三面红旗"正确不能动；二是庐山会议的案不能翻。其他一切缺点错误都可以研究、讨论、承认、纠正。守住这两条线，是为了维护毛泽东这几年领导的"正确性"。

第三，当时对困难的情形已有较多的认识，但是，刘少奇、周恩来的讲话都判断"最困难的时期已经渡过了"，为时尚早了些。

第四，对党内民主集中制上存在的问题，作了认真的批评清理，但是，只着重于省、地、县三级。而党中央领导核心即政治局和中央常委内政治生活上存在的缺点错误，却没有得到检查改正。相反，由于林彪宣扬对毛泽东的个人崇拜，使得毛泽东自1958年以来日益严重起来的个人专断作风得到掩护。毛泽东对林彪的讲话当时便很欣赏并加以赞扬。毛泽东对罗瑞卿说：林彪同志的讲话水平很高，这样的讲话你们作得出来吗？（大意）罗瑞卿回答说：我作不出来。对比之下，毛泽东对刘少奇讲话中的一些独到见解和说法，心中不悦甚至有所不满，成为日后逐渐不再信任刘少奇的一个重要潜在因素。1966年毛泽东批判刘少奇时重提1962年七千人大会以来的潜在分歧，"文革"初期江青说"七千人大会憋了一口气，直到文化大革命才出了这口气"[①]。这些，都是中央领导核心里在根本指导思想上没有真正达到

① 廖盖隆：《关于社会主义的几个问题》，《党史探索》，第140页。

统一的表现。

二 “现在类似非常时期”

七千人大会后，财政部门向国务院和中共中央反映，发现1962年的财政收支方面的安排有二三十亿元赤字。由于每月的货币回笼量不足以满足每月的必需支出，只有继续增加市场货币投放量。1961年12月底货币流通量达到125.3亿元，比同年2月的117亿元增加了8亿元。而1962年1月底，又增加到135.9亿元，2月8日达到新的最高点，为137亿元。即1个多月，便新投放12亿元之多，通货膨胀物价上涨的趋势仍不能有效地扼制住。这是七千人大会时所没有料到的。

2月21日至23日，刘少奇召集了中共中央政治局常委扩大会议，专题讨论1962年国家预算和整个经济形势问题。因在中南海西楼召开，故又称“西楼会议”。

会议在检查财贸办公室提出的《关于1961年国家预算和信贷计划执行情况以及1962年预算和信贷的安排的报告》时，发现1958年到1961年各年的财政都有赤字。刘少奇等中央领导人批评了财贸办公室的报告没有暴露赤字，没有揭露矛盾，没有解决问题，要求重新提出报告。① 实际上，1958年的赤字为21.8亿元，1959年为65.8亿元，1960年为81.8亿元，1961年为10.9亿元，合计4年总计180.3亿元。1962年如不能果断有力地制止赤字的继续出现并且将超过经济实力的流通货币回笼，国民经济的恶化状况不可能扭转。据此，刘少奇指出：我们现在处在“类似非常时期”。

面对极其严峻的经济形势，陈云在会议上全面地讲了财政工作上的问题及他对解决这些问题的意见。根据刘少奇的提议，2月26日，陈云又将他的意见看法在国务院各部、委党组成员会议上讲了一次，即：《目前财政经济的情况和克服困难的若干办法》一文。

陈云分析财政经济的困难，指出了5点：农业在近几年有很大的减产。1961年的产量同1957年相比，粮食大约减少800多亿斤，棉花等经济作物和畜牧产品也

① 3月25日，财贸办公室向主席并中央重新作了《关于1961年财政信贷执行情况和1962年如何实现中央“当年平衡、略有回笼”方针的报告》，如实反映了1958年以来4年财政收入有虚假，年年有赤字的情况。

减产很多。农业恢复的速度是快还是慢？对此估计不同，财经工作所采取的步骤就会有很大的不同。我们工作的基本点应该是：一、争取快，准备慢。二、已经摆开的基本建设规模，超过了国家财力物力的可能性，同现在的工农业生产水平不相适应。最近几年工业建设的大发展，是建立在1958年生产7000亿斤粮食、7000万担棉花的错误估计上的。又是根据钢产量很快可以达到5000万至6000万吨的设想来布置的。已经摆开的建设规模，不仅农业负担不了，而且也超过了工业的基础。三、钞票发得太多，通货膨胀。这几年挖了商业库存，涨了物价，动用了很大一部分黄金、白银和外汇的储备，在对外贸易上还欠了债，并且多发了六七十亿元票子来弥补财政赤字，这些都是通货膨胀的表现。照现在的情况看，在采取有力措施以前，恐怕还不能停止。我们必须坚决扭转通货膨胀的趋势。四、城市的钞票大量向乡村转移，一部分农民手里的钞票很多，投机倒把在发展。在过去一年多中间，农民在自由市场上出卖相当于正常价格10亿元左右的物资，换去了30亿元左右的钞票。这个趋势还会继续一段时间。只有当国家手里掌握很多物资，能够保证城市供应的时候，城市钞票大量向农村转移的趋势，才能停止。五、城市人民的生活水平下降。吃的、穿的、用的都不够，物价上涨，实际工资下降很多。以上一、二两点是基本的，其他三点都是派生出来的。

陈云也分析了克服困难的有利条件，然后对克服困难的办法提出了6点意见。一、把10年经济规划①分为两个阶段。前一阶段是恢复阶段，后一阶段是发展阶段。恢复阶段从1960年起，大体上要5年。如果不是这样，笼统地要大家执行10年规划，又想发展，又要下马，又想扩大规模，又要“精兵简政”，就会彼此矛盾，举棋不定。分成两个阶段，基本建设和若干重工业生产的指标先下后上，任务就比较明确。二、减少城市人口，“精兵简政”。如果现在不减，财政继续亏空，市场发生动乱，就会更加被动。对于减人，大家一定要下定决心，否则没有出路。三、采取一切办法制止通货膨胀。严格管理现金，节约现金支出；尽可能增产人民需要的生活用品；增加几种高价商品。高价商品品种要少，回笼货币要多，只要基本生活资料不涨价，就不会出大问题；坚决同投机倒把活动作斗争。四、尽力保证城市人民的最低生活需要。分几步做到城市每人每月供应3斤大豆；每年供应几千万双尼龙袜子；把全国各地价值约4000万到5000万元的山珍海味等高级副食品，用于高

① 指1963年至1972年的10年国民经济规划。

价馆子，价钱卖贵一点。既可以改善一部分人的生活，也可以回笼不少货币。五、把一切可能的力量用于农业生产。除增加粮食外，重新考虑保证经济作物增产的办法；对不同的产粮区，研究出不同的增产办法；拨出一部分钢铁、木材，制造中小农具。六、计划机关的主要注意力，应该从工业、交通方面，转移到农业增产和制止通货膨胀方面来，并且要在国家计划里得到体现。“增加农业生产，解决吃、穿问题，保证市场供应，制止通货膨胀，在目前是第一位的问题”。要“把这些事情摆到头等重要的位置”。

陈云的讲话，得到刘少奇、周恩来、李富春、李先念及与会者的完全赞同。国务院各部委党组的成员们自发地报以长时间热烈的掌声，认为问题分析得透辟，解决的办法切实可行。一致反映，很久没有听到这样实事求是的精彩报告了。克服困难、从危机中走出来的信心倍增。

在2月26日的国务院各部委党组成员会议上，李富春作了《关于工业情况和建设速度问题的报告》，李先念作了《关于当前财政、信贷和市场方面存在的问题和应当采取的措施的报告》。3月18日，中共中央批发了陈云、李富春、李先念的讲话。

三 陈云受任于危难之际

西楼会议后，刘少奇、周恩来、邓小平于2月24日赴武汉向毛泽东汇报了会议情况和决定，得到毛泽东的同意。并且一致商定，恢复中央财经小组，由陈云任组长，李富春任副组长，统一管理经济工作。这是自1958年年初起毛泽东亲自抓国民经济工作，经过3年“大跃进”的失败后，毛泽东重新放手由陈云来主管的一个重要变化。

陈云，是中国共产党内最杰出的经济工作领导专家。自1949年年初从东北调回中央后，一直主持财经工作。政务院成立后，任副总理兼财经委员会主任。他具体组织领导了建国初期经济战线上的“三大战役”，迅速稳定了动荡的经济形势，根除了国民党时期留下来的脱缰野马般的通货膨胀，发展了经济，支持了抗美援朝战争，并具体地组织领导了资本主义工商业改造工作和“一五”计划的制定和经济建设工作，有着卓著的贡献。毛泽东曾很赞赏地说，陈云同志所管的财经工作不是教条主义的，是按照中国情况办事的，有创造性的。①

但是，随着社会主义改造和建设的顺利发展，毛泽东求急求快求多的指导思想发展起来，同陈云一贯的实事求是、积极而又稳妥可靠的经济建设指导思想发生矛盾。毛泽东在批评了“反冒进”并发动了“大跃进”后，便把与他指导思想不一致的陈云在事实上放到了一旁。1958年虽曾决定成立了陈云为组长的中央财经小组，但实际上不起作用。1959年年初，毛泽东请陈云研究一下钢铁指标，使当年的国民经济计划落到了实处。在庐山会议初期有人建议仍由陈云出来管经济工作时，毛泽东一度“国乱思良将，家贫思贤妻”，还讲了陈云经济思想的正确，但“反右倾”后搞继续“大跃进”，不但没重新起用陈云，反而把中央财经小组也取消了。

经过3年“大跃进”和3年（1959年至1961年）严重经济困难，毛泽东领导闯了大乱子而难以收拾，中央其他领导人一致推荐由陈云重新主管财经工作。局面所在，众望所归，请出陈云来主持，实在是关键时刻的一项重要决策。

3月7日，陈云主持召开了中央财经小组会议，并讲了7个重要问题。

一是“关于长期计划问题”。七千人大会上，中央提出搞个10年经济规划。西楼会议上，陈云认为要分成前5年和后5年两个阶段。经过进一步考虑，陈云提出：“现在可以不搞10年规划，先搞5年计划”。因为“现在谈发展，情况还摸不准”。“领导机关在认识上必须明确，当前主要是恢复”。农业的全面恢复究竟有多快？还要看两年。为了把问题看准，现在先不忙于搞第三个五年计划的指标，可对明年的年度计划先提出一个“框框”。

二是“今年的年度计划，需要有一个相当大的调整，重新安排”。并且定了以后就不再变动了。陈云说，“现在调整计划，实际上是要把工业生产和基本建设的发展放慢一点，以便把重点真正放在农业和市场上”。材料的分配，要首先满足恢复农业生产的需要，第二要满足市场的需要，主要是日用工业品生产的需要。陈云提出想法给大中城市平均每人每月供应半斤鱼、增加半斤肉。在西楼会议上，陈云还提过每人每天供应一两豆子。陈云强调地指出：“农业问题，市场问题，是关系5亿多农民和1亿多城市人口生活的大问题，是民生问题。解决这个问题，应该成为重要的国策。”他又说：“我看今年的年度计划要作相当大的调整。要准备对重工业、基本建设的指标‘伤筋动骨’。重点是‘伤筋动骨’这4个字。要痛痛快快地下来，

① 邓力群：《向陈云同志学习做经济工作》。

不要拒绝‘伤筋动骨’。现在再不能犹豫了。”对此，周恩来当场表示十分赞成，并插话说：“可以写一副对联，上联是先抓吃穿用，下联是实现农轻重，横批是综合平衡”。

三是“综合平衡”。陈云说，这个问题有很多争论，牵涉到积极平衡和消极平衡的提法。他提出两点要弄清楚：从什么时候开始搞综合平衡？从什么“线”出发搞综合平衡？他说：“我的看法是，综合平衡必须从现在开始，今年的年度计划就要搞综合平衡，开步走就要搞综合平衡。不能说在达到了多少万吨钢以后再去搞平衡。要从现在综合平衡的经济水平出发，经过切实的研究和计算，看远景规划能达到什么水平，而绝不能采取倒过来的办法。”“搞经济不讲综合平衡，就寸步难移。”“再说按什么‘线’搞综合平衡，无非是长线、短线。过去几年，基本上是按长线搞平衡。这样做，最大的教训就是不能平衡。结果，建设项目长期拖延，工厂半成品大量积压，造成严重浪费。”“按短线搞综合平衡，才能有真正的综合平衡。所谓按短线平衡，就是当年能够生产的东西，加上动用必要的库存，再加上切实可靠的进口，使供求相适应。”“长期计划的指标，更要注意留有余地，而且以后再也不要只想到钢了，应该在综合平衡的基础上全面安排。”

四是“物资管理制度”。陈云提出：“总的说，物资管理应该比第一个五年计划期间更集中。”他建议找管物资的同志开会，总结经验教训，包括集中过多和分散过多的教训。

五是“要研究农业的基本情况”。计委、经委、农办要扎扎实实地做调查研究，认真研究农业生产的各种条件。在此基础上，拟定农业生产指标。

六是“计委要把主要精力放在农业生产和稳定市场方面”。

七是“要鼓励大家发表不同的意见”。陈云说：“每个部委，每个单位，都要鼓励有不同看法的两方面把意见发表出来。”有不同意见是好事，可以使我们看问题比较全面，避免片面性，少犯错误。

陈云的这次讲话，是他一贯的经济工作指导思想在国民经济调整时期的重要发展，纠正了“大跃进”以来的某些“左”的提法和做法，给当年的经济计划工作乃至整个调整时期的经济工作，指明了方向，规定了基本的原则，从而奠定了大幅度调整退够的思想基础。

中央财经小组的这一次会议之后，陈云因病赴南方休养。4 月 19 日，中共中央正式发文宣布中央财经小组的组成人选：陈云为组长，李富春、李先念为副组长，周恩来、谭震林、薄一波、罗瑞卿、程子华、谷牧、姚依林、薛暮桥等为成员。周恩来、李先念主持小组按照陈云讲话的思想，经过反复讨论研究，于4月向中共中央提出了《中央财经小组关于讨论1962年调整计划的报告（草案）》。

四 大幅度调整的决策

1962年5月7日至11日，中共中央政治局常委在北京举行工作会议，讨论中央财经小组提出的《关于讨论1962年调整计划的报告》。出席会议的有：在京政治局常委刘少奇、周恩来、朱德、邓小平；中央政治局委员和书记处书记彭真、陈毅、李富春、贺龙、李先念、乌兰夫、陆定一、陈伯达、康生、谭震林、王稼祥、李雪峰、杨尚昆、罗瑞卿。还有各中央局、中央各部门负责人，国务院工交、农林、财贸、文教、科学各口①的负责人等，共105人。如此规模的中央常委工作会议，其重要性显而易见。

中央财经小组的《报告》，对经济形势作了比较全面、深入的分析。《报告》说，西楼会议揭露了财政收支有很大的赤字，商品供应量和社会购买力之间有很大的逆差，使我们对当前财政经济方面的困难的认识，比过去进了一步。目前国民经济存在着严重的不平衡，表现是：工业和农业之间、工业内部各个部门和各个环节之间、城市和乡村之间的关系都很不适应；文教事业的规模、行政管理的机构同目前经济水平之间的关系，积累和消费之间的关系，也很不适应。1961年同1957年比较，工业总产值上升了45%，农业总产值下降了26%；重工业产值上升了79%，轻工业产值只上升了16%；城镇人口1961年减少了1000多万人后仍然比1957年多了2000多万人，职工数虽然减少了870万人，仍然比1957年多1724万人，在农业大减产的情况下，多挤了农民的口粮，加剧了城市供应的紧张，造成了城乡交困的局面。

《报告》摆出了国民经济8个主要方面的困难情况。一是“粮食供应还很紧张，经济作物还在继续减产，整个农业战线的恢复不可能很快”。全国粮食总产量要恢复到1957年的水平，需要3、5年的时间，整个农村经济要恢复到1957年的水平，需要更多的时间。二是“工业生产要上去，没有农业的恢复不行，没有工业内部的

---

① 国务院各部委众多，为了工作上的方便，将同类或工作性质相近的部委归口，并有人牵头。

大调整也不行”。三是“基本建设规模缩小以后，必须踏步两三年，作好调整工作，才能创造条件，继续前进”。四是“货物运输量减少了，铁路运输的紧张状况暂时缓和下来，目前突出的问题是短途运输能力严重不足”。五是“职工人数大大超过了目前的经济水平，特别是农业的生产水平”。1961年比1957年，粮食减少23%，职工人数却增加了70%。如不把职工人数大大地减下来，要改善职工的生活是根本不可能的。六是“市场的供应情况，特别是吃的和穿的，在今后3、5年内很难有大的改善”。七是“对资本主义国家外汇的收入不可能再增加，支出的一半左右必须用于进口粮食”。八是“财政严重亏空，货币发行过多，主要商品挖了库存，生产资料大量积压”。“许多企业严重亏损，目前算起来一共可能有250多亿元，或者更多一些。”上述国民经济8个方面的困难情况，集中反映为国民收入的显著下降。“1961年的国民收入总额为790亿元，比1957年的932亿元减少了142亿元。如果不扭转国民收入的这种下降趋势，我们就不可能增加积累基金来扩大再生产，也不可能增加消费基金来改善人民生活。”

《报告》提出了三项重大方针性的措施：

一是整个国民经济需要进行大幅度的调整。这就是说，要按照农轻重次序进行综合平衡的方针，把建设的规模调整到同经济的可能性相适应、同工农业生产水平相适应的程度；把工业生产战线调整到同农业提供粮食和原料的可能性相适应、同工业本身提供原料、材料、燃料和动力的可能性相适应的程度；把文教事业的规模和行政管理的机构，缩小、精减到同经济水平相适应的程度；把城镇人口减少到同农村提供商品粮食、副食品的可能性相适应的程度，使工农关系和城乡关系不像现在绷得这样紧。

二是财政经济情况的根本好转，要争取快，准备慢。我们的工作要争取做得更好一些，同时也要准备出一些岔子，遇到一些现在还估计不到的困难，发生一些新的问题，需要我们去解决。凡是情况已经摸清楚的事情，就要断然处置，不要优柔寡断，不要因为会出一些岔子而不去下决心。

三是要解决今年计划平衡中的问题，要解决今年计划同明后年调整任务衔接问题，我们的出路和方针，就是要大力加强农业生产战线，努力恢复农业生产，在工业生产建设方面要进行5个排队，在精减节约方面要实行7项措施。

会议对中央财经小组的报告进行了认真的讨论。在大会上，李富春讲了进一步压缩城镇人口、精减职工、缩短工业生产战线和贯彻农轻重方针的问题；李先念讲了粮食、外贸问题；邓子恢讲了进一步巩固人民公社制度的问题；谢富治讲了巩固人民民主专政的问题；林枫讲了教育问题。在最后一天的大会上，4 名政治局常委讲话，周恩来讲了经济形势和方针任务以及粮食、外汇、市场、精简等问题；邓小平讲了当前的中心工作、甄别平反和加强各级党委领导核心的问题；朱德讲了农村工作问题；刘少奇讲了当前经济形势和工作中应注意的问题。

与会者对如何正确认识和对待困难，发表了许多重要意见。有的说："现在困难很大，而调整进度却很慢，主要是因为大家对困难的深度和克服困难的艰巨性认识还不一致。比较普遍的情况是：还有些盲目乐观情绪和侥幸心理，似乎只要今年农业有个好收成，明年就可以万事大吉了。所以，大家都在观望、等待，硬撑着空架子，不肯收摊子减人，又错过了近半年的时间。如果继续拖下去，不仅会加重困难，使以后恢复起来更加费劲，而且万一国际上有个'风吹草动'，粮食进不了口，全局就不堪设想。"有的反映："现在还有些部门和地方对恢复农业的困难没有足够的认识，进行调整的决心不大，还是陈兵列马，以为只要有一两个好麦收秋收，就可以全部人马重新再上。这是同中央精神相违背的。"有的说："要向群众摊开困难。讲明为什么要退，为什么要减，不要隐瞒。""要有'毒蛇噬臂，壮士断腕'的决心，把一切人力、物力、财力集中使用在刀口上，打歼灭战，同时忍痛割掉一些东西。"

刘少奇说："目前的经济形势到底怎么样？我看，应该说是一个很困难的形势。现在经济上来说，总的讲，不是大好形势，没有大好形势，而是一种困难的形势。""这一点，我看要跟干部讲清楚。讲了这样多年的大好形势，现在讲没有大好形势，而是一种困难形势，这个话是很难讲。"他要求："我们这回切实这样讲一讲，你们回去跟省委书记讲一讲，然后大家才好讲。"

刘少奇改变了七千人大会上他关于"最困难的时期已经过去了"的看法、说法，认为"恐怕应该说，有些地区最困难的时期已经过去了，但在城市里面，在工业中间，最困难的时期还没有过去"。"我看，对困难估计过分危险性不大"，"但是对困难估计不够就危险了。我们多少年都是因为估计不够而陷于被动"。"现在的主要危险还是对困难估计不够"。要准备着迎接困难，克服困难。我们革命家的气概，马克思主义者的气概，应该这样①。

周恩来说："前年经济调整的时候，觉得很快就调整过来了，去年经济调整也

---

①《刘少奇选集》下卷，人民出版社 1985 年版，第 444—446 页。

还是这样想。今年七千人大会之后，在西楼开会，陈云同志讲了话，少奇同志作了结论，毛泽东同志也同意，就是说，调整时期要成为一个阶段，主要内容就是恢复”，“现在看，这个调整时期要相当长。一般设想，第三个五年计划时期恐怕就是个调整阶段，甚至于还不够。”① 粮食的恢复，“总要3、5年，少的3年，多的5年，有一部分地区也许要超过5年。至于农业的全面恢复，包括经济作物，农、林、牧、副、渔，都要超过5年”。“我们在七千人大会上提出的指标，还是尽量压下来的，但是现在看来，那些指标还是高了”，“我们对新的发展，总的规模，还没有完全摸清楚，要承认自己不行”。“建设时期丝毫骄傲自满不得，丝毫大意不得。”②

会议在深刻认识了经济形势和统一了对待困难的态度的基础上，对大幅度经济调整作了几项主要的果断决策。

一是决定进一步大力精减职工和减少城市人口。1961年已经减少城市人口1000万，精减职工872万；七千人大会曾决定1962年上半年减少城镇人口700万，精减职工500万；中央财经小组的《报告》建议1962年减少城镇人口1300万，精减职工900多万。会议讨论后决定改为：在1962年和1963年两年内，再减少城镇人口2000万，精减职工1000万以上。

周恩来解释道：昨天有一位同志说，去年下1000多万，今年明年再下2000多万，合在一起下3000多万，这是一个中等的国家搬家，这是史无前例的，世界上也没有的，也可能真是空前绝后。这个决心，的确也是逐步酝酿出来的，去年不可能，前年更不可能，现在下这个决心，其目的，就是要把我们的经济生活来一个大幅度的调整，使我们的经济生活在新的发展基础上来一个大改组。

刘少奇说：我们下决心减少城市人口2000万，这也算一个勇气。搞这件事，我看应该是决心要大，行动要快，但是要有区别、有步骤地来进行，不能慌慌忙忙一股风。在向群众解释时，党政领导要负责向群众作自我批评，说我们这几年犯了一些错误，有很多缺点，因此把你们招来多了。现在只好请你们回去。要向他们请求，要求他们，要做普遍深入的群众工作，以便使我们的思想跟群众的思想能够统

---

① 周恩来说此话时，设想“三五”计划是紧接“二五”计划，自1963年起至1967年止。后来改为“三五”计划不紧接“二五”计划，而是完成恢复任务后再进行“三五”计划建设。“三五”计划的时间是1966年至1970年。

②《周恩来选集》下卷，人民出版社1984年版，第405—410页。

一起来，然后就能统一行动。

二是进一步缩小基本建设的规模。年初，计划 1962 年的基本建设投资额压为 67 亿元。这不但比 1960 年的 384 多亿元少 310 多亿元，而且比 1961 年的 127 亿元也少将近一半。但是，会议深入研究之后，决定再压低到 46 亿元。

三是降低绝大多数重工业产品的指标。即对原 1962 年计划指标，再分别降低 5%到 20%。刘少奇说：从 1958 年以来，这几年，我们每一次都调整计划，而且每一次都是调低的，都是年初计划高，年末调低。只有 1960 年调高一次，从 1800 万吨钢调到 2000 万吨钢，结果没有完成。这一次又是调整指标，1962 年的指标又是调低。同志们，是不是以后不再调低了？让我们搞点低指标好不好？搞了这样多的高指标，我们搞一年低指标行不行？以后不要再搞调低就好了。以后计划要这样定：计划定低一点，在执行中间超过计划。以后定计划，叫做按短线来平衡，不是按长线来平衡，而且要留有余地，以便在执行中间超过计划。“左”了这样多年，让我们“右”一下吧①。这个高指标的尾巴，一直到 1962 年还没有丢掉，这一次还有个高指标的尾巴。这个尾巴今年割掉才好，明年再定计划的时候，不要再调低了。

四是对现有工厂企业进行“关、停、并、转”。中央财经小组的《报告》指出，1961 年年底全国共有 4170 多万个职工，61800 多个国营企业，中央直属的基本建设单位共有 849 个。这样多的职工、企业和建设单位，不但同目前的农业生产水平极不适应，而且同调整后的 1962 年工业生产建设任务也极不适应。例如食品工业的企业还有 21000 多个，像制糖、卷烟、罐头等行业的开工率只达到 20%到 30%；今年棉纱的计划产量只有 260 多万件，最多只要保留 500 万到 600 万纱锭、100 个以下的纺织厂，可是现在共有近 1000 万纱锭、236 个纺织厂。又如按照调整计划，要生产 12000 多台机床，并且考虑到机床品种的需要，有 50 至 60 个机床厂开工就够了，但是现在生产机床的专业工厂还有 110 多个。机械工业中其他行业生产能力大于生产任务的情况，有的比机床行业更为严重。总之，全国有许多企业生产任务不足或根本没有任务，但它们还要消耗很多燃料、电力和一部分原材料，国家要支付大量的工资和管理费用。因此，“我们就必须下定决心，有计划地保住一批工厂，缩小一批工厂，合并一批工厂，关掉一批工厂，并且改变一批工厂的生产任务，从

① 这里，刘少奇是借用了一下几年当中一种观念的用语，即认为指标定低一些就是“右倾”。借用来纠正那种老想把指标定高一些的思想。

而把工业生产战线和设备维修战线真正缩短，把力量集中起来，更好地完成今年的国民经济计划，并且为以后调整工作的顺利进行打下基础”。

从1961年9月庐山工作会议决定对工业特别是重工业调整后退起，到这次中央常委工作会议止，历时9个月，终于下定了最大的决心，坚决退够。这一重大战略性决策的作出，成为使国民经济摆脱困境的转折点。

五　经济形势开始好转

1962年5月中央常委工作会议结束后，国民经济调整工作迅速深入展开。

在中共中央关于新的精减工作正式文件下发之前，先由与会者将《周恩来同志在中央工作会议上关于精减问题的讲话要点》带回，作为进行工作的依据。5月27日，中共中央、国务院发出了《关于进一步精减职工和减少城镇人口的决定》，5月28日，又发出了《关于减少职工和城镇人口的宣传要点的通知》。要求把全国职工人数从1961年末的4170万人的基础上，再减少1056万人至1072万人；全国城镇人口在1961年末1.2亿人的基础上，再减少2000万人（包括从城镇减到农村去的职工在内），同时相应地减少吃商品粮的人口。减少城镇人口的任务在1962年、1963年内基本完成，1964年上半年扫尾，精减职工任务力争在1962年内或1963年上半年大部完成，1963年下半年全部完成。经过有效的工作，到9月，当年全国共减少职工940多万人，城镇人口由上年的12707万人减为11659万人，净减1048万人。

进一步缩小基本建设战线的工作取得成效。1962年的基本建设实际完成56.6亿元，比5月中央常委扩大会议定的46亿元略高。投资的方向也作了调整，首先保证维持当年生产水平的需要，优先保证国家急需的项目如煤矿、铁矿的延伸、开拓工程、合成脂肪酸、人造纤维、农药、化肥、国防尖端等。基本建设职工人数年末压缩到244.5万人，比上年末又减少了150多万人（最高人数为1960年,692.8万人）。全国施工的大中型项目由上年的1409个，减到1003个(1960年为1815个)。

缩短重工业战线，“折架子”、“收摊子”，关停并转的工作取得显著成绩。从5月动员调整到10月止，全国县以上工业企业减少了约1.9万个。加上1961年已经减少的，合计减少了4.4万个企业、966万名职工，相当于1960年末9.6万个企业的44.8%，2144万职工的45%。裁并了一批企业，使得冶金、建材、化工和机械工业企业的数目分别减少了70.5%、50.7%、42.2%和31.6%。加强了煤炭、石油、化工等短线产品的生产能力。转产了 110 个机械工业企业约 3 万人、5500 台机床到农业机械生产部门，也拨出了一些企业给军事部门加强军工生产和维修的能力。调整后，全国亏损的工业企业数量和亏损额大幅度下降。

这些有力的措施迅速取得成效，10 月 6 日，中共中央满怀信心地宣告：最困难的时期已经度过，农村城市的经济形势正在逐步好转。①

1962 年年底，农村生产关系的调整取得重要进展，农村生产力得到一定恢复。农业劳动者达到 2.1 亿人，比上年增加了 1500 万人，总数超过了 1957 年的水平。农业化肥、机械等供应增加，生产条件有所改善。1962 年农业总产值达到 584 亿元，比上年增长 6.2%，粮食产量达到 3200 亿斤，比上年增加 250 亿斤，油料作物、生猪等也都有增长，从而扭转了农业连续 3 年下降的局面。

工业生产特别是重工业生产速度放慢，使农轻重的比例关系得到改善。工业总产值为 920 亿元。钢产量 667 万吨，比上年减少 203 万吨。农业、轻工业、重工业的比重，已由 1957 年的 34.5 ∶ 27.8 ∶ 37.7，改变为 38.8 ∶ 28.9 ∶ 32.3。

财政收支平衡、略有结余，货币有所回笼。财政收入为 313.6 亿元，比上年增加 42.5 亿元；支出为 305.3 亿元，比上年减少 50.7 亿元，收支相抵，结余 8.3 亿元，从而扭转了连续 4 年财政赤字的局面。在社会商品零售额同上年基本持平的情况下，年末货币流通量为 106.1 亿元，比上年末减少 19.2 亿元。全国集市贸易价格比上年下降了 35%。

市场供应紧张的情况有所缓和，城乡人民的收入和某些消费水平开始回升。消费品货源同社会购买力之间，由前几年 10 亿元的差额，变为货源多出 41.5 亿元。1962 年 10 月 6 日，中央决定从第 4 季度到 1963 年第 3 季度，增拨 4.5 亿元职工生活困难补助费。受益职工达 650 万人，占职工总数的 20%，占生活比较困难者的 80%。1962 年全民所有制职工平均实际工资，由上年的 415 元增加到 440 元。城乡居民生活水平比上年提高了 4.5%。

到 1962 年年底，国民经济生产和生活还存在不少问题，但是，由于该退的已基本退够，从而开始走出低谷，脱离了险境。

---

① 《中共中央关于当前城市工作若干问题的指示》，1962 年 10 月 6 日。

在调整民族工作中，贯彻宗教信仰自由的政策，恢复正常的宗教活动。图为 1961 年 3 月 2 日在西藏拉萨大昭寺举行的传召大会上，喇嘛正在听班禅额尔德尼•确吉坚赞讲经。

第三章
政治关系的调整

国民经济的全面深入调整，需要有举国一致团结齐心的努力。当时，尽管经济困难很大，政治上总的形势还是好的。但是，在党内关系和党群关系上，也存在着一些严重的不正常状态。

在历次政治运动中错整了一些人。1957 年反右派，错定了 50 余万“右派分子”，受批判的还要多得多。打击的分量很重，直接受牵连影响的家属亲友以数百万计，各民主党派尤其是民主同盟和农工民主党也受到伤害；1958 年“拔白旗”，反地方主义、反民族主义斗争扩大化，伤害了不少人；1959 年“反右倾”，一批干部和群众受批判，一些党员干部被定为“右倾机会主义分子”，一些干部被内定为“中右”；3 年困难时期，有的地方搞“民主革命补课”，又错整了一些干部。

统一战线工作上有“左”的偏差。在 1958 年“大跃进”中，不但农民利益受损害，而且华侨在国内的家属的利益也受到“共产风”的侵害。有的地方强迫归侨和侨眷献金、存款“放卫星”①，造成人心浮动，侨汇大大下降，而且在政治上因“海外关系复杂”受到歧视；1958 年青海平叛中也有一定的扩大化错误，没有及时、彻底纠正。

知识分子受压抑。被当作“资产阶级”看待，科学工作者被批为“白专道路”、“白专典型”。有的人认为，“知识分子既然是属于资产阶级范畴，就是革命对象”，

---

① 在福建侨乡，有的地方竟迫使侨眷放存款 100 年的“卫星”。

"对知识分子像打鼓，不打不响"，"必须以斗争为主"。① 文艺工作上，1958 年刮起浮夸风，1959 年"反右倾"后又处于消沉状态，文艺工作者感到无所适从。

党内、党外，民主空气严重不足。1957 年以后，党外的人，尤其是知识分子、民主党派，不敢讲话了。1959 年"反右倾"后，党内的人，包括不少高级干部，也不敢讲真心话了。出现了"三看三不讲"的不正常状态，即：看风向——上边风向不明不讲；看眼色——领导眼色不对不讲；看意图——领导意图不清不讲②。还有，讲话"不离三、六、九"，即："三面红旗万岁"、"从 6 亿人民出发"、"9 个指头与 1 个指头"。在这种心态下，经济建设上所犯的错误及其严重后果，难以及时揭露，又难以进行纠正。

因此，不但经济上已经到了不下大决心调整不行的时刻了，政治关系上的问题也达到非解决不可的程度了。

政治方面的调整，从 1961 年 5、6 月中央工作会议起，至 1962 年年初七千人大会以前，主要是抓了党内关系首先是中下层关系的调整。七千人大会本身则是党内五级领导层政治关系的一次大调整。会后，党内外关系的调整工作全面、深入地展开，并且转向了国家和社会结构的上层。

一　与民主人士、人民代表坦诚沟通

1962 年 3 月 21 日，国家主席刘少奇召集第 18 次最高国务会议。刘少奇主席和周恩来总理就形势和工作中的主要问题作了非常坦诚的讲话。

最高国务会议制度，是当时在全国人民代表大会制度和全国政治协商会议制度之外的又一个重要国务活动制度。由国家主席根据情况不定期地召集。参加者是中国共产党和人民政府的主要领导人，各民主党派和人民团体的主要负责人，同时也就包括了全国人大和全国政协的主要领导人。会议通常是就一些重大问题进行事前商量，或者进行重要情况的通报。

"大跃进"以来，毛泽东主席召集过 1958 年 1 月的最高国务会议、同年 9 月的第 15 次最高国务会议和 1959 年 4 月的第 16 次最高国务会议。1959 年 4 月刘少奇

---

① 这是 1959 年广东省教育工作会议上反映出的情况。对于当时这种"左"的思想认识，毛泽东和中共中央也是不同意的。

② 1962 年 1—2 月七千人大会上军队组反映出的情况。

当选为国家主席后，召集过1959年8月的第17次最高国务会议。此后，1960年和1961年中断。基本原因，是国民经济发生严重困难，许多情况不透彻，一些话不好说，难于召开。

按照惯例，全国人大会议和全国政协会议每年开会一次。但1960年3月开过二届全国人大二次会议，讨论通过了1960年的高指标，同时开过全国政协三届二次会议后，1961年没有开这两种会议。

因此，一个长时间里，民主党派主要负责人、全国人大代表、全国政协委员对国家的情况便了解得不全面、不系统、不完整，也就难以在国务活动中发挥应有的作用。这是国家上层政治生活方面的严重缺陷。

正是为了克服这种缺陷，进一步调动各方面的积极性，深入进行国民经济调整，刘少奇主席召集了这第18次最高国务会议。

刘少奇和周恩来在讲话中，把七千人大会和2月西楼会议的基本内容作了清晰的介绍，对国民经济上的困难情况作了坦率真诚的说明。

刘少奇就指明：我们国内目前的经济形势，实事求是地讲，是存在着相当大的困难的。我们原来以为，这几年还会有跃进，现在不但没有跃进，不但没有进，反而退了许多。从经济上来说，目前我们不是大好形势。出现困难的原因，一条是天灾，另一条是4年中我们在工作中间有不少缺点、错误。哪一条是主要的？各地情况不一样，有些地方缺点错误是主要的，农民说三分天灾、七分“人祸”。

刘少奇详谈了1958年以来所犯的4条主要错误后指出，我们经常讲成绩与缺点错误是9个指头与1个指头的关系，现在是不是到处可以适用呢？恐怕不能到处这么套。总的也不是9个指头与1个指头的关系；有些地方3个指头对7个指头也不行，而应该说缺点错误是主要的，成绩不是主要的。错误的责任，首先是中共中央负责，其次是各省、市、自治区党委要负责，再其次才是省以下的各级党委。就是说，中共中央决定的某些政策，发出的某些文件、指示等等，有些是不适当的，有些甚至于是错误的，或者说有些是部分错误的。各民主党派和无党派人士，你们没有责任，或者有也很少。

关于犯错误的原因，刘少奇指出：一方面是由于我们搞社会主义建设工作的经验不够，另一方面，我们不少负责同志不够谦虚谨慎，有了骄傲自满的情绪，违反了实事求是和群众路线的传统作风，在不同程度上削弱了党的生活、国家生活和群众组织生活中的民主集中制的原则。中央的同志，省的负责同志，自己不去亲身作调查研究，轻信汇报。有些地方，完全依靠命令办事，瞎指挥，形式主义。同时，在一段时间，在党内、在群众间，又进行了一些错误的过火的批评斗争。因此，缺点、错误就长期不能发现改正。

刘少奇还谈了对“三面红旗”的看法。他说：第一，总路线还要不要？总路线还是继续实行。过去执行里头有偏差。第二，大跃进。我们过去对大跃进的解释也是有片面性的，每年要翻一番，或者说要增长百分之几十。我想，大跃进这个口号还是不取消，现在取消太早了，到那个时候争取不到，就证明不能大跃进。有一种可能是不能大跃进，有一种可能是能够大跃进，从整个历史阶段来看，作为我们的奋斗目标是可以的。第三，人民公社。从前提过人民公社“一大二公”，现在人民公社大是大，公就看不那么清楚，现在搞到小队核算，似乎也不那么“一大二公”了，因此，这个口号要不要？要不要取消？现在这个问题看不大那么清楚，但是再过多少年可能看得清楚。因此，这个“一大二公”的口号我们也还不取消，放到这里再看嘛。有人说，人民公社办早了。也可以说，人民公社迟几年办是可以的。问题是群众已经办起来了，我们还是站在群众面前去领导人民公社。主要的经验，不应该一下子全面铺开，搞得太急了。总之，“三面红旗都不取消，都继续保持，而且继续为这个三面红旗奋斗。有些问题现在还看不大清楚，但是再过 5 年、10 年，再来总结经验，就可以进一步对这三面红旗作出结论”。

对于刘少奇主席如此坦率诚挚的讲话，出席会议的各民主党派和无党派民主人士都十分感动，认为中国共产党还是光明磊落的、郑重的、对国家和人民负责任的党。并从这种襟怀坦白、肝胆相照中，唤起了同舟共济战胜困难的责任感。

3 月 27 日至 4 月 6 日，二届全国人大三次会议在京举行。周恩来总理在政府工作报告中，全面地讲了 1960 年下半年提出调整国民经济的八字方针后工作进展的情况，存在的困难，以及 1962 年调整工作的 10 项任务。① 周恩来要求加强在中国共产党领导下的以工农联盟为基础的广泛的人民民主统一战线，加强全国各族人

① 10 项任务是：一、争取农业增产，首先是争取粮食、棉花、油料的增产；二、合理安排轻工业和重工业的生产，尽可能地多增产日用品；三、进一步缩短基本建设战线；四、压缩城镇人口，精减职工；五、彻底清理仓库，重新核定资金；六、改善市场的供应状况；七、保证完成对外贸易任务，偿还外债，努力承担国际义务；八、提高文化、教育、科学研究、卫生等工作质量；九、节约支出，增加收入，加强现金管理，保证财政收支平衡；十、进一步改进计划工作，按照农业、轻工业、重工业的次序，做好国民经济各部门的综合平衡。

民同党和政府的密切合作，通过艰苦努力，战胜所遇到的困难。

4月28日，周恩来又在全国政协三届三次会议上作了《我国人民民主统一战线的新发展》的讲话。他谈了政协的工作责任，共产党在政协的责任，各民主党派的责任，工会的作用，青年团的责任，妇女组织的作用，工商联的工作，文教科学团体队伍的加强，兄弟民族的关系问题，宗教问题，华侨问题。号召增强信心，团结奋斗，争取新的胜利。这一次全国政协会议开了20多天，200多名委员发了言，提出了400多件提案。广开言路，充分发挥了政治协商的作用。

对于刘少奇、周恩来的讲话，毛泽东很赞成他们这样做。毛泽东说：我们欠民主人士一笔债，现在还了。

上述3个会议的召开，使得国家和社会上层的政治活动恢复了正常状态。中国共产党与各方面的密切联系重新密切起来，党的正确政策的领导作用得到加强。这些，成为国民经济调整工作胜利进行的有力政治保证。

二 知识分子“脱帽加冕”

解决知识分子问题上的“左”倾偏差，调整党同广大知识界的关系，调动这一层人的积极性，是中共中央领导人，尤其是周恩来、陈毅、聂荣臻所着力抓的一件大事。他们在1961年和1962年，通过各种机会讲话，制定文件，推动这一工作。

1961年6月19日，周恩来在文艺工作座谈会①和故事片创作会议②上讲话，阐述了艺术民主、解放思想、物质生产与精神生产、阶级斗争与统一战线、文艺规律、继承遗产与创作，以及领导等问题。

在文艺批评上，他反对“一切都套上‘人性论’”，动不动“就给戴帽，‘人性论’、‘人类之爱’、‘温情主义’等都给上去了”，“先是抓辫子，抓住辫子就从思想上政治上给戴帽子，从组织上打棍子”。还有挖根子，一是联系历史，二是联系家庭。他说：“一来就‘五子登科’③，这种风气不好。现在要把这种风气反过来”，首

---

① 全国文艺工作座谈会，是由中共中央宣传部召集，于1961年6月1日至28日在北京举行的，会议讨论了《关于当前文学艺术工作的意见》（草案）（即《文艺10条》初稿）。

② 全国故事片创作会议，1961年6月8日至7月2日在京召开，会议制定了电影工作32条。

③ “五子登科”，原典故是五代后周人窦禹钧5个儿子相继都考中进士（见《宋史·窦仪传》），周恩来在这里是指当时文艺工作中的套框子、抓辫子、挖根子、戴帽子、打棍子的错误做法。

先从我们领导者改起，提倡正确的风气①。

在文艺工作的领导上，他指出："艺术作品的好坏，要由群众回答，而不是由领导回答；可是目前领导决定多于群众批准。"他说："艺术是要人民批准的。只要人民爱好，就有价值；不是反党、反社会主义的，就许可存在，没有权力去禁演。艺术家要面对人民，而不是只面对领导。"这是不是主张反对领导呢？不是的。领导在政治上有权提意见，主要是看它是否反党反社会主义。至于艺术方面，我们懂得很少，发言权很少，不要过多干涉。他要求："在座的同志都是做领导的人，希望你们干涉少些，当然不是要你们不负责任。第一，要负责任；第二，要干涉少些。负责任主要是指政治上，不要放任毒草，放任修正主义。但是一定要区分清楚，不要把什么都说成是修正主义。"②

聂荣臻从 1961 年春天起，主持制定《科研 14 条》文件。"当时，我们在知识分子政策上，的确下了功夫，多次召开会议，或找知识分子个别谈话，想弄清楚到底我们在政策上有什么问题，应该怎样正确贯彻知识分子政策，怎样才能发挥科学技术人员的积极性，使他们能做出更大的贡献。"③聂荣臻曾指出，《科研 14 条》中核心问题有 3 条，其中之一是科研机构的根本任务问题。之二是"知识分子红的标准和红与专的关系"问题。他说："许多知识分子反映（红）可望而不可及，使他们总是觉得抬不起头来，实际上是在挫伤他们的积极性"，因此就明确了"红"的标准，"一条叫拥护共产党，一条叫拥护社会主义，用自己的专业为社会主义服务"，"做到了这两条，这个人就算初步'红'了。这就鼓舞了知识分子的积极性"。之三是党的领导问题。他说："科研系统的有些党员同志，总觉得自己比知识分子高一等，至少不能让知识分子翘尾巴。所以一切由我说了算，瞎指挥盛行，不适当地干预了科研工作。因此《科研 14 条》规定，只有所一级的党委才有领导权，基层组织只起保证作用，党员个人的见解，不代表党。"④《科研 14 条》受到了科学战线广大知识分子的衷心欢迎。"文化大革命"中，一些人攻击《科研 14 条》，主要是攻击这 3 条，周恩来则坚持说：《科研 14 条》是"红线"，也主要是维护这 3 条。

---

①《周恩来选集》下卷，人民出版社 1984 年版，第 326—328 页。
②《周恩来选集》下卷，人民出版社 1984 年版，第 336—337 页。
③《聂荣臻回忆录》（下），解放军出版社 1984 年版，第 824 页。
④《聂荣臻回忆录》（下），解放军出版社 1984 年版，第 830—831 页。

陈毅在纠正“左”倾偏向，澄清是非方面，也挺身而出。1961年8月10日，他在北京市高等院校应届毕业生集会上讲话，谈红与专的关系和思想改造与思想批判问题。他指出：“我们要重视政治，但也要重视专业，不能把政治和专业对立起来，而要把两者结合起来。从来没有空头的政治，政治都是通过业务来体现的。”

为了论证自己的观点，陈毅重申了1953年他在华东工作时讲过的一个比喻。他说，“比如一个飞行员……他对祖国和人民没有感情，没有起码的社会主义觉悟，一起飞他就飞到敌人那边去了，你怎么能让这种人驾驶飞机呢？”“但是有另外一个飞行员，上述问题都解决了，绝不会飞到敌人那边去，他抱定为保卫祖国而牺牲的决心，然而他技术不行，一起飞就被敌人打了下来，像这样的飞行员，那又有什么用呢？因此光有技术没有政治不行，光有政治没有技术也不行。”①

陈毅批评说：“前一个时期，有的单位把那些埋头搞业务，少参加一些政治活动的人，当作白色专家来进行批判。这是不对的，应该给予纠正。目前我们国家正需要大批专家的时候，他们能够埋头业务，对社会主义建设，对祖国，对人民作出更大的贡献，正是值得欢迎的。不仅不应该反对，而且应该为他们创造更有利的条件，使他们能够更好地埋头搞业务。”他还指出：思想改造主要是靠个人的觉悟，“企图用强制的办法、群众的压力来解决思想问题是不行的”。“不能损害人家的感情，打击人家的心灵。”还说：“对剥削阶级出身的青年学生，不应该片面强调他们的家庭出身问题”，“‘唯成分论’是不对的”。②

多年中，在知识分子问题上的根本性错误，在于把阶级属性搞错。对此，周恩来和陈毅以明确的态度进行了纠正。最早提出纠正，是周恩来1961年6月19日的讲话。他说：“有一个时期好像觉得1956年关于知识分子的那些问题可以不讲了，不是的，那些原则仍然存在”③。也就是重新肯定他1956年1月关于知识分子的大多数已经是工人阶级的一部分的观点。随后，周恩来在1962年的一些会议上，作了充分的论述。

1962年2月16日起，聂荣臻在广州召开全国科学技术工作会议，“大家集中

---

① 陈毅：《关于红与专及思想改造和思想批判问题》（1961年8月10日），《中国青年》1961年第17期。

② 陈毅：《关于红与专及思想改造和思想批判问题》（1961年8月10日），《中国青年》1961年第17期。

③ 周恩来：《在文艺工作座谈会和故事片创作会议上的讲话》，1961年6月19日。

到广州以后，我先找少数科学家谈心，发现知识分子仍然顾虑很大。有人问我，对资产阶级这个提法如何理解？他们说，一提起知识分子，就是资产阶级的，叫做资产阶级知识分子，使子女也因此受到歧视，从没听到有人提谁是无产阶级知识分子。我觉得这个问题要解决。我先请示了恩来同志。他说：'知识分子就是知识分子，人民的知识分子。'"①

3月2日至26日，文化部、剧协在广州召开话剧、歌剧、儿童剧创作会。周恩来和陈毅专程赴会，并于开会的头一天，连同科学技术工作会议的人员一起，向他们作了《关于知识分子问题的报告》。谈了：一、关于知识分子和知识界的定义与地位；二、关于现代知识分子的发展过程；三、关于如何团结知识分子问题；四、关于知识分子的自我改造问题；五、几点希望。

周恩来指出，"不论是在解放前还是在解放后，我们历来都把知识分子放在革命联盟内，算在人民的队伍当中"。"列宁在对'非无产阶级的劳动阶层'的说明中②包括了知识分子。这是讲的无产阶级同其他劳动者的联盟。中国又扩大了联盟，一直扩大到同民族资产阶级的联盟。""坚持这两种联盟是我们的战略方针和长期的历史任务，在我国的统一战线中将长期起作用。对知识分子的估计要以这个为纲。这一点，党内不少干部常常不注意，解释不清楚。"③"就一般范畴说，把知识分子放在劳动者之中"④。

会议期间，周恩来还说过："你们是人民的科学家、社会主义的科学家、无产阶级的科学家，是革命的知识分子，应该取消资产阶级分子的帽子。"⑤后来，周恩来在3月28日的二届全国人大三次会议上作报告中又说：经过12年锻炼的我国知识分子，"毫无疑问，他们是属于劳动人民的知识分子。我们应该信任他们，关心他们，使他们很好地为社会主义服务。如果还把他们看作是资产阶级知识分子，显然是不对的"。

---

①《聂荣臻回忆录》（下），解放军出版社1984年版，第832页。

② 列宁的原话是："无产阶级专政是劳动者的先锋队——无产阶级同人数众多的非无产阶级的劳动阶层（小资产阶级、小业主、农民、知识分子等等）或同他们的大多数结成的特种形式的阶级联盟……是为最终建成并巩固社会主义而成立的联盟。"

③《周恩来选集》下卷，人民出版社1984年版，第358—359页。

④《周恩来论文艺》，人民文学出版社1979年版，第129页。

⑤《党和国家领导人论文艺》，文化艺术出版社1982年版，第122页。

陈毅3月5日在科学工作会议上对科学家们说：你们“是人民的知识分子，社会主义的科学家，是人民的劳动者，是为无产阶级服务的脑力劳动者”。[①]3月6日，他在全国话剧、歌剧、儿童剧创作会议上又说：“不能够经过了十二年的改造、考验，还把资产阶级知识分子这顶帽子戴在所有知识分子的头上，因为那样做不合乎实际情况。”他说：应该脱资产阶级知识分子之帽，加劳动人民知识分子之冕，“今天我给你们行‘脱帽礼’”。[②]

周恩来、陈毅和聂荣臻，在中国知识分子中有着崇高的威望，对于党紧密联系和团结知识分子，起了重大的作用。

三　统战工作的调整

1962年4月23日至5月21日，中共中央统战部召开全国统战工作会议，以周恩来在二届全国人大三次会议上的《政府工作报告》为指导，研究统战工作的形势和任务。

会议对全国各族工人、农民、知识分子和其他劳动人民，各民主党派和民主人士，爱国的民族资产阶级分子、爱国侨胞和其他爱国人士，多年来在党的领导下，积极参加社会主义建设，经受了国内外各种风浪考验的方面，作了充分的肯定，同时，对统一战线各方面工作的问题作了比较深入的研究。统战部副部长徐冰主持会议并作总结报告，部长李维汉讲了话。中共中央书记处听取会议汇报，周恩来、邓小平等作了指示。5月28日，中央统战部向中央作了关于会议的报告。

会议确定：“在今后一段时间内，我们必须认真调整同知识界、工商界、民主党派、民主人士、宗教界、少数民族、归国侨胞以及其他爱国人士的关系，切实解决存在的问题”。

“第一，在精兵简政、压缩城镇人口的措施下，做好对各界党外人士的安置工作。”

当时，已经有些地区把一部分资产阶级工商业者和其他党外人士下放农村或精减回家，引起了他们很大的震动。会议确定，要根据党对他们统筹兼顾、适当安排的方针，切实贯彻“包下来、包到底”的政策，妥善安置，把他们稳定下来。具体规定是：

---

① 《党和国家领导人论文艺》，文化艺术出版社1982年版，第120页。

② 《党和国家领导人论文艺》，文化艺术出版社1982年版，第120、122页。

（一）“对于在职的资产阶级工商业者（指 1956 年参加公私合营的大、小资本家、资本家代理人和有定息的其他私方人员，全国约 76 万人①，下同）和他们的家属（妻或夫），不要下放农村。个别因家在农村、确系自愿下乡的，可以同意；但不能强迫或者动员他们。已经下放的，如非本人自愿，应该调回。”对因关厂而精减下来的，务使每个人都有着落，不能推出了事。对于并掉的企业，精减不要专在他们的头上打主意。因关厂、并厂而必须精减下来的，应当转厂录用。一时确实不能安置的，因工资打折扣，生活发生实际困难，可以由工商联从互助金中给以补助。在保留下来的企业中，一般不精减他们。属于年老、体弱、多病或失去劳动能力的，可以让他们退休，或者放在编制之外，准其请长假。

（二）“对于县和县级以上的各级代表人物，不精减、不下放。对某些必须调整的，应当在其他单位安排相应的职务，不要降低他们的政治地位和生活待遇。”

（三）“对资产阶级子女的升学，应当根据本人政治表现和考试成绩来决定，不要因为他们是资产阶级子女而有所歧视。对不能升学的子女，应当同劳动人民的不能升学的子女同等对待。”

“第二，做好甄别平反工作。”

会议要求：

（一）“必须坚决地、迅速地进行甄别平反工作。凡是在交心运动中受到处分或被划为右派分子的，应一律平反；在拔白旗、反右倾运动中受到批判、斗争、处分或者戴了帽子的，凡是批判错了或者基本错了的都应该平反。凡是平反的，应该摘掉帽子，恢复原来的工作或者安排其他相当的职务。”做法上也采取召开会议、宣布平反的简便办法。对中上层党外人士，则逐个甄别，逐个处理。

（二）“对在 1958 年以来其他运动中受过重点批判、处分或者戴了帽子的党外人士，经过甄别，证明完全错了或者基本错了的，也应坚决予以平反，不要拖尾巴。”

（三）“对党外人士的甄别平反，建议由党的各级监委主管，统战部和其他有关部门加以配合。”

“第三，做好对摘了右派帽子的人和右派分子的安置工作。”

给右派分子摘帽子的工作，是 1959 年 9 月 17 日，中共中央发出《关于摘掉确

---

① 这一数字，据 80 年代初的统计，应为 86 万人。其中资本家和资本家代理人只有 16 万人，另 70 万人为小业主和独立劳动者。

实悔改的右派分子的帽子的指示》后开始的。1959年、1960年，两批摘帽9万多人，1961年摘帽12.9万人，合计已达22万余人。这些被摘帽的人有的作了安置，但仍有近10万的人未能得到安置。有的尚在劳动或者休整学习和等待处理。有的单位对他们推出不管，有的被遣返其他地区，报不上户口，生活无着。对此，会议提出应迅速解决。

（一）“对目前正在休整学习一时无法安置的，可以延长休整学习时间。目前仍在劳动的，应该停止劳动，休整学习。”休整学习期间所需的费用，可列入国家开支，专款报销。对已经分配了工作的，如果认为需要精减时，暂时不动。

（二）“对于已经解除劳动教养和需要遣返其他城市的摘了右派帽子的人和右派分子，应当暂留原地，设法维持他们的生活，等候处理。”“对已经遣返回城市的，应该准许他们报上户口。”

（三）“对右派分子的家属和子女，应该根据中央原有的规定，按照他们本人的情况对待，不要称为‘右派家属’、‘右派子女’。在就学、就业、生活等方面，不要歧视。”①

当时只提到对在交心运动中被划为右派分子的人给予平反，而对其他大量被错定为右派的数十万人并不平反，因而1957年反右派严重扩大化的错误不可能从根本上改正。但是陆续给不少人摘掉“右派分子”帽子，并要求在工作、生活上给予安置，强调不要歧视他们的家属子女，在当时是有一定意义的。根据会议的精神和要求，1962年进行了第四批“右派分子”摘帽工作，1964年又进行了第五批摘帽。五批共摘帽30余万人。安置的工作也有一定进展。

此外，会议还对“加强合作，改善同党外人士的共事关系”、“发扬民主，认真实行互相监督的方针”等问题提出了系统的意见。

如果说，1957年以来的几次全国统战工作会议，都或多或少地存在一些“左”倾偏差的话，那么，1962年4、5月的这一次会议，则是一个实实在在纠“左”的会议。尽管仍不免有其当时的局限性，但它对于纠正政治关系方面的“左”倾错误，起了重要的积极作用。

---

①《中共中央批转中央统战部〈关于全国统战工作会议的报告〉》，1962年6月14日。

四 侨务政策的调整

侨务政策的经济方面，从1961年以后，随着对“大跃进”和人民公社化运动中错误的纠正和退赔政策的逐步落实，已经得到基本的解决。但是，政治方面，却有一个突出的问题，即所谓“海外关系”问题，没有解决。1962年5月25日，中央华侨事务委员会党组向中共中央作了专题报告，提出了正确解决的建议。

中侨委党组的报告指出：几年来，各地在贯彻执行党的侨务政策，团结教育广大归国华侨、侨眷和归侨学生，取得了很大的成绩。但是，“我们发现有不少地方和部门，不加具体分析地把归国华侨、侨眷、归侨学生在国外的家庭和亲友关系，一律作为‘资产阶级关系’或‘复杂的政治关系’看待，扣上‘海外关系’的帽子，而滥加怀疑和歧视。如有的地方和部门规定，凡有‘海外关系’的人，一律不能入党入团，不能参加工会，不能当积极分子；有的学校对归侨学生的入学、实习限制很严，将政治经济、外贸、财贸、新闻等系列为‘机密专业’，规定不准归侨学生报考。有的学校还不准学工科的归侨学生下厂实习；有的部门将那些在国外有家庭亲友关系的归侨干部，当作精减下放的对象，或者任意调动他们的工作；有的归侨干部虽在工作上有优异的成绩，政治表现也很好，人事部门也不让提拔重用。有的归侨干部被选为先进生产代表，但不让出席会议；有的单位对归侨干部的婚姻乱加干涉，有些人还因此受到批评；有的单位任意扣拆归侨学生和归侨干部的信件，有的单位在历次运动和政治审查中，把那些和国外亲友有关系的人，列为批判斗争对象或追查的对象；有的单位甚至把华侨与五类分子并列（所谓地、富、反、坏、右、资、侨），混淆了敌我界线，等等。这种主观主义地不进行阶级分析，政策上不加区别的错误认识和做法，在政治上是犯了扩大化的错误，而且违背了中央、国务院反复多次有关侨务政策的指示。这种错误已经造成了极为不良的后果”。①

中侨委党组报告提出了6条全面检查和妥善处理由所谓海外关系而引起的问题的意见。

（一）“首先应该认识，在人事关系中所谓海外关系这种划分，原来就是违反中央历来强调的争取海外华侨的政策的，是缺乏根据的，因此，就是错误的。必须从

① 《中央华侨事务委员会党组关于所谓“海外关系”问题的报告》，1962年5月25日。

人事、鉴定、审查工作中取消所谓海外关系这一项。"

（二）"对历次运动和政治审查中被批判、追查、处分的归国华侨、侨眷和归侨学生进行甄别处理；如因有所谓海外关系而被错斗、错处分、错戴帽子者，应根据1962年4月27日中央关于加速进行党员、干部甄别工作的通知的精神，坚决、迅速、切实纠正，取消处分，恢复名誉。"

（三）"对因有所谓海外关系而被任意调职或下放劳动者，应加以妥善处理。对德才兼备的归侨干部，如仅因有所谓海外关系而被不信任和提拔重用的，应根据党的干部政策处理，不得歧视。"

（四）"对那些已经具备入党入团条件的归国华侨、侨眷和归侨学生，应照章吸收他们入党入团，不得因有侨汇和与国外家庭亲友的联系而加以拖延或歧视。"

（五）"对归国华侨、侨眷和归侨学生接受侨汇问题应按中央《关于争取侨汇问题的紧急指示》处理，切实贯彻保护侨汇的政策。"

（六）"凡对归侨学生在就学、实习、阅读参考书籍资料等方面，任意加以歧视和限制的，应予纠正。今后对归侨学生报考学校，应和国内学生一视同仁，并予适当照顾，不得歧视。"①

5月31日，中共中央批准中侨委党组的这个报告，并在转发时加了一个批示。批示明确指出："所谓'海外关系'的提法，是模糊政策界线，混淆敌我关系的提法，是不妥当的，有害无益的。"并要求有关单位，尤其是华侨、归侨、侨眷占人口中相当比重的省和市，切实地讨论中侨委党组的报告，对因所谓"海外关系"而引起的一系列问题有步骤地加以处理。

这一重要问题的解决，使一度受到损害的侨务工作全面恢复和发展起来。

五　民族工作的改进

1962年4月21日至5月29日，民族事务委员会在北京召集了全国民族工作会议，总结几年来民族工作的经验，讨论今后的工作方针和任务。

会议发扬民主，畅所欲言，在肯定民族工作成绩的同时，也提出了很多的意见、批评和建议，反映出了民族工作上的不少缺点、错误和问题。

---

①《中央华侨事务委员会党组关于所谓"海外关系"问题的报告》，1962年5月25日。

会议认为，在有些地区和有些问题上，错误是很严重的，“主要是不重视社会主义革命和社会主义建设过程中的民族问题，忽视民族特点，忽视宗教问题的民族性、群众性和由此而来的长期性，忽视少数民族地区的经济特点，忽视少数民族的平等权利和自治权利，个别地方是损害了少数民族的这种权利，对团结上层的工作也大大放松了，有的地方采取了严重违反政策的手段。看来，大汉族主义的思想在一些地方有了滋长”。①

中共中央统战部和中央民委党组认为，缺点错误的发生，他们是有责任的。调查研究不够，对中央和毛主席处理民族问题的基本政策坚持不力，有些问题也处理得不适当。在撤销自治地方的问题上，1958年讲过“有些自治县已经或即将同邻近的县合并是形势发展的必然趋势”，并且同意了一些自治县可以合并以至取消。在少数民族地区搞人民公社化的步骤问题上，讲过有的地方可以不经过互助组、初级社和高级社，直接实现人民公社化，赞成了有的地方这种“一步登天”的做法。在批判地方民族主义运动中，对民族主义思想倾向和民族主义分子之间的界限，根据实际情况研究不够。在废除宗教方面的压迫剥削制度的过程中，虽曾再三讲了要把宗教中的压迫剥削制度同宗教信仰分开，但在实际处理寺庙等问题的掌握上是有偏差的。对于这些错误，中央统战部和中央民委在会议上作了自我批评。

会议研究提出了今后5年内对少数民族地区（主要是各级自治地方）的工作方针，这就是：“依照中央和毛主席的政策，调整民族关系，加强民族团结，调整各民族内部各民族阶级和阶层间的关系，加强工农联盟，加强同一切爱国民主人士的团结，以便调动和发挥各少数民族人民的积极性，集中力量恢复和发展农业生产，牧业区发展牧业生产，林业区发展林业生产，逐步恢复和发展经济，改善人民生活。”②

会议把提出的比较重大的问题，列了10多项，包括：(一）关于撤销、合并了的自治地方的处理问题；(二）关于建立自治州和自治县的问题；(三）关于改变自治地方党政合署办公、党政不分的问题；(四）关于自治地方财政权限的问题；(五）关于培养、提拔和使用少数民族干部的问题；(六）关于精减问题；(七）关于团结上层的问题；(八）关于宗教方面的问题；(九）关于散居少数民族的工作和恢复民

---

① 乌兰夫、李维汉等：《关于民族工作会议的报告》，1962年5月15日。

② 乌兰夫、李维汉等：《关于民族工作会议的报告》，1962年5月15日。

族乡的问题；（十）关于牧区工作的方针问题；（十一）关于贸易、教育、卫生和山区生产的几个具体问题等。并提出了处理的意见，报请中央确定。

中共中央批准了会议的报告和提出的意见。中央批示要求各有关党委和政府，认真检查解决工作中存在的问题。并强调指出："宗教问题，是一个具有广泛群众性的问题，在许多少数民族中，宗教问题同民族问题密切联系在一起，必须长期坚持宗教信仰自由政策。应该按照群众宗教生活的实际需要和意见，处理少数民族宗教上存在的问题，让群众的宗教活动恢复正常。"①

这一次民族工作会议的召开，比较全面地清理了1958年以后几年中发生的"左"倾错误，使民族工作重新恢复和加强。而在此以前，中共中央统战部还曾于1961年召开过西北民族工作座谈会，集中地解决过西北地区民族工作存在的一些问题，特别是1958年青海平叛斗争扩大化问题。

1958年上半年，青海省局部地区极少数反动上层分子，为了反抗社会改革，维护其封建压迫剥削制度，妄图推翻人民政权，分裂祖国，打着"为民族、保宗教"的旗帜，蒙蔽群众，发动了反革命武装叛乱。经过平叛斗争，平息了这场叛乱，维护了祖国统一和民族团结，摧毁了封建农奴制度，少数民族的劳动人民真正成了国家的主人，走上了社会主义大道。

当时中共中央关于平叛的方针、政策是正确的，平叛斗争是正义的，人民解放军在平叛中做出了贡献。但是，在当时领导的指导思想上有"左"的倾向，因而犯有严重的扩大化错误。据后来中共青海省委向中央的报告指出，主要是违背了"军事清剿、政治争取和发动群众相结合"的方针，过分强调军事打击，忽视了政治争取，甚至违背政策，将归降人员加以捕办；错捕、错关、错杀、错斗以及乱戴帽子、乱没收的问题甚为严重。并且脱离当时实际，照搬农业区的做法，在平叛的同时，强办人民公社，使情况更加复杂，错误更加扩大。对宗教、寺院中的敌情估计不当，看得过重，打击面过宽，把当地寺院基本摧毁扫光。当时全省以平叛、防叛名义共捕办了5万余人，达到牧业区藏族蒙古族总人口的10%。玉树藏族自治州的曲麻莱县没有发生过叛乱，而捕办人数竟高达总人口的21%。由于大量捕人，监所人犯拥挤，条件恶劣，生活困苦，造成在押犯人成批死亡。据中共十一届三中全会以后复查，错捕错判人数为44556人，占捕判总人数的84%。因错捕错判和在

① 中共中央批转《关于民族工作会议的报告》的批示。

集训中死亡的有23260人。错杀了173人。在错捕错判死亡的人数中，有安置为县级以上的民族宗教中、上层人士259人，民族干部480人。①平叛斗争的扩大化，混淆了敌我界限，造成了严重恶果，对藏族蒙古族人民的民族、宗教感情伤害很大，对民族关系乃至党群、干群、军民关系都有很大损伤。

1959年3月10日，西藏上层反动集团发动武装叛乱。为了维护祖国的统一，保护广大西藏人民的利益，中共中央决定进行平叛，并实行民主改革，废除封建农奴制。这是西藏社会进步和人民翻身的伟大革命。但是在后期，也出现了"左"的偏差。

1961年7月，中共中央统战部曾在兰州召集西北民族工作会议，在此之前青海省委还召开过三级干部会议，对青海平叛扩大化错误进行了许多纠正的工作，将在押的人犯24365人宣布无罪释放或"教育释放"，平反了一批民族干部的冤假错案，恢复和新安置了380名民族宗教上层人士，恢复开放了137座寺院，重申了党的民族政策、统战政策和宗教信仰自由政策，拨出了专款帮助群众发展生产和解决生活困难。这对扭转困难、安定人民生活和生产起了好的作用。但是，由于"左"的思想影响，平叛斗争扩大化问题尚未能彻底纠正，遗留了不少问题。1960年年底，中共中央也曾派民委副主任杨静仁赴西藏作过调查。1961年1月5日邓小平听取汇报后，明确指示：西藏民主改革要防"左"、防急，采取稳定发展、5年不办合作社的方针。1月24日，周恩来也作了指示："西藏的方针政策概括起来就是，土地所有制是农民个体所有制，这个制度要继续好多年，中心是增加生产，这条要坚定不移地执行下去。"

在这种调整关系、纠正"左"倾错误的空气下，1961年10月起，班禅额尔德尼•确吉坚赞副委员长考察过青海、新疆等地，根据青海存在的问题，联系到西藏的一些情况，于1962年5月写成一份《关于西藏总的情况和具体情况以及西藏为主的藏族各地区的甘苦和今后希望要求的报告》（即《七万言书》）。系统地、直言不讳地提出了他对西藏及其他藏区工作的批评和建议。

周恩来接到报告后，非常重视，召集有关部门负责人研究，认为班禅副委员长的大部分意见和建议是好的，是可以采纳的。遂指定李维汉主持，各有关方面人员参加，讨论和制定了针对《七万言书》提出的问题的4个重要文件：《加强自治区

① 《中共青海省委关于解决1958年平叛斗争扩大化遗留问题的请示报告》，1981年3月19日。

筹委会工作改进合作共事关系》、《关于继续贯彻执行宗教信仰自由政策的几项规定》、《继续贯彻执行处理反叛分子规定的意见》、《培养和教育干部》。这些文件规定,“应当在党的领导下，进一步明确党政分工，加强政府工作”;“筹委和专署（包括所属业务部门）的行文必须使用两种文字，并逐步做到各级政府和业务部门的行文皆使用藏汉两种文字”;“对寺庙和宗教职业者的要求和标准:爱国守法，走社会主义道路。不提过高的要求”;“细致地又稳又准地对现押案犯继续做好甄别清理工作”,“确实属于错捕、错判的案件，应当一律平反，死了的要恢复名誉”;“必须逐步创造条件，使各级政府的负责职务逐步由藏族干部担任”等。基本的精神，是要求进一步落实党的民族、宗教政策，纠正平叛扩大化错误，加强对民族干部的培养教育。

随后，西藏自治区成立4个小组，由班禅副委员长负责落实宗教政策，阿沛•阿旺晋美副委员长负责纠正平叛扩大化错误。如果不是不久后中共八届十中全会上重新强调抓阶级斗争的干扰,4个文件的贯彻将会对民族工作的改进起更大的作用。可惜，这一工作后来被迫中断了。

1964年10月16日，中国第一颗原子弹爆炸试验成功。

第四章
经济的恢复与发展

一　再用 3 年调整

继 1962 年国民经济大幅度调整退够，年底经济形势开始好转，1963 年，又取得了开始全面好转的成就。

年初，中共中央批准了国家计委提出的 1963 年国民经济计划，经过全国人民齐心努力，年终全面超额完成了计划，各项经济指标都比 1962 年回升。

农业总产值，计划比上年增长 8.5%，实际达到 11.6%；工业总产值，计划增长 5.7%，实际达到 8.5%。粮食计划产量为 3186 亿斤至 3216 亿斤，实际达到 3400 亿斤，比上年增加 200 亿斤；棉花计划产量为 2100 万担至 2200 万担，实际达到 2400 万担，比上年增加 900 万担；钢计划产量为 670 万吨，实际达到 762 万吨，比上年增加 95 万吨；煤计划产量为 2 亿吨，实际达到 2.17 亿吨，比上年减少 300 万吨；发电量计划 436 亿度至 444 亿度，实际达到 490 亿度，比上年增加 32 亿度；棉纱计划产量为 300 万件至 305 万件，实际达到 374 万件，比上年增加 72 万件。

生产增长，商品供应量随之增加，1963 年年底全民所有制商业库存达 418.1 亿元，比上年增加 35 亿元。全年物价零售总指数下降了 9%。由于供应改善，困难时期以来“有队就排、见货就买”的紧张心理基本缓解。城镇居民的储蓄存款额开始上升，停止了 1960 年 7 月以来连续下降的趋势。由于实行了部分高价饭馆和高价自行车等做法，1963年第一季度便回笼货币20.5亿元。

财政收入342.3亿元，比上年增加28.7亿元，收支相抵，结余2.7亿元。

基本建设投资在1962年压缩到最低点后，1963年开始增加。预算内投资完成80.69亿元，比上年增加24亿元。

在生产进一步恢复的基础上，人民生活有所改善。1963年8月，国家给40%的全民所有制职工调整了工资。由于物价下降和工资增加，城市居民得到约20亿元的好处。职工的年平均实际工资由1962年的440元上升到507元；农民的平均年收入由上年的99.1元提高到101.3元。

经济形势继续好转的原因之一，是进一步地精减了职工和减少了城市人口。1963年3月3日，中共中央和国务院确定，1963年再精减职工160万人，减少城市人口800万人。这一工作迅速完成。7月31日，中共中央批准中央精减小组的报告，决定基本结束精减职工工作。在从1961年1月开始的两年半中，全国职工精减与录用相抵共减少了1887万人，城镇人口减少了2600万人，吃商品粮人数减少了2800万人。这一工作的胜利完成，正如中央精减小组在《关于精减任务完成情况和胜利结束精减工作的意见的报告》中所指出的："由于大量地减少了职工、城镇人口和吃商品粮的人口，加强了农业战线，减少了工资开支，减少了粮食销量，提高了企业的劳动生产率，对于改善城乡关系，争取财政经济的好转，起了很大的作用。"

精减工作完成得好，是由于中共中央和国务院的这一重大决策，符合当时国民经济的状况和城乡人民的实际利益，政策界限分明，思想动员和组织工作完善。人民群众在精减中从大局出发，表现了很高的觉悟。精减结束时，毛泽东赞扬道：我们的中国人民、我们的广大干部，好呀！叫做两千万人呼之则来，挥之则去，不是共产党当权，哪个党能办到?! ①

精减工作的一个遗留问题是，有的地区或单位，曾答应经济形势好转后，对被精减职工优先录用。后来，因许多企业关停并转，事过境迁，当年许下的诺言未能兑现。这一问题一直拖到了20世纪70年代。

当经济恢复工作开始出现全面好转的形势时，下一步怎样走，提到议事日程。

按照原来设想，从1963年起，开始第三个五年计划建设，内容主要是作为一

---

① 薄一波：《关于经济工作的几个问题》，1980年1月15日。

个恢复阶段，为第四个五年计划的发展创造条件。在1963年年中，中共中央作了改变。7月30日，邓小平在工业问题座谈会上传达毛泽东的意见：还要进行3年调整，重点是巩固、充实、提高。对此，8月6日，薄一波在各部委负责人会议上解释说：原打算1963年开始第三个五年计划，现在不搞了，1966年开始第三个五年计划。这3年的调整，着重于充实、巩固、提高，填平补齐，成龙配套。归纳起来，吃穿用第一，基础工业第二，兼顾国防第三。这是发展工业的方向，也是国民经济计划的方向。在3年之内，调整就是这样摆法。

9月6日至27日，中共中央在北京举行工作会议，讨论农村工作、1964年国民经济计划等问题，并着重讨论工业发展方针问题，确定从1963年起，再用3年时间，继续进行调整、巩固、充实、提高的工作；作为第二个五年计划（1958年至1962年）到第三个五年计划(1966年至1970年）之间的过渡阶段。在这个阶段中，主要是工业的各部门，要认真做好提高质量，增加品种，填平补齐，成龙配套的工作；并要搞好设备更新和专业化协作。3年之后的任务，设想分两步走，第一步，建立一个独立的、比较完整的工业体系和国民经济体系，使中国的工业大体接近世界先进水平；第二步，使中国走在世界前列，全面实现农业、工业、国防和科学技术的现代化。

“再用3年调整”的决策，使得在经济好转后的调整工作继续深入下去，对于统一全党、全国的思想与步伐，夺取国民经济恢复与发展的胜利，起了重要作用。

二　国防科研和工业的发展

如果说，1961年后国民经济在总体上先是后退、再后退，然后再逐步恢复，那么国防科学研究和国防工业在此期间则是在调整中发展前进。

中国国防科学技术研究和国防工业的建立与起步，始于20世纪50年代后期。1958年10月16日，中共中央批准成立了国防部科学技术委员会，聂荣臻任主任(同时也兼国家科学技术委员会主任)。开始时，曾对苏联所能给的帮助寄予期望。但不久，这种期望被苏中关系的恶化所打破，开始了自力更生开展国防科研和国防工业建设的艰巨努力。

1958年起至1961年的3年间，国防尖端技术的队伍建设和研究，便从空白到长足的进步。在导弹方面，已经有了自己的近程地对地导弹；中远程导弹的设计和关键部件的研试也已开始；导弹研究院已经拥有数千人的大学毕业以上专业技术干部队伍。在原子弹方面，大学毕业以上专业技术干部队伍也有了数千人。铀原料储量的探查，从选矿到原子武器装配的工厂、设备业已基本具备。

为了发展国防尖端武器的需要，开始了新型原材料、精密仪器仪表和大型设备的攻关。各种耐高温材料、高能燃料、多性能的特种材料、半导体材料、精密合金、稀有金属元素、人工晶体、超纯物质、稀有气体的研制陆续上马。到1964年以后，各种新型金属材料、新型无机非金属材料、新型化工材料已研制成功12800多项，可满足当时导弹、原子弹、航空、舰艇、无线电需要的90%以上。精密光学器材、大吨位的锻压与冷热轧机设备的研制也于1961年5月以后上马。

1961年7月，在北戴河召开了国防工业会议，对国家经济困难时期的“两弹”上马还是下马问题进行讨论。毛泽东让秘书传达指示给聂荣臻说：中国的工业技术水平比日本差得很远，我们应采取什么方针，值得注意。聂荣臻召集各有关部门和人员研究，共同认为，坚持攻关，争取1963年拿出原子弹初步设计方案，争取3、5年或更长一些时间得到突破。

聂荣臻把设想和决心报告中共中央，得到毛泽东、周恩来等中央领导人的同意。陈毅极表赞同说：脱了裤子当当，也要把我国的尖端武器搞上去。他对聂荣臻说：现在我这个外交部长的腰杆还不太硬，你们把导弹、原子弹搞出来了，我的腰杆就硬了。①

为了把“两弹”搞上去，聂荣臻主持制定《科研14条》，抓知识分子政策的落实，还抓知识分子物质生活待遇的改善。他出面从一些大军区和海军呼吁支援，拨给国防科研战线一批猪肉、鱼、海带、黄豆、水果等副食品，以中央和军委的名义分给每个专家和科技人员。陈毅元帅对此也甚为热心，表示：向各单位“募捐”，也加上我的名字。②

与此同时，聂荣臻又抓武器装备研制的方针和具体安排。确定方针是：“缩短战线，任务排队，确保重点”。具体安排是：以科研为主，以尖端为主。在导弹方面，第一位的是争取3年左右突破中程，5年或更长一些时间突破远程，第二位的是研制可打2万米以上U—2飞机的防空导弹。在原子能方面，集中解决核燃料生

① 《聂荣臻回忆录》（下），解放军出版社1984年版，第812页。
② 《聂荣臻回忆录》（下），解放军出版社1984年版，第835页。

产基地的建设和原子弹的研制，争取在 4 年左右时间搞出来。

1962 年 11 月，中共中央决定，成立以周恩来为首的中央 15 人专门委员会，负责加强“两弹”研究试验工作的领导和更好地组织全国大协作。毛泽东指示：“要大力协同，做好这件工作。”此后，周恩来主持这个专门委员会多次听取和研究“两弹”研制进展情况和解决存在的问题，使全国的大协作大大加强。终于于 1964 年 10 月 16 日成功地爆炸了中国的第一颗原子弹。后来，1966 年 10 月 25 日，聂荣臻亲临试验现场主持了用导弹发射原子弹的试验，又获得成功。到 1966 年，共爆炸了 5 颗原子弹。1967 年 6 月 14 日，爆炸氢弹成功。只用 3 年时间，踏出了由原子弹到氢弹的路。

中国在经济严重困难之后很快搞出核弹，大大出乎外国的意料。1963 年 7 月，美国副国务卿哈里曼曾同赫鲁晓夫讨论过中国发展核能力的可能性问题。赫鲁晓夫表示：对于这样一种发展“并不过分不安”。因为，“自 1960 年以来，苏联不曾向中国提供过任何工业性质的技术援助”。他断言：“中国缺乏发展核能力——包括核武器和运载系统——的工业基础。”① 他没有想到他会于 1964 年 10 月 15 日下台，更没有想到第二天中国的原子弹成功地爆炸。1954 年，毛泽东便提出要搞原子弹，说有10年工夫可能成功。他的期望正好在10年中实现了。他兴奋之至，作诗言道：原子弹说爆就爆，其乐无穷！

毛泽东以及全体中国人民高兴的是，中国终于打破了美苏等强国的核垄断和核讹诈，国际地位进一步提高。1964 年 10 月 17 日，周恩来致电世界各国首脑，转达中国政府关于召开世界各国首脑会议讨论全面禁止和彻底销毁核武器的建议，郑重宣布了中国的立场，表示：中国进行核武器试验、发展核武器，是被迫而为的，完全是为了防御；“在任何时候、任何情况下，中国都不会首先使用核武器”。要求有核武器的和很快可能拥有核武器的国家，也承担相应的义务。周恩来发出的电报，获得了许多国家首脑人物的赞赏和响应。

中国在国防现代化上的前进，是在国民经济调整恢复过程中所取得的重大成就之一。

---

① 参见《人民日报》1963 年 7 月 31 日报道的华盛顿消息。当时，7 月 25 日，美、英、苏三国在莫斯科签订了部分禁止核试验条约、其实质是企图以此束缚别人的手脚，保持自己的核垄断地位。7 月 29 日，哈里曼向新闻界透露了他同赫鲁晓夫的上述讨论。

1963年，国家科委和国防科委对1956—1967年科学技术发展规划的执行情况进行了检查，并制定出新的10年规划即《1963—1972年科学技术发展规划》。

1956年制定的12年规划，执行到1962年，原定的54项任务中，已有46项基本上达到目标。除上述国防科研工作取得显著成绩外，民用科研方面，在各种电子计算机、电子显微镜、射电望远镜、高速照相机、精确授时的氨分子钟、12500吨自由锻造水压机、30万千瓦双水内冷发电机、新冶炼技术、矿产资源调查和综合利用等项目，以及全国耕地普查，改良土壤、防治病虫害，对黄河、长江、黄淮海平原地区的开发与治理等，都取得令人瞩目的成就。在基础理论研究方面，如数论、计算数学、基本粒子、核物理、化学、射电天文学、地学、生物学等，也取得了一些受到国际科技界重视的成果。在这7年中，全国科研机构由381个增加到1296个，从事研究工作的科技人员从原1.8万人增加到6.8万人。但是，科研工作与国家建设的需要和世界先进水平比较，还存在着很大的差距。

针对这些情况，新的10年科技发展规划规定，在今后10年内，在重要和急需的方面，赶上60年代的科技水平，并准备向70年代的水平过渡，然后在此基础上，力争再用10年左右的时间，赶上世界先进水平。在分项目标上，规定为农业增产提供各方面的科技成果，系统地解决农业现代化的科技问题；重点掌握60年代工业科技，为建立完整的现代工业体系，发展重要的新兴工业，提高现有工业技术水平，提供科技成果；切实保证国防尖端任务的初步过关；加强资源的综合考察和保护与利用的研究；在保护和增进人民健康、防治主要疾病和计划生育等方面的重要科技问题上，作出显著成绩；加速发展基础科学和技术科学；大力培养人才，充实现代化实验装备，在各重要的科学技术领域，形成研究中心。在任务的安排上，着重打基础，抓两头。一头是农业和有关解决吃穿用问题的科学技术，一头是配合国防尖端的科学技术。在10年当中，前5年着重打基础，补全缺门，配套成龙。规划还提出了374个重点研究项目，32个国家重点项目。

这一新的10年规划，在1963年至1966年对全国科学技术工作的发展起了很好的作用。可惜“文革”发生后，科技工作受到极大的冲击，队伍、人员、任务等都被冲乱，使得同世界先进水平的差距又扩大了。

三　“三五”计划的制定与三线建设

中共中央决定从1963年起再用3年进行调整，并取得当年国民经济开始全面好转的成绩后，即着手编制第三个五年（1966—1970年）国民经济发展计划。

“三五”计划的编制，中间经历了指导思想的重大变化；它同大三线建设的提出与进行又紧密相连。

早在1963年2月20日，国家计委曾提出：“第三个五年计划的目标是，集中力量解决吃穿用。”① 但这时对“三五”计划的时间规定，是1963年至1967年，因而“三五”计划的目标，便是进行国民经济调整恢复。8月，中共中央决定再搞3年调整后，再开始“三五”计划。因此，1964年年初重新考虑“三五”计划时，提法有所变化。

1964年2月14日国务院召开的工交长期规划会议提出：“三五”计划的中心任务有两个，一是按不高的标准（到1970年每人平均粮食产量600斤左右，纺织品24尺左右），基本上解决人民的吃穿用；二是兼顾国防，解决国防的常规武器，突破国防尖端。而实现这两项中心任务，要求有适当的基础工业来支援。

根据这次会议提出的方针任务，同年4月，国家计委作出了《第三个五年计划（1966—1970）的初步设想》，规定“三五”计划的基本任务是：第一，大力发展农业，基本上解决人民的吃穿用问题；第二，适当加强国防建设，努力突破尖端技术；第三，与支持农业和国防相适应，加强基础工业，继续提高产品质量，增加产品品种，增加产量，使我国国民经济进一步建立在自力更生的基础上。并相应地发展交通运输业、商业、文化、教育、科学研究事业。

《初步设想》与已往两个五年计划相比，其突出的特点，是把以发展重工业为中心，建立工业化的基础，改为以大力发展农业，基本解决人民的吃穿用为发展国民经济的首要任务。计划用于农业的投资占总投资额的20%，明显地高于“一五”7.1%和“二五”11.3%的水平。并加强工业对农业的支援，降低积累率。因而，这个计划被简称作“吃穿用计划”。这个计划反映了10多年经济建设经验的积累，对中国国情的认识比过去进步了许多。

---

① 国家计委草拟的《富春同志关于编制长期计划工作的讲话要点》，1963年2月20日。

1964年5月15日至6月17日，中共中央在北京举行工作会议，其中主要讨论国家计委的“三五”计划《初步设想》。在5月11日和6月6日，毛泽东在听汇报和会议上讲话中，把“三五”计划的指导方针概括为：农业是一个拳头，国防工业是一个拳头，“要使拳头有劲，屁股就要坐稳”。“屁股”就是基础工业。两个拳头的思想，也就是“集中力量打歼灭战”的思想。他还指出，过去我们制定计划的方法基本上是学苏联的，先定下多少钢，然后计算要多少煤、电、运力量等等，根据这些再计算增加多少城市人口、多少生活福利，是摇计算机的办法。钢的产量一变少，别的一律跟着削减。这种方法不实际，行不通，要改变。我们的方针是，以农业为基础，以工业为主导。按照这个方针，制定计划时先看可能生产多少粮食、棉花和其他经济作物，再看需要多少化肥、农药、机械、钢铁，可能搞多少工业，还要考虑打仗。

毛泽东提出，国家计委“三五”计划《初步设想》体现的这些思想，是很好的。但是不久，毛泽东在经济建设的战略指导方针上，发生了重大变化，提出先集中力量搞内地大三线建设的问题。

建国以来，在经济建设的全国布局上，是有过变化的。建国之初，在当时特定的国际环境下，出于巩固新生政权和改变不合理经济布局的考虑，集中力量建设东北工业基地，同时对内地建设也给以较多的重视。缺点是对沿海地区原有的经济优势发挥不够，投资不够多。1956年4月毛泽东觉察到这一问题，在《论十大关系》中谈了“沿海工业和内地工业的关系”问题，他说：“最近几年，对于沿海工作有些估计不足，对它的发展不那么十分注重了。这要改变一下。”① 他估计：新的侵华战争和新的世界大战，估计短时期内打不起来，可能有十年或者更长一点的和平时期。“不说十年，就算五年，我们也应当在沿海好好地办四年的工业，等第五年打起来再搬家。”因为，轻工业建厂和积累都很快，“全部投产以后，四年之内，除了收回本厂的投资以外，还可以赚回三个厂，两个厂，一个厂，至少半个厂。这样的好事为什么不做?”② 在此之后，国家建设的重点转向了沿海地区。

1964年8月，毛泽东又提出先集中力量搞内地大三线建设，是一次新的重大转变。原因在于国际形势的变化和由此引起的毛泽东总体战略考虑的变化。

中国周围环境最重要的变化，是美国在越南的侵略战争严重升级。1954年解

---

①《毛泽东文集》第7卷，人民出版社1999年版，第26页。

②《毛泽东文集》第7卷，人民出版社1999年版，第26页。

决印度支那问题的日内瓦会议之后，法国撤出了，美国取而代之，支持吴庭艳并出兵越南南方，发动了一场“不宣而战”的特种战争。1964 年 8 月 5 日，美国越过战争边缘，悍然越界轰炸北方的越南民主共和国，将战火迫近到中国的南大门。8 月 6 日，中国政府严正声明：“越南民主共和国是中国唇齿相依的邻邦，越南人民是中国人民亲如手足的兄弟，美国对越南民主共和国的侵犯，就是对中国的侵犯，中国绝不会坐视不救。”中国不但要做越南的战略后方，随时准备支援越南的作战，也必须准备美国可能的对中国的侵略。除南方方向外，在东南沿海方向，美国一直占据台湾海峡并支持台湾蒋介石集团袭扰大陆。在西南方向，1962 年 10 月中印边境地区发生印军入侵和中国边防部队的自卫反击作战。在西部新疆方向，中苏边境地区也发生了一些问题。在东北方向，美国驻兵南朝鲜和日本，对中国和远东和平也是一种威胁。中国处于主要是美国军事力量的战略包围中，中国对可能的战争不能不有所准备。毛泽东鉴于苏联卫国战争中乌拉尔以东工业基地虽然建得迟了，但也发挥了较大的作用的经验教训，决定改变建设方针，首先集中建设大三线，作为全国的战略大后方。

1964 年 8 月中旬，中共中央书记处讨论三线建设问题。毛泽东在会上讲话说：要准备帝国主义可能发动侵略战争。现在工厂都集中在大城市和沿海地区不利于备战。工厂可以一分为二，要抢时间搬到内地去。各省都要建立自己的二、三线，不仅工业交通部门要搬家，而且学校、科学院、设计院都要搬家，成昆、川黔、滇黔这 3 条铁路要抓紧修好。会议决定，三线建设在人力、物力、财力上给予保证，新建的项目都要摆在第三线，现在就要搞勘察设计，不要耽误时间。第一线能搬的项目要搬迁；明后年不能见效的续建项目一律缩小建设规模。在不妨碍生产的条件下，有计划有步骤地调整第一线，一、二线企业要有重点地搞技术改革。这一决定，标志着经济建设的指导思想发生了由以发展农业、提高人民生活为中心，转向以加强国防实力、加速三线建设准备打仗为中心。

根据会议的决定，国家计委组织了工作组，对大西南、大西北三线建设作了考察和规划。

三线建设，有大、小三线之分。大三线，是就全国而言，当时包括的范围有云、贵、川、陕、甘、青、宁、豫、鄂、湘、晋 11 省。① 小三线是省、市、自治

① 1983 年国务院在对三线建设进行调整改造时，将范围缩小为云、贵、川、陕、甘和豫西、鄂

区自己的小后方。全国的第一线，是指东北及沿海各省。第二线，是第一线与第三线之间的广大地区。

经过研究确定，大三线建设初始阶段重点放在打基础，大部分投资集中建设成昆、湘黔等铁路、攀枝花钢铁基地、酒泉钢铁厂和重庆工业基地为主的铁路、冶金和国防工业。为使三线能在较短时间内形成生产能力，对一、二线经济建设采取了"停"（停建一切新开工项目）、"缩"（压缩正在建设的项目）、"搬"（将部分企事业单位全部搬迁到三线）、"分"（将部分企事业单位一分为二或一分为三，将分出的部分搬迁往内地）、"帮"（从技术力量、设备等方面对三线企业对口帮助建设）。为此，1965年3月27日成立了由谷牧任主任的国家基本建设委员会。同年8月21日，国家建委主持召开全国搬迁计划工作会议，确定了搬迁工作立足于战争，对项目实行大分散、小集中的原则，少数国防尖端项目按"靠山、分散、隐蔽"的原则建设，有的还要进洞（即"山、散、洞"的原则）。随后，大规模的搬迁和建设工作陆续展开。这实质是一次国民经济的大调整。

为了加强三线建设，1964年年底，成立了以李井泉为主任的西南三线建设委员会和以刘澜涛为主任的西北三线建设委员会。并且提出了建立以毛泽东和刘少奇两位主席挂帅的国民经济统帅部的问题①，以"实现中央对计划、经济工作的高度集中领导"。并加强国家计委、使之成为中央领导下的国民经济工作总参谋部决心要在10年到15年时间把三线建设起来。

与三线建设决策直接关联的是"三五"计划的制定，由"吃穿用计划"到备战计划的变化。

1965年6月16日，毛泽东对编制"三五"计划和长期计划作了一些指示。他说：农轻重的次序要违反一下，吃、穿、用每年略有增加就好。他要求计划要考虑3个因素：第一是老百姓，不要丧失民心；第二是打仗；第三是灾荒。

同年7月21日，国家计委向周恩来汇报调整和修改后的"三五"计划初步设想，提出"'三五'计划实质是一个以国防建设为中心的备战计划，要从准备应付帝国

西、湘西地区及重庆市。

① 1964年9月13日，李富春向毛泽东汇报工作时提出了这一建议，9月下旬至10月中旬的全国计划会议也提了此问题。12月1日，刘少奇、周恩来、邓小平在听取李富春汇报时表示：不管统帅部怎样建立，总得有办事机构，就是经济内阁，要全管。

主义早打、大打出发，把国防放在第一位，抢时间把三线建设成具有一定规模的战略大后方”。从这种基本认识出发，在国防工业方面，首先搞起常规武器基本的东西，同时保证尖端方面一些最急需和周期长的工程项目的建设。到1970年，主要装备的生产能力，除造船外，三线地区占到一半左右。经过“三五”计划或稍多一些时间的建设，三线地区将成为一个部门比较齐全的新的工业基地。在交通运输方面，重点建设西南的3条铁路干线，云贵线1966年通车，成昆线1969年通车，在成昆线施工高峰过后，转移力量建设川汉线。还要整治和开发金沙江、嘉陵江、赣江，发展水路运输。照以上内容加上其他方面的最低需要，全国5年投资900亿元。

9月12日，国家计委向中共中央和毛泽东报送了《关于第三个五年计划安排情况的汇报提纲》。强调“三五”计划期间，必须集中国家的人力、物力、财力，把三线的国防工业、原料、材料、燃料、动力、机械、化学工业，以及交通运输系统逐步建立起来，使三线成为一个初具规模的战略大后方。确定“三五”基本建设投资总规模为850亿元，计划施工大中型项目1475个，加上1965年度补充安排项目，共有2000个左右，计划工农业总产值平均年递增率为7%左右，其中农业年递增4%至5%；工业年递增8%左右。这一计划的方针在9月18日至10月12日的中共中央工作会议上得到同意。会议并决定在“三五”计划期间拿出200亿元来调整物价，使广大城乡人民首先是农民获得好处。

“三五”计划《汇报提纲》是在最后一部分尚未完成的情况下提交中央工作会议和1966年全国计划会议讨论的，未来得及通过，因此，以后并未正式形成通常的那种国民经济发展计划。但《汇报提纲》在实际上对“三五”时期的经济建设是起了指导作用的。

对“三五”计划完成情况的分析，不属于本书的范围。但三线建设后来进行的一些情况，应该有所交代。总的情况是，从1965年到1972年，国家投入建设资金800多亿元，约占8年基本建设投资总额的50%左右。

从成就的方面看，三线地区经济面貌发生了巨大变化，建成和初步建成了一批骨干企业，其中有攀枝花钢铁厂、酒泉钢铁厂、成都无缝钢管厂、四川德阳第二重型机械厂，六盘水、宝顶山和芙蓉山等大型煤矿，贵州铝厂，刘家峡、丹江口等大型水力、火力发电厂等。经过扫尾到70年代末，共形成固定资产原值达1400亿元，约占全国固定资产的1/3，基本形成了具有一定规模、以重工业为主体、门类比较齐全的战略大后方，使全国的经济布局有了大的变化。三线建设带动了内地资源的开发，也促进了地方经济，特别是少数民族地区经济与社会的发展。

从问题方面看，由于上马急、规模过大，并且过分强调隐蔽、分散，以及政治动乱、管理混乱等原因，也存在大量问题。特别是投资效益差，并加剧了国民经济比例失调。据有关部门测算，在1966年至1972年的12年中，损失、浪费以及不能及时发挥效益的资金高达300多亿元，占同期国家用于三线资金的18%以上。与这种经济效益低的地区高投资相反，经济效益高的地区却投资不足，影响了生产规模的扩大。两种情况合起来，便成为中国在这个长时期中宏观经济效益不好的重要原因之一（另一重要原因是“文化大革命”政治动乱）。

四　调整胜利完成与“四化”目标

国民经济的调整恢复工作，继1963年末形势开始全面好转之后，1964年又取得了重大进展。主要表现在：

农业带有恢复性的大幅度全面增长。农业总产值达到555亿元，比上年增长65亿元。粮食产量3750亿斤，比上年增加350亿斤，比计划多315亿斤。棉花产量3325万担，比上年增加925万担，比计划多772万担。油料产量5994万担，比上年增加1575万担，比计划多756万担。其他经济作物和畜产品也有较多的增长。

出现了轻、重工业迅速发展的局面。工业总产值达到1103亿元，比上年增长19.6%。其中轻工业增长17.8%，重工业增长21%。钢产量达到964万吨，比上年增加202万吨。原油达到848万吨，比上年增加200万吨，这是继1963年12月25日新华社报道中国石油产品已经达到基本自给，脱掉“贫油国”帽子之后的又一重大喜讯。其他产品除原煤略有下降（200万吨）之外，都有比较多的增长。

市场供应明显好转。这一年的社会商品零售总额达638.2亿元，实际商品供应比上年增长9.4%。绝大多数商品已经敞开供应，社会商品零售物价总指数下降3.7%，其中高价、议价商品的价格下降30%以上，市价与自由市场价格已接近正常。进出口总额比上年增加了13.7%。城乡人民生活人均消费水平比上年提高3.4%。

基本建设规模扩大，效益提高。全年投资完成144.12亿元，比上年增加45.96亿元。固定资产交付使用率达到82.8%，提高0.9%。

财政收支平衡，略有节余。收入399.5亿元，支出399亿元，节余0.5亿元。

收入比上年增加57.2亿元，支出增加59.4亿元。全年回笼货币10亿元。年末市场货币流通量降至80亿元。每1元货币流通量相应的社会商品零售总额，由1963年的7.3元提高到了8.5元。

国民经济的主要比例关系已经大致协调起来。工农业的比例关系，由1960年的78.2 ∶ 21.8，变为61.8 ∶ 38.2。积累率也由1962年的10.4%恢复到22.2%。

在这种情况下，周恩来总理于1964年12月21日在第三届全国人民代表大会上宣告："现在，调整国民经济的任务已经基本完成，工农业生产已经全面高涨，整个国民经济已经全面好转，并且将要进入一个新的发展时期。"①

同时，周恩来又提出，1965年要"大力组织工农业生产的新高潮，完成国民经济调整工作中某些尚未完成的任务，并且为1966年开始第三个五年计划作好准备"。

在这次会议上，周恩来还根据毛泽东的意见，提出了实现四个现代化的历史任务，即："在不太长的历史时期内，把我国建设成为一个具有现代农业、现代工业、现代国防和现代科学技术的社会主义强国"。②

"四个现代化"作为中国经济和社会发展的奋斗目标，它的提出，是有一个逐步完善的过程的。早在1954年9月13日，周恩来在一届全国人大一次会议上提出："如果我们不建设起强大的现代化的工业、现代化的农业、现代化的交通运输业和现代化的国防，我们就不能摆脱落后和贫困，我们的革命就不能达到目的。"③这是第一次明确提出"四个现代化"，在此以前，只提"工业化"而不是现代化。这是一个很重要的变化。但这是"四化"的最初提法。1957年，毛泽东在《关于正确处理人民内部矛盾的问题》一文和《在中国共产党全国宣传工作会议上的讲话》中，提出要把中国建设成一个"具有现代工业、现代农业和现代科学文化的社会主义国家"。④1960年年初毛泽东在读苏联《政治经济学教科书》社会主义部分时又说："建设社会主义，原来要求是工业现代化，农业现代化，科学文化现代化，现在要加上国防现代化。"⑤从而毛泽东发展了1954年周恩来的提法，并将"现代化的交通运

① 周恩来：《政府工作报告》，1964年12月21—22日。

② 周恩来：《政府工作报告》，1964年12月21—22日。

③《周恩来选集》下卷，人民出版社1984年版，第132页。

④《毛泽东文集》第7卷，人民出版社1999年版，第207、268页。

⑤ 毛泽东：《读苏联〈政治经济学教科书〉谈话记录的论点汇编》(1960年春)。参见国防大学：《中共党史教学参考资料》第23册，第263页。

输业”改成“科学文化现代化”。这一更改，也是很好的。1963年1月28日，周恩来在中共上海市委召开的春节座谈会上，把“四化”的提法改为：“我们要为实现我国的农业现代化、工业现代化、国防现代化和科学技术现代化的目标而奋斗。”次日，他在上海市科技工作会议上又进一步强调地指出：实现“四化”，建成社会主义强国，“关键在于实现科学技术的现代化”。① 从而使“四化”的提法更加科学，并指明了实现现代化的途径。

周恩来在三届全国人大一次会议上宣告建设“四化”强国的同时，还提出分两步走的考虑，即从“三五”计划开始，“第一步，建立一个独立的比较完整的工业体系和国民经济体系，第二步，全面实现农业、工业、国防和科学技术的现代化，使我国经济走在世界的前列”②。这就不但完整科学地指明了“四个现代化”的总目标，还提出了实现目标的步骤方法。

周恩来报告的草稿中写的是“在较短的历史时期内”，毛泽东在审阅时给改成了“在不太长的历史时期内”。报告关于两步走的设想，则是1963年中共中央讨论提出的。因而，周恩来关于“四化”的论述，是代表中共中央集体的意见，是集体智慧的结晶。

建设“四个现代化”的目标和1965年继续“完成国民经济调整工作中某些尚未完成的任务”的要求，进一步激发了全国人民建设社会主义的热情。经过继续努力，1965年的国民经济又取得重大进展。

农业生产超过历史最高水平。农业总产值达590亿元，比上年增长8.3%，比历史上最高的1958年增长7.2%。粮食产量3891亿斤，比上年增加141亿斤。棉花产量4195万担，比上年增加870万担。

工业在提高效益的基础上高速度发展。工业总产值达到1394亿元，比上年增长26.4%。钢产量达到1223万吨，比上年增加了259万吨。原煤2.32亿吨，增加了1700万吨。原油1131万吨，增加了283万吨。发电量、木材、水泥、化肥、棉纱等也都有较多的增长。

全年完成基本建设投资170.89亿元，比上年增加32.2亿元，全部建成投产的大中型项目289个，比上年增加249个。

---

①《周恩来选集》下卷，人民出版社1984年版，第412页。

②《周恩来选集》下卷，人民出版社1984年版，第439页。

全年社会商品零售额达670.3亿元，比上年增加32.1亿元，零售物价指数又降低了2.7%。全民所有制商业商品库存达458.3亿元，比上年增加了32.3亿元。国内市场出现了稳定和繁荣的局面。城乡居民收入增加，农民平均纯收入上升到107.2元，比上年增加4.8%。全民所有制职工工资总额比上年增加11亿元。全国居民年平均消费水平提高8.8%。

财政收入473.3亿元，比上年增加73.8亿元；支出466.3亿元，比上年增加67.3亿元。收支相抵，结余7亿元。

1965年国民经济的进展，使得从1961年开始的国民经济调整工作胜利完成。1965年同1957年相比：工农业总产值增长59.9%，其中农业增长9.9%，工业增长98%。国民收入增长29%，财政收入增长46.6%，社会商品零售额增长41%。工业主要产品的增长：钢1.3倍，生铁81.3%，原煤77%，发电量2.5倍，原油6.75倍，化纤200余倍，棉布24.4%，糖69.8%，自行车1.3倍，缝纫机3.5倍，手表200余倍。农业方面，粮食总产量基本恢复到1957年的水平，尚差10亿斤，为负20%，棉花增长27.9%，麻为负7%，甜菜增长32.2%，甘蔗增长28.8%，大牲畜增长0.46%，生猪增长14%。总的看，工业方面，有相当大的发展，而农业在产量方面基本恢复到了1957年的水平。因而调整与恢复工作是胜利完成了。

但是，人民生活的平均消费量，有一些却未达到1957年的水平。据柳随年提供的材料表明，全国人口平均：粮食，1957年为406斤，1965年为368斤，下降了38斤；食用油，1957年为4.8斤，1965年为3.5斤，下降了1.3斤；棉布，1957年为19.5尺，1965年为16.8尺，下降了2.7尺；猪肉，1957年为10.2斤，1965年为12.6斤，增加了2.4斤。某些农业消费品人均下降的原因，除“大跃进”挫折使农业生产发生大曲折之外，也与60年代初几年人口生育出现过旺势头相关。全国人口，1957年为6.4653亿人，1965年为7.2538亿人，即1965年比1957年净增了7885万人，9年增长了12%，凡是增长12%以下的消费品，人均水平便下降。

文教卫生事业有很大发展。全国高等学校由1957年的229所增加到434所，在校生由44.1万人增加到67.4万人；中等学校由1.24万所增加到8.09万所，在校生由708万人增加到1431万人，其中中专、农业中学、职业中学发展到6.28万所、498万名学生。为国家培养了大批人才。

总起来看，1957年至1965年的9年时间，跌了大跤子，走了大弯路；5年的国民经济调整获得了成功，使得这个时期的建设在许多方面仍然获得了显著的成绩。

对于这个时期的建设，中共十一届六中全会《关于建国以来党的若干历史问题的决议》作评价说："我们现在赖以进行现代化建设的物质技术基础，很大一部分是这个期间建设起来的；全国经济文化建设等方面的骨干力量和他们的工作经验，大部分也是在这个期间培养和积累起来的。这是这个期间党的工作的主导方面。"

国民经济经过5年调整胜利完成预定目的，是一个重大的成就。但是，在此期间有一个重要的、甚至可以说是致命性的缺陷，是没能对经济工作上和整个社会主义建设上的"左"倾指导思想作出深刻的批判纠正。那些曾导致了1958年"大跃进"和1959年"反右倾"错误的"左"倾理论与思想，在经过了经济困难时期的抑制之后，随着调整工作的逐步深入和经济形势的好转，它又重新抬头和发展起来，于是便有1962年9月中共八届十中全会上"左"倾阶级斗争理论的升级，又有1962年至1966年年初党内尤其是上层矛盾斗争的深刻演变。

第三篇
“反修防修”的迷误

1962年9月，中共中央召开八届十中全会，会上毛泽东断言在整个社会主义历史阶段中，资产阶级都将存在和企图复辟，阶级斗争要年年讲，月月讲，天天讲。会上，还批判了“单干风”、“翻案风”、“包产到户”责任制受到指责，被取消。

第一章
八届十中全会前党内思想状况

一 刘少奇在纠正错误中对路线的维护

刘少奇历来对毛泽东是尊重和拥护的。1965 年他支持了周恩来、陈云反对经济建设冒进，1958 年毛泽东批评了之后，周恩来、陈云作了检讨，刘少奇也放弃了原先的意见，转而支持毛泽东搞“大跃进”。毛泽东在 1959 年庐山会议上错误地发动批判彭德怀，刘少奇从维护毛泽东的威信便是维护党和人民根本利益这种观念出发，严肃地批评了彭德怀，同时还专门讲了要搞对毛泽东的个人崇拜，说他自己过去搞，今后还要搞。

在 3 年经济严重困难时，刘少奇作为中共中央主持第一线工作的主要领导人，他有两个方面的主要表现。一是深入实际，体察民情，对错误造成的实际危害有比较深刻的认识，因而坚决主张要迅速纠正错误。他在 1961 年 4 月回原籍湖南考察的谈话中，在 1961 年 5 月中央北京工作会议上，在 1962 年 1 月七千人大会和 3 月最高国务会议上，对错误的性质、后果及其产生的原因所作的分析，是相当深刻和富有独到见解的。二是处处努力维护毛泽东的领导威信，维护毛泽东提出并经过中共中央通过了的社会主义建设总路线。

1959 年庐山会议前，会议中间，甚至会后，人们对“三面红旗”的正确与否，怀疑颇多。刘少奇一而再、再而三地对毛泽东和党中央领导的正确进行了解说。

1959年8月24日，刘少奇在第17次最高国务会议上说：正确的领导跟实际都是有出入的。不过那个出入总是离这个线上下不远。有时搞得高了一点，有时搞得低了点，这个应该是常事。我们的错误同路线错误不同。方针错了，那是偏，偏，偏……一直偏下去，那就叫路线错误。那个是不容易纠正的。

1959年9月9日，刘少奇在批判彭德怀的军委扩大会议上说：有右倾思想的人，和彭德怀同志讲的差不多，他们说中央领导不正确或不完全正确，表现一“左”一右，不“左”即右，或者说太偏了。因此他们要求中央不“左”不右的好，绝对正确的好。他们要求不“左”不右，要求领导革命没有任何偏向，要求四平八稳。世界上到底有没有这样的领导呢？是没有的。不发生一点偏差的群众运动，也是没有的。

他解释说：就是列宁、斯大林的领导，他们的困难，他们所发生的问题，他们的缺点和错误，所发生的后果，比我们大得多。我想，毛泽东同志的领导，绝不次于马克思列宁的领导，假如马克思、列宁生在中国，我想他们领导中国革命也不过如此。因为没有看到过他们，所以就神化了。从毛泽东同志领导以来，我们党中央的领导是不是最正确的领导，最好的领导呢？我想是的。对于这样的领导，应该是满足了，不要再有要求了，不要既不“左”又不右了。一“左”一右，有一个时期“左”一下，有一个时期右一下，是必要的。毛主席说过，矫枉过正，有一个时期就要偏一点，不偏就纠正不过来。但也不是一直偏下去，一直偏下去就不得了。一个时期对于某个问题，要有重点，强调一个方面，强调得比较厉害一点，这是正常的领导，正确的领导。

他继续说：有的时候，我们也难免犯一点过“左”的错误，随时纠正了，这同主观主义的、系统的“左”倾路线错误是完全不同的。“左”倾路线错误是一直“左”下去的，他自己纠正不了的。毛主席讲过，凡是犯路线错误的，他自己是不能纠正的，只有别人来纠正，就是要把那个领导推翻。那末，就是正确的领导，有一个时期犯过“左”一点的错误，有一个时期犯过右一点的错误，但是一发现就纠正了，这是正常的，难免的。这与“左”倾路线和右倾路线错误完全不同。所以，一个时候的、范围不大的一“左”一右的领导，就是正确的领导。如同飞机驾驶员、轮船驾驶员，他那么一左一右，就是最好的驾驶员。但是不论一个时候过“左”或一个时候过右，都是应该纠正的，因为过一点嘛！而且应该实事求是地加以说明。

1961年，“大跃进”闯下大祸的严重性暴露得比较透彻了，刘少奇对错误严重性的认识深入了一大步。特别是4月的湖南之行，他亲自察看了“五风”造成的极大灾害，他痛心地对乡亲们说，“看到乡亲们的生活很苦，我们工作做得不好，对你们不起”，“中央有责任，要向你们承认错误”。退赔“赔清以后，立块碑，或者写一个大单子，用镜框子镶起来，挂在公社里”，“这个帐要记住”，“这次教训很深刻，要子子孙孙传下去，以后再也不犯这个错误”。①

回到北京后，他于5月31日在中央工作会议上，首次提出：天灾在大多数地方不是主要原因，我们工作中间的缺点错误是主要原因；缺点错误“恐怕不是一个指头的问题”。他一面大声疾呼要坚决纠正错误，同时又维护毛泽东提出和中央决定的路线。他说：我们的一些缺点错误，并不牵涉到总路线、人民公社和大跃进这三面红旗本身，而是我们在执行总路线、组织人民公社、组织跃进的工作中间，有很多缺点错误，有严重的缺点错误。说到责任，中央负主要责任，我们大家负责，不把责任放在哪一个部门或者哪一个人（实际是指毛泽东）身上。好在我们现在能够回头，能够总结经验，还能够改过来，还不是路线错误。“但是，如果现在我们还不回头，还要坚持，那就不是路线错误也要走到路线错误上去。所以在这个问题上，现在要下决心。”

“不是路线错误，是执行总路线的具体政策、具体工作中犯了错误”的话，刘少奇在1962年1月七千人大会上，3月21日的第18次最高国务会议上，也一再地重申，维护毛泽东及其路线，同时也是维护党中央领导威信，用心处处可见。

刘少奇的这种维护，是有相当道理的，在当时也是必然的。但是，同时也就在客观上维护了或放过了对党内“左”倾指导思想的深入检查和纠正。

对于他个人来说，他的许多维护毛泽东的话是否为毛泽东所满意，是大有问题的。毛泽东对刘少奇讲过的许多维护他的话，从未作过什么表示，而对林彪在七千人大会上那种维护他的话，当即大加赞赏。毛泽东在长期中记忆犹新的，是刘少奇讲话中一些他所不满意的话，“三面红旗究竟对不对，过10年后再来总结，可能就看得更清楚”等等。“文化大革命”中，毛泽东批判刘少奇一再从七千人大会谈起，江青等人说刘少奇“诬蔑”毛主席的领导是“一‘左’一右的领导”，说刘少奇“开修正主义的飞机，一左一右地飞向莫斯科”，便是对于刘少奇的这种维护并不满意的证明。刘少奇绝没想到，他在困难时期努力维护毛泽东，却给自己留下了厄运。

---

①《刘少奇选集》下卷，人民出版社1985年版，第328—331页。

二 经济形势估计上的差异

发生经济困难以来，人们对困难的程度、何时可能好转，在认识上一直存在着差别。对形势作如何估计，直接决定着下多大的决心、采取什么样的措施调整经济。这往往又涉及彼此认为是“左”了还是右了这种带政治性的看法。

认识上的差异，主要原因有两条：一是对客观情况了解的差异。经济工作上发生错误所造成的严重后果，是逐步暴露出来的，对各种情况的了解，特别是做到宏观上全面深刻认识，需要时间，而人们的认识接近于实际的速度和程度又很不相同。二是经济工作指导思想上的差异。在了解大体相同情况的条件下，持积极稳步发展指导思想的人同总想创造条件搞“大跃进”的人，对经济形势的估计以及所应采取的相应对策，见解是大不相同的。

1960年9月提出调整国民经济的八字方针，到1962年5月作出全面大幅度调整后退决策之前，党内对经济形势的认识，主要倾向是对困难认识不足。如同周恩来在1962年5月中央常委工作会议上所指出的：这两年的调整中，我们“每次总是对困难估计不够，总是希望来得好，来得快一点”。

对困难认识深入一大步的转机，是1961年9月中共中央庐山工作会议。会议认为是“丧失了一年时机”，“再也不能犹豫了”。下决心“后退”，要把建设上的高指标降下来。

在1962年1月七千人大会上，刘少奇作了“最困难的时期已经过去了”的估计。但是，2月西楼会议上进一步暴露出的问题，使得刘少奇、周恩来等的认识又深化了一步。刘少奇在5月中央常委工作会议上重新估计说：“最困难的时期是不是已经过去了？恐怕应该说，有些地区最困难的时期已经过去了。在城市里面，在工业中间，最困难的时期还没有过去。”他强调说：“我们应当充分估计当前的困难以及我们现在还估计不到的那些困难，要准备着迎接困难，克服困难”，“共产党员的革命气概应该是充分估计困难，甚而到那个最困难的地方，我还是挺起腰杆前进。我想，我们革命家的气概，马克思主义者的气概，应该这样。对困难估计不够，自己安慰自己，不是马克思主义者”。周恩来也强调说：“我们宁可承认对困难估计还不大够，多看一看，不会在困难面前低头、泄气的，反而会在困难面前把我们团结起来，考验我们，依靠群众出智慧，产生克服困难的办法。”

陈云一贯注重讲实际，正视困难，分析困难，从中找出解决问题的办法。他特别重视在高级干部中正确地统一对经济形势的看法，他说："对于困难的程度，克服困难的快慢，在高级干部中看法并不完全一致。我认为这种不一致是正常的，难免的。不要掩盖这种不一致。""这几年处在大变动中，大家对形势自然会有这样那样的看法。取得认识的一致，需要时间，需要事实的证明。""把各种意见不同的看法说出来，进行讨论，不是坏事而是好事"，"高级干部的看法统一，非常重要。经过讨论，如果还有不一致的意见，可以保留，可以再看一看"。①

对于经济何时能恢复，陈云在 1962 年 2 月西楼会议上，持谨慎求实态度的。他分析认为，农业恢复的速度能够多快，目前还不能肯定，需要再看一两年。粮食、家禽、猪的产量在回升，回升的速度有多快，还要观察一下。至于经济作物的产量是否能很快恢复以至有所发展，现在还难于肯定，因为粮食不够吃，农民还不愿意多种经济作物。农业生产恢复的快慢，也直接关系到工业生产恢复的快慢。因此他指出："我们工作的基点应该是：争取快，准备慢。"他提出的预想是："农业的恢复大约要三到五年。工业在这三五年内，也只能放慢速度，只能是调整和恢复。恢复阶段要几年？我个人看来，从一九六〇年算起，大体上要五年。"② 刘少奇同意陈云的这种看法。陈云还从最坏的可能设想过：农业特别是粮食每年如增长 2%—3%，恢复就要准备 8 年时间。

周恩来、李先念主持制定的中央财经小组 1962 年 4 月向中共中央的报告 ③ 提出："从目前农业生产的条件和各地区粮食生产恢复的可能性来看，全国粮食总产量要恢复到 1957 年的水平，需要 3、5 年的时间；整个农村经济，包括农、林、牧、副、渔，包括经济作物，需要恢复到 1957 年的水平，则需要更多的时间。"

同年 5 月周恩来在中央常委工作会议上发言说："现在看，（调整和恢复）这个时期相当长。当然，我们没有确定年限，实际上设想，一般地说，第三个五年计划恐怕就是个调整阶段，甚至于第三个五年计划还不够。"

中央财经小组的报告所说的比 5 年"更多的时间"，周恩来所说的"甚至于第三个五年计划还不够"，其含义实际就是陈云作最严重设想所估计的 8 年时间。当

---

①《陈云文选（1956—1985）》，人民出版社 1986 年版，第 182 页。

②《陈云文选（1956—1985）》，人民出版社 1986 年版，第 191 页。

③《中央财经小组关于讨论 1962 年调整计划的报告》，1962 年 4 月。

时作为一种最严重的可能性，时间估计得比较长，正是“争取快、准备慢”这一基本立足点的体现，在实践中并没有什么坏处。相反，正是充分地估计了困难，中央常委工作会议才下了最大决心来调整后退，从而使经济形势的好转和调整的胜利提早到来。

但是，对于这些估计，当时党内思想仍然比较“左”的人如柯庆施等，是有不同看法的，只不过不便于当即公开反对。毛泽东当时对于刘少奇、周恩来、陈云的估计也大不以为然。早在1961年9月庐山工作会议期间，毛泽东就在周恩来发言中插话说：错误就是那么一点，有什么了不得。随后他又表示：现在是退到山谷了，形势到了今天是一天天向上升了。在1962年年初的七千人大会上，他仍持这种观点。刘少奇在七千人大会上说最困难的时期已经基本过去，这和毛泽东的看法还比较吻合。2月西楼会议上及以后刘少奇对形势估计的变化和周恩来、陈云关于经济的恢复可能要5至8年的预计，与毛泽东的形势看法有大的差距。七千人大会后，毛泽东到上海、山东、杭州、武汉等地，征询过一些领导干部的看法，得到的回答几乎都是说“去年比前年好，今年比去年好”。毛泽东更认为刘少奇、周恩来、陈云的形势估计过于严重。

党内上层对困难程度的认识和对克服困难所需时间长短的估计不同，潜伏着“左”倾思想在适当时机向主张充分估计困难的意见进行“反攻”的因素。

三 “包产到户”的重新兴起和争论

1959年一些地区农村的包产到户，在庐山会议“反右倾”后被压了下去。随着农村经济困难的日益严重，1961年年初，包产到户这一做法在一些地方又重新兴起，最突出的是安徽省。

1960年，安徽省宿县一位70多岁的老农，得到公社允许，带生病的儿子到山区养病和生产自救，开荒16亩，收回了口粮、种子和饲料粮1500斤，交给公社粮食1800斤和饲养猪鸡得了60元钱。这与当时困难已达极点的农村形势成鲜明对照。当地农民得到启发，要求包田耕种。1961年春，全椒县农民也提出了这种要求。

安徽省委和省委第一书记曾希圣，在1958年以来的“大跃进”和人民公社化运动中犯了大错误，使得安徽的经济困难非常严重。这时他们体谅农民的要求，又避开“包产到户”这一被认定是“走资本主义道路”的名称，加以变通，于1961

年3月6日起，在全省39.2%的生产队试行了“定产到田、责任到人”的包工包产责任制。

在同年3月广州中央工作会议上，安徽的做法受到批评。曾希圣一面打电话给省委，通知暂停执行这一做法，一面于3月20日写信给毛泽东并刘少奇、周恩来、邓小平、彭真、柯庆施，竭力为“定产到田、责任到人”的办法辩护。他写道：“群众所提的逐丘定产、逐丘定工，按劳动力的强弱承包一定数量的田亩，再以工除产，得出每个劳动日的产量，以产量来计算工分，这实际上就是‘包产到户’的办法。但我们并不是一成不变的采纳这个办法。”它有好处也有坏处。好处是“能更好地体现多劳多得的政策；能提高每个社员对包产的责任心和生产积极性”，坏处是“可能发生‘各顾各’的危险”。我们是吸取它的好处，又规定办法防止它的坏处，特别强调了“五个统一”，其中最重要的两个，第一是分配统一；第二是大农活和技术性农活统一。“所以这个包产办法不是人们所理解的‘包产到户’，实际上是田间管理包工到户，再按产量给奖的办法。”它有许多好处，一是包产比较落实；二是包产指标增加；三是出勤率大大提高；四是参加农业生产的人增多；五是麦田管理有显著加强；六是男女老少积极积肥；七是积极修添农具；八是搞私有的减少。它增产的可能性是很大的。这个办法还“需要在实践中继续摸索，才能最后作出结论”。①

4月27日，安徽省委又向中共中央、毛泽东和华东局作出报告，把这一办法改称为“包工包产责任制”，对它的包工、包产和奖赔内容作了进一步的说明，并再次辩解说：“有少数群众把这个办法误解为‘包产到户’，甚至误解为‘分田’”，“实际上，这个办法不是‘包产到户’更不是‘分田’。这和（农业）60条中所说的‘实行严格的田间管理’责任制”，“有的责任到组，有的责任到人’是完全一致的”。报告提出：“为了避免影响邻省，请求中央把我们这个办法告知他们，以免在群众中发生误解。”②

7月24日，安徽省委再次向中共中央、毛泽东和华东局作试行“田间管理责任制加奖励办法”的情况报告。再一步解释说，“经过几个月的试行，看来这个办法是不违背社会主义原则的，是可行的。”因为：第一，“这个办法不是‘包产到户’，不是单干”，“它并没有违背集体经济的基本原则”，它“只是社会主义经济的一种

---

①《曾希圣同志给毛泽东同志的信》，1961年3月20日。

②《中共安徽省委关于试行包工包产责任制情况的报告》，1961年4月27日。

管理方法，它并没有改变生产资料的所有制，土地耕畜、大农具仍然是集体所有的”。第二，“这个办法是不会造成两极分化的。”第三，“这个办法不会加重社员的私心。”总的说来，这个办法“是适合当前生产力的发展水平和群众的觉悟水平的，是符合当前农业生产以手工操作为主的特点的。只要正确地贯彻执行，它能够发挥对组织和推动生产的积极作用的”。①

就在这个7月，曾希圣曾向毛泽东当面作了关于试行“责任田”的汇报，得到了毛泽东同意试一试的认可。曾希圣打电话给省委说“已经通了天”，可以继续试行下去。7月报告时，实行“责任田”办法的生产队已占66.5%，到了秋末，实行的生产队增加到85.4%。

毛泽东这时同意安徽省可以试验“责任田”，是因为他1961年夏天在对农村情况的调查中，发觉以生产大队（原生产队，即过去的高级社的规模）为基本核算单位，生产队(原小队）向大队进行三包一奖，生产队内对社员实行评工记分的办法，仍然没有完全解决存在的平均主义问题，正在寻找解决的办法，所以在安徽省委一再申明好处的情况下，同意他们试试看。当然，同意试试看，并不等于他认为这就是好办法。

同年9月，毛泽东在“邯郸座谈会”上许多人倾向“大包干”做法中得到启发，逐渐得出将基本核算单位再下放到生产队（原小队）的见解，并在9月29日写信给中央政治局常委，正式提出这个意见,10月7日中央指示各地讨论这个问题。至此，毛泽东认为体制的进一步下放，矛盾就可基本解决。同时也就认为“责任田”这类办法就没有必要再试行下去。11月13日，中共中央在《关于在农村进行社会主义教育的指示》中就作出明确规定说：“目前在个别地方出现的包产到户和一些变相单干的做法，都是不符合社会主义集体经济的原则的，因而也是不正确的。在这类地方，应当通过改进工作，办好集体经济，并且进行细致的说服教育，逐步地引导农民把这些做法改变过来。”②

在这个变化之后，曾希圣在1962年七千人大会上受到上下的批评，关于“责任田”问题，是涉及的内容之一。曾希圣被免去安徽省委第一书记职务，由李葆华继任。1962年3月20日，省委常委会通过了《关于改正“责任田”办法的决议》，

① 《中共安徽省委关于试行田间管理责任制加奖励办法的报告》，1961年7月24日。

② 《农业集体化重要文件汇编（1958—1981)》，中共中央党校出版社1981年版，第529页。

承认责任田的办法“实际上就是包产到户”，“是错误的”，“是迎合农民资本主义自发倾向的办法”，其“严重恶果”是“出现了严重的单干倾向”；“产生两极分化的苗头”；“削弱和瓦解了集体经济”；“影响国家征购和生活安排”；“影响按劳分配原则的贯彻”；“对基层组织起了腐蚀和瓦解的作用”。并说“这个错误的责任，完全应当由以曾希圣同志为中心的省委来承担”。这时，安徽全省实行包产到户的生产队占 85.4%。省委的决议要求坚决彻底地加以改正，在 1962 年内大部改过来，其余部分在 1963 年内改过来。

赞成和实行“包产到户”比较突出的地方，还有广西省。1962 年 2 月中共中央发出指示，决定将基本核算单位下放到生产队（原小队）后，广西各县在训练干部的会议上，“暴露出很大一部分农村公社以下干部，有分田到户，包产到户”的思想①。一般占到会干部总数的 25%左右，“五风”和受灾减产严重的地区，占 60%。“龙胜县共有 1867 个生产队，其中 790 个（占 42.3%）已经包产到户。”② 中共广西省监委和中共中央监委都批评这是“闹单干”。

与 1961 年 5、6 月中共中央北京工作会议决定公共食堂办不办由农民自行决定，公共食堂便一哄而散的情形相反，1962 年春的纠正“包产到户”却很困难，许多农民不愿意改，有的明改暗不改。

这种客观上存在的矛盾，在党内上下都引起了一番大的讨论或争论。

中共中央农村工作部部长邓子恢在 1961 年起的一年多时间里，对 5 个省区的农村工作作过系统考察，1962 年夏天，他就农村工作中的一些主要问题提出了自己的意见，其中也包括包产到户问题。

5 月 24 日，邓子恢向中央和毛泽东提出了《关于当前农村人民公社若干政策问题的意见》的报告。他鲜明地指出：“各级干部思想上仍然存在着不断革命论，而不认识革命发展阶段论，对（生产小队核算）30 年不变，一般认为只是一时权宜之计。干部思想另一个毛病就是平均主义根子未完全挖掉，总想在生产资料特别在土地上，把穷队富队的经济基础适当拉平，以便于以后实行过渡。”他又指出：“在农业生产力还处于以人畜力经营为主的当前阶段，（自留地、自留山、饲养家禽家畜和经营其他家庭副业）这种小自由小私有，是最能调动农民劳动积极性和责任

① 《中央监委关于〈广西农村有不少党员干部闹单干的情况〉简报》，1962 年 2 月 28 日。
② 《中央监委关于〈广西农村有不少党员干部闹单干的情况〉简报》，1962 年 2 月 28 日。

心的”，“允许社员在一定范围内经营一些小自由小私有，是只有好处没有坏处的。可惜这种想法尚未被全体干部所完全理解，他们不适当地把农民依靠自己劳动、自产自销的自然经济看作资本主义，而又过于害怕它对社会主义会起破坏作用”。他还指出：“在多种所有制同时并存的现阶段，集市贸易是不能关死的。”①

7月11日，邓子恢在中共中央高级党校作报告，着重说农业生产责任制等问题。他说：1957年决定包产到队，包工到组，田间管理可以包到户，1958年以来取消了这个办法，现在有的地方恢复了，有的地方没有恢复。“我们的集体劳动有些同志理解为像军队操练一样，把单独在一块地上干活叫单干”，“有的同志认为集体劳动就是一窝蜂，单独干活就是单干，单干就不是社会主义，就是资本主义，这是不对的”。又说：“农业生产责任制不和产量结合是很难包的，因此有的地方包产到户，搞得很好，全家人起早摸黑都下地了，农民的私有性是突出的，凡是包产到户的，自留地和大田一样，没有区别，没有包产到户的，自留地搞得特别好。因为包产到户了超产是他的，责任心强，肥料也多。不能把作为田间管理责任制的包产到户认为是单干，虽然没有统一搞，但土地、生产资料是集体所有，不是个体经济，作为田间管理包到户，超产奖励这是允许的。”② 在此之前的5月中央常委工作会议上他还说过：有些山区，就让他单干，或者叫包产到户。这是社会主义的单干，他只要上调产品，有什么不好。③

3月中共中央批转中央监委关于《广西农村有不少党员干部闹单干的情况》简报后，引起中南局的重视。6月6日至7日，中南局第一书记陶铸、第二书记王任重亲自到广西省龙胜县调查了解。他们发觉“原来估计全县有60%甚至70%的生产队单干了。事实上单干的并没有那样多。那是因为界线不清，把那些正确地采取田间管理责任制的和其他基本上仍是集体经营的生产队，都算到‘单干’里面去了”。他们分析：“目前龙胜全县的生产队中，大约有60%—70%基本上属于社会主义的集体经济性质；有20%—30%基本上属于单干，不过还保留着某些集体经济的因素；还有大约10%完全是单干。”④ 他们提出了划清集体经济和单干的界限，认为判断集体经

①《农业集体化重要文件汇编（1958—1981）》，中共中央党校出版社1981年版，第568、573、575页。

②《农业集体化重要文件汇编（1958—1981）》，中共中央党校出版社1981年版，第581、588页。

③ 邓子恢在1962年5月中共中央常委工作会议上的发言。

④《关于巩固生产队集体经济的问题——在广西龙胜县举行的座谈会记录》，1962年6月7日。

济的基本标志有4条："一是主要生产资料集体所有；二是生产统一计划安排；三是集体劳动；四是生产收入统一分配。"同时指出："集体劳动的意思，主要的应当是指劳动力由生产队统一调配，而不是说所有农活，都要大家拥到一块，集体去干。"①

陶铸、王任重调查的看法，其重要意义在于，通过具体分析，把大量田间管理责任制的做法同当时批评的"包产到户"加以区别，澄清了一些认识上混淆集体经济与"单干"界限的错误，保护了一批生产队免受批判。但同时，他们也是明确批判"包产到户"即所谓"单干"的，他们的座谈会记录说："各级领导态度必须十分明确和坚定，'包产到户'、'分田到户'的单干道路，是农村资本主义的道路，是走不通的。"

座谈会调查记录报送中央后，毛泽东批示认为："这个文件所作的分析是马克思主义的，分析之后所提出的意见也是马克思主义的。"

令人特别注意的，是1962年上半年安徽省在纠正"责任田"当中，太湖县委宣传部干部钱让能挺身而出，直接向毛泽东写报告，保荐责任田，态度鲜明地发表了一大通议论。

钱让能写道："根据太湖县1年多来实行责任田的结果，我想作一保荐，不过与省委常委1962年3月20日关于改正'责任田'办法的决议，是相违背的。尽管如此，我总认为'责任田'的办法是农民的一个创举，是适应农村当前生产力发展的必然趋势，是《60条》和以生产队为基本核算单位的重要补充。有了它，当前的农业生产就如鱼得水，锦上添花。"太湖县在1961年3月90%以上的地区推行了责任田，"真所谓它的一出现，就以它的显著的生命力吸引了人们（包括邻县邻省边界地区）广泛注意，迄今一年多的实践证明，尽管有人责难它'糟了''错了'，然而广大农民群众总认为是'好了''对了'，记得去年春，我在执行这一工作的过程中，农民群众的那股劲头是我10多年来（除土改外）的第一次见闻"。

钱让能报告说："推行这一办法的结果，现在可以肯定地说，1961年是太湖人民在精神上、物资（质）上的一个新的根本性的转折。荒、逃、病、死，一瞬而基本变成熟（荒地变成了熟地）、健（体质健康了，有病的也不多了）、生（妇女怀孕了，江塘公社甘岭大队668个人，1962年怀孕的就有60个妇女）。""迅速转变，究竟是什么力量呢？拿农民的话说'就是责任田好'。"

① 《关于巩固生产队集体经济的问题——在广西龙胜县举行的座谈会记录》，1962年6月7日。

钱让能回顾历史说："从办高级社和人民公社以来，生产关系的变化，公社、大队、生产队组织形式的每一次调整，没有那一次不都说是适应。现在看来，其实并非如此。"1955 年是太湖解放后农业生产力发展和群众生活水平最高的一年。之所以如此，除了国家对农民的支援外，"主要是有了土改后的连续 3、4 年农民积极性所发展起来的物质基础，和初级社的生产关系还相适应的原因所致"。而现在的"责任田"，"它比 1955 年的初级社来说，其优越性可不言而喻，就是比起高级社来，它在制度上是更加合理，更加完备了。是具体贯彻'按劳分配'一个新的发展和进步"。他认为，多年来农业上的问题"主要就是责任没有到人"。

钱让能针对"责任田"就是"单干"的指责，澄清说："责任田是社会主义集体经济的一种管理方法，它并未改变生产资料所有制，土地仍然是集体所有，仍然是按劳取酬；它并未改变集体的劳动方式，仅是比较复杂琐碎，适合于分散的农活去分散做。""国家征购任务照交，公社、大队的公共积累照取，这又怎么能说是瓦解削弱了集体经济呢？"

钱让能极不赞成省委关于改正责任田的决定，他写道："急急忙忙的收回责任田，吵吵闹闹的指责是'单干'，很可能因为一部分是好心同志不知底里。一部分还是以'本本主义'的观点害怕农民不跟我们走。"可是农民还是赞成责任田，"无论下乡也好，出差在轮船码头等车休息也好，许多农民有关责任田这方面的道理，与我在省听到的和文件上看到的道理，则完全相反。许多奇迹，见所未见，闻所未闻。所有不赞成'责任田'的各种议论，我想请到这里一闻一见，是会有很大教益的。我很担心，省委决议 1962 年内就要大部分改过来。根据这里的情况，是不可能的。因为农民他不会相信空话的，你做不出样子，证明比他的办法优越，除掉强迫命令，我看是扭不过来"。

最后，钱让能写道："据我们调查摸底，拥护责任田起码占 80%以上，甚至于占 90%以上。站在 90%以上的人民大众这一边同呼吸，该不能算是尾巴主义吧！怕 80%甚至 90%以上的不跟我们走，这恐怕也不能算是马克思列宁主义！哪有马克思列宁主义者怕 90%以上的人民大众的道理呢？"他"请求主席直接派人前来调查，以达弄清是非"，"像荒、逃、饿、病、死一字不漏的太湖县能够在 1 年内而且还是在那样大旱的情况下，基本上解决了吃的问题，那么其他有类似情况的地区也未始不可试行这个办法"。

在"责任田"或"包产到户"看法上的分歧，也出现在中央上层。

在 1962 年 5 月中共中央常委工作会议上，邓子恢在发言中有条件地支持了包产到户，他说：要分析“单干”的原因，广西“龙胜县那里有 60%‘单干’，其中一个原因就是山区分散，一个小村庄只 3、4 户，两个村看起来很近，走起来很远。这种情况下的‘单干’或者叫包产到户，只要按照国家要求完成上调任务，实际还是社会主义的”。对于他的意见，会上有人赞成也有人反对。刘少奇最后总结说：邓子恢提出的问题，以后再来讨论。在此期间，刘少奇也说过工业上要退够，农业上也要退够，包括包产到户的话。

6 月下旬，中共中央书记处开会，听取了华东局关于安徽省“责任田”问题的汇报，华东局持严厉的批判态度。但是，出席书记处会议的人，对于一些地方的包产到户赞成和不赞成的各占一半。邓子恢发言认为：安徽的“责任田”不是方向性的错误。邓小平发言说：“在农民生活困难的地区，可以采取各种办法，安徽省的同志说‘不管黑猫黄猫，能逮住老鼠就是好猫’，这话有一定的道理，‘责任田’是新生事物，可以再试试看。”7 月，邓小平在共青团七届三中全会上也说过：“不管白猫黑猫，能捉住老鼠就是好猫。”

7 月初，一向深思熟虑不随便讲话的陈云，先后向毛泽东和其他几位中央常委提出：可以让农民重新分田（即包产到户或大包干）的办法，来刺激农民的生产积极性，以便迅速提高农业产量。

邓子恢、陈云、邓小平对包产到户等生产责任制的支持，是对自苏联 20 世纪 30 年代和中国自 50 年代以来，社会主义农业必须是一大二公高度集中管理传统观念的根本性突破，事实上，是中国农业经济体制改革的先导。但是，这种突破同许多人头脑中早已固定僵化的传统观念的差异是相当之大的。旧的观念必然要本能地排斥新思想、新观念。因而，两种观念的矛盾冲突也必然地在孕育中。

四　甄别平反的界限与彭德怀的申诉

1962 年 1、2 月七千人大会决定给几年来被错误批判的党员、干部甄别平反，随后邓小平主持这一工作作出了很大的努力，也取得显著成绩。但是，甄别平反最后的界限在于，对谁都可以研究给予平反，唯独对彭德怀不能平反。这种界限，清楚地反映在刘少奇在七千人大会上的讲话之中。

刘少奇说：

“这里要附带说明一个问题。彭德怀同志在1959年庐山会议中间，写过一封信给毛主席。我们在庐山会议上进行了反对彭德怀同志的右倾机会主义反党集团的斗争。书面报告中说到，这场斗争是完全必要的。我们展开这场斗争是不是只是因为彭德怀同志写了这封信呢？不是的。仅仅从彭德怀同志的那封信的表面上来看，信中所说到的一些具体事情，不少还是符合事实的。一个政治局委员向中央的主席写一封信，即使信中有些意见是不对的，也并不算犯错误。问题不是彭德怀同志这封信写错了。问题不在这里。庐山会议之所以要展开反对彭德怀同志的反党集团的斗争，是由于长期以来彭德怀同志在党内有一个小集团。他参加了高岗、饶漱石反党集团。在反对高、饶集团的时候，没有把他提出来。他是高、饶集团的余孽（毛泽东、周恩来插话：是主要成员。）是这个集团的主要成员。所以，毛主席在庐山会议上说：到底是高、饶联盟呢，还是高、彭联盟呢？恐怕应当是彭、高联盟。（毛泽东插话：彭和高，实际上的领袖是彭。）更主要的不是高岗利用彭德怀，而是彭德怀利用高岗。他们两人都有国际背景，他们的反党活动，同某些人在中国搞颠覆活动有关。彭德怀同志除了在庐山写了那封信以外，还有很多其他的背后活动。他在党中央进行派别活动，他阴谋篡党。所以，在庐山会议进行反对彭德怀反党集团的斗争是完全必要的，完全正确的。我们把隐藏在党内几十年的隐患揭发出来，把它清除，从长远来讲，对于我们党是有重大历史意义的。”

“彭德怀同志那封信上所指责的一些事情，是党中央早就讲过的，而彭德怀同志在庐山会议以前，却一直不讲。两次郑州会议，武昌会议，上海会议，他都是参加的，他都不讲。甚至庐山会议的初期：他也不讲。到庐山会议中间，他才把那封信拿出来，这是为什么呢？这是因为那个时候，我们已经讨论如何继续郑州会议的工作，进一步纠正我们工作中的缺点错误。在彭德怀同志看来，如果那个时候再不讲，以后就没有机会讲了。所以他急急忙忙地把那封信拿出来，企图利用我们工作中的缺点和错误，向党大举进攻①，以便达到他

① 所谓彭德怀“在几次会议上不讲，直到庐山会议中间才讲”的指责，最早是毛泽东提出的。1959年12月至1960年2月，毛泽东在读苏联政治经济学教科书时说：反对我们的人，在中央反“左”的时候，不提意见，不来反“左”。他们在两次郑州会议上不提，武昌会议、上海会议、北京会议不提，都不出来说话。经过上述会议，中央已经从方针路线上拨正了航向，反掉了当时的“左”倾……他们却在庐山会议出来反“左”。刘少奇在这里是重复了毛泽东的观点。

个人和他的小集团的篡党的目的。彭德怀同志想篡党，这就是庐山会议要展开那场斗争的根本原因。必须在这里把这一点说清楚，目的是把有些同志和彭德怀同志区别开来。有些同志也讲过一些同彭德怀同志讲过的差不多的话，例如什么大炼钢铁‘得不偿失’呀，什么食堂不好、供给制不好呀，人民公社办早了呀，等等。但是这些同志和彭德怀不一样，他们可以讲这些话，因为他们没有组织反党集团，没有要篡党。（毛泽东插话：没有国际背景。）彭德怀同志带领我国军事代表团在国外走了几个月，回来以后就急急忙忙写了那封信，是有阴谋的。当然，不了解情况的同志，是看不清楚的。在庐山会议的时候，有些同志也看不清楚，那不能怪他们。”

刘少奇的话，有两方面的作用。一是极有利于对“反右倾”斗争中被错误批判的人的甄别平反。对“三面红旗”曾说过这样或那样的话，无论看起来是对了或是错了，都可以不算作什么问题，一风吹掉。二是维护了庐山会议和对彭德怀所作“反党集团”结论不变。对于刘少奇讲的前半部分内容，毛泽东一直没有表示态度；对于后半部分内容，毛泽东一再插话，显然是当时中央常委的共同意见。同年6月21日，毛泽东在同朝鲜最高人民议会代表团团长的谈话中，讲了相同内容的话：“彭德怀在党内有个小团体”，同高岗“他们是联盟，有国际背景，是搞颠覆活动的”。这也可以证明，这并非只是刘少奇的个人意见。

彭德怀被剥夺权利，没能出席七千人大会。会后他得知刘少奇说他是“高饶反党集团成员”、“有国际背景”、“阴谋篡党”后，大哭了一场。他不得不起而为自己辩护，进行申诉。经过几个月的艰苦写作，他于6月16日向中共中央和毛泽东主席以信的形式报送了一个长达8万字的申诉材料（后来被称之为“8万言书”）。在报送时，他还给中央办公厅主任杨尚昆写了一封信：

尚昆同志：

我阅读了‘扩大的中央工作会议’文件以后，实事求是的作了检讨，（对）不符合事实的我也作了说明。惟时间长、问题多、加以写得潦草，不便于中央同志审阅，请饬铅印多份送给中央领导同志为感！谨祝健康！

彭德怀

1962年6月16日

彭德怀的“8万言书”，共5个部分。第一部分，庐山会议前后的情况。第二部分，关于高饶联盟的问题。第三部分，我同外国人的一些接触过程。第四部分，我的历史过程及其几个问题。其中包括彭德怀自幼以来的家庭情况，参加平江起义以后各个历史时期中，自己的思想、工作、战斗情况，并对其中缺点错误的方面作了严格的自我解剖，也对1959年以来对他历史批评上的若干问题作了说明。第五部分，关于军事路线。

对于说他在庐山会议之前几次会议和庐山会议初期有话都不讲，到会议中间才把信拿出来的指责，他“觉得与事实有出入，实在腹怀委屈”。列举事实作了说明。

对于指责他“背着中央进行派别活动，阴谋篡党”，他表示：“这个罪名，我实在觉得委屈”。他辩驳说：“在八中全会时，对我给主席的信以及我的一些言论都提到了高度原则上进行了分析，即‘1959年7月14日写给毛泽东同志的意见书，和他在庐山会议期间的一些发言和谈话，是代表右倾机会主义分子向党进攻的纲领。’可是，这次少奇同志在扩大的中央工作会议的报告和讲话中说：‘仅仅从彭德怀同志的那封信的表面来看，信中所说到的一些具体事情，不少还是符合事实的。’这就是说，那封信就不是什么‘反党纲领’了。对那封信的这一估价，我是同意的。但是，少奇同志在报告和讲话中又提到，‘他在党内背着中央进行派别活动，他阴谋篡党。’这种莫须有的罪名，我实在难以领受。”

关于他同黄克诚的关系，他摆事实辩白道：“是一种同志之间的工作关系，确实没有其他不可告人的什么秘密。”

关于他同高岗饶漱石的关系，他详细说明了历来接触的情况，检讨了1953年高岗背后活动反对刘少奇时，自己一时受到高岗蒙蔽的错误。并说明，邓小平同他谈话，“我这才恍然大悟”，当即将高岗的一些情况“如实地告诉了邓小平同志”，证明自己与高饶没有什么“反党集团”性质的关系。他进而指出：“1962年1月27日，少奇同志在扩大的中央工作会议上的讲话中说：‘到底是高、饶联盟，还是高、彭联盟呢？恐怕是彭、高联盟。’我认为少奇同志这样来强调这个问题，未免有点过分。同时与事实也是有出入的。事实是最好的见证。”

彭德怀详谈了自己从1936年起历来同外国人接触的情况，特别是1959年率代表团访问苏联和东欧国家的情况。他写道：“我承认在1959年出国访问时，只着重地解释了西藏叛乱的情况和炮击金门的意义，而没有着重宣传我国的总路线、大跃进和人民公社，这是一个缺点或者也可以说是错误。但是，我没有背着我党在外国人面前搞什么不利于我党的勾当来讨好外国人，更没有什么‘同某些外国人在中国搞颠覆活动有关’，我认为这种说法是没有事实根据的。因为我对私通外国搞颠覆活动的行为是深痛恶绝的，所以加在我身上这一丑恶的罪名，引起我心情上的极大不满。我诚恳地要求党中央根据一贯实事求是的原则，派专人彻底清查这一是非问题，如发现事实确据，按以叛国论罪，判处死刑无怨。”他特别指出这样一点：我是一个完全不懂外国语言和不认识外国文字的人，同外国人的每次接触或谈话，都是有翻译同志跟随的。在国外每次还都有我驻外大使馆的同志陪同，翻译都有记录，“是有充分条件来查对我是否‘同某些外国人在中国搞颠覆活动有关’的”。

彭德怀写自己三十几年历史情况，事实上是对所谓他历来同毛泽东“三分合作、七分不合作”说法的澄清。此外，还澄清了对他历史上某些具体问题的指责，如所谓“反对唱《东方红》”等。

彭德怀在“军事路线”部分，针对 1960 年军委扩大会议关于彭德怀、黄克诚同志主持军委日常工作期间，由于他们的“资产阶级军事路线的错误，使军队建设工作走了一段大弯路”的说法，以及“他们既反对大搞民兵，又不抓军队现代化建设”等说法，就自己在建军原则、领导制度、战略方针、民兵制度问题上的态度和工作，作了说明，指出：“我主持军委日常工作期间，是遵循了党中央和毛主席所指示的建军原则——要把中国人民解放军建设成为一支强大的、现代化的革命军队。”工作中虽有缺点或错误，“是不应该将这些归纳为‘资产阶级军事路线’的，不能得出什么‘资产阶级军事路线’的结论”。

彭德怀在信的末尾表白道：“现在我们国内正处于困难的时候，克服这个困难还需要一定的时间。主席及中央各同志，正在紧张地进行国民经济的调整工作。我从庐山八届八中全会以后，快近 3 年来，未做任何工作。当我提出这些问题时，来烦扰中央同志，内心是非常不安和非常惭愧的！不提出来吧，又难抑制自己那种委屈和苦恼心情。恳希谅察。”

彭德怀于 8 月 22 日又给中央写了一封短信，再次表达自己的心情和对中央的恳切希望。

彭德怀给中央的信特别是“8 万言书”，等于把庐山会议及其以后对他的错误批判和结论从根本上否定了。这同七千人大会上对庐山会议错案的维护相对立，进而同维护毛泽东领导正确性的需要相冲突，因而不能予以接受，必然要给以“反击”。

五　国际环境与王稼祥的建议

20世纪60年代的中国，处在一个大小矛盾尖锐和错综复杂的国际环境中。在客观上，第二次世界大战后两大阵营之间的冷战对峙在继续，美苏之间既对抗又在进行单独的大国政治和军事交易；中苏关系日益恶化；中印边境上的冲突与对抗在加剧；美国侵略越南的战火日益扩大；美国和国民党蒋介石不时对大陆东南沿海进行骚扰；美国与日本有"安全条约"的关系，美国在南朝鲜驻有重兵。是一个三面受包围，险象环生的形势。主观指导上，中国把"反对帝国主义、反对现代修正主义、反对各国一切反动派"作为自己的战略口号，并承担了在物质上和道义上支援亚、非、拉民族解放运动的重担。而这一切，又是在中国国内经济遇到严重困难，正在进行调整和恢复当中进行的。

在这种形势下，如何正确确定中国的对外方针，是中共中央对外联络部部长王稼祥所反复思考的问题。1962年上半年，他在内部小范围中，几次地谈了他对一些国际问题的看法和对调整对外方针的意见。2月27日，他征得中联部党委的同意，联名给周恩来、邓小平、陈毅写了一封建议信。

在世界战争问题上，王稼祥在批判了赫鲁晓夫片面强调世界大战可以避免的错误观点的同时，也试图纠正中国党内片面认为世界战争注定不可避免的错误观点。他提出说："不要说社会主义阵营同帝国主义阵营的根本矛盾必然导致发生世界战争；不要说必须在消灭美帝国主义以后，第三次世界大战才能避免；不要简单地说'打不打第三次世界大战不取决于我们，而取决于帝国主义'；不要过分地强调世界战争的危险，而冲淡了防止世界战争的可能性；不要笼统地说，'只要帝国主义存在，战争就是不可避免的'。因为就世界战争来说，存在着防止的可能性。"我们应该是"动员人民群众提高警惕，加强斗争，克服战争危险，争取实现持久和平"①。

在和平共处问题上，王稼祥批评了中国党内存在的"左"的观点。他说："那种认为'在帝国主义存在的条件下，不可能有和平共处'，'必须打倒帝国主义，才能有和平共处'，'必须彻底消除帝国主义和殖民主义，才能实现和平共处和世界和

---

① 王稼祥：《关于对某些国际问题的看法》（1962年春）。

平’等等的说法，是错误的。”①

在和平运动与民族解放运动问题上，他指出，和平运动“具有广泛性，包括不同阶级、不同民族、不同政治信仰和宗教信仰的爱好和平的人们，包括那些仅仅害怕核战争灾难的普通的人们，和平运动是群众性的运动，应该根据不同地区、不同国家、不同群众的觉悟，采取为群众所能接受的各种方式来进行斗争。我们应该把和平运动的意义讲够”。对和平运动要予以适当的估价和支持，并进行某种合作。“和平运动应该同情和支持民族解放运动”，但又“不要只讲民族解放运动，不讲和平运动”，并且“在和平组织中，不要把民族解放运动讲得超过了和平运动”。②

王稼祥针对当时中国所处国际环境和党内在对外工作上的“左”倾偏差，在中联部领导范围，并向周恩来、邓小平、陈毅写信，提出了调整对外方针的重要建议。其主要观点，张香山给予归纳如下：第一，发表一个全面的对外关系的声明，正确地全面地阐明和确认我们的对外政策是和平政策。这种政策的任务是保证我们建设社会主义所必须的长期的和平国际环境，争取有利条件加快建设速度。第二，为了争取时间，度过困难，加速完成我国社会主义建设，对外有必要采取缓和的方针，而不是采取加剧紧张的方针。第三，在国际斗争中要小心谨慎，注意策略，发挥主观能动性，要有进有退，有攻有守，有争有让，有拖有解，而不能勇往直前一斗到底。在当前要注意避免把美帝国主义的锋芒全部集中到中国来；对中印边境问题，要设法打开僵局，尼赫鲁不是中国民族的敌人；对苏联的斗争，要高度警惕赫鲁晓夫居心不良和力图孤立中国，甚至不惜同我们分裂。第四，关于我国的对外援助，必须根据自己的具体条件，“实事求是，量力而行”。特别是我国目前处于非常困难的时期和条件下，更要谨慎从事，“不要说过头，做过头，不要过分突出，不要乱开支持的支票，开出的支票要留有余地，不要满打满算，在某些地方甚至还要适当收缩，预见到将来我办不到的事，要事先讲明，以免被动”③。

王稼祥的这些意见，与当时党内上层所实行的方针不同；建议的本身，就是纠正“左”倾偏差的直接表现。毛泽东并不以为然，不予接受。

---

① 王稼祥：《关于对某些国际问题的看法》（1962年春）。

② 王稼祥：《关于对某些国际问题的看法》（1962年春）。

③ 王稼祥：《实事求是，量力而行》（1962年春）。

六　毛泽东对国内“修正主义”的最初看法

随着20世纪50年代批判国际上的所谓“修正主义”，特别是60年代初同苏共矛盾的发展，把苏共领导人也看作“修正主义”，毛泽东也逐渐地把“修正主义”这一概念用于了国内。

1956年10月匈牙利事件后，毛泽东提出了批判修正主义的任务，见之于1957年3月12日在中国共产党全国宣传工作会议上的讲话，又见之于在此之后发表的《关于正确处理人民内部矛盾的问题》一文。5月15日，毛泽东在《事情正在起变化》一文中分析党内思想状况时提出说：在共产党内部，有各种人。有马克思主义者，这是大多数。有一部分人有教条主义错误思想；“又有一部分人有修正主义或右倾机会主义错误思想。这些人比较危险”①。并说：“我党有大批的知识分子新党员（青年团员就更多），其中有一部分确实具有相当严重的修正主义思想。”②这时对党内有“修正主义”思想的人的看法，基本上是限于对某些知识分子。

1959年“反右倾”中，河南省委把“修正主义”一词用在了所谓“右倾”的领导干部身上。他们向中央报告说：新乡地委第一书记、洛阳地委第二书记、洛阳市委委员“在整社和加强生产管理的掩护下，采取了对中央第二次郑州会议的修正主义做法，把包工包产到队变为包工包产到户”。③

1960年5月28日，毛泽东在上海接见丹麦共产党主席耶斯佩森。在谈话中，他把彭德怀等说成是中国的“修正主义者”。他说：“我国也有修正主义者，以政治局委员彭德怀为首的修正主义者，去年夏季向党进攻。我们批评了他，他失败了。跟他走的有7个中央委员和候补中央委员连他自己8个”。从而把所谓“右倾机会主义者”同“修正主义者”等同了起来。

1961年苏共二十二大之后，中苏两党矛盾加剧。从此毛泽东对苏联“修正主义”问题的看法日趋严重。他在1962年七千人大会上说：“苏联是第一个社会主义国家，苏联共产党是列宁创造的党”，“苏联的党和国家的领导现在被修正主义者篡夺了”，

① 毛泽东：《事情正在起变化》，1957年5月15日。

② 毛泽东：《事情正在起变化》，1957年5月15日。

③《河南省委关于几个典型材料的报告》，1959年9月29日。

“苏联的坏人坏事，苏联的修正主义者，我们应当看作反面教员，从他们那里吸取教训”。① 从而在事实上提出了中国“防修”的问题。后来1967年2月3日，毛泽东同阿尔巴尼亚的卡博和巴卢库谈起这一次讲话时说：“1962年七千人大会，那时我讲了一篇话，我说修正主义要推翻我们，如果我们不斗争，少则几年，多则十几年或几十年，中国就可能变颜色。这篇讲话没有发表，不过那时已看出一些问题。”

苏共二十大以后，中国党“吸取教训”的重要思考之一，是“修正主义产生的根源”问题。1957年11月莫斯科会议宣言上说：“资产阶级影响的存在，是修正主义的国内根源。屈服于帝国主义的压力，则是修正主义的国外根源。”而在苏共二十二大以后，中国共产党得出一种新的认识，即周恩来于1961年11月19日在《关于苏共二十二大的一些问题》的报告中说的，“它的根源是高薪阶层和农村富裕阶层”。

到1962年夏天，这种从“修正主义”产生根源或社会基础上看问题的思考，进一步涉及如何看待中国社会的基层。具有代表性的一种说法，反映在邓子恢7月1日在中共中央高级党校作的报告中，他说：“干部的特殊化，这是最脱离群众的，老百姓很不满意……这是非常危险的，如果这一批干部不改变，将是修正主义的基础，20年以后，中国也要出现修正主义，你不要认为我们不会出现修正主义。老一辈都死了，这些家伙领导还不当赫鲁晓夫？苏联集体农庄的主席收入很高，也是特殊阶层，怕打仗，怕战争，要与美国肯尼迪求和妥协。我们不解决这个问题，20年以后也要产生修正主义，危险之至，因此，无论如何要解决这个问题。”②

由国际上有“修正主义者”到国内也有“修正主义分子”，由国防上“反修”，到国内也要“防修”，这是几年来“反对现代修正主义”理论与实践“合乎逻辑”的延伸。尽管这时对国内“修正主义分子”的认定还只限定在狭小的范围内，尽管这时对国内“防修”的考虑还只是初步的笼统想法，并且认为危险性是在老一辈不在了之后，但是这些初始的认识却给后来国内“防修”理论与实践的系统化提供了足可以发展的起点。这也是中共八届十中全会前许多背景情况中的最重要情况之一。

---

① 毛泽东：《在扩大的中央工作会议上的讲话》，1962年1月30日。

② 邓子恢：《关于农业问题的报告》，1962年7月11日。

河北邯郸县户村公社常赦大队工作队队员在地头宣讲“二十三条”。

第二章
八届十中全会上“左”倾理论的升级

一　北戴河会议的议题与毛泽东的变化

1962年8月6日至8月下旬，中共中央政治局在北戴河召开了一次中央工作会议，讨论农业、财贸、城市等方面的问题。

要召开这一次会议，是同年5月确定的。5月26日，中共中央批发《中央财经小组关于讨论1962年调整计划的报告》时，在批示中要求各地“对农业生产关系、生产力等方面的重要情况和问题，要系统地进行研究，提出切实可行的解决办法，为下一次中央工作会议研究和解决农业生产问题作好准备”。7月11日，中共中央又发出通知，开列了要进行调查的41个问题。

在农业方面，开列的一系列问题包括：你们认为在实行60条和以生产队为基本核算单位以后，农村生产关系和农业生产中还有些什么问题，你们认为，应当采取什么办法来巩固集体经济，使农民生产恢复和发展快一些？你们认为，采取包产到户和分田到户的办法是不是可以更快地恢复和发展农业生产？如果我们采取这种办法，它将在经济上和政治上引起何种结果？在那些现在实行包产到户，实行单干的地方，你们认为应当采取什么政策？你们那里有没有因为破坏严重，干部作风不好、集体经济搞得不好，农民要求包产到户的生产队，你们认为对这类生产队应当采取什么政策？等等。

显然，这一次的工作会议，农业问题是重点。这是因为，同年 5 月的中央常委工作会议内容虽然相当丰富，但主要是解决了工业、基本建设等方面的指标大幅度调整压缩的问题，而农业这个需要加强的部门，问题不少、认识不一，尚需在全面深入调查的基础上，另行专门研究解决。

要着力解决一下农业问题，是客观情况决定的。对于农业上的形势，当时刘少奇的看法是："现在人民公社的集体经济不够巩固，相当多的集体经济发生动摇，许多地方的农民，甚而至于干部，要求单干，要求分田到户，或者包产到户。集体经济不巩固，有内部原因，也有外部原因，有天灾的原因，也有过去的'五风'使农业生产受到很大破坏的原因，有国家征购粮食和其他农产品太多的原因，还有国家的价格政策不合理的原因。集体经济内部的原因，就是干部作风不好，多吃多占，不劳动，责任制、评工记分搞得不好。还有国家支援也不够。……现在已经有的地方散了，单干了，或者包产到户了，大概每一个地方都有，数量不算很多，有一部分，全国大概已经有百分之几以上采取各种形式散了，包产到户了，有一些现在没有散，但是要散。……就是说，集体经济现在发生一种瓦解的危机，散的危机。……现在有一种议论，有一种意见，说要发展生产，就要单干……这种意见，群众中间有，基层干部中间有，地、县干部中间有，省委干部中间也有，从高级干部到基层干部，都有这种意见。这几年，因为'五风'，国家征购太多，瞎指挥，对集体经济的信心有所丧失，农民这几年从集体经济中间没有得到好处。但是曾经有一个时期合作社是增产的。这几年减产，不能证明集体经济就不能发展生产。"①

对于如何巩固集体经济，刘少奇的想法是调整集体内部的关系，国家援助，农业技术改造，从改良农具到机械化。"只有农业技术改造见了效果，向大机械化发展了，集体经济才能最后巩固起来，农业机械化了，现代化了，农业集体经济要散也散不了。""中央准备现在就下手，提出农业机械化的任务。"

总之，中央召开这个工作会议，主要是解决农业还有商业等方面的政策问题。

但是，会议开始的第一天即 8 月 6 日，毛泽东在讲话中却提出了阶级、形势和矛盾问题的新题目。

关于阶级问题，他说：社会主义国家，究竟存在不存在阶级？在外国有人讲，没有阶级了，因此党是全民的，不是阶级的工具、无产阶级的党了，无产阶级专政

---

① 刘少奇：《对下放干部谈人民公社问题》，1962 年 7 月 18 日。

不存在了，全民专政没有对象了，只有对外矛盾了。像我们的国家是否也适应？

关于形势问题，他说：究竟这二年如何？有什么经验？过去几年，有许多工作没搞好，有许多还是搞好了。有人说农村去年比前年好，今年比去年好，这个说法对不对？有些同志过去曾经认为是一片光明，现在是一片黑暗，没有光明了。是不是一片黑暗，两种看法哪种对？

关于矛盾问题，他说：如果承认国内阶级还存在，就应该承认社会主义与资本主义的矛盾是存在的。阶级的残余是长期的，矛盾也是长期存在的。不是几十年，我想是几百年。又说：现在有一部分农民闹单干，究竟有百分之几十？有的说20%，安徽更多。就全国来讲，这时期比较突出。究竟走社会主义道路还是走资本主义道路？农业合作化要不要？“包产到户”还是集体化？现在就有单干之风，越到上层越大。闹单干的是富裕阶层，中农阶层，地富残余，资产阶级争夺小资产阶级搞单干。如果无产阶级不注意领导，不做工作，就无法巩固集体经济，就可能搞资本主义。

对于这次讲话，8月9日毛泽东说：我在大会只出了个题目，还没有讲完，有的只露了一点意思，过两天可能顺理成章。

毛泽东出的题目，一开始便把北戴河中央工作会议引向了以讨论阶级斗争问题为中心。各种经济问题的研究，也都以阶级斗争为纲来解决。

二　批判“三风”

毛泽东继提出阶级、形势和矛盾问题的题目，要会议进行讨论之后，又在抓阶级斗争的题目下，批判了“黑暗风”、“单干风”、“翻案风”。

1962年8月9日，他在中心小组会上“单讲共产党垮得了垮不了的问题”。他说：要有分析，不要讲一片光明，也不能讲一片黑暗，1960年以来，不讲一片光明了，只讲一片黑暗，或者大部分黑暗。思想混乱，于是提出任务：单干，全部或者大部单干。据说只有这样才能增产，否则农业就没有办法，包产40%到户，单干、集体两下竞赛，这实质上叫大部分单干。单干势必引起两极分化，两年也不要，一年就要分化。他尖锐地提出说：赫鲁晓夫还不敢公开解散集体农庄呢？他强调地说，这几年的一些做法，打击集体，有利单干，这次无论如何得解决这个问题。

毛泽东特别批评说：有些同志一有风吹草动，就发生动摇，那是对社会主义革命没有精神准备，或者没有马克思主义。没有思想准备，没有马列主义，一有风就顶不住。大家都分析一下原因。这是无产阶级和富裕农民之间的矛盾，地主、富农不好讲话，富裕农民就不然，他们敢出来讲话。上层影响要估计到。有的地委、省委书记（如曾希圣），就要代表富裕农民。要花几年工夫，对干部进行教育，把干部轮训搞好，办高级党校，中级党校，不然搞一辈子革命，却搞了资本主义，搞了修正主义，这怎么行？

北戴河会议开到8月下旬告一段落，绝大多数参加者来到北京，于8月26日起，举行八届十中全会的预备会议，直至9月23日止，继续讨论毛泽东提出的问题并拟定文件，为八届十中全会作了准备。

9月24日上午，中共八届十中全会在中南海怀仁堂举行。毛泽东主持会议并首先讲话，进一步谈了阶级、形势、矛盾和如何对待国内党内的修正主义问题。

毛泽东回答自己所提的阶级与阶级斗争问题说：社会主义国家有没有阶级存在？有没有阶级斗争？现在可以肯定，有阶级存在，阶级斗争肯定是存在的。他举出列宁在十月革命后初期的一个著名论断作为一个重要论据说：列宁曾经说，革命胜利后，本国被推翻的阶级，因为国际上有着资产阶级存在，国内还有资产阶级的残余，小资产阶级的存在，不断产生资产阶级，因此被推翻了的阶级还是长期存在的，甚至要复辟的。他又举出欧洲资产阶级革命中的一个史实说：欧洲资产阶级革命，如英国、法国等都曾几次反复，封建主义被推翻以后，都经过了几次复辟，经过了几次反复。他还举出所谓南斯拉夫“变修”的问题说：社会主义国家也可能出现复辟的反复，如南斯拉夫就变质了，是修正主义了，由工人、农民的国家变成一个反动的民族主义分子统治的国家。根据这种种“理由”，毛泽东提出说：我们这个国家要好好掌握，好好认识，好好研究这个问题。要承认阶级长期存在，承认阶级与阶级斗争，反动阶级可能复辟，要提高警惕，要好好教育青年人，教育干部，教育群众，教育中层和基层干部，老干部也要研究教育。不然我们这样的国家，还会走向反面。所以我们从现在起，就必须年年讲，月月讲，天天讲，开大会讲，开党代会讲，开全会讲，开一次会就讲，使我们对这个问题，有一条比较清醒的马克思列宁主义的路线。

毛泽东谈论形势时说：过去几年不太好，现在已经开始好转。现在无论国际、国内都是好的。社会主义阵营内部是复杂的，其实也很简单，道理就是一条，就是阶级斗争问题，马列主义与修正主义之间的斗争问题。

毛泽东谈矛盾，在分析了世界上的各种国家与社会的矛盾后，着重提出：在我们中国，人民群众也有同修正主义的矛盾，我们过去叫它做右倾机会主义，现在看，恐怕以改一个名字好，叫做中国的修正主义。

毛泽东谈党如何对待党内的修正主义问题说：犯了错误的同志，只要认识错误，回到马克思主义立场方面来，我们就与你团结。我劝同志们，无论是里通外国也好，搞什么秘密反党小集团也好，只要把那一套统统倒出来，真正实事求是讲出来，我们就欢迎。同时他又说：近来平反之风，不对，真正错了再平反，搞对了不能平反，真错了的平反，全错全平、部分错了部分平，没有错的不平，不能一律都平反。毛泽东反对“平反风”，首先是针对彭德怀。他在8月同华东、中南两大区负责人谈话时就说过：我对彭德怀这个人比较清楚，不能给彭德怀平反。其次也是针对邓小平所主持的甄别平反工作的。

在批判“翻案风”上，陈伯达在全会上作了一个蛮不讲理的发言。他说：“今年6月间，彭德怀又来了一封8万字的不知羞耻自我吹嘘的长信，在信中对于他自己和以他为首的反党集团的活动，里通外国的活动，全部翻案，重新猖狂进攻。到了8月22日，他又来了一封卑鄙下流的信，总之，他是要来干扰我们的，不来干扰他是不甘心的。”①

毛泽东批判“黑暗风”、“单干风”、“翻案风”，实质是“左”倾思想重新抬头，向正确思想进行“反攻”，并占了主导地位的表现。

在会议期间，康生作为党内的意识形态方面的“监察官”，诬陷小说《刘志丹》是“为高岗翻案”。

《刘志丹》是一部报告文学体裁的历史小说，歌颂了陕北根据地创建者之一刘志丹的革命业绩。作者李建彤，是刘志丹亲弟弟刘景范的夫人。作者最早是在1956年应工人出版社之约而写，初、二稿为传记体，1959年的第三稿改为小说体。曾印成稿样征求意见。1962年夏，作者改出小说上部的第五稿，工人出版社准备出版，印成送审样书送审。阎红彦于7月看到样书后，曾给作者写信提出：这部书涉及西北革命历史，“这些问题需要由中央作结论的，一个作者是负不了责任的”。小说在征求意见中也得到过一些陕北老干部的帮助与支持，职位最高者为习仲勋。为了征求更多人的意见，《工人日报》于1962年7月28日至8月4日连载发表了

---

① 陈伯达在八届八中全会上的发言，1962年9月24日。

第二卷第一部分。《中国青年》杂志也予刊载。在 8 月北戴河会议期间，阎红彦一面向全国总工会和团中央领导人提出停止发表的建议，一面报告康生，还写信报告了杨尚昆。惯于在党内搜寻斗争对象的康生得知后，立即要中共中央宣传部通知各地报刊不得发表这部小说，并于 8 月 24 日写信给杨尚昆，要中央书记处处理这个问题。康生在信中承认他没有看过这部小说，但他武断地认为“这不是一个单纯的文艺地写作问题，看来是带有政治倾向性的”。

康生认为，刘志丹与高岗都曾是陕北革命根据地创建者和领导人，歌颂刘志丹的革命业绩，就等于歌颂了高岗，“就是为高岗翻案”。他写了一张条子递给毛泽东，上面写道：“利用小说进行反党活动，是一大发明”。毛泽东在会上念了这张条子，并且说：“凡是要推翻一个政权，总要先造成舆论，总要先做意识形态方面的工作。革命的阶级是这样，反革命的阶级也是这样。”从此开始了对《刘志丹》的批判。

全会在抓阶级斗争和批判“翻案风”之下，成立了两个专案审查委员会，分别对彭德怀、习仲勋进行审查，并认为习仲勋、贾拓夫和刘景范是又一个“反党集团”。此外，还决定宣布撤销早在1959年和1960年被分别打成“反党集团主要成员”的黄克诚、谭政的中央书记处书记职务①。

党内“左”倾阶级斗争理论的发展，一系列错误批判和处理的进行，使得党内斗争的空气重新急剧上升。

三 “要准备资本主义复辟，五代到十代”

毛泽东从“反修”“防修”的角度重提阶级斗争，从阶级斗争的角度批判“三风”，严重地影响了中央第一线的领导人刘少奇。

刘少奇由于自身的特点和所处的位置。当毛泽东上半年一直在外地时，他对工作的领导比较符合实际，又同其他中央常委密切协作，正确地处理了许多重大问题，把经济的调整和党内外政治关系的调整向前推进了一大步。可是，当毛泽东回到北京，批评他对于陈云关于农村实行重新分田包产到户的建议“为什么不顶住”，并且在北戴河会议和八届十中全会上严肃批判“三风”时，他又不得不向毛泽东方

① 1959 年 8 月中共八届八中全会已作出撤销黄克诚的中央书记处书记职务的决定，但一直未公开宣布，此次一并宣布。

面倾斜、靠拢。特别是，他无保留地同意和接受了毛泽东关于借鉴国际经验，开展国内防止资本主义复辟斗争的理论。

9月26日，即八届十中全会最后一天，刘少奇作了一次重要讲话。毛泽东也作了多次插话。

刘少奇说：赞成主席的讲话。我们党在革命胜利以后，在毛主席领导下，一直是比较顺利的发展，但到1959年、1960年，因为受到天灾和我们工作中有错误，算是遇到一些比较大的困难。问题是采取什么态度。我们在困难面前有3种态度：第一种，是坚持社会主义道路，坚持克服困难，坚持毛主席、党中央革命的道路，继续胜利前进。这是大多数同志的态度。第二种，在困难面前被吓倒，放弃社会主义道路，向后倒退、单干，这是邓子恢同志的态度。……

毛泽东插话道：名义上没有放弃社会主义道路，说是经营方式，实际上就是单干。

刘少奇继续说：除邓以外，还有许多人向中央写信，主张单干，邓是代表。第三种，利用我们暂时的困难，向党发起进攻，企图推翻党中央和毛主席的马列主义领导，这就是彭德怀、习仲勋的态度。第一种是正确的；第二种是动摇，不坚定，丧失信心，不懂马列主义；第三种是敌对的态度。

毛泽东又插话道：第二种是不懂马列主义，是属于认识上的，过几年一看好些，就改了，他当时没有想到全局和前途，没有想到国际国内关系。民主革命胜利以后，是搞社会主义还是搞资本主义？四大自由，巩固新民主主义秩序，“群居终日，言不及义，好行小惠，难以哉！”当时在颐年堂就批评过邓老。

刘少奇又继续说：单干是没有出路的，只有社会主义大农业[①]才能使农民免于贫困和破产，农业才能过关。邓老主张单干，就是违背了最重要的两条，因此是香花还是毒草，是很清楚的，是一枝毒草。

毛泽东又插话说：可以建议，但不能采纳，有的地方开一次会赞成单干，但在执行半年以后，开一次辩论会，过去如何，将来如何，四属五保户如何，没有可能一家一头牛，就又不赞成单干。

刘少奇接着说：宣传单干优越性，肯定是毒草。如果党领导单干，党就要

---

① 这里说的社会主义大农业，即是在集体化的基础上，实现农业机械化，进行大规模的农机作业来生产。

变质了，就不是共产党。现在我们的困难到底有多大？就是如此而已。大家都经过了的，最困难的时期已经过去了，现在已经开始好转，应该继续前进，要坚持革命的道路，但宣传还要注意一点，还要讲有困难的。今年5月会议对困难估计多了一些。如果采取第一种态度，把困难估计得多一点，就没有什么问题，如果采取第二种态度，估计困难太多，就会动摇社会主义的信心，丧失前途，那就有很大的坏的影响。农村集体经济可以巩固，单干风大，实际单干不多，并不严重，只有安徽、甘肃多一些。已经单干了的，可以重新组织起来的。这股单干风要打下去。

毛泽东又插话说：有1家就1家，几家就几家，10家有3家、5家、7家愿意的就组织起来。不愿意来的就不来，也不要骂他们是走台湾的道路，但要说他们方向是不正确的。将来要来还可以来，现在不要闻风而来。散的很多地方，如安徽，分2年、3年分散分批组织起来，先说服愿意的组织起来，一年增加一些。

刘少奇接着说：第三种态度，利用我们暂时的困难向党进攻的是反动的。他们希望我们犯错误，对我们的困难幸灾乐祸。彭、高、习是无原则的阴谋反党集团，没有什么纲领，有时也提出纲领，如庐山会议彭德怀的意见书仍是反党纲领，这次8万言的信也是纲领。在七千人大会上，我说彭的信从表面上看来有些是符合事实的，他就说不是反党纲领。是纲领，纲领不能一点事实也没有呀！有部分是符合事实的，才能迷惑人。这次信也是迷惑人，开始有些人认为问题没有那么大。

毛泽东插话：提出与蒋介石一样的纲领，不会拿出来。

刘少奇继续说：《刘志丹》80万言书也是纲领。

毛泽东插话：布哈林（的纲领）只有一句话——发财吧！

刘少奇说：我们这次会议揭发了彭、习反党阴谋，是我们党的一个伟大胜利。反党集团实际上是几支反党别动队，人数不多，用不着全党去对付，我们工作不要受干扰，由少数人对付他们。对国际修正主义也要组织少数人去斗争，大多数人做好工作，我行我素。对全党干部进行教育，讨论一下是必须的。庐山会议上过当。

毛泽东插话：高级干部10几万人，17级以上讨论一下，不要卷入这个斗争。

刘少奇转而谈反修的理论问题说：毛主席论正确处理人民内部矛盾文章的

一段话：“在我国，虽然社会主义改造，在所有制方面说来，已经基本完成，革命时期的大规模的急风暴雨式的群众阶级斗争已经基本结束，但是，被推翻的地主买办阶级残余还是存在，资产阶级还是存在，小资产阶级刚刚在改造。阶级斗争并没有结束。无产阶级和资产阶级之间的阶级斗争，无产阶级和资产阶级之间在意识形态方面的阶级斗争，还是长时期的，曲折的，有时甚至是很激烈的。无产阶级要按照自己的世界观改造世界，资产阶级也要按照自己的世界观改造世界。在这一方面，社会主义和资本主义之间谁胜谁负的问题还没有真正解决。”而斯大林在1935年说已经解决，这是不正确的，同列宁讲的不符合。

毛泽东插话：与列宁说的相反。由于国际国内因素的存在，列宁经常讲被推翻的阶级在一个很长的时期内比无产阶级还强大。无产阶级无经验。

刘少奇接着说：两条道路的问题未最后解决，需要相当长的时间才能解决。

毛泽东插话：苏联几十年没有解决，又出了赫鲁晓夫。现在看起来，需要几十年，甚至几百年时间，我经常这样想，要经过反复。

刘少奇说：斯大林在集体化以后讲谁战胜谁的问题国内解决了，国际未解决。在这里还是主席讲得对。

毛泽东插话：我是根据列宁的说法。列宁有预见，他是在1924年死的，革命胜利后他有7年的实际经验。

刘少奇说：斯大林不对，麻痹了自己。

毛泽东插话：后头又出了反革命，惊惶失措，杀了很多人，有些应该杀，有些不该杀，如布哈林、季诺维也夫等。

刘少奇说：谁胜谁负要经过长时期才能解决，苏联、南斯拉夫、东欧的经验都证明了，我们要接受教训。我国如果彭、高、习的阴谋实现了，也要复辟，实际上回到了半封建、半殖民地的老路上，性质与蒋介石一样，形式上可能不同。

毛泽东插话：彭上台也会打着社会主义旗帜骗人的。

刘少奇说：谁胜谁负问题还未最后解决……

毛泽东插话：至少几十年，甚至几百年。

刘少奇说：我们党要从这里取得教训，提高警惕，以后还会有这类事情，所以必须在党内加强教育，加强社会主义教育，以便抵制各种各样反动的思想，资产阶级的思想。

毛泽东插话：在英国、法国，特别是法国，资产阶级与封建主义的斗争，胜利又失败，在法国搞了好几次，总是不稳定的。

刘少奇：要准备资本主义复辟。

毛泽东：我们要准备五代到十代，我们算第一代，共100年到200年。

四　公报的断言与过渡时期理论的迷误

八届十中全会在讨论通过了《关于进一步巩固人民公社集体经济，发展农业生产的决定》、《农村人民公社工作条例（修正草案）》、《关于商业工作问题的决定》、《关于粮食问题的决定》、《关于有计划地交流各级党政主要领导干部的决定》、《关于加强党的监察机关的决定》之后，于9月27日闭幕。

9月29日，发表了全会公报。全会完全接受了毛泽东在会上讲话提出的关于阶级和阶级斗争的新论点。经过毛泽东审定改写和全会通过的公报写道：

"在无产阶级革命和无产阶级专政的整个历史时期，在由资本主义过渡到共产主义的整个历史时期（这个时期需要几十年，甚至更多的时间）存在着无产阶级和资产阶级之间的阶级斗争，存在着社会主义和资本主义这两条道路的斗争。被推翻的反动统治阶级不甘心于灭亡，他们总是企图复辟。同时，社会上还存在着资产阶级的影响和旧社会习惯势力，存在着一部分小生产者的自发的资本主义倾向，因此，在人民中，还有一些没有受到社会主义改造的人，他们人数不多，只占人口的百分之几，但一有机会，就企图离开社会主义道路，走资本主义道路。在这些情况下，阶级斗争是不可避免的。这是马克思列宁主义早就阐明了的一条历史规律，我们千万不要忘记。这种阶级斗争是错综复杂的、曲折的、时起时伏的，有时甚至是很激烈的。这种阶级斗争，不可避免地要反映到党内来。国外帝国主义的压力和国内资产阶级影响的存在，是党内产生修正主义思想的社会根源。在对国内外阶级敌人进行斗争的同时，我们必须及时警惕和坚决反对党内各种机会主义的思想倾向。"

毛泽东的论断大大发展了他1957年以来的"左"倾阶级斗争理论观点。1957年和1958年说整个过渡时期中两个阶级的斗争是主要矛盾，时间界限是指三大改造基本完成以后的"延长过渡期"，10年至15年。八届十中全会上把两个阶级的存在和阶级斗争是主要矛盾的时间范围，延伸到了共产主义到来之前的整个社会主义历史阶段，100年到200年。并认定资产阶级在此期间将一直存在，是党内产生修正主义的根源。照此论点，党和国家的工作着重点就一直不能转移到社会主义建设上去，在此历史阶段的主要任务，就只能是不断地天天开展阶级斗争和反修斗争。

毛泽东的论点在理论上是完全错误的，并在后来形成“无产阶级专政下继续革命理论”上，有着重要作用，在实践上是极其有害的，是从此开展的国内“反修防修”运动的依据和指导思想。它的提出与付诸实践，成为后来发展为“文化大革命”的一个重要的历史关节点。

毛泽东之所以在此时提出了“反修防修”的错误理论观点，是他综合了自己对国际国内、党外党内、政治的和思想理论的各种矛盾问题的看法，而得出来的。

第一，国际共产主义运动中出现的新问题和一些事态的发展，给了他对社会主义时期阶级斗争问题的认识以重大影响。他错误地认定南斯拉夫“修”了，列宁的故乡、革命成功几十年的苏联也“修”了，这是关系国际共产主义运动前途的大事。中国如不注意防止，将来也有变“修”的可能，因此必须进行预防性的“防修”斗争。

第二，对经济困难时期以来国内情况和党内的一些矛盾作出了错误判断，进而不恰当地认为中国也存在着资本主义复辟和出修正主义的现实危险。1962年国际斗争比较紧张，中国周围环境恶化，这些对引起毛泽东高度警觉，拉紧阶级斗争的弦，也有一定的影响，但不是毛泽东提出“反修防修”理论的基本因素。毛泽东是站在总结世界社会主义的历史经验、研究如何防止党和国家蜕化变质的角度来观察国内、党内，把党内存在的矛盾的性质看错，得出了中国也存在“复辟变修”现实危险的错误判断的。这是他发展了“左”倾阶级斗争理论的更根本、更直接的原因。正如1964年他曾作过的说明那样：“1962年上半年时，很多人说形势的全面好转要8年、10年，要包产到户，不搞社会主义经济了。在北戴河，我之所以讲形势、阶级、矛盾，是有个来源的。”①

以上两点史实，前面已有所论述。现在要着重分析的是第三个重要原因：对社会主义社会发展规律认识不清，对马列某些论点的误解。

本书第一篇第二章“理论上的重大失误”中谈到，1956年三大改造基本完成后，党在过渡时期理论上发生了违背马克思列宁主义原理、脱离中国现实的混乱，没有宣布以建立起社会主义制度为界的过渡时期已经结束，反而宣称过渡时期还要延长下去，社会主义社会尚待“从根本上建成”。从而使“过渡时期充满着无产阶级同

① 1964年5月10日、11日，毛泽东在听取国家计委汇报“三五”计划设想时的插话。

资产阶级的斗争”这一已不符合变化了的实际的概念也随之延续，给社会主义社会主要矛盾的认识发生错误，留下了一个重要条件。

到了1958年年底，毛泽东对“社会主义建成”提出了与苏联1936年宣布建成不同的新标准。由苏联的3条，变为7条：1.实现社会主义的全面全民所有制；2.实现国家工业化、公社工业化、农业电气化、机械化，钢的年产量至少在1亿吨以上；3.彻底解决衣食住问题；4.实现6小时工作制；5．普及中等教育，使有条件的人都能受到高等教育；6．基本上消灭了阶级；7．人民群众的共产主义觉悟和道德品质大大提高。① 这样一来，所谓社会主义建成，已不再是建立起社会主义社会制度的含义，而是把社会主义建设得可以开始直接向共产主义过渡的含义。当时毛泽东设想，中国社会主义建成的时间再有15年至20年便可实现。此外，苏联宣布的社会主义建成同未来开始向共产主义过渡之间不相连接，中间有长达几十年的非过渡期。而毛泽东这时设想的中国社会主义建成之日，即是开始过渡到共产主义之时，是“不断革命”、中间不停顿的。

毛泽东的这个新设想，就速度而言，把建设社会主义的历史阶段设想得极短而容易，充分表现了还不懂得在落后国家特别是在中国条件下，全面建设社会主义的极大的艰巨性和复杂性；就建成标准的内容而言，主要着眼点放在大力进行经济和文化建设上，基本方向是对的。但也包含有认为直到开始向共产主义过渡前的整个社会主义历史时期中，剥削阶级仍未消灭这样重大的理论观点错误，这一错误的存在，足以给社会主义建设造成实际混乱。

毛泽东的这个新设想，使得“过渡时期”的含义，由马克思讲的、苏联做的、中国1953年所定过渡时期总路线规定的，从资本主义过渡到社会主义（在中国是由半殖民地、半封建经过新民主主义过渡到社会主义），扩展到了直至实现共产主义之前的整个社会主义历史时期（尽管当时设想的时间不长，只有15年至20年）。即由原来“小过渡”的概念，变成为“大过渡”的概念。

1959年12月至1960年2月毛泽东在读苏联《政治经济学教科书》第3版下册时，对于书中所写“过渡时期开始于无产阶级政权的建立，完成于社会主义革命任务的实现——建成社会主义即建成共产主义的第一阶段”，他提问说：究竟过渡时期包括

① 《〈关于人民公社若干问题的决议〉（草案）的说明要点》（1958年12月9日）。参见国防大学：《中共党史教学参考资料》第22册，第577页。

什么阶段，要好好研究，只包括资本主义到社会主义，还是包括资本主义到社会主义，也包括从社会主义到共产主义？他作出的回答是后者。从而进一步肯定了“过渡时期”应是包括直到共产主义到来之前的整个社会主义历史阶段。这种“过渡时期”含义、范围上的变化，便是八届十中全会公报上所说“在无产阶级革命和无产阶级专政的整个历史时期，在由资本主义过渡到共产主义的整个历史时期”的来历。

与此同时，在经过“大跃进”的挫折后，对社会主义历史阶段实际时间的预计逐渐加长，由15年至20年(1958年年底)①，延长至40年(1960年年初)②，又延长至几十年到几百年(1962年)③、100年至几百年(1964年)④。表现在人民公社体制问题上，由集体所有制向社会主义全民所有制的过渡逐渐不提或少提了；由生产队为基础到社有制的过渡，也从限制7年内不变(1960年11月《12条紧急指示信》)，延长到30年内不变（1962年2月下放体制的指示和《农业60条》)。1961年年初还提过“按劳分配至少20年不变”（李富春于1月14日在八届九中全会上《关于安排1961年国民经济计划的意见》的报告)。

对于社会主义历史阶段的时间估计由很短到变为相当长，无疑是认识上的一种进步。但问题的另一面是：越来越不从整个社会经济、文化建设的长期性上考虑了，而是从阶级和阶级斗争的长期存在考虑，主要注意力越来越多地放在了长期搞阶级斗争上去。在20世纪50年代中后期要把工作重点转向大抓经济建设，这一点是对的，但这时对社会主义历史阶段时间估计很短，导致建设社会主义急于求成的错误战略决策；在60年代初逐渐觉悟到不可能很短，而是相当长，这一点是变对了，但却又逐渐把大力进行社会经济文化建设放到非中心或第二位的地位，而着眼

---

① 参见《〈关于人民公社若干问题的决议〉（草案）的说明要点》，1958年12月9日。

② 1960年3月22日，毛泽东对中国驻巴基斯坦大使馆关于《我国参加东巴基斯坦工农业展览的情况报告》的批示中写道：“如果给我们40年时间的话，那时候世界情形将起大变化，那10%的坏人或半坏人的多数或大多数很可能被他们自己的人民所推翻，而我国则很有可能平均每人有1吨钢，平均每人有2000至3000斤粮食和饲料，多数人民有大学的文化程度，那时人们的政治觉悟水平和理论水平将提高到比现在高得多，整个社会很有可能在那时过渡到共产主义社会。”

③ 1962年9月26日毛泽东在八届十中全会上的插话。

④ 参见《关于赫鲁晓夫的假共产主义及其在世界历史上的教训——九评苏共中央公开信》，1964年7月14日，第七部分。

于在整个历史时期突出地搞阶级斗争，导致出“反修反修”的理论与实践这另一种战略决策的错误。

两个不同的过渡变成一个大过渡时期之后，又混淆了前后两个过渡时期中阶级和阶级斗争的不同，是在过渡时期理论上失误的要害。在第一个过渡（由资本主义过渡到社会主义）中，阶级斗争是社会的主要矛盾；在第二个过渡（由社会主义过渡到共产主义）中，剥削阶级已经消灭了，虽然还有阶级斗争，在一定条件下还可能有所激化，但阶级斗争已经是以残余形态存在于一定范围之内，不再是社会的主要矛盾。虽然前后两个过渡时期都实行无产阶级专政即人民民主专政，但其对国内的任务也有重要的不同：在前一个时期是消灭剥削制度和剥削阶级；在后一时期是保卫社会主义建设。毛泽东混淆了这些重大区别，认为在第二个过渡的整个发展阶段中，资产阶级都将存在和企图复辟，两个阶级、两条道路的斗争仍是主要矛盾，这就铸成大错。

造成这一错误的理论认识来源之一，是将列宁在苏联特定条件下关于阶级斗争的论述，不加分析地搬到了中国。1920 年列宁在《共产主义运动中的“左派”幼稚病》一书里，说到资产阶级因为自己被推翻而凶猛十倍，它的强大不仅在于国际资本的力量，而且在于习惯的力量，小生产的力量，“小生产是经常地每日每时地、自发地和大批地产生着资本主义和资产阶级的”。毛泽东将这段反映了苏联国内战争和实行战时共产主义时的认识说的话，搬用到经过社会主义改造后，阶级状况、社会条件已发生根本性变化，阶级斗争已不再是主要矛盾的中国，作为断言在整个社会主义历史阶段资产阶级都将存在和企图复辟的理论根据，是根本错误的。毛泽东不但在八届十中全会上一再地重复列宁的这个论点，并把他的理解写进了全会公报，而且在后来的年份中，还多次地讲：列宁说过，在社会主义社会过程中，不仅原有的资产阶级影响的存在，而且在小生产中不断产生新的资产阶级分子，我们十几年的经验也说明了这一点。党和毛泽东对于社会主义社会中阶级斗争的认识，越来越严重地脱离了中国的实际。

总之，对国际共产主义运动中出现的问题的原因没有作出全面、准确的分析和概括，对一些社会主义国家出现的改革潮流得出了错误的认识；对中国国内、中共党内一些矛盾问题及其性质看错，得出存在资本主义复辟和变修现实危险的错误判断；在社会主义社会发展规律理论认识上的重大缺陷和对马列论点的误解与教条主义的搬用。这些，是毛泽东在八届十中全会上发展了他已有的“左”倾理论的深刻原因。

陈伯达同志給中央的信

中　央：

送上天津小站地区以姜德玉、張凤琴、張玉崙为首的三个反革命集团的社会关系分布图，幷附这三个反革命集团头子的历史大事記各一份。

这三个反革命集团的成份問題和他們的罪恶活动，群众早已有所反映。一九六二年，天津市委接受群众意見，已将姜德玉开除出党，幷解除他的一切职务。但是，不論姜德玉的問題，还是張凤琴、張玉崙的問題，都只是在今年四清运动中，群众充分发动以后，才彻底暴露出来。現在运动还沒有結束，他們的政治問題和經济問題，还在继續清查中。

主席吩咐过，这些材料可以发到县級，供給大家参考。如何处理，請中央批示！

除了这些图表和大事記以外，工作組还准备写一篇叙述斗爭发展过程的材料，但要过些时候才可能写。写出后，当即送中央审查。

陈伯达

八月四日

—8—

1964年1月天津南郊小站公社开展“社教”运动，挖出三个“反革命集团”。这是陈伯达就此事写给中央的信。

第三章
四清和五反运动

一　目的是“挖修根”

中共八届十中全会闭幕后，按照毛泽东的理论观点，逐步地开展起国内“防修”的工作。

1962年10月23日，中央批转了《中共湖南省委关于怎样纠正“单干风”的报告》。《报告》说，湖南的“单干风”在1961年春秋和1962年冬春出现了一次，有25000个生产队已经分田单干。“闹单干的，有地、富分子，有富裕中农，也有贫农。在我们党内和干部队伍中也有一少部分人主张分户单干。”“从根本性质上看，‘单干风’与反对‘单干风’是阶级斗争，是社会主义和资本主义两条道路的斗争。”“产生单干风的根本原因是地、富、反、坏分子捣乱，一部分富裕中农的自发资本主义倾向作怪。”《报告》批判了包产到户“是广大农民群众的要求”，“能够增产”的认识，要求纠正包产到户等做法，“使之回到集体道路上来”。与此同时，安徽省对“责任田”也作了进一步的改正。据省委12月报告：“已改正‘责任田’的生产队有60100多个，占实行‘责任田’生产队总数的23%，其中在中央8月工作会议以后自动改过来的有23500多个队。已改的队连同原来坚持集体生产的队共有102100多个，占生产队总数的33.74%。”①

① 《中共安徽省委关于第一批改正“责任田”的总结及今后的工作部署的报告》，1962年12月。

与“单干风”的纠正相关，撤销了中央农村工作部。11 月 9 日，中共中央《关于撤销中央农村工作部、任命国务院农林办公室主任、副主任的决定》说：撤销中央农村工作部后，其业务合并于国务院农林办公室。之所以这样做，是因为毛泽东认为：中央农村工作部（又主要是部长邓子恢）“10 年来没有做一件好事”。

接着，在全国城乡抓阶级斗争。八届十中全会后，毛泽东到许多地方了解传达贯彻会议精神的情况。据毛泽东 1963 年 5 月说：我“跑了 11 个省，只有子厚、延春滔滔不绝地讲社会主义教育，其他人都不讲”①。“子厚”，即中共河北省委第一书记刘子厚；“延春”，即湖北省委书记王延春。“讲社会主义教育”，即是抓两条道路的阶级斗争。毛泽东最关心的，莫过于此。

1963 年 2 月 11 日至 28 日，中共中央在北京举行工作会议，讨论了关于在城市开展“五反”运动、严格管理大中城市集市贸易和坚决打击投机倒把、1963 年国民经济计划和中小学工作条例等问题。在会上，毛泽东介绍了湖南开展社会主义教育运动的经验和河北省保定地区搞“四清”的经验。

湖南的经验是指省委在传达贯彻八届十中全会精神中，先是把注意力集中到纠正“单干风”上，继而把“单干风”与“牛鬼蛇神”（地富反坏右的统称）“紧紧相连”，于 1962 年 12 月起重点强调“彻底揭开当前阶级斗争的盖子，针锋相对地展开斗争，教育干部，发动群众，大张旗鼓地刮‘东风’，打击敌人，遏止‘黑风’”。以此“把敌人和‘黑风’整住”②。毛泽东认为“湖南报告很好”，要会议的参加者研究。

河北的经验是指保定地委在传达贯彻八届十中全会精神中，先是“克服了自发单干倾向，遏止了单干风”，继而于 1963 年 2 月中旬开展了“普遍进行清帐、清库、清工、清财”的“四清”工作。“四清”在检查纠正基层干部中存在的铺张浪费、挪用公款、多吃多占以及贪污盗窃行为，整顿干部作风，贯彻勤俭办社、民主办社方针上，有积极意义，因而受到农民的普遍欢迎。保定地委还总结了学习文件、发动群众、检举揭发、干部检讨交代、查证清理、进行退赔、建立制度、巩固成果、检查验收等步骤方法。

会议决定在农村开展四清运动，在城市开展“五反”运动。通过了《中共中央关于厉行增产节约和反对贪污盗窃、反对投机倒把、反对铺张浪费、反对分散主

① 毛泽东于 1963 年 5 月 7 日、8 日、11 日的谈话。

②《中共湖南省委关于社会主义教育运动情况的报告》，1963 年 2 月 8 日。

义、反对官僚主义运动的指示》。

农村四清、城市五反的社会主义教育运动，作为贯彻八届十中全会关于“阶级斗争天天讲”理论的重大战略性行动，从一开始就有着在中国反对和防止“修正主义”的明确目的。在这次会议上，毛泽东说：我国出不出修正主义，一种可能，一种不可能，在农村进行社会主义教育，就可以挖掉修正主义根子。① 并说：“阶级斗争，一抓就灵。”中共中央关于开展五反运动的指示也强调地指出：开展这一运动是“为了健全制度，改进思想作风，克服和防止资本主义、修正主义的腐蚀，保证我国社会主义建设事业的顺利发展”。这些清楚地表明了毛泽东提出搞农村四清、城市五反运动的着眼点。

毛泽东的这种着眼点，还表现在其他的许多谈话中。会议期间，毛泽东还说过：贫下中农组织一定要搞好，在农村要有一套制度防止修正主义。② 会后他又说过：如果我们不整风，那些县都要出修正主义。③ 如果我们再不搞，再过10年，中国也会出修正主义。④

开展四清和五反运动，是毛泽东在国内搞“反修防修”运动的第一个重大战略部署。

二　两个“10条”

为了开展农村的社会主义教育运动，1963年5月2日至12日，毛泽东在杭州召集有部分中央政治局委员和大区书记参加的小型会议，讨论制定了《关于目前农村工作中若干问题的决定（草案）》（简称《前10条》），作为指导社教运动的纲领性文件，于20日发布，并附了各地有关社教的材料20件。

《前10条》讲了（一）形势问题；（二）在社会主义社会中是否还有阶级、阶级矛盾和阶级斗争存在的问题；（三）当前中国社会出现了严重的尖锐的阶级斗争情况；（四）我们的同志对于敌情的严重性是否认识清楚了的问题；（五）依靠谁的

① 1963年2月25日的中央工作会议上，毛泽东在刘少奇讲话时的插话。
② 毛泽东在中央工作会议期间对大区书记的谈话，1963年2月26日。
③ 毛泽东在听取白如冰汇报时的插话，1963年4月9日。
④ 毛泽东接见阿尔巴尼亚国防部长巴卢库的谈话，1963年10月2日。

问题；（六）目前农村中正确地进行社会主义教育运动的政策和方法问题；（七）怎样组织革命的阶级队伍的问题；（八）“四清”问题；（九）干部参加集体生产劳动问题；（十）用马克思主义的科学方法进行调查研究的问题。

《前10条》列举了9种“当前中国社会中出现了严重的尖锐的阶级斗争情况”的表现，说被推翻的剥削阶级，地主富农，总是企图复辟，打击贫下中农，拉拢腐蚀干部，篡夺领导权，进行恢复封建的宗族统治的活动，利用宗教和反动道会门欺骗群众等，“有些社、队的领导权，实际上落在他们手里，其他机关的有些环节，也有他们的代理人”；说反动分子的各种破坏活动（破坏公共财产，盗窃情报，甚至杀人放火）多处发现；说在商业上投机倒把的活动很严重，有些地方这种活动很猖狂；说雇工剥削、放高利贷、买卖土地的现象也发生了；说“在机关中和集体经济中出现了一批贪污盗窃分子，投机倒把分子、蜕化变质分子，同地主富农分子勾结一起，为非作歹。这些分子是新的资产阶级分子的一部分，或者是他们的同盟军”。文件引用湖南省委一个报告①的话说：“政治上和平共处，组织上稀里糊涂，经济上马马虎虎，怎么能建设社会主义？”进而得出结论说：开展社会主义教育运动，“进行阶级斗争，进行两条道路的斗争，这是决定我们社会主义事业成败的根本问题”。

《前10条》强调“依靠贫农、下中农，是党要长期实行的阶级路线”，并且“在整个社会主义历史阶段，一直到进入共产主义以前”都如此，强调要“组织革命的阶级队伍”，即建立贫下中农组织，开展“四清”同社会主义教育相结合的大规模的群众运动，“打击和粉碎资本主义势力的猖狂进攻”。

《前10条》规定“团结95%以上的群众，团结95%以上的干部”，以教育为主，以惩办为辅，实行“说服教育、洗手洗澡、轻装上阵、团结对敌”的方针。规定干部要认真参加集体生产劳动，因为“对于社会主义制度来说，是带根本性的一件大事”，认为不这样，“势必出修正主义”。

《前10条》号召全党认真学习和领会毛泽东发出的一个警告：“阶级斗争、生产斗争和科学实验，是建设社会主义强大国家的3项伟大革命运动，是使共产党人免除官僚主义、避免修正主义和教条主义，永远立于不败之地的确实保证，是使无产阶级和广大劳动群众联合起来，实行民主专政的可靠保证。不然的话。让地、

---

① 即中共湖南省委1963年2月8日《关于社会主义教育运动情况的报告》。

富、反、坏，牛鬼蛇神一齐跑了出来，而我们的干部则不闻不问，有许多人甚至敌我不分，互相勾结，被敌人腐蚀侵袭，分化瓦解，拉出去，打进来，许多工人、农民和知识分子也被敌人软硬兼施，照此办理，那就不要很多时间，少则几年、十几年，多则几十年，就不可避免地要出现全国性的反革命复辟，马列主义的党就一定会变成修正主义的党，变成法西斯党，整个中国就要改变颜色了。请同志们想一想，这是一种多么危险的情景啊！”

的确，毛泽东为人们描绘了一种令人警觉、担忧、可怕的危险情景。正是这种警告，使全党首先是党中央，几乎无例外地接受了开展社会主义教育运动来挖修正主义根子的指导思想与部署。

刘少奇没有参加5月小型会议。他同夫人王光美在陈毅副总理兼外交部长的陪同下，于4月12日至5月16日访问了印度尼西亚、缅甸、柬埔寨和越南4国。5月12日小型会议结束时，他还在国外。他回到昆明后，看到《前10条》文件，很赞成文件的内容。他认为3年经济困难之后，出现许多不良的现象，脱离群众，官僚主义，贪污腐化等，对此不能熟视无睹，应该解决。注意下层的问题，这是刘少奇在社教运动中很重要的着眼点，也是与毛泽东有差异之点。这种差异，以及由此引起的问题，在运动开始时，尚不十分明显。

刘少奇回国后，即同彭真一起，根据《前10条》的基本精神，主持拟定了第二个10条，即《关于农村社会主义教育运动中一些具体政策的规定（草案）》，简称《后10条》草案。

同年9月6日至27日，中共中央在北京举行工作会议，讨论了农村工作、1964年国民经济计划等问题，并通过制定了《后10条》。

《后10条》对《前10条》和毛泽东的阶级斗争理论作了很高的评价。说《前10条》“是一个伟大的具有纲领性的文件，是关于我们党在思想上、政治上、组织上和经济上各个方面的基本建设的重要文件。这个文件中提出的10项问题，极大地丰富了八届十中全会以后已经在各地农村进行的社会主义教育运动的内容”。并说：“各地试点的经验，充分地证明，毛泽东同志对于社会主义社会中的阶级、阶级矛盾、阶级斗争问题的分析和指示，具有伟大的革命意义和历史意义；充分地证明，根据毛泽东同志的指示开展的农村社会主义教育运动，对于打退曾经嚣张一时的资本主义势力和封建势力的猖狂进攻，对于巩固农村社会主义阵地和无产阶级专政，对于铲除发生修正主义的社会基础，对于巩固集体经济、发展农业生产，都有着极重大的作用。”认为“这一次教育运动完成以后，全国将会出现一种欣欣向荣的气象”。

《后10条》规定运动的5个要点，“即是：阶级斗争，社会主义教育，组织贫、下中农阶级队伍，‘四清’，干部参加集体劳动”。其中“阶级斗争是最基本的”。基本的方针则是“以阶级斗争为纲，抓住5个要点，放手发动群众，有步骤地、有领导地开展群众运动，团结95%以上的干部和群众，打退资本主义势力和封建势力的进攻，提高干部和群众的社会主义觉悟和阶级觉悟，整顿农村的基层组织，健全和巩固集体经济，发展农业生产”。

《后10条》规定运动中要做组织训练工作队、召开三级干部会议、访贫问苦扎根串连发动贫下中农、召开党的基层组织会议等12项工作；领导机关注意7个问题，即领导带头，洗手洗澡；领导负责，亲自动手；进行细致的工作，深入地发动群众；依靠基层组织和基层干部；进一步贯彻《农业60条》；同生产工作紧密结合；注意点面结合。

《后10条》在“团结95%以上的农民群众”问题上，提出了“4个区别”，即把“进行复辟活动的阶级敌人”同“落后群众”加以区别；把投机倒把分子同资本主义倾向比较严重的农民加以区别；把投机倒把活动同正当的集市贸易活动、临时性的肩挑运销以及小量的贩运活动加以区别；把资本主义自发势力同正当的社员家庭副业加以区别。还指出要注意团结有缺点的农民、从城市下放到农村从事农业生产的工人、干部、学生、复员退伍军人、在农村的军属等人。

《后10条》在“团结95%以上的农村干部”方面，提出了：对广大基层干部要全面分析，切忌片面性；对犯错误的干部总的精神是教育为主，处分为辅，区别情况，分别对待，批判、退赃从严，组织处理从宽，抗拒从严，坦白从宽；运动中反对坏人坏事，表扬好人好事；对上中农成分的干部，根据情况，区别对待，妥善处理；对一些经过了较长时间的考察，表现好的地富家庭出身的青年学生、还乡职工、复员军人，可以分配适当的工作，同地富子女结婚的党员、干部能否做党员和当干部，主要根据本人表现。

《后10条》对于整顿农村党的基层组织、对于地富反坏分子的处理、正确对待地富子女问题，也都作了一些政策性规定。

总的看来，《后10条》贯彻了《前10条》反映出的“左”倾指导思想，同时，作了许多预防偏差特别是防止“左”倾偏差的政策规定。

当时，毛泽东同意了这个《后10条》。11月14日，中共中央发出通知，决定将两个10条下发全国城乡（5月20日中央在批发《前10条》时，曾规定五反运动还没有结束的城市，暂不下发基层；暂不准备推行四清运动的县、社和大队，也暂时不要下达）。这样，从1963年冬到1964年冬，社教运动就在部分县、社开展起来。

三 “三分之一”的估计与“追根子”

社教运动开展以后，在《前10条》的影响下，各地的党委对农村的形势看得越来越严重。湖北省委等向中央和毛泽东报告说，农村存在的严重阶级斗争，“斗争焦点是阶级敌人千方百计篡夺基层领导权，使集体经济向资本主义‘和平演变’”，“现在有的单位，虽然还挂着社会主义牌子，但实质上已经蜕化为资本主义了”。

上层影响下层，下层也影响上层。毛泽东于1963年6月14日在邯郸同河北省委书记林铁等谈话，了解农村四清进展情况后说：“你们跟湖北差不多，湖北同志讲他们（那里被篡权的基层）是占三分之一，有的土改就不彻底，有的后来变了，有的是富裕中农当权，这就是说，有三分之一不是社会主义的，他们挂的是社会主义牌子，实行他们的一套。”同年8月4日，毛泽东向日本共产党一位政治局委员谈话说：“现在在农村还有近三分之一的生产队掌握在敌人及其同盟者的手里。”1964年6月8日，毛泽东在中央工作会议上又说：“总之，我看我们这个国家有三分之一的权力不掌握在我们手里，掌握在敌人手里。”

基于这种严重的“敌情”估计和社教运动要依靠贫、下中农的规定，四清工作队便搞起了“访贫问苦、扎根串连”等神秘化做法。1963年11月起至1964年4月，王光美根据刘少奇要她下去锻炼的指示，作为工作队员参加了唐山专区抚宁县卢王庄公社桃园大队的四清试点。工作队基于大队的领导权不知是否在搞复辟的敌人手里的考虑，进村便从“访贫问苦、扎根串连”做起，把民主革命时期开辟新区的做法搬用到共产党领导下实现了农业合作化多年的农村。

但是，“三分之一的社队领导权不在我们手中”的概念和与之相连的“扎根串连”做法，并非始自四清运动。而是最早出现于1960年和1961年。

1960年11月15日，毛泽东曾指出当时有三分之一地区是不好的形势。他把主要是3年“大跃进”造成的经济困难及其严重后果归结于“坏人当权、打死人，粮食减产，吃不饱饭，民主革命尚未完成，封建势力大大作怪，对社会主义更加仇视，破坏社会主义的生产关系和生产力……”[①] 12月，中共中央还对山东、河南、甘肃某些地区出现的严重情况批示道：这“显然是封建势力在地方上篡夺领导，实行绝望性的破坏性的报复”，是“‘借尸还魂’，篡夺领导，实行复辟和疯狂挣扎”。[②]

随后，1961年1月1日，中共中央批转河南省信阳地委《关于整风整社和生产救灾工作情况的报告》（即“信阳事件”报告）。《报告》夸大了敌情，混淆了敌我，把粮食减产和大量饿、病、死人的现象一概归于坏人当权和封建势力的破坏，因而提出依靠贫下中农进行整风整社，“彻底孤立和打倒反革命复辟”。中央在批示中肯定了信阳地委的报告，要求“全国三类社队整风整社都应照此执行”。

1961年年初，广东省坦州整社工作团总结他们在中山县坦州公社进行整风整社运动的基本经验说：“怎样才能把群众真正的发动起来？坦州的经验证明，必须采取扎根串连的办法，首先组织起一个贫下中农的核心队伍，这可以说是继土改、合作化以后的第三次‘组织起来’。工作团进村以后，经过短短几天的工作，立即证明了扎根串连是深入发动群众的唯一办法，不管是三类队，还是一、二类队都必须如此。”

工作团的总结报告说：起初串连发动鸣放时，指被串连来的人“一边在房内鸣放一边悄悄派人到门外放哨，怕的是大小队干部在门外偷听”，“当工作团进行了扎根串连以后，形势立刻起了变化”，“在群众心目中工作队变成了‘我们自己的人’了”。“进行了扎根串连的多数队，和没有认真进行扎根串连的少数队，就出现了两种局面，两种效果。……凡是采用了扎根串连办法的，根子发动起来以后，就去串连开会，人就来了，经过一带头，大家都能讲出心里话，做到鸣深放透，这就使干部的‘五风’情况，被揭露得很彻底。没有扎根串连的呢？队长叫开会，人不来，来了以后，表面热闹，但都是放远不放近，放上不放下（自己的顶头上司），放事不放人，搞了几天，还是飘在半空中，摸不到。这就证明了，只有用扎根串连的方法，使我们一开始就一脚到底，迅速地和群众结合在一起，才能保证整风整社的各项工作和政策都到底。”

---

① 毛泽东在中央精减干部和安排劳动5人小组《关于中央一级机关抽调万名干部下放基层情况的报告》的批示，1960年11月15日。

②《中共中央关于山东、河南、甘肃和贵州某些地区所发生的严重情况的指示》，1960年12月8日。

报告又说："扎根，对一、二类队来说，仍然是需要的。它是串连的起点，取消了根子，就不可能依靠贫下中农的先进分子去进行串连发动，而且领导权究竟在谁的手上，也只有深入下去才能摸清楚，而扎根串连，就是深入群众摸清情况的最好办法。"

报告提出了建立占社员总数20%的贫下中农优秀分子组成的贫下中农核心小组的重要性，通过他们再串连发动占总人口70%左右的全部贫下中农，形成阶级优势。然后再广泛发动，把90%以上的劳动农民都团结起来，去反"五风"，"建立一支有核心的贫农、下中农的阶级队伍，是保证运动既深入又健康地发展的中心关键"。

报告还说："坦州公社是个二类社，社、队干部绝大部分是好人，但有20%的大队，30%的小队的领导权掌握在坏人手里。这些大、小队在这次运动中，经过了艰苦深入的组织队伍发动群众，终于把民主革命时没有打垮或后来又复辟的封建势力打下去了，把蜕化变质分子清除出去了，夺回了领导权，使群众获得了新的解放。"

对于坦州工作团总结的经验，中共中南局和中共中央都给予肯定，说这是"一个指导文件"，要求各地"斟酌仿照办理"。

1963年2月，毛泽东要发动四清运动时，便对林铁、刘子厚说：你们有多少三类队？要扎根串连，要贫雇农团结起来。所以，1963年至1964年四清运动中的"三分之一领导权不在我们手里"的判断，和"访贫问苦、扎根串连"的做法，不过是经济困难时期整风整社中"左"倾思想和做法的延续与发展。或者说，那时的具有"左"倾错误的整风整社运动，已经具有后来农村社教运动的雏形。所不同的是，农村社教运动已不是一般的整风整社，而是在八届十中全会"左"倾阶级斗争理论指导下的"反修防修"运动，并且在"三分之一"估计和"扎根串连"开展斗争的基础上，又发展出了"追根子"的斗争。

王光美下农村参加搞四清运动，也受到毛泽东的赞同和支持。她每一次回来，毛泽东都向她问情况，并多次说过："根子在上面。"1980年王光美回顾说：当时"我是真心真意接受'以阶级斗争为纲'指导思想的"①。

刘少奇也接受了"追根子"的思想。1964年春节期间，他同王光美谈话说："犯

---

① 1980年10月王光美在四千多高级干部讨论《关于建国以来党的若干历史问题的决议》小组会上的发言。

严重四不清的错误的根子在哪里？我们说根子是封建势力和资本主义势力的腐蚀和影响，如一般所说的‘错在干部，根子在地、富’。这是下边的根子，这是基本的根子”，“上面的根子有没有？要不要挖？应该切实查一下上面的根子（上面的根子，包括上级机关的蜕化变质分子和一般干部的不好作风的影响）”，“犯严重四不清错误的基层干部，在公社、区、县和地委有根子”，“封建势力、资本主义势力或者反革命势力复辟了，就是因为这些干部，有下面的根子，也有上面的根子”。他强调地说：“可以提挖上面的根子……单单注意下面的根子，不注意上面的根子是不行的。”

同年 7 月 2 日，刘少奇在河北省地委书记座谈会上又讲道：“上面的根子也要追，上面的根子更危险，一律要追，追到什么地方算什么地方”，“是公社的追到公社，是县委的追到县委，是地委的追到地委，是省委的追到省委，是中央的追到中央”。

当然，刘少奇绝没有想到，到后来，“追到中央”竟追到了他的头上。

四　集中力量“打歼灭战”

1963 年下半年后，中苏关系恶化加剧，中美两国之间的对抗，因美国在越南南方扩大战火而日趋严重；国内社教运动的“左”倾错误也在发展。在这种情况下召开的 1964 年 5 月 15 日至 6 月 17 日中央北京工作会议，是从“反修防修”和防备世界大战的总体战略上来安排国内工作的。除“三五”计划、大三线建设等题目外，还讨论了社教运动和培养革命接班人问题。

如果说，1956 年以后毛泽东总是念念不忘“匈牙利事件”，采取各种办法防止出“中国的匈牙利事件”的话，那么，60 年代初期以后的长时间里，他又一直念念不忘苏联“出了赫鲁晓夫”，采取措施为防止“中国出赫鲁晓夫”而斗争。1963 年 5 月 30 日毛泽东同金日成谈话说：“我们这些国家如果不进行阶级教育和阶级斗争，不同右派和修正主义划清界线，那么再过 10 年、20 年也会出赫鲁晓夫”。1964 年 6 月 8 日毛泽东在中央工作会议上，忧心忡忡地提出了中国“如果出了赫鲁晓夫怎么办?”的问题，他要求大家：“中国出了修正主义的中央，要顶住”。刘少奇在会上说：如果出了这种情况，“一个省可以独立，可以造反”。

会议期间，毛泽东从防止“出赫鲁晓夫”的角度出发，提出了培养革命事业接班人的问题。随后又多次作了论述。他说，为了保证我们党和国家不改变颜色，我们需要培养和造就千百万无产阶级革命事业的接班人。这从根本上说来，就是将来党和国家的领导权能不能继续掌握在无产阶级革命家手中的问题，就是子孙后代能不能沿着马克思列宁主义的正确道路继续前进的问题，也就是能不能胜利地防止赫鲁晓夫修正主义在中国重演的问题。这是关系党和国家命运的生死存亡的极其重大的问题。是百年大计、千年大计、万年大计。他强调，要使帝国主义预言家把“和平演变”的希望寄托在中国第三代或者第四代身上的预言彻底破产，因此一定要从上到下地、普遍地、经常不断地注意培养和造就革命事业的接班人。

为此，他提出了革命接班人的 5 项条件：必须是真正的马克思列宁主义者；必须是全心全意为中国和世界的绝大多数人服务的革命者；必须是能够团结绝大多数人一道工作的无产阶级政治家；必须是党的民主集中制的模范执行者；必须是谦虚谨慎、戒骄戒躁，富于自我批评精神、勇于改正自己工作中的缺点和错误的人，而不能是像赫鲁晓夫那样的人。毛泽东提出的这 5 条，其中包含着他一贯要求的共产党人和干部应具有的优良品质，但这一切纳入了防止“出赫鲁晓夫”这一假想之中。所谓“防止出赫鲁晓夫”，最核心的内容，即所谓防止有人像赫鲁晓夫否定斯大林本人、改变已长久传下来的路线那样，将来也出现有人否定毛泽东及其建设社会主义路线的情况。这便是苏共二十大后毛泽东对赫鲁晓夫揭开斯大林的盖子“一则以喜、一则以惧”的惧之所在。

毛泽东关于培养革命接班人、防止“出赫鲁晓夫”的思想，为党中央其他领袖们所接受，成为加紧搞城乡社会主义教育运动的一个新的推动力。

1964 年 6 月中央工作会议结束后，基于加紧进行“反修防修”的要求，和对农村领导权“三分之一在敌人手中”的不切实的估计，8 月 16 日，刘少奇写信给毛泽东，提出了《关于集中力量进行城镇五反和农村社会主义教育运动的建议》。《建议》说：“各个县分别搞时，一是缺少办法，一个是县委同下边犯错误的干部有牵连。因此，建议把各县工作队集中到地委，在省地委领导下集中搞一个县。一个县可集中工作队员上万人，声势浩大。省地机关派工作队，上下左右同时清理。建议中央机关也要抽出人组织工作队有 1 万至几万人。”

8 月 18 日，毛泽东批复刘少奇的信说：“少奇同志：（对建议）觉得很好，完全赞成，今天（18 日）即与中央各同志商意（议），照此办理，迅速实行。”毛泽东还推举刘少奇为五反、四清的统帅，邓小平、彭真帮助。

两天之后，毛泽东于 8 月 20 日在同华北局第一书记李雪峰谈话时，李雪峰反映了有不同意见，毛泽东说：“少奇同志信我已经批了，中央同志讨论了，你们不赞成，怎么办？”并讲到据说有的人对王光美的报告有保留。

所谓“王光美的报告”，即是7月5日王光美在河北省委工作会议上所作《关于一个大队的社会主义教育运动的经验总结》的报告。王光美在报告中介绍了参加河北省抚宁县桃园大队四清工作的体会和认识，介绍了工作队进村后访贫问苦、扎根串连、进行“对敌”斗争的一整套做法和经验。后来人们简称作“桃园经验”。

对于这个报告的内容，当时大多数干部听了认为很好，也有的人有不同看法。而陈伯达则力主推广介绍。刘少奇也是同意报告的基本内容和精神的。在王光美下桃园大队蹲点期间，刘少奇不但了解进行的情况，而且还曾口头或写信向王光美（化名董朴）作过具体指示，并且认为桃园的原党支部“基本上不是共产党”。刘少奇向中共中央和毛泽东写信，报送了王光美的蹲点经验总结，代中央写了转发这个经验总结的批语，他在信中写道：“陈伯达极力主张印发各地党委和工作队员”。

8月27日，毛泽东对印发王光美报告一事作批示道：“此件先印发此次到会各同志讨论一下，如果大家同意，再发到全国去。我是同意陈伯达和少奇同志意见的。”并“请小平同志办”。

根据毛泽东的批示和中央会议讨论，9月1日，中共中央把王光美的报告转发全党。中共中央的批语说：这个报告记录，“是在农村进行社会主义教育的一个比较完全、比较细致的典型经验总结”，“桃园大队的经验是有普遍意义的”。批示讲到：在群众充分发动起来以后，掌握群众运动的火候，再“适时地提出实事求是地对待问题”；“县、区、公社、大队、生产队的许多干部以至工作队的许多成员对于放手发动群众有无穷的顾虑，不把团结95%以上的群众作为基础和前提条件，而片面地强调依靠基层组织和基层干部，不把贫下中农作为我们党在农村中唯一的依靠；‘四不清’严重的干部和他们上面的保护人要用各种办法抵抗‘四清运动’”，等等。这个批示，对于社教运动“左”倾错误的发展，有加剧作用。

据王光美说：毛泽东“看了‘桃园经验’很欣赏，推荐给江青看，毛主席多次鼓励表扬我，还在中央会议上表扬了刘少奇，鼓励我到各地去讲”，“毛主席要少奇同志根据桃园经验修改《后10条》（草案）”。①

关于《后10条》草案修改的指导思想，1964年7月13日，刘少奇作过这样的说明：“第二个10条……对放手发动群众强调不够，群众还没发动就规定那么多

① 1980年10月王光美在讨论《关于建国以来党的若干历史问题的决议》稿时的发言。

政策，结果那些政策变成了清规戒律，什么团结两个95%，相信和依靠基层干部。你相信他，群众就不相信你。”“团结95%的群众，这是最基本的，团结95%的群众就不怕干部躺倒了”，“群众还没发动起来的时候，要强调发动群众，群众发动起来以后，要强调实事求是”。他还说：“有的同志问，上面的根子可不可以追，应不应该追？我说不仅可以追，应该追，而且必须追，一定要追出来，不管那一级的，公社、区委、县委也好，地委、省委也好，中央也好，都要追，至于那些贪污盗窃、投机倒把以及同地主、富农搞在一起的，糊里糊涂也好，有意识的也好，一律要追清楚。”①

1964年9月根据桃园经验和其他一些经验修改出来并经中央通过的《后10条》修正草案，比原草案作了许多重要修改和补充。一是增加了毛泽东提出的衡量社教运动搞得好还是不好的6条主要标准②；二是规定领导人员必须亲自蹲点；三是把放手发动群众放在第一位；四是先解决干部中的问题，团结95%以上的群众是团结95%以上的干部的基础；五是“整个运动都由工作队领导。对基层组织和基层干部，要在扎根串连、调查研究以后，采取实事求是的态度”，“可以依靠的就依靠，不可以依靠的就不能依靠”；六是“民主革命不彻底的地区要认真进行补课工作”；七是整个社教运动，大体分两个阶段，分别解决四不清和敌我问题，组织建设问题。

这7点中，第五点是最重要的变化。这样一来，所有进行社教运动的基层组织和干部，都靠边站了，由工作队取而代之。加上每个地区都集中上万人搞一个县，进行“大兵团作战”，在“左”的思想指导下，越看似乎问题越严重，这里也“烂掉了”，那里也“烂掉了”，有的还开展夺权斗争，“在1964年下半年使不少基层干部受到不应有的打击”③。

---

① 刘少奇在安徽地、市委书记座谈会上的讲话，1964年7月13日。

② 6条标准是：第一，要看贫、下中农是真正发动起来了，还是没有发动起来。第二，干部中的四不清问题，是彻底解决了，还是没有彻底解决。第三，干部是参加了劳动，还是不参加劳动。第四，一个好的领导核心是建立起来了，还是没有建立起来。第五，发现有破坏活动的地、富、反、坏分子，是将矛盾上交，还是发动群众，认真监督、批评，以至于展开恰当的斗争，并留在那里就地改造。第六，要看是增产，还是减产。

③《关于建国以来党的若干历史问题的决议》(17)。

五　夺权的样板

在1964年的中后期，中共中央转发了两个夺权斗争的经验报告，成为夺权的样板。一是白银厂，一是天津小站地区。

6月23日，批转了中共甘肃省委、冶金工业部党组《关于夺回白银有色金属公司的领导权的报告》。

白银有色金属公司，又称白银厂，是20世纪50年代开始兴建、1962年部分建成投入生产，有11000多人的大型铜、硫生产联合基地。1963年3月，冶金部和甘肃省委工交部派人率工作组进厂开展五反运动。在“左”的指导思想下，把这个企业中存在的问题夸大，性质看错，认为这个公司“被地主、资产阶级分子篡夺了领导权，使无产阶级的国营企业演变为地主、资产阶级集团统治的企业，使国家财产受到很大的损失”，“全民所有制的财产遭到严重的破坏”，“营私舞弊、贪污盗窃、投机倒把成风”，“领导集团成员生活极端腐化”，“社会风尚败坏”，“反革命活动猖獗”，“抗拒中央指示，打击和陷害好人”。说这里“成了一个地主、资产阶级分子统治的世界，即挂着共产党招牌的国民党统治的世界”①。工作队“以阶级斗争为纲”，放手发动群众，进行了夺权斗争。1名原党委书记，1名党委第一书记，两名副书记及其他一些人，分别受到党内严重的处分，有的被判了刑。这一案子，还与“高岗手下的红人”挂钩，与原省委领导人张仲良相联系，成为十分引人注目的大案。

中共中央在批转甘肃省委、冶金工业部党组的报告时作的批语说：“一个刚建设起来的社会主义全民所有制的大型联合企业——白银有色金属公司，没有多久，很快就被地主、资产阶级集团篡夺了企业的领导大权，变成为地主、资产阶级集团统治的独立王国。这样一个严重的事件，很值得大家深思。”它“绝不是一种偶然的现象，它是社会阶级斗争的反映。被推翻了的地主、资产阶级是死不甘休的，他们总是千方百计地采取各种隐蔽的方式，打入社会主义企业，企图篡夺领导权，从而破坏社会主义所有制，把它演变为地主、资产阶级所有制”，这是同党内出了“修正主义分子分不开的”。“最根本的教训就是，在我们一些领导机关、领导干部中，

① 《甘肃省委和冶金工业部党组关于夺回白银有色金属公司的领导权的报告》，1964年5月30日。

硬是忘了和忽视了社会上还存在着阶级和阶级斗争这一客观事实。”批示并“再一次提醒同志们注意，我们千万不要以为社会主义的江山是铁打的。如果我们对过渡时期的阶级、阶级矛盾和阶级斗争问题认识不足，那么，就会对资本主义、封建主义和修正主义的侵蚀和进攻失去警惕，不加防范，地主、资产阶级的复辟阴谋随时就有可能得逞”。批示并说：白银有色金属公司经过五反运动的一场激烈的阶级斗争，把企业的领导权从阶级敌人的手中夺了回来，这说明，阶级斗争一抓就灵。也说明开展社会主义教育和五反运动是正确的和必要的。批示要求各地，“在这个运动中，必须组织好革命的阶级队伍，建立阶级档案；彻底清除坏人，挖掉资本主义、封建主义、修正主义的根子，决不可以放任自流，半途而废”。

同年10月24日，中共中央批转了天津市委《关于小站地区夺权斗争的报告》。

天津市委小站地区的社教运动自1964年1月开始。3月起，市委抽调大批干部加强了工作组的力量。《红旗》杂志社编辑部10余人曾帮助工作，周扬在一个村蹲过点，陈伯达参加了小站地区的四清工作。经过一番斗争，在这里打了3个“反革命集团”（为首的一个是原水稻专家，一个是女劳动模范，一个是小站镇的总支书记）。市委于9月25日向河北省委、华北局和中央写了夺权斗争的报告。

市委认为，四清运动以前，“这里的天下还不是我们的，或者在很大程度上不是我们的”。认为3个“反革命集团”“上边的根子就在区委。区、社一部分领导干部，实际上就是他们的保护人”。市委报告了开展夺权斗争、改组区委领导等的情况，和“集中优势兵力，打好歼灭战”、“掌握运动的火候”、“公安工作和群众运动相结合”等经验。

中共中央转发天津市委报告时，作了《关于社会主义教育运动夺权斗争问题的指示》。《指示》说：“由于小站地区的领导权长期被反革命集团所操纵，又得到天津南郊区委和公社一些领导人的支持，社会主义教育运动开始是从‘四清’入手，但是在相当长的时间内清不出什么来。后来转入夺权的政治斗争，并处分了区委和公社的一些领导人，才打开了局面，充分发动了群众，首先解决领导权问题，然后再解决经济上的‘四不清’问题。他们的经验，值得各地参考。”

中央的指示说：“小站地区的敌我矛盾，主要的在形式上是以人民内部矛盾、甚至是以党内矛盾出现的，这就迷惑了一些人，并且长期得不到解决”，“由此可以看到，当前我们国内的敌我矛盾有一部分在形式上是以人民内部矛盾出现的，甚至是以党内矛盾出现的。敌我矛盾同人民内部矛盾、同党内矛盾交织在一起，在大量的人民内部矛盾和党内矛盾中，包含着一部分很危险的敌我矛盾，必须把这一部分敌我矛盾清查出来。当前阶级斗争的复杂性就在这里”。指示认为有一种“只注意对社会上的四类分子进行斗争，忽视这一部分隐藏在人民内部和党内的敌人”的偏向，要求对“凡是被敌人操纵或篡夺了领导权的地方，被蜕化变质分子把持了领导权的地方，都必须进行夺权的斗争，否则，要犯严重的错误”。

白银有色金属公司的夺权斗争和小站的夺权斗争都是错误的。中共十一届三中全会以后，冶金部和甘肃省委对“白银厂事件”的复查结果表明，这是一起重大的冤案。夺权报告中列举的所谓“地主、资产阶级分子统治”的结论是错误的，不符合事实，许多的罪名颠倒了黑白。天津市委经过复查，对小站的 3 个所谓“反革命集团”也作了彻底平反处理。

但是在 1964 年，这两个夺权的样板经验的推广，不但加重了社教运动中的“左”倾错误，而且使全党首先是党中央对社会主义时期阶级斗争的认识，更加严重化了。在此期间，毛泽东还批发了谢富治《关于沈阳冶炼厂的蹲点报告》等文件。“地主、资产阶级在许多地方篡了权”、“社会上有许多新生的资产阶级分子”、他们形成“特殊阶层”、“党内已有许多修正主义分子”（已不限于原先认为的彭德怀等几个人或十几个人）、他们是“党内的敌人”、不少企业中实行的是“资本主义经营管理方法”等概念，逐渐地在毛泽东的头脑中形成和强化。

电影《北国江南》因“表现中间人物”而受到批判。图为该片中的一个镜头。

第四章
意识形态领域的斗争

一 “反修也要包括意识形态方面”

八届十中全会后的国内“防修斗争”，是从两个方面同时逐步做起来的，一是抓农村四清、城市五反斗争，二是抓意识形态领域里的斗争。毛泽东在 1963 年 9 月 27 日的中央工作会议上说得很清楚：“我们搞 10 条，搞四清，城市搞五反，实际上是国内反修正主义”，“反修也要包括意识形态方面的问题。文学、艺术、戏剧、电影、艺术等等都应该抓一下”。

毛泽东强调要抓文学艺术上的“反修”，一是基于他 1957 年以来对知识分子是资产阶级性质的“左”倾看法，二是基于他对于文艺工作现状的看法。

1957 年反右派运动之后，党内对文化艺术界人士的看法就已有很大的错误，例如，经中共中央批转的文化部党组 1958 年 1 月 27 日向中央的一个报告，是这样看文艺界人员的：“我国现有一支庞大的艺术队伍，这支队伍包括戏剧、电影、音乐、美术、舞蹈、曲艺等方面的艺术工作者，据估计有 27 万多人。他们中间极大部分是资产阶级知识分子和艺人。他们的政治思想水平经过历次政治运动和政治学习，一般地有了很大的提高。但是，要使这支队伍真正成为又红又专的工人阶级自己的艺术队伍，还必须继续进行改造，并努力提高业务水平。”①

在1961年和1962年期间，尽管周恩来和陈毅做了许多有益的工作，努力使知识分子包括广大文艺工作者从“左”的思想压抑下解脱出来，并宣布给他们脱“资产阶级知识分子”之帽，加工人阶级和劳动人民知识分子之冕，使广大知识分子受到很大的鼓舞，但是，周恩来、陈毅的努力并没能克服得了党内已根深蒂固的“左”倾指导思想。八届十中全会上毛泽东重提阶级斗争，当即点到了“利用小说反党”的文化艺术问题。

八届十中全会后，毛泽东巡察各省，对于文艺也给以很大的注意。1962年12月21日，毛泽东在同华东的省市委书记谈话中，便提出了“帝王将相、才子佳人”问题。他说：“对资本主义要有一些人专门研究，宣传部门应多读点书，也包括看戏，有害的戏少，好戏也少，两头小中间大。帝王将相、才子佳人多起来，有点西风压倒东风。东风要占优势。梁山伯不出粮食，采茶灯不采茶，旧的剧团多了些，北京的京剧团就不少。过去的文工团只有几个人，反映现代生活，不错。”不过，毛泽东并没有全部否定旧戏，他又说：“《杨门女将》《罢晏》还是好的，搞清一色也不行。要去分析，不分析就说服不了他们。”

柯庆施按照自己对毛泽东的话的理解，于1963年1月1日在上海市部分文艺工作者座谈会上，提出了“写13年”（即建国以来的13年）的口号，并说“旧社会只能培养人们自己为自己的自私自利思想，社会主义、集体主义思想只有在社会主义革命成功以后才能开始树立”。

对于柯庆施所提“写13年”的口号，人们有不同的意见。在同年4月中共中央宣传部在新侨饭店召开的文艺工作会议上，周扬②、林默涵③、邵荃麟④发言指出：“写13年”这个口号有片面性。他们并批评了只有写社会主义时期的生活才是社会主义文艺的论点。张春桥则在会上辩解，说“写13年有10大好处”。

但是，当时文艺界的领导人，在总的方面，是接受并贯彻执行了毛泽东关于在文艺战线和社会科学战线反对“修正主义”的指导思想的。1963年4月，全国文

① 文化部党组：《关于组织各类艺术工作者参加体力劳动和基层工作锻炼问题的报告》，1958年1月27日。

② 周扬，中共中央宣传部副部长，全国文联副主席，作家协会副主席。

③ 林默涵，全国文联委员。

④ 邵荃麟，作家协会副主席，书记处书记。

联在北京召开第三届全国委员会第二次会议，周扬作了《加强文艺战线，反对修正主义》的报告，把反对“修正主义”特别是苏联文艺上的“修正主义”，作为当前的战斗任务。同年10月26日，周扬还在中国科学院哲学社会科学部委员会第四次扩大会议上，作过《哲学社会科学工作者的战斗任务》的报告，更加系统地论述了在意识形态领域里反对“现代修正主义”的任务。关于文艺工作上的“左”倾错误，周扬在1980年曾作过这样实事求是的说明：“犯‘左’倾错误的不仅是毛泽东一个人，他代表了相当多的人，在文化战线上，我也是有‘左’倾错误的，高举、紧跟，在不少场合，是高举和紧跟了错误东西的。”①

像全党的状况一样，当时人们怀着对国际共产主义运动中出了“现代修正主义”的真诚忧虑和要顶住“逆流”把马列主义旗帜高高举起的责任感，投入这一斗争的。不过，在批判国际上的“修正主义”问题上虽然几乎没有异议，而在涉及国内问题的批判上，人们的意见却远非是一致的。

二　文化战线的形势估计

1963年3月29日，中共中央批转了文化部党组《关于停演“鬼戏”的请示报告》。文化部党组的报告在批评有鬼魂形象的戏演出渐增的问题时，突出地批评说：“更为严重的是新编的剧本（如《李慧娘》）亦大肆渲染鬼魂，而评论界又大加赞美，并且提出‘有鬼无害论’，来为演出‘鬼戏’辩护”。

昆曲《李慧娘》系孟超所作，发表在1961年的《剧本》杂志第7、8期上。它描写南宋贪赃枉法、卖国求荣的宰相贾似道和他的妃子李慧娘的故事，李慧娘被贾似道杀害以后，变成鬼，用头撞死贾似道。此剧在写作前曾得到康生的支持，演出后康生也曾大加赞扬，他还特地宴请了作者及主要演员，表示祝贺。1961年8月31日，廖沫沙在《北京晚报》上发表了一篇《有鬼无害论》的文章，肯定了这出戏。当时评论界认为这出戏是“一朵鲜艳的红梅”。主要针对这出戏而发的停演“鬼戏”的文件，关键不在于它有鬼魂形象，而在于牵强附会地认为它似乎对大跃进以来的严重社会问题有影射。

中共中央批转了文化部党组的请示报告后，江青组织了围剿《李慧娘》的文章

① 周扬1980年11月在讨论《关于党的若干历史问题的决议》时的发言。

《“有鬼无害”论》，于5月6日在《文汇报》发表。据江青后来说：“第一篇真正有份量的批评‘有鬼无害’论的文章，是在上海柯庆施同志的支持下，由他组织人写的。”[①]文章毫无道理地说作者是影射攻击共产党，贾似道是共产党的总理，李慧娘反对贾似道就意味着人变成鬼也要向共产党复仇。

从此，全国戏剧界开始大批“鬼戏”。1963年年底文化部举行戏曲推陈出新座谈会也批判“鬼戏”。1964年夏，康生摇身一变，把《李慧娘》说成“坏戏”的典型，号召进行批判。不仅批孟超，也批廖沫沙，并说他们“是用厉鬼来推翻无产阶级专政”，“是阶级斗争”。1965年3月1日，《人民日报》刊登《重评孟超新编〈李慧娘〉》的文章，并加按语，说这出戏“是一株反党反社会主义的毒草”。

上海的姚文元也出来在文艺界抓“阶级斗争”。1963年5月20日，姚文元在《文汇报》上发表文章，借德彪西[②]问题，抓住音乐出版社编辑部对《克罗士先生》[③]这本论著的内容提要，提出“介绍的是什么阶级的艺术见解？”的质问，向音乐界发起攻击。

同年9月，康生诬蔑西安电影制片厂摄制的故事片《红河激浪》为“反党影片”。

在文化艺术界的批判运动逐步展开的情况下，毛泽东对文艺界首先是戏剧界作了多次批评。1963年9月27日，他在中央工作会议上说：“过去的戏总是那一套，帝王将相，小姐丫环，保镖的是黄天霸，搞这一套不行。”“推陈出新，出什么？要出社会主义。要提倡搞新形式。旧形式也要搞新内容。”11月他又说：“一个时期《戏剧报》尽宣传牛鬼蛇神。文化部不管文化，封建的、帝王将相的、才子佳人的东西很多，文化部不管。”“如不改变，就改名帝王将相部、才子佳人部，或者外国死人部。”

12月12日，毛泽东在中宣部文艺处所编的12月9日《文艺情况汇报》所载《柯庆施同志抓曲艺工作》上，作了第一个重要的文艺批示。他写道：

“各种艺术形式——戏剧，曲艺，音乐，美术，舞蹈，电影，诗和文学等等，问题不少，人数很多，社会主义改造在许多部门中，至今收效甚微。许多部门至今还是‘死人’统治着。不能低估电影，新诗，民歌，美术，小说的成绩，但其中的问题也不少。至于戏剧等部门，问题就更大了。社会主义经济基础已经改变了，为

---

① 《江青同志在文艺界大会上的讲话》，1966年11月28日。

② 德彪西，法国作曲家，生于1862年，卒于1918年。《克罗士先生》是他的论文集。

③ 德彪西，法国作曲家，生于1862年，卒于1918年。《克罗士先生》是他的论文集。

这个基础服务的上层建筑之一的艺术部门，至今还是大问题。这需要从调查研究着手，认真地抓起来。许多共产党人热心提倡封建主义和资本主义的艺术，却不热心提倡社会主义的艺术，岂非咄咄怪事。”这个批示不但把文艺工作的问题夸大得很严重，而且把许多文艺简单地贴上阶级和主义的标签，给在文艺界进行“左”的批判提供了思想理论武器。

1964年1月3日，刘少奇召集中宣部和文化艺术界30余人举行座谈会，由周扬传达和阐述了毛泽东的上述文艺批示。周扬并分析了建国以来的文化艺术工作状况，肯定了巨大成绩，也指出了存在的问题，提出了贯彻批示的意见。彭真在讲话中说：“主席这个信是写给我和刘仁同志的。主席为什么写这个信？他就是觉得北京这个文艺队伍是相当的鸦鸦乌。在文艺这个战线上，我们的革命搞得比较差，可以说比较落后，也可以说最落后的。”“文艺战线上的革命所以落后，首先是我们领导方面有责任。拿我来讲……在整个文艺上我没有注意。……我看，你们要振作精神，深入地搞一下这方面的工作。这个问题可是不能忽视。有很多知识分子参加革命，是因为看了小说，看了文艺作品。匈牙利事变的时候，并不是将军组织了司令部，而是裴多菲俱乐部。现在我们让一些资本主义的东西、封建主义的东西在那里泛滥，连我在内，我也是让人家泛滥的一个，咱们大家分担责任。我看，主席现在提出这个问题很及时，再不搞要吃亏，包括我们的子女，都要让人家挖了墙脚。”

不久，发生了“迎春晚会”事件。中国戏剧家协会于2月3日举行的晚会，被指责为“庸俗低级，趣味恶劣”。3月下旬，中宣部召集文联各协会党组成员、总支书记和支部书记50余人，连续开会3次，进行讨论。会议认为：“这件事的发生不是偶然的，是当前阶级斗争在文艺队伍中的反映，是剧协领导资产阶级思想作风的暴露”，并认为“类似‘迎春晚会’这种事和由此而暴露出来的问题，在其他协会中也程度不同地存在着”，因此“有必要在文联和各协会全体干部中，进行一次整风学习，吸取教训，使坏事变成好事”。此后，全国文联及各协会开始了整风学习和检查工作。

5月8日，中宣部文艺处写出一份《关于全国文联和各协会整风情况的报告》（草稿）。这个报告草稿认为文艺界中存在着严重的问题：（一）没有坚决贯彻执行党的文艺方向。在八届十中全会前，各协会方向模糊，对阶级斗争形势认识不清。（二）文艺理论批评旗帜不鲜明，战斗性不强。（三）对文艺队伍的进步一面看得多，落后一面看得少，忽视了对他们的思想改造工作。

江青将这份尚未经中宣部部务会议讨论的报告草稿要去，直接送给了毛泽东看阅。6月27日，毛泽东在报告上作了如下的批示（也称文艺第二个批示）：

“这些协会和他们所掌握的刊物的大多数（据说有少数几个好的），15年来，基本上（不是一切人）不执行党的政策，做官当老爷，不去接近工农兵，不去反映社会主义的革命和建设。最近几年，竟然跌到了修正主义的边缘，如不认真改造，势必在将来的某一天，要变成像匈牙利裴多菲俱乐部那样的团体。”

毛泽东的这个批示，对文化战线的形势估计，比第一个批示更加不切合实际。正如1980年中共中央《关于认真学习贯彻第四次全国文代会精神的通知》指出的：“‘文化大革命’前的17年，文艺工作中虽有缺点错误，但我们的文艺路线同党的整个路线一样，基本上是正确的，成绩是显著的。1963年和1964年关于文艺问题的两个‘批示’中对文艺工作的指责，不符合实际情况，并且被后来的《部队文艺工作座谈会纪要》所利用，产生了严重的后果。”①

7月2日，中宣部召开文联各协会和文化部负责人会议，贯彻毛泽东的第二个批示。各协会又开展了第二次整风。8月27日，成立了核心组（整风指挥部），进行整风的领导。这次整风持续到1965年4月，长达10个月之久。

三　京剧现代戏会演

为了贯彻毛泽东关于文艺特别是戏剧工作批示的精神，提倡戏剧改革，提倡京剧等老的戏种多演现代戏，在周恩来、彭真的关心和领导下，文化部于1964年6月5日至7月31日，在北京举行了全国京剧现代戏观摩演出大会。这是一次检阅成绩、推动京剧改革的盛会。

文化部副部长主持开幕式。在主席台就座的除陆定一、康生、郭沫若等领导人外，还有当时老一辈著名的京剧艺术家萧长华、盖叫天、周信芳、姜妙香、马连良、尚小云、荀慧生等。出席开幕式的还有其他一大批来自全国各地的戏曲工作者和其他文艺工作者共5000余人。显示了对文艺工作者的尊重和团结广大文艺工作者共同致力于文艺改革的气氛。

文化部部长沈雁冰在开幕词中说：今天这样多的京剧团集中北京演出，舞台上

① 《三中全会以来重要文献汇编》上，第422页。

既没有帝王将相，也没有才子佳人，都是新时代的工农兵形象，这在京剧历史上是没有过的，也是戏曲历史上所没有的。陆定一讲话说：我们要立定志向，努力工作，保证我们的后代不出修正主义，保证资本主义在我国永远不能复辟。周信芳讲话说：我们要有坚定不移的信心和决心，把京剧这一武器拿到无产阶级手里，根据社会主义的原则加以改造，使其更好地为社会主义服务。

参加观摩演出的有19个省、市、自治区28个剧团，2000多人。演出了《芦荡火种》（即《沙家浜》的原剧）、《红灯记》、《奇袭白虎团》、《节振国》、《红嫂》、《红色娘子军》、《草原英雄小姊妹》、《黛诺》、《六号门》、《智取威虎山》、《杜鹃山》、《洪湖赤卫队》、《红岩》、《革命自有后来人》、《朝阳沟》、《李双双》等剧目37个，显示了京剧现代戏创作和演出的丰硕成果。

大会期间，毛泽东观看了《智取威虎山》等戏。周恩来发表讲话，阐述了党的文艺方针，以及对立统一、戏的革命、人的革命和加强党的领导等问题。彭真讲话，阐述了京剧一定要改革，非改革好不可等问题。

周恩来和彭真还出席了闭幕式。彭真讲话说："我们的京剧艺术已经进入了新的阶段。在我国，当前根本的矛盾是社会主义道路和资本主义道路的矛盾，无产阶级和资产阶级的矛盾，也表现为马克思列宁主义和修正主义的矛盾。因此，我们的京剧是为社会主义服务，还是为资本主义服务；是为工农兵服务，还是反对工农兵；是为总路线服务，还是反对总路线；是拥护党的领导，还是不拥护；是走马克思列宁主义的道路，还是走修正主义的道路，这是必须解决的根本问题。这也是判别京剧艺术好坏的第一个标准，是决定京剧生死存亡的关键问题。我们的社会是社会主义社会，各种上层建筑一定要为社会主义的经济基础服务。"周扬在闭幕会上作了总结报告。

这一次观摩演出大会，虽然取得了显著成绩，但也贯彻执行了毛泽东在文艺工作上的"左"倾指导方针，具有积极和消极的双重作用。

四　"哨兵"江青

值得注意的是，因有中共中央20世纪30年代末的决定的约束，长期不能出头露面的江青，在党内"左"倾思想发展的情况下，趁机跻身和插手这次京剧现代戏观摩演出大会。这成了她在政治上向上钻营的重要起点。

她以江青的名字公开出席了大会，并在6月23日周恩来召集的演出人员座谈会上讲话。她说："要好好辨方向"，全国的剧团有3000个，其中90个左右是职业话剧团，80多个是文工团，其余2800多个是戏曲剧团。"在戏曲舞台上，都是帝王将相，才子佳人，还有牛鬼蛇神。那90几个话剧团，也不一定都是表现工农兵的，也是'一大、二洋、三古'，可以说话剧舞台也被中外古人占据了"，"如今舞台上都是帝王将相、才子佳人，是封建主义的一套，是资产阶级的一套。这种情况，不能保护我们的经济基础，而会对我们的经济基础起破坏作用"。①

6月26日，毛泽东对江青的这次讲话批示道："讲得好。"

江青在文艺问题上，不但开始明里出面，而且背后向毛泽东报送了许多诬陷和整人的材料。1964年7月，江青将反映文化部、文联和各协会整风情况的《检查工作简报》选送给毛泽东看。其中第9号简报反映了所谓"大肆宣传30年代电影的情况"，说"有些人留恋30年代，全盘肯定并以此否定社会主义电影成就，否定毛主席在延安文艺座谈会上讲话的划时代的意义"。第18号简报反映了所谓"音乐界盲目崇拜西洋的一些情况"，点了著名文学翻译家戈宝权的名。说有些人"宁愿演外国戏的丫头，也不演中国戏的主角"，说"音乐界有今不如昔思想"，提出"对聂耳、冼星海有没有估价过高的地方呢？"第21号简报反映了所谓"文联部分负责干部吹捧阳翰笙②的情况"。在阳翰笙生日之际，一些人在为他祝寿，曾称他为"国宝"和"大海"，竟被视作是不能容忍的。对这些材料毛泽东阅后批示："退江青"。

这时的江青，用她自己的话说：是一名意识形态领域中的"哨兵"。1967年4月12日她在军委扩大会议上自我表白说：多年来，"在文教方面我算是一个流动的哨兵。就是订着若干刊物报纸，这样翻着看，把凡是我认为比较值得注意的东西，包括正面的、反面的材料，送给主席参考"。"我们整个中央文革就是中央常委的一个秘书班子，也还是哨兵的工作"③。"哨兵"，历来是专门警戒和搞对敌斗争的。江青（及后来以她为首的中央文革）就是专门在党内和人民内部以搞"对敌斗争"整人害人为己任，借机钻营向上爬的野心家。

---

① 江青的这次《谈京剧革命》讲话，作于1964年6月23日。但在1967年公开发表时，却写为7月。是有意避开周恩来召开的座谈会，而突出自己，以便给自己塑造"文艺革命旗手"的形象。

② 阳翰笙，著名老剧作家，全国文联副主席，戏剧家协会常务理事。

③ 江青：《为人民立新功》，1967年4月12日。

江青并不满足于只当“哨兵”，而且还当“攻击手”。1963 年 5 月她与柯庆施组织了围剿《李慧娘》的文章，1964 年 6 月她公开讲话攻击舞台上尽是牛鬼蛇神。10 月 25 日，她插手中央美术学院，诬蔑说“美院稀烂了”。12 月她在讲话中把《林家铺子》、《不夜城》、《红日》、《兵临城下》、《聂耳》、《革命家庭》、《球迷》等影片指名攻击为“大毒草”，这些影片遂陆续受到错误的批判。

与江青一唱一和的还有康生。1962 年起，江青多次向毛泽东进谗言，说吴晗的《海瑞罢官》有问题，要批判。1964 年，康生也向毛泽东说吴晗的《海瑞罢官》与庐山会议有关，是替彭德怀翻案。同年 7 月 31 日，康生在全国京剧现代戏观摩演出的总结会上，点名攻击影片《北国江南》、《舞台姐妹》、《逆风千里》、京剧《谢瑶环》、昆曲《李慧娘》为“大毒草”。

在他们的许多谎报和诬告下，毛泽东对文艺战线形势的估计更加严重。1964 年 11 月 26 日，毛泽东在听取三线建设工作汇报时插话说：整个文化部系统不在我们手里。究竟有多少在我们手里？ 20%？ 30%？或者是一半，还是大部不在我们手里？我看至少一半不在我们手里。齐燕铭也不好，听说他是你（指周恩来总理）的秘书长①。这个人不能当秘书长。你还不如到解放军找一个头脑清醒的人。整个文化部都垮了。

五　一批文艺作品和代表人物的厄运

根据康生的指令，1964 年 8 月 14 日，中宣部向中央书记处写了《关于公开放映和批判〈北国江南〉、〈早春二月〉的请示报告》。毛泽东阅后批示：“不但在几个大城市放映，而且应在几十个至 100 多个中等城市放映，使这些修正主义材料公之于众。可能不只这两部影片，还有别的，都需要批判”。

此后，先后被公开批判的影片有：《北国江南》（阳翰笙编剧，沈浮导演）、《早春二月》（谢铁骊编剧、导演）、《舞台姐妹》（林谷等编剧，谢晋导演）、《红日》（瞿白音编剧，汤晓丹导演）、《兵临城下》（白刃、林农编剧，林农导演）、《革命家庭》（夏衍、水华编剧，水华导演）、《林家铺子》（夏衍编剧，水华导演）、《聂耳》（于伶等编剧，郑君里导演）、《怒潮》（吴自立等编剧，史文帜导演）、《不夜城》（1958

---

① 齐燕铭当时身兼双职：国务院副秘书长，文化部副部长。

年7月即已开始被批判）、《两家人》、《球迷》、《逆风千里》、《抓壮丁》等。

被批判的还有戏剧《李慧娘》、《谢瑶环》，小说《三家巷》、《苦斗》等。

这些被批判的电影、戏剧、小说，多数是20世纪60年代初产生的比较优秀的作品，少数在思想内容、艺术手法方面有缺点，本应通过正常的文艺批评和评论加以解决。但是它们却都被当作"资产阶级"、"修正主义"的"毒草"，和"两个阶级"、"两条道路"斗争的表现，而横遭打击，许多作者和有关的人在当时或"文化大革命"中遭到残酷迫害。

在此期间，还批判了一些文艺理论观点和文章。如电影界，批判了瞿白音的《关于电影创新问题的独白》，文学界批判了周谷城的"时代精神汇合论"，特别突出的，是批判了"写中间人物论"和"现实主义深化论"。1962年8月2日至16日，中国作家协会在大连召开农村题材短篇小说创作座谈会。作协书记处书记邵荃麟（也是作协党组书记）主持，茅盾、周扬作了报告。邵荃麟在讲话中，针对几年来文艺创作主题狭窄、方法简单化、模式化和教条主义偏向，提出文艺题材和创作方法要多样化。不但要写正面人物、反面人物，还要写中间人物，要向现实生活突进一步。他说：强调描写英雄人物是应该的，但是也还要重视对中间状态的人物的描写；矛盾往往集中在中间人物身上，因此描写他们是很重要的。把典型说成是"萌芽"的东西，这也对，但从大量现象概括出来的，也应该是典型。否则，只写萌芽，路子就窄了。这些论点，后来被说成是主张写"中间人物"，来"反对写英雄人物"；是要"在文艺创作上，同革命英雄人物争地盘"，是"资产阶级的文学主张"，是"同毛泽东文艺思想针锋相对的现代修正主义的文学主张"。邵荃麟则被指斥为"资产阶级中间抵抗社会主义革命力量在党的文艺领导机构中的代言人"。在"文化大革命"期间，江青等人把这次大连座谈会诬为"为反革命复辟制造舆论的黑会"，邵荃麟被作为"黑帮分子"、"叛徒"、"反革命"批斗，1971年6月10日被迫害致死。

在"左"倾政治批判日益加剧之时，邓小平在1965年3月2日的中共中央书记处会议上，曾试图控制这种局面的发展，他说：现在有人不敢写文章了，新华社每天只收到两篇稿子，戏台上只演兵，只演打仗的，电影哪有那么完善？这个不让演，那个不让演。那些"革命派"想靠批判别人出名，踩着别人的肩膀上台。他并提出要赶快刹车。但是，他的意见已经不能产生效果。在此之前，周扬于2月23日也曾召集各协会和主要报刊负责人会议，提出过写批判文章不要"打空炮"、"乱猜"、"乱扣帽子"，要防止"片面性和绝对化"，不能搞"教条主义"；并强调对夏衍、田汉等“要有历史观点”，“要一分为二”，“政治与学术要分开”。这些，也同样不能产生效果。

1965年4月，文化部、全国文联和各协会的整风结束。作为文艺界这次错误的整风和批判的结果之一，是中共中央于4月7日发出《关于调整文化部领导问题的批复》，免去了齐燕铭、夏衍等的文化部副部长职务（按照惯例，在非共产党人士担任正部长的情况下，主持日常工作的共产党员常务副部长要对发生的问题负责，故这次调整文化部领导不涉及部长沈雁冰）。5月，改组了文化部领导，成立了以肖望东（原南京军区副政委）为书记，石西民、颜金生（军队红军老干部）为副书记的新党组。而一年以后，这个新党组又被更厉害的“左”倾政治斗争打烂了。

六　“理论权威”康生与学术界的风波

文学艺术界的“左”倾批判，很快扩展到了哲学、经济学、历史学、教育学、医药卫生界等各个学术领域。首当其冲的，是中央党校副校长杨献珍的“合二而一论”。

杨献珍，中国共产党的马克思主义理论家、哲学家。长期在中央高级党校（前身是马列学院）从事领导工作和教学工作。1956年，他在研究列宁《谈谈辩证法问题》一文中得出一个认识：“‘统一物之分为两个部分’和‘统一物是由两个对立面组成的’是关于‘对立统一’的两种说法。”他又想，对立统一规律既是普遍规律，能在古代希腊的大思想家的头脑中得到反映，我们中国古代也有很多大思想家，难道这种规律不会在他们头脑里反映出来吗？从此留心考察。他注意到老子“合有无为之元”的思想，在1963年，又注意到明朝方以智的著作《东西均》中关于“合二而一”的提法。杨献珍认为：“统一物之分为两个部分”这一种说法，可以用“一分为二”来表达；“统一物是由两个对立面组成的”，可以用“合二而一”来表达。因此他认为：“一分为二”与“合二而一”都是中国古代思想家用来表达对立统一思想的。

用“一分为二”来表达对立统一规律，是毛泽东于1957年11月18日在各国共产党和工人党莫斯科会议上的讲话中提出来的。他说：无论什么世界，当然特别是阶级社会，都是充满着矛盾的。没有一处不存在矛盾，没有一个人是不可以加以分析的。我们的支部书记是懂得辩证法的，当他准备在支部大会上作报告的时候，往往在小本子上写上两点，第一点是优点，第二点是缺点，“一分为二，这是个普遍的现象，这就是辩证法”①。

1964年4月，杨献珍给新疆班讲课，谈“要学会掌握对立统一规律去做工作，在实际工作中尊重辩证法”。他讲解了毛泽东关于对立统一规律的论述，包括“一分为二”的表述，同时也讲了“合二而一”的提法。他说：“什么叫做对立面的统一，需要把这句话的意思弄明白”，“一分为二”，“合二而一”。即杨献珍认为二者都是对立统一的表达方法。

1963年夏天中苏两党会谈不欢而散，两党发生了关于国际共产主义运动的大论战。中国共产党在批判苏共领导人“修正主义”的同时，采取了国际共产主义运动“大动荡、大分化、大改组”的方针。在国内，“两个阶级两条道路的斗争”、“反修防修”斗争也逐步扩大开展。在此情况下，从1964年1月起，国内报刊陆续发表了一些宣传和解说“一分为二”的文章。有些文章结合思想和工作，阐明掌握一分为二思想的重要性，这对于加深人们对于对立统一规律的认识，有积极的意义。也有些文章结合社会主义社会的阶级斗争和国际“反修”斗争来阐述，宣传加紧进行阶级斗争和“反修”斗争的必要性、重要性，这种宣传和阐述，是直接为当时国内外“左”倾斗争服务的，是那个年代“斗争哲学”的表现。

高级党校哲学教员艾恒武、林青山根据自己对杨献珍观点的理解，写了《“一分为二”与“合二而一”》一文，于1964年5月29日在《光明日报》发表。他们认为：“对立面的统一和斗争是事物发展的最根本规律。‘一分为二’的两分法，是认识事物的根本方法。辩证法要求我们在观察、分析和处理问题时，既要在统一中把握对立，又要在对立中把握统一。使主观和客观、理论和实践具体的历史的统一，避免离开具体历史的‘左’的或右的错误，正确地发挥主观能动性。”②

他们写道：“事物是由对立的两个方面构成的，对立的两个方面是不可分割地联系在一起的。这种情况反映到人们的头脑中，中国古人是用‘合二而一’（见〔明〕方以智著：《东西均》）来表达的。”“‘合二而一’正是表达了辩证法的最基本的规律——对立统一规律。”“事物本来是‘合二而一’的，这是不以人们的意志为转移的客观规律，我们就要按照事物的本来面貌来认识事物。”“用什么方法来分析、研

① 毛泽东：《党内团结的辩证方法》，1957年11月18日。

②《关于“一分为二”与“合二而一”问题》（第一辑），生活•读书•新知三联书店1964年版，第99—102页。

究‘合二而一’的事物呢？这个方法就是‘一分为二’的两分法。”“正因为事物是‘合二而一’的，所以认识事物的方法就是‘一分为二’，这是普遍的。”①

因此他们认为：“我们用‘一分为二’的方法来分析事物，认识了‘合二而一’的事物的发展规律，就要根据客观事物本身的规律来制定改造世界、办理一切事业、处理一切问题的路线、方针、政策、办法等等，贯彻到群众的实践活动中去，推动事物转化、发展。”“党的路线、方针、政策是运用辩证法，根据事物发展规律制定的；我们执行它的时候，也必须遵照辩证法，把对立的方面联系起来，‘合二而一’。”②

艾、林的文章表达了他们对对立统一规律表述上的新见解和新提法。这本来是个学术上的探讨。但是第一，在毛泽东用“一分为二”来表述对立统一规律之后，艾、林的文章又增加了“合二而一”的表述方法，这在当时是大犯禁忌的。重要的思想观点和表述一旦由毛泽东提出，其他人只能对其观点加以解说，而不能与之有哪怕些微不同的说法；第二，在“一分为二”的提法已被不正确地应用于搞国内“阶级斗争”和国际“反修斗争”，人们已接受了在党内、国内、国际共产主义运动内无限地“分”和“斗”的思想的情况下，“合二而一”的提法，便具有“唱反调”的嫌疑。因此，艾、林文章观点的出现，便很快被哲学界有些人视作与“一分为二”观点对立的异端邪说，并被党内上层的一些人所不能容忍。

《光明日报》在艾、林的文章刊出前，将清样送给了康生。康生这个没有自己理论著作、专门批判别人的“理论权威”，他的态度是：“我一看有问题，就告诉《光明日报》，凡是这类稿子一律扣起来不发。”康生并说：艾、林“是杨献珍的代言人”。关锋看到清样后说：“这可是一条大鱼，应当捉住，不能让它缩回去。”由关锋等人组成的“反修哲学小组”很快写出反对“合二而一”的文章。《光明日报》在登出艾、林文章一周后的6月5日，刊登了以项晴署名、根据康生指示写的《“合二而一”不是辩证法》一文。文章说：“‘一分为二’同‘合二而一’是对立的”；“‘合二而一’必然调和矛盾”。

---

①《关于“一分为二”与“合二而一”问题》（第一辑），生活•读书•新知三联书店1964年版，第99—102页。

②《关于“一分为二”与“合二而一”问题》（第一辑），生活•读书•新知三联书店1964年版，第104、105页。

项晴文章发表的当天，康生叫江青送给毛泽东看。据林枫[①]1966年9月21日在中央党校群众大会上说："康生说他到主席那里，主席说'合二而一'是矛盾调和论。"1964年6月8日，毛泽东在中央工作会议上讲话时又说过："一分为二是辩证法，'合二而一'恐怕是修正主义，阶级调和的吧！"这就把不符合当时"斗争哲学"需要的学术观点，扣上了严重的政治帽子。

在此情况下，康生搞起了"引蛇出洞"的"阴谋"。即登一些赞成"合二而一"或虽不赞成但是进行学术讨论的文章，钓更多的人上钩，然后再反击和批判。这正如他1966年10月5日说的："1964年'合二而一'的斗争，开始像是学术斗争，我们有意识地搞一下，是引起大家讲话。"

在康生指示下，1964年6月12日，《光明日报》刊载了一篇《要全面理解"一分为二"——也谈"一分为二"与"合二而一"》的文章[②]，认为"'一分为二'与'合二而一'不是根本对立的"，同时又认为"用'合二而一'来代替、补充'一分为二'的做法是不正确的"。6月19日，刊登了一篇《"一分为二"与"合二而一"是矛盾规律的不可分割的两个方面》的文章[③]，认为"事物是'一分为二'的"，"又总是'合二而一'的"，二者"是对立统一的客观反映"。6月26日，刊登了两篇反驳"合二而一"的文章[④]，说"用'合二而一'的方法来解决矛盾实际上就是矛盾融合论"。

6月27日，康生指示说："关于'合二而一'问题，还可以再放4篇错误意见出来。"于是7月3日的《光明日报》又登出《关于"一分为二"和"合二而一"》的文章[⑤]，认为"二者本来就是同一个问题的两个方面，不是互相排斥、彼此对立的"。并且表示不同意"合二而一'就是矛盾的调和或融和"。7月3日和10日刊载了《关于"一分为二"的对话》的文章[⑥]，说"'一分为二'是分析，'合二而一'是综合"。7月10日，刊登了《关于对立统一规律的几点体会》的文章[⑦]，表示"不同意项晴同志说'合二而一'不是辩证法的论断。如果'合二而一'不是辩证法，

① 林枫，1963年起任高级党校校长。
② 作者是姚永抗。
③ 作者是潘庆斌。
④ 沙人：《一分为二还是"合二而一"?》，于人：《对立统一规律不是"合二而一"》。
⑤ 作者是尹明。
⑥ 作者是柯阳。
⑦ 作者是叶承禹。

那么这个‘一分为二’是从何而来的?”7月12日，又刊登了《“一分为二”与“二合为一”是客观事物的普遍规律》一文①，文章表示“基本上同意艾、林二同志的论点”，但认为“用‘合二而一’表述不如以‘二合为一’表述为佳”。说“‘一分为二’与‘二合为一’实际上是表达了矛盾的统一性和斗争性这个问题”。7月13日，又刊登了《“一分为二”同“合二而一”辩证的统一》一文②，文章认为“事物总是‘一分为二’而又‘合二而一’的”，“坚持‘一分为二’同‘合二而一’辩证统一的观点，才能真正把握对立统一规律，才能避免右的和‘左’的错误”。

在此期间，也登了几篇反驳和批判“合二而一”的文章。7月2日登的《不能用“合二而一”代替“一分为二”》的文章③说:“照艾、林、潘（庆斌）等同志的逻辑推论下去，共产主义社会就是资产阶级与无产阶级‘合二而一’，全世界的共产主义就是社会主义和帝国主义‘合二而一’，侵略者和被压迫者‘合二而一’。”7月10日登的《为什么要说“一分为二”讲多了?》的文章④点了高级党校哲学教研室讲师黎明的名。

7月17日，《光明日报》发表了署名王中、郭丕衡但不是他们二人写作，而是由其他人奉命写作、由康生亲自领导修改并定稿的文章:《就“合二而一”问题和杨献珍同志商榷》。文章把杨献珍关于“合二而一”的含义歪曲成了“矛盾调和论”。

随后康生于7月24日又把杨献珍的“问题”加以扩展，说“党校斗争，从‘合二而一’必然要向另外方向发展。……会发展向‘思维与存在没有同一性’问题⑤

---

① 作者高忆。

② 作者小雪。

③ 作者杨文义。

④ 作者刘兴隆。

⑤ “思维与存在没有同一性”问题，缘起于20世纪50年代初杨献珍同艾思奇对恩格斯《费尔巴哈和德国古典哲学的终结》书中一句话的不同理解，但后来争论的命题被改换了。恩格斯在第二章关于哲学根本问题的地方引了一句话:“用哲学的语言来说，这个问题叫做思维与存在的同一性问题”。艾思奇讲课说“思维与存在的同一性”是恩格斯本人的话，是唯物论。杨献珍认为:“思维与存在的同一性”是黑格尔的原话，是唯心论。不久艾思奇承认了杨献珍指出的对，但又说这句话也可以作唯物论的解释。1957年苏联《简明哲学辞典》第3版中译本出版，其中“同一性”一条，把“思维与存在的同一性”中的“同一性”和“矛盾的同一性”混为一谈，说“有人滥用黑格尔的术语”。毛泽东说这是批他的。1958年杨献珍著文《略论两种范畴的同一性》，维护了毛泽东关于“矛盾的同一性”论点的正确性，又说“思维与存在的

上去。政治上一定会发展到1959年杨献珍讲话问题和1962年翻案风问题①上，党校办校方针、对待学习毛主席著作的态度问题……会涉及党校8年来的问题”。

于是，1964年8月4日，高级党校召开大会，宣称：批判“合二而一”“是在意识形态方面的阶级斗争。……性质是大革命”。并介绍了杨献珍的“综合经济基础论”②和所谓“思维与存在没有同一性论”,8月17日起又介绍了1959年至1960年在高级党校党委内对杨献珍的批判和1962年杨献珍的所谓翻案问题。与此同时，康生组织人写了《哲学战线上的新论战》一文，发表于《红旗》第16期。

《新论战》一文说：近几年来，“为了与国际国内阶级斗争的形势相适应，我们党在报刊上加强了关于‘一分为二’的唯物辩证法的宣传”，这种宣传“增强了人们同帝国主义和各国反动派以及现代修正主义进行斗争的勇气，增强了取得胜利的

同一性”是唯心论，应区分清楚。并引用恩格斯在《反杜林论》中“思维与存在的同一性……是一个叫做黑格尔的人所说的最荒唐的热昏的胡话之一”的的语句来证明。随后他在1958年和1959年多次批评了“人有多大胆、地有多大产”“不怕做不到、就怕想不到”之类的把思维与存在当作同一的表现。后来艾思奇写了《恩格斯肯定了思维与存在的同一性》一文，得到陈伯达赞同。而康生看了杨献珍的上述文章后，认为：杨献珍说思维与存在的同一性是唯心主义，就是否定思维与存在的同一性，也就是认为思维与存在没有同一性。他把命题变换了之后，去问毛泽东：“思维与存在有没有同一性?”毛泽东根据他在《矛盾论》中“矛盾的同一性”原理，回答说：“思维与存在有同一性。”据此，康生说杨献珍的说法是错误的，后来又给杨献珍加了反对毛主席讲的“思维与存在有同一性”的罪名。

① “政治上1959年杨献珍讲话问题”和“1962年翻案风问题”，是指1959年6月12日杨献珍和河南省委党校、抚顺市委党校参观组的谈话，即《坚持实事求是作风，狠狠批判唯心主义》一文，还有其他几次讲课、谈话。这些讲话鲜明地批判“大跃进”中表现出来的唯心主义思想、观点，是正确的。但在庐山会议后的“反右倾”运动中，杨献珍受到错误的批判，并因此由高级党校校长职务降为副校长。1962年根据七千人大会精神，给他平了反，但后来又错误地说他“闹翻案”。

② “综合经济基础论”，是20世纪50年代初杨献珍的一种见解。1952年斯大林的《马克思主义与语言学问题》出版后，有人认为只有社会主义经济成分才是中国过渡时期的经济基础。杨献珍不同意。认为应从现实出发，决不能忽视社会主义以外的其他几种经济成分的存在。既然“经济基础是生产关系的总和”，那么过渡时期的经济基础就应该是以社会主义经济成分为主的五种经济成分。他以此观点于1955年6月写成《关于我国在过渡时期的基础与上层建筑的问题》一文。同年8月，艾思奇写了《驳杨献珍同志的“综合经济基础论”》一文，主张单一经济基础论。但双方文章均未发表。1964年批判杨献珍“合二而一”时，也把这一个争论中杨的观点当作错误一起批判。

信心”，而“杨献珍同志却大讲其所谓‘合二而一’论，同党大唱对台戏”，“有计划地用资产阶级的反动世界观，来对抗无产阶级唯物辩证法的世界观”，“有意识地适应现代修正主义的需要，帮助现代修正主义者宣扬阶级和平和阶级合作，宣扬矛盾调和论”。因此“这是一场意识形态领域中的阶级斗争”。

在此期间，康生把批判杨献珍的“综合经济基础论”、“思维与存在的同一性论”、“合二而一论”称作“哲学上的三次大论战”，“文革”期间又称作“建国以来哲学战线上的三次大斗争”。现在我们从宏观的角度看来，对杨献珍的这三次大斗争，实际上是不同阶段中“左”倾错误思想的发作。

经过一场批判斗争，1965 年 3 月 1 日，中共中央高级党校校委会向中央作了《关于杨献珍问题的报告》。《报告》说：“杨献珍的政治面貌和精神状态，基本上弄清楚了。他是资产阶级在党内的代言人，是彭德怀的一伙，是个小赫鲁晓夫。他把高级党校搞成独立王国，干了许多坏事。”其“主要错误”是：“一、反对毛泽东思想”。“二、制造反对社会主义的‘理论’”。在 1952 年年底，“提出‘综合经济基础’论，反对对国民经济进行社会主义改造”。在 1958 年，“以反对思维与存在有同一性的说法，来反对党的社会主义建设总路线”。近年来，“又有计划、有组织地向党发动了总进攻，提出取消革命、从理论上根本否定阶级斗争、否定社会主义同帝国主义斗争、否定马列主义同修正主义斗争的‘合二而一’论，为现代修正主义的‘三和两全’① 路线作了哲学的概括，为国内资本主义势力制造了‘和平演变’的‘理论’。”“三、攻击社会主义建设总路线、大跃进、人民公社”。“四、鼓吹资本主义复辟，大刮单干风”。“五、攻击历次政治运动，大闹翻案风”。“六、同彭德怀一道反党”。“七、站在赫鲁晓夫一边”。“八、包庇、安插恶霸地主反革命分子”。“九、把高级党校变成独立王国，进行宗派活动”。“十、企图抓全国党校领导权，并且伸手到许多方面去”。

6 月 9 日，校委会在报送上述报告时，提出了撤销杨献珍的副校长和校委委员职务的建议。9 月 24 日，中央批转了高级党校的报告，同意撤销杨献珍的职务。

由于这些莫须有的罪名，杨献珍在“文化大革命”中受到严重的迫害，并从 1967 年 9 月至 1975 年 5 月，被送监狱“监护审查”达 8 年之久。受这一冤案牵连，有两人（孙定国、黎明）遭迫害致死，党校受批判者达 150 余人，社会上受牵连者

① “三和”即和平共处、和平过渡、和平竞赛。“两全”即全民国家、全民党。

难以统计。

在狱中和出狱后的流放期间，杨献珍始终坚持自己的理论观点，同对他的错误批判和诬陷进行了始终如一的斗争。1975年他写道：

"（一）'合二而一'是中国古代思想家关于'对立统一规律'的一种用中国语言来表达的思想方式，而从1964年对于'合二而一'进行全国性的讨伐以来，在人们的心目中产生了一种错觉，好像'合二而一'是杨献珍发明的。我要声明，这是古代思想家的一种光辉成就。我决不敢掠古人之美以为己有，欺世盗名。

"（二）关于'合二而一'，我自己仅仅是在课堂上讲课讲到'对立统一'时，说过中国古代思想家也有了这种认识，当作举例，曾提到过方以智的'合二而一'，我自己没有写过关于'合二而一'的文章，也没有'唆使'过别人写文章，也没有替人家修改过这种文章。原写文章的作者都还活着，可以作证。1964年《红旗》杂志第16期上发表的批判我的那篇文章是别有用心地夸大其词，与实际情况毫不相符。

关于'合二而一'，〔明〕方以智在《东西均》中说：'虚实也，动静也，阴阳也，形气也，道器也，昼夜也，幽明也，生死也，尽天地古今皆二也。两间无不交，则无不二而一也。''交也者，合二而一也。'

"（三）当提'合二而一'时，我做梦也没有想到要去反对毛主席的'一分为二'。批判'合二而一'刚开始，就已定了性，说是敌我矛盾。还有人说'是对毛主席的一分为二放了一支毒箭'。这是有意陷害诬蔑，把水搅混。因为我没有把'一分为二'与'合二而一'对立起来过。我认为'一分为二'与'合二而一'都是关于'对立统一'的中国古代思想家的表达方法①。中国的太极图是中国古代人的一种最原始的世界观，太极图，说它是'一分为二'也可以，说它是'合二而一'也可以。"②

1976年，粉碎"四人帮"后，在批判康生、江青等人罪行中，还曾出现过把

① 关于"一分为二"，〔宋〕朱熹在《周易本易》中说："一每生二，自然之理也。"在《朱子类语》(67)中说："一分为二，节节如此，以至无穷，皆是一生两尔。"〔明〕张景岳在他编的《类经》中对"黄帝曰：阴阳者，天地之道也"注释道："道者，阴阳之理也，阴阳者，一分为二也。"

② 杨献珍：《我的哲学罪案》，人民出版社1981年版，第311—312页。

杨献珍的“合二而一论”等，同他们绑在一起批的现象，是过去的“左”倾斗争的影响尚未能得到深入清理的缘故。杨献珍等人坚决不服，曾明确地据理反驳。中共十一届三中全会以后，杨献珍的政治冤案终于得到解决。1979年8月27日，中央党校（即原高级党校）党委给其作出平反决定上报中央。1980年8月4日，中共中央组织部发文通知党内：“现将中央书记处批复同意的中共中央党校委员会《关于杨献珍同志的复查报告》转发给你们。”“杨献珍同志自1959年以来，屡遭康生等人的打击迫害，特别是文化大革命期间，林彪、康生、陈伯达、‘四人帮’继续罗织罪名，对杨献珍同志进行诬陷。现经中央书记处批准，中共中央党校委员会已为杨献珍同志彻底平反，恢复名誉。”中组部并要求“通知有关部门为受杨献珍同志问题株连的同志平反，并做好善后工作”。

中央党校党委的《复查报告》说：“我们根据党的实事求是原则，经过调查研究，认为（1965年的）《结论》、《报告》和《关于杨献珍同志问题的报告和处理意见》都是错误的，应实事求是地予以改正。杨献珍同志在主持高级党校工作期间，虽有某些缺点错误，但他认真贯彻执行了党中央、毛主席关于干部教育和办党校的方针，成绩是明显的。康生等人给他扣上的反动帽子及诬蔑他的各种罪名，和强加给中央党校的所谓‘反毛泽东思想的顽固堡垒，等诬蔑不实之词，应予全部推倒，彻底平反。”并肯定“中央党校在文化大革命前的18年，为我党培训了大量的高、中级干部和理论干部，教学方针是正确的，绝大多数干部是好的和比较好的，在宣传马克思列宁主义、毛泽东思想、特别是为提高我党干部的思想理论水平方面，做了大量工作，是有成效的”。决定撤销一切有关整杨献珍的文件和材料，宣布“恢复杨献珍同志的党籍和政治名誉”。

继批判杨献珍“合二而一论”之后，1964年下半年，又批判了著名经济学家孙冶方及其经济学观点。20世纪50年代末和60年代初，孙冶方针对中国经济体制及运行机制上的弊病提出：提高经济效果是发展社会主义经济的关键；在计划经济中要重视价值规律的作用；要正确运用经济杠杆，提高利润指标在经济管理中的地位；要扩大并适当规定经营管理的权限，正确处理国家集中领导和企业独立经营的关系；要提高固定资金折旧率，加强对现有企业的技术改造，等等。这些意见在当时对纠正“大跃进”以来无视经济规律的“左”倾错误具有重要意义。在1961年中共中央宣传部召开的一次理论会上，孙冶方对价值规律、利润、奖金和企业的自主权等问题发表了鲜明的看法。康生把孙冶方的观点作为“修正主义”思想报告了毛泽东，说孙冶方比苏联的利别尔曼还利别尔曼①。1964 年下半年，孙冶方受到围剿批判。康生、陈伯达说他是“中国最大的修正主义者”。在“文革”中，孙冶方被关进监狱达七八年之久，他也始终坚韧不屈。他曾说过：“死不足惜，名声毁了也不要紧，但我长期从事经济研究形成的经济观点不能丢，我要为真理而活下去。”表现了一名老共产党员的高贵品质。中共十一届三中全会后，这一冤案得到彻底平反处理，1982 年 12 月 16 日，中国社会科学院党组授予他模范共产党员的称号。

受到严重批判的还有北京大学教授、哲学家冯定。1964 年 9 月，《红旗》杂志第 17、18 期合刊，登载了《评冯定的〈共产主义人生观〉》的文章，歪曲和攻击说这本书“同赫鲁晓夫唱一个调子”，是“宣扬修正主义思想的坏书”。同年 11 月，《红旗》杂志第 21、22 期合刊又批判了冯定的《平凡的真理》一书，说是“主观唯心主义的大杂烩”。把这两本在青年中有着很好教育作用的好书彻底否定了。

在历史学界，又批判了历史学家翦伯赞的历史观点。1961 年，翦伯赞先后发表了《对处理若干历史问题的初步意见》、《目前史学研究中存在的几个问题》等文章，针对当时史学研究中的一些片面观点，提出既要重视阶级观点，又要注意历史主义的正确意见。他主张从历史的实际出发，在研究大量史料的基础上，得出合乎规律的马克思主义结论，反对片面强调“以论带史”的提法，反对狭隘地理解历史学要为政治服务的提法。他认为：这几年“史学革命”的后果“总起来说，片面性、抽象性、简单化、绝对化、现代化，是这几年教学和研究中突出的缺点”。1965 年 12 月，《红旗》杂志发表了戚本禹的文章：《为革命而研究历史》，1966 年 3 月 25 日，《人民日报》又发表了戚本禹等 3 人的文章：《翦伯赞同志的历史观点应当批判》。

戚本禹武断地说翦伯赞反对马克思主义阶级斗争和阶级分析的方法；把翦伯赞认为农民起义反对封建压迫和剥削，但不可能把封建当作制度来反对，不可能把地主当作整个阶级来反对，不可能把皇权当作主义来反对的观点，批判为“歪曲和诬蔑农民革命”；把翦伯赞肯定修长城、治黄河、开运河的历史作用，说成是“美化帝王将相”；把翦伯赞关于“当地主阶级反对奴隶主阶级的时候，它是一个革命阶

① 利别尔曼，苏联经济学家。1962 年 9 月，他在《真理报》发表了《计划•利润•奖金》一文，主张强调利润的作用，是苏联 20 世纪 60 年代经济改革的理论支柱。但在中国，他的主张被批判为“利润挂帅”的“修正主义”理论。

级。只有当这些阶级走向没落的时候，当这些制度走向崩溃的时候，才是反动的，该骂的，该反的”的观点，诬蔑为“反马克思主义的”。戚本禹的文章说翦伯赞的历史观点是“现实阶级斗争在史学界的反映”，诬蔑翦伯赞是“近几年来史学领域两个阶级、两条道路尖锐斗争中资产阶级一方的代表人物”。

戚本禹的《为革命而研究历史》一文，得到了毛泽东的赞赏。1965 年 12 月 21 日，毛泽东说：“戚本禹的文章很好，我看了 3 遍，缺点是没有点名。”戚本禹 1966 年 3 月 25 日批判翦伯赞的文章不但点了名，而且上了纲。在史学界开了刀。

应该指出的是，在文学艺术界的批判，哲学界的批判，经济学界的批判，史学界的批判，等等，本质上是“左”倾阶级斗争思想和“反修防修”理论的作怪。江青、康生、陈伯达等人在其中起了极其恶劣的作用，他们也正是在这种批判中，开始踏着正直的共产党员和非党人士受伤的身躯向上爬的。但是，这些批判，在总体上不能用几个阴谋家、野心家的肆虐来解释。相反，多年的历史教训了人们，只有在党和国家的民主政治生活遭到破坏，党内“左”的指导思想严重泛滥的时候，才容易出现野心家、阴谋家，他们才能得逞。20 世纪 60 年代一系列“左”倾批判的开展，归根到底，是党和毛泽东的重大失误。

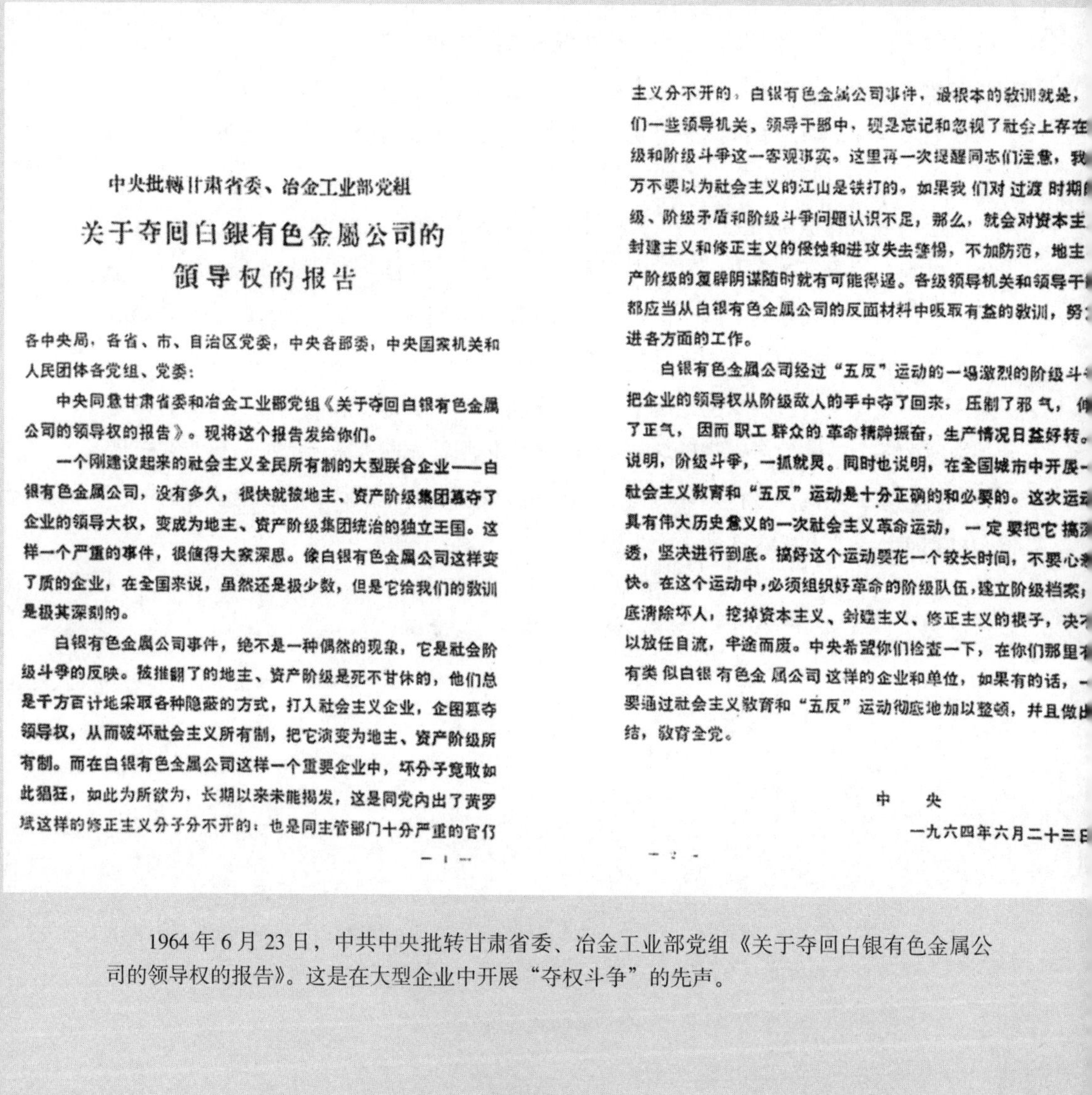

中央批轉甘肃省委、冶金工业部党組

关于夺回白銀有色金屬公司的
領导权的报告

各中央局，各省、市、自治区党委，中央各部委，中央国家机关和人民团体各党组、党委：

中央同意甘肃省委和冶金工业部党组《关于夺回白银有色金属公司的领导权的报告》。现将这个报告发给你们。

一个刚建设起来的社会主义全民所有制的大型联合企业——白银有色金属公司，没有多久，很快就被地主、资产阶级集团篡夺了企业的领导大权，变成为地主、资产阶级集团统治的独立王国。这样一个严重的事件，很值得大家深思。像白银有色金属公司这样变了质的企业，在全国来说，虽然还是极少数，但是它给我们的教训是极其深刻的。

白银有色金属公司事件，绝不是一种偶然的现象，它是社会阶级斗争的反映。被推翻了的地主、资产阶级是死不甘休的，他们总是千方百计地采取各种隐蔽的方式，打入社会主义企业，企图篡夺领导权，从而破坏社会主义所有制，把它演变为地主、资产阶级所有制。而在白银有色金属公司这样一个重要企业中，坏分子竟敢如此猖狂，如此为所欲为，长期以来未能揭发，这是同党内出了黄罗斌这样的修正主义分子分不开的；也是同主管部门十分严重的官仍

— 1 —

主义分不开的。白银有色金属公司事件，最根本的教训就是，
们一些领导机关，领导干部中，硬是忘记和忽视了社会上存在
级和阶级斗争这一客观事实。这里再一次提醒同志们注意，我
万不要以为社会主义的江山是铁打的。如果我们对过渡时期
级、阶级矛盾和阶级斗争问题认识不足，那么，就会对资本主
封建主义和修正主义的侵蚀和进攻失去警惕，不加防范，地主
产阶级的复辟阴谋随时就有可能得逞。各级领导机关和领导干
都应当从白银有色金属公司的反面材料中吸取有益的教训，努
进各方面的工作。

白银有色金属公司经过“五反”运动的一場激烈的阶级斗
把企业的领导权从阶级敌人的手中夺了回来，压制了邪气，
了正气，因而职工群众的革命精神振奋，生产情况日益好转。
说明，阶级斗争，一抓就灵。同时也说明，在全国城市中开展
社会主义教育和“五反”运动是十分正确的和必要的。这次运
具有伟大历史意义的一次社会主义革命运动，一定要把它搞
透，坚决进行到底。搞好这个运动要花一个较长时间，不要心
快。在这个运动中，必须组织好革命的阶级队伍，建立阶级档案，
底清除坏人，挖掉资本主义、封建主义、修正主义的根子，决
以放任自流，半途而废。中央希望你们检查一下，在你们那里
有类似白银有色金属公司这样的企业和单位，如果有的话，
要通过社会主义教育和“五反”运动彻底地加以整顿，并且做
结，教育全党。

中　央

一九六四年六月二十三

— 2 —

1964年6月23日，中共中央批转甘肃省委、冶金工业部党组《关于夺回白银有色金属公司的领导权的报告》。这是在大型企业中开展“夺权斗争”的先声。

第五章
国际“反修”与国内“防修”的加剧

一 毛泽东对“三和一少”、“三自一包”的批判

本书第三篇第一章谈到过八届十中全会以前，毛泽东对国内“修正主义”的最初看法。他把所谓的“右倾机会主义者”如彭德怀等，称作中国的“修正主义者”。人数不多，共八九个。那时，他对中国是否也会出现赫鲁晓夫那样的“修正主义者”的考虑，主要是基于要借鉴苏联的教训而作的，并非从中国国内现有事实出发的。在八届十中全会上毛泽东提出国内“反修防修”，会后搞四清、五反运动，也主要是从基层做起，来“挖修根”，清理所谓“社会基础”，防患于未然。

但是，在毛泽东的头脑中，是一面在搞着下层的清理，一面想着中央上层内部的事情。而且随着社教运动的发展和中苏矛盾的不断加剧，对中央上层问题的疑虑逐步加重。一个突出的表现，是从1963年起至1965年间，毛泽东不在党内谈，却同一些外国党领导人反复地谈中国党内的所谓“三和一少”、“三自一包”的“修正主义路线”问题。

1963年5月22日，毛泽东在武汉同新西兰共产党总书记威尔科克斯谈话说：我们党内有些人主张三和一少：对帝国主义和气一点，对反动派和气一点，对修正主义和气一点，对亚非拉人民斗争的援助少一些。这就是修正主义的路线。

1964年2月9日，毛泽东在北京再次同威尔科克斯谈话时，又讲了这个内容。

他说：我们党内有少数人主张三和一少。三和就是对帝国主义和、对修正主义和、对各国反动派和，一少就是少援助反对帝国主义的国家和党。这实质上就是修正主义的思想。他们联络部（按：指中共中央联络部）里就有少数这样的人。另一个是统战部，它是同国内资产阶级打交道的，但是里面却有人不讲阶级斗争，要把资产阶级的政党变成社会主义的政党①。每个部都找得出这样的人。例如农村工作部里面就有一个邓子恢，他是中央委员，还是副总理，却主张单干，实际上不要社会主义农业。这一股风，即三和一少风、单干风等等，在前年上半年刮得很厉害。从国外来说，被美帝国主义和苏联修正主义吓倒了，在国内由于天灾人祸，经济受到损失，于是修正主义就露头了。有一阵子可猖狂啦。毛泽东还说：针对三和一少，我们的方针就是三斗一多，这就是对帝国主义要斗、对修正主义要斗、对各国反动派要斗，要多援助反对帝国主义的、革命的和马列主义的政党和马列主义派别。三和一少是赫鲁晓夫的口号，三斗一多是我们的口号。

1964年2月金日成到中国来，毛泽东同他进行了更深一层的谈话。

毛泽东说：天下大事分则必合，合则必分。一个党也是如此。我们同高岗、彭德怀也是如此，他们是我们的敌人，也是你们的敌人。毛泽东接着说：动摇分子总是会有的。1962年上半年我们党内有些人主张三和一少。什么是三和一少呢？就是对帝国主义要和，对修正主义要和，对反动的民族资产阶级要和，就像对尼赫鲁那样的反动派也要和。一少是，对支持民族解放运动要少一点，要少支持世界革命。这是修正主义的路线。这些人在国内也主张三自一包。三自是：自留地、自由市场、自负盈亏；一包是包产到户。目的是要解散社会主义的农村集体经济，要搞垮社会主义制度。三和一少是他们的国际纲领，三自一包是国内纲领。这些人中有中央委员、书记处书记，还有副总理。他们在1962年上半年到处宣传。夏季我们开了一个会议，是工作会议，中央委员、省委书记都来参加，把这些问题都抖搂出来了。然后，又开了中央全会，开了两个月——8月到9月。

毛泽东继续说：这个会议开过以后，这些犯错误的同志都检讨了，说自己不对

---

① 这里是指李维汉。李维汉在1956年后研究统战工作理论政策的过程中，提出过：争取5年或者更多一点时间使对资产阶级分子的改造实际达到消灭阶级的水平（简称5年消灭阶级）；把民主党派根本改造成为社会主义政党（简称社会主义政党）。他还提过：人民民主统一战线实际上已经是社会主义统一战线（简称社会主义统一战线）和我国各民族已经成为社会主义民族。这些，在1962年10月的中央统战部会议上受到批判。

了。有一个同志是主张三自一包的，就是邓子恢，他是长期搞农村工作的，是农村工作部长，是副总理。除此以外，每个部都有，每个省都有，支部书记里头更多。所以说“天下太平”，没有这么回事。我说不太平是正常的。清一色，也是不会有的。所以，要有意识地保持对立面。例如王明和赫鲁晓夫一样，彭德怀是赫鲁晓夫的人，是我们党的中央委员、政治局委员、副总理，现在仍然保持原有职务。但是王明不同。这种政策将来可能危害我们，也可能危害你们。譬如，彭德怀像赫鲁晓夫那样掌握了党、军队和政权，那么，今天我们就可能和莫洛托夫、马林科夫、卡岗诺维奇他们的处境一样，也可能被杀掉了。这些人总是想复辟的。所以要提高警惕。

毛泽东问金日成：中国变成修正主义，你们怎么办？

金日成答道：那我们就更困难了。

毛泽东说：总会比阿尔巴尼亚好一些。这些话我和好多人都讲过，如日本的宫本，新西兰的威尔科克斯，还有印尼的同志，但还没有得到机会同越南同志讲。如果中国变成修正主义，天就黑暗了，你们怎么办？要作思想准备，要高举马列主义的旗帜反对中国的修正主义，这样中国人民是会感谢你们的。假如中国出现了修正主义，也是搞不久的，最多也不过是几年。中国地方大、人多、解放军觉悟高，就是他们掌握了一部分军队，也不要紧。

金日成问：你不是说防止五代不出修正主义吗？

毛泽东回答说：是打了预防针。向全体人民进行了反对修正主义的教育，要反对新的资产阶级，新出来的资产阶级分子，他们进行贪污盗窃、投机倒把，这号人虽然为数不多，但很厉害，神通广大，他们能够从广州弄到自行车用飞机运到河北高价出卖，这个人还是一个县的农村工作部长。在座有不少朝鲜的年青同志，你们不要把中国的一切都看成是好的，这样就不对了。中国有光明的一面，这是主要的一面，同时还有黑暗的一面，搞“地下工作”的大约有 1000 万人。我计算了一下，在 6 亿 5000 万人口中，这种人就占 1/65，就是 65 个人中有一个。如果现在不加注意，他们就会泛滥起来，苏联现在不就泛滥起来了吗？

1964 年 3、4 月，毛泽东同日本共产党访华代表团田里见等人谈话，也讲了这个方面的内容。

3 月 23 日，毛泽东在北京对田里见说：王稼祥也被拉到右边去了。他是联络部长，现在没有管事。他主张三和一少。什么叫三和一少，你们知道吗？三和就是对帝国主义、对修正主义、对反动民族主义要和，一少就是少支持民族解放斗争、少支持革命的工人阶级、少支持革命的党。他认为当时中国很困难，拿钱去支持别国的斗争，不合算。4月10日，毛泽东在武汉再次见到田里见等人，又对他们说：就在那年（1962年）8月，我们讨论了整个路线，包括国内的和国际的，开了一次十中全会，发表了十中全会公报。当时我们党内有一部分同志同赫鲁晓夫的调子一样，即强调三和一少。在国内问题上提出三自一包。即强调自由市场、自留地，把集体经济、社会主义市场放在第二位，把私有经济放在第一位，农民的自留地放在第一位。第三就是自负盈亏、小商人做生意要自负盈亏，就是发展资本主义。这就是三自。还有一包是主张把土地包到各家去种，不搞集体。当时是一股风，1962年很猖狂。

毛泽东还说：中央联络部部长就主张三和一少。他本来害病，那年春季，他突然积极起来了。此外还有统战部，一部分人主张把几个资产阶级政党在几年内改变为无产阶级的政党。这只是两个例子，其他还不止。中央各部，每个部都不是太平的。每个部都可以一分为二。地方上也不是太平的。我们的中央委员、中央候补委员中，就有十几个人是修正主义者。

直到1965年8月11日，毛泽东在谈关于诱敌深入和援助越南问题时，更明确地批评说：修正主义是一种瘟疫。1962年在国际上在外交上，主张三和一少是王稼祥，在国内主张三自一包是陈云，而且对我们讲，不仅要包产到户，还要分田到户。说这样4年才会恢复，解放军也会拥护。邓子恢到处乱窜，刮单干风。陈云还守纪律，但是最厉害。毛泽东强调地说：领导人、领导集团很重要，1962年刮歪风如果我和几个常委顶不住，点了头，不用好久，只要熏上半年，就会变颜色，许多事情都是这样，领导人一变，就都变了。

由于毛泽东一再批评所谓“三和一少”、“三自一包”，上纲为“修正主义路线”，被涉及了的人受到极大压力，都不得不先后作了检讨。1965年6月18日，陈云给毛泽东送了一封作自我批评的信，其中说：在1962年，我对农业恢复速度的估计：粮食方面，每年只能增长2.3%，因此，要由2800亿斤粮食恢复到3600余亿斤，需要8年时间。经济作物的恢复更要迟些。现在事实上3年就恢复了。这完全证明了我的估计是完全错的。1962年7月初，我曾经向你提出，同时也向中央常委中有几位同志谈过，用重新分田的办法，来刺激农民的生产积极性，以便恢复农业产量。这个意见是错误的，性质是严重的，它关系到农业方向集体经济与小个体经济、社会主义与资本主义两条道路的问题。现在用加强集体经济的办法，3年就恢复了农业，如果用分田的办法，可以想是资本主义会大发展，后患不堪设想。思想根源，在于没有把人与物的关系搞准，没有人的因素第一这种思想。这是右倾错误。

陈云的自我批评，交了毛泽东点名批评的一笔“账”，免除了一场可能降临的灾难。而毛泽东对所谓“三和一少”、“三自一包”的严厉批判，把党内的思想推向了日益“左”倾的方向，对国际反修、国内防修斗争的加剧，都起了重要的影响。

二 中苏两党矛盾的重新激化

1960年11月的81国共产党和工人党莫斯科会议，曾使中苏两党一年多的紧张气氛有所缓和，给中苏改善关系带来一次机会。但是不久，中苏两党又发生严重争论，并且在多方复杂因素下，向着矛盾日益激化的方向发展。

1961年3月，华沙条约国首脑会议通过了谴责阿尔巴尼亚劳动党的决议，并提出了撤掉苏军在阿尔巴尼亚发罗拉的海军基地的问题。5月，苏联单方面行动，撤出了驻在发罗拉基地的舰队，并停止了对阿尔巴尼亚的一切援助。8月的华沙条约国首脑会议又拒绝让阿尔巴尼亚派代表出席。苏联的这些举动，在中苏关系上造成了新的障碍。

1961年10月17日至31日，苏共召开二十二大。会议提出了20年基本建成共产主义的纲领；提出了“全民国家”“全民党”的论点；进一步大反斯大林（包括空前激烈的谴责，通过决议将斯大林遗体迁出列宁—斯大林陵墓等）；重新猛烈攻击马林科夫、卡冈诺维奇、莫洛托夫“反党集团”（因莫洛托夫致函二十二大，指责即将通过的苏共新纲领草案的精神实质是“反对革命的”，含有“实用主义、和平主义甚至修正主义的观点”，故集中地攻击了莫洛托夫），并首次公开批判伏罗希洛夫元帅是“反党集团成员”。对于这些，中国党是有看法的。特别是在大会上攻击了与中国党关系密切的阿尔巴尼亚劳动党，公开号召推翻阿党第一书记霍查和另一领导人谢胡的领导，还影射地反华，在国际共产主义运动史上开创了利用一个党的代表大会攻击另一个党的先例。中国党必然要表明自己的立场态度。

10月19日，中共代表团团长周恩来在致贺词中发表意见指出：社会主义各国之间，各兄弟党之间，必须像爱护眼珠一样地爱护我们的团结，“我们认为，兄弟党、兄弟国家之间，如果不幸发生了争执和分歧，应该本着无产阶级国际主义的精神、平等和协商一致的原则，耐心地加以解决。对任何一个兄弟党进行公开的片面的指责，是无助于团结，无助于问题的解决的。把兄弟党、兄弟国家之间的争执公开暴露在敌人的面前，不能认为是马克思列宁主义的郑重的态度。这种态度，只能使亲者痛，仇者快。中国共产党真诚地希望，有争执和分歧的兄弟党，将会在马克思列宁主义的基础上，在互相尊重独立和平等的基础上，重新团结起来。我想，这是我们共产党人在这个问题上应具有的立场”①。

在大会期间，周恩来同赫鲁晓夫会谈，谈了苏阿关系问题和斯大林问题，认为赫鲁晓夫等人的做法是错误的。赫鲁晓夫拒绝接受，并说：我们过去需要你们的支持，当时中国共产党的声音对我们有很大的意义，而现在不同了，苏联人民已经无限信任我们，苏共已经同你们站在一个水平线上了。

周恩来致词后，会上不断出现对中国共产党的指责声，于是周恩来决定提前回国。他指定彭真为代理团长后，自己于 10 月 23 日返回。彭真等在大会结束前，又去列宁格勒参观了一两天。在参加了闭幕式后，于 10 月 30 日返国。

苏共二十二大以后，苏联于 12 月断绝了同阿尔巴尼亚的外交关系，中国党则发表了阿尔巴尼亚党反击苏联的材料，苏共中央指责中国党对阿党材料的发表。中苏关系又严重恶化起来。

随后是一系列事件的发生：1962 年 2 月，苏共在事实上拒绝了若干兄弟党关于召开国际会议的建议；2 月 22 日，苏共中央在致中共中央的信中，给按了“反列宁主义行为”、“特殊立场”、“特殊路线”的“罪名”；4、5 月间，在苏联驻中国新疆领事馆的活动下，新疆塔城和伊犁地区发生了暴乱事件，苏联在边界上做了许多手脚；然后是赫鲁晓夫在 10 月印度军队向中国大规模武装进攻问题上，态度出尔反尔。

1962 年 4 月，印度军队在苏联提供的军事装备援助下，连续侵入中国的新疆、西藏地区，并增设军事据点。10 月 8 日，中国领导人通知苏驻华大使契尔沃年科：中国得悉印度将在中印边界发动大规模进攻，如果印度一旦发动进攻，中国就坚决自卫。

这时发生了加勒比海危机。当年 6 月苏联秘密将中程导弹和“伊尔—28 型”轰炸机运进古巴，这是把原子战争引向边缘的冒险政策。8 月被美国发觉，美国于

① 《人民日报》1961 年 10 月 20 日。

10月断然封锁了古巴全岛，肯尼迪总统发出最后通牒，要求苏方把导弹和轰炸机撤出古巴，形势十分紧张。赫鲁晓夫对于美苏的这种直接对抗可能达到什么程度，心中没底，存在随时有求于中国的需要，当时只有中国这个军事盟国有可能于苏美在西方对抗时，在东方采取行动给美国施加压力，作战略上的配合。于是赫鲁晓夫于10月13日和14日，向中国驻苏大使刘晓表示说：“关于印度准备向中国发动进攻的问题，苏联得到的情报与中国是一致的。如果苏联处在中国的地位，也将采取同样的措施。在中印边界问题上，是不能采取中立态度的。如果有人进攻中国，我们说我们中立，那就是叛徒行为。”

10月20日，印度军队调集陆军10多个旅的兵力，并出动空军配合，在中印边境东、西两段同时向中国发动了大规模武装进攻。中国边防部队进行自卫反击，粉碎了印军的进攻，拔除了印军入侵后修筑的据点，收复了失地。10月24日中国政府发表声明，建议停止边境冲突，重开和平谈判，解决中印边界问题。10月25日，苏联《真理报》发表社论，说“声名狼藉的麦克马洪线是强加给中国人民和印度人民的，这条线从未被中国承认过”。并表示中国政府10月24日声明中提出的3项建议①是建设性的，“是中印双方开始谈判和和平解决争端的可接受的基础”。

可是，随着苏联被迫接受了肯尼迪总统关于苏从古巴撤出导弹的限令和接受美国海军用肉眼检查苏装载撤出导弹的船只的条件后，加勒比海危机和缓下来，并且中国军队于11月22日单方面在中印边境实行全线停火，12月1日起主动从1959年10月7日实际控制线中国一边后撤20公里的情况下，赫鲁晓夫在中印边境冲突问题上又改变调子，于12月12日在最高苏维埃会议上重新偏袒印度，含沙射影地说：我们完全没有这种想法，即印度想同中国打仗，中国单方面停火、后撤，当然很好，但是，中国部队当时不从原有阵地前进，岂不更好？

再后，在苏共赫鲁晓夫的安排或影响下，1962年11月至1963年1月，出现了5个欧洲共产党代表大会上攻击阿尔巴尼亚劳动党和中国共产党的情况。中共的代表以各种方式呼吁回到内部平等协商的轨道上来，通过同志式的讨论和协商，消

① 3项建议的主要内容是：（一）双方确认中印边界问题必须通过谈判和平解决。在和平解决前，双方从实际控制线各自后撤20公里，脱离接触。（二）在印度政府同意前项建议的情况下，中国政府同意通过双方协商，把边界东段的中国边防部队撤回到实际控制线以北；同时，在边界的中段和西段，中印双方保证不越过实际控制线，即传统习惯线。（三）为了谋求中印边界问题的友好解决，中印两国政府应该再举行一次会谈。

除分歧，加强团结。但是未能得到应有的响应。中国共产党遂于1962年12月起至1963年3月，发表了《全世界无产者联合起来反对我们的共同敌人》、《陶里亚蒂同志同我们的分歧》、《列宁主义和现代修正主义》、《在莫斯科宣言和莫斯科声明的基础上团结起来》、《分歧从何而来》、《再论陶里亚蒂同志同我们的分歧》、《评美国共产党的声明》等7篇答辩文章。文章保留余地，没有点苏共领导的名，对某些事实也作了一些保留。

在此情况下，苏共中央于1963年2月21日致函建议举行中苏两党会谈。此后双方信件往来，进行了频繁的磋商。

3月9日，中共中央复信苏共中央，表示欢迎举行中苏两党会谈的建议，并表示为给召开兄弟党会议创造良好气氛，中共暂停公开答辩。

3月30日，苏共中央致函中共中央，提出了5点中苏会议要讨论的问题的范围①，并系统地提出了关于国际共产主义总路线的问题。就时代、世界矛盾、国际共运的一系列战略策略问题阐述了看法。

4月4日，中共中央将苏共中央3月30日的信全文发表。

6月14日，中共中央针对苏共3月30日的信，发出了题为《关于国际共产主义运动总路线的建议》的复信，并于6月17日公开发表。这封复信简称《25条》，系统地提出了关于总路线的概括、当前时代及其基本矛盾、怎样对待社会主义阵营、怎样认识帝国主义，怎样认识和对待亚非拉民族解放运动和民主革命运动、无产阶级革命和无产阶级专政、战争与和平、和平共处、反对个人崇拜、社会主义国家间的关系、同机会主义斗争、国际共运中分歧的解决等方面的意见。对一些“错误的观点”进行了批评，并通知苏共中央，中共中央将派出代表团前往莫斯科进行双边会谈。

在这里，我不详细介绍和评论双方的论点。双方都在相当程度上延续了原有国际共运理论的框架，同时又在一系列重大问题上存在深刻的分歧。特别是，都想用自己关于国际共运战略策略路线来作为各国共产党共同遵循的总路线，统一国际共

① 即（一）为进一步加强世界社会主义体系的威力和把它变成人类社会发展的决定性因素而斗争的问题；（二）为和平与和平共处而斗争的问题；（三）为反对以美国为首的帝国主义的斗争问题；（四）民族解放斗争问题；（五）加强社会主义大家庭和共产主义运动队伍的一致和团结问题。

运的思想与行动。多年的实践证明，这是不正确的，也是不可能做到的。各国的革命和各党的事务，只应由各国党根据马克思列宁主义与本国实践相结合的原则，来独立自主地解决。任何党要在国际共运中充当领导中心，要把一种革命和建设的模式强加给其他党，都只能造成关系的紧张和严重的损失。

三　尖锐激烈的两党会谈

根据商定，中苏两党的会谈于 1963 年 7 月 6 日至 20 日在莫斯科举行。

这一次会谈，是在双方多年积累起的深刻分歧和会前、会中矛盾与摩擦加剧的情况下进行的。

6 月 18 日，苏共中央发表声明，说中共中央 6 月 14 日的复信“歪曲了莫斯科宣言和声明”。6 月 21 日，苏共中央发表了《关于即将举行的苏共中央代表和中共中央代表会议的决议》，“责成苏共中央主席团在即将举行的同中共中央代表的会谈中”，“坚定地执行”苏共二十大、二十一大、二十二大的路线，并且说“断然拒绝中共中央对我党和其他共产党，对苏共第二十次、第二十一次和第二十二次代表大会的决定，对……苏共领导的攻击，认为这种攻击是没有根据的和诽谤性的”。

7 月 1 日，中共中央发表声明，公布参加会谈的代表团名单，并说苏共对中共 6 月 14 日信的指责是没有道理的，表示“鉴于中苏两党会谈即将举行，中共中央对于苏共中央和苏共领导人对我党的攻击，暂时不作答复，但是保留答复的权利”。

7 月 4 日，苏共中央再次发表声明，公布参加会谈代表团成员名单，并且对中共中央 7 月 1 日的声明进行反击。

7 月 5 日，中共中央也再次发表声明，表示“不能同意苏共中央在（7 月 4 日）声明中对中共 7 月 1 日声明的歪曲指责和攻击”。“责成代表团在（中苏两党）会谈中对苏共中央的歪曲、指责和攻击给予必要的评论。”

在此期间，还发生了苏联要求中国召回驻苏大使馆工作人员和留苏研究生 5 人的事件。苏联的理由是他们散发了中共中央6月14日的信①。中共中央予以反驳说：这“是一种正常的、对等的活动”，因为苏驻中国的机构和人员在中国就散发过苏共中央 3 月 30 日的信，“采取‘只许州官放火，不许百姓点灯’的态度，是不能达

① 《苏联共产党中央委员会声明》，1963 年 7 月 9 日。

到真正团结的”[1]。

7 月 5 日，中共以邓小平为团长，彭真为副团长，康生、杨尚昆、刘宁一、伍修权、潘自力为团员，吴冷西、范若愚、张香山、姚溱、王力、余湛为顾问的代表团抵达莫斯科。同日下午，苏方提出，中方同意，确定会议的开法是：(一) 每天上午 10 时至 13 时、下午 15 时至 18 时开会；(二) 除全体团员和翻译参加外，每方有两名顾问参加；(三) 两团交替发言，每方每次 1 人，如临时需要也可以连作两次发言，对方发言时不要打断；(四) 会谈结束前，双方不发表任何关于会谈的消息；(五) 同声传译，双方都作记录，事后双方核对。

此后双方举行了 9 次会议。出席会议的除中方全体成员及顾问外，苏方成员有团长苏斯洛夫，团员格里申、安德罗波夫、伊利切夫、波诺马廖夫、萨丘科夫、契尔沃年科。还有顾问 11 人。[2]

7 月 6 日，第一次会议。苏斯洛夫作了达 70 页的长篇发言。主要内容有：(一) 宣言和声明——现阶段国际共产主义运动的总路线。阐述“和平共处”总路线。(二) 进一步加强世界社会主义体系的威力和团结以及把世界社会主义体系变成人类社会发展的决定因素的斗争。阐述通过和平经济竞赛消灭资本主义的观点。(三) 争取和平与和平共处，反对帝国主义的侵略和战争政策的斗争。说和平共处是“唯一正确和明智的原则”。(四) 民族解放运动的问题。说和平经济竞赛能提供亚非拉国家向非资本主义过渡的前景。(五) 现阶段革命理论问题。谈资本主义国家向社会主义过渡的形式问题，强调现在开辟了顺利进行社会主义革命的新的可能性。(六) 关于加强国际共产主义运动的一致和团结问题。攻击中共关于苏共领导人“挥舞指挥棒”的比喻。(七) 关于中共中央 6 月 14 日的来信。对中共的信件作了攻击。

7 月 8 日，第二次会议。邓小平发言。指出苏斯洛夫的发言在许多重要原则问题上歪曲了马列主义的基本原理，随心所欲地解释莫斯科宣言和莫斯科声明。回顾历史，谈了两党分歧从何而来的问题。

7 月 10 日，第三次会议，苏斯洛夫再次发言。7 月 12 日，第四次会议，邓小平再次发言。7 月 12 日，第五次会议，波诺马廖夫发言。7 月 15 日，第六次会议，

---

① 《中国共产党中央委员会声明》，1963 年 7 月 10 日。

② 苏共中央代表团的顾问有：阿祖曼夫、科里昂诺夫、托尔古诺夫、梅晓滋夫、谢夫利亚金、伊敏捷姆采夫、福兰采夫、斯捷潘诺夫、苏达利科夫、布尔拉茨基、别利亚科夫。

彭真发言。7月17日，第七次会议，安德罗波夫发言。7月19日，第八次会议，康生发言。

会议进行期间，苏共中央违背双方已经达成的会谈期间双方不发布会谈消息的协议，破坏谈判的气氛，于7月14日公开发表了《给苏联各级党组织和全体共产党员的公开信》。

关于这封《公开信》的炮制，当年的起草人费·布尔拉茨基于1989年在苏联《新世界》杂志上发表文章，是这样忆述的：“我跟苏斯洛夫第一次相见是在1963年与中国代表团谈判时。在列宁山的迎宾馆里举行会谈期间，苏斯洛夫跟苏联其他领导人召集我们开会。他说必须赶快在一天之内准备好一份表明苏共同中国领导人争论的立场的文件，并当场把这称为《公开信》。然而特别引起我注意的是苏斯洛夫当时说‘给他们出其不意的打击’时的脸部表情，他同时还发出了甜而又甜和轻而又轻的笑声……但第二天他又提出怀疑：当会谈还没有结束时该不该就这样做？后来我明白了，这是苏斯洛夫个人特有的作风。”①

苏共中央的《公开信》，就国际共运所涉及的一系列问题对中共中央6月17日的《25条》建议信进行了全面的反驳与回击。中共中央于7月20日在《人民日报》上全文发表了苏共中央的《公开信》，同时加了“编者按”，说这封对中共中央6月14日信作评价的信，“内容是不符合事实的，它的观点是我们不能同意的”，“采用了马克思列宁主义者绝对不能允许的歪曲事实、颠倒是非的手法”。并举例关于核战争问题，关于对苏共二十大的评价问题，关于和平过渡问题，关于把思想意识分歧扩大到国家关系方面的问题，“总共有七八十处的样子，举不胜举，我们将在以后的文章中提供材料，加以澄清”。

在苏共发表《公开信》之后的中苏两党会谈第八次会议上，康生发言，批评苏共“歪曲和攻击中共代表团在会谈中的立场，从而破坏了已经达成的关于在会谈期间双方不发布会谈消息的协议”，并十分尖锐激烈地谈了批判斯大林问题和无产阶级专政问题（“全民国家”“全民党”问题）。

康生发言后，苏斯洛夫提出“坚决抗议”，说：“抗议你们对我们党的领导、对赫鲁晓夫同志、对我党几次代表大会决议的歪曲、捏造和诽谤”，并声称“中共领导要对这一切行为承担全部责任”。邓小平说：你提什么抗议，“如果说要抗议的话，

① 《面面俱到，模棱两可——当年文件起草人忆苏斯洛夫》，载1989年3月11日《参考消息》。

我们可以提出更多的抗议”。邓小平代表中共代表团建议：这次会谈暂告一段落，双方可以在另一时间继续举行会议，时间和地点由两党中央另行商定。

7月20日，第九次会议，讨论两党会谈公报草案。苏斯洛夫首先说：苏共代表团曾准备继续会谈，但因为中国同志建议暂时停止谈判，“苏共代表团愿意响应你们的愿望”。苏斯洛夫并为苏共中央的《公开信》辩护说：发表的原因是中共没有接受苏共关于停止论战的建议并继续公开论战。他还提出：“我们再次建议停止继续发表包含互相批评的文章、声明、材料和进行广播”。

邓小平发言谈关于停止公开论战问题说：我党历来就主张不要把兄弟党之间的分歧公开在敌人面前，但是，既然公开争论已被挑起，就应该在平等的基础上进行。我们从来是出于被迫的，从来没有首先攻击过任何别的党。我们受到公开攻击，就不能不作答复。苏共最近发表了《公开信》，苏共和其他几个兄弟党对我们进行了大量的攻击，我们还没有回答。如果我们作了必要的答复之后，你们言行一致，不再出现对我们进行攻击的情况，我们党是不会对任何别的党首先“攻击”的。邓小平并说：停止公开争论，我们是赞成的，但我们历来重视言行一致，“我们认为，在这次会谈告一段落到下次会谈之间或者在下次会谈过程中，我们能够讨论出一个能为大家所接受的停止公开论战的协议”。

会议修改和达成会谈公报之后结束。当天下午，苏共中央主席团宴请中共代表团。宴会上，邓小平重申邀请苏共代表团到北京举行会谈的希望。赫鲁晓夫表示愿意接受这个邀请，下次会谈时派代表团去北京。当晚，中共代表团乘专机回国。

7月21日下午，代表团返抵北京首都机场，受到毛泽东、刘少奇、周恩来、朱德和董必武等党和国家领导人及各界代表等5000余人规模盛大的欢迎。

四　九评苏共中央公开信

苏共中央发表了《公开信》后，苏联所有宣传舆论工具都投入了反华争论，仅在1963年7月15日至10月的3个多月，苏联报刊广播就发表了有反华内容的文章、资料共1100多篇，其中有的公然煽动中国党内和国内的“健康力量”起来反对中共中央的领导。中共中央则从1963年9月起至1964年7月，以《人民日报》编辑部和《红旗》杂志编辑部的名义，陆续发表了9篇评苏共中央公开信的文章。双方进行了一场空前规模的关于国际共产主义运动问题的公开大论战。

中共中央发表的9篇评论文章是:《苏共领导同我们分歧的由来和发展》(即“一评”,1963年9月6日);《关于斯大林问题》(即“二评”,1963年9月13日);《南斯拉夫是社会主义国家吗?》(即“三评”,1963年9月26日);《新殖民主义的辩护士》(即“四评”,1963年10月22日);《在战争与和平问题上的两条路线》(即“五评”,1963年11月19日);《两种根本对立的和平共处政策》(即“六评”,1963年12月12日);《苏共领导是当代最大的分裂主义者》(即“七评”,1964年2月4日);《无产阶级革命和赫鲁晓夫修正主义》(即“八评”,1964年3月31日);《关于赫鲁晓夫的假共产主义及其在世界历史上的教训》(即“九评”,1964年7月14日)。这9篇文章,对中苏两党从1956年苏共二十大以来的分歧和发展,以及一系列重大理论与战略策略问题分歧的方面,作了批判的论述。并且公开地点了苏共领导的名。反映了中共中央当时关于革命与建设的理论观点和战略策略思想。

从涉及的内容方面看,大致上包括3类情形。一是中共中央反对苏共领导人表现出的大国主义和大党主义,为维护中国和中国党的独立自主地位而斗争,这是有理由的和必要的。二是两党在国际共产主义运动的理论与战略策略上的严重分歧。经过实践检验,两党都有一定的错误,没有一方是完全正确的。就中国党而言,有不少“左”的思想观点。三是中国党基于一些“传统的”社会主义观念,对南斯拉夫率先冲破斯大林的社会主义建设模式不能清醒地理解,对苏联开始实行的一些社会主义改革措施有怀疑,因而反对南共的“修正主义”和赫鲁晓夫的“修正主义”。这不但是根本错误的,而且对中国国内的政策也产生了极不良的影响。

中国党的“四评”文章发表后,苏共中央于1963年10月25日重新提出停止公开论战的问题。11月29日,苏共中央又致函中共中央,说对公开论战争论问题的范围越来越大,“感到严重的忧虑”,要求“防止发展下去”,“把分歧放一放”。还提出了中苏贸易、重新派遣专家、中苏边界等问题。

但是,苏共中央又于1964年2月中旬举行有6000名积极分子参加的中央全会,由苏斯洛夫作了反华报告,会议通过决议,决定和部署“公开地、坚决地反击”中国共产党。然后又背着中国,向各国党发出了一封信,攻击中国共产党。借口是中共中央对苏共中央1963年11月29日的信两个多月了还没有作出答复。

2月20日,中共中央致函苏共中央揭露此事,并说:你们说攻就攻,叫停就停,“充分暴露了你们的顽固的大国沙文主义和‘老子党’的恶习”。

2月22日,苏共中央复信,承认背着中国党发信给各国党的事实,但说这样做是要对中国党“给以反击，采取集体措施”。

2月27日，中共中央答复苏共中央2月22日信，说对于1963年11月29日的信总是要答复的。并提出两党订立一个协定：双方在自己的报刊上，对等地发表批评自己和自己批评对方的已经公布和将要公布的文件、文章和材料。

2月29日，中共中央致函苏共中央，答复苏共中央1963年11月29日的信，就中苏边界问题、关于援助问题、关于苏联专家问题、关于中苏贸易问题、关于停止公开论战问题，谈了苏联领导人损害中国的一系列事实，表明了自己的观点。最后提出建议说：“（一）停止公开论战，必须经过中苏两党和其他有关兄弟党，进行各种双边的和多边的会谈，通过协商，找出一个能为各方所接受的公平合理的办法，达成共同的协议。（二）中国共产党一贯主张并且积极支持召开世界各国共产党和工人党代表会议。在举行这次会议之前，应当做好准备工作，克服困难和障碍。我们愿意同其他兄弟党一起，尽一切努力，使这个会议成为在马克思列宁主义革命原则的基础上团结的大会。（三）中苏两党继续举行会谈，是开好兄弟党会议的必要准备步骤。我们提议，1964年10月10日到25日在北京继续举行中苏两党会谈。（四）我们提议，在中苏会谈之后，举行阿尔巴尼亚、保加利亚、匈牙利、越南、德意志民主共和国、中国、朝鲜、古巴、蒙古、波兰、罗马尼亚、苏联、捷克斯洛伐克以及印度尼西亚、日本、意大利、法国17个国家的兄弟党代表会议，以便为各国兄弟党代表会议作进一步的准备。”

对于中共中央的建议，苏共中央于1964年3月7日写信，说中共中央建议10月举行中苏两党会谈是“拖延时间”，表示不同意由17国党筹备国际会议，提出了由1960年会议的起草委员会26国党参加筹备的方案。苏共中央建议：“（一）1964年5月，在北京继续举行苏中两党代表的会议。（二）26个兄弟党代表的筹备会议，在1964年6、7月召开。（三）同兄弟党协商于1964年秋举行国际会议。”并以必须停止公开论战作为条件。

对于这些内容，中共中央于5月7日复信说：你们在2月背着我们向兄弟党发出反华信件，又在中央全会上决定“公开地、坚决地反击中共领导”之后，提出今年5月举行中苏会谈，以“尽快地调整现存的分歧”，是十足的伪善。照目前的情况看来，不仅今年5月举行中苏两党会谈是不可能的，就是今年10月举行也太早了，以推迟到明年5月较为适宜，到时如果两党任何一方认为时机不成熟，还可以继续推迟。全世界各国党的代表会议的筹备会议什么时候举行，要看中苏两党会谈的结果而定。参加会议的党仍以 17 国的党为宜。原则上不反对扩大筹备会议成员，但不能同意由 17 党扩大为 26 党的建议。至于全世界所有共产党的代表会议，为了开成团结的大会而不是分裂的大会，必须充分准备而不应当匆忙召开。在目前情况下，迟开比早开好，甚至不开比开好。准备时间也许需要 4、5 年或者还要长一些的时间。

6 月 15 日，苏共中央致函中共中央，援引 1957 年莫斯科会议决议关于“委托苏联共产党和各兄弟党协商的条件下负责召集共产党和工人党会议”的文字，坚持要在最短的时间内召开 26 党筹备会议。

7 月 28 日，中共中央复函苏共中央说：1960 年 26 国党起草委员会是为筹备那次国际会议，由各兄弟党商定的，不是常设机构，也无权世袭，坚持由上次的 26 国党筹备这次会议是没有道理的；苏共现将原商定的中苏两党会谈后再举行筹备会，改变为将二者分开，不再把搞好两党会谈作为举行国际会议筹备会的必要步骤，是决心举行分裂的会议；苏共所援引的 1957 年莫斯科会议决议赋予苏共召集会议责任，那个规定是以事先同各兄弟党协商为前提的，而 1960 年莫斯科会议又确定了协商一致的原则，苏共现在违背这些前提和原则，就根本没有权利召集国际会议。我们也决不参加你们分裂国际共产主义运动的国际会议和它的筹备会议。希望苏共悬崖勒马。

7 月 30 日，苏共中央又致函中共中央，硬性下通知说：仍以 26 国党组成筹备国际会议的起草委员会，这些党的代表在 1964 年 12 月 15 日前到达莫斯科，如果其中任何一个党不派代表参加，委员会也要开始工作；国际会议于 1965 年年中举行，这个党或那个党拒绝参加的话，也不拖延。苏共中央要中共中央报告参加 26 国会议的代表团成员名单。

8 月 30 日，中共中央复信，坚决反对苏共领导非法召集分裂会议，声明决不参加非法的分裂会议。

两党的关系越来越陷入僵局。

五　一次改善关系未成功的努力

1964年10月16日，一个令人感到十分突然的消息传遍世界：赫鲁晓夫被赶下台。10 月 11 日起，苏共中央主席团召开会议，讨论撤换赫鲁晓夫。10 月 14 日，又召集了中央全会，米高扬主持，苏斯洛夫作关于撤销赫鲁晓夫的职务及其原因的报告，着重批评了赫鲁晓夫国内政策的错误，主要是有关农业政策、经济政策的错误，还有组织问题方面搞个人迷信，滥用职权，任用亲朋当顾问等。全会一致通过了撤销赫鲁晓夫第一书记和部长会议主席职务，以及取消他的中央委员资格的提案，由勃列日涅夫任第一书记，柯西金任部长会议主席。

作出决定的当天晚上，苏联驻华大使契尔沃年科打电话给中共中央办公厅，要通报重要事情。中共中央联络部副部长伍修权接待听取了通报。

中共中央虽然对赫鲁晓夫下台、勃列日涅夫上台的意图尚不清楚，但很希望形势能朝着正确的方向发展。因此对苏联新领导的就职发联名贺电，以热情的语言祝贺苏联新领导人，并祝贺苏联一艘宇宙飞船发射和着陆成功。苏联十月革命第47周年前夕，中国领导人又电贺节日，刘少奇、邓小平、彭真还出席了苏联驻华大使举行的招待会。这些都表达了中国领导人的真诚愿望。

为了解这一重大变动后勃列日涅夫改弦更张的可能性，中共中央采取主动，派以周恩来为团长、贺龙为副团长，伍修权、刘晓、乔冠华等为团员的党政代表团，赴莫斯科参加十月革命47周年庆祝活动，并同苏共新领导人会谈。

在11月7日阅兵之后的十月革命节国宴上，发生了苏国防部长马林诺夫斯基①的公然挑衅事件。他对正在同崔可夫元帅谈话的贺龙副总理说："不要让任何毛泽东、赫鲁晓夫们来妨碍我们"，"我们现在已经把赫鲁晓夫搞掉了，你们也应该仿效我们的榜样，把毛泽东也搞下台去。这样我们就能和好"。贺龙当场给予顶回，并报告了周恩来。周恩来当即向勃列日涅夫、苏斯洛夫和米高扬指出，这是严重的挑衅。勃列日涅夫在了解了情况后竟打掩护地说：马林诺夫斯基今天喝醉了，是酒后失言。周恩来指出，这不是"酒后失言"，而是"酒后吐真言"。在两党正式会谈时，周恩来就马林诺夫斯基的挑衅，向苏共提出了严重抗议。勃列日涅夫不得不表示道歉。

在会谈中，中共代表团提出，赫鲁晓夫在台上时，按照他的方针，预定的在1964年年底举行国际会议（后改到1965年召开），能否不开。如果一定要召开，最好能先由中苏两党进行协商，取得一致意见后，再与兄弟党磋商，然后再决定是否召开。中共代表团还提出，苏共二十大以来的政治路线是赫鲁晓夫一手制定的，我

① 过去又译作"马利诺夫斯基"。

党建议现在是否可对此作些适当修改。对于国际会议，勃列日涅夫和米高扬表示必须如期举行，不能取消原定计划，并说苏共二十大以来的路线不是赫鲁晓夫一个人制定的，是苏共中央集体共同制定的正确路线，中国党提出要苏共修改它二十大以来的路线，是不切实际的想法。

周恩来说：（赫鲁晓夫时定的国际会议）你不开不好吗？另起炉灶不好吗？你们既然同赫鲁晓夫一样，为什么要赫鲁晓夫下台呢？勃列日涅夫说：他血管硬化，身体不好，脾气坏，还说过种玉米，造成粮食困难。关于中苏关系的前途，米高扬说：赫鲁晓夫被黜后，由中央全会选出的苏共中央主席团对中苏关系问题，即苏联对华政策没有任何改变，是和赫鲁晓夫的政策一致的。

由于勃列日涅夫的僵化态度，使双方在改善或改进中苏两党两国关系的可能性已不再留有余地，继续会谈已无意义。最后周恩来表示：第一，我党发的贺电、愿望不变；第二，非法的会我们不参加，你们要干你们干；第三，在你们还继续执行赫鲁晓夫路线不变，中苏两党的原则性分歧基本上解决以前，谈不上停止论战。奉劝你们要悬崖勒马。当然，尽管如此，兄弟党会谈的门还开着。如果你们坚持不变，这个可能性就不存在了。

周恩来率代表团于11月13日返抵北京的首都机场时，同样受到毛泽东、刘少奇、朱德等一大批党和国家领导人的盛大而热烈的欢迎。

11月21日，新华社播发了《红旗》杂志社论：《赫鲁晓夫是怎样下台的》一文。社论说赫鲁晓夫“之所以垮台”，“是由于他推行修正主义总路线和对内对外的一系列错误政策的结果”。

六　“官僚主义者阶级”和“走资派”的提出

在中苏两党关于国际共产主义运动大论战中，中国党方面在理论观点上的最重大失误，是错误地认为南斯拉夫和苏联都已变成“修正主义”，而且国内存在着一个“官僚资产阶级”或“资产阶级”。

“三评”文章即《南斯拉夫是社会主义国家吗?》一文，说南斯拉夫是“资本主义复辟了的国家”。对南斯拉夫在斯大林高压下，于1948年后采取的一些冲破了苏联模式的经济措施，如借了数亿美元的外债，解散了许多强办的农业合作社，工厂实行工人自治，城市中有相当大数量的个体手工业，宪法允许有少量雇工等，都视作证据，批判说南斯拉夫城市“私人资本主义发展”，“资本主义在农村泛滥”，“社会主义全民所有制经济蜕化为资本主义经济”，并且认为：“归根结底，是由于南斯拉夫党和政权性质的蜕变”所致。认为南斯拉夫有个“官僚资产阶级”。其和平演变过程是：“政权性质的蜕变，导致了社会主义经济制度的破坏，资本主义经济制度的复辟。当资本主义经济制度以新的形式重新建立起来，新型的官僚买办资产阶级逐步形成以后，他们就要求进一步强化资产阶级专政，进一步发展同资本主义经济制度相适应的政治制度，以巩固自己的统治地位。”

“九评”文章即《关于赫鲁晓夫的假共产主义及其在世界历史上的教训》一文，认为在苏联，不仅被推翻的资产阶级在政治、经济、思想和文化教育方面还相当有力量，“而且在苏联党、政领导干部中，国营企业和集体农庄的负责人中，文化、艺术和科学技术等部门的高级知识分子中，产生出大批的新生资产阶级分子”。他们“形成苏联社会上的特权阶层”，“是目前苏联资产阶级的主要组成部分，是赫鲁晓夫修正主义集团主要的社会基础。赫鲁晓夫修正主义集团，就是苏联资产阶级特别是这个阶级中的特权阶层的政治代表”。

在国际上怎样“反修”，在国内就必然怎样“防修”。这些“理论化了”的认识，对观察和对待国内的种种矛盾问题，产生了深刻的影响，并且在社教运动的基础上，导致出足以成为后来开展“文化大革命”的理论基础的一些新概念。

1964年12月12日，毛泽东看了薄一波转报的陈正人在洛阳拖拉机厂蹲点的报告，批示道：“我也同意这种意见，官僚主义者阶级与工人阶级和贫下中农是两个尖锐对立的阶级。”薄一波在陈正人的报告上写道：“只有把社教搞彻底，才能搞好管理，这样抓是对的”。毛泽东接着批示：“管理也是社教。如果管理人员不到车间小组搞三同，拜老师，学一门至几门手艺，那就一辈子会同工人阶级处于尖锐的阶级斗争状况中，最后必然要被工人阶级把他们当作资产阶级打倒。不学会技术，长期当外行，管理也搞不好。以其昏昏，使人昭昭，是不行的。”同日，毛泽东又在农机部驻洛阳拖拉机厂社教工作团一个多月来的工作报告上批示：“这些走资本主义道路的领导人，是已经变成或者正在变成吸工人血的资产阶级分子，他们对社会主义革命的必要性怎么会认识足呢？这些人是斗争对象，革命对象，社教运动绝对不能依靠他们，我们能依靠的，只有那些同工人没有仇恨而又有革命精神的干部。”

同一天，毛泽东在中国驻罗马尼亚大使夫妇宴请罗政府代表团的情况报告上作批示道：“他们看我们的干群关系不准确，我们国内严重的尖锐的阶级斗争，他们不感觉，我们的大批官僚资产阶级坏干部在他们看来正是好人。”

“官僚主义者阶级”、“走资本主义道路的领导人”、“官僚资产阶级坏干部”，这些提法同说南斯拉夫和苏联国内存在同人民尖锐对立的“官僚资产阶级”、“特殊阶层”、“目前苏联资产阶级”的含义基本相同。也可以说，在国内阶级问题上出现的新混乱，是进行“国际反修”给自己带来的一个苦果。只不过是，当时毛泽东的这些批示尚未公开，所发生的作用尚有限。

1964年12月15日至1965年1月14日，中共中央政治局在北京举行全国工作会议，总结和研究社教运动中的问题。这次会议，是党内上层矛盾演变到一个新阶段的开端。

会议实际上开成了两个阶段。第一阶段自1964年12月15日至12月底，刘少奇讲话提出要研究的议题后，会议的各小组进行讨论，各地负责人介绍了开展社教运动的情况，讨论了运动的性质和主要矛盾问题。12月底，会议制定出《中央政治局召集的全国工作会议讨论纪要》，共17条，当即作为中央文件印发。文件对运动的性质统一规定为“是社会主义与资本主义的矛盾”。对运动的名称，统一规定城乡一律简称为四清：清政治、清经济、清组织、清思想。取消城市的“五反”运动名称。对运动的时间，规定7年内全国搞完，3年内搞完1/3地区。

第二阶段是1965年1月初至1月14日。毛泽东觉察到前一段的运动中有“左”的问题，并认为会议对问题没有研究透和解决好，于是继续举行会议。毛泽东讲话，批评了社教运动中只靠工作队，搞神秘主义，打击面过宽的问题。这些批评，又主要是针对刘少奇而作的。毛泽东主持重新讨论已经通过的会议纪要，在作了重要修改后，于1月14日制定了《农村社会主义教育运动中目前提出的一些问题》(即《23条》)。

毛泽东对刘少奇有看法、有情绪，在会前和第一阶段中便已有所表现。

11月底毛泽东在一次听工作汇报时说：还是少奇挂帅，四清、五反、经济工作，统统由你管。我是主席，你是第一副主席，天有不测风云，不然一旦我死了你接不上，现在就交班，你就做主席，做秦始皇。我有我的弱点，我骂娘没有用，不灵了，你厉害，你就挂个骂娘的帅，你抓小平、总理。

毛泽东这些有情绪的话，似与他一再要求各级领导干部下去抓四清，但许多人迟迟不下去有关。而刘少奇督促干部说，现在的社教运动，用过去搞调查研究的办法不行了，得学会秘密扎根串连，不会蹲点扎根串连的，就没有资格当省委书记、地委书记。许多人就都下去了。

对于毛泽东要少奇挂帅并统管一切，刘少奇表示：我搞不来这么多，“四清”我管，“五反”（谢）富治、彭真多管，经济工作由小平、总理管。毛泽东说：还是你挂帅，小平做秘书长。他们这些人很忙，否则哪个也统不起来。

在12月中央工作会议召开之前，邓小平以为是一般的汇报会，曾好意地说过，毛主席身体不好，可以不必参加了。毛泽东很不高兴。在工作会议进行期间，中央常委于12月20日开会讨论社教运动问题，毛泽东便与刘少奇有所不同，强调要整“当权派”。他说：地、富是后台老板，前台是四不清干部，四不清干部是当权派。你只搞地、富，贫下中农还是通不过的，迫切的是干部。地富反坏还没有当权，过去又斗争过他们，群众对他们不怎么样。主要是这些坏干部顶在他们头上，他们穷得很，受不了。那些地富已经搞过一次分土地，他们臭了。至于当权派，没有搞过，没有搞臭。他是当权派，上面又听他的，他又给定工分，他又是共产党员。

刘少奇问：怎么讲主要矛盾呀？

毛泽东说：还是讲当权派，他要多记工分嘛，五大领袖嘛，你五大领袖不是当权派？

刘少奇讲，有3种人，漏划的地主、新生的资产阶级，烂掉了的。多种情况是有工人出身，在立场、经济、组织上四不清，他们同地富反坏勾结在一起，有的地富反坏操纵，也有漏划的地富当了权的，还有已经戴了帽子的地富反坏分子当了权的。

毛泽东说：不要管什么阶级阶层，只管这些当权派，共产党当权派，五大领袖和跟当权派走的。不管你过去是国民党共产党，反正你现在是当权派。发动群众就是整我们这个党。中心问题是整党，不然无法，不整党没有希望。

毛泽东还说：搞的结果戴帽子的户数不能超过7%至8%，人数不能超过10%，否则就太多了。他批评有那么多的地方划成20%（包括地主富农、新生反革命、和平演变的），7亿人口划成20%有多少人，可能要发生一个“左”的潮流。他主张，“先搞豺狼，后搞狐狸”，这就抓到了问题，你不从当权派着手不行。根本问题就在这里。12月27日，毛泽东还说过：我们这个党至少有两派，一个社会主义派，一个资本主义派。

对于毛泽东提出的整走资本主义道路的当权派，刘少奇是不赞成的，认为走资本主义道路的人有，但称作为一个派，人数就太多了。但刘少奇并没有直接反对毛泽东的提法，而是提出，有人说有两类矛盾交叉。情况很复杂，还是有什么矛盾解决什么矛盾好，一切从实际出发，不要什么都上升为敌我矛盾。

毛泽东听后更加生气，他说：一个（指邓小平）不叫我参加会，一个（指刘少奇）不叫我讲话。

此后在会议的第二阶段，毛泽东连续批评刘少奇。1965 年 1 月 3 日，三届人大选举刘少奇为国家主席，当天，毛泽东在中央工作会议的小会上批刘说：无事不登三宝殿，有事死开会。有的同志提出打歼灭战怎么打，集中了 15000 人搞一个县，我看是搞了烦琐哲学。1 月 13 日，毛泽东同一些省区的负责人谈话说：去年 10 月，我在北京讲过，如果北京搞修正主义，你们地方怎么办？我总感到要出问题。我讲了以后，一路上从天津到南京，经过许多地方都没听到反应。1 月 14 日，毛泽东在大区书记会议上说：1963 年 5 月杭州会议写出第一个 10 条，为什么刚过了 3 个月，9 月北京又搞出个 10 条，只有 3 个月，有那么多经验?！毛泽东还批评了北京有两个“独立王国”，一个是指邓小平和中央书记处，一个是李富春和国家计划委员会。

毛泽东对刘少奇批评的一些内容，未点名地写入他主持制定的《23 条》之中。

《23 条》对在基层打击面过宽的“左”倾错误作了一定的纠正，指出：干部的多数是好的和比较好的，看待干部，要用一分为二的方法，对于犯轻微四不清错误和交代好的干部要尽早解放出来。规定“不许用任何借口，去反对社员群众”。强调反对搞神秘主义，严禁打人和其他形式的体罚。还规定“四清要落实在建设上面”，运动中要自始至终抓生产。这对解脱一大批基层干部，稳定农村形势，有积极作用。

但是，《23 条》在指导思想上又发展了“左”的错误，它批判了党内对社教运动性质的不同看法，强调社教运动的根本性质是社会主义和资本主义的矛盾，并且断言：整个过渡时期存在着两个阶级两条道路的斗争，“忘记十几年来我党的这一条基本理论和基本实践，就会要走到斜路上去”。特别是提出了：“这次运动的重点，是整党内那些走资本主义道路的当权派”。说他们有在幕前的，有在幕后的；支持这些当权派的人，有的在下面，有的在上面。“在上面的，有在社、区、县、地、甚至有在省和中央部门工作的一些反对搞社会主义的人”（中央部门中的“部门”二字是周恩来提出加上的，对“中央”二字作了限制）。这就为后来把斗争的矛头指向党的各级领导核心开展“文化大革命”，作了理论和舆论的准备。

这一次中央工作会议的一个影响深远的结果，是成为了毛泽东对刘少奇失去信任的转折点。对于这个变化，1966年10月25日毛泽东在中央工作会议上说：常委分一、二线，搞书记处，是我建议的；再嘛，又过于信任别人，引起我警惕，还是23条那时候。1970年12月18日，毛泽东在回答美国友人埃德加•斯诺提问的“你什么时候明显地感觉到必须把刘少奇这个人从政治上搞掉？”时，说道：“那就早。1965年1月，《23条》发表。《23条》中间第一条是说四清的目标是整党内走资本主义道路的当权派，当场刘少奇就反对。”①

“当场刘少奇就反对”之说，似乎不精确。胡乔木于1980年7月8日在谈《关于建国以来党的若干历史问题的决议》的起草问题时说：“毛主席1970年对斯诺的谈话，是在世界上发表的。毛主席说，1965年1月，刘少奇反对‘走资派’的提法。其实，刘少奇没有直接反对，只是说，有人说，有两类矛盾的交叉。像这样的问题，不讲不清楚，但都讲又太繁了。”

不过，有一点是明白无误的：毛泽东发动了“挖修根”的社教运动，经历了两年多的斗争，他对于“出修正主义”的担心不但未能减少，反而愈来愈重。由防止将来出，转而认为现在就能出，已经出了一些；由从下边去防止出，转而认为上层出的可能性已经很大；由认定彭德怀等几个人是“修正主义者”，转而认为邓子恢、陈云、王稼祥等人搞了“修正主义路线”，最后，把“防修”的视线转向了党内第二把手刘少奇的身上。

在此后的一年多时间里，党中央一线的工作还是由刘少奇主持，但是，一些重要事情毛泽东已不再同刘少奇及其他常委通气，而是背地里支持江青等极少数人进行新斗争的准备。党中央领导核心在形式上还维持在统一体中，但实际上分裂已经开始了。

七　中苏两党关系的中断

苏共新领导人僵硬地对待中共中央改善关系的一次新努力，拒绝改变赫鲁晓夫时代的对华方针和决议，硬要召开赫鲁晓夫确定的国际会议，至此，中苏两党关系的最终破裂，已经是不可避免了。

---

①《毛主席接见友好人士斯诺谈话纪要》，1970年12月18日。

1964 年 11 月 24 日，苏共中央给中共中央信件，说 26 个党中主张即召集会议的有 19 个，表示拒绝参加和要求作出进一步解释的有 7 个；说主张召集会议的党有权进行会议的实际准备工作。并通知会期推迟到 1965 年 3 月 1 日。

对于苏共新领导的这又一个命令式的通知，中共中央认为没有必要再予以答复了，未予置理。

12 月 12 日，苏联《真理报》发表了《关于召开筹备共产党和工人党国际会议起草委员会的通告》。12 月 11 日至 16 日，以古巴的罗德里格斯为首的 9 国党代表团到达北京，要求停止公开论战。毛泽东接见他们并回答说：不行，要争论一万年。

1965 年 2 月，柯西金去越南民主共和国途经北京，与周恩来和毛泽东会谈。柯西金要中国党在 3 月国际会议和越南问题上接受苏联的方针，说 3 月会议改为协商会晤，多边会谈，日期、名称、内容都变了，要中国共产党参加。周恩来回答说：3 月会议是根据 1964 年 7 月 30 日一个党的命令决定于 12 月开的会议而推迟的，我们不参加。毛泽东说：我们不参加 3 月会议，不停止争论，不停止支持左派。要停止，你们收回公开信，收回苏斯洛夫攻击我党的报告，取消二十大和二十二大路线。否则，要争论 1 万年。柯西金说：不要那么久。毛泽东说：那就减少 1 千年，剩 9 千年，这是最大的让步，一让步就是 1 千年。

1965 年 3 月 1 日至 5 日，苏共领导召开的国际会议起草委员会会议在莫斯科举行。参加会议的有 19 个党（其中有的是某一国共产党中分裂出去的派别）。美国共产党代表以观察员身份出席。拒绝参加的有阿尔巴尼亚劳动党、越南劳动党、印度尼西亚共产党、中国共产党、朝鲜劳动党、罗马尼亚工人党、日本共产党。临开会前，“起草委员会”会议改称为“协商会晤”。3 月 3 日，会议发表了一个《关于越南事件的声明》，3 月 10 日发表了会议公报。3 月 23 日，《人民日报》编辑部和《红旗》杂志发表《评莫斯科 3 月会议》的文章，说这是一个制造分裂的会议，对会议公报关于“停止公开论战”等说法作了驳斥。

在此之后，中国共产党不再承认存在一个“社会主义阵营”。1966 年 3 月，苏共举行第二十三次全国代表大会。中共中央决定不派代表团参加，不发贺电。从此中苏两党关系中断，长达 23 年之久。

中苏两国的关系也随之日益恶化和对立起来。1966 年 3 月，苏联同蒙古人民共和国签订军事同盟协定，苏联针对中国向蒙古派驻军队。苏联在中苏边境大量增兵，由赫鲁晓夫时期的十几个师增加到 40 多个师，达百万人。1968 年苏联出兵捷克，周恩来总理在 8 月 22 日的罗马尼亚招待会上宣布苏联是“社会帝国主义”。10 月 12 日，勃列日涅夫在波兰统一工人党第五次全国代表大会上提出了“有限主权论”和“国际专政论”。1969 年 3 月，苏联边防军在中国的珍宝岛和新疆的格列格其挑起了大的武装冲突。同年 9 月 11 日，周恩来在首都机场会见了从河内参加胡志明主席葬礼后回国途经北京的柯西金。双方就边界问题达成了两条：两国副外长进行边界谈判，以条约为基础解决边界问题；为保证谈判不在任何威胁下进行，双方首先就停止边界现状，避免武装冲突，双方武装人员在争议地区脱离接触的临时措施达成个协议。同年 10 月 20 日起，中苏在北京举行边界谈判 10 余天。由于苏联方面不愿意脱离接触，不愿意解除对中国的军事威胁，不承认过去的条约是不平等条约，不愿意解决超过不平等条约多占中国领土的问题，双方谈判以毫无结果而结束。此后两国的边界谈判也长期中断，近 20 年之久。

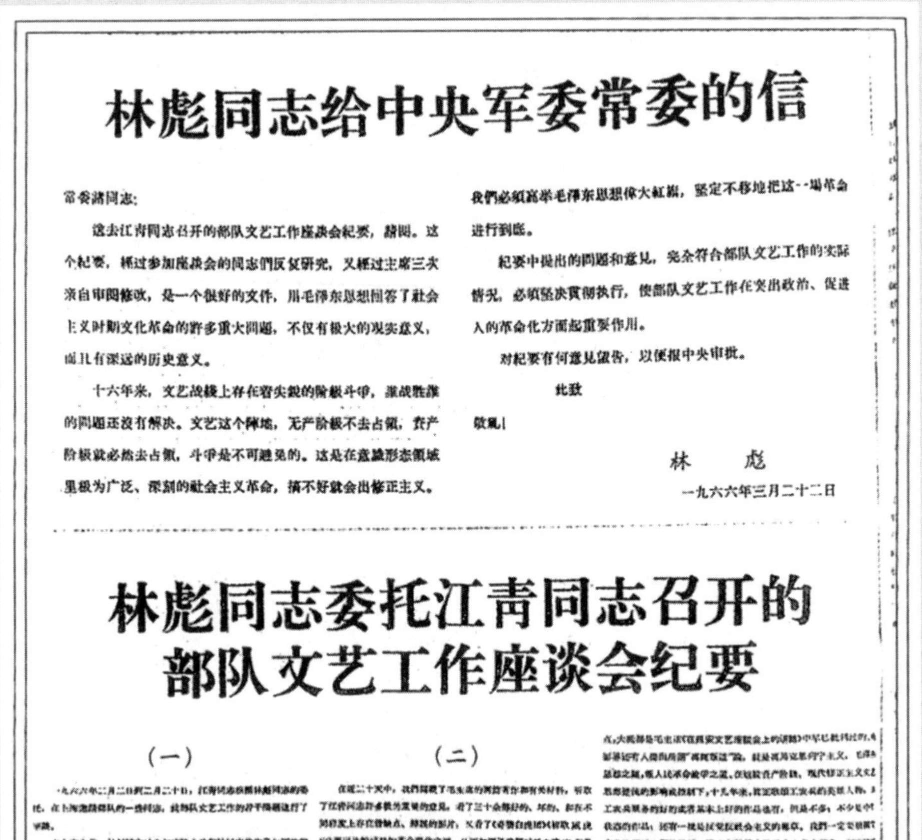

林彪同志给中央军委常委的信

常委諸同志：

送去江青同志召开的部队文艺工作座談会紀要，請閱。这个紀要，經过参加座談会的同志們反复研究，又經过主席三次亲自审閱修改，是一个很好的文件，用毛泽东思想回答了社会主义时期文化革命的許多重大問題，不仅有极大的現实意义，而且有深远的历史意义。

十六年来，文艺战綫上存在着尖銳的阶級斗爭，誰战胜誰的問題还沒有解决。文艺这个陣地，无产阶級不去占領，資产阶級就必然去占領，斗爭是不可避免的。这是在意識形态領域里极为广泛、深刻的社会主义革命，搞不好就会出修正主义。我們必須高举毛泽东思想偉大紅旗，堅定不移地把这一场革命进行到底。

紀要中提出的問題和意見，完全符合部队文艺工作的实际情况，必須堅决貫彻执行，使部队文艺工作在突出政治、促进人的革命化方面起重要作用。

对紀要有何意見望告，以便报中央审批。

此致

敬礼！

林　彪

一九六六年三月二十二日

林彪同志委托江青同志召开的部队文艺工作座谈会纪要

（一）

（二）

1966 年 2 月，主持中央军委日常工作的林彪委托江青召开了部队文艺工作座谈会。座谈会《纪要》断言，中华人民共和国成立后的十几年里，文艺界被一条资产阶级黑线所统治。此后，江青在中国的政治舞台上日趋活跃。

第六章
“文化大革命”的序幕

一 姚文元评《海瑞罢官》文章的发表

意识形态领域里的批判斗争，发展到1965年11月10日，上海《文汇报》发表了姚文元根据江青、张春桥的布置写的文章《评新编历史剧〈海瑞罢官〉》，进入一个新的阶段。

《海瑞罢官》一剧，是明史专家、北京市副市长吴晗所作。早在1959年，吴晗就根据毛泽东在当年4月中共八届七中全会上关于要学习海瑞精神的指示，根据胡乔木的建议，于6月写作和发表过《海瑞骂皇帝》一文。同年9月21日，又发表过《论海瑞》的文章。《论海瑞》写作出来时，已是庐山会议刚开过，吴晗还加上了一段批判“右倾机会主义”的话。后来吴晗应京剧表演艺术家、北京京剧团团长马连良先生之约，写了《海瑞》一剧。并接受友人蔡希陶意见，改名为《海瑞罢官》。1961年1月发表于《北京文艺》，并由北京京剧团上演，马连良饰海瑞，裘盛荣饰徐阶，李多奎饰海瑞母亲。《海》剧是写明朝大臣海瑞在任应天府巡抚期间，敢于将曾任宰相的徐阶的第三个儿子徐瑛（强占民田、强抢民女的恶霸）处死，并通令缙绅退田等的故事，宣扬了海瑞刚直不阿、不畏强暴、敢于斗争的精神。据苏双碧、王志宏著的《吴晗传》说：“此剧上演后，毛主席很高兴，在家里接见了演海瑞的演员马连良。”

1962年，江青认为这个戏有“问题”，曾找中宣部、文化部4位正副部长，提出要批此剧，并耸人听闻地说：“在舞台上、银幕上表现出来的东西，大量的是资产阶级、封建主义的东西”。江青的要求被拒绝。1963年，江青对赞扬海瑞和《海瑞罢官》的评论文章很不满意。1964年上半年，江青插手京剧现代戏会演，扬言“京剧革命是意识形态领域中的第一仗”。下半年，江青就在北京找了李希凡，要他写批判《海瑞罢官》的文章，李希凡没接受。于是，1965年2月，江青到上海与张春桥密商，由姚文元写了批判文章。

文章硬把剧中“退田”、“平冤狱”的内容同1961年至1962年的现实政治联系起来，煞有介事地说：“1961年，正是我国内为连续3年自然灾害而遇到的暂时的经济困难的时候，在帝国主义、各国反动派和现代修正主义一再发动反华高潮的情况下，牛鬼蛇神们刮过一阵‘单干风’、‘翻案风’。他们鼓吹什么‘单干’的‘优越性’，要求恢复个体经济，要求‘退田’，就是要拆掉人民公社的台，恢复地主富农的罪恶统治。那些在旧社会中为劳动人民制造了无数冤狱的帝国主义者和地富反坏右，他们失掉了制造冤狱的权利，他们觉得被打倒是‘冤枉’的，大肆叫嚣什么‘平冤狱’，他们希望有那么一个代表他们利益的人物出来，同无产阶级专政对抗，为他们抱不平，为他们‘翻案’，使他们再上台执政。‘退田’、‘平冤狱’就是当时资产阶级反对无产阶级专政和社会主义革命的斗争焦点”，“《海瑞罢官》就是这种阶级斗争的一种形式的反映”，“是一株毒草”。

这样一篇肆意制造“罪名”的文章，它的炮制出笼是很特别的。1967年4月12日，江青在军委扩大会议上专门说过这件事：“批判《海瑞罢官》也是柯庆施同志支持的。张春桥同志、姚文元同志为了这个担了很大的风险啊，还搞了保密。我在革命现代京剧会演以前，作了些调查研究，并且参与了艺术实践，感觉到文艺评论也是有问题的。我那儿有一些材料，因为怕主席太累，没有给主席看。有一天，一个同志，把吴晗写的《朱元璋传》拿给主席。我说：别，主席累得很，他不过是要稿费嘛，要名嘛，给他出版，出版以后批评。我还要批评他的《海瑞罢官》哪！当时彭真拼命保护吴晗，主席心里是很清楚的，但就是不明说。因为主席允许，我才敢于去组织这篇文章，对外保密，保密了7、8个月，改了不知多少次。春桥同志每来北京一次，就有人探听，有个反革命分子判断说，一定和批判吴晗有关。那是有点关系，但也是搞戏，听录音带，修改音乐。但是却也在暗中藏着评《海瑞罢官》这篇文章。因为一叫他们知道，他们就要扼杀这篇文章了。”①

1967年5月，毛泽东在同阿尔巴尼亚军事代表团的谈话中也说到过：“那个时候，我们这个国家在某些部门、某些地方被修正主义把持了。真是水泼不进，针插不进。当时我建议江青同志组织一下文章批判《海瑞罢官》，但就在这个红色城市无能为力，无奈只好到上海去组织，最后文章写好了，我看了3遍，认为基本可以，让江青同志回去发表，我建议再让中央领导同志看一下。但江青建议：‘文章就这样发表的好，我看不用叫恩来同志、康生同志看了。’”

文章发表以前，周恩来不知，邓小平不知，刘少奇和陈云、朱德这几位中央常委也不知。彭真更不知道。彭真知道的是1965年9、10月中央工作会议期间，毛泽东提问过“中央出了修正主义，你们怎么办?”“很可能出，这是最危险的”。但彭真并不真正懂得这话的实在含义。10月12日，彭真在会上还曾随着说：“中央出了，你们地方不出，不要紧。中央几个大人，把他一革，就完了。至于地方出了，中央照样出，那就不好了。”彭真还知道毛泽东在会议上问过他：“吴晗可不可以批判?”他回答“有的问题可以批判”。但毛泽东指的是政治上的批判，彭真指的是学术上的批判。彭真更想不到一个月后姚文元的文章与北京、与毛泽东有什么关系。毛泽东同意了江青的意见，支持她（或要她）发起了一场大斗争，这一斗争是史无前例的“文化大革命”的直接导火线，中央领导核心的人却都被蒙在了鼓里。

由于人们不知道文章的来由和底细，它又是登在上海的一个报纸上，各中央和地方报纸的编辑部虽然对它很注意，但大都持观望态度。因而一段时间里，除上海外，全国各报都没有及时转载。后来大多数报纸陆续转载了，北京和湖南仍没有转载。

北京没有转载，并非出于麻木。中宣部和北京市委都因事出意外，感到震惊。如此点名批判北京市副市长、中共党员、民主同盟的负责人之一和著名学者，有违1965年上半年周扬传达的“文化革命5人小组”②关于学术批判不要戴政治帽子、点名要经过中宣部、批判要以中央报刊为准的规定，上海“这样做法，还要不要党的纪律?”此其一。其二，11月13日，北京市委书记邓拓、市委宣传部长李琪、《北

---

① 江青：《为人民立新功》，1967年4月12日。

② “文化革命5人小组”是1964年夏京剧现代戏会演之后，根据毛泽东的意见成立的。彭真为组长，陆定一为副组长，成员有康生、周扬、吴冷西。

京日报》总编辑范瑾专门开会研究过转载问题，决定先向《文汇报》了解情况，如果姚文元的文章是毛主席定的，《北京日报》就登，否则就不登。由于张春桥严令向北京也向中央封锁消息，《文汇报》不予透底，北京市委、《北京日报》、《人民日报》的询问均无所获。在此情况下，邓拓决定即请示在外地的彭真，彭答暂不转载，待他回京后再定。

1967年毛泽东曾说过："姚文元的文章不过是无产阶级文化大革命的信号。"此话不假。发出信号是为了观察。上海的张春桥等人在观察，毛泽东也在观察。张春桥等人观察的结果，如他在1966年5月所说的：姚文元文章发表以后，"我们天天等北京消息，天天看，天天盼，北京就是不理睬"。江青将这些情况报告了毛泽东。毛泽东观察的结果，如他1967年5月所说的："全国大多数的报纸都刊登了，但就是北京、湖南不登。后来我建议出小册子，也受到抵制，没有行得通①"。毛泽东更增加了对中宣部的不满。认为这些事实更证明了他对中央出"修正主义"的担心和北京市"针插不进、水泼不进"看法的正确性。

1965年11月下旬，彭真返京。在听取《红旗》杂志的汇报后，他指示：中央报刊是否发表批判吴晗的文章，还要再考虑一下再说。他要北京市委书记处讨论转载的问题，并说吴晗性质不属于敌我矛盾，对姚文元文章错误的地方也要批判。北京市委书记处研究认为：不同意姚文元文章的第四部分"《海瑞罢官》要人们学习什么东西？"从政治上的批判；如必须转载这篇文章，则加上编者按以表明自己的态度。

11月29日，《北京日报》转载了姚文元的文章，根据彭真28日的指示写的按语，强调"有不同意见应该展开讨论"，"实事求是地弄清是非"。11月30日《人民日报》转载，根据周恩来、彭真意见写成并修改的按语说："我们希望，通过这次辩论，能够进一步发展各种意见之间的相互争论和相互批评。我们的方针是：既容许批评的自由，也容许反批评的自由；对于错误的意见，我们也采取说理的方法，实事求是，以理服人。"《人民日报》并将姚文元的文章放在第5版"学术讨论"专栏，以此表示了不同于姚文元文章的态度。

12月21日，毛泽东在杭州同陈伯达、艾思奇、关锋谈话说："姚文元的文章也

---

① 1965年11月20日，毛泽东要上海立即将姚文元文章印成小册子发行。24日，上海新华书店急电全国征订。北京新华书店请示市委，得到的答复是一本也不订。直到29日才复电同意订。

很好，点了名，对戏剧界、历史界、哲学界震动很大，但是没有打中要害。要害问题是‘罢官’。嘉靖皇帝罢了海瑞的官，1959年我们罢了彭德怀的官。彭德怀也是海瑞。”此言一出，要害由“退田”变为“罢官”，政治批判的分量更加增强。这场以文艺问题为突破口，以1958年“大跃进”以来包括庐山会议、七千人大会、西楼会议和四清运动中的分歧问题为内容的批判，使得人们感觉到了斗争的严重性和尖锐性。但是人们普遍意识不到，一场史无前例的“文化大革命”的序幕开始了。

二 彭真主持制定《二月提纲》

姚文元的文章北京各报转载后，如何进行批判，矛盾斗争仍在继续。作为中央领导机关部门的中央宣传部和彭真为组长的“文化革命5人小组”，理所应当负领导的责任，他们力求对这种来势汹汹的批判加以适当控制，而上海张春桥等人，则力图把批判继续推向更“左”的方面。

12月12日，《北京日报》、《前线》杂志发表了邓拓署名向阳生的文章：《从〈海瑞罢官〉谈到“道德继承论”》，是从学术问题的角度进行批判的。12月29日，《人民日报》发表了署名方求的文章：《〈海瑞罢官〉代表一种什么社会思潮》，以“清官”问题为内容，不作为尖锐的政治问题而作为一种社会思潮批判。《北京日报》还于12月27日发表了吴晗《关于〈海瑞罢官〉的自我批评》，12月30日，《人民日报》转载。吴晗在作自我批评的同时，辩解了《海》剧同“单干风”、“翻案风”无关。《北京日报》发表时未加按语，实际上起了有利于吴晗“过关”和澄清真相的作用。1966年1月2日，彭真召集文教、报刊、北京市和部队有关负责人会议，强调“放”，并说“政治问题两个月以后再说，先搞学术”。陆定一在会上也说，先搞学术问题，政治问题以后再说。陆定一在其他场合还说过：姚文元的文章，要是没有最后一部分（即“《海瑞罢官》要人们学习什么”这个集中政治批判部分）就好了。

上海的张春桥、江青等人则联络人写文章加强政治批判。他们在《文汇报》发表了反驳方求的文章。1965年1月13日至17日，关锋和戚本禹写成两篇批“要害”的文章送给中宣部。下旬，通过张春桥安排，江青在上海接见关锋，向他交底说：“批判《海瑞罢官》不单是学术问题，而是反击彭德怀的翻案”，“姚文元的文章，北京不转载，不发行，是黑线专政的一例”。在此前后，戚本禹、吴传启等后来红极一时的“左”派也都到上海进行了串连。关锋、戚本禹拒绝中宣部关于要他们改写批“要害”的文章，中宣部将他们政治性提法的摘要上报“文化革命5人小组”，没有人答复。后来，这被说成“扣压左派稿件”。

鉴于关锋等人对别人无限上纲的恶劣做法，1966年1月初，中宣部副部长许立群等把关锋1962年写的一篇杂文《从陈贾说起》找出，上送“5人小组”，这篇杂文在道德继承问题上的观点与吴晗的观点很相似，证明这些人过去在这类问题上也不那么高明。这件事后来被说成是“专门收集左派的材料”。

在出现政治批判同先搞学术批判、政治问题以后再说这两种方针，上海与北京两个领导运动中心的情况下，彭真于1966年2月3日主持召开“5人小组”扩大会议，试图对运动中的极“左”思潮与做法加以约束。彭真指出：经查明，吴晗同彭德怀没有关系，因此不要提庐山会议。他并且要刘仁（市委第二书记）、郑天翔（市委书记）证明邓拓是拥护三面红旗的。这在后来被说成“包庇右派”。他还提出：为了“放”，不要谈《海瑞罢官》的政治问题，学术批判不要过头，要慎重。

会后，许立群、姚溱根据彭真的指示和会议精神，起草了《5人小组向中央的汇报提纲》（即《二月提纲》）。2月5日，中央政治局常委开会，会前彭真把这个提纲送给常委，会上在京的政治局常委讨论通过。2月8日，彭真、陆定一、许立群到武汉向毛泽东汇报。汇报前，《二月提纲》的初稿和修改稿都交康生看过。康生没有提出过任何不同意见。毛泽东在听取汇报中，说过“左派整风”3年以后再说的话，没有对提纲表示过不同意见。毛泽东询问了“吴晗是不是反党反社会主义”后表示：吴晗经过批判以后仍然可以当副市长。毛泽东还说：“要害是罢官”的发明权是康生。①

鉴于毛泽东对提纲没有表示不同意见，彭真即代中央拟了一个批语，电传北京，经在京常委同意后，于2月12日将《提纲》批转全国，作为批判运动的一个指导性文件。

《二月提纲》把对《海瑞罢官》的批判及由此开展的关于道德继承、“清官”、“让步政策”、历史人物评价和历史研究的观点方法等问题的讨论，划定为“学术批判”性质，说这是“在学术领域中清除资产阶级和其他反动或错误思想的斗争”。说“应

① 康生在1964年即提出《海瑞罢官》的要害是罢官的看法。当时要么是毛泽东不同意，要么是没在意。1966年2月8日毛泽东说“要害是罢官”的发明权是康生，当时康生还不敢承认，不久之后，康生则以发明人自夸。

当足够地估计到这场斗争的长期性、复杂性、艰巨性”，“要估计到这场斗争不是经过几个月，有几篇结论性文章，或者给某些被批评者做出政治结论，就可能完成这个任务的”。“应当积极地、认真地、不间断地把这场斗争长期坚持下去。”

《提纲》规定采取“放”的方针。同时指出：“学术争论问题是很复杂的，有些事短时间内不容易完全弄清楚。”“要坚持实事求是，在真理面前人人平等的原则，要以理服人，不要像学阀一样武断和以势压人。要提倡‘坚持真理、随时修正错误’。要有破有立（没有立，就不可能达到真正、彻底的破）。”“我们不仅要在政治上压倒对方，而且要在学术上和业务的水准上真正大大地超过和压倒对方。”“要准许和欢迎犯错误的人和学术观点反动的人自己改正错误。对他们要采取严肃和与人为善的态度”，“不要‘不准革命’”。对于吴晗这样的人，“报刊上的讨论不要局限于政治问题，要把涉及的各种学术理论问题，充分展开讨论。如果最后还有不同意见，应当允许保留，以后继续讨论”。还规定：“报刊上公开点名作重点批判要慎重，有的人要经过有关领导机构批准。”

《提纲》要求“反对自以为是。警惕左派学术工作者走上资产阶级专家、学阀的道路”。左派也难免对新问题认识不清，在某个时候说过错话，犯过大小错误，“要在适当的时机，用内部少数人整风的办法，清理一下，弄清是非，增加免疫性、抵抗力”。

这个《二月提纲》，虽然不可避免地具有那个时期“左”倾的烙印，但它与江青等一伙人的极“左”方针有着明显的不同。从对批判性质、批判运动的方针和要求等方面，力图对极“左”的做法加以限制。这就不可避免地同江青、张春桥、姚文元一伙发生尖锐矛盾，最终也必然同支持江青等一伙的毛泽东发生尖锐矛盾。

三　江青请“尊神”

姚文元批《海瑞罢官》的文章发表后，江青、张春桥等人在上海“天天等，天天盼”[①]，起初还曾希望能得到北京方面一点支持。但是，18天内北京方面没有一家报纸转载。他们感到“震惊”，“不知道会触动这么深”，“更不知道彭真会这样坚决

① 张春桥1966年5月回述当时情况的谈话。

反对”。[1]江青在“气愤”之余，感到“攻也攻不动啊!”“我的话更没有人听。”于是想到解放军中请“尊神”，请“无产阶级专政的‘尊神’来攻他们，攻那些混进党内的资产阶级代表人物，那些资产阶级反动‘权威’”[2]。

1965年11月下旬，江青曾向路过上海的罗瑞卿总参谋长提问：姚文元的文章北京没有转载，《解放军报》为什么也不转载？罗瑞卿即打电话给总政治部副主任刘志坚，通知转载。《军报》于11月29日全文转载，并且加了点“政治实质”的按语，说是“大毒草”。在北京“领了先”。

但是，当江青看到北京方面的抵制很大、“根子很深”，并且在毛泽东给周恩来发话，周恩来奉命干预，从而北京各报也终于都转载了之后，江青等人已不满足于这一篇评《海瑞罢官》的文章，转而要搞彭真以及其他所谓“文艺黑线”的大斗争了。12月中旬罗瑞卿已受到林彪的指责和“揭发”，自身难保。于是，江青便转而找林彪这个“尊神”给予支持。

1966年1月21日，江青从上海到苏州见林彪，提出由他在部队召开文艺座谈会，以便在文艺界进行更有力的进攻。林彪对江青也有自己的政治需要，二人一拍即合。

1月下旬，叶群奉林彪之命打电话给总政治部副主任刘志坚说：江青要找几个部队搞文艺工作的、管文艺工作的同志谈谈部队文艺工作问题，参加的人不要太多，只要4、5个人，去几个什么人，你同肖华商量，把名单报“林办”，最好肖华去。经过研究，肖华要刘志坚带队，文化部长谢镗忠、副部长陈亚丁、宣传部长李曼村参加。肖华还根据他对江青的了解，特意交代说：江青同志是个病人，她对部队文艺工作有什么批评，你们不要当面辩解，你们就是“带耳朵听”，少发表意见，江青这个人疑心大、脾气也大，对她的话，要多听少说，不要和她争，要尊重她，有什么意见带回来汇报。对地方文艺工作情况，不要随便表态。[3]

2月2日，刘志坚一行6人（含秘书、编辑）从北京飞抵上海。向江青面交了临行前叶群从苏州打电话给刘志坚，刘志坚作的林彪指示的电话记录：“江青同志昨天到苏州来，和我谈了话。她对文艺工作方面在政治上很强，在艺术上也是内

---

① 张春桥1965年12月至1966年5月的谈话。

② 江青：《为人民立新功》，1967年4月12日。

③ 张天荣：《部队文艺工作座谈会召开及〈纪要〉产生的历史考察》，载《党史研究》1987年第6期。

行，她有很多宝贵的意见，你们要很好重视，并且要把江青同志的意见在思想上、组织上认真落实。今后部队关于文艺方面的文件，要送给她看，有什么消息，随时可以同她联系，使她了解部队文艺工作情况，征求她的意见，使部队文艺工作能够有所改进。部队文艺工作，无论是思想性和艺术性方面都不能满足现状，都要更加提高。”①

江青说：“请你们来，不是开什么会，主要是看电影，在看电影中讲一点意见。”然后宣布几个不准：“不准记录，不准外传”，特别是“不准让北京知道”。她接着说：“我们的文艺界不像样，让帝王将相、才子佳人、洋人死人统治舞台”，“有一条与毛主席思想相对立的反党反社会主义的黑线专了我们的政”，“现在该是我们专他们的政的时候了”，“现在的论战，还只是前哨战，决战时机尚未到来”。这个讲话，道出了她对文艺界发难的目标和作战部署。

在2月2日至10日、16日至20日的两段“座谈”时间里，主要活动是：（一）看电影30余部、看戏3场。江青边看边谈。张春桥、陈伯达也有时参加。（二）个别交谈8次②，集体座谈4次。也主要是江青谈。（三）阅读江青给的有关文件和材料，包括毛泽东的两篇未发表的文章和上海文艺界整风的情况等。（四）接见《南海长城》的导演、摄影和演员。谈修改问题。

在这些座谈和谈话中，江青一是炫耀和抬高自己，说是她发现“文艺界问题很多，到处是牛鬼蛇神，一塌糊涂”，报告了主席，“主席才有了两个批示”。二是吹捧林彪，说“我没有办法呀，困难呀，春节期间去苏州向林总谈了我的意见，我要请尊神，请解放军这个尊神支持我。林总完全同意我的意见”。三是诬蔑文艺界“有一条反党反社会主义的黑线”，“建国17年来，他们一直在专我们的政”。“再也不能这样下去了。”四是攻击周恩来等中央领导人和文艺界的领导人，说周恩来在

① 《林彪同志委托江青同志召开的部队文艺工作座谈会纪要》。

② 据刘志坚日记和回忆，江青谈话8次的内容是：2月2日见面后的谈话；2月3日下午，谈她怎样给毛泽东当秘书，当“文艺哨兵”，发现京剧存在很多问题，所以搞京剧改革；2月5日下午，谈京剧改革要改唱腔、舞蹈动作，难度很大；2月8日晚上，谈外国电影问题；2月9日下午，谈搞京剧改革遇到的困难，北京市委不支持；2月16日下午，谈文艺工作也谈对一些影片（如《抓壮丁》）的看法；2月17日下午，谈要修改电影《南海长城》问题；2月17日晚，谈要趁参加过三大战役的人还在，军队要负责把三大战役写出来。在几次谈话中还讲了20世纪30年代的文艺问题。

她召开音乐座谈会后又开了个民族音乐座谈会，周恩来亲自抓的大型音乐舞蹈史诗《东方红》问题不少，说北京市委对她不支持，说“文艺界基本上不听主席的，听周扬、林默涵、夏衍这些人的”，说“夏衍这班家伙主张‘离经叛道’”，“文化部不像共产党领导的文化部”等等。五是肆意指斥和否定了大量电影和文学作品，并全盘否定文艺，说“国防文学”是资产阶级的口号，是“王明路线”。还说文艺上的批修不能只捉丘赫拉依，要捉大的，要批肖洛霍夫①，等等。

“座谈会”结束，产生了一份刘志坚等人为向总政党委汇报而写的《汇报提纲》，主要是追记了江青历次谈的“许多极为重要的意见”。共约3000字。

江青看到《汇报提纲》打印件后，一面要秘书通知已回到北京的刘志坚：“根本不行”，说歪曲了她的本意，一面告诉了毛泽东。毛泽东要陈伯达、张春桥、姚文元参加修改。总政则由陈亚丁返回上海参加修改。

经过2月下旬的一番“大动手术”，题目仍叫《江青同志召集的部队文艺工作座谈会纪要》，文字则由3000字增加到5500字，使江青的观点得到更系统的发挥，又将江青的看法改成“座谈会的同志认为”。

毛泽东看了这次修改稿后，在上面作了11处修改，将标题《江青同志召集……》改为《林彪同志委托江青同志召集……》；在“彻底搞掉这条黑线”之后，加了“搞掉这条黑线之后，还会有将来的黑线，还得再斗争”；还加了“过去十几年的教训是，我们抓迟了。毛主席说，他只抓过一些个别问题，没有全盘地系统地抓起来，而只要我们不抓，很多阵地就只好听任黑线去占领，这是一条严重的教训。……”

3月中旬，江青根据毛泽东的指示，在上海找陈伯达、张春桥再次修改《纪要》，并把刘志坚、陈亚丁找到上海。经过这次修改，全文由5500字扩展到10000字。增写了吹捧江青和“样板戏”的内容等等。3月14日，“又送主席审阅，主席再次作了修改”②。17日，毛泽东批示：“此件看了两遍，觉得可以了。我又改了一点。请你们斟酌。此件建议用军委名义。分送中央一些负责同志征求意见，请他们指出错误，以便修改。当然首先要征求军委各同志的意见。”

---

① 丘赫拉依、肖洛霍夫均为苏联作家。肖洛霍夫的主要作品有《静静的顿河》、《被开垦的处女地》、《一个人的遭遇》等。

② 江青1966年3月19日给林彪的信。

3 月 19 日，江青要陈亚丁给她起草了《江青同志给林彪同志的信》。信叙述了文艺座谈的过程和《纪要》起草、修改的经过，要求林彪审批《纪要》。3 月 22 日，林彪给贺龙、聂荣臻、陈毅、刘伯承、徐向前、叶剑英等中央军委领导人一封信，说这是一个很好的文件，“不仅有极大的现实意义，而且有深远的历史意义”。并说：“16 年来，文艺战线上存在着尖锐的阶级斗争，谁战胜谁的问题还没有解决。文艺这个阵地，无产阶级不去占领，资产阶级就必然去占领，斗争是不可避免的。这是在意识形态领域里极为广泛、深刻的社会主义革命，搞不好就会出修正主义。我们必须高举毛泽东思想伟大红旗，坚定不移地把这一场革命进行到底。”

3 月 30 日，中央军委将《纪要》和林彪的信报送中共中央，中央于 4 月 10 日批发全党，要求认真讨论研究，贯彻执行。

《纪要》的核心部分是第二部分。最突出的内容是：“16 年来，文化战线上存在着尖锐的阶级斗争。”说 15 年来被一条文艺黑线专了我们的政，“这条黑线就是资产阶级的文艺思想、现代修正主义的文艺思想和所谓 30 年代文艺的结合。‘写真实’论、‘现实主义广阔的道路’论、‘现实主义的深化’论、反‘题材决定’论、‘中间人物’论、反‘火药味’论、‘时代精神汇合’论，等等，就是他们的代表性论点”。要“彻底搞掉这条黑线”。

这个《纪要》，反映了毛泽东对文化领域阶级斗争形势的严重估计和他发动一场“文化大革命”的决心。1966 年 2、3 月间，毛泽东同意了彭真主持制定的《二月提纲》，也修改批准了江青搞的这个文艺座谈会纪要。但真正反映和代表他思想的，是他审阅、修改 3 遍的这个纪要。

这时毛泽东对文化领域阶级斗争形势估计得更加严重的直接原因之一，是《二月提纲》发出后，上海张春桥一伙同北京彭真和中央部门之间矛盾斗争的加剧。

《二月提纲》发向全国后，学术批判的空气上升，政治批判被抑制。张春桥意识到：《提纲》“不动声色地束缚了我们的手脚，硬把运动拉向右转，弄得很多文章不能发表。姚文元、关锋写好了的讲要害的文章都压下了”①。但《提纲》是经政治局常委讨论通过，向毛泽东汇报后以中央名义发出的，因此张春桥虽然极不满意，但不敢轻易动作，遂于 3 月初派上海市委宣传部长杨永直到北京“摸底”。

3 月 11 日晚，中宣部副部长许立群向彭真汇报同杨永直的谈话并请示如何答

① 张春桥于 1966 年 5 月在中央政治局扩大会议上的发言。

复上海方面提出的问题。许立群说：“杨永直问，学阀有没有具体对象，指的是谁？”彭真回答说：“学阀没有具体指什么人，是阿Q，谁头上有疤就是谁。”许立群说：“杨永直问，上海要批判一批坏影片，包括《女跳水队员》行不行？……因为有大腿。”彭真反讥道：“你去问张春桥、杨永直，他们游过泳没有？”许立群说：“杨永直问，重要的学术批判文章要不要送中宣部审查？”彭真说：“过去上海发姚文元的文章，连个招呼都不打，上海市委的党性到哪里去了？”①

彭真的回答经杨永直带回上海汇报给市委后，张春桥说：“现在有把握了，这个电话说明中宣部和北京市委是反对姚文元文章的，《二月提纲》的矛头是指向姚文元的，也是指向毛主席的。”②这一电话事件由江青报告了毛泽东。他们报告时的逻辑推理，正如5月张春桥在中央政治局扩大会议上所说的：“所谓学阀，不是指姚文元，也不是指上海市委，而是针对毛泽东同志的；所谓武断，还不是指毛主席把《海瑞罢官》同政治问题、庐山会议联系起来，说要害是罢官；所谓‘以势压人’还不是说毛主席以势压人，上海市委以势压人……”在此情况下，毛泽东在审阅文艺座谈会《纪要》时，在“文艺黑线”上大做文章，是必然的。

文艺座谈会《纪要》的炮制，也反映了林彪和江青互相勾结进行篡党夺权的野心，标志着他们勾结起来利用“文化大革命”大搞反革命破坏活动的开始。

四 《北京日报》被迫批判“三家村”和被批判

毛泽东得知彭真对上海询问的答复后，非常生气。1966年3月28日至30日，他两次找康生谈话，又找康生、江青、张春桥等谈话，批判5人小组的汇报提纲和批判彭真和中宣部。他说：《提纲》是不分是非的，中宣部、彭真、北京市委包庇坏人，要是再包庇坏人，中宣部要解散，北京市委要解散，5人小组要解散。并说：扣压左派的稿件，包庇右派的大学阀，中宣部是阎王殿，要打倒阎王殿，解放小鬼。我历来主张，凡中央机关做坏事，就要号召地方造反，向中央进攻；中央出修正主义，很可能出，这是最危险的；解放后我们把资产阶级知识分子全包下来，当时是对的，但革命越深入他们越反抗；我们面临着文化大革命，中央机关还有保

---

① 郑谦：《从〈评新编历史剧〉〈海瑞罢官〉到〈二月提纲〉》，载《党史通讯》1984年第6期。

② 郑谦：《从〈评新编历史剧〉〈海瑞罢官〉到〈二月提纲〉》，载《党史通讯》1984年第6期。

皇党……必须进行这场文化大革命。毛泽东还要彭真对叫许立群打电话给杨永直的事，向上海市委道歉。

毛泽东发话之后，形势急转直下。4月1日，张春桥便拿出了一份《对〈文化革命5人小组关于当前学术讨论汇报提纲〉的几点意见》，攻击《二月提纲》。4月2日、5日，《人民日报》、《红旗》杂志、《光明日报》分别发表了原被中宣部“扣压”的戚本禹、关锋等人批所谓“要害”的文章。中宣部已被撇在一边。4月9日至12日，中共中央书记处在北京开会。康生、陈伯达发言批判彭真。会议决定：第一，起草一个撤销并彻底批判《二月提纲》的通知（即后来的《5·16通知》）；第二，成立文化革命文件起草小组（即后来的中央文化革命小组）。随后，毛泽东于4月14日至4月底先后7次修改《通知》，为全面发动“文化大革命”作了系统的理论准备。4月22日，毛泽东在政治局常委会上强调地说：我们面临严重的文化革命任务；吴晗问题的严重性，就在于朝中有人，中央有，各省市有，军队也有，斗争涉及面是很广的。

当4月中旬彭真在政治局开始受到批判攻击之时，北京市委的处境已经是极其困难。作为摆脱被动的一个努力，4月16日，《北京日报》在《关于“三家村”和〈燕山夜话〉的批判》通栏大标题之下，发表了一批材料和《前线》、《北京日报》的编者按。这批材料有吴晗、廖沫沙和邓拓过去发表过的几篇文章和《〈燕山夜话〉究竟宣扬了什么?》。

1961年3月，北京市委书记邓拓应约为《北京晚报》定期写知识性杂文。从此以“马南邨”① 笔名开设了《燕山夜话》专栏，至1962年9月止，共发表150余篇。在此期间（1961年10月起），《前线》杂志（中共北京市委理论刊物，邓拓主编）开辟了《三家村札记》杂文专栏，由吴晗、邓拓和廖沫沙（北京市委统战部长），以“吴南星”（星即“繁星”）的笔名供稿，先后发表了杂文50余篇。这些文章，“都是谈所见所闻所感”（邓拓语），从读书治学，待人接物，到生产建设，领导方法等，或评论历史人物，或赞扬新人新事，旁征博引，议论横生，把知识和思想熔于一炉，引人入胜，发人深省。除知识性的以外，也有些是有褒有贬，切中时弊，对

---

① 据姚远方在《邓拓与马南》（载1986年5月14日《北京晚报》）中说，邓拓曾说过：“马南邨是笔名，它指的是马兰村。战争年代，我们在晋察冀边区办报，长期住在这个小山庄，我对它一直很怀念。”

当时现实中“左”的思潮和某些假、大、空的不良作风作了讽刺和否定，但方式很委婉，诸如《一个鸡蛋的家当》、《王道和霸道》、《伟大的空话》、《专治“健忘症”》等属于这一类。由于受到群众的欢迎，《燕山夜话》曾编辑出版了合集。1962年八届十中全会阶级斗争扩大化思想重新抬头后，他们就搁笔不写了。

马南邨《燕山夜话》合集由北京出版社出版后，曾引起上海的姚文元的眼热。1963年1月，姚写信给北京出版社负责人，把《燕山夜话》夸奖了一番，说它“是一朵北方难得的思想之花”，并希望能像对待《燕山夜话》那样，也出版一本他的杂文合集。

当吴晗的《海瑞罢官》被进行政治批判，彭真等抵制姚文元文章的转载，邓拓化名“向阳生”，写文章把批判引向“道德继承论”问题，彭真主持制定《二月提纲》企图限制批判的性质，而上海张春桥、江青等人向毛泽东告发之后，毛泽东决心“揭开彭真和北京市委盖子”，于1966年3月批判《二月提纲》之时，也指名要批判《三家村札记》和《燕山夜话》。北京市委的党报党刊迫不得已，自己出来进行这个批判。

《前线》和《北京日报》的编者按说：本刊、本报过去发表了这些文章又没有及时地批判，这是错误的。其原因是我们没有实行无产阶级政治挂帅，头脑中又有着资产阶级、封建阶级思想的影响，以致在这一场严重的斗争中丧失立场或者丧失警惕。并说是“放松了文化学术战线上的阶级斗争”。配合这个按语而整理发表的《〈燕山夜话〉究竟宣扬了什么？》一文，几个部分的标题是：“歪曲党的百花齐放、百家争鸣的方针，主张让资产阶级思想泛滥”，“全面美化封建社会制度”，“借封建古人之尸，还资产阶级之魂”，“宣扬剥削阶级没落的人生哲学”，“以古讽今，旁敲侧击”。虽然上了“阶级斗争”纲，但限制于学术批判范围内。

这样的批判，尽管今天看起来仍然是很错误的，但在当时却无论如何也是过不了关的。5月8日，《解放军报》登出江青支配的写作班子署名高炬的文章：《向反党反社会主义的黑线开火》，《光明日报》登出何明（即关锋）的文章：《擦亮眼睛，辨别真假》。两篇文章一个调子，批判说北京市委的一报一刊对“三家村”和《燕山夜话》搞“假批判、真掩护，假斗争、真包庇”，是“还在继续玩花招，顽强抵抗”。并质问《前线》和《北京日报》：“你们究竟是无产阶级的阵地，还是资产阶级的阵地？你们是无产阶级专政的工具，还是宣扬复辟资本主义的工具？你们究竟要走到哪里去？”5月10日，《解放日报》刊登了姚文元的文章《评“三家村”》，副标题是：《〈燕山夜话〉〈三家村札记〉的反动本质》。

姚文元一换1963年对《燕山夜话》羡慕、眼热的面孔，落井下石地批判道：邓拓"同'三家村'的伙计们一起，把《前线》《北京日报》《北京晚报》……当作反党反社会主义的工具，猖狂地执行了一条反党反社会主义的右倾机会主义即修正主义的路线，充当了反动阶级和右倾机会主义分子向党进攻的喉舌"。文章牵强附会、任意推理诬陷、无限上纲、横加"罪名"，说邓拓等3人的"政治目的"是"大力推行资产阶级反动的教育路线，为资本主义复辟准备组织力量"；"坚持资产阶级反动的学术路线，为资本主义复辟准备精神条件"；"坚持反动的地主资产阶级道德，以图从社会关系上恢复剥削阶级统治"。总之，是要"全面地、彻头彻尾地实现资本主义复辟"。

姚文元还提出了"挖根子"、"清触角"的命题，说："'三家村'这样猖狂、这样狠毒、这样放肆地进行反党反社会主义活动，竟能连续达数年之久，原因是什么？"这种提问，已经超出对吴晗、邓拓、廖沫沙的批判，而是寓有更深的含义。姚文元的答案是"有根子"，因而提出："彻底挖掉'三家村'的根子"，"挖掉它最深的根子"。他还说"'三家村'集团的触角伸到了不少部门"，要"从各个方面彻底揭露《燕山夜话》《三家村札记》的祸害"。姚文元已不满足于批判吴晗、邓拓等人，而是借助于这种批判，来搞彭真和北京市委及其他部门。姚文元的政治野心已膨胀到相当大的程度了。由这篇文章引起，全国许多地方抓了不少大大小小的"三家村"、"四家店"，受迫害者难以计数。

经过4月中旬中央书记处会议上对彭真的批判，4月下旬，彭真被停止了工作。又经过5月上旬对"三家村"和《北京日报》的批判，北京市委已经陷入风雨飘摇的境地。

在连续的打击之下，邓拓毅然决定以死抗争。

邓拓，1912年出生于福建省闽侯县一个旧知识分子的家庭。1930年18岁参加左翼社会科学家联盟，同年加入中国共产党。1937年到达解放区后，历任《晋察冀日报》社长和晋察冀新华总分社社长。建国以后，曾任《人民日报》社长、总编辑。是一名毕生忠诚的无产阶级战士和才华横溢的知识分子出身的老党员、老干部。1966年5月17日夜，他怀着悲壮的复杂心情，给党组织写下一封信，给妻子留下几行字，自杀身亡。

他在给北京市委领导的信中说："许多工农兵作者都说：'听了广播，看了报上刊登邓拓一伙反党反社会主义的黑话，气愤极了。’我完全懂得他们的心情。我对于所有批评我的人绝无半点怨言。只要对党对革命事业有利，我个人无论经受任何痛苦和牺牲，我都甘心情愿。过去是这样，现在是这样，永远是这样。……文章的含意究竟如何，我希望组织上指定若干人再做一番考核。《燕山夜话》和《三家村札记》中，我的文章估计 171 篇，有问题的是多少篇？是什么性质的问题？我相信这是客观存在，一定会搞清楚的……”，“作为一个共产党员，我本应该在这一场大革命中经得起严峻的考验。遗憾的是我近来旧病都发作了，再拖下去徒然给党和人民增加负担。但是，我的这一颗心，永远是向着敬爱的党，向着敬爱的毛主席。我要离开你们的时候，让我再一次高呼：伟大、光荣、正确的中国共产党万岁！我们敬爱的领袖毛主席万岁！伟大的毛泽东思想胜利万岁！社会主义和共产主义的伟大事业在全世界的胜利万岁！”①

他在给妻子丁一岚留下的几行字中满怀深情地说：“盼望你们永远做党的好女儿，做毛主席的好学生，高举毛泽东思想的伟大红旗，为社会主义和共产主义的伟大事业奋斗到底！”② 同时又满怀伤感地写道：“我因为赶写了一封长信给市委，来不及给你们写信。此刻心脏跳动很不规律，肠炎又在纠缠，不多写了。你们永远不要想起我，永远忘掉我吧。我害得你够苦了，今后你们永远解除了我所给予你们的精神创伤。永别了，亲爱的。”③

五　林彪对罗瑞卿的诬陷

在江青、张春桥、姚文元以吴晗《海瑞罢官》为突破口发起进攻，彭真和中宣部、北京市委进行抵制，毛泽东对“中央出修正主义”的担心日益加剧之际，林彪也开始干起了诬陷罗瑞卿的勾当。

1965 年 12 月初，叶群代表林彪到上海见毛泽东，揭发人民解放军总参谋长罗瑞卿的所谓问题。12 月 7 日至 15 日，毛泽东主持召开了中共中央政治局常委扩大会议，对罗瑞卿进行了背靠背的揭发批判。林彪、叶群、吴法宪、李作鹏在会上攻

---

① 袁鹰：《玉碎》，载《报告文学》1986 年第 5 期。

② 丁一岚：《忆邓拓》，载《北京晚报》1986 年 5 月 14 日。

③ 袁鹰：《玉碎》，载《报告文学》1986 年第 5 期。

击罗瑞卿“反对突出政治”，“篡军反党”。

罗瑞卿是于1959年“反彭黄”斗争后，由林彪向中共中央提名，从国家公安部部长职位调任总参谋长的。起初，林、罗工作上相处尚可，但从1961年起就有点矛盾。1964年以后，林彪在几个重要问题上，逐渐对罗瑞卿极端不满，恨之入骨。

1963年12月，总参谋部在南京军区召开推广连长郭兴福军事教学方法的现场会议，叶剑英元帅在会上讲话指出：郭兴福教学方法是我军传统练兵方法的继承和发扬，它比较集中而又全面地贯彻了军委提出的训练方针和原则，是军队教学方法的重大革新。要求把这一方法推广到海陆空军和军事学校中去。12月27日，叶剑英给军委写了报告，建议军委发一个在全军推广郭兴福教学法的指示。1964年1月3日，军委转发叶剑英的报告，总政治部也发出了《关于宣传推广郭兴福教学方法的指示》。随后，全军各部队掀起了学习的热潮。在此基础上，经军委决定，在全军举行了一次全面的比武活动。1964年6月15日、16日，毛泽东、周恩来、刘少奇、朱德、董必武、邓小平等党和国家领导人，检阅了北京部队和济南部队的比武表演。毛泽东极感兴趣地给予了高度评价，并指示要在全军普及“尖子”经验。7月和8月，全军分18个比武区举行了比武大会，参加表演的部队和民兵13700余人。军内干部45000余人、地方干部42000余人观看了比武表演。经过比武，交流了经验，对部队的军事训练起了示范和推动作用。全军步兵获得优等成绩的师比1963年增加了4倍，神枪手、神炮兵和各种技术能手也成倍增加。

林彪对于大练兵和比武，开始表现沉默，以后又派出叶群①等人到基层单位蹲点了解情况，抓住有些单位军事训练占用时间多了一些，比武中有的单位有锦标主义、形式主义等非主流的问题，大做文章。1964年11月30日，林彪借全军组织工作会议召开之机，提出要“突出政治”。他说：“各级党委一定要把政治思想工作放在首要地位，一定要突出政治”。12月29日，林彪又紧急召见总政治部领导人，提出“四个第一不落实的问题”。说这“是带有全军性的问题”。批评说：“现在出现了不好的苗头，军事训练搞得太突出，时间占得太多，军政工作比例有些失调，冲击了政治。”强调军事训练等“要给政治工作让路”，“时间上谁让谁的问题，基本上要确定一个原则：让给政治”。军事训练等“不应冲击政治，相反政治可以冲击其他”。还提出：“1965年应当着重抓政治”。林彪的讲话作为《关于当前部队工

① 叶群此时已担任“林彪办公室”主任。

作的指示》，下发全军。一场群众性大练兵运动，被林彪压下去了。

对于林彪对大比武的批评，罗瑞卿接受不了，认为：“1964年军事训练工作是建国以来最好的一年”，“去年是不是冲击了政治，冲击了学毛著？主要的不是，有一些是，主要的我看不是”。对于林彪关于“突出政治”的指示，罗瑞卿说：政治“也不能乱冲一气”。1965年1月9日，他在军委办公会议第八次扩大会议的总结讲话中说：一方面，“不要犯单纯军事观点和单纯技术观点的错误，另一方面必须把政治思想工作落实到军事训练和其他各项工作之中，使各项工作都过得硬，不搞空头政治”。会后，罗瑞卿又说：“如果单纯把政治搞好，别的都不好，垮下来，这种政治恐怕不能算政治好，是空头政治，哪里有这种政治！”“一定要正确理解林总的指示，政治搞得不好，打起仗来向后跑。但是，军事没有一点功夫……打得不准，一打人家扑过来，你说向不向后跑”。“军事训练搞不好，浪费事小，打起仗来就要亡党亡国。”

对于罗瑞卿这些话，林彪极为不满，给扣上反对他和反对“突出政治”的罪名。

1964年6月毛泽东提出培养革命事业接班人的问题，要求“每个人都要准备接班人，还要有三线接班人”。军队在贯彻执行中，罗瑞卿就干部新老接替工作向林彪汇报时，曾讲过有些老干部应该主动“让贤”。一心想继续向上钻营的林彪听了，认定是要他让贤、让权，更对罗瑞卿恨之入骨，遂决意要把罗瑞卿打下去。

为了排除他实现政治野心的障碍，1965年11月30日，林彪写信给毛泽东，并派叶群携带他授意吴法宪、李作鹏等人写的“揭发材料”，到杭州向毛泽东诬告罗瑞卿。

在诬告中，林彪、叶群耸人听闻地提出了一个“死无对证”的问题。说1965年2月14日、15日，空军司令员刘亚楼在罗瑞卿的指使下，向叶群讲了4条意见，希望她劝林彪接受。4条意见是：“第一，一个人早晚要出政治舞台，不以个人的意志为转移，不出也要出，林总将来也要退出政治舞台的；第二，要好好保护林总身体，这一点就靠你们了；第三，今后林总再不要多管军队的事情了，由他们去管好了，军队什么都有了，主要是落实问题，不要再去管了；第四，一切交给罗去管，对他多尊重，要放手要他们去管。”并说“罗总长说只要你办好了这件事。罗总长是决不会亏待你的”等等。“揭发”得活灵活现，但刘亚楼已经在此之前去世，无法对证。被用来作证的，却是吴法宪、李作鹏根据叶群布置写的证明材料。

毛泽东听信了林彪、叶群的诬告。12月2日，他批示道：“那些不相信突出政治、对于突出政治表示阳奉阴违，而自己另外散布一套折衷主义（即机会主义）的人们，大家应当有所警惕。”他认为：“哲学上的折衷主义，必然导致政治上的机会主义、修正主义。”他还说道：“罗的思想同我们有距离”，“罗把林彪同志实际上当作敌人看待”，“罗是野心家”。

12月8日至15日，毛泽东在上海召集了中央政治局常委扩大会议，由林彪、叶群、吴法宪、李作鹏对罗瑞卿进行背靠背的揭发批判。在会上，刘少奇、周恩来、邓小平对林彪的这种揭发感到很突然，因而难以讲什么。会后，周恩来、邓小平受毛泽东和中央的指派，同被从昆明专机接到上海的罗瑞卿谈话，“罗不但没有老老实实检讨错误，反而表示受了委屈，多方为自己辩解”①。随后成立了一个“中央工作小组”，小组于3月4日至4月8日在北京开会，对罗瑞卿进行揭发批判。

第一阶段，3月4日至16日，42人参加，对罗进行“面对面”的斗争。3月12日罗瑞卿检讨后，招来更加激烈的攻击。他决定以死抗争。3月18日，他留一张纸条给妻子郝治平：“治平：会议的事没有告诉你，为了要守纪律……永别了，要叫孩子们永远听党的话，听毛主席的话！我们的党永远是光荣的、正确的、伟大的，你要继续改造自己，永远革命！”②然后毅然跳楼。但是，却只跌断一条腿。3月22日至4月8日，会议进入第二阶段，95人参加（内新增加53人），对罗进行缺席批判斗争。

会议最后作出《关于罗瑞卿同志错误问题的报告》。罗瑞卿被横加上“敌视和反对毛泽东思想，诽谤和攻击毛泽东同志”、“推行资产阶级军事路线，反对毛主席军事路线，擅自决定全军大比武，反对突出政治”、“搞独立王国”、“公开向党伸手，逼迫林彪同志‘让贤’、让权，进行篡军反党的阴谋活动”等罪名，说他是“妄图夺取兵权，达到他篡军反党的罪恶目的”，“打着红旗造反”的“埋藏在我们党内军内的‘定时炸弹’”。

在毛泽东以极大注意力开展对《海瑞罢官》的批判，并同彭真、中宣部、北京市委进行斗争的重要时刻，罗瑞卿“篡军反党阴谋”案的被制造出来，给予毛泽东的影响是巨大的。据肖华在1966年5月中央政治局扩大会议上说：“去年（12月揭发批判罗瑞卿的）上海会议后，主席又问许世友同志，假如北京发生了政变，你怎

---

①《中央工作小组关于罗瑞卿同志错误问题的报告》，1966年4月30日。

② 大鹰：《罗瑞卿将军蒙难记》，载《历史在这里沉思》第1册。

么办？主席说，出修正主义不只是文化出，党、政、军也要出，主要是党、军。这是最危险的。”5月18日，林彪在中央政治局扩大会议上说：“毛主席最近几个月，特别注意防止反革命政变，采取了很多措施。罗瑞卿问题发生后，谈过这个问题。这次彭真问题发生后，毛主席又找人谈这个问题。调兵遣将，防止反革命政变，防止他们占领我们的要害部位、电台、广播电台。军队和公安系统都作了布置。毛主席这几个月就是做这个文章。……毛主席为了这件事，多少天没有睡好觉。”“现在毛主席注意这个问题，把我们一向不注意的问题提出来了，多次找负责同志谈防止反革命政变问题。”

毛泽东“左”倾阶级斗争思想发展的结果，导致对党内上层疑神疑鬼，这给党内的野心家提供了施展阴谋诡计的机会。林彪顺水推舟、推波助澜，把“左”倾错误向极端推进，他煞有介事地说：“最近有很多鬼事，鬼现象，要引起注意，可能发生反革命政变，要杀人，要篡夺政权，要搞资产阶级复辟”，“罗瑞卿是掌军权的。彭真在中央书记处抓去了很多权”，“文化战线、思想战线的一个指挥官是陆定一，搞机要、情报、联络的是杨尚昆”。①“文武相配合，抓舆论，又抓枪杆子，他们就能搞反革命政变。”

彭、罗、陆、杨案一出，毛泽东全面发动一场史无前例的“文化大革命”的决心便已下定。中国的历史在经历了曲折发展的过程之后，最终踏上了10年动乱之途。

---

① 1965年年底，毛泽东对中共中央办公厅主任杨尚昆即产生疑心，将其职务免除，调到广东工作。1966年5月中央政治局扩大会议上，杨尚昆同彭真、罗瑞卿、陆定一一起被错误地定成“反革命集团”。

结束语

1956年9月至1966年5月的10年，是中国基本完成三大改造后，开始全面建设社会主义的时期。在这个曲折发展的10年中，“取得了很大的成就”，也“遭到过严重挫折”，“党的工作指导方针上有过严重的失误”[①]。

成就主要表现在3个方面：一是物质文化建设上有很大的成绩，特别是工业、科学、文化教育等方面的成绩比较突出。二是培养出比建国头7年多得多的各方面建设人才。高等教育质量比较高，出的人才和成果比较多，一些老干部领导社会主义建设的知识和才干，也是在此期间显著增长起来的。三是党积累了领导社会主义建设的重要经验。毛泽东、刘少奇、周恩来、陈云、邓小平、朱德、邓子恢等领导人在社会主义建设上都有创见。他们分别总结的宝贵经验几乎涉及社会主义建设的各个领域。这期间的经验很多，特别是在1958年年底第一次郑州会议以后纠正“左”倾错误和调整国民经济期间，与过去相比，党和党的许多领导人重新认识社会主义，提出了许多宝贵的新见解，例如：从社会主义到共产主义的过渡是一个相当长的过程，必须以一定的生产力发展为基础，不应把过渡设想得短而容易；平均主义不是社会主义，共产主义也不是平均主义，企图过早地否定按劳分配原则而代之以按需分配原则，是不可能成功的空想；社会主义历史阶段中，商品生产和商

① 《关于建国以来党的若干历史问题的决议》（16、17）。

品交换的存在是必要的，应该大力发展而不应企图去压制和消灭；在社会主义社会的很长时间里，应容许一些非社会主义的经济形式存在；包产到户等生产责任制是适合实际生产力发展水平的社会主义经营管理形式，不是背离社会主义的单干、倒退；社会主义经济建设必须坚持有计划按比例、综合平衡，要以农业为基础，工业为主导，按照农轻重为序的方针安排国民经济计划，要人民生活与国家建设兼顾；社会主义经济是有组织有计划的经济，在企业内部建立党委领导下的厂长负责制和职工代表大会制，在企业外部试办托拉斯，用经济的办法把一个个行业和整个国民经济组织起来；实行两种教育制度、两种劳动制度，既解决普及教育和就业问题，又培养多层次建设人才；社会主义社会中知识分子的大多数已经是工人阶级的一部分，是劳动人民的知识分子，如果还把他们看作是资产阶级知识分子，显然是不对的；社会主义时代更加需要充分地搞生产技术和发展科学，建设社会主义强国关键在于实现科学技术的现代化；科学上、生产上许多问题上的看法不同，不属于政治思想上的分野，更不能用左、中、右去划分；要按照文学艺术的规律发展和繁荣社会主义文艺事业；等等。

还值得一提的是，张闻天在身处逆境之中，也对社会主义的若干重要问题作了有益的思考，他认为：社会主义社会中的主要矛盾不是两个阶级的斗争，人民内部的一致性是基本的；社会主义社会中存在的几种差别不是资本主义残余，消除的方法不是与之斗争，而是发展社会生产力；社会主义到共产主义的发展不是引导新的革命的转变，不是革命的突变，而是和平的渐变；社会主义的政治决定于经济并为社会主义经济服务，党通过国家对国民经济的领导作用无比复杂，必须谨慎从事；等等。

这许多认识虽然也有一定的历史局限性，并且在“文化大革命”中又被否定，但是它们为后来继续探索适合中国情况的建设道路留下了宝贵的思想材料。

这10年成就的意义，在粉碎“四人帮”特别是中共十一届三中全会后，就充分显示了出来。当中国结束“文化大革命”，党决定把工作重点转移到社会主义现代化建设上，并于20世纪80年代初对国民经济实行新八字方针进行调整时，处处可以见到，中国赖以前进的物质技术基础，有相当的部分是在“前10年”中创造的；在各条战线上所依靠和使用的得力骨干人才，绝大部分是建国17年中培养出来的，其中“前10年”中的又占大部分；在经济建设、政治建设、思想文化建设等方面，也无不大量借鉴和使用着“前10年”所提供的有益思想和丰富的经验。正是充分吸取和运用了那时的好经验，又接受了那时的教训，并在新的实践中加以发展，才初步确立起适合中国情况的社会主义建设道路。因而也就更可以看得出“前 10 年”重大成就方面的可贵。

严重的挫折和失误，一是反右派斗争扩大化；二是“大跃进”造成巨大困难；三是庐山会议“反右倾”对经济建设和政治生活上造成严重恶果；四是八届十中全会重提阶级斗争，此后把国际“反修”斗争中“左”的内容移植到国内，开展“防修”斗争，最终导致了“文化大革命”。总起来看，一是发展生产力急于求成，伴之以生产关系上急于过渡；二是阶级斗争扩大化，包括社会上的扩大化和扩展到党内。

这 10 年中的一系列失误（特别是“大跃进”的错误和经过“反修防修”斗争走向了“文化大革命”最为突出），是由党尤其是最高领袖毛泽东的某些重大战略决策不正确所造成。然而，党和毛泽东领导上失误的发生，除自身的原因外，又与当时历史的和社会的条件等复杂因素密切相关。

从当时世界社会主义发展进程的大背景看。社会主义由一种科学理论、一种运动，变成为生活的现实，到 1957 年，只有 40 年。这不但与整个人类历史上存在过的任何一种制度的社会相比是非常短的一瞬，而且就社会主义社会自身可能在历史上需要存在的时间相比，也只不过是开了个头。在 40 年中，社会主义在世界上获得了很大的发展，同时在如此短的时间里，社会主义实践经验的积累又必然相当有限。与有限的时间和有限的实践经验相应的，是社会主义理论发展所达到的水平。一方面，列宁领导苏联，先是实行战时共产主义后又实行新经济政策，斯大林领导苏联一国建成社会主义，第二次世界大战后东欧和亚洲一批国家建设社会主义，社会主义建设的理论已经有相当的发展；另一方面，这种理论当时所达到的水平，在我们今天看起来，其历史的局限性又是如此的明显，以致可以说，在当时对什么是社会主义、怎样建设社会主义，社会主义在经济文化落后国家的发展将经过怎样的阶段等重大理论问题的认识是不足的，不可能不发生这样那样的错误。当时各社会主义国家所具有的一些通病，便是明证。

当然，各国所取得的成就也好，存在的弊病、犯的错误也好，又有自己的情况和特点。就中国而言，由于自身的特殊条件，错误犯得更大、更突出一些，表现的具体形态与其他国家有所不同。但是，无论是追求过高的经济建设速度，或是追求一大二公的社会主义模式，还是在国际国内开展“反修防修”的斗争和批判，都是同当时在社会主义问题上的一些不正确观念密切相关的。反映了一定历史阶段实践水平、具有重要缺陷的理论观念，对实践发生作用，犯错误、走弯路就成为不可避免。

从建国7年的历史发展看。3年国民经济恢复刚完成，党和毛泽东便抛弃了自己独创的、具有重大意义、原打算建国后至少要实行15年以上的新民主主义理论，转而采取中止新民主主义建设阶段而直接地、快速地过渡到社会主义的发展战略。这在一时取得了看起来相当辉煌的成就，但同时病根也由此种下。在低生产力条件下社会主义的全面加速到来，使得人们对建设社会主义的艰巨性发生错觉，列宁认为愈是生产力发展水平不高的国家实现和建设社会主义的任务就愈艰巨的见解在中国变成为似乎愈容易；革命战争时期那种靠群众极大政治热情、靠群众运动突击等习惯思维方式和工作方法，不但在建国头7年中被广泛地应用，在完成经济恢复、社会改造和促成社会主义早日到来中起了重要作用，而且被进一步认为是解决社会主义建设任务的重要法宝；在一连串几乎都是提前到来的大胜利面前，骄傲情绪滋长起来，人的主观能动性被夸大，似乎无所不能，想要怎样就可以怎样做；对一穷二白国情的片面理解和急于改变贫穷落后面貌的迫切心情，在顺利发展的条件下，形成一种强大的冲动力，这种情绪有深厚的群众基础，又深深地影响着领导人的思想；把社会主义理解成平均主义，看作是很快就达到纯而又纯境地的理想模式；等等。这些都给“前10年”中搞“大跃进”和人民公社化运动准备了重要的思想基础。

从当时党的状况看。在民主革命的长期锻炼和磨炼中，中国共产党建设成为一个善于领导人民进行阶级斗争的党。长于斗争，曾是党取得革命胜利的重要保证和一大优点。建国后特别是三大改造基本完成之后，党和国家面临的是工作重点的转变，党的建设也面临着由过去善于领导进行阶级斗争，向善于领导进行经济文化建设转变。但是，全国的工作重点转变没有转好或者说没有转成，党的建设的转变也没有解决好。以往长于阶级斗争的优点，在社会阶级状况发生根本性变化的情况下，变成很容易搞阶级斗争扩大化的缺点；以往对社会主义现代化建设不熟悉的缺点，就全党和总体而言，在长时间中仍然是缺点。在这种状况下，要做到领导工作像民主革命后期那样英明正确与得心应手，不发生大的失误，也是不可能的。

从党的主要领导人毛泽东的情况看。“胜利之后的不谨慎”[①]，“在关于社会主义社会阶级斗争的理论和实践上的错误发展得越来越严重，他的个人专断作风逐步损

① 邓小平：《对起草〈关于建国以来党的若干历史问题的决议〉的意见》（五）（1980年3月—1981年6月）。

害党的民主集中制，个人崇拜现象逐步发展”①，是他不能像过去那样进行正确领导的基本原因。加上“党中央未能及时纠正这些错误。林彪、江青、康生这些野心家又别有用心地利用和助长了这些错误。这就导致了‘文化大革命’的发动”②。

发动“文化大革命”，是毛泽东在“前10年”中发生一系列错误的结果和集中表现。他的“出发点是反修防修”③。但是，正如叶剑英在建国30周年讲话中指出的：“问题在于发动文化大革命的时候，对党内和国内的形势作了违反实际的估计，对什么是修正主义没有作出准确的解释，并且离开了民主集中制的原则，采取了错误的斗争方针和方法。”④“文革”的发动是根本搞错了。

值得深一层思考的是，毛泽东为什么会把党内矛盾看错，为什么会把国内和党内形势作出了违反实际的估计，他本身的症结何在？

我们把1957年以后的种种事实和他的基本思路加以研究，可以大致看出，这一切的得出，根源于他逐渐形成的对于社会主义社会的“左”倾看法。他是用一种带有很大空想成分的“纯洁”“完美”“公平”的社会主义理想来观察和要求中国的社会主义社会，并为创造出这样一种“理想社会主义社会”而展开了一场大斗争的。

1956年以前，毛泽东用以指导中国社会主义革命和社会主义建设的基本理论、基本思想，是符合马列主义原理、合乎中国实际的，是科学的社会主义。1956年中共八大对中国社会主义社会建立的认识和发展的构想，正确或基本上正确，也合乎实际和科学社会主义的一般原理。1957年和1958年起，毛泽东对中国社会主义社会及其发展的看法，对共产主义在中国的实现，开始出现严重脱离实际的“左”倾设想。

对社会主义社会的“左”倾看法的出现、发展和破灭，经历了20年的过程。中间有过两次高潮：20世纪50年代末和60年代中间。从包含的内容看，主要有两部分，一部分是对社会主义社会中阶级和阶级斗争的看法，一部分是对社会主义社会中存在的种种“弊病”以及如何消除这些“弊病”的看法。

对社会主义社会“左”倾看法的第一方面内容，即对阶级和阶级斗争的“左”倾看法，最初是作为反右派斗争的直接结果而出现的。1957年党和毛泽东错误地

---

①《关于建国以来党的若干历史问题的决议》(18)。

②《关于建国以来党的若干历史问题的决议》(18)。

③ 叶剑英：《在庆祝中华人民共和国成立30周年大会上的讲话》，1979年9月29日。

④《关于建国以来党的若干历史问题的决议》(18)。

判断：数10万资产阶级右派分子的出现，是资产阶级反抗的一种表现。随即便认定：中国的社会主义社会，是一个将在相当长时间里存在着资产阶级，两个阶级斗争是主要矛盾的社会。这个认识的得出，使得党和毛泽东对社会主义社会的基本看法，在一个重大方面开始失去了科学性。不过当时的范围尚有限：只限于三大改造基本完成后的“延长过渡期”，10年至15年，不是讲整个社会主义历史阶段；只是说中国，不涉及别国。八大二次会议对这个观点的宣布，也不过是反右派斗争这件事的余波。当时的论点按照其自身的逻辑，已经含有了要“以阶级斗争为纲”的思想因素，虽然在观念上尚不如后来那样明确突出，但毕竟由此开始了。党和毛泽东对社会主义社会的看法渗进了非科学的成分。

对社会主义社会“左”倾看法的第二方面内容，是试图尽快地建立起一个破除掉资产阶级权利、消除掉社会上种种“弊病”、合乎“纯粹”、“公平”理想的社会主义社会。1958年“大跃进”和人民公社化运动，便是这种思想的一种表现和应用。

八大以后要大力进行社会主义建设，提高生产力，发展经济和文化，作为一个总想法是明确的，也是正确的。但只有一般的总想法还不行。中国的社会主义社会未来究竟要建设成个什么样子，这本来需要在长时间的实践中，在马克思主义一般原理指导下，一切从中国的实际出发，通过探索和实践的检验逐步解决。但1958年在急于取得“1天等于20年”跃进发展的急切心情下，等不得从容探索，直接从马克思、列宁已有的论点中去寻找方案，从主观上去构思。

马克思、恩格斯根据当时的认识，对社会主义社会所作的抽象一般设想，其中包括：全社会统一的社会公有制，社会作为一个总体对每个人实行按劳分配，同时也不再存在商品生产和货币交换。他们的设想本不是预先设计好一种固定的模式要后人照着做。但后人在没有自己具体实践经验的情况下，很容易以此作为一种根据来开始自己的社会主义行动。苏联在十月革命胜利初期曾这样做过。在1958年的中国，也出现了要急着这样做的情形。

马克思批判拉萨尔鼓吹的“公平的分配”、“平等的权利”的观点时，把按劳分配中等量劳动的交换所体现的原则，称为“资产阶级权利”，指明它是一种形式上的平等，对于共产主义来说，又存在事实上的不平等，不过，“权利决不能超出社会的经济结构以及由经济结构所制约的社会的文化发展”①。意在批评那种要求平

---

①《马克思恩格斯选集》第3卷，人民出版社1995年版，第305页。

等、平均的思想。到了列宁那里，论述上有所变化，侧重讲它事实上不平等的一面。而到了20世纪50年代的中国，资产阶级权利则被误解成是一种资产阶级性质的东西，并把原来含义的范围扩大到了政治、思想、人与人的一般关系方面。既然是一种事实上的不平等权利，它与资产阶级又密切联系，就想要尽快地破除掉，用一种更公平、更平等的办法取代之。正如胡绳在《马克思主义与中国国情》一文中分析的那样："这不是马克思，而恰恰是回到了拉萨尔。"①

从1958年秋起，毛泽东几度表明了要破除资产阶级权利的意向，要恢复那令人充满美好回忆、几乎是消灭了人与人之间差别，充满了平等精神、在历史上起过重大作用的供给制；改革掉那虽说是体现了按劳分配原则但表现出人与人之间的明显差别和"不公平"，已实行数年但似乎是种种坏现象均由它而生的工资制。

在尽快消灭资产阶级权利和种种社会差别，早日实现全民所有制和产品交换，早日过渡到共产主义的思想支配下，1958年中提供给人们的一种"理想社会主义"图景大致是：在鼓足干劲力争上游的拼命苦战下，社会产品将几乎是想多少就有多少地生产出来；全社会高度组织成同一步调前进的整体。几千年中存在、现今仍是社会基本生活单位和劳动单位的家庭，其意义和作用压缩到最低限度。全体人民都劳动生活在一个个规模很大、公有程度很高的大公社中。在这个大组织中，工农商学兵无所不包，农林牧副渔无所不有，政权行政组织和经济组织合一。大家一同下地干活，一同收工休息，一同到公共食堂吃大锅饭。每人都得到一份虽然数量不多但大致相等的生活资料。世代贫穷的生活将由此结束，普遍平等、平均、公平的理想也由此开始实现。

但是，这种凭主观构思的先验模式所体现的原则，却既不是科学社会主义的，又不是真正共产主义的。它一旦进入实践领域，立即造成了严重的混乱和灾害。1958年的教训，实质上也是"左"倾社会主义理想的教训，"左"倾共产主义的教训。

这种具有浓重平等、平均色彩的"理想社会主义"，一度具有很大的迷惑力或吸引力，说明中国具有它存在的条件和活动的场地。从当时许多人跟着提倡、试行来看，也绝不仅仅是一个领袖人物的问题。遇到惩罚后，这种"左"倾社会主义理想受到抑制，甚至在实践上一时还有某种程度的改正，但总体上没有得到过根本的清理。

---

①《红旗》杂志1983年第6期。

上述对社会主义“左”倾看法的两方面内容，最初出现时，基本上还是各自分立，独立起作用的。到了20世纪60年代，在特定的环境条件下，它们互相渗透，结合为紧密的一体，所起的作用就大为不同了。

20世纪60年代初，党在一系列问题上同苏共领导人开展原则争论的同时，探讨苏联出问题的内部原因，对苏联等一些国家的社会状况进行分析思考。在上述包括两方面内容的“左”倾眼光下，得出了南斯拉夫“资本主义复辟”、苏联也已变修的结论。

认为之所以会如此，有国外与国内诸多因素，而归根到底，是与资产阶级权利、旧社会遗留下的种种“弊病”密切联系。1960年后，毛泽东、刘少奇、周恩来等都多次地说过：他们的社会基础是高薪阶层，是农村中富裕中农，是那些生活富裕的人。1962年后，又进一步分析认为：老的资产阶级分子有的人还在，农民小生产还在自发地产生着资本主义和两极分化。由于他们的存在，特别是：“由于还没有完全取消的资产阶级法权和旧社会习惯势力的影响，在工人阶级的队伍中和党政机关中还会不断产生蜕化变质分子，在全民所有制的国营企业中还会不断产生新的资产阶级分子和贪污盗窃分子，在文化教育部门和知识界中还会不断产生新的资产阶级知识分子。”[①] 因此，阶级和阶级斗争的存在，复辟变修问题的存在，就是必然的。

由此得出一种“合乎逻辑”的认识是：

社会主义历史阶段中阶级斗争之所以会始终是社会主要矛盾，是因为资产阶级作为阶级将始终存在于这个阶段；

资产阶级之所以会一直存在，是因为新的资产阶级分子总是在不断地、大批地产生出来；

而新的资产阶级分子之所以能不断大批地产生，是因为旧社会遗留下来的资产阶级权利及其他种种“弊病”的存在。

这样，社会主义社会中资产阶级的存在和阶级斗争的存在，从资产阶级权利等种种“弊病”得到了解释，由资产阶级权利存在的长期性，引出了阶级和阶级斗争的长期性、复辟反复辟斗争的长期性；同时，对“反修防修”斗争必要性的认识，

---

① 《关于赫鲁晓夫的假共产主义及其在世界历史上的教训——九评苏共中央公开信》，1964年7月14日。

又强化了必须同资产阶级权利、同一切社会差别大力斗争的认识。对社会主义社会"左"倾看法的两方面内容，在20世纪60年代初的国际"反修"斗争中日益互相渗透，融会成了一个有机统一体。

国际"反修"斗争中发展起来的对社会主义社会的"左"倾看法似乎也为国内的事实所证实。3年经济困难时期中出现的一切问题，都被归结为两个阶级、两条道路的斗争，资本主义的力量似乎到处都在发展。认为阶级斗争的内容，无论是包产到户"走单干道路"的"倒退"，"四不清干部"的多吃多占，自由市场上自由买卖而出现的投机倒把，还是国营和集体企业中的贪污盗窃，都与资产阶级权利等的存在联系在一起，并由此产生出新的资产阶级分子。

对社会主义社会的"左"倾看法，看起来是那样"有道理"，在很大程度上为中共中央和绝大多数人所接受，成了观察中国社会主义社会及其中一切矛盾问题的认识工具。到"文化大革命"发动之时，在毛泽东看来，中国这个现实的社会主义社会实在太不纯粹、太不理想，旧社会遗留下来的种种弊病，包括资产阶级权利、各种剥削阶级的意识形态，广泛存在于整个社会从经济基础到上层建筑的各个领域，到处都存在能导致复辟变修的因素：

在所有制上，不少非社会主义成分存在，许多集体所有制经济组织不巩固，全民所有制企业中问题也很多，有的变成了"地主、资产阶级集团统治的独立王国"①；

在农村，地富分子的破坏活动"大量存在"，以富裕中农为代表的小生产自发资本主义势力的活动日益发展，"许多基层干部蜕化变质，1/3的政权不在我们手中，掌握在敌人及其同盟者的手里"②；

在工厂，"我们的工业究竟有多少在经营管理方面已经是资本主义化了，是1/3，1/2，或者还更多些？要一个一个地清查改造，才能知道"③；

在知识界，从旧社会来和解放后新培养的人，大多数都是资产阶级的知识分子，搞社会主义建设离不开他们，但他们中的许多人又"不可靠"；

---

①《中共中央批转甘肃省委、冶金工业部党组关于夺回白银有色金属公司的领导权的报告》，1964年6月23日。

② 毛泽东1963年8月4日同外宾的谈话

③ 毛泽东1964年12月5日写给党内一同志的批语。

在教育界，解放以后，“当时我们没有人，把国民党的教员都接受下来了，大、中、小学教员……这些人都钻进我们党内来了”①；

在文艺界，各种艺术形式，“问题不少，人数很多，社会主义改造在许多部门中，至今收效甚微”②。“最近几年，竟然跌到了修正主义的边缘。”③“整个文化部系统不在我们手里”，“至少一半不在我们手里”，“整个文化部都垮了”。④17年中“黑线专了我们的政”⑤；

在学术界，存在一批“反党反社会主义的‘学术权威’”⑥，各种资产阶级思想观点泛滥；

在党员、干部队伍中，“不少党员变成了资产阶级分子”⑦；有“大批官僚资产阶级坏干部”⑧和“党内走资本主义道路的当权派”⑨，“党员干部中大约有百分之几是修正主义者”⑩；

在党的领导机构上层，“有些干部不想革命了，中央委员也有，政治局委员也有，省委书记、地委书记、县委书记都有”⑪，特别是，有一批“资产阶级代表人物”，“反革命修正主义者”，“赫鲁晓夫那样的人物”，钻到了上层，“一旦时机成熟，他们就会要夺取政权，由无产阶级专政变为资产阶级专政”⑫。

总之，在毛泽东看来，中国这个现实的社会主义社会是如此的不完美、不理想，各个领域问题都非常之多而严重，到处资产阶级势力都非常强大。“我们这个基础不稳固。”⑬正是在这样的社会基础和条件下，产生出了“刘少奇司令部及其修

① 毛泽东1966年6月同外宾的谈话。

②《关于文学艺术的批示》，1983年12月12日。

③《关于文学艺术的批示》，1964年6月27日。

④ 毛泽东1964年11月在一次听工作汇报时的插话。

⑤《林彪委托江青召开的部队文艺工作座谈会纪要》，1966年2月。

⑥《5·16通知》。

⑦ 毛泽东1963年4月同外国代表团的一次谈话。

⑧ 毛泽东1964年12月的一个批示。

⑨《23条》（1965年1月）。

⑩ 毛泽东1966年10月同外宾的谈话。

⑪ 毛泽东1964年4月同外国代表团的谈话。

⑫《5·16通知》。

⑬ 毛泽东：《在中国共产党第九届中央委员会第一次全体会议上的讲话》，1969年4月28日。

正主义路线”[1]。对于这样的社会主义社会必须来个革命改造。这是他发动“文化大革命”更深远的目的动机。中共中央《关于无产阶级文化大革命的决定》说得清楚：“我们的目的是斗垮走资本主义道路的当权派，批判资产阶级的反动学术‘权威’，批判资产阶级和一切剥削阶级的意识形态，改革教育，改革文艺，改革一切不适应社会主义经济基础的上层建筑，以利于巩固和发展社会主义制度”。

要把中国的社会主义社会改造成个什么样子，毛泽东始终没有、也不可能提出一个系统清晰的理论说明。但是，从他1958年搞一大二公的人民公社和要破除资产阶级权利、恢复供给制的想法中，从他1966年的“5·7指示”中，从他1974年12月关于理论问题的指示中，以及从他逝世前不久的一些谈话中，我们还是可以若明若暗地看出他心目中理想的社会主义社会的某种轮廓。

曾被称作为“建设共产主义蓝图”的《5·7指示》[2]，是毛泽东在发动“文化大革命”的同时，对中国社会主义社会提出的一个构想。要求人民解放军是一个大学校，学政治、学军事、学文化，又从事农副业生产，又从事群众工作，参加工厂、农村的社教运动，又要随时参加批判资产阶级。把军学、军农、军工、军民这几项都兼起来；要求工人以工为主，也要兼学军事、政治、文化，也要搞社教运动，也要批判资产阶级，有条件的地方，也要从事农副业生产；要求公社农民以农为主，也要兼学军事、政治、文化，有条件的时候也要办小工厂，也要批判资产阶级；要求学生也是这样，以学为主，兼学别样，也要学工、学农、学军，也要批判资产阶级；并要求商业、服务行业、党政机关工作人员，凡有条件的，也要这样做。1966年8月1日《人民日报》社论点得清楚：“全国都应该成为毛泽东思想的大学校”，“共产主义的大学校”。[3]

值得注意的是，社论对《5·7指示》的来由和意义的阐发。社论说：《5·7指示》是“毛泽东同志总结了我国社会主义革命和社会主义建设的各种经验，研究了十月革命以来国际无产阶级革命和无产阶级专政的各种经验，特别是吸取了苏联赫鲁晓

---

① 已如众所周知，所谓“刘少奇司令部及其修正主义路线”是根本不存在的。刘少奇并没有另立一个“资产阶级司令部”；他同毛泽东在重大问题上有的有一致性，有的有分歧，但不是另搞了一条“修正主义路线”。如果说刘少奇在有的问题上同毛泽东有路线性分歧的话，那也是刘少奇等坚持中共八大的路线同毛泽东背离八大路线的分歧。

② 毛泽东给林彪的信，1966年5月7日。

③ 人民日报社论：《全国都应该成为毛泽东思想的大学校》，1966年8月1日。

夫修正主义集团实行资本主义复辟的严重教训，创造性地对如何防止资本主义复辟、巩固无产阶级专政、保证逐步向共产主义过渡这些问题，作出了科学的答案”。

社论说：“毛泽东同志提出的各行各业都要办成亦工亦农，亦文亦武的革命化大学校的思想，就是我们的纲领。”

社论认为，按照《5·7指示》去做，那么：

“就可以大大提高我国人民的无产阶级意识，促进人们的思想革命化，促进人们同旧社会遗留下来的一切旧思想、旧文化、旧风俗、旧习惯决裂。从而能够进一步又多又快又好又省地建设社会主义，能够更快地铲除资本主义、修正主义的社会基础和思想基础。

“就可以促进逐步缩小工农差别、城乡差别、体力劳动和脑力劳动的差别，就可以避免城市和工业的畸形发展，就可以使知识分子劳动化、劳动人民知识化，就可以培养出有高度政治觉悟的、全面发展的亿万共产主义新人。”

《5·7指示》所反映、社论所阐明的“理想社会主义社会”，比1958年的设想，有变化、有发展，但的确是一脉相通。都是要用行政的办法尽快破除资产阶级权利和缩小三大差别，从而尽快实现公平与平等。《5·7指示》对这样一种“理想的”社会主义社会，则突出了“以阶级斗争为纲”，赋予了它以“反修防修”的意义。

怎样认识社会主义社会，就有怎样去建设它的途径和方法。

科学社会主义认为，发展社会主义的正确途径，是以经济建设为中心，集中主要力量发展社会生产力。在此基础上获得整个社会经济文化的发展，以及相应的社会主义民主结构的健全与发展。只有通过这个途径，才能健康地由初级的、不发达的社会主义社会，发展到完备巩固的、发达的社会主义社会，继而发展到共产主义。科学社会主义还认为，建设社会主义是个相当长期、相当艰巨的过程，只有靠长期不懈的艰苦努力积累，才能获得成功。

“左”倾社会主义观点对社会主义社会的基本看法与科学社会主义不同，它所采取的发展途径也就不同。

1958年中，“左”倾思想不能正确理解中国一穷二白的特点，不认识和不承认由于旧中国资本主义的发展极不充分，使中国社会主义建设比别国更加艰巨，需要更长时间，却从主观愿望出发，设想中国的社会主义建设将是个更短暂、更容易的过程。在此认识之下，选取了一条试图以政治挂帅、群众运动突击、不断改变生产关系和人为拉平的“捷径”，来一鼓作气取得社会主义建设“决战的胜利”，同时，迅速实现破除掉资产阶级权利、消灭社会差别、在低生产力下公平平等的“理想社会主义社会”。

20世纪60年代中期，对社会主义社会的“左”倾观点进一步转到“以阶级斗争为纲”。把已经建立的社会主义经济、政治、军事、文化看得一团漆黑，认为从经济基础到上层建筑领域，到处都存在造成资本主义复辟的因素，并认为中国已经出了修正主义。由这一错误估计出发，就彻底离开了集中力量抓社会主义建设这个正确途径，转而采取开展最大规模的阶级斗争，向一切被认为存在资产阶级势力和出修正主义的地方冲击，即开展“文化大革命”全面阶级斗争的途径。企图以此创造出一个人人批判资产阶级、人为缩小差别、实现平等的最“革命”、最“纯洁”、“公平”的社会主义社会。并要求这种斗争过七八年再来一次，反复进行。以为这将是逐步过渡到共产主义的根本保证。

但是，这就不再是建设社会主义社会，而是破坏和迟滞这个社会的发展，终于造成了一场历史性的大灾难。

责任编辑：吴继平
装帧设计：曹　春

图书在版编目（CIP）数据

曲折发展的岁月 / 丛进 著 . — 北京：人民出版社，2009.5
（《1949—1976 年的中国》丛书）
ISBN 978－7－01－007864－9

I. ①曲…　II. ①丛…　III. ①中国－现代史－1956—1966　IV. ① K27

中国版本图书馆 CIP 数据核字（2009）第 054570 号

曲折发展的岁月
（1956—1966）
QUZHE FAZHAN DE SUIYUE

丛进　著

人民出版社 出版发行
（100706　北京市东城区隆福寺街 99 号）

环球东方（北京）印务有限公司印刷　新华书店经销

2009 年 5 月第 1 版　2025 年 5 月北京第 10 次印刷
开本：710 毫米 ×1000 毫米 1/16　印张：31.5
字数：510 千字

ISBN 978－7－01－007864－9　定价：59.80 元

邮购地址 100706　北京市东城区隆福寺街 99 号
人民东方图书销售中心　电话（010）65250042　65289539

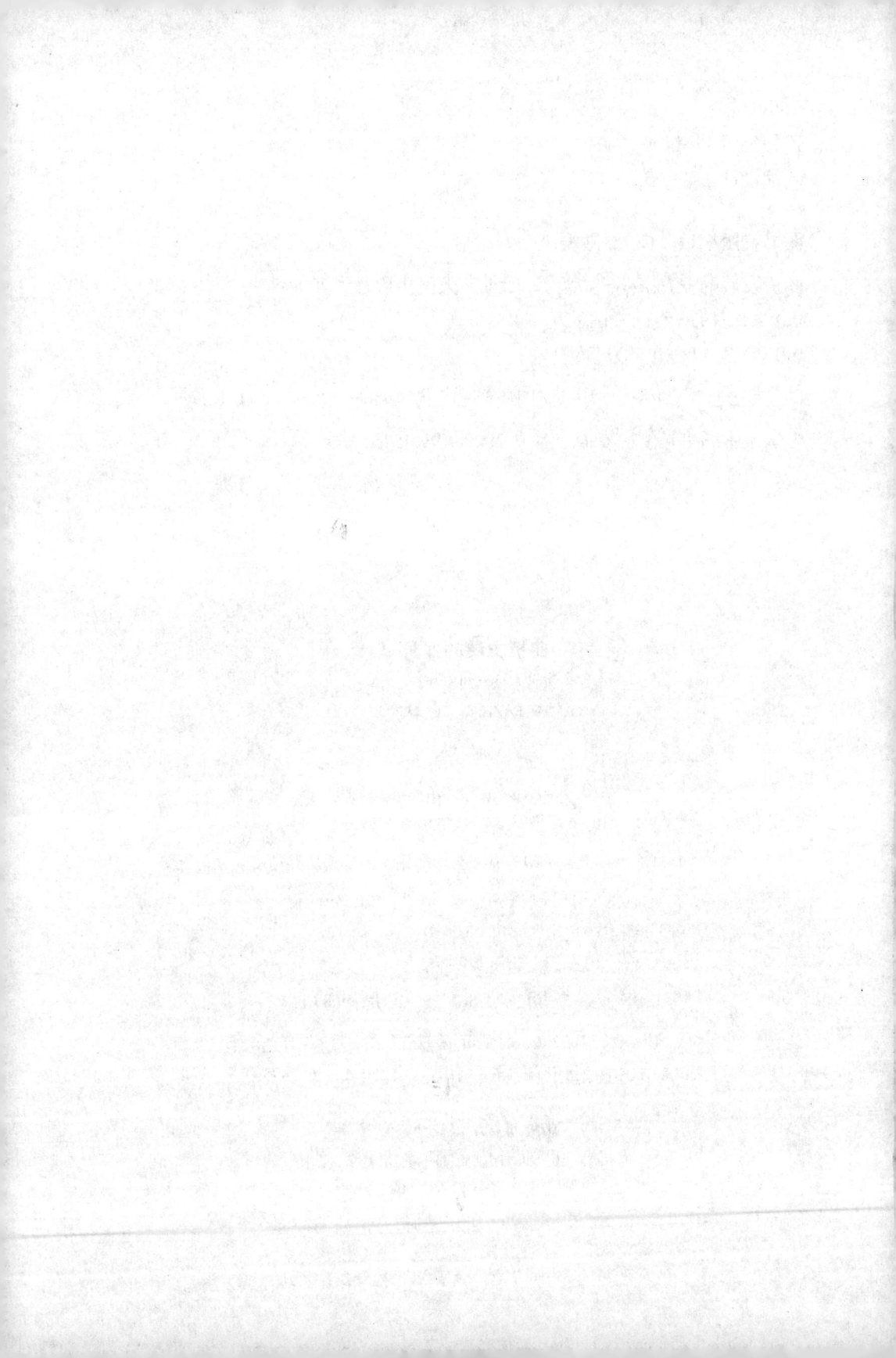